प्रगतिवाद और समानांतर साहित्य

प्रगतिवाद और समानांतर साहित्य

[सन् '36 से सन् '51 तक के साहित्य का द्वंद्वात्मक विश्लेषण]

रेखा अवस्थी

राजकमल प्रकाशन
नयी दिल्ली पटना इलाहाबाद

ISBN : 978-81-267-2200-6

मूल्य : ₹ 500

राजकमल से पहली बार : 2012

प्रकाशक : राजकमल प्रकाशन प्रा. लि.
1-बी, नेताजी सुभाष मार्ग
नई दिल्ली-110 002

शाखाएँ : अशोक राजपथ, साइंस कॉलेज के सामने, पटना-800 006
पहली मंजिल, दरबारी बिल्डिंग, महात्मा गांधी मार्ग, इलाहाबाद-211 001

वेबसाइट : www.rajkamalprakashan.com
ई-मेल : info@rajkamalprakashan.com

आवरण चित्र : कवि-चित्रकार विजेन्द्र की कलाकृति 'रंगों की स्वायत्तता'

मुद्रक : बी.के. ऑफसेट
नवीन शाहदरा, दिल्ली-110 032

PRAGATIVAD AUR SAMANANTAR SAHITYA
by Rekha Awasthi

अग्रज डॉ. देवीशंकर अवस्थी को
जिनकी स्मृति ही मेरा पाथेय है।

भूमिका

एक कालावधि के साहित्य के इतिहासलेखन के लिए आवश्यक सामग्री भर प्रस्तुत करना मेरा उद्देश्य नहीं है। पत्रिकाओं की फाइलों में दबे हुए लुप्त साहित्य का अन्वेषण करना बहुत ही प्रासंगिक और सार्थक कार्य है, और किसी भी कालावधि के साहित्येतिहास के लिए बहुत ही महत्वपूर्ण भी। पर सामग्री की दृष्टि से ऊपर तो आकस्मिकता का राज्य दिखाई देता है। लेकिन 'प्रताप', 'प्रभा', 'सुधा', 'मर्यादा', 'युवक', 'जागरण', 'हंस' आदि पत्रिकाओं के माध्यम से राष्ट्रीय स्वाधीनता तथा सामाजिक क्रांति की शक्तियों से साहित्य को जोड़ने के प्रयास में यथार्थवादी रुझानों का आरंभ देखा जा सकता है। नजरुल इस्लाम की ' अग्निवीणा' को हिंदी में प्रचार-प्रचार मिलने लगता है, अद्वैत वेदांत की दार्शनिकता में पगे हुए निराला 'वनबेला', 'कुकुरमुत्ता' आदि लिखने लगते हैं, सुधारवादी प्रेमचंद 'कफन', 'पूस की रात', 'कर्मभूमि', 'गोदान' आदि रचनाओं में खुद की सीमा का अतिक्रमण करते हुए दिखाई देते हैं, प्रकृति-सौंदर्य के प्रेमी कवि पंत 'ग्राम्या' में धरती, खेत-खलिहान और किसानों की दुर्दशा के प्रति सकरुण यथार्थदृष्टि डालते हैं—यह सब ऊपर से संयोगमात्र प्रतीत होता है। साहित्येतिहास, मात्र इन संयोगों को उदाहृत करने वाली सामग्री के आधार पर नहीं लिखा जा सकता, क्योंकि, जैसा कि फ्रेडरिक एंगेल्स ने कहा है : 'ऐतिहासिक घटनाएं, इस प्रकार समग्रतः संयोग के अधीन ज्ञात होती हैं। पर जहां बाहर से सतह पर आकस्मिकता का बोलबाला दिखाई देता है, वहां वस्तुतः सदैव आंतरिक, छिपे हुए नियमों का शासन चलता है। सवाल केवल इन नियमों का पता लगाने का है।' अतः सामग्री चयन और इतिहास के विलुप्त अंशों को खोज निकालने के साथ आकस्मिकताओं और संयोगों के मूल में जाकर 'आंतरिक, छिपे हुए नियमों का पता लगाना' भी मेरा उद्देश्य है। इसीलिए रचनात्मक साहित्य सामग्री का अनेक जगहों पर मैंने मूल्यांकन किया है, पर यह मूल्यांकन इतिहासलेखन की आधारभूत सामग्री की पुनर्व्याख्या से अधिक नहीं है।

मूल्यांकन अथवा पुनर्व्याख्या की आवश्यकता इसलिए भी थी कि तत्कालीन साहित्यिक दौर के मूलभूत अंतर्विरोध को उभारकर सामने लाया जाए। एक ही परिस्थिति में विभिन्न साहित्यिक प्रवृत्तियों के अस्तित्व,

परस्परविरोधी भावों और विचारों का द्वंद्व और पूरी कालावधि के साहित्यिक प्रवाह में उत्थान-पतन के कारणों की खोज सही नतीजे पर तभी पहुंचा सकती है, जब परस्परविरोधी सामाजिक शक्तियों के अंतर्विरोध को पकड़ने वाली इतिहासदृष्टि भी हो। जो लोग इस दृष्टि से परहेज करते हैं, वे एक साहित्यिक दौर का इतिहास लिखते समय प्रमुख साहित्यिक धारा को तो पहचान सकते हैं, पर छिटफुट प्रवत्तियों और गौण लेखकों के लिए 'फुटकल खाते' का तरीका अपनाते हैं। वे इन दोनों के बीच मौजूद संबंधों या अंतर्विरोध को ढूंढ़ नहीं पाते। फलतः प्रवाह तो उनके इतिहास में स्थान पा जाता है, पर प्रवाह-पतित अंशों को असंबद्ध विवरण से अधिक स्थान नहीं मिल पाता। यही कारण है कि आधुनिक साहित्य के इतिहसलेखन या उसकी आधारभूत सामग्री प्रस्तुत करने के जितने प्रयास हुए हैं, वे, नलिन विलोचन शर्मा की शब्दावली में 'ढीले सूत्र में गुंथी आलोचनाओं का रूप ग्रहण' करते रहे हैं।

युगपरिवर्तन या विशेष-विशेष साहित्यिक आंदोलनों पर जो भी आलोचनात्मक कृतियां उपलब्ध हैं, उनमें युगविशेष के 'निर्दिष्ट सामान्य लक्षण' की झांकी तो मिल जाती है, पर एक ही युग में दो विपरीत धाराओं का जो द्वंद्व है और उस द्वंद्व से साहित्य का रूप किस प्रकार परिवर्तित होता रहता है—इसका विवेचन प्रायः नहीं मिलता। आचार्य शुक्ल ने भी अपने इतिहास के 'आधुनिक काल' खंड को 'सामान्य लक्षणों और प्रवृत्तियों के वर्णन' तक ही सीमित रखा है। युगविशेष के अंतर्विरोधों की पहचान न होने के कारण ही इतिहास की वस्तुगत प्रक्रिया के विकास की पहचान होना भी असंभव है। यह जानना भी मुश्किल है कि अमुक प्रकार के साहित्यिक रुझानों का प्राबल्य क्यों दिखाई देता है? क्या कारण है कि बच्चन का 'हालावाद' कोई साहित्यिक आंदोलन का रूप नहीं ले पाता, जबकि लंदन से आए हुए कुछ भारतीय मार्क्सवादी बुद्धिजीवी 'प्रगतिशील लेखक संघ' की स्थापना करते हैं और प्रेमचंद, प्रसाद, पंत, निराला, रवींद्रनाथ ठाकुर, सरदार जाफरी, मजाज, जोश, आचार्य नरेंद्र देव, राहुल सांकृत्यायन, भगवतशरण उपाध्याय आदि उसका समर्थन करने लगते हैं? सामाजिक यथार्थ के चित्रण पर बल देने के इस व्यापक आग्रह के मूल में क्या 'विदेशी विचारधारा की प्रेरणा' मात्र थी? एक खास तरह के ऐतिहासिक दृष्टिकोण के आग्रही अर्थात भाववादी विचारक कभी भी इस बात की खोज करने की चिंता नहीं करते कि इन प्रेरणाओं के पीछे कौन सी प्रेरक शक्तियां खड़ी हैं। वे उन आंतरिक कारणों को खोज पाने में अक्षम हैं, जो बाह्य कारणों को परिचालित कर रहे हैं। यहीं एंगेल्स की यह मान्यता उद्धरणीय है कि 'मानव को गतिमान करने वाली हर चीज का उसके मस्तिष्क से होकर गुजरना अनिवार्य है, किंतु वह चीज मानव के मस्तिष्क में कौन सी शक्ल अख्तियार करेगी, यह बहुत कुछ परिस्थितियों पर निर्भर करता है।' सन् '30 के बाद सामाजिक यथार्थ की

अभिव्यक्ति को बल मिलता है, इसका प्रमुख कारण देश की आंतरिक परिस्थितियों का दबाव था। इसी दबाव से राजनीति में मार्क्सवादी-लेनिनवादी साहित्य की मांग बढ़ती है और साहित्य में क्रांति, स्वाधीनता, वर्ग-संघर्ष, जमींदारों, पूंजीपतियों और साम्राज्यवादियों के प्रति आक्रोश और घृणा, किसानों और मजदूरों के प्रति सहानुभूति और अंतर्राष्ट्रीय भाईचारे की भावना का प्रचार-प्रसार होता है। इससे स्पष्ट है कि हिंदुस्तान की तत्कालीन परिस्थितियों में ही यथार्थवादी रुझानों के मूल प्रेरकों को ढूंढ़ना चाहिए। इसीलिए मैंने समसामयिक परिस्थिति का भी बीच-बीच में उल्लेख किया है।

युगपरिवर्तन या नए-नए साहित्यिक आंदोलनों के अभ्युदय अथवा नए वादों के आविर्भाव की परिस्थिति-सापेक्ष व्याख्या को कुछेक इतिहासकार इस दलील के आधार पर नामंजूर करते हैं कि सामाजिक परिस्थितियों का विवेचन साहित्यिक सृजन की स्वायत्तता की व्याख्या में 'बाह्य कारण' को खींच लाने की प्रवृत्ति है। ऐसे समीक्षक यह मानकर चलते हैं कि साहित्य में जो भी परिवर्तन होते हैं, वे साहित्यिक कारणों से ही संभव हो पाते हैं। पूर्ववर्ती साहित्यिक रचनाओं की घिसी-पिटी शैली से ऊब या क्लांति ही नए विद्रोह को जन्म देती है। इस तरह हर नया वाद पुराने साहित्यिक रुझानों के विरुद्ध उद्भूत होता है। रेने वेलेक और आस्टिन वारेन ने इस प्रकार की व्याख्याओं की लंबी तालिका प्रस्तुत की है और सारसंग्रहवादी दृष्टिकोण से अपना निर्णय दिया है। नलिन विलोचन शर्मा ने भी उसी निर्णय का अनुगमन करते हुए यह माना कि 'यह भिन्न-भिन्न परिस्थितियों में भिन्न रूपों वाली एक जटिल प्रक्रिया है। यह अंशतः आंतरिक प्रक्रिया है, जो क्लांति की प्रतिक्रिया में और परिवर्तन की कामना से उद्भूत होती है, किंतु यह अंशतः बाह्य भी है, जो सामाजिक, बौद्धिक और अन्य सांस्कृतिक परिवर्तनों पर निर्भर करती है।' सवाल यह है कि पुरानी साहित्यिक रचनाओं से क्लांति और नए परिवर्तन की कामना का मूल प्रेरक क्या-क्या है? वह कौन सी शक्ति है जो चेतना में परिवर्तन ला रही है? नलिन विलोचन शर्मा की पुस्तक में इन प्रश्नों के उत्तर नहीं मिलते। इससे स्पष्ट है कि उन्होंने यह छानबीन ही नहीं की कि 'क्लांति और परिवर्तन की कामना' के पीछे क्या है, इन प्रेरक शक्तियों की प्रेरक शक्तियां क्या हैं। 'असंगति इस बात में नहीं है कि भावमूलक प्रेरक शक्तियों को मान्यता दी गई, बल्कि इस बात में है कि यह छानबीन ही नहीं की गई कि उनके पीछे क्या है? उनके प्रेरक कारण क्या हैं?'

आचार्य शुक्ल ने इन भाववादी प्रस्थापनाओं को एक हद तक तोड़ने का प्रयास अवश्य किया, पर वे भी मूल ऐतिहासिक प्रेरकों की तरफ साफ संकेत न दे पाए। उनके विचार से 'इन बहुत सी वाद-व्याधियों का प्रवर्तक है 'व्यक्तिवाद', जो बहुत पुराना रोग है। पुराने रोग जल्दी पीछा नहीं छोड़ते—एक न एक रूप में बहुत दिनों तक बने रहते हैं। यही दशा व्यक्तिवाद की

है जिसकी नींव भेदवाद पर है।' यह उल्लेखनीय है कि आचार्य शुक्ल 'व्यक्तिवाद' की भर्त्सना करते हैं और नाना वाद-व्याधियों के प्रेरक के रूप में उसे गर्हित प्रवृत्ति समझते हैं। दूसरी तरफ प्रगतिवाद के प्रचंड विरोधी इलाचंद्र जोशी इसी 'व्यक्तिवाद' की प्रतिष्ठा आवश्यक मानते हैं। सन् '33 में अख़्तर हुसेन रायपुरी जी के 'साहित्य और क्रांति' नामक निबंध का जवाब देते हुए इलाचंद्र जोशी ने लिखा था : 'सामाजिक शासन के क्षेत्र में समूहवाद का बड़ा महत्व है, संदेह नहीं; पर काव्य जगत में व्यक्तिवाद का महत्व स्वीकार करना ही पड़ेगा।' विचित्र बात यह है कि आचार्य शुक्ल इस 'व्यक्तिवाद' को साहित्य के लिए अनावश्यक मानते हैं, जबकि इलाचंद्र जोशी आवश्यक। सन्' 33 के दौरान देश की परिस्थिति ऐसी थी कि साहित्य में सामाजिकता की प्रतिष्ठा आवश्यक हो गई थी और छायावादकालीन व्यक्तिवाद से साहित्य को मुक्त करने के प्रयत्न होने लगे थे। अतः व्यक्तिवाद और उसके मूल में स्थित भेदवाद की निंदा करना साहित्य की लोकोन्मुखता के लिए आवश्यक था। इस ऐतिहासिक संदर्भ में ही आचार्य शुक्ल की सैद्धांतिक मान्यता का सापेक्षिक महत्व है। दूसरी तरफ उनकी उपर्युक्त मान्यता की एक सीमा भी है। दस पंद्रह साल बाद सृजनात्मक लेखन नए फैशन या रचनाप्रणाली के अनुसार बदलने लगता है, इसके मूल ऐतिहासिक प्रेरकों की खोज में आचार्य शुक्ल एक दार्शनिक अवधारणा अर्थात 'भेदवाद' को प्रतिष्ठित करते हैं। यहां भी वही सवाल उठता है कि इस 'भेदभाव' का प्रेरक क्या है! वर्गसमाज के वर्ग विभेद से सौंदर्य संबंधी अभिरुचि में नए-नए फैशनों का बोलबाला होता है। इसीलिए देखा गया है कि पूंजीवादी समाज में जितनी तेजी से नए-नए साहित्यिक आंदोलन होते हैं, उतनी तेजी से और उस रूप में समाजवादी समाज में नहीं हो पाते। अतः मूल ऐतिहासिक प्रेरक सामाजिक परिस्थिति में ही ढूंढ़ना चाहिए, न कि मनोवैज्ञानिक या दार्शनिक अवधारणाओं में।

आलोचना और इतिहासदृष्टि के इसी दुहरे संदर्भ में प्रगतिवाद और उसके समानांतर साहित्य का मैंने विवेचन किया है; मुझे इस प्रयत्न में कितनी सफलता मिली है, इसकी जांच-परख सुधी पाठक और विद्वान लोग ही करेंगे। भूमिका में रस्मी तौर पर आभार प्रदर्शन की रूढ़िबद्धता को खारिज कर यह पुस्तक मैं पाठकों के सामने प्रस्तुत करती हूं।

17-08-1978

—रेखा अवस्थी

दूसरे संस्करण की भूमिका

इतिहास की एक निश्चित कालावधि में हुए हिंदी-उर्दू क्षेत्र के एक संपूर्ण जन-सांस्कृतिक आंदोलन के रग-रेशे, उसकी धारा-अंतर्धारा तथा उससे संबंधित 'तुमुल कोलाहल कलह' के महावृत्तांत को यह पुस्तक विश्वसनीय ढंग से प्रस्तुत कर ही नहीं पाती, यदि प्रगतिवाद के मूल्यांकन-पुनर्मूल्यांकन को लेकर चल रहे वितंडावाद पर मेरा ध्यान न जाता। बीसवीं सदी के चौथे दशक की विचारधारात्मक और साहित्यिक- सांस्कृतिक बहसों की निरंतरता की एक कड़ी यदि प्रलेस-परिमल की मुठभेड़ है, तो दूसरी कड़ी के रूप में प्रलेस के अंदर की उठा-पटक भी कम महत्वपूर्ण नहीं है। इन्हीं विवादों को नई चुनौतियों के संदर्भ में वामपंथी लेखकों के बांदा कांफ्रेस ने एक नई भाषा और नई भंगिमा के साथ दोबारा इतिहास के एजेंडे पर विचारयोग्य बना दिया।

यहां यह उल्लेख करना आवश्यक है कि 25-26 वर्ष पूर्व 'आलोचना' पत्रिका द्वारा 'प्रगतिवाद : पुनर्मूल्यांकन' विषय पर आयोजित तीन परिसंवादों 1973 (सप्रू हाउस, नई दिल्ली), आलोचना पत्रिका का 'प्रगतिवाद' पर केंद्रित विशेष अंक, प्रस्तुतः पुस्तक के प्रथम संस्करण (1978) के प्रकाशन के बाद के रिव्यूज के रूप में हुई बहसों तथा दिल्ली विवशविद्यालय के एक शोधार्थी द्वारा मेरी पुस्तक से ली गई सामग्री के बहाने पैदा हुई सरगर्म अफवाहों और कानाफूसियों ने हिंदी समालोचना में प्रगतिवाद पर परिचर्चाओं के ताप-उत्ताप-संताप को कभी ठंडा नहीं होने दिया। उल्लिखित बहसों और चर्चाओं को पृष्ठभूमि में धकेलते हुए, आज के यथार्थ की विसंगतियां-विडंबनाएं और यूरोप-अमरीका से छन कर आ रही वाद-व्याधियों से आतंकित बौद्धिक दबावों के क्रम में अनेक नए प्रश्न मुंह बाए सामने खड़े हैं। आज हिंदी की मार्क्सवादी समालोचना अंतर्राष्ट्रीय वित्तीय पूंजी द्वारा प्रायोजित उत्तर-आधुनिकता के छद्म विश्वासों और दिग्भ्रमों से भी जूझ रही हैं। सारी दुनिया के प्रमुख मार्क्सवादी चिंतक उत्तर-आधुनिकतावाद को एकध्रुवीय विश्व के अद्यतन पूंजीवाद का एक अधुनातन वैचारिक औजार मानते हैं। पर चिंता की बात यह है कि हिंदी क्षेत्र के कुछ निर्दल गाबरांवादी उत्तर-आधुनिकता को महिमा-मंडित कर रहे हैं।

आज सांप्रदायिक फासीवाद की शक्तियों द्वारा दरपेश चुनौतियों की

खड्गहस्त झनझनाहट के बीच निकट अतीत के एक व्यापक जन-सांस्कृतिक आंदोलन के ब्योरेवार वृत्तांत से सीख लेने और उन कमजोरियों-त्रुटियों से बचने की भी जरूरत है, जिनकी वजह से बिखराव आया था। इसकी एक कोशिश के रूप में 10 अगस्त 1999 को दिल्ली स्थित सभी प्रगतिशील, जनवादी, वामपंथी संस्कृतिकर्मियों के दिल्ली सम्मेलन का उल्लेख आवश्यक है। इस सम्मेलन में पास किए गए प्रस्ताव का पहला अनुच्छेद आज की ठोस हकीकत को पूरी प्रखरता से रेखांकित करता है :

'लेखकों, कलाकारों, संस्कृतिकर्मियों और बुद्धिजीवियों की यह सभा मानती है कि स्वतंत्रता के बिना सार्थक संस्कृतिकर्म संभव ही नहीं है। वैसे तो आज जनता के हर तबके की स्वतंत्रता दांव पर लगी है, लेकिन संस्कृतिकर्म के लिए आवश्यक इस स्वतंत्रता पर खतरे सबसे अधिक दिखाई पड़ रहे हैं। ये खतरे उन विचारों के प्रचार से पैदा हो रहे हैं, जो नृशंसता, बर्बरता और हिंसा को बढ़ावा देते हैं। उन विचारों का व्यावहारिक रूप विभिन्न प्रकार के हमलों की शक्ल में पिछले कुछ समय से खुलकर सामने आ गया है।'

इन चुनौतियों के संदर्भ में समालोचना और बौद्धिक विमर्श के स्तर पर तैयारी आवश्यक है। इस तैयारी के सिलसिले में एक महत्वपूर्ण पहलू की तरफ संकेत करना आवश्यक है।

परंपरा के मूल्यांकन के प्रश्न पर वर्तमान यथार्थ से इतिहास चेतना की अंतःक्रिया के प्रश्न पर, सौंदर्य बोध और विचारधारा के सह-संबंधों के प्रश्न पर, विश्वदृष्टि और खंड-दृष्टि के बीच संतुलन के प्रश्न पर तथा रूप विधान और कथ्य के बीच कलात्मक अन्विति के प्रश्न पर अंग्रेजी, रूसी, फ्रांसीसी, चीनी, जर्मन और स्पेनी आदि भाषाओं में मार्क्सवादी समालोचकों द्वारा संकलित-संपादित अनेक ग्रंथ उपलब्ध हैं पर हिंदी में मार्क्सवादी सौंदर्यशात्र का प्रतिनिधित्य करने वाले मानक संकलन-ग्रंथों का नितांत अभाव है। ऐसी स्थिति में पतवार वाली नौका के समान श्री सुधी प्रधान द्वारा संकलित संपादित ग्रंथ *मार्क्सीस्ट कल्चरल मूवमेंट इन इंडिया-क्रॉनिकल्स एंड डाक्यूमेंट्स* के तीन खंड प्रकाशित हुए हैं। इस ग्रंथ का अनेक दृष्टियों से अपार महत्व है। साहित्यिक सांस्कृतिक इतिहास, मार्क्सवादी सौंदर्यशास्त्र तथा जन सांस्कृतिक आंदोलन इन तीनों ही दृष्टियों से सुधी प्रधान ने हिंदी के वामपंथी बुद्धिजीवियों को दिशा प्रदान की है। मैंने भी अपनी पुस्तक के दूसरे संस्करण में इस ग्रंथ के तीनों खंडों से मदद लेकर प्रगतिशील आंदोलन के दस्तावेजों के मूलपाठों की गड़बड़ियों और घोषणापत्रों के अंग्रेजी पाठों के गलत हिंदी रूपांतरों को दुरुस्त किया है। यह अचरज की बात है कि हिंदी में जिन दस्तावेजों की अनेक स्रोतों से आवृत्तियां होती रही हैं, उनकी गलतियों और असंगतियों पर किसी ने ध्यान भी नहीं दिया था। सुधी प्रधान की उल्लिखत पुस्तक के प्रकाशन के बाद ही इन गलतियों की चर्चा आरंभ हो पाई। परिशिष्ट के

अंतर्गत कुछ नए दस्तावेज भी दिए जा रहे हैं।

प्रगतिशील आंदोलन से संबंधित जितने भी वृत्त, आलेख और निबंध लिखे गए हैं, प्रायः सब में पेरिस में हुए 1935 के 'संस्कृति की रक्षा में लेखक-कलाकार सम्मेलन' का जिक्र अवश्य आता है पर यह खेद की बात है कि प्रगतिशील आंदोलन के ऐतिहासिक वृत्तांतों में कहीं भी इस तथ्य का जिक्र नहीं मिलता कि उक्त सम्मेलन के फैसले के तहत एक 'अंतर्राष्ट्रीय लेखक संघ' का गठन हुआ था; इस लेखक संघ का दूसरा और तीसरा बड़ा सम्मेलन क्रमशः 1936 में लंदन और 1937 में मैड्रिड (स्पेन) में हुआ था। इसके बाद इसकी सभाएं, गोष्ठितां तथा अन्य कार्रवाइयां विभिन्न देशों और विभिन्न भाषाओं के लेखकों कलाकारों के बीच होती रहीं; इन दस्तावेजों पर अलग से काम करने की जरूरत है।

1978 में इस पुस्तक के प्रकाशन को लेकर जो गहमागहमी हुई, शाबादी देते हुए ढेर सारे रिव्यूज लिखे गए और सबसे बड़ी बात यह कि शिवकुमार मिश्र, राजीव सक्सेना, कमलाप्रसाद, खगेंद्र प्रसाद ठाकुर, और मैनेजर पांडेय और अन्य समीक्षकों ने जिस तरह लिखित चर्चा-परिचर्या के दौरान मेरा उत्साहवर्धन किया तथा चंद्रबली सिंह और चंद्रभूषण तिवारी ने 1982 के जनवादी लेखक संघ के गठन के प्रथम अधिवेशन में इस पुस्तक की सराहना की—उस सिलसिले में मैं किस तरह अपना आभार जतलाऊं, मुझे समझ में नहीं आता। दिलचस्प तथ्य तो यह है कि इस पुस्तक के प्रकाशित होते ही अनेक विश्वविद्यालयों की पाठ्यक्रम समितियों ने एम.ए. और एम. फिल. के छात्रों के लिए संदर्भग्रंथ के रूप में इसे समाविष्ट कर लिया। इन पाठ्यक्रम समितियों के सदस्यों के प्रति मैं अपनी हार्दिक कृतज्ञता व्यक्त करती हूं। इस पुस्तक की प्रसिद्धि और लोकप्रियता की बात मैं नहीं कर रही पर इतना बताना आवश्यक समझती हूं कि इस पुस्तक ने सभी प्रमुख विद्वानों का ध्यान आकृष्ट किया। यह संभव ही नहीं होता यदि रामविलास शर्मा ने प्रारंभ में अनौपचारिक रूप से और बाद में अपनी पुस्तक *मार्क्सवाद और प्रगतिशील साहित्य* में इस पुस्तक का अनेक स्थानों पर उल्लेख न किया होता। मैं उनके प्रति नतशिर हूं।

मुझे याद है कि मार्च 75 में आकस्मिक रूप से एक दिन नामवर सिंह ने मुझसे शोध-प्रबंध की कॉपी मांगते हुए बताया कि रामविलास जी ने इसकी बहुत प्रशंसा की है। तब तक यह किताब अप्रकाशित थी। चूंकि पहले संस्करण में इस तथ्य का जिक्र नहीं है, अतः इस रहस्य पर से मैं पर्दा उठाना आवश्यक समझती हूं कि यह पुस्तक भागलपुर विश्वविद्यालय से पी-एच.डी. के लिए दाखिल शोध प्रबंध का संक्षिप्त और संशोधित समालोचनात्मक रूपांतर है। इस शोध प्रबंध के निर्देशक विजेंद्रनारायण सिंह थे और इसके परीक्षक रामविलास शर्मा तथा रमेशकुंतल मेघ थे। इन तीनों विद्वानों ने डिग्री मिलने की प्रक्रिया में जो भी सुझाव और परामर्श दिए उनका अनुसरण करके

ही मैं इसे एक स्वतंत्र आलोचनात्मक पुस्तक का रूप दे पाई। इन तीनों विद्वानों के प्रति मैं हार्दिक कृतज्ञता प्रगट करती हूं।

सबसे अंत में मैं अपनी अम्मा और अग्रज देवीशंकर अवस्थी का स्मरण करना चाहती हूं, जिन्होंने मुझे इस योग्य बनाया। अम्मा ने इस पुस्तक का पहला संस्करण देखा था और उसी तरह सहलाया था जैसे मां अपने नवजात शिशु को दुलराती है। आज अम्मा नहीं हैं पर उनकी खुशी आज भी मेरे साथ है। भाई साहब देवीशंकर अवस्थी से ही मैंने आलोचना कर्म की प्रेरणा प्राप्त की थी, इसलिए यह पुस्तक उन्हें ही समर्पित है।

पिछले 10 वर्षों से पुस्तक बाजार में उपलब्ध नहीं है। अनेक मित्रों ने पुनर्प्रकाशन के लिए बहुत अधिक दबाव डाला है। कितने ही पत्र मिले। अनेक शोधार्थी ढूंढते-ढूंढते घर तक पहुंचे। किताब का डाक से भी आदान-प्रदान हुआ। प्रकाशन के लिए अनेक प्रस्ताव भी मिले पर अन्य अनेक व्यस्तताओं के कारण विलंब पर विलंब होता गया। एक कारण जो सबसे घनीभूत रूप से मन में था कि पहले मुझे अपने अग्रज (स्व.) डा. देवीशंकर अवस्थी की पुस्तकों और लेखों के प्रकाशन और पुनर्प्रकाशन की व्यवस्था करनी चाहिए और इसी मिशन के तहत लगी भी रही। अब जबकि लगभग उनका सारा लेखन प्रकाशित हो गया है तब फिर अपनी पुस्तक की याद आई और पुस्तक का दूसरा संस्करण आपके सामने है।

स्वराज प्रकाशन के अजय मिश्रा की आभारी हूं। पुस्तक के पुनर्प्रकाशन के लिए लगातार स्नेहपूर्वक डांटने और प्रेस कॉपी बनाने में मदद देने के लिए श्याम बिहारी राय का धन्यवाद करना चाहती हूं। अंत में यह बताना आवश्यक समझती हूं कि साथी और पति श्री मुरली मनोहर प्रसाद सिंह की मदद के बिना यह कार्य पूरा ही नहीं हो सकता था।

10 अक्टूबर 1999 —रेखा अवस्थी

तीसरे संस्करण की भूमिका

प्रगतिशील लेखक संघ की स्थापना 10 अप्रैल, 1936 को लखनऊ में हुई थी। अब उसके 75 वर्ष पूरे हो गए हैं। इस मौके पर मेरी किताब के तीसरे संस्करण का प्रकाशन मेरे लिए और पिछले 10 वर्षों से इस पुस्तक की तलाश कर परेशान हो जानेवाले पाठक समुदाय के लिए भी खुशी की बात है।

आज हिंदुस्तान के साहित्यिक-सांस्कृतिक क्षेत्र के कलावादी भी धर्मनिरपेक्षता, सामाजिक समानता, लोकतांत्रिक अधिकारों के विस्तार तथा उत्पीड़ित जनगण की मुक्ति के प्रश्नों को अपने ख़ास ढंग से उठाने को मजबूर हो गए हैं। अंतर्राष्ट्रीय वित्तीय पूँजीवाद, अमरीकी वर्चस्ववाद और हिंदुस्तान के शासक वर्ग की विभिन्न जनविरोधी और राष्ट्रविरोधी कार्रवाइयों को लेकर आज कलावादी साहित्यकार भी चुप्पी नहीं साध सकते। 1992 में बाबरी मस्जिद के विध्वंस, गुजरात में नरेन्द्र मोदी के नेतृत्व में 2002 में हुआ व्यापक जनसंहार तथा केन्द्र एवं राज्यों की विभिन्न सरकारों के भ्रष्टाचारी असंवेदनशील शासन तंत्र के रवैये को लेकर साहित्य और कला की जनवादी-प्रगतिशील भूमिका की समकालीन अर्थवत्ता के प्रति वे लोग भी उदासीन नहीं हो सकते जो प्रगतिशील लेखक संघ, जनवाद, समाजवाद तथा मार्क्सवाद जैसे शब्दों से ही बिदकते थे।

चूँकि अपने देश तथा विश्व की परिस्थितियाँ बदल गई हैं, हिंदुस्तान का समाज संक्रान्तिकाल की जटिल प्रक्रिया से गुज़र रहा है, अतः 1970 से 1973 के बीच लिखी गई इस पुस्तक की मूलभूत स्थापनाओं में किसी प्रकार के फेरबदल की ज़रूरत मैं महसूस नहीं करती। हिंदी के प्रगतिशील आंदोलन और उसके बरक्स सक्रिय अन्य प्रकार की समानांतर साहित्यिक प्रवृत्तियों के द्वन्द्व का जो मैंने विश्लेषण किया है, और जो निष्कर्ष निकाले हैं, वे आज और भी प्रासंगिक और सार्थक प्रतीत होते हैं।

मुझे यह देखकर अचरज होता है कि प्रगतिशील आंदोलन की व्याप्ति जिस तेजी से अन्य भारतीय भाषाओं, कलाकर्म, दर्शन तथा समाज-वैज्ञानिक विवेचना के विभिन्न क्षेत्रों में हुई थी, उसके सभी पहलुओं को लेकर राष्ट्रीय संदर्भ में अभी तक न तो हिंदी में किसी ने लिखा है और न अंग्रेजी या अन्य भारतीय भाषाओं में। प्रगतिशील आंदोलन भारत के सांस्कृतिक जीवन में

राष्ट्रीय मुक्ति आंदोलन की एक महत्त्वपूर्ण प्रभावशाली धारा के रूप में निरंतर सक्रिय रहा, जबकि कांग्रेसी नेतृत्व के द्वारा इस दिशा में कोई स्वतंत्र प्रयास कभी नहीं किया गया था। अतः प्रगतिशील संस्कृति के देशव्यापी प्रसार पर कोई पुस्तक या पुस्तक शृंखला प्रकाशित हो, इसकी आवश्यकता आज भी बनी हुई है।

पहली बार सफ़दर हाशमी मेमोरियल ट्रस्ट (सहमत) ने 13, 14 और 15 अक्टूबर 2011 को इसी विषय अर्थात 'प्रगतिशील सांस्कृतिक आंदोलन की विरासत और प्रासंगिकता' पर तीन दिन के परिसंवाद का आयोजन किया था जिसमें भारतीय साहित्य की विभिन्न प्रादेशिक भाषाओं, संगीत, रंगकर्म, फ़िल्म, संचार माध्यम तथा समाजविज्ञान के विद्वानों-विशेषज्ञों ने अपने आलेख प्रस्तुत किए थे। इस परिसंवाद में हिंदी-उर्दू प्रदेश में प्रलेस पर केन्द्रित सत्र भी विशेष रूप से आयोजित किया गया था, जिसमें मैंने भी भाग लिया था। अपने आलेख में मैंने पुनः यह स्थापित किया कि प्रलेस का गठन हो या प्रगतिशील सांस्कृतिक आंदोलन—यह हमारी अपनी राष्ट्रीय आकांक्षा और सामाजिक ज़रूरत था और हमारी वैश्विक फासीवाद-विरोधी मुहिम तथा राष्ट्रीय रुढ़िवाद-विरोधी एवं उपनिवेशवाद-विरोधी मुक्ति आंदोलन का अंग था। खुशी इस बात की भी है कि विभिन्न भारतीय भाषाओं और सांस्कृतिक क्षेत्रों से आए विद्वानों ने भी इसी परिप्रेक्ष्य में अपने दृष्टिकोण रखे।

इसके अलावा यूरोप, अमेरिका, कनाडा के विभिन्न विश्वविद्यालयों के दक्षिण एशियाई विभागों में क्षेत्रीय अध्ययन के अंतर्गत 1930 से 1955-56 के भारतीय साहित्य पर शोध कार्य किए गए हैं। इनमें मैं **तलत अहमद** की किताब **लिटरेचर एंड पॉलिटिक्स इन द एज ऑफ नेशनलिज्म** का जिक्र अवश्य करना चाहूँगी। इस किताब का उपशीर्षक है—'दक्षिण एशिया में 1932 से 1956 की प्रगतिशील परिघटना।' क्षेत्रीय अध्ययन के अंतर्गत सांस्कृतिक अनुशीलन के उद्देश्य से लिखी गई इस किताब में प्रगतिशील लेखक संघ के सन्दर्भ में बताया गया है कि इसने देशी-विदेशी हर तरह के अल्पतंत्री रूढ़िवाद को चुनौती दी, यद्यपि यह लेखकों का आंदोलन था, पर गहराई से यदि देखें तो पता चलेगा कि यह ऐसा विचारधारात्मक अभियान था जिसने राजनीतिक और सामाजिक प्रवृत्तियों को भी अछूता नहीं छोड़ा। **तलत अहमद** की यह मान्यता है कि प्रगतिशील आंदोलन हर प्रकार के वर्चस्व के विरुद्ध आंदोलन चलाने में कामयाब हो गया। इसके साथ ही वे यह भी मानते हैं कि आज़ादी मिलते ही यह आंदोलन बिखरने लगा था। परन्तु मैंने अपनी पुस्तक में सन् '45-'46 से सन् '52-'53 तक के दौर पर अलग से भी अपना विवेचन प्रस्तुत किया है और उसे जुझारू दौर की संज्ञा दी है।

प्रगतिशील लेखक संघ के गठन के 75 वर्ष पूरे होने के समय आज हर जनवादी-प्रगतिशील और क्रान्तिकारी लेखक ही नहीं, जो भी देशप्रेमी और

उत्पीड़ित जनगण के पक्षधर हैं वे इस जुझारू दौर के विरसे से ही नई प्रेरणा लेने की बात कर रहे हैं। अतः मैं यह नहीं मानती कि 1947 के बाद यथार्थवादी सृजनात्मक धारा समाप्त हो गई, जबकि **तलत अहमद** यही मानते हैं। इसके बावजूद मैं उनके इस निष्कर्ष से सहमत हूँ कि कम्युनिस्ट आंदोलन के एक घटक के रूप में इसे छोटा कर और साहित्यिक दृष्टि से नगण्य बनाकर देखने से राष्ट्रीय स्तर पर चतुर्दिक व्यापक प्रगतिशील परिघटना के सारतत्त्व को समझा नहीं जा सकता। यह स्थिति केवल हिंदुस्तान में ही नहीं, पाकिस्तान के साहित्य और संस्कृति के परिदृश्य से भी इसी मान्यता की पुष्टि होती है, वर्ना वहाँ फ़ैज़ और हबीब जालिब को इतनी लोकप्रियता मिलती ही नहीं।

मई 1970 में शिमला एडवांस रिसर्च इंस्टीच्यूट के द्वारा आयोजित **भारतीय साहित्य** के सेमिनार में प्रो. **मार्गरेट चटर्जी** ने अपना एक आलेख पढ़ा था। अपने आलेख के अंत में दुराग्रह से यह कहा कि गांधी जिस सामाजिक क्रान्ति की आशा करते थे, उसके पूरा न होने के कारण विदेशी विचारधारा के प्रभाव से प्रगतिशील आंदोलन आरम्भ हुआ जिसकी यहाँ कोई जड़ नहीं थी। परन्तु यहाँ प्रश्न यह उठता है कि क्या किसी विचारधारा के बिना ही जड़ की तलाश संभव है? **मार्गरेट चटर्जी** ने जड़ों की पहचान और विचारधारा के प्रभाव को एक-दूसरे के प्रतिलोम के रूप में प्रस्तुत किया है। मुख्य सवाल यह है कि अगर गांधी के वैचारिक ढांचे के अनुसार सामाजिक रूपान्तरण हो भी जाता तो क्या गांधीवादी रूपान्तरण आर्थिक-सामाजिक असमानता समाप्त कर देता? क्या गांधी का ऐसा कोई सपना भी था? चूँकि यह सब संभव ही नहीं था, अतः ऐतिहासिक भविष्यता का उस कालखंड पर अवास्तविक प्रक्षेप तार्किक दृष्टि से असंगत है। इस बहस के संदर्भ में मेरी पुस्तक के प्रारम्भिक अध्यायों में विस्तार से विचार किया गया है।

1930-40 के आसपास हिंदुस्तान की आर्थिक, सामाजिक और औपनिवेशिक वास्तविकता ही ऐसी थी कि लेखक तत्कालीन जीवन के अंतर्विरोधों को आत्मसात किए बगैर अपनी कलाकृति में नवोन्मेष कर ही नहीं सकता था। इसी संदर्भ में प्रगतिशील आंदोलन राष्ट्रव्यापी साहित्यिक आंदोलन का रूप ले सका और हर भाषा में नई पीढ़ी के रचनाकर्मी प्रगतिशील आंदोलन के प्रति आकृष्ट हुए। साथ ही पुरानी पीढ़ी के कलाकारों-रचनाकारों ने भी इसके प्रभाव को बहुत ही गहराई से समझा और स्वीकार किया। इसकी पुष्टि के लिए मैं गुरुदेव रवीन्द्रनाथ टैगोर का, प्रलेस अधिबेशन, कलकत्ता के लिए भेजा गया लिखित संदेश परिशिष्ट में जोड़ रही हूँ, जोकि पिछले दोनों संस्करणों में नहीं था।

मेरी इस किताब के दूसरे संस्करण के प्रकाशन के बाद कुछ विद्वानों ने यह चर्चा की है कि प्रलेस के अंदरूनी विवादों की विवेचना के क्रम में शिवदान सिंह चौहान के पक्ष को नकारात्मक ढंग से प्रस्तुत किया गया है,

हालाँकि उन्होंने छायावाद के मूल्यांकन से संबंधित अपनी सर्वनिषेधवादी टिप्पणी बाद में वापस ले ली थी। ऐसे विद्वान मित्र इस तथ्य पर ध्यान ही नहीं देते कि शिवदान सिंह चौहान की उक्त टिप्पणी से प्रगतिशील आंदोलन के प्रारम्भिक दौर में संगठन पर हमला बोलने वाला कितना बड़ा प्रामाणिक औजार प्रतिक्रियावादियों को मिल गया था, जिसका उपयोग वे आज तक कर रहे हैं। यही नहीं पिछले विशेष दौर की बहसों, धाराओं और मुद्दों का वस्तुगत मूल्यांकन करते समय किसी तथ्य को चिमटी से पकड़कर उखाड़ा या तराशा नहीं जा सकता है। इसके साथ ही उन मित्रों को मैं यह बताना चाहती हूँ कि इप्टा के निर्माण से संबंधित शिवदान सिंह चौहान के आलेख **'भारतीय जन नाट्यशाला'** का अपनी पुस्तक में मैंने बार-बार सकारात्मक उल्लेख किया है। इन तथ्यों को दरकिनार कर यह समझना कि प्रलेस के अंदरूनी विवाद में मैंने किसी एक व्यक्ति का पक्ष समर्थन किया है, पूरी तरह असंगत है। मार्क्सवादी सौंदर्यशास्त्र की कसौटी के सुचिंतित मानदंडों के संदर्भ में ही मैंने अपनी विवेचना प्रस्तुत की है, व्यक्तियों के पक्ष या विपक्ष में नहीं।

हिंदुस्तान के वर्तमान साहित्य ख़ासकर हिंदी के पाठक समुदाय, सृजनकर्मियों तथा समालोचकों के आगे उपस्थित समकालीन चुनौतियों के परिप्रेक्ष्य में यह पुस्तक नई पीढ़ी को प्रेरणा दे, तभी अपने प्रयास को मैं सार्थक समझूँगी।

इस पुस्तक के आवरण-चित्र के लिए मैं कवि-चित्रकार विजेंद्र के प्रति आभारी हूँ। इसके साथ ही पुस्तक के तीसरे संस्करण के लिए राजकमल प्रकाशन के प्रबन्धक श्री अशोक महेश्वरी के प्रति मैं आभार प्रकट करती हूँ।

—रेखा अवस्थी

अनुक्रम

1

प्रगतिशील साहित्यिक आंदोलन

प्रगतिशील साहित्यिक आंदोलन का इतिहास 'प्रगतिशील लेखक संघ' के संगठन संबंधी पहलुओं की उपेक्षा करके नहीं लिखा जा सकता। प्रगतिशील आंदोलन पर प्रकाशित चाहे स्वतंत्र समीक्षा कृतियां हों अथवा अनुसंधानपरक ग्रंथ हों, सभी इस दुर्बलता के कारण वैज्ञानिक विवेचन की वस्तुगत दृष्टि से रहित हैं। पहली बार यह प्रयत्न किया जा रहा है कि प्रगतिशील आंदोलन को सही ऐतिहासिक संदर्भ में और प्रगतिशील लेखक संघ के संगठन की संचालक भूमिका के सुसंबद्ध पार्श्वपट में रखकर देखा जाए।

विदेशी दासता और सामंती जुए के नीचे छटपटाती भारत की उत्पीड़ित जनता सन् '30 के बाद संघर्ष के जिस दौर से गुजर रही थी, उसमें प्रगतिशील बुद्धिजीवियों का संगठित होना स्वाभाविक था। लेखकों को संगठित करने का प्रयास 'हिंदी साहित्य सम्मेलन' की ओर से भी हो रहा था। 'प्रगतिशील लेखक संघ' और 'हिंदी साहित्य सम्मेलन' के अतिरिक्त आगे चलकर 'परिमल' नामक एक साहित्यिक संगोष्ठी के मंच पर भी लेखकों को संगठित किया गया। छायावादोत्तर युग में इन तीनों लेखकीय संगठनों के परस्पर संघर्ष की पृष्ठभूमि में तत्कालीन सृजनात्मक साहित्य के भीतर मौजूद प्रगतिशील और प्रतिगामी विचारधारात्मक रुझानों को समझने में मदद मिलती है।

स्वाधीनता और सामाजिक क्रांति की जिन मांगों के दबाव में सन् '36 से पहले ही अनेक प्रकार के संगठनों की स्थापना का सिलसिला चल रहा था, सांस्कृतिक और बौद्धिक स्तर पर लगभग उन्हीं मांगों के ऐतिहासिक कार्यभार की पूर्ति के लिए 'प्रगतिशील लेखक संघ' की स्थापना की गई थी। 'प्रगतिशील लेखक संघ' की स्थापना से पहले के सृजनात्मक साहित्य को यदि ध्यान से देखें तो पता चलता है कि सन् '30 के आसपास किसान समस्या, सामाजिक उत्पीड़न, स्त्री पराधीनता की समस्या और स्वाधीनता का प्रश्न रचनाशीलता के केंद्र में उपस्थित हो गया था जिसे उस दौर के सभी महत्वपूर्ण सृजनकर्मी यथार्थ के संपूर्ण द्वंद्व के संदर्भ में प्रस्तुत करने का प्रयास कर रहे थे। हिंदी के मध्यवर्गीय लेखक सहसा किसानों के प्रति इतना गहरा लगाव क्यों अनुभव करने लगे? किसानों के प्रति 'बौद्धिक सहानुभूति' अथवा 'क्रांतिकारी एकात्मता' का यह भाव अचानक सामूहिक रूप में क्यों व्यक्त होने लगा? जिस तरह इन प्रवृत्तियों के मूल कारण तत्कालीन परिस्थितियों में निहित हैं, उसी तरह 'प्रगतिशील लेखक संघ' के गठन की भावना भी उन्हीं परिस्थितियों से पैदा हुई थी।

कुछ लोग यह कहते हैं कि 'प्रगतिशील लेखक संघ' और प्रगतिवाद का आंदोलन—यह

सब विदेश से उधार लिया गया साहित्यिक फसाद था; रूस की प्रेरणा से गठित कम्युनिस्ट पार्टी से संचालित था और तत्कालीन भारत के यथार्थ के द्वंद्वों, राष्ट्रीय जीवन की अनिवार्यताओं तथा हिंदी-उर्दू की जातीय आवश्यकताओं की तार्किक परिणति न था। इस तरह के आक्षेप करने वाले समीक्षक, स्वाभाविक है कि अपने ढंग के निष्कर्ष भी निकालते हैं। वह यह कि चूंकि प्रगतिशील आंदोलन बाहर से लाई गई चीज थी, अतः हिंदी में उसका विकास जातीय भावभूमि से प्रतिकूल दिशा में हुआ और इसी कारण से वह अल्प अवधि में ही बिखर गया।

अभी इन आरोपों, प्रत्यारोपों, आक्षेपों और समाधानों के इतिवृत्त में न आकर यह देखना अधिक प्रासंगिक है कि क्या संगठन बनाने की कोशिशें सन् 1936 से पहले नहीं हो रही थीं? क्या 'हिंदी साहित्य सम्मेलन' के मंचों और संगठन केंद्रों से राष्ट्रीय मुक्ति आंदोलन की प्रगतिशील अंतर्वस्तु को सही दिशा में विकासित करने की कोशिशें नहीं हो रही थीं? क्या 'हिंदी साहित्य सम्मेलन' सांप्रदायिकता और पुनरुत्थानवादी प्रवृत्तियों के प्रचार-प्रसार का केंद्र नहीं था? क्या समसामयिक साहित्य की नवीन उद्भावनाओं और रचनात्मक नवोन्मेष का सशक्त विरोध 'हिंदी साहित्य सम्मेलन' की ओर से नहीं हो रहा था? क्या प्रांतीय भाषाओं, उर्दू और जनपदीय बोलियों और उनके साहित्य से जनवादी एकता का रवैया न रखकर हिंदी को सर्वोपरि रखने की नीति हिंदी वर्चस्ववाद की नीति नहीं थी?

हिंदी साहित्य सम्मेलन के पदाधिकारियों तथा पुरानी पीढ़ी के दिग्गज साहित्यकारों द्वारा छायावाद का विरोध किया जा रहा था। 'पल्लव' को पुरस्कार की दृष्टि से हेय रचना मानना और 'वीरसतसई' को पुरस्कार देना—इसी विरोध की चरम अभिव्यक्ति था। नई पीढ़ी के साहित्यकार और साहित्यरसिक साहित्य सम्मेलन के इस पुरातनपंथी रवैए से क्षुब्ध थे। उस समय के साहित्यिक परिवेश में निहित अंतर्विरोध को रेखांकित करते हुए 'दिनकर' ने ठीक ही कहा है कि पुराने और नए स्कूल के प्रतिनिधियों के बीच का संघर्ष 1928 में मुखर रूप ले चुका था।[1]

पर 1929 में एकाएक साहित्य सम्मेलन के पदाधिकारियों के चुनाव में नई पीढ़ी के प्रतिनिधियों की विजय होती है। गणेश शंकर विद्यार्थी अध्यक्ष और रामवृक्ष शर्मा बेनीपुरी प्रचार मंत्री चुने जाते हैं। इसी वर्ष कांग्रेस के अध्यक्ष पद पर पं. जवाहलाल नेहरू का चुनाव होता है। साहित्य और राजनीति—दोनों पर से पुरातनपंथी लोग हटाए जाते हैं। निराला इस परिवर्तन का पूरे उत्साह से स्वागत करते हैं : 'युवकों की ऐसी विजय प्राचीनताभक्त भारत में इधर शताब्दियों से देखने को नहीं मिली।'[2]

पर साहित्य सम्मेलन के अध्यक्ष पद पर गणेश शंकर विद्यार्थी ज्यादा दिन नहीं रह पाए। कानपुर के एक सांप्रदायिक दंगे में उनकी हत्या कर दी गई।

अतः परिस्थिति ने पलटा खाया और साहित्य सम्मेलन के विभिन्न पदों पर पुनः 'प्राचीनताभक्त' ही स्थापित कर दिए गए। इन्हीं प्राचीनताभक्तों ने समस्यापूर्ति की साहित्यिक प्रणाली की रक्षा की अनथक कोशिश की, मुक्तछंद का विरोध किया, उग्र के 'चाकलेट' के यथार्थवाद का विरोध करने के लिए 'घासलेटी साहित्य' का आंदोलन चलाया और प्रेमचंद को विदेशी कथाकारों की रचनाओं का अपहरणकर्त्ता कहकर कलंकित करने की कोशिश की। 'दिनकर' ने 1930 के आसपास के इस 'कोलाहल' का मनोविज्ञान समझने की कोशिश की है : 'हमारी उपेक्षा और अनादर के प्रधान कारण ये सिंहासनस्थ वृद्ध साहित्यिक हैं।'

अतएव अपनी रचनाओं में नए साहित्यिक हृदय का सारा विष इन वयोवद्ध साहित्यिकों पर ही उड़ेलते थे। कलकत्ते के 'नारायण' में गुलाब रत्न वाजवेपी 'गुलाब' ने लिखा था :

सो जाओ हे वृद्ध विकल।
इस प्रचंड अंधड़ के सम्मुख,
ग्रीष्मकाल की वायु विफल।[3]

नई पीढ़ी की जीवंत रचनात्मकता 'प्रचंड अंधड़' है और उसे वृद्ध लोग रोकने की व्यर्थ चेष्टा कर रहे हैं। और ये वृद्ध लोग हैं कौन? 'सिंहासनस्थ वृद्ध साहित्यिक।'

विचारधारा और दृष्टिकोण के स्तर पर न केवल साहित्य सम्मेलन के द्वारा बल्कि पुरानी पीढ़ी के संपादकों के द्वारा भी पुरातनप्रियता, पुनरुत्थानवाद, हिंदू रूढ़िवाद आदि को प्रश्रय और संरक्षण मिल रहा था। पं. जवाहरलाल नेहरू ने 1933 के साहित्यिक परिवेश का 'मेरी कहानी' में उल्लेख किया है। उससे भी इसी तथ्य की पुष्टि होती है।

बनारस के 'रत्नाकार रसिक मंडल' की ओर से पं. नेहरू को अभिनंदन पत्र दिया गया। इस घटना की रिपोर्ट 20 नवंबर 1933 के 'जागरण' में प्रेमचंद ने प्रकाशित की। इस अवसर पर दिए गए अपने भाषण का उल्लेख करते हुए पं. नेहरू ने लिखा :

> आजकल हिंदी में जो क्लिष्ट और आलंकारिक भाषा इस्तेमाल की जाती है, उसकी मैंने कड़ी आलोचना की। उसमें कठिन, बनावटी और पुरानी शैली के संस्कृत शब्दों की भरमार रहती है। मैंने यह कहने का भी साहस किया कि यह थोड़े से लोगों के काम में आने वाली दरबारी शैली अब छोड़ देनी चाहिए और हिंदी लेखकों को यह कोशिश करनी चाहिए कि वे हिंदुस्तान की आम जनता के लिए लिखें और ऐसी भाषा में लिखें जिसे लोग समझ सकें। आम जनता के संसर्ग से भाषा में नया जीवन और असली सच्चापन आ जाएगा।[4]

'रत्नाकर रसिक मंडल' की उस छोटी सी सभा में पं. नेहरू ने यह भी कहा कि अन्य प्रादेशिक भाषाओं के समसामयिक साहित्य की तुलना में हिंदी में दरबारी शैली की प्रबलता है।[5] दैनिक 'आज' तथा 'भारत' में इस भाषण की खबरें छपीं। हिंदी पुरातनपंथी साहित्यकारों ने पं. नेहरू के उक्त भाषण के विरोध में एक जबरदस्त विवाद खड़ा कर दिया। 'निराला' को भी क्षोभ हुआ था, पर उनके क्षोभ का कारण भिन्न था; उनका कहना था कि हिंदी में जो नया साहित्य अपनी नई विचारधारा, देशभक्ति, जनभावना आदि के साथ लिखा जा रहा है उसे न पढ़ना और प्राचीनताभक्तों को तूल देना ठीक नहीं है। इस पूरे विवाद पर पं. नेहरू की नजर थी। उन्होंने विवाद के खत्म होने के बाद लिखा : 'यहां का सारा दृष्टिकोण बहुत संकुचित और दरबारी-सा है और ऐसा मालूम होता है मानो हिंदी का लेखक और पत्रकार एक दूसरे के लिए और एक बहुत ही छोटे दायरे के लिए लिखते हों। उन्हें आम जनता और उसके हितों से मानो कोई सरोकार ही नहीं है।'[6]

हिंदी के जिस साहित्यिक परिवेश में 'संकुचित दृष्टिकोण' और 'दरबारीपन' का बोलबाला हो, जिसे संचालित करने के पीछे हिंदू रूढ़िवाद और सामंती सांस्कृतिक दुराग्रह सक्रिय हों— उनका विरोध होना चाहिए और पं. जवाहरलाल नेहरू ने 'मेरी कहानी' में उनका सही विरोध किया था। उस समय पं. नेहरू ने 'भारतमाता' की कविकल्पना के संबंध में जो प्रश्न उठाए थे, वे बड़े ही प्रासंगिक थे; चूंकि अब 'नीलांबर परिधान' वाली भारतमाता से उत्पीड़ित जनसमूह

को प्रेरित अथवा उद्वेलित नहीं किया जा सकता था :

> यह एक अजीब बात है कि देश को मानव रूप में मानने की प्रवृत्ति को कोई रोक नहीं सकता। हमारी आदत ही ऐसी पड़ गई है और पहले के संस्कार भी ऐसे ही हैं। भारत 'भारतमाता' बन जाती है–एक सुंदर स्त्री, बहुत ही वृद्ध होते हुए भी देखने में युवती, जिसकी आंखों में दुःख और शून्यता भरी हुई, विदेशी और बाहरी लोगों के द्वारा अपमानित और प्रताड़ित, और अपने पुत्र-पुत्रियों को अपनी रक्षा के लिए आर्त्त स्वर से पुकारती हुई। इस तरह का कोई चित्र हजारों लोगों की भावनाओं को उभार देता है और उनको कुछ करने और कुर्बान हो जाने के लिए प्रेरित करता है। लेकिन हिंदुस्तान तो मुख्यतः उन किसानों और मजदूरों का देश है, जिनका चेहरा खूबसूरत नहीं, क्योंकि गरीबी खूबसूरत नहीं होती। क्या वह सुंदर स्त्री, जिसका हमने काल्पनिक चित्र खड़ा किया है, नंगे बदन और झुकी कमर वाले, खेतों और कारखानों में काम करने वाले किसानों और मजदूरों का प्रतिनिधित्व करती है? या वह उन थोड़े से लोगों के समूह का प्रतिनिधित्व करती है, जिन्होंने युगों से जनता को कुचला और चूसा है, उस पर कठोर से कठोर रिवाज लाद दिए हैं और उसमें से बहुतों को अछूत तक करार कर दिया गया है? हम अपनी काल्पनिक सृष्टि से सत्य को ढकने की कोशिश करते हैं और असलियत से अपने को बचाकर सपनों की दुनिया में विचरने का यत्न करते हैं।[7]

राष्ट्रीयता की इस कल्पना को अगर हम तत्कालीन साहित्य की राष्ट्रीय कल्पना से मिला कर देखें तो पता चलता है कि संकुचित दृष्टिकोण साहित्य पर हावी था, राष्ट्रीयता की कल्पना में जनवादी चेतना हावी नहीं थी बल्कि हिंदू आभिजात्य का संकीर्ण वर्गस्वार्थ हावी था। पं. नेहरू की कल्पना से मेल खाने वाली भारतमाता की मूर्त्तियां बाद में '39-'40 के आसपास पंत और निराला ने तैयार कीं–'भारतमाता ग्रामवासिनी' तथा 'देवी सरस्वती' में।

पं. नेहरू के माध्यम से तत्कालीन प्रबुद्ध नेताओं और बुद्धिजीवियों का यह आह्वान आकस्मिक नहीं था। सन् '30 के आसपास तरुण साहित्यकारों पर यह जिम्मेवारी आ गई थी कि वे राष्ट्रीयता के वर्गस्वरूप की पहचान करें, 'जनवादी राष्ट्रीयता' और 'हिंदू पुनरुत्थानवादी राष्ट्रीयता' में फर्क समझें और समझाएं। इस जिम्मेवारी के रास्ते में सबसे बड़ी बाधा हिंदी साहित्य सम्मेलन उपस्थित करता था और उस 'सम्मेलन के प्राण' राजर्षि पुरुषोत्तम दास टंडन थे। न केवल साहित्य और शिक्षा के विभिन्न संगठनों पर वे छाए हुए थे बल्कि कांग्रेस के भीतर भी उन्हें नेतृत्व मिल गया था।

प्रकाशन मंचों और साहित्यिक संगठनों पर छाए हुए 'प्राचीनताभक्त' रूढ़िवादी, दरबारी, हिंदू पुनरुत्थानवादी आदि तत्वों की वजह से नए साहित्यिक अपना अलग संगठन बनाने की बात सोचें, अपनी विचारधारा और नई साहित्यिक अभिरुचि के प्रकाशन के लिए नई पत्रिकाओं के प्रकाशन का प्रयत्न करें–सन् '30 के जमाने में यह एक स्वाभाविक बात थी।

ब्रिटिश हुकूमत चुन-चुन कर उन पत्र-पत्रिकाओं का ही दमन कर रही थी जो समाजवाद, जनवाद, साम्यवाद, जनजागरण, किसानों की मुक्ति, स्वाधीनता आदि की बात करती थीं। 'जागरण', 'हंस' आदि से 1932 में जमानत मांगी गई। 'आज' को बंद कर दिया गया। परिस्थिति कितनी नाजुक हो गई थी इसका अनुमान केवल इस बात से लगाया जा सकता है कि राजद्रोह कानून के अंतर्गत 3-4 वर्षों (1930-1934) के अंदर ही 348 समाचारपत्रों

के प्रकाशन बंद कर दिए गए।[8] इतना ही नहीं, गोर्की, मौरिस थोरौ, मार्क्स, एंगेल्स और लेनिन की पुस्तकों का वितरण गैर-कानूनी कर दिया गया और बाजार में उपलब्ध पुस्तकें जब्त कर ली गईं। रवींद्रनाथ ठाकुर द्वारा लिखित 'रूस से चिट्ठी' पर पाबंदी लगा दी गई।[9] प्रेमचंद ने 'जागरण' के माध्यम से प्रेस की इस दमननीति का पूरा भंडाफोड़ किया : 'लेकिन यहां इतना कह देना हम अपना कर्त्तव्य समझते हैं कि ऐसे वातावरण में जबकि हर एक संपादक के सर पर तलवार लटक रही हो, राष्ट्र का सच्चा राजनीतिक विकास नहीं हो सकता।'[9]

बोलने और लिखने की आजादी की हिमायत के लिए लेखक आपस में एकजुट हों, यह भावना आकस्मिक और अकारण नहीं थी।

उस दमघोंटू माहौल में प्रेमचंद लेखकों के जनवादी स्वत्व की रक्षा के लिए लेखक संघ का गठन दो उद्देश्यों से करना चाहते थे : (1) अभिव्यक्ति की स्वतंत्रता की रक्षा के लिए, और (2) सहकारी प्रकाशन संस्था खोलने के लिए।

1934 में प्रेमचंद और रामचंद्र टंडन के बीच लेखक संघ बनाने के सवाल पर विवाद उठ खड़ा हुआ था। रामचंद्र टंडन लेखकों के स्वत्व तथा प्रकाशकों के शोषण से लेखक की रक्षा के लिए लेखकों का संगठन बनाने की बात कर रहे थे। प्रेमचंद प्रकाशकों के विरुद्ध ट्रेड यूनियन आधार पर लेखक संगठन खड़ा करने की बात से मतभेद रखते थे। उनका कहना था कि बुनियादी सवाल स्वत्व की रक्षा और 'विशाल सहकारी प्रकाशन संस्था' खोलने का है। इस बात को लेकर इतना बतंगड़ बना कि अंत में लेखक संघ की योजना धरी रह गई।

इस लेखक संघ के लिए रामनरेश त्रिपाठी, किशोरीदास वाजपेयी और प्रेमचंद तीन संयोजक मनोनीत किए गए थे। इन तीनों संयोजकों को अकेले रामचंद्र टंडन ने अपने विरोधी विचारों से निष्क्रिय कर दिया। इन सारी बातों के मूल प्रश्न का विश्लेषण करते हुए मुंशी प्रेमचंद ने दिसंबर 1934 के 'हंस' में संपादकीय लिखकर प्रकाशकों की दुरवस्था पर प्रकाश डाला और लेखक संघ के गठन की बुनियादी जरूरतों पर जोर दिया। रामचंद्र टंडन इस संपादकीय से भड़क उठे और उन्होंने 31 दिसबंर 1934 के अपने पत्र में प्रेमचंद को मगरमच्छ प्रकाशकों का वकील बनने से मना किया।[11]

ब्रिटिश साम्राज्यवाद के विरुद्ध स्वाधीनता संघर्ष, लेखकों के जनवादी अधिकारों का दमन और अभिव्यक्ति की आजादी की समस्या, हिंदू पुनरुत्थानवाद के बजाय जनवादी राष्ट्रीयता, हिंदी वर्चस्ववाद की आकांक्षा के विरुद्ध सभी भारतीय भाषाओं और बोलियों की आजादी, हिंदी लेखकों के संगठन के बजाय अखिल भारतीय स्तर पर सभी भारतीय भाषाओं की पारस्परिकता का संबंध और अखिल भारतीय सर्वभाषा लेखक संगठन—ये सब ऐसे प्रश्न थे जिनसे न केवल प्रेमचंद बल्कि उस अवधि के तमाम प्रबुद्ध नेता, बुद्धिजीवी, पत्रकार और लेखक जूझ रहे थे। अतः रामचंद्र टंडन ने लेखक संघ के सवाल को जिस संकुचित दायरे में खींच कर सारे प्रयास को निष्फल कर दिया था, उससे मुक्त होने के बाद प्रेमचंद असली सवालों से जूझते हुए 'भारतीय साहित्य परिषद' की स्थापना की तरफ ध्यान देने लगे। अमृतराय ने संकेत दिया है कि 1935 में प्रेमचंद का दिमाग किस दिशा में काम कर रहा था। उसी हवाले से यह पता चलता है कि हिंदुस्तान की सभी भाषाओं के साहित्य की एकता के सवाल को केंद्रीय सवाल बनाकर 1935 के अप्रैल महीने में साहित्य सम्मेलन का अधिवेशन इंदौर में होने जा रहा था। मुंशी प्रेमचंद वहां चाहकर भी नहीं पहुंच पाए। कन्हैयालाल माणिकलाल

मुंशी ने उस अधिवेशन के फैसले की सूचना देते हुए प्रेमचंद को यह लिखा कि जैनेंद्रकुमार के प्रयास से तथा गांधीजी के सहयोग से अंतरप्रांतीय परिषद बुलाने का निर्णय हुआ है। 'हंस' को लोग उसका मुखपत्र बनाना चाहते थे। उस खत का प्रेमचंद ने स्वागत किया। एकता के इस नए यज्ञ में 'हंस' को इस नए दायित्व के लिए प्रेमचंद ने सौंप दिया। अक्टूबर 1935 में 'हंस' 'भारतीय साहित्य परिषद' के मुखपत्र के रूप में निकलने लगा।[12]

लंदन में प्रगतिशील लेखक संघ बनाने का पहला प्रयास

इधर प्रेमचंद के नेतृत्व में हिंदुस्तान के लेखकों को संगठित करने, भारतीय भाषाओं की एकता और पारस्परिकता की दिशा में बढ़ने के प्रयत्न हो रहे थे, उधर सोवियत संघ में मैक्सिम गोर्की के नेतृत्व में 1934 में सोवियत लेखक संघ का गठन हुआ। सोवियत लेखक संघ के अधिवेशन के अवसर पर रोम्यां रोलां, आंद्रे जीद, हेनरी बारबूज, जार्ज बर्नार्ड शॉ आदि ने बंधुत्वपूर्ण बधाइयां और समर्थन के संदेश भेजे। लेखकों को संगठित करने का ऐसा ही एक व्यापक प्रयत्न जुलाई 1935 में हेनरी बारबूज के नेतृत्व में पेरिस में हुआ। 'संस्कृति की रक्षा के लिए विश्व लेखक अधिवेशन' (वर्ल्ड कांग्रेस आफ राइटर्स एंड आर्टिस्ट्स फार दि डिफेंस आफ कल्चर) जुलाई महीने में पेरिस में बुलाया गया। इस अधिवेशन के संयोजकों में मैक्सिम गोर्की, रोम्यां रोलां, आंद्रे मालरो, टामस मान, वाल्डे फ्रैंक जैसे विश्वविख्यात साहित्यकार थे। सज्जाद जहीर के हवाले से मालूम होता है कि इस अधिवेशन ने फासिज्म के खिलाफ, उत्पीड़ित राष्ट्र के शोषित जनगण के समर्थन में एवं विचार स्वातंत्र्य की रक्षा के लिए लेखकों की आवाज बुलंद की।[13] इस अधिवेशन में सारी दुनिया के प्रगतिशील लेखकों की एक स्थायी समिति चुन ली गई जिसके अध्यक्ष अंग्रेजी के कथाकार ई. एम. फोर्स्टर बनाए गए और इसका केंद्रीय कार्यालय पेरिस में स्थापित कर दिया गया।

साम्राज्यवाद और फासिज्म के विरुद्ध लेखकों के स्वत्व की रक्षा के लिए सारी दुनिया के पैमाने पर संगठित कोशिशें आरंभ हुईं। 1935 में समाजवादी विचारधारा के कुछ भारतीय बुद्धिजीवियों ने लंदन के एक चीनी रेस्त्रां के तहखाने में अपनी बैठक की और 'भारतीय प्रगतिशील लेखक संघ' (इंडियन प्रोग्रेसिव राइटर्स एसोसिएशन) की स्थापना करने तथा उसे 'संस्कृति की रक्षा के लिए विश्व लेखक अधिवेशन' से अंगीभूत कराने का निश्चय किया। इस बैठक को बुलाने तथा बैठक में लिए गए निर्णय को कार्यान्वित करने का दायित्व सज्जाद जहीर और मुल्कराज आनंद को सौंपा गया था। मुल्कराज आनंद अध्यक्ष चुने गए और सज्जाद जहीर सेक्रेटरी। उसी बैठक में एक घोषणापत्र तैयार किया गया। घोषणापत्र की प्रतियां हिंदुस्तान के सभी प्रमुख लेखकों और संपादकों के पास भेजी गईं। मुंशी प्रेमचंद इन गतिविधियों को बहुत नजदीक से देख रहे थे, अपनी पूरी हमदर्दी दे रहे थे और 'हंस' के माध्यम से इस लेखक संघ के उद्देश्यों को प्रचारित कर रहे थे। उन्होंने जनवरी 1936 के 'हंस' में लंदन में बने प्रगतिशील लेखक संघ के घोषणापत्र का सारांश प्रकाशित किया।

हिंदुस्तान में प्रगतिशील लेखक संघ का स्वागत और 'हंस' का सहयोग

कुछ लोग समझते हैं कि लंदन में प्र.ले.सं. स्थापित करने का निर्णय हुआ और हिंदुस्तान में लागू हो गया। ऐसे लोग सरल बनते हैं और हर आंदोलन के भीतर काम कर रहे अनेक

प्रकार के तत्वों और सूत्रों के जटिल संबंध को न समझकर तुरंत सरलीकरण पर उतारू हो जाते हैं। हिंदुस्तान के अंदर संगठन बनाने की जो भी कोशिशें हो रही थीं, उनके सूत्रधार प्रेमचंद थे और पेरिस, मास्को ओर लंदन में जो कुछ भी सरगर्मियां और हलचलें थीं, उनसे सज्जाद जहीर और मुल्कराज आनंद संपृक्त थे।

प्रेमचंद इतने से ही संतुष्ट नहीं थे। 'साहित्य में नवयुग' लाने वाले हर प्रयत्न को एक-दूसरे से जोड़ना चाहते थे। 'हंस' संगठनकर्त्ता का काम कर रहा था। 'हंस' ने अपनी टिप्पणी लिखी :

> हमें यह जानकर सच्चा आनंद हुआ कि हमारे सुशिक्षित और विचारशील युवकों में भी साहित्य में एक नई स्फूर्ति और जागृति लाने की धुन पैदा हो गई है। लंदन में दि इंडियन प्रोग्रेसिव राइटर्स एसोसिएशन की इस उद्देश्य से बुनियाद डाली गई है और उसने जो अपना मैनिफेस्टो भेजा है, उसे देखकर यह आशा होती है कि अगर यह सभा अपने इस नए मार्ग पर जमी रही तो साहित्य में नवयुग का उदय होगा।[14]

भाषा के प्रश्न पर प्रेमचंद हिंदी-उर्दू एकता के समर्थक थे और हिंदुस्तानी एकेडमी द्वारा किए जा रहे उन सभी प्रयासों का अनुमोदन करते थे। 1936 के जनवरी महीने में हिंदुस्तानी एकेडमी, प्रयाग, का सालाना जलसा हो रहा था। यह हिंदी-उर्दू का संयुक्त मंच था। प्रेमचंद इस जलसे में शरीक हुए। यहीं उनकी मुलाकात फिराक, अहमद अली, दयानारायण निगम और सज्जाद जहीर से हुई। प्रगातिशील लेखक संघ को सारे हिंदुस्तान में व्यापक पैमाने पर संगठित करने के बारे में बातें हुईं। दो दिनों बाद सज्जाद जहीर के मकान पर सबके इकट्ठे मिलने का प्रोग्राम तय हुआ। मौलवी अब्दुल हक और जोश मलीहाबादी भी मौजूद थे। मुंशी दयानारायण निगम यद्यपि बहुत उत्साहित न थे, पर प्रेमचंद का मन उमंग से भरा हुआ था और संघ के ड्राफ्ट मैनिफेस्टो पर दस्तखत करते हुए मुंशीजी ने हंस कर कहा : 'मैं तो ठहरा बुड्ढा आदमी और तुम लोग हो कि सरपट भाग रहे हो। मैं कहां दौड़ सकता हूं तुम्हारे साथ, मेरा तो घुटना-वुटना फूट जाएगा।'[15]

शिवदान सिंह चौहान के हवाले से पता चलता है कि सज्जाद जहीर के भारत वापस आ जाने पर दिसंबर '35 के अंतिम दिनों में ही इलाहाबाद में 'भारतीय प्रगतिशील लेखक संघ' का गठन कर लिया गया था और इसके ड्राफ्ट मैनिफेस्टो पर निराला और पंत ने भी हस्ताक्षर किए थे।[16] और प्र.ले.सं. को प्रारंभ में ही टैगोर, नेहरू, जयप्रकाश नारायण, आचार्य नरेंद्रदेव आदि के सहयोग का आश्वासन प्राप्त हो गया था।

साहित्य में नई जनवादी प्रवृत्ति, प्रेमचंद और फासिज्म विरोध

यह आकस्मिक नहीं है कि 22-23 फरवरी 1936 को पूर्णिया में हिंदी साहित्य सम्मेलन के अधिवेशन में भाषण देकर जब प्रेमचंद घर लौटे तो उन्होंने इकबाल की जनवादी चेतना से भरी एक कविता अपनी डायरी में नोट की और साहित्य के सामाजिक दायित्व पर एकदम नए सिरे से विचार किया:

> कविता में अगर जागृति पैदा करने की शक्ति नहीं है तो वह बेजान है। आप हाला बांधें या तंत्री के तार या बुलबुल और कफस, उसमें जीवन को तड़पाने वाली शक्ति होनी चाहिए। प्रेमिकाओं के सामने बैठकर आंसू बहाने का यह जमाना नहीं है। उस व्यापार में हमने कई सदियां खो दीं, विरह का रोना रोते-रोते हम कहीं के न रहे। अब हमें ऐसे कवि चाहिए

जो हजरते इकबाल की तरह हमारी मरी हुई हड्डियों में जान डाल दें। देखिए इस कवि नें लेनिन को खुदा के सामने ले जाकर क्या फरियाद कराई है और उसका खुदा पर कितना असर होता है। वह अपने फरिश्तों को हुक्म देता है :

उठो मेरी दुनिया के गरीबों को जगा दो,
काख़े उमरा के दरो-दीवार हिला दो।
गरमाओ ग़ुलामों का लहू सोज़े यकीं से,
कुंजिश्क फ़रोमाया को शाही से लड़ा दो।
सुलतानिए जमहूर का आता है ज़माना,
जो नक्शे कोहन तुमको नज़र आए, मिटा दो।[17]

जनवादी राजसत्ता का जमाना आ रहा है, सब कुछ पुरातन को मिटा दो—इस आह्वान को रेखांकित करना उस समय बड़ी बात थी।

प्रेमचंद भारत के उन बुद्धिजीवियों और साहित्यकारों की एकता के अंतःसूत्र बन रहे थे जो फासिज्म विरोधी और साम्राज्यवाद विरोधी भूमिका निभा रहे थे। पेरिस में अंतर्राष्ट्रीय लेखक सम्मेलन हो चुका था। अब ब्रसेल्स में 1936 ई. में विश्वशांति सम्मेलन हो रहा था। पं. नेहरू भारत के राष्ट्रीय मुक्ति आंदोलन के प्रतिनिधि के नाते ब्रसेल्स में हिंदुस्तान की आवाज पहुंचा रहे थे। इस काम में भारत के शिल्पी और विचारक कैसे पीछे रहते, खासतौर पर जबकि उस शांति महायज्ञ में रोम्यां रोलां और हेनरी बारबूज अग्निहोत्र का काम कर रहे हों। प्रेमचंद, रवींद्रनाथ ठाकुर, रामानंद चट्टोपाध्याय, नंदलाल बसु, प्रफुल्लचंद्र राय, जवाहरलाल नेहरू आदि के दस्तखतों से एक घोषणापत्र ब्रसेल्स भेजा गया। उस घोषणापत्र के प्रारंभ में तो ब्रिटिश हुकूमत द्वारा लेखकों और पत्रकारों का जो दमन हो रहा था, उसकी भर्त्सना की गई; सेंसर और कस्टम वालों की निंदा की गई और उसके बाद कहा गया था :

> महायुद्ध की प्रेतछाया सारी पृथ्वी पर मंडरा रही है। फासिस्ट तानाशाही खाने के बदले अस्त्र-संग्रह करके और संस्कृति के सुयोग के बदले साम्राज्य गठन के प्रलोभन को पकड़ कर अपना सैनिकवादी रूप दिखला रही है। अबिसिनिया को पदावनत करने के लिए इटली ने जिन सब पद्धतियों का सहारा लिया है, उनसे बुद्धि और सभ्यता के प्रति विश्वासी सब लोगों को गहरा धक्का लगा है। बड़ी-बड़ी साम्राज्यवादी शक्तियों की प्रतिद्वंद्विता और परस्पर विरोध, संकीर्ण राष्ट्रीयतावादी मनोवृत्ति को मनचाहा बढ़ावा, लड़ाई के सामानों की तेज वृद्धि—ये सब संकटमय परिस्थिति की पूर्व सूचना हैं। इस समय हम अपनी ओर से और देशवासियों की ओर से दूसरे देशों के जनसाधारण के स्वर में स्वर मिलकार कहना चाहते हैं कि हम युद्ध से घृणा करते हैं और चाहते हैं कि युद्ध का रास्ता छोड़ा जाए, युद्ध में हमारा कोई भी हित नहीं है। किसी भी साम्राज्यवादी युद्ध में भारतवर्ष के योगदान के हम घोर विरोधी हैं क्योंकि हम जानते हैं कि आगामी युद्ध में सभ्यता का विध्वंस हो जाएगा।[18]

नागपुर में 'भारतीय साहित्य परिषद' का अधिवेशन

दूसरी तरफ नागपुर में 'भारतीय साहित्य परिषद' का अधिवेशन 1936 में हुआ। उस अधिदेशन में प्रेमचंद, नरेंद्रदेव, मौलवी अब्दुल हक, पं. नेहरू और अख़्तर हुसैन रायपुरी के हस्ताक्षरों से एक पर्चा बांटा गया। इस पर्चे में साहित्यिक गतिविधियों को प्रगतिशील दिशा की ओर

मोड़ने की अपील की गई थी।

इस अपील का भारतीय साहित्य परिषद, नागपुर की बैठक पर पूरा प्रभाव पड़ा। प्रायः सभी भाषाओं के प्रमुख साहित्यकारों ने इसी अपील को ध्यान में रख कर वहां बहस में योग दिया। उस अधिवेशन में जो प्रस्ताव पास हुए वे भी प्रगतिशील साहित्य की हिमायत करते हैं। कांग्रेस समाजवादी पार्टी और कम्युनिस्ट पार्टी का बहुत गहरा प्रभाव इस सम्मेलन के प्रस्तावों में देखा जा सकता है।

इस सम्मेलन को लेकर अज्ञेय ने एक विवाद खड़ा कर दिया। उन्होंने 'विशाल भारत' में सम्मेलन के प्रस्तावों के संबंध में यह रिपोर्टिंग की कि क्रांतिप्रेरक साहित्य का प्रस्ताव गिर गया और यह कि कम्युनिस्ट और सोशलिस्ट विचारधारा के लोगों को सम्मेलन में कोई खास उपलब्धि नहीं हुई है।[19] सम्मेलन की कार्यवाहियों की इस भ्रामक निपोर्ट पर अख्तर हुसैन रायपुरी ने प्रहार किया। जुलाई 1936 में 'विशाल भारत' में उन्होंने लिखा कि वास्तविकता कुछ दूसरी ही है। परिषद ने रातोंरात दो प्रस्ताव पेश किए : (1) जो साहित्य जीवन के उच्च आदर्श का विरोधी हो, सुरुचि भंग करता हो अथवा सांप्रदायिक सद्भावना में बाधा डालता हो, ऐसे साहित्य को यह परिषद हरगिज प्रोत्साहन न देगी। लोकजीवन के जीवित और प्रत्यक्ष सवालों का हल करने वाले साहित्य के निर्माण को यह परिषद प्रोत्साहन देगी। (2) इस सभा का काम हिंदी अथवा हिंदुस्तानी में होगा।

इसमें पहले प्रस्ताव का विरोध होना स्वाभाविक था। अख्तर हुसैन रायपुरी ने विरोध के पीछे अपनी दलील रखी : 'इसका निर्णय पाठक ही करें कि इस प्रस्ताव में डिक्टेटरी की बू आती है या नहीं। कोई भी लेखक अपनी कृति को आदर्शहीन, कुरुचिपूर्ण और मुर्दा सवालों का जवाब कहने को तैयार नहीं है। फिर भी आपके दिमाग में 'सु' और 'कु' की दीवारें खड़ी हुई हैं। जब भी आप अपने स्टैंडर्ड से एक चीज को अच्छी और दूसरी को बुरी कहते हैं तो आप डिक्टेटरी का बीज बो देते हैं। इस तरह की अनैतिकता असहिष्णुता से आरंभ होती है।[20]

उस सम्मेलन में क्रांतिकारी साहित्य लिखने के प्रस्ताव का विरोध अज्ञेय और बनारसीदास चतुर्वेदी की ओर से हुआ था। उनका कहना था कि क्रांतिप्रेरक साहित्य 'थोथा और निस्सार' है। उनकी इस आलोचना का जवाब देते हुए अख्तर हुसैन रायपुरी ने लिखा :

> क्रांतिप्रेरक साहित्य का विरोध इस सबब से करना कि वह ऐसा साहित्य पैदा करने में सहायक हो रहा है जो 'थोथा और निस्सार' है, मेरी समझ में ठीक नहीं है। हमारे देश में क्रांतिप्रेरक साहित्य पैदा ही कब हो रहा है। 'कला कला' के नाम पर जो कविताएं और कहानियां छपती हैं उनमें कुछ आत्मपूजकों की तुच्छ और रौंदी हुई आकांक्षाएं छिपी रहती हैं, जिनसे न जीवन के उच्च आदर्शों का कुछ संबंध है, न लोक-जीवन के प्रत्यक्ष और जीवित सवालों से कोई वास्ता। छिछला और निस्सार साहित्य इसलिए पैदा हो रहा है कि उसके निर्माता अपनी आत्मा से और जगत की आत्मा से अपरिचित हैं। वे घोंघों की तरह 'स्व' की मोटी खाल में लिपटे हुए हैं और उनके आसपास एक विराट संसार सिसक-सिसक कर अपने आदर्श की ओर बढ़ रहा है। क्रांतिप्रेरक साहित्य क्रांतिकारी आंदोलन के साथ पनपेगा और बढ़ेगा। अभी यह नवशिशु है क्योंकि क्रांति की यह बिजली सुदूर अंतरिक्ष पर झिलमिला रही है।[21]

हिंदुस्तान में प्रगतिशील लेखक संघ की स्थापना

इस पृष्ठभूमि में प्रगतिशील लेखक संघ की स्थापना और औपचारिक तौर पर प्रगतिशील साहित्यिक आंदोलन के आरंभ की घोषणा के इतिवृत्त को ऐतिहासिक परिप्रेक्ष्य में समझना आवश्यक है।

सन् 1934 के जून महीने से हिंदुस्तानी कम्युनिस्ट पार्टी गेरकानूनी घोषित कर दी गई थी। दमनचक्र जोरों पर था। सारी पार्टी को भूमिगत होना पड़ा। कम्युनिस्ट पार्टी के अधिकांश कार्यकर्त्ता और कुछ सोशलिस्ट नेताओं और कांग्रेस के भीतर के कुछ गरमदली नेताओं ने मिलकर सन् '34 में ही कांग्रेस के अंदर कांग्रेस समाजवादी पार्टी की स्थापना की और मार्क्सवादी विचारधारा के प्रचार के लिए लखनऊ से 'संघर्ष' नामक हिंदी साप्ताहिक पत्र निकालने का आयोजन किया। इस पत्र का प्रकाशन भी सन् '36 में ही आरंभ हो सका। नरेंद्रदेव, जयप्रकाश, लोहिया, बेनीपुरी आदि इसी कांग्रेस सोशलिस्ट पार्टी के कार्यकर्त्ता थे। सज्जाद जहीर और मुल्कराज आनंद ने सन् '36 में कांग्रेस सोशलिस्ट पार्टी के पदाधिकारियों से संबंध स्थापित किया। लखनऊ में कांग्रेस अधिवेशन होने वाला था। कम्युनिस्ट पार्टी तो भूमिगत थी, पर उसके हमदर्दों को पूरी छूट दे दी गई थी जिससे वे खुला राजनीतिक कार्य कांग्रेस के मंच से कर सकें। संभवतः इसीलिए कांग्रेस समाजवादी पार्टी के अंदर मार्क्सवादियों और गैरमार्क्सवादियों के बीच जबरदस्त रस्साकशी शुरू हो गई।[22]

इन्हीं दिनों विभिन्न जनसंगठनों के माध्यम से पार्टी ने जनसंपर्क कायम करने, मार्क्सवाद-लेनिनवाद का प्रचार करने, सुधारवादी नेतृत्व के विरुद्ध स्वाधीनता संघर्ष के अंदर विचारधारात्मक लड़ाई तेज करने और लेखकों, बुद्धिजीवियों, छात्रों तथा किसानों के मोर्चे पर अपना असर बढ़ाने के लिए अलग-अलग किस्म के खुले संगठन बनाने की योजना तैयार की। इन संगठनों में ही लेखकों का भी एक संगठन था–जिसे संचालित करने की जिम्मेदारी सज्जाद जहीर को सौंपी गई।[23] वह ऐसे नौजवान थे जो अभी-अभी यूरोप प्रवास की आधुनिकता और विलायती रहन-सहन से लैस होकर हिंदुस्तान आए थे। सज्जाद जहीर ने खुद उर्दू में चार कहानियां लिखी थीं, एक लघु उपन्यास लिखा था, फारसी के कवि हाफिज पर एक आलोचना पुस्तक लिखी थी और पर मार्क्सवाद का उन्हें ज्ञान था। वे लोग प्रेमचंद के नेतृत्व का महत्व समझते थे और हिंदुस्तान में यथार्थवादी साहित्य के लिए लेखकीय संगठन की आवश्यकता महसूस करते थे। लंदन से लौटे हुए जिन हिंदुस्तानियों के माध्यम से सज्जाद जहीर प्रगतिशील लेखक संघ की नींव डालना चाहते थे, उनके बारे में उनका खुद का कहना है :

> इन दोस्तों में अकसर वे नौजवान थे जो हमसे पहले हिंदुस्तान आ चुके थे और जिन्हें हम अदीब नहीं तो तरक्कीपसंद की हैसियत से अपना हमखयाल और हमदर्द समझते थे।[24]

यानी प्रगतिशील बुद्धिजीवियों के द्वारा प्रगतिशील साहित्यिक आंदोलन और संगठन चलाने का काम आरंभ हुआ। ऐसे लोगों में कुछ यद्यपि साहित्यकार नहीं थे, पर अपने जमाने के प्रखर बुद्धिजीवी विद्वान थे। हंसराज रहबर ने उन लोगों के नामों और कार्यों का उल्लेख किया है : (1) डाक्टर अशरफ, जो अलीगढ़ मुस्लिम यूनिवर्सिटी में इतिहास के प्रोफेसर थे। (2) डा. महमूद जफर, अमृतसर के एक कालेज में वाइस प्रिंसीपल थे और उनकी पत्नी डा. रशीद जहां। (3) प्रोफेसर हीरेन मुकर्जी, जो आक्सफोर्ड से बैरिस्टरी की डिग्री लेकर आए

थे और कलकत्ता में बैरिस्टरी कर रहे थे। (4) डा. युसूफ हुसैन खां, जिन्होंने भक्ति और सूफी आंदोलन पर पेरिस से डाक्टरेट की उपाधि प्राप्त की थी। और (5) हठी सिंह, जिनका बाद में पं. नेहरू की बहन कृष्णा से विवाह हुआ और जो आक्सफोर्ड से शिक्षा प्राप्त कर भारत लौटे थे।

इन ऊंचे तबके के पढ़े-लिखे शरीफों और बुद्धिजीवियों के संपर्क से स्वाभाविक था कि सज्जाद जहीर को यूनिवर्सिटी के प्रोफेसरों और विद्यार्थियों का सहयोग प्राप्त होता। इलाहाबाद में प्रगतिशील लेखक संघ चलाने के लिए जो सहयोगी मिले उनमें अहमद अली, फिराक गोरखपुरी, डाक्टर सैयद एजाज हुसैन, प्रोफेसर एहतेशाम हुसैन, वकार अजीम, पंत, शिवदानसिंह चौहान और नरेंद्र शर्मा उल्लेखनीय हैं।

अपनी 'रोशनाई' नामक पुस्तक में सज्जाद जहीर प्र.ले.सं. बनाने के उद्देश्यों पर रोशनी डालते हैं :

> जब हमने प्रगतिशील साहित्यिक आंदोलन की ओर पग उठाया तो कुछ बातें विशेष रूप से हमारे सम्मुख थीं। पहली तो यह कि प्रगतिशील साहित्यिक आंदोलन का रुख देश की जनता और मजदूरों, किसानों और मध्यम वर्ग की ओर होना चाहिए। उनको लूटने वालों और उन पर अत्याचार करने वालों का घोर विरोध करना, अपनी साहित्यिक रचनाओं से जनता में चेतना, गति, क्रियाशीलता और एकता उत्पन्न करना और उन तमाम अवशेषों और प्रवृत्तियों का विरोध करना जो जड़ता, प्रतिक्रिया, निरुत्साह उत्पन्न करती हैं—हमारा मुख्य कर्त्तव्य ठहरा। इसी से फिर दूसरी बात निकलती है और वह यह कि यह सब कुछ तभी संभव था जब हम चेतन रूप से देश के स्वाधीनता संघर्ष और देश की जनता की अपनी स्थिति को सुधारने के आंदोलन में भाग लें। सिर्फ दूर के तमाशाई न हों बल्कि सामर्थ्य भर अपनी योग्यता के अनुसार स्वतंत्रता सेना के सिपाही बनें। इसका यह अर्थ नहीं कि लेखक अवश्य ही राजनीतिक कार्यकर्त्ता भी बने। लेकिन इसका यह अर्थ अवश्य था कि वे राजनीति से अलग और उदासीन भी नहीं हो सकते। प्रगतिशील लेखक के मन में मानव जाति से स्नेह और गहरी सहानुभूति जरूरी है। बिना मानवता प्रेम, स्वतंत्रता की इच्छा और जनतंत्रवाद के प्रगतिशील लेखक होना संभव नहीं। इस कारण हम खुल्लमखुल्ला और जान-बूझकर आंदोलन का संबंध स्वाधीनता और जनतंत्रवादी आंदोलन के साथ जोड़ना चाहते थे। हम चाहते थे कि प्रगतिशील बुद्धिजीवी मजदूरों, किसानों, दरिद्र और पीड़ित जनता से मिलें, उनके राजनीतिक और सामाजिक जीवन का अंग बनें। उनके जलसे और जुलूसों में और उन्हें अपने जुलूसों और कांफ्रेंसों में बुलाएं। इसलिए हम अपने संगठन में इस बात पर अधिक जोर देना चाहते थे कि बुद्धिजीवियों के लिए साहित्य रचना के साथ-साथ जनजीवन के साथ अधिक से अधिक संपर्क स्थापित करना आवश्यक है बल्कि इसके बिना नए साहित्य की रचना हो ही नहीं सकती। इसलिए हम चाहते थे कि हमारे संघ की शाखाएं, एकांतप्रिय विद्वानों की टोलियां न हों, बल्कि उनमें हरकत भी हो। साहित्यिक गोष्ठियों में दूसरे लोग भी आएं। लेखकों की रचनाओं पर खुली बहसें हों। लेखक और कवि साधारण लोगों से मिलते-जुलते रहें। उनमें घुले रहें, उनसे सीखें और उन्हें सिखाएं। हमारा संघ लेखकों का संगठन होते हुए और साहित्य रचना पर अधिक से अधिक ध्यान देते हुए भी 'अंजुमन-ए-तरक्की-ए उर्दू' अथवा 'हिंदी साहित्य सम्मेलन' न बन जाए, गतिमान और सजीव संस्था बने, जिसका जनता से सीधा और स्थायी संपर्क हो।[25]

1936 के अप्रैल महीने में कांग्रेस अधिवेशन लखनऊ में हुआ और उसी के समानांतर प्रगतिशील

लेखक संघ की स्थापना के लिए पहला प्रगतिशील लेखक सम्मेलन आयोजित हुआ। कांग्रेस अधिवेशन के सभापति पं. नेहरू चुने गए। और प्रगतिशील लेखक सम्मेलन के अध्यक्ष प्रेमचंद बनाए गए। उसी समय लखनऊ में ही अखिल भारतीय किसान सभा की स्थापना हुई और उसके अध्यक्ष प्रो. एन. जी. रंगा बनाए गए और स्वामी सहजानंद सरस्वती महासचिव नियुक्त किए गए।

लखनऊ अधिवेशन में कांग्रेस के सभापति पद पर पं. नेहरू को क्यों लाया गया? कांग्रेस के अंदर वे कौन सी ताकते थीं जो पं. नेहरू को बल पहुंचा रही थीं? पट्टाभिसीतारमैया ने 1936 के राजनीतिक माहौल का विश्लेषण करते हुए लिखा है कि 'हर जगह नौजवानों में समाजवादी विचारधारा हावी हो रही थी। छात्र फेडरेशन और युवक संघों की लहर जोर पकड़ रही थी।'[26] भगतसिंह की फांसी, जनआंदोलनों का दमन और नमक आंदोलन और सविनय अवज्ञा आंदोलन की असफलताओं के कारण ब्रिटिश साम्राज्यवाद का क्रूर दमनकारी हिंसक चरित्र सामने आ गया था और मात्र सत्य-अहिंसा की कार्यनीति पर से लोगों का विश्वास उठता जा रहा था।

ऐसी स्थिति में 1936 में लखनऊ अधिवेशन का सभापतित्व गांधीजी के हाथ में जाना कांग्रेस के हित में नहीं था। नौजवानों में कांग्रेस की रही सही लोकप्रियता भी घट जाती। 'अतः पं. जवाहरलाल नेहरू से ही यह आशा की जा रही थी कि वे नए और पुराने, गांधीवाद और कम्युनिज्म के बीच सेतु का काम करें और इस तरह वे आश्चर्यजनक रूप में लखनऊ कांग्रेस अधिवेशन के अध्यक्ष पद के लिए सुयोग्य थे।'[27]

पूरा देश नई ताकत से और नए नेतृत्व में आजादी की लड़ाई को व्यापक बनाने को अधीर था। ऐसे मौके पर किसानों का संगठन बन रहा था; छात्रों का संगठन बन रहा था और उसके साथ लेखकों का भी संगठन बन रहा था। गांधीवाद से मोहभंग और समाजवादी विचारधारा के प्रसार और उसके प्रति उत्साह के वातावरण में हिंदी और उर्दू के साहित्यकारों, बोलियों और प्रादेशिक भाषाओं के रचनाकारों, पत्रकारों और बुद्धिजीवियों ने बहुत बड़ी संख्या में लखनऊ के इस पहले प्रगतिशील लेखक सम्मेलन का स्वागत किया।

इलाहाबाद में चूंकि तमाम बुद्धिजीवियों, साहित्यकारों और पत्रकारों के बीच आपसी जान-पहचान थी इसलिए प्रगतिशील लेखक संघ का काम वहां आरंभ हो गया था। पर लखनऊ में बहुत बुरा हाल था। स्थानीय साहित्यकारों में कोई भी शुरू में सहयोग करने नहीं आया। अमृतसर से आए डा. महमूद जफर और डा. रशीद जहां ने ही पर्चे बांटे, चंदा जुटाया और सम्मेलन की स्वागत समिति बनाई।

इस समय कांग्रेस अधिवेशन में शामिल होने के लिए हजारों कार्यकर्त्ता लखनऊ पहुंचने लगे। नरेंद्रदेव, जयप्रकाश, कमला देवी चट्टोपाध्याय, मियां इफ्तखारुद्दीन और सरोजिनी नायडू ने प्रोग्रेसिव लेखकों की कांफ्रेंस में शामिल होने का वचन दिया।[28]

प्रगतिशील लेखक संघ के इस पहले सम्मेलन में प्रेमचंद का अध्यक्षीय भाषण ऐतिहासिक था; इस दृष्टि से कि आदर्शवाद की सीमाओं के अंदर यथार्थवाद का जो रूप विकसित हो रहा था वह अब सुसंगत स्वरूप ग्रहण कर सामाजिक यथार्थवाद की विचार प्रणाली के रूप में नई पीढ़ी को आकृष्ट करने लगा था।

प्रेमचंद ने कहा कि साहित्य की सर्वोत्तम परिभाषा 'जीवन की ओलाचना' है। पहले के

साहित्यकार कल्पना की एक सृष्टि खड़ी करके मनमाना तिलिस्म बांधा करते थे। कवियों पर व्यक्तिवाद का रंग चढ़ा हुआ था। कवि मंडली शृंगारिक भावों की अभिव्यक्ति में लिप्त थी। पर यह उन लोगों ने नहीं देखा कि शृंगारिक मनोभाव मानवजीवन का अंग मात्र है, जाति के जीवन को जड़ता और ह्रास के पंजे से मुक्त करने के लिए आज साहित्यिक रुचि बड़ी तेजी से बदल रही है। दलित, पीड़ित और वंचित की हिमायत करने के लिए जो लिखता है, वह समाज की न्यायवृत्ति और सौंदर्यवृत्ति को जाग्रत करता है और उसमें ही वह अपने प्रयत्न को सफल समझता है।

फिर प्रगतिशील लेखक संघ के नाम के संबंध में उन्होंने कहा कि यह नाम गलत है। साहित्यकार या कलाकार स्वभावतः प्रगतिशील होता है।

कला सौंदर्यवृत्ति को पुष्ट करती है पर सौंदर्यवृत्ति के मूल में भी उपयोगिता का पहलू होता है। और इस सौंदर्य की सत्ता निरपेक्ष नहीं है, बल्कि सापेक्ष है। एक रईस के लिए जो वस्तु सुख का साधन है वही दूसरे के लिए दुःख का कारण हो सकती है।

इसके साथ ही प्रेमचंद ने सौंदर्य की कसौटी बदलने की बात की : 'हमें सुंदरता की कसौटी बदलनी होगी। अभी वह कसौटी अमीरी और विलासिता के ढंग की थी।'

इतना ही नहीं, उन्होंने शासक वर्ग की सौंदर्यदृष्टि पर प्रहार भी किया: 'उसके लिए सौंदर्य सुंदर स्त्री में है, उस बच्चों वाली गरीब रूपरहित स्त्री में नहीं जो बच्चों को खेत की मेंड़ पर सुलाए पसीना बहा रही है। उसने निश्चय कर लिया है कि रंगे होंठों, कपोलों और भौंहों में निस्संदेह सुंदरता का वास है, उसके उलझे हुए बालों, पपड़ियां पड़े हुए होंठों और कुम्हलाए गालों में सौंदर्य का प्रवेश कहां? पर यह संकीर्ण दृष्टि का दोष है।' और अंत में प्रगतिशील लेखकों को संबोधित करते हुए उन्होंने कहा कि 'हम तो समाज का झंडा लेकर चलने वाले सिपाही हैं।'

साहित्यिक व्यक्तिवाद, कुंठित सौंदर्य दृष्टि आदि पर प्रहार और साहित्यकारों से क्रांतिकारी रोमांटिसिज्म और सामाजिक यथार्थवाद की तरफ बढ़ने वाली साहित्यिक रुचि की मांग–प्रेमचंद के अध्यक्षीय भाषण का यही सार था। प्रगतिशील लेखक सम्मेलन द्वारा पास किए गए घोषणापत्र पर प्रेमचंद के इस भाषण का प्रभाव देखा जा सकता है। घोषणापत्र में प्र. ले.सं. के उद्देश्य भी साफ तौर पर परिभाषित किए गए :

1. भारत के तमाम प्रगतिशील लेखकों की संस्थाएं संगठित करना और साहित्य छापकर अपने उद्देश्यों का प्रचार करना।
2. प्रगतिशील लेखकों और अनुवादकों को प्रोत्साहित करना और प्रतिक्रियावादी प्रवृत्तियों के विरुद्ध संघर्ष करके देशवासियों के स्वाधीनता संग्राम को आगे बढ़ाना।
3. प्रगतिशील लेखकों की सहायता करना।
4. स्वतंत्रता और स्वतंत्र विचार की रक्षा करना।

प्रतिक्रिया और प्रगति की ताकतों के संघर्ष में साहित्यकार तटस्थ न रहे–यह एक ऐतिहासिक आवश्यकता थी। प्र.ले.सं. ने अपनी इस जिम्मेवारी को महसूस किया।

मई 1936 के 'हंस' में प्रगतिशील साहित्यिक आंदोलन के लिए 'हंस' को सौंपने की बात प्रेमचंद ने लिखी। प्रेमचंद का दृष्टिकोण क्या था–इसका पता अहमद अली के निबंध

से भी चलता है। प्रेमचंद यहां तक मानते थे कि नई पीढ़ी के लोगों पर प्रगतिशील लेखक संघ के द्वारा 'दृढ़ साहित्यिक आंदोलन चलाने का भार आ पड़ा था' और इस 'आंदोलन के लिए हमारा देश तैयार हो गया है और हम लोग एक बहुत ही उपयुक्त और शुभ अवसर पर एक एसोसिएशन का आरंभ कर रहे हैं।'[29]

इस प्रकार हम देखते हैं कि एक ओर जहां प्र.ले.सं. को अनेक महत्वपूर्ण राजनीतिज्ञों, बुद्धिजीवियों, लेखकों और विशेषकर नए लेखकों का पूर्ण सहयोग मिला वहीं दूसरी ओर प्रारंभ में ही ब्रिटिश हुकूमत और हिंदू पुनरुत्थानवादी लेखकों ने प्र.ले.सं. का जबरदस्त विरोध किया। 'ब्रिटिश नियंत्रित एवं बुर्जुआ प्रेस ने इसे मास्को प्रेरित बताया और हिंदू कट्टरपंथ के अगुआ व पुनरुत्थान की भावना से अनुप्राणित रूढ़िवादी लेखकों ने इसे भारतीय संस्कृति विरोधी आंदोलन कहा।'[30] प्र.ले.सं. के प्रथम लखनऊ अधिवेशन के बाद तो प्रेमचंद पर 'घृणा के प्रचारक' होने का आरोप लगाया गया और 'उनकी निंदा करते हुए अनेक लेख हिंदी पत्रिकाओं में छपे जिनमें उनकी कहानियों एवं उपन्यासों से दृष्टांत देकर यह सिद्ध किया गया था कि कैसे प्रेमचंद ब्राह्मणों के पावन आधिपत्य को चुनौती देने वाली नीची जातियों के पात्रों को जान बूझकर चुनते हैं और ब्राह्मण पात्रों को भ्रष्टाचारी, निर्दयी व अंधविश्वासी रूप में चित्रित करते हैं।'[31]

साहित्यिक आंदोलन के रूप में प्रगतिवाद का आरंभ

इस इतिवृत्त की रोशनी में प्रगतिशील साहित्यिक आंदोलन का संगठन के स्तर पर आरंभ किस तरह हुआ, यह स्पष्ट है। जनेश्वर वर्मा का मत है कि प्रगतिशील आंदोलन का आरंभ 1936 से माना जाना गलत है। उनका निश्चित मत है कि प्रगतिवाद छायावाद की प्रतिक्रिया नहीं, बल्कि उसके समानांतर चलने वाली साहित्यधारा है। प्रगतिवाद छायावाद के जन्मकाल से ही उसके साथ-साथ विकासशील रहा है। रूस की समाजवादी क्रांति और भारतीय राष्ट्रीय जागरण के प्रभावस्वरूप सन् 1918 से भारतीय जनजीवन में भी आत्मविश्वास, वर्गचेतना, मानवतावाद और जनजागृति की लहर आई, प्रगतिवाद उसी की साहित्यिक अभिव्यक्ति है। अतः प्रगतिवाद का आरंभ 1918 से मानना चाहिए और हिंदी काव्य के क्षेत्र में गया प्रसाद शुक्ल 'सनेही' को उसका आदिप्रवर्तक मानना चाहिए।[32]

जनेश्वर वर्मा की इन मान्यताओं के पीछे उनकी दलील यह है कि सनेही, हितैषी, रामेश्वर करुण आदि की रचनाएं सन् '18 से सन् '30 के बीच की हैं। उन रचनाओं में जनक्रांति का समर्थन और वर्गसंघर्ष का चित्रण है। इसी आधार पर वह कहते हैं कि साहित्य में छायावाद और प्रगतिवाद दोनों समानांतर चले हैं। आधुनिक साहित्य के इतिहासकारों को असुविधा न हो इसलिए वह इस मान्यता को स्थापित करने के उद्देश्य से कहते हैं : 'यह ठीक है कि आरंभ में प्रगतिवादी धारा बहुत निर्बल थी परंतु जैसे-जैसे देश में राजनीतिक चेतना का विकास होता गया और समाजवादी आंदोलन शक्ति संचय करते गए वैसे ही प्रगतिवादी धारा भी प्रबल होती गई और सन् 1936 ई. में 'प्रगतिशील लेखक संघ' की स्थापना के साथ उसने छायावाद पर अपनी विजय की घोषणा कर दी।'[33]

ऐसा प्रतीत होता है कि जनेश्वर वर्मा छायावाद को एकांगी और पलायन की प्रवृत्ति वाला आंदोलन मानते हैं। अतः जहां छायावादकाल में पलायन से इतर सामाजिक प्रवृत्तियां

दिखती हैं तो वे अन्य किसी समानांतर आंदोलन के अस्तित्व की कल्पना कर लेते हैं। दूसरी बात यह है कि शंकर, हितैषी, सनेही, करुण आदि की रचनाएं भारतेंदुकाल से चले आ रहे यथार्थवादी रुझानों का ही विकास हैं और खास कर समाजवादी क्रांति की विचारधारा का समसामयिक प्रभाव लेकर वे अपने यथार्थवाद को बुराइयों की आलोचना तक ही सीमित नहीं रखतीं बल्कि सर्वहारा की राजसत्ता और वर्गसंघर्ष तक की बात करती हैं। पर यह भी छिटफुट रूप में दो-चार कवियों तक ही सीमित है।

तीसरी सबसे उल्लेखनीय बात यह है कि साहित्य में भी प्रवृत्तियों का संघर्ष द्वंद्वात्मक तरीके से होता है; जनेश्वर वर्मा इस ऐतिहासिक प्रक्रिया को अनदेखा करते हैं। छायावाद के भीतर रोमांटिक विद्रोह, सामंती नैतिकता के बंधनों के प्रति आक्रोश, वेदना, प्रकृतिप्रेम, स्त्री-पुरुष संबंधों में सहज स्वच्छंदता का आग्रह, साम्राज्यवाद का विरोध, व्यक्तिवाद, अहम्मन्यता, रीतिकालीन सामंती प्रेमदृष्टि के बदले नई रोमांटिक प्रेमदृष्टि—आदि अनेक प्रकार के रुझान मिलते हैं जो कहीं परस्पर टकराते हैं, कहीं एक दूसरे के पूरक की भूमिका निभाते हैं। अतः यह समझ वैज्ञानिक नहीं है कि छायावाद पलायन का काव्य था।

जनेश्वर वर्मा की उपर्युक्त मान्यता के पीछे यांत्रिक ढंग से समाजवादी क्रांति के प्रभावों को हिंदी में देखने का आग्रह है। वह समझते हैं कि 1917 में अगर रूस में क्रांति हुई तो फौरन उसी साल हिंदी में प्रगतिवाद शुरू हो गया। इतिहास को समझने की यह विधि यांत्रिक है और पूरी तरह अवैज्ञानिक है। अतः यह मानना युक्तिसंगत प्रतीत नहीं होता कि प्रगतिशील आंदोलन का आरंभ छायावाद के जन्मकाल के समानांतर हो गया था।

इतिहास की तोड़मरोड़ और यांत्रिक समझ की वजह से जहां डा. जनेश्वर वर्मा प्रगतिवाद का आरंभ स्वाभाविक रूप में 1918 से मानते हैं, वहीं दूसरी ओर उनसे ठीक उल्टी दिशा में चलते हुए डा. रांगेय राघव ने अपनी मान्यता रखी कि 1936 में प्रगतिशील आंदोलन विदेश से लाकर हिंदी में रोप दिया गया। उनका विचार है :

> हिंदी में इस भावना का विकास विलायत से लौटे हुए उन मध्यवर्गीय या उच्च मध्यवर्गीय युवकों ने किया जो मार्क्सवाद से प्रभावित थे, किंतु जिनका ज्ञान भारत के विषय में नहीं के बराबर था। वे लोग भारत के इतिहास और संस्कृति को कुछ अंग्रेजी अनुवादों के माध्यम से ही पढ़ सके। थे। हम उनके सद्प्रयत्नों को कम करके दिखाने की चेष्टा नहीं कर रहे हैं, वरन यह बताने का यत्न कर रहे हैं कि प्रारंभ से ही जो नींव पड़ी उसकी ईंट टेढ़ी गिरी और दुर्भाग्य से उसके ऊपर की इमारत भी जरा तिरछी ही उठी।[34]

हिंदी में प्रगतिशीलता की भावना का विकास कुछ विलायती नौजवानों की कोशिशों से हुआ—यह एक विचित्र ऐतिहासिक समझ है।

राष्ट्रप्रेम के छद्म के साथ अंध कम्युनिस्ट विरोध की चिरपरिचित तर्कपद्धति यहां भी मौजूद है। धर्मवीर भारती ने भी लगभग इसी शब्दावली में आरोप लगाया : 'यहां प्रगतिवाद का प्रवेश तब हुआ जब विदेशों में उसका दिवाला पिट चुका था। विदेशों की इस उतरन को हमने बड़े चाव से दौड़कर पहना, जबकि हमारे अपने साहित्य में किसी भी प्रगतिवाद से सौगुनी शक्तिशाली प्रवृत्तियां पनप रही थीं।'[35] इतिहास व्यक्तियों की इच्छा से स्वतंत्र होता है। प्रगतिशीलता की भावना का उद्भव हिंदुस्तान की अपनी परिस्थितियों, जनं आंदोलनों, ब्रिटिश हुकूमत के दमनचक्र के विरुद्ध राष्ट्रीय स्वाधीनता और समाजवादी विचारधारा के

तेजी से प्रसार, अभिव्यक्ति की स्वतंत्रता के हनन के विरुद्ध व्यापक रूप से फैले हुए जन-आक्रोश आदि कारणों से हुआ। 1929 के बाद हिंदुस्तान की परिस्थितियों में और जनता की आत्मगत चेतना में क्रांतिकारी परिवर्तन होने लगे थे। भारतेंदुकालीन असंगतियों से मुक्त नये यथार्थवादी रुझान के विकास और देश की परिस्थितियों के प्रति संवेदनशील रचनाकारों की ईमानदार प्रतिक्रियाओं से जो अग्रगामी चेतना वाला साहित्य जन्म ले रहा था, प्रगतिवाद उसी का सुसंगत ऐतिहासिक विकास था।

धर्मवीर भारती की एक बात गौर करने लायक है कि 1936 से पहले ही हिंदी में प्रगतिवाद से सौगुनी शक्तिशाली प्रवृत्तियां पनप रही थीं। इस संदर्भ में मूल प्रश्न यह है कि क्या 1936 से पहले प्रगतिवाद की तुलना में शक्तिशाली साहित्यिक प्रवृत्ति छायावाद नहीं थी? तो क्या उस छायावाद को जीवित रखना चाहिए था जो क्रमशः पतनशील होता जा रहा था? लगभग ऐसी ही आलोचना रामवृक्ष बेनीपुरी ने की है :

> छायावाद का जन्म 1921 की राजनीतिक पराजय की पृष्ठभूमि में हुआ था। 1934 में किसानों और मजदूरों का जो व्यापक आंदोलन हुआ, उसके कोलाहलों में प्रगतिवाद का जन्म हुआ। प्रगतिवाद मरता नहीं किंतु जिनके हाथों में इसके पालन-पोषण का जिम्मा रहा, उन्होंने पूतना का काम किया—दूध की जगह जहर पिलाया इसे। छायावाद इस जमीन की उपज थी। कबीर से लेकर रवींद्र तक इसकी परंपरा रही है। प्रगतिवाद को विदेशों से लाकर हमारे यहां रोपा गया। रूस से प्रेरणा मिली, लंदन में गर्भाधान हुआ। हिंदुस्तान में पैदा होकर उसका रंग-रूप हिंदुस्तानी नहीं हुआ।[36]

बेनीपुरी जी परस्पर विरोधी प्रतिक्रियाएं व्यक्त कर रहे हैं। एक ओर तो वह कहते हैं कि सन् '34 के किसान-मजदूर आंदोलनों के बीच से प्रगतिवादी साहित्य का आरंभ हुआ, दूसरी ओर वह कहते हैं कि यह विदेशी है। ऐसी आलोचना वे-सिर पैर की है। संभवतः यह सोशलिस्ट नेता का प्रगतिशील लेखकों के बारे में दुराग्रहपूर्ण आलोचनात्मक रवैया है।

विश्व परिस्थिति और फासिज्म विरोधी साहित्यिक रुझान

प्रगतिशील आंदोलन विश्व के फासीवाद विरोधी आंदोलन का भी एक अंग था। उन दिनों नाजी जर्मनी महायुद्ध की घनघोर तैयारियों में लगा हुआ था। चीन पर जापानी साम्राज्यवादियों ने आक्रमण कर दिया था। युद्धवादी शक्तियां अपने देश की सांस्कृतिक शक्तियों को कुचल कर, प्रगतिशील पुस्तकों की होली जलाकर, फासीवाद विरोधी लेखकों को अनेक यातनाएं देकर खूनी आतंक कायम कर रही थीं। युद्ध की तैयारियों के कारण मानवता का भविष्य संकट में था, मनुष्य ने अपने सुदीर्घ विकास में जो मानवमूल्य संचित किए थे, लगता था कि वे मिटने को हैं। भारत के लेखकों की सहज सहानुभूति शांति की रक्षा करने वालों के प्रति थी। अप्रैल सन् 1936 के 'हंस' में प्रेमचंद ने लेखकों की क्रांतिकारी भूमिका के बारे में लिखा था :

> आज युद्धवाद से लड़ने वाले कौन लोग हैं? यही अदीब।
> भारत के प्रगतिशील लेखकों ने दूसरे महायुद्ध का विरोध करके विश्वमानवता का साथ दिया, अपने साहित्य की मानववादी परंपरा को सक्रिय रूप से निबाहा।[37]

राजनीतिक दृष्टि से उस समय हिंदुस्तान साम्राज्यवाद विरोधी संघर्ष के दौर से गुजर रहा था। प्रगतिशील साहित्यिक आंदोलन उसी राजनीति से सचेत रूप में ही नहीं, बल्कि ऐतिहासिक दबावों के कारण भी जुड़ गया था। साम्राज्यवादी शिविर में आपसी हितों की वजह से भी टकराव था—अर्थात जर्मनी और ब्रिटेन के बीच के टकराव की वजह से महायुद्ध के काले बादल मंडरा रहे थे। स्पेन में लोकतांत्रिक शक्तियों का दमन हो रहा था। पहली बार गैर मार्क्सवादी बुद्धिजीवियों को यह लगा कि पूंजीवादी लोकतंत्र भी फासीवाद के बढ़ते हुए हमलों की वजह से खतरे में है। नात्सीवाद के क्रूर पाशविक हमलों से आतंकित होकर समाजवादी सोवियत संघ और कम्युनिस्ट इंटरनेशनल ने भी पूंजीवादी लोकतंत्र का विरोध करने के बजाय फासीवाद के खिलाफ पूंजीवादी लोकतांत्रिक दलों से सहयोग की सार्थकता समझी और लोकप्रिय मोर्चे अथवा संयुक्त मोर्चे की नीति अख्तियार की। इसी पापुलर फ्रंट की जीत पर जनरल फ्रैंकों ने विद्रोह कर दिया और पूंजीवादी लोकतंत्र का समूल विनाश करने के उद्देश्य से हिटलर और मुसोलिनी ने उसे भारी सैनिक मदद दी। इस तरह यह लड़ाई दुनिया की हर आजादीपसंद कौम के लिए फासिज्म के विरुद्ध अपनी लड़ाई प्रतीत होने लगी। इस लड़ाई में भी स्पेनी कम्युनिस्ट पार्टी और स्टालिन के नेतृत्व वाली सोवियत समाजवादी राजसत्ता सबसे आगे थीं। स्पेन के इस गृहयुद्ध में सारी दुनिया के स्वाधीनता प्रेमी नौजवान नात्सियों और फासिस्टों से लड़ने और आजादीपसंद तबकों को मदद देने पहुंचे थे। इस अंतर्राष्ट्रीय ब्रिगेड में भाग लेने वाले अधिकांश नौजवान कम्युनिस्ट थे और ऊंचे आदर्शों से प्रेरित होकर स्पेन गए थे। उन लोगों में विश्वप्रसिद्ध उपन्यास समीक्षक राल्फ फाक्स और संस्कृति और साहित्य के व्याख्याता क्रिस्टोफर काडवेल थे—जो फासिस्टों के साथ लड़ते हुए वीरगति को प्राप्त हुए।

हिंदी के प्रगतिशील लेखकों को इन क्रांतिकारी लेखकों के अतिरिक्त उदारपंथी ब्रिटिश बुद्धिजीवियों से भी प्रेरणा मिल रही थी। इन बुद्धिजीवियों में सामाजिक-सांस्कृतिक रूढ़िवाद, पूंजीवाद और फासिस्टवाद के विरुद्ध तीव्र अस्वीकार का भाव था। स्टीफेन स्पेंडर, क्रिस्टोफर इशरबुड, बिल आडेन और लुई मेकनीस के नाम इस संदर्भ में विशेष रूप से उल्लेखनीय हैं। इसीलिए इन्हें भी प्रगतिशील समझा जाता था। इन लोगों ने अपने आपको राजनीति से अलग नहीं रखा। इन्होंने एक ओर अपने देश में पूंजीवाद का, दूसरी ओर अंतर्राष्ट्रीय एकजुटता के तहत स्पेन में उभर रहे फासीवाद का विरोध किया।

प्रगतिशील आंदोलन : अनेक प्रकार के रुझानों का संगम

लेखकों के इस संगठन के बनने पर शिक्षित मध्यवर्ग ने आगे बढ़कर उसका स्वागत किया। स्वागत करने वालों में अनेक प्रकार की विचारधारा और संस्कार के बुद्धिजीवी थे। फ्रायडवादी थे और मार्क्सवादी थे, सोशलिस्ट और गांधीवादी भी; अराजकतावादी, बोहेमियन और व्यक्तिवादी भी। विचारधारा की दृष्टि से यह आंदोलन सुगठित इकाई न था। आमतौर पर मध्यवर्ग के पढ़े-लिखे वामपंथी नौजवान ही इसमें बढ़-चढ़कर हिस्सा ले रहे थे। उनके अवाला स्थापित बुद्धिजीवियों और साहित्यकारों में भी एक तरह का विचारधारात्मक ध्रुवीकरण आरंभ हो गया था। अतः कुछ लोग इसका समर्थन करने लगे थे और कुछ लोग विरोध। प्रेमचंद, पंत, निराला, इकबाल, रवींद्र, मजाज, दिनकर, नवीन, वृंदावन लाल वर्मा, फैज, मंटो, साहिर,

ख्वाजा अहमद अब्बास, बेनीपुरी, प्रभात, अंचल, नरेंद्र शर्मा, सुमन आदि अनेक कवियों-कथाकारों का सहयोग प्राप्त हुआ। पर दूसरी तरफ ब्रिटिश हुकूमत के हितों के संरक्षकों की ओर से इस आंदोलन पर हमला भी बोला जाने लगा। उस समय अंग्रेज भक्त समझे जाने वाले अखबार 'स्टेट्समैन' की ओर से पहला आक्रमण हुआ। उसमें इस आंदोलन के संबंध में कई लेख प्रकाशित हुए, जिनमें यह सिद्ध करने की कोशिश की गई थी कि यह आंदोलन यूरोप से पढ़कर आने वाले तरुण कम्युनिस्टों ने चलाया है, इसमें कम्युनिस्ट इंटरनेशनल का हाथ है और ये लोग सोवियत रूस के एजेंट हैं। इन आरोपों में सत्य सिर्फ इतना ही था कि इस आंदोलन के संगठनकर्त्ताओं में सज्जाद जहीर, हीरेन मुखर्जी और महमूद जफर कम्युनिस्ट थे और उन्होंने यूरोप में शिक्षा प्राप्त की थी। इसके बाद दूसरा हमला सरकार की तरफ से हुआ। पहले संयुक्त प्रांत की सरकार ने 'अंगारे' नामक कहानी संकलन को जब्त किया। इसके बाद लाहौर में मंटो की दो कहानियों ('काली शलवार' और 'बू') तथा इस्मत चुगताई की एक कहानी ('लिहाफ') को निशाना बनाकर 'अश्लील' और परंपराविरोधी साहित्य लिखने के जुर्म में मुकद्दमे चलाए गए। इन दोनों लेखकों को पत्र-पत्रिकाओं ने अभिव्यक्ति की स्वतंत्रता की रक्षा के उद्देश्य से पूरा समर्थन दिया। यह खुल्लमखुल्ला लेखक की आजादी का दमन माना गया और इनके मुकद्दमों की पूरी ताकत से पैरवी की गई।

प्रगतिशील आंदोलन के प्रारंभिक दौर में सहज आकर्षणवश अनेक प्रकार के बुद्धिजीवी उसके साथ आए। पर वे कौन लोग थे? क्या प्रगतिशील लेखक संघ के उद्देश्यों का वे ईमानदारी से पालन करते थे? या मध्यवर्ग के रईस घरानों के लोगों की फैशनपरस्ती और प्रगतिशीलता का चस्का बढ़ रहा था? इस संबंध में एक घटना का उल्लेख आवश्यक है।

बात 1936 के नवंबर महीने की है। घटना इलाहाबाद विश्वविद्यालय की हिंदी सभा से संबंधित है। प्रेमचंद के निधन पर शोक सभा हुई थी। उस सभा में शरीक प्रगतिशीलों को देखकर निराला के मन में यह धारणा बनी कि प्रगतिशील लेखकों में ज्यादातर वे ही हैं जो बड़े घरानों के हैं, ऊंची डिग्रियां और समाजवादी विचारधारा का एक बौद्धिक आवरण यूरोप से लेकर आए हैं तथा मुक्त घूमती हुई नवशिक्षित आधुनिकताएं हैं। उनकी यह धारणा सज्जाद जहीर, फिराक, जोश, हाजरा बेगम, उमा नेहरू, श्याम कुमारी नेहरू और चंद्रावती त्रिपाठी को देखकर बनी थी। इससे निराला क्षुब्ध हुए। रामविलास शर्मा ने लिखा है :

> प्रगतिशील लेखकों से निराला का यह प्रथम परिचय था। प्रेमचंद इन सबका साथ दे चुके थे पर बहुत थोड़े दिन तक। निराला के मन में प्रेमचंद की तस्वीर एक हिंदी लेखक की तस्वीर थी, निराला की अपनी तस्वीर से मिलती-जुलती, अभावों की दुनिया में जूझते हुए ऐसे लेखक की तस्वीर जिसका ज्यादा समय साहित्यचर्चा और साहित्य लिखने में बीतता था। पर ये प्रोग्रेसिव राइटर्स समृद्ध घरानों के लोग थे, लेखकों से ज्यादा नेता थे; विशेष रूप से हिंदी साहित्य से अपरिचित, लेकिन दूसरों को रास्ता बताने को उत्सुक थे।[38]

रामविलास शर्मा की इस टिप्पणी में अनेक प्रकार की असंगतियां हैं। पहली बात तो यही है कि एक पराधीन देश में क्या अमीर घरानों के नौजवान प्रगतिशील दृष्टिकोण का विकास ही नहीं कर सकते? ब्रिटिश साम्राज्यवाद के विरुद्ध स्वतंत्रता की भावना क्या समाजवादी रुझान ग्रहण नहीं कर सकती? अगर निराला इसे नहीं समझ पा रहे थे तो फिर निराला की आड़ लेकर सज्जाद जहीर, फिराक वगैरह के प्रति भर्त्सना का रुख अतार्किक प्रतीत होता है।

पी.सी.जोशी और सज्जाद जहीर इलाहाबाद में पंत को प्रगतिशील लेखक संघ में शामिल करने के प्रयत्न में सन् '36-'37 तक सफल हो गए थे। इस नई विचारधारा से लैस होकर पंत भौतिकवादी हो गए थे, ऐसा प्रतीत होने लगा था। रामविलास शर्मा ने लिखा है :

> पंत उन दिनों अपनी कविताओं में सिद्ध कर रहे थे कि रूप ही भाव का मूल है। इसी दर्शन के अनुरूप उन्होंने पत्र का नाम 'रूपाभ' रखा। 'रूपाभ' संबंधी विज्ञप्ति में जवाहरलाल नेहरू, गोविंद वल्लभ पंत, जैनुल आबदीन अहमद, कुंअर मुहम्मद अशरफ आदि अनेक राजनीतिज्ञों का नाम था जिन्हें हिंदी साहित्य से कोई सरोकार न था। निराला को यह सब बहुत बुरा लगा। पंत का प्रगतिशील आंदोलन के साथ आना भी उन्हें पसंद न था। उनका विचार था कि वेदांत की भूमि से जनता की जैसी सेवा की जा सकती है, जैसा क्रांतिकारी साहित्य रचा जा सकता है, वैसा अन्य किसी दर्शन की भूमि से नहीं।[39]

रामविलास शर्मा निराला की विचारभूमि पर खड़े होकर पंत ही नहीं, संपूर्ण प्रगतिशील आंदोलन को भी संदिग्ध दृष्टि से देख रहे थे। क्या ऐतिहासिक एवं द्वंद्वात्मक भौतिकवाद के बजाय वेदांत के दर्शन से समाज के अंतर्विरोधों को समझा जा सकता था?

उत्तर प्रदेश में कांग्रेसी नेतृत्व में प्रांतीय सरकार बन चुकी थी जिसमें गोविंद वल्लभ पंत आदि सरकार के जिम्मेदार पदों पर आसीन थे। प्रगतिशील आंदोलन के लिए इन लोगों के पद और प्रतिष्ठा के दबदबे का इस्तेमाल होने लगा था, ऐसा आरोप लगाने वाले पंत, निराला और महादेवी वर्मा को भी प्रकारांतर से लांछित कर रहे थे। उनके अनुसार एक ओर जहां प्रगतिशील आंदोलन में शरीक होना महत्व का काम हो गया था, वहीं दूसरी ओर जो लोग अब तक शरीक नहीं हुए थे, उन पर आतंक भी कम न था। इस वस्तुस्थिति पर लक्ष्मीकांत वर्मा का ब्योरा द्रष्टव्य है :

> हिंदी साहित्य में कम्युनिस्ट पार्टी के साहित्यिक दल, प्रगतिशील लेखक संघ ने लगभग दस वर्षों तक ऐसा आंदोलन चलाया था जिसके परिणामस्वरूप हिंदी के अनेक साहित्यकारों के लिए यह आवश्यक हो गया कि वह अपने को प्रमाणित करने के लिए किसी न किसी रूप में प्रगतिशील लेखक संघ से अपना संबंध स्थापित कर लें। इस भाग-दौड़ में छोटे-बड़े सभी शामिल थे। यहां तक कि पंत, निराला, महादेवी वर्मा भी इससे नहीं बच सके। प्रगतिशील लेखक संघ के पास 'हंस', 'नया साहित्य', 'जनयुग', 'वीणा', वसुधा' आदि अनेक पत्रिकाएं थीं जिनके माध्यम से लेखकों का प्रचार-प्रचार तो होता ही था, साथ ही उनको प्रतिष्ठा भी मिलती थी।[40]

मुख्य चुनौती : सांप्रदायिक रूढ़िवाद की भाषानीति

लक्ष्मीकांत वर्मा, धर्मवीर भारती, बेनीपुरी आदि की टिप्पणियों से यह स्पष्ट है कि मार्क्सवादी विचारधारा की प्रेरणा से आरंभ होने वाले प्रगतिशील आंदोलन के प्रति उनका रवैया शत्रुतापूर्ण है। पर चौथे दशक के उस दौर में प्रगतिशील आंदोलन के सामने चुनौती इन लोगों की तरफ से न आकर मुख्य रूप से साहित्य सम्मेलन के कर्णधारों और हिंदू रूढ़िवाद की ओर से आ रही थी। प्रेमचंद, महात्मा गांधी और नेहरू द्वारा समर्थित हिंदी-उर्दू एकता की मांग के विरोध में हिंदी साहित्य सम्मेलन के एक अधिवेशन (1937) के सभापति पद से टंडन जी ने सिंहगर्जना की थी। कांग्रेस, समाजवादी पार्टी और अनेक तथाकथित राष्ट्रीय नेताओं द्वारा हिंदुस्तानी

की जो मांग उठाई जा रही थी, उसका सख्त विरोध हिंदी-उर्दू के बीच शत्रुतापूर्ण संबंध और अलगाव की भावना को सुदृढ़ करने के उद्देश्य से हिंदी साहित्य सम्मेलन की ओर से हो रहा था। 1937 के फैजाबाद साहित्य सम्मेलन में पुरुषोत्तमदास टंडन और 1939 के बनारस साहित्य सम्मेलन के अध्यक्ष अंबिकाप्रसाद वाजपेयी के द्वारा हिंदुस्तानी की धारणा और आंदोलन पर जबरदस्त प्रहार किया गया था। बनारस साहित्य सम्मेलन के स्वागताध्यक्ष पं. मदन मोहन मालवीय भी इस संबंध में भाषा के प्रश्न पर हिंदू कट्टरता का ही दृष्टिकोण व्यक्त कर रहे थे। हिंदुस्तानी के समर्थन में डा. राजेंद्र प्रसाद अकेले पड़ गए। हिंदी-उर्दू एकता के नाम पर हिंदुस्तानी और उसके लिए दोनों लिपियों को समाप्त कर रोमन लिपि अपनाए जाने की अव्यावहारिक और औपनिवेशिक जहनियत का विरोध करते हुए काका साहब कालेलकर ने देवनागरी के सुधार पर बल दिया था। इस विवाद को उस सम्मेलन की साहित्य शाखा के अध्यक्ष निराला वैज्ञानिक ढंग से हल करने के पक्ष में थे। उनका कहा था : 'हिंदी प्राचीन गरिमा के साथ विश्व की नवीन विभूतियों को अपने भीतर डाल रही है।' उनके इस दृष्टिकोण का विरोध तथा हिंदुस्तानी का समर्थन बालकृष्ण शर्मा नवीन की ओर से हुआ।[41] अतः प्रगतिशील आंदोलन के सामने भाषा, संस्कृति, जातीयता आदि के सवाल पर जनवादी हल प्रस्तुत करने की गंभीर चुनौतियां थीं और हिंदू सांप्रदायिकता और मुस्लिम सांप्रदायिकता के विरुद्ध संघर्ष छेड़ने की ऐतिहासिक जिम्मेदारियां आ गई थीं। स्वाभाविक था कि इन प्रश्नों पर अंदरूनी मतभेद भी हो। शिवदान सिंह चौहान ने इस मतभेद की तरफ इशारा किया है :

> प्रारंभ से प्रगतिवादी राष्ट्रभाषा के प्रश्न पर हिंदुस्तानी का समर्थन करते आए हैं। इस समर्थन के लिए उन्हें तीन बातों से प्रेरणा मिली। पहली बात तो यह थी कि हिंदुस्तानी को उन्होंने हिंदू-मुस्लिम एकता का प्रतीक समझा और चूंकि प्रगतिवादी सांप्रदायिकता से दूर रहना चाहते थे, इसीलिए उन्होंने हिंदी अथवा उर्दू के पक्षों को सांप्रदायिक पक्ष मानकर उनके दृष्टिकोण को समझना अवांछनीय माना। दूसरे, इससे उन्हें राष्ट्रभाषा के प्रश्न पर गहराई से सोचने से जैसे छुट्टी मिल गई और सरल समाधानों को ही स्वीकार करके उन्होंने अपनी इतिकर्त्तव्यता मान ली। तीसरे प्रगतिवादी आंदोलन में हिंदी और उर्दू के प्रमुख लेखक एक ही संगठन में एकत्र होते थे, अतः यह और भी जरूरी था कि हिंदी और उर्दू में से किसी एक का पक्ष न लिया जाए बल्कि दोनों की ऐतिहासिक परंपराओं की एकता पर जोर दिया जाए।[42]

हिंदी-उर्दू विवाद पर जनवादी दृष्टिकोण अख्तियार करने के लिए हिंदी-उर्दू लेखकों का सम्मेलन बुलाना आवश्यक समझा गया। एक तो इसलिए कि हिंदू संप्रदायवादियों और मुस्लिम संप्रदायवादियों की मार्फत ब्रिटिश हुकूमत हिंदीभाषियों की जातीय एकता को खंडित करने के लिए मजहबी भावना को उकसा कर भेदभाव की नीति बरत रही थी। अतः औपनिवेशिक दासता से मुक्ति पाने के लिए साम्राज्यवाद विरोधी संघर्ष में हिंदुस्तान की राष्ट्रीय एकता के लिए जनता की एकता अथवा विभिन्न उत्पीड़ित वर्गों की एकता के अलावा विभिन्न भाषा-भाषी जातीयताओं की एकता का सवाल प्रमुख बन गया था। पर यहां तो हिंदी-उर्दू समस्या को मूलतः एक ही जाति (हिंदी-उर्दू भाषी जातीयता) की दो भाषाओं का सवाल बनाकर खड़ा किया गया था। एक जाति की दो भाषाएं न रही हैं, न हो सकती हैं यह मानकर ही

चला गया। अतः जातीय जीवन को संगठित करने के उद्देश्य से 1938 में इलाहाबाद में हिंदी-उर्दू के प्रगतिशील लेखकों का सम्मेलन बुलाया गया। बहस के लिए और एकता के लिए मुख्य सवाल तो साहित्य में प्रगतिशीलता की समस्या थी, पर मिली जुली कौमियत अथवा कंपोजिट कल्चर का सवाल भी गौण न था। इस सम्मेलन में पं. नेहरू शरीक हुए थे।

अपने हर सम्मेलन और अधिवेशन के अवसर पर प्र.ले.सं. के पदाधिकारी प्रतिष्ठित नेताओं, लेखकों और बुद्धिजीवियों को इकट्ठा करने में सफल हो जाते थे, अतः उनका संगठन के स्तर पर जोर बढ़ता और मजबूत होता चला जा रहा था। इस सम्मेलन में उर्दू भाषा और साहित्य के लब्धप्रतिष्ठ विद्वान मौलवी अब्दुल हक को अध्यक्ष बनाया गया था। अध्यक्ष पद से उन्होंने प्रतिक्रियावाद और प्रगतिवाद को एक दूसरे का प्रतिलोम सिद्ध किया और प्रगतिवादियों को दक्षिणपंथी अवसरवाद और भटकाव के खतरे बताए। उन्होंने साफ तौर पर प्रगतिशील लेखकों को लोकप्रियता और ख्याति के लोभ में आकर प्रतिक्रियावादियों से मित्रता के खतरे की ओर संकेत किया।[43] इससे जाहिर होता है कि उपयुक्त समय पर खतरे से सचेत कर दिया गया था। पर जहां तक एक जाति की एक भाषा के दृष्टिकोण का संबंध था, मौलवी अब्दुल हक हिंदी और उर्दू दोनों को यथावत बनाए रखने के पक्ष में थे। अतः उनके दृष्टिकोण से हिंदी-उर्दू के अलगाव को खत्म करने की मांग भी प्रतिक्रियावाद के बहकावे में आना था। प्रगतिशील लेखक संघ के अंदर ही कई लोग ऐसे थे जो मौलवी अब्दुल हक के स्वर में स्वर मिलाकर उर्दू-हिंदी की अलग-अलग लिपियों की मान्यता पर अडिग थे। अली सरदार जाफरी ने यह मत प्रकट किया था कि उत्तर भारत में दो लिपियों का चलन अनिवार्य है। उनका कहना है कि दो लिपियों का चलन मध्यकाल के भक्ति आंदोलन और सूफी आंदोलन की देन था।[44] उनके इस तर्क का उत्तर देते हुए रामविलास शर्मा ने लिखा है :

> आखिर सूफी और भक्त कवि हिंदी प्रदेश के अलावा अन्य प्रदेशों में भी तो हुए थे? यदि क्रांतिकारी विचारधारा के प्रभाव से दो लिपियों के चलन और एक ही भाषा के दो साहित्यिक रूपों के विकास की बात सही हो, तो बंगाल में दो तरह की बांग्ला और दो तरह की लिपियां, महाराष्ट्र में दो प्रकार की लिपियां और दो तरह की साहित्यिक भाषा प्रचलित होनी चाहिए। क्रांतिकारी विचारधारा जनता में एकता उत्पन्न करती है, एक ही बोलचाल की भाषा के दो साहित्यिक रूप उत्पन्न नहीं करती।[45] ... एक ही भाषा के दो साहित्यिक रूपों से जो अलगाव पैदा हुआ, उसके मूल में भक्त और सूफी नहीं थे। हिंदी प्रदेश के हिंदुओं और मुसलमानों में सांस्कृतिक और भाषागत अलगाव के लिए जिम्मेदार थे—यहां के सामंत और उनसे मित्रता करके उन्हें गद्दी से उतारने या अपनी कठपुतली बनाने वाले अंग्रेज।[46]

तत्कालीन बहस में हिस्सा लेने वाले अनेक लेखकों की ओर से रामविलास शर्मा के तर्कों की असंगति बतलाते हुए यह कहा गया कि हर भाषा अपने क्षेत्र की ठोस परिस्थितियों और परंपराओं से जीवन ग्रहण करती है। अतः हिंदी-उर्दू भाषी विशाल क्षेत्र पर तमिलनाड, बंगाल, केरल के भाषाई विकास के तर्क आरोपित नहीं किये जा सकते। गैर-हिंदी भाषाई क्षेत्रों में अंग्रेजी राज भाषाई शत्रुता के विष बीज बो नहीं पाया था।

प्रगतिशील लेखकों का कहना था कि हिंदी के पुनरुत्थानवादी और रूढ़िवादी लेखक साहित्यिक भाषा को संस्कृत की तत्सम पदावली की ओर ले जाने की कोशिश करते रहे

हैं और उर्दू के संकीर्ण दृष्टिकोण वाले कुछ लेखक उर्दू को अरबी-फारसी की ओर लगातार ले गए हैं। अतः साहित्यिक भाषा को संस्कृत की ओर या अरबी-फारसी की ओर ले जाना—दोनों प्रकार के प्रयत्न संकुचित वर्ग-आधार की उपज हैं। दूसरी तरफ हिंदी और उर्दू के ऐसे भी लेखक रहे हैं जिनका प्रयत्न भाषा के साहित्यिक रूपों के स्तर पर ऐसे संकुचित वर्ग-आधार को तोड़ता रहा है और उन लेखकों की एक लंबी ऐतिहासिक परंपरा है, भले ही वह अब धूमिल और क्षीण हो गई हो। प्रगतिशील आंदोलन इसी परंपरा को पुष्ट और पल्लवित करे अर्थात अमीर खुसरो, वजही, कुल्ली, कुतुब शाह, मीरा, कबीर, सूर, तुलसी, जायसी, सौदा, मीर, भारतेंदु, प्रताप नारायण मिश्र, नजीर, बालमुकुंद गुप्त, प्रेमचंद आदि की जनवादी साहित्यिक परंपरा से अपने को जोड़े और विकसित करे। जब बोलचाल में हिंदी-उर्दू एक हैं तो फिर साहित्य में वह दो क्यों हो? साहित्य जनता के लिए होता है, न कि सिर्फ अवकाशभोगी अल्पसंख्यक उच्च शिक्षित वर्ग के लिए। प्रगतिशील आंदोलन जब जनता के लिए साहित्य की बात करता है तो फिर जनता की भाषा में साहित्य लिखा जाए। हिंदी-उर्दू के प्रबुद्ध लेखक जिन महत् जनवादी उद्देश्यों को ध्यान में रखकर पास-पास आए थे, उन्हें हर स्तर पर व्यवहार में लागू करें—यह मांग प्रगतिशील लेखकों के बीच से होने लगी। रामविलास शर्मा ने उस अवधि को याद करते हुए लिखा है : यह बिलकुल सही है कि सन् '36 के आसपास हिंदी और उर्दू लेखकों की एक बहुत बड़ी संख्या जितना एक दूसरे के निकट आई, उतना पहले कभी न आई थी।[47] फलतः रचना के स्तर पर उर्दू में प्रगतिशील लेखकों की जबरदस्त फौज तैयार हो गई जिनमें हसरत मोहानी, फिराक, मजाज, मखदूम मुहीउद्दीन, अली सरदार जाफरी, कैफी आजमी, मजरूह सुल्तानपुरी, फैज, वामिक जौनपुरी, जांनिसार अख्तर, साहिर लुधियानवी आदि कवि और कृश्नचंदर, रशीद जहां, राजेंद्र सिंद बेदी, अश्क, मंटो जैसे कहानी लेखक और सैयद एहतिशाम हुसैन और अब्दुल अलीम जैसे आलोचक प्रमुख हैं। रामविलास शर्मा ने आरोप लगाया है कि प्रगतिशील लेखक संघ के अंदर ही एक कौम की एक भाषा के दो साहित्यिक रूपों के पक्षधर भी थे। उनके इस आरोप को बलराज साहनी के संस्मरणों से पुष्टि मिलती है। बलराज साहनी ने चौथे दशक के अंतिम दिनों और पांचवें दशक के प्रारंभिक वर्षों के प्रगतिशील लेखक संघ की बैठकों का हवाला देते हुए लिखा है : 'हां, लेकिन जब मैं प्रगतिशील लेखक संघ की बैठकों में जाता तो मेरा दिल बैठ सा जाता है। मैं देखता कि वहां भी हिंदी और उर्दू के सवाल पर लेखक दो हिस्सों में बंट रहे थे। मैं सोचता कि मार्क्सवादियों का काम है, इस नकली भेद की दीवार को तोड़ना, न कि उसे परवान चढ़ाना।'[48] पर इस अंदरूनी मतभेद पर जन आंदोलनों का ऐसा जबरदस्त दबाव था कि यह कभी उग्र रूप नहीं ले पाया। मेहनतकश, किसान तथा प्रगतिशील मध्यमवर्ग के हिंदू-मुस्लिम जब जनसंग्राम में साथ-साथ उतरते तो वर्ग एकता दृढ़ होती और फलतः सांप्रदायिकता का जहर दिल से निकल जाता।

प्रगतिशील लेखक संघ का विस्तार

हिंदी-उर्दू के लेखकों की एकता की दिशा में सफल कोशिशों के बाद प्रगतिशील लेखक संघ का अखिल भारतीय स्तर पर दिसंबर 1938 ई. में कलकत्ता अधिवेशन में विस्तार होता है। ध्यान देने की बात है कि इस अधिवेशन की अध्यक्षता रवींद्रनाथ ठाकुर से करवाने की योजना

क्यों बनाई गई थी? क्या रवींद्रनाथ ठाकुर सर्वहारा चेतना से लैस सामाजिक यथार्थवाद के लेखक थे? क्या वे प्रगतिशील लेखक माने जाने लगे थे?

कोई भी प्रगतिशील समीक्षक उन्हें सामाजिक यथार्थवादी न तो तब समझता था और न अब। हिटलरी नेतृत्व में जो फासिज्म सारी दुनिया को आतंकित किए हुए था, ब्रिटिश साम्राज्यवाद जिस क्रूर ढंग से कांग्रेस और कम्युनिस्ट पार्टियों का दमन कर रहा था और स्वाधीनता आंदोलन की ताकतें जिस तेजी से उभर रही थीं, उन परिस्थितियों में रवींद्रनाथ ठाकुर प्रतिक्रियावादी ताकतों का विरोध करने लगे थे और प्रगति की ताकतों का समर्थन करने लगे थे। 1930 ई. में रूस यात्रा से लौटने के बाद 'रूस से चिट्ठी' नामक उनकी पुस्तिका का प्रकाशन हुआ और भारत की हर भाषा में लाखों की संख्या में उसके अनुवादों का वितरण हुआ। रूस के समाजवादी नवनिर्माण से वह प्रभावित हुए थे और अपने मानवतावादी सपनों को व्यवहार में चरितार्थ देखकर उन्हें प्रसन्नता हुई थी। बिटिश हुकूमत ने 'रूस से चिट्ठी' नामक पुस्तिका के प्रकाशन और वितरण पर पाबंदी लगा दी चूंकि साम्राज्यवादी शासकवर्ग को लगा कि उस पुस्तिका से बोल्शेविक सिद्धांतों का प्रचार-प्रसार होता था। रवींद्रनाथ के बारे में मार्क्सवादी लेखकों की समझ क्या थी, इसका अंदाजा बांग्ला के लेखक उत्पल दत्त और हिंदी-उर्दू के लेखक हंसराज रहबर की टिप्पणियों से लगाया जा सकता है। उत्पल दत्त 1930 के बाद के रवींद्रनाथ ठाकुर को प्रगतिशील लेखक मानते हैं।[49] पर हंसराज रहबर उन्हें बुर्जुआ मानवतावादी लेखक मानते हुए भी उनके साहित्य की प्रगतिशील भूमिका से इन्कार नहीं करते।[50]

अतः साम्राज्यवाद विरोधी, फासिस्ट विरोधी और सामंतवाद विरोधी संघर्ष के उस दौर में लेखकों का व्यापक मोर्चा बनाने के उद्देश्य से रवींद्रनाथ ठाकुर को भी शामिल कर लिया गया। लगभग इसी समय जापान के फासिस्ट कवि नागूची की रवींद्रनाथ ठाकुर ने भर्त्सना की थी। अतः प्रगतिशील बुद्धिजीवियों के बीच वे लोकप्रिय हो गए थे। बीमारी के कारण रवींद्रनाथ कलकत्ता अधिवेशन में उपस्थित न हो सके। किंतु उन्होंने लिखित संदेश भेजा :

> जनता से अलग रहकर हम बिलकुल अजनबी बन जाएंगे। साहित्यकारों को मनुष्यों से मिलजुल कर उन्हें पहचानना है। मेरी तरह एकांतवासी रहकर उनका काम नहीं चल सकता। मैंने एक मुद्दत तक समाज से अलग रहकर अपनी साधना में जो गलती की है, मैं उसे समझ गया हूं और यही वजह है कि यह संदेश दे रहा हूं। मेरी चेतना का तकाजा है कि मानवता और समाज से लगाव रखना चाहिए और प्रेम करना चाहिए। अगर साहित्य मानवता से तादात्म्य स्थापित न कर सका तो वह अपने लक्ष्य और आकांक्षाओं को पाने में विफल रहेगा। यह सत्य मेरे दिल में उस चिराग की तरह रौशन है जिसे कोई दलील या तर्क-वितर्क बुझा नहीं सकता।[51]

एक बुर्जुआ रूमानी कवि का साहित्य संबंधी यह जनवादी दृष्टिकोण समाज के बदलते हुए संदर्भ और सारी दुनिया में समाजवाद की बढ़ती हुई ताकतों का भावात्मक प्रतिफल था। प्रगतिशील लेखक संघ के प्रारंभिक दौर में रवींद्रनाथ का यह भावुक समर्थन भी बल प्रदान करता था।

24-25 दिसंबर 1938 को प्र.ले.सं. के सम्मेलन में घोषणापत्र वितरित किया गया। उस घोषणापत्र में यह कहा गया कि भारतीय समाज में क्रांतिकारी परिवर्तन हो रहा है; पर

प्रतिक्रियावाद अब भी सक्रिय है, अतः प्रगतिशील लेखक संघ का उद्देश्य उन रूढ़िवादी वर्गों से साहित्य और कलाओं की रक्षा करना होगा जिनके हाथ में वे अब तक घिनौनी बनती रही हैं। उन्हें हमें जनता के मन-प्राण के निकट लाना होगा, उन्हें इतना सजीव बनाना होगा कि वे जीवन के यथार्थ को अभिव्यक्त कर सकें और हमें हमारे अभिप्रेत आदर्श तक पहुंचा सकें।

भारतीय भाषाओं के अनेक साहित्यकार इस सम्मेलन में आए थे। प्रेमचंद ने 'हंस' के माध्यम से जिस अंतरप्रांतीय साहित्यिक एकता के आंदोलन का आरंभ किया था, यह उसी का विकसित रूप था। ई.एम.एस. नंबूदिरिपाद ने उक्त अवधि के प्रगतिशील आंदोलन का मूल्यांकन मलयालम साहित्य के प्रसंग में किया है :

> केरल में प्रगतिशील साहित्य का आविर्भाव पार्टीजन साहित्य के रूप में हुआ। कुछ राजनीतिक कार्यकर्त्ताओं ने जो मूलतः साहित्यकर्मी नहीं थे, 1937 में 'जीवन साहित्य संघम्' नामक एक संगठन गठित किया। एक साल पहले लखनऊ में हुई प्रगतिशील लेखकों की अखिल भारतीय कांफ्रेंस द्वारा किए गए आह्वान से इन लोगों ने इस ओर काम करने की प्रेरणा प्राप्त की। यह सही है कि बाद में (1944) जब इसका नाम 'प्रोग्रेसिव राइटर्स आरगेनाइजेशन' कर दिया गया तथा इसके नेतृत्व की बागडोर विख्यात साहित्यकारों के हाथ में सौंप दी गई, तब इस संगठन का स्वरूप और दृष्टिकोण भी बदल गया। किंतु अपने राजनीतिक विचारों के अनुसार एक नए प्रकार के साहित्य को सामने लाने के लिए, मजदूर-किसान आंदोलनों के साथ-साथ दृढ़ता से जुड़े हुए साम्यवादी कार्यकर्त्ताओं (इस काल के कांग्रेस समाजवादी कार्यकर्त्ताओं) द्वारा किए गए प्रयत्नों के परिणामस्वरूप 'जीवन साहित्य संघम्' नामक भूतपूर्व संगठन पुनः अस्तित्व में आ गया। 'पट्टा बाकी' तथा 'रक्थपानम्' नामक दो नाटक, अनेक लघु कहानियां, कविताएं और अन्य कलाकृतियां, इस काल के प्रगतिशील साहित्य की महत्वपूर्ण देन हैं। के. दामोदरन, जिन्होंने दो नाटक लिखे थे, चैरकुड के.जी. जी., अजुथ कुरटम तथा अन्य, जिन्होंने कविताएं एवं कहानियां लिखीं, उस समय के ऐसे युवा लेखक थे जिन्होंने सिर्फ जन आंदोलन के विकास हेतु ही अपना साहित्य लिखा।[52]

मलयाली साहित्य में जो प्रगतिशील साहित्य का आंदोलन आरंभ हुआ, उस दौर का मूल्यांकन करते हुए नंबूदिरिपाद ने सामान्य भारतीय साहित्य के संदर्भ में कुछ निष्कर्ष निकाले हैं जिनका सारांश यह है कि संस्कृति के क्षेत्र में अथवा विचारधारात्मक आंदोलनों के क्षेत्र में क्रांतिकारियों की बुनियादी राजनीति होती है—जिम्मेवार प्रगतिशील शक्तियों को एकजुट करना। यही कारण था कि उस समय साम्यवादी और दूसरे लेखक साथ-साथ कार्य करने के लिए तैयार थे और इसलिए राजनीतिक क्षेत्र के समान साहित्यिक क्षेत्र में भी 1944 तक लेखकों का व्यापक संयुक्त मोर्चा कायम हो सका। किंतु यह भी सच है कि भविष्य के संभावित संघर्षों के बीज भी इसी जनवादी एकता में प्रसुप्त पड़े थे।[53]

1938 के कलकत्ता अधिवेशन ने भारतीय साहित्य के प्रबुद्ध लेखकों का व्यापक संयुक्त मोर्चा कायम करने के लिए पृष्ठभूमि का निर्माण कर दिया। इसके पश्चात् प्रेमचंद की मृत्यु के बाद भी 'हंस' को ही इस महत् आयोजन का मंच बनाया गया। फरवरी 1939 से श्रीपतराय के संपादकत्व में 'हंस' 'आंतर प्रांतीय साहित्यिक प्रगति का अग्रदूत' बनाया गया और उसके संपादक मंडल में उर्दू से मौलाना अब्दुल हक, उड़िया से कालिंदी चरण पाणिग्राही, बांग्ला

से नंदगोपाल सेनगुप्त, मराठी से वि.स. खांडेकर, कन्नड़ से वी. अश्वत्थ नारायण राव आदि को रखा गया।

प्रगतिशील लेखकों के जनवादी मोर्चे के गठन की समस्या

लेखकों के इस व्यापक जनवादी मोर्चे के दौर की अंदरूनी कठिनाइयां भी थीं। हिंदी के प्रगतिशील साहित्यिक आंदोलन को व्यापक बनाने की कोशिश की जा रही थी--पर सवाल था क्या उसे सिद्धांतहीन संयुक्त मंच बना दिया जाए? इस समस्या पर प्रकाश डालते हुए रामविलास शर्मा ने लिखा है :

> इस आंदोलन की सबसे बड़ी समस्या मार्क्सवाद से प्रभावित लेखकों और अन्य राष्ट्रीय और जनवादी लेखकों की एकता की समस्या रही है। प्रगतिशील साहित्यिक आंदोलन मार्क्सवाद से प्रभावित रहा है, यह एक ऐतिहासिक सचाई है। मार्क्सवाद से प्रभावित साहित्य एक ओर, और मार्क्सवाद से अप्रभावित--उससे भिन्न विचारधारा से प्रभावित, राष्ट्रीय और जनवादी साहित्य दूसरी ओर--दोनों ही तरह के साहित्य और साहित्यकारों की एकता हमारी संस्कृति और समाज के लिए आवश्यक थी।[54]

मार्क्सवादी और गैर मार्क्सवादी लेखकों का व्यापक जनवादी मोर्चा बनाने की दृष्टि से 'हंस', 'रूपाभ', 'संघर्ष', आदि पत्रिकाओं का प्रयास सराहनीय था। इसके अलावा प्रगतिशील लेखक संघ की बैठकों में गैर मार्क्सवादी लेखकों को भी आमंत्रित करने का सिलसिला जारी रहा। उन दिनों छायावाद के लगभग सभी प्रमुख कवि प्रगतिशील आंदोलन के साथ जुड़ गए थे। उनके अलावा अमृतलाल नागर, सुमन, दिनकर, नरेंद्र शर्मा, अंचल, पहाड़ी, नेमिचंद्र जैन, हरिनारायण व्यास, भारतभूषण अग्रवाल, गिरिजाकुमार, अश्क, कृश्नचंदर, बलराज साहनी, शील, शंकर शैलेंद्र, चंद्रकुंवर बर्त्वाल, रामविलास शर्मा, राहुल, यशपाल, रांगेय राघव, शिवदान सिंह चौहान, नरोत्तम सागर, केदारनाथ अग्रवाल, त्रिलोचन, मुक्तिबोध, शमशेर, बेनीपुरी, मिलिंद, राम इकबाल सिंह 'राकेश', अमृतराय, श्रीपतराय आदि न जाने कितने लेखक प्रगतिशील आंदोलन के समर्थक या हमदर्द हो गए। संगठन की दृष्टि से कौन-कौन अनुशासित रहा, यह प्रश्न अप्रासांगिक है। रचना के स्तर पर आलोचनात्मक यथार्थवाद, क्रांतिकारी रूमानी दृष्टिकोण और सामाजिक यथार्थवाद--इन तीनों प्रणालियों के तत्व उस समय उभरे। चंद्रबली सिंह ने इसकी पृष्ठिभूमि के बारे में ठीक ही लिखा है :

> प्रगतिवादी आंदोलन हमारे राष्ट्रीय जागरण और समाजवादी विचारधारा का संगम था। उसमें दृष्टिकोण की विविधता और वर्गचेतना के अनेक रूपों और स्तरों का होना स्वाभाविक था। उनके विभिन्न तत्वों में सहयोग और संघर्ष का होना भी उतना ही स्वाभाविक था। इसी द्वंद्वात्मक प्रक्रिया के माध्यम से प्रगतिशील आंदोलन का विकास हुआ, हमारे साहित्यिकों में जीवन की पकड़ गहरी हुई और यथार्थवाद हमारे साहित्य की मुख्य धारा बन सका। इस प्रक्रिया से गुजरते हुए अनेक लेखकों ने अपने सुधारवादी या पूंजीवादी मानवतावादी दृष्टिकोण को क्रांतिकारी मोड़ दिया।[55]

पर इसका एक दूसरा पक्ष भी इस एकता के प्रयास के अंदर से पनपना आरंभ हुआ--वह था आंदोलन को व्यापक बनाने के प्रयास में मार्क्सवादी विरोधी रुझानों, फ्रायडवादी प्रवृत्तियों, परंपराभंजक दृष्टिकोण की अंधभावना, प्रकृतवाद, अराजकतावाद आदि के विरुद्ध संघर्ष से

मुंह चुराना। ऐसा इसलिए हुआ कि प्रगतिशील लेखक संघ का नेतृत्व जिनके हाथ में था, उन्हें मार्क्सवादी और गैरमार्क्सवादी लेखकों की द्वंद्वात्मक एकता के चरित्र की सही पहचान न थी।

1938-39 आते आते 'रूपाभ' के संपादक सुमित्रानंदन पंत और नरेंद्र शर्मा ने भी खुलेआम प्रगतिवाद का समर्थन और छायावाद के पतन या समाप्त होने की घोषणा कर दी। विभिन्न पत्र-पत्रिकाओं में 'साहित्य में प्रगतिवाद' की प्रतिष्ठा की घोषणा की जाने लगी। मार्च 1937 के 'विशाल-भारत' में शिवदान सिंह चौहान का एक निबंध छपा 'भारत में प्रगतिशील साहित्य की आवश्यकता'। यह उल्लेखनीय है कि शिवदान सिंह चौहान का यह लेख वही है जो उन्होंने 1936 में लखनऊ में हुए हिंदी-उर्दू प्रगतिशील लेखक सम्मेलन में पढ़ा था। अपने इस निबंध में लेखक ने हिंदी ही नहीं बल्कि समस्त भारतीय साहित्य के संबंध में यह मत व्यक्त किया था कि भारतीय साहित्य में सामाजिक यथार्थ को अभिव्यक्ति देने की प्रवृत्ति नहीं रही है। विदेशी लेखकों में जो प्रगतिशील हैं, उनमें हेनरी बारबूज, आंद्रे जीद, मेलराक्स आदि का उल्लेख किया। इसके अतिरिक्त भारतीय लेखकों में केवल एक लेखक उन्हें प्रगतिशील प्रतीत हुआ—मुल्कराज आनंद। हिंदी लेखक किस प्रकार अपनी संकुचित परिधि में बंद हैं, फिर भी विश्व साहित्य का कर्णधार बनने का दावा करते हैं इसका भी हवाला दिया :

> वे अभी इतने नादान हैं कि प्रगतिशील और प्रगतिविरोधी शक्तियों में भेद नहीं कर सकते, हालांकि विश्व साहित्य का कर्णधार बनने का ताव वे मूंछों पर रोज दिया करते हैं। एक छोटा सा जरा रोचक उपन्यास लिख लिया, तो उसे वे टाल्सटाय की कब्र पर और रोमां रोलां के सर पर पटक देते हैं और कहते हैं, लो, देख लो, तुमसे अच्छा है।[56]

अपने उक्त लेख में शिवदान सिंह चौहान ने छायावाद से प्रगतिवाद की होड़ समझते हुए छायावाद को प्रतिक्रियावादी साहित्यिक धारा घोषित कर दिया : 'इस छायावाद की धारा ने हिंदी के साहित्य को जितना धक्का पहुंचाया, उतना शायद ही हिंदू महासभा या मुस्लिम लीग ने भारत को पहुंचाया हो।'[57]

यह गलत रुझान कि पिछले विकास के स्वस्थ और जीवंत तत्वों को भी अस्वीकार किया जाए, प्रगतिवाद को प्रतिष्ठित करने के अतिरिक्त उत्साह से पैदा हुआ था। इस प्रकार के परंपराभंजक दृष्टिकोण को अस्वीकार करते हुए रामविलास शर्मा ने उसी दौर के प्रसंग में लिखाः

> चौहान भारतीय साहित्य के समस्त विकास को अस्वीकार कर नए साम्यवादी यथार्थवाद की स्थापना का स्वप्न देख रहे थे और समझ रहे थे कि साहित्य में लेनिनवादी विचारधारा को लागू करने का यही तरीका है।[58]

छायावादी काव्यांदोलन के अंदर अनेक सकारात्मक प्रवृत्तियां भी थीं। इसके अतिरिक्त छायावाद के उन्नायकों का समर्थन यथार्थवाद की इस नई साहित्यिक प्रवृत्ति को मिलने लगा था, ऐसी हालत में छायावादियों पर प्रतिक्रियावादी होने का आरोप आंदोलन के लिए अहितकर था। पंत 'रूपाभ' निकालकर प्रगतिवाद का समर्थन करने लगे थे, निराला नई यथार्थवादी प्रवृत्तियों से भरी-पूरी रचनाएं लिखने लगे थे। अप्रैल 1937 के 'हंस' में प्रसाद ने यथार्थवाद पर विचारपूर्ण लेख लिखा था। अतः प्रगतिवाद का मुख्य अंतर्विरोध छायावाद से न होकर बीमार रूमानियत,

अध्यात्मवाद, आदर्शवाद और रूढ़िवाद से था।

यथार्थवाद और रूढ़िवाद के अंतर्विरोध का ही परिणाम था कि निराला संपूर्ण हिंदी साहित्य में साहित्यिक विवादों के केंद्र बने हुए थे। उनके विरोधियों का मुख्य मंच था 'विशाल भारत'। बनारसीदास चतुर्वेदी एक तरफ निराला पर हमला कर रहे थे, उग्र पर धावा बोल रहे थे, दूसरी तरफ हालावाद, अराजकतावाद और गांधीवाद का समर्थन कर रहे थे। इतना ही नहीं, चतुर्वेदीजी के उस दौर के अभिन्न मित्र और सहकारी 'अज्ञेय' ने 'विश्व भारती क्वार्टरली' में अंग्रेजी में एक निबंध लिखा—'माडर्न (पोस्टवार) हिंदी पोएट्री'। निबंध में छायावाद और उसकी सौंदर्यदृष्टि को कुंठित कहा गया, निराला में अहंकार और मौलिकता और रूढ़िभंजन की अतिशयता से कविता की बलि प्रमाणित की गई। और निराला को कवि के रूप में 'मृत' घोषित कर दिया गया।[58] निराला को लगा कि शिवदान सिंह चौहान तक और बनारसीदास चतुर्वेदी से लेकर अज्ञेय तक उन्हें प्रगतिशील साहित्य क्या, साहित्य मात्र से खदेड़ने की साजिश कर रहे हैं। उन्हें यह भी लगा कि प्रगतिशील लेखक संघ के नेतागण बड़े कुल में उत्पन्न रवींद्रनाथ ठाकुर को तो प्रगतिशील लेखक सम्मेलन का अध्यक्ष बना रहे हैं पर उन्हें धकेल रहे हैं। अप्रैल 1937 के 'विशाल भारत' में गंगाप्रसाद पांडेय ने शिवदान सिंह को जवाब दिया। पांडेय निराला जी के संपर्क में थे। वे साम्यवादी विचारधारा के विरोधी थे। अतः साहित्य में निराला का पक्षधर होने के नाते प्रगतिवाद के विरुद्ध मोर्चा लेना उन्हें आवश्यक प्रतीत हुआ। उन्होंने लेख का शीर्षक दिया : 'हमारा साहित्य और साम्यवाद'। उसी अंक में जैनेंद्र कुमार की भी एक टिप्पणी प्रकाशित हुई, जिसमें उन्होंने कहा कि वे प्र.ले.सं. के सदस्य नहीं रहे, उसके घोषणापत्र से भी सहमत नहीं हैं, पर इसके बावजूद वे अपने को प्रगतिशील समझते हैं। शिवदान सिंह चौहान के निबंध की मान्यताओं का विरोध करते हुए ललित चरण गोस्वामी का मई अंक में एक निबंध प्रकाशित हुआ; शीर्षक था: 'प्रगतिशील साहित्य किसे कहना चाहिए?' जिस 'विशाल भारत' के मंच से प्रगतिवाद को लेकर वाद-विवाद चल रहा था और जिसके संपादक की सहानुभूति प्रगतिवाद के साथ न थी, उसी मंच से बच्चन के हालावाद को उछाला जा रहा था। दूसरी तरफ जब निराला का ठेठ हिंदी अथवा गुलाबी उर्दू में लिखित 'चमेली' नामक उपन्यास 'रूपाभ' फरवरी 1939 (सं. पंत और नरेंद्र शर्मा) में प्रकाशित हुआ, तो घिनौने ढंग का प्रहार करते हुए बनारसीदास चतुर्वेदी ने लिखा : 'ठेठ या घासलेट'? फिर 'विशाल भारत' के अगले अंक में 'हमारे गुमराह भाई' शीर्षक से चतुर्वेदीजी प्रगतिशील लेखकों पर भाषा की सरलता के मुद्दे को लेकर टूट पड़े। पंत, निराला और जोश मलीहाबादी की कविताओं के उद्धरण देकर चतुर्वेदीजी ने लिखा : 'हमारे लेखक और कवि बनते तो हैं प्रगतिशील, पर भाषा लिखते हैं बाबा आदम के जमाने की।'[60]

प्रगतिशील साहित्य के संबंध में विवाद

जनवरी 1938 से फरवरी 1939 तक बनारसीदास चतुर्वेदी छुट्टी लेकर चले गए। इस अवधि में 'विशाल भारत' के संपादक अज्ञेय बनाए गए और उनके सहायक कमलाकांत वर्मा। चौदह अंकों में फ्रायडवाद और मानवेंद्रनाथ राय की विचारधारा को अज्ञेय ने पूरी तरह प्रचारित-प्रसारित किया। 'अज्ञेय' ने संपादकीय विचार में दो संस्थाओं की कार्ययोजना का जिक्र किया :

> पहली योजना एक साम्यवादी साहित्य संघ की योजना है। उस संघ का उद्देश्य होगा साम्यवाद

के सिद्धांतों को स्पष्ट करना। भारतीय परिस्थिति के खयाल से उनका विश्लेषण करना, भारत की प्रगति का अंतर्राष्ट्रीय प्रगति से सामंजस्य दिखाना आदि। यह संघ प्रतिमास एक पुस्तक अंग्रेजी, हिंदी, उर्दू और यथासंभव अन्य किसी भाषा में प्रकाशित करेगा। डायरेक्टरों में नरेंद्र देव और श्री जयप्रकाश नारायण का नाम उल्लेखनीय है। दूसरी योजना का क्षेत्र इससे व्यापक है। यह 'भारतीय पुनरुज्जीवन संघ' (इंडियन रेनेसां एसोसिएशन) की योजना है। इसका दफ्तर दिल्ली में होगा और यह कोआपरेटिव आधार पर काम करेगी। यह संस्था दर्शन, इतिहास, अर्थशास्त्र, राजनीति आदि पर पुस्तकें प्रकाशित करेगी, पत्र निकालेगी और साथ ही आधुनिक भारत और संसार की समस्याओं पर उपन्यास, नाटक आदि भी प्रकाशित करेगी। युवक लेखकों और अन्वेषकों को प्रोत्साहन देना भी इसके उद्देश्यों में शामिल है। इसके डायरेक्टरों में एम. एन. राय, प्रो, हुमायूं कबीर, बैरिस्टर पिल्लै और श्री बी. बी. कर्णिक के नाम उल्लेखनीय हैं।[61]

इस संपादकीय में प्रगतिशील लेखक संघ के विरोध में मानवेंद्रनाथ राय और उनकी पार्टी 'रेडिकल डेमोक्रेटिक पार्टी' आदि द्वारा किए जा रहे प्रयासों को अतिरंजित ढंग से पेश किया गया है तथा प्र.ले.सं. का सही नाम न देकर उसे एक साम्यवादी साहित्य संघ कहा गया है तथा कम्युनिस्ट पार्टी से संबद्ध करार देकर उसे संकीर्ण संघ के रूप में प्रचारित किया गया है, जबकि एम.एन. राय के 'भारतीय पुनरुज्जीहवन संघ' को उदार, निष्पक्ष और व्यापक क्षेत्र वाला बताया गया है। इस संपादकीय से 'अज्ञेय' की सहानुभूति और समर्थन का पता चल जाता है कि वे किस प्रकार प्र.ले.सं. के विरुद्ध हर छोटे-बड़े प्रयास को 'विशाल भारत' के मंच से विज्ञापित कर रहे थे तथा पूरा समर्थन दे रहे थे। इसके साथ ही फ्रायडवाद के उन्नायक इलाचंद्र जोशी को पूरा अवसर दिया गया जिससे वे प्रगतिवाद पर खुलकर प्रहार कर सकें। वे लिखते हैं :

हिंदी साहित्य में प्रगतिशीलता का आंदोलन जोर पकड़ने लगा है। इस प्रगतिशीलता की प्रेरणा हमारे साहित्य के नवयुवक नेताओं को कम्युनिस्टिक रूस के प्रारंभिक युग के साहित्यिक आंदोलन से मिली है। हमारे प्रगतिपंथियों का कहना है कि राजनीतिक क्षेत्र में जिस प्रकार 'डिक्टेटरशिप आफ दि प्रोलेटेरियट' का सिद्धांत प्रधानतः मान्य होना चाहिए, उसी प्रकार साहित्य क्षेत्र में भी शोषित वर्ग संबंधी विषय ही कला के मूल उपकरण के रूप में ग्रहण किया जाना चाहिए। परंतु वास्तविक कला के मूल में चिरंतन सत्य का जो भाव वर्तमान है, उस पर न तो पूंजीवाद की ही छाप लग सकती है, न साम्यवाद की। इसके अंतःसत्य में कोई अंतर नहीं पड़ सकता है।[62]

'साहित्य के अंतःसत्य' की चिरंतनता की रक्षा का झंडा उठाए हुए अनेक लोग सामने आए, और प्रगतिवाद के विरोधियों के शिविर में दाखिल हो गए। पर उपेंद्रनाथ 'अश्क' ने भी यह समझा कि प्रगतिशील लेखक संघ के द्वारा राजनीतिक उद्देश्य से प्रेरित होकर साहित्य में प्रगतिशीलता का दुरुपयोग किया जा रहा है :

इसीलिए प्रगतिशील साहित्य मेरे विचार में केवल वही साहित्य नहीं, जिससे किसान, मजदूर, बेकार अथवा विपन्न की दशा का चित्रण हो, वरन जो भी अपनी लीक से परे होकर चलता है, अपनी आसपास की दशा का जो भी गहरा अध्ययन करता है, समय की कुरीतियों पर जो भी तीव्र प्रहार करता है और अपने आपको समझने के लिए जो भी हमारी सहायता करता है, वही प्रगतिशील है।[63]

इस तरह अश्क जैसे अपवादस्वरूप कुछेक लोगों को छोड़कर 'विशाल भारत' मुख्य रूप में प्रगति-विरोधी साहित्यकारों के द्वारा इस्तेमाल किया जा रहा था। कलकत्ते से प्रकाशित 'विचार' नामक साप्ताहिक का उल्लेख किए बिना यह प्रसंग अधूरा ही रहेगा। यह पत्र 1939 से 1942 तक प्रकाशित होता रहा। इसके संपादक थे भगवतीचरण वर्मा। यह पत्र निराला और प्रगतिवाद विरोध का जबरदस्त मंच था। विडंबना यह कि उस समय आमतौर पर भगवतीचरण वर्मा को 'भैंसा गाड़ी' और अन्य यथार्थवादी कविताओं के कारण पढ़े-लिखे नौजवान प्रगतिशील कवि समझते थे, पर भगवती बाबू अंतःचेतनावाद, फ्रायडवाद, व्यक्तिवाद आदि के समर्थक थे, न कि प्रगतिवाद के। उन्होंने कामग्रंथियों, व्यक्तिमन की कुंठाओं और व्यक्ति के अवचेतन पर बहस चलाते हुए 'विचार' साप्ताहिक में एक स्तंभ रखा—'हमारी उलझन'। अमृतलाल नागर के उल्लेखों से यह सूचना मिलती है कि इस स्तंभ में भगवती बाबू 'अपने मानसिक द्वंद्व के चित्र अंकित किया करते थे।'[64] इतना ही नहीं बल्कि निराला के विरुद्ध, कुरुचिपूर्ण टिप्पणी के साथ उनकी कविता 'बापू तुम मुर्गी खाते यदि' भी 'विचार' साप्ताहिक में प्रकाशित हुई। निराला की यह कविता सन् '40 की प्रतिनिधि रचना थी—अपने प्रखर यथार्थवादी स्वर में नवीनता, और आदर्शवाद से मोहभंग की तिक्तता लिए हुए। हिंदू रूढ़ियों पर प्रहार और गांधीवादी देशभक्ति की एकांगिता और कांग्रेसी कुटिलता पर आक्रमण। पर 'विचार' में प्रकाशित भगवती चरण वर्मा की टिप्पणी की वजह से बहस किसी और मुद्दे पर चल पड़ी, न कि कविता के यथार्थवादी स्वर पर। इससे स्पष्ट है कि 'विचार', 'विशाल भारत' का सहचर था, न कि 'हंस' का।

प्रगतिशील साहित्य के साथ नई साहित्यिक पत्रकारिता का अभ्युदय

प्रारंभ से ही 'हंस' प्रगतिशील आंदोलन का मुखपत्र था। प्र.ले.सं. की हर बैठक की रिपोर्ट या उस पर टिप्पणी 'हंस' में प्रकाशित होती रही। यहां तक कि सम्मेलनों अथवा अधिवेशनों में जिन प्रमुख साहित्यिकों के भाषण होते थे या निबंध पढ़े जाते थे, वे भी 'हंस' में प्रकाशित होते थे। इसके अलावा अन्य भारतीय भाषाओं में प्रगतिशील साहित्य का आंदोलन कैसा रूप ले रहा था, उनके साहित्यकार इस आंदोलन पर किस तरह विचार कर रहे हैं—इसकी झलक देने के लिए हिंदीतर साहित्यकारों के प्रमुख निबंधों या सृजनात्मक साहित्य का अनुवाद भी प्रकाशित होता रहता था। उदाहरण के लिए अप्रैल 1939 के 'हंस' में बांग्ला लेखक भूपेंद्रनाथ दत्त के लेख का बैजनाथ सिंह 'विनोद' द्वारा किया गया अनुवाद 'साहित्य में प्रगति' शीर्षक से प्रकाशित हुआ। प्रगतिवाद को 'हंस' के अलावा कुछ नई पत्रिकाओं के प्रकाशन से भी बल प्राप्त हुआ। उन पत्रिकाओं में सुमित्रानंदन पंत और नरेंद्र शर्मा के द्वारा कालाकांकर से जुलाई 1938 में 'रूपाभ' मासिक का पहला अंक प्रकाशित हुआ। पंत ने 'रूपाभ' के प्रकाशन की मनोभूमि स्पष्ट करते हुए लिखा :

> कविता के स्वप्नभवन को छोड़कर हम इस खुरदरे पथ पर क्यों उतर आए, इस संबंध में दो शब्द लिखना आवश्यक हो जाता है। इस युग में जीवन की वास्तविकताओं ने जैसा उग्र आकार धारण कर लिया है, उसमें प्राचीन विश्वासों में प्रतिष्ठित हमारे भाव और कल्पना के मूल हिल गए हैं। श्रद्धा अवकाश में पलने वाली संस्कृति का वातावरण आंदोलित हो उठा है और काव्य की स्वप्नजड़ित आत्मा जीवन की कठोर आवश्यकता के उस नग्न रूप

से सहम गई है। अतएव इस युग की कविता स्वप्नों में नहीं पल सकती। उसकी जड़ों को अपनी पोषणसामग्री ग्रहण करने के लिए कठोर धरती का आश्रय लेना पड़ रहा है।[65]

दर्शन के स्तर पर पंत उन दिनों यह सिद्ध कर रहे थे कि रूप ही भाव का मूल है। यह विचार द्वंद्वात्मक भौतिकवाद के नजदीक पड़ता था और कला के अंतःसत्य की चिरंतनता की धारणा को काटता था। अपने इस दर्शन, प्रगतिशील आंदोलन के समर्थन, साहित्य में नवीनता लाने के प्रयास आदि की वजह से पढ़-लिखे नौजवानों के बीच 'रूपाभ' लोकप्रिय हो रहा था'।[66]

'चकल्लस' नामक साप्ताहिक अमृतलाल नागर के संपादन में 1938 से प्रकाशित हुआ। अवधी के कवि बलभद्र दीक्षित 'पढ़ीस' के कवितासंग्रह के नाम पर इस पत्र का नामकरण किया गया था। 'संघर्ष' नामक अखबार का संपादन छोड़कर नरोत्तम नागर भी इस पत्र से संबद्ध हो गए थे। 'चकल्लस' व्यंग्य और हास्य का पत्र था। इस पत्र में प्रगतिवाद के विरोधियों का मजाक तो उड़ाया ही जाता था, इसके अलावा बनारसीदास चतुर्वेदी से लेकर गांधीवाद तक पर व्यंग्य होते थे।

लगभग एक-डेढ़ वर्षों तक निकलने के बाद 'चकल्लस' बंद हो गया और नरोत्तम नागर ने इलाहाबाद आकर निराला के अलिखित उपन्यास 'उच्छृंखल' के नाम पर अपना नया पत्र निकाला। इस पत्र में भी प्रगतिवाद का समर्थन था और साहित्य में नवीन प्रयोग की तलाश थी। उसी दौरान शिवदान सिंह चौहान ने भी इलाहाबाद में 'प्रभा' नामक पत्रिका का प्रकाशन एवं संपादन किया और प्रगतिवाद को समर्थन दिया तथा प्रतिक्रियावादियों का विरोध किया।

सामाजिक यथार्थ के चित्रण पर बल, साम्राज्यवाद विरोधी और सामंतवाद विरोधी राजनीति का प्रचार, स्वाधीनता संघर्ष का समर्थन—इन तीनों ही दृष्टियों से 'हंस' के समकक्ष साहित्यिक और राजनीतिक भूमिका अदा करने वाले पत्रों में रामवृक्ष शर्मा 'बेनीपुरी' द्वारा पटना से प्रकाशित 'जनता' का प्रमुख स्थान है। 'जनता' कांग्रेस समाजवादी पार्टी' का साप्ताहिक पत्र था। इस पत्र पर जयप्रकाश नारायण से प्रभावित 'कांग्रेस समाजवादी पार्टी' के एक गुट का नियंत्रण था। इस पत्र का 1937 ई. में प्रकाशन आरंभ हुआ; पर 1939 में बेनीपुरी को गिरफ्तार कर लिया गया तथा 'जनता' के प्रकाशन पर रोक लगा दी गई। खंडवा से प्रकाशित 'कर्मवीर', पटना से प्रकाशित 'योगी' आदि का संपादन करने के बाद संपादक के रूप में यथार्थवादी रचनाकार और एक सोशलिस्ट बुद्धिजीवी के रूप में 1937 तक बेनीपुरी लोकप्रिय हो गए थे। द्वितीय महायुद्ध के समय उन्होंने 'न एक पाई न एक भाई' का नारा दिया। कुछ ही काल में यह आह्वान राष्ट्रीय नारा बन गया।[67]

'जनता' साप्ताहिक के द्वारा वे किसानों में नवजागृति का शंख फूंक रहे थे। सितंबर 1939 ई. में जब द्वितीय विश्वयुद्ध छिड़ा को 'जनता' ने पूरी तैयारी के साथ अंतर्राष्ट्रीय अंक निकाला। उसी अंक में दिनकर की कविता 'ओ द्विधाग्रस्त शार्दूल बोल' प्रकाशित हुई। यह कविता युद्ध का विरोध करने के लिए लिखी गई थी। अंग्रेजों को युद्ध में कोई सहायता मत दो। युद्धकाल में ही स्वाधीनता संघर्ष तेज करो। इन्हीं कारणों से ब्रिटिश सरकार ने 'जनता' के प्रकाशन पर रोक लगा दी। 'जनता' के माध्यम से वियोगी, कलक्टरसिंह केसरी, प्रभात, अनूपलाल मंडल, दिनकर, आरसी प्रसाद सिंह, प्रिंसिपल मनोरंजन, राधाकृष्ण, राम इकबाल सिंह 'राकेश', राहुल सांकृत्यायन, आचार्य नरेंद्र देव आदि की रचनाएं बराबर छपती थीं। 'जनता की दो विशेषताएं थीं। नेपाल की सामाजिक व्यवस्था और राजशाही के खिलाफ खुलकर

विद्रोह फैलाना उसकी उग्र राजनीति का परिचायक था। इसी प्रकार साहित्यिक स्तंभ के अंतर्गत विचारोत्तेजक टिप्पणियां छापकर वातावरण को आंदोलित करते रहना उसका स्वभाव था।'[68]

'जनता' कार्यालय उन दिनों (1937 से 1939 तक) सामाजवादी, कम्युनिस्ट और क्रांतिकारी नौजवानों और साहित्यकारों का अड्डा था। 1936 से प्रगतिवाद का आंदोलन आरंभ हो गया था और पटना में प्रगतिवाद को साहित्यिक समर्थन देने के लिए 'जनता' के मंच का उपयोग हो रहा था।

'जनता' के अलावा नरेंद्र देव के संपादन में प्रकाशित पत्र 'सघंर्ष' का लखनऊ के बुद्धिजीवियों और साहित्यकारों के अतिरिक्त नौजवानों पर काफी असर था। 'संघर्ष' पहले नरोत्तम नगर के संपादन में निकलता था। बाद में इस पत्र के प्रकाशन और संपादन का संपूर्ण दायित्व नरेंद्र देव ने उठा लिया। इस तरह 1938 से 'संघर्ष' साप्ताहिक हो गया। साहित्य के लिए भी इसमें कुछ पृष्ठ सुरक्षित रहते थे।

'विप्लव' नामक (मासिक) साहित्यिक और राजनीतिक पत्र का प्रकाशन 1938 में यशपाल के जेल से छूट कर आने के बाद लखनऊ से हुआ। तीन-चार वर्षों तक यह पत्र निकलता रहा, फिर यशपाल की गिरफ्तारी के बाद पत्र का प्रकाशन बंद हो गया। उस जमाने में नौजवान साहित्यिक 'विप्लव' को ढूंढ़-ढूंढ़ कर पढ़ रहे थे। अंग्रेजी राज में जब रूसी साहित्य के प्रकाशन और वितरण पर रोक लगी हुई थी तथा हिंदुस्तान सोशलिस्ट रिपब्लिकन आर्मी के कार्यकर्त्ताओं का क्रूरतापूर्वक दमन किया जा रहा था, उस समय 'विप्लव' के क्रांतिकारी साहित्य और विचारधारात्मक निबंधों में नौजवानों की दिलचस्पी स्वाभाविक थी। 'विप्लव' बिक्री के लिए इधर-उधर छुपाकर रखा जाने लगा था और नौजवान उसे कानोंकान प्रचारित करते थे।[69] 'विप्लव' का मार्च 1940 में 'मार्क्स अंक' निकला। उक्त अंक में प्रो. शिब्बनलाल और यशपाल के गांधीवाद और मार्क्सवाद के तुलनात्मक संदर्भ में वाद-विवाद प्रकाशित हुए। इसके अलावा स्पेन के गृहयुद्ध की रिपोर्ट, मार्क्सवादी समाज में किसानों का स्थान, पेरिस कम्यून के क्रांतिकारी लुई अगस्त ब्लांकी आदि पर भी निबंध छपते रहते थे। फरवरी 1940 में लखनऊ में प्रगतिशील लेखक संघ का अधिवेशन हुआ, जिसका ब्रिटिश सरकार द्वारा पूरी तरह दमन किया गया। 'विप्लव' में इस अधिवेशन और दमन की रिपोर्ट प्रकाशित हुई तथा हुकूमत के इस जनविरोधी रवैए की भर्त्सना की गई।

इस तरह हम देखते हैं कि प्रगतिशील साहित्यिक आंदोलन को अभिव्यक्ति का मंच प्रदान करने वाले पत्रों में 'हंस', 'चकल्लस', 'उच्छृंखल', 'जनता', 'संघर्ष', 'रूपाभ', प्रभा', और 'विप्लव' का प्रमुख स्थान है। इन पत्रों के कार्यालय प्रगतिशील साहित्यकारों, वामपंथी राजनीतिक कार्यकर्त्ताओं, विश्वविद्यालयों के तरुण बुद्धिजीवियों और नए उत्साही पाठकों के केंद्र बन गए।

युद्ध काल में प्रगतिशील लेखक संघ का नया दायित्व

साहित्य सम्मेलन के मंच पर विचारधाराओं का संघर्ष अपने मुखर रूप में 1940 के पूना अधिवेशन में प्रकट हुआ। साहित्य परिषद के अध्यक्ष पद से दिए गए अपने भाषण में नंददुलारे वाजपेयी ने कहा :

> आज हिंदी में श्रेष्ठ साहित्य के सृजन के कौन से क्षेत्र हैं? निश्चय ही समाजवादी विचारों

के क्षेत्र। क्यों? क्योंकि उन्हीं क्षेत्रों ने इस समय नवीन प्रतिभा को आकर्षित कर रखा है। क्यों नहीं आज़ प्रचलित धार्मिक क्षेत्रों में श्रेष्ठ साहित्यिक रचनाएं और सुंदर कला का निर्माण हो रहा है? क्यों आज वे पुरानी अनुकृति से ही अथवा दूसरे नवीन क्षेत्रों की प्रगतिशील शैलियों को अपनाकर संतोष कर रहे हैं। स्वतः नई भूमि क्यों नहीं तैयार करते?[70]

वाजपेयी जी के इन प्रश्नों के उत्तर सम्मेलन पर हावी पुनरुत्थानवादी साहित्यिकों के पास नहीं थे; क्योंकि वे स्वाधीनता संघर्ष और युद्धकालीन विश्व की बदलती हुई ऐतिहासिक प्रकृति और बदलते हुए शक्ति संतुलन को समझने की कोशिश नहीं करते थे। इन्हीं सीमाओं के कारण वे साहित्य पर प्रगतिवाद के हावी होने से भौंचक और किंकर्त्तव्यविमूढ़ हो गए थे। युद्ध के दिनों में भी वे कोई महत्वपूर्ण सांस्कृतिक भूमिका नहीं निभा पाए। सितंबर 1939 से महायुद्ध आरंभ हो गया। ब्रिटिश सरकार ने वामपंथी कार्यकर्त्ताओं को गिरफ्तार करना शुरू कर दिया। भारतीय कम्युनिस्ट पार्टी ने युद्ध, साम्राज्यवाद और फासीवाद के विरोध में प्रचार अभियान शुरू किया। जयप्रकाश नारायण और नरेंद्र देव ने ब्रिटिश सरकार के युद्धप्रयासों को निष्फल करने के लिए जनता में प्रचार आरंभ कर दिया। सोवियत समाजवादी गणराज्य पर सन् '41 की गर्मियों में नाजियों ने जब आक्रमण किया तो प्रगतिशील लेखक संघ के भीतर इस राजनीतिक मुद्दे पर दो खेमे बन गए। कम्युनिस्ट एक बात कहते थे, तो गैर कम्युनिस्ट ठीक दूसरी बात। 1942 की अगस्त क्रांति का जमाना आया, जब भारतीय कम्युनिस्ट पार्टी ने रूस समेत मित्र राष्ट्रों का और एक तरह से ब्रिटिश फौज और कूटनीति का पक्षसमर्थन किया और फासीवाद के बढ़ते हुए दौर में ब्रिटिश सरकार के युद्ध प्रयासों में मदद पहुंचाने की बात को प्रमुखता प्रदान की। इसी बीच बंगाल में भयंकर अकाल पड़ा। अतः भारतीय कम्युनिस्ट पार्टी के सदस्यों और हमदर्दों ने अकाल के प्रश्न पर साहित्यिक मोर्चे को सक्रिय बनाने का प्रयास किया।

इस तरह 1939 से 1946 तक का दौर अनेक प्रकार के जटिल राजनीतिक और सामाजिक प्रश्नों का दौर बन गया। उस दौर में कम्युनिस्ट पार्टी का ध्यान मुख्य रूप में फासीवाद के विरोध में चेतना फैलाने और ब्रिटिश सरकार के विरुद्ध अपनी लड़ाई को थोड़ी देर के लिए धीमा करने का हो गया। रामविलास शर्मा ने इस जटिल स्थिति में कम्युनिस्ट पार्टी की भूमिका को दोषपूर्ण बताया। उनके अनुसार उस अवधि में प्रगतिशील लेखक संघ में एक तरह से बिखराव शुरू हो गया था चूंकि कम्युनिस्टों के साथ जिन राष्ट्रीय जनवादी चेतना से संपन्न लेखकों का संयुक्त मोर्चा बनाया गया था, उनके बीच कम्युनिस्ट पार्टी के सदस्य अकेले पड़ गए चूंकि वे दूसरे महायुद्ध के समय साम्राज्यवादी शासन के प्रति उपेक्षा का भाव रखते थे और एकांगी ढंग से केवल फासीवाद विरोधी संग्राम पर जोर देते थे।[71] कम्युनिस्टों की इस भूमिका को कांग्रेसी, सोशलिस्ट तथा सुभाषचंद्र बोस के अनुयायी राष्ट्रीय स्वाधीनता के साथ गद्दारी की संज्ञा देते हैं। उक्त अवधि में दिनकर ने 'दिल्ली और मास्को' शीर्षक कविता में अंतर्राष्ट्रीयतावाद के खोखलेपन पर अपना क्षोभ व्यक्त किया। 1942 की अगस्त क्रांति पर प्रगतिशील लेखक संघ के सक्रिय कार्यकर्त्ताओं में संभवतः किसी ने भी कोई रचना नहीं लिखी। पर दिनकर, नवीन, मिलिंद, प्रभात आदि कवियों ने अनेक रचनाएं लिखीं। इस दृष्टि से प्रगतिशील लेखकों को संगठित कर आंदोलित करने का प्रयास भी नहीं हुआ। फासीवाद के विरोध में और बंगाल के अकाल पर लेखकों को संगठित ढंग से प्रचार अभियान में सहयोग

देने के लिए जगह-जगह सम्मेलन और अधिवेशन बुलाए गए।

इस तरह का पहला विशाल फासिस्ट विरोधी लेखक सम्मेलन सन् 1942 में दिल्ली में प्र.ले.सं. की ओर से बुलाया गया। अज्ञेय से लेकर कृश्न चंदर तक उसमें शमिल हुए।[72] उस सम्मेलन में जो प्रस्ताव पास हुआ था, उसे अखिल भारतीय फासिस्ट विरोधी लेखक सम्मेलन (दिल्ली 1942) के घोषणापत्र के रूप में प्रचारित-प्रसारित किया गया था। इस प्रस्ताव का मसौदा अंग्रेजी में अज्ञेय ने तैयार किया था।[75] प्रस्ताव लंबा था, पर उसके कुछ महत्वपूर्ण अनुच्छेद उद्धृत किए जा सकते हैं :

> हम भारतीय लेखकों का फासिज्म से कोई सामंजस्य नहीं है। फासिज्म एक अपरिचित शत्रु नहीं है। फासिज्म के अनिवार्य संस्कृति विरोधी तत्व की उपेक्षा करने या उसकी ओर से आंख मींचने का मतलब स्वेच्छा से अपने को एक बर्बर आक्रमणकारी की लंबी और घातक गुलामी का शिकार बनाना होगा। आज की दुनिया में फासिस्ट जीत का मतलब एक नए अंधकार-युग की शुरुआत होगी और इस संकट को दूर करने में भारतीय जनता को अपना कर्त्तव्य पूरा करना होगा। उन्हें सोवियत संघ की बहादुर जनता, वीर चीनी राष्ट्र और सारे देशों की फासिज्म विरोधी जनता के साथ एक होना होगा। हम हिंदुस्तान के महान और बहुमूल्य सांस्कृतिक उत्तराधिकार के प्रहरी हैं। फासिस्ट लुटेरों से इसकी रक्षा करना हमारा कर्त्तव्य है। अपनी रचनाओं के द्वारा फासिज्म के खिलाफ अपने को दिमागी तौर पर मजबूत बनाने में हमें जनता की मदद करनी चाहिए। किताबों और पैम्फलेटों, रेडियो और सिनेमा, गानों और रंगमंचों के जरिए हमें विशाल जनता के पास पहुंचना चाहिए। अपनी मातृभूमि के आह्वान पर आगे आना और मुक्ति तथा संस्कृति की दीपशिखा को प्रज्ज्वलित रखना हमारा कर्त्तव्य है।[74]

अगस्त के व्यापक जन-उभार में हिस्सा न लेकर कम्युनिस्ट पार्टी ने गलती की थी। उसका मार्जन करने के उद्देश्य से तथा प्रगतिशील लेखक संघ के व्यापक जनवादी मोर्चे को अक्षुण्ण रखने के लिए उसके सदस्यों और हमदर्दों ने दमनविरोधी आंदोलन शुरू कर दिया। अगस्त की देशव्यापी आंदोलनात्मक कार्रवाई एक तरह से स्वतः स्फूर्त जन-उभार थी। उसमें जिन लोगों ने हिस्सा लिया था, ब्रिटिश सरकार उनका पूरी तरह निर्दयता से दमन कर रही थी। अतः फासीवाद विरोधी आंदोलन को एक और धार देते हुए दमन विरोधी प्रचार को भी उसमें सम्मिलित कर लिया गया। बनारस में सितंबर 1942 के महीने में स्थानीय साहित्यिकों और बुद्धिजीवियों का एक कन्वेंशन प्र.ले.सं. (काशी शाखा) की ओर से बुलाया गया। उस कंवेंशन में पारित प्रस्ताव का एक अंश उद्धरणीय है :

> इधर हमारे देश में जो अनेक दुर्घटनाएं घटित हुई हैं, उनके कारण हम सभी लेखक और पत्रकार, साहित्यिक और अन्य बुद्धिजीवी अत्यंत दुखी और विचलित हुए हैं। गोलियों की बौछारों, गिरफ्तारियों और भयंकर दमन-चक्र के कारण देश भर में आतंक की काली छाया छा गई है। यद्यपि हम सब न राजनीतिज्ञ हैं, और न सभी एक से राजनैतिक विचारों के हैं, परंतु फिर भी हम अपने चारों ओर घटित होने वाली घटनाओं को देखकर उदासीन नहीं रह सकते। विशेषकर हम विचारस्वातंत्र्य और भाषणस्वातंत्र्य के हनन और समाचारपत्रों पर पाबंदियां लगाए जाने तथा काशी विश्वविद्यालय की दुर्गति किए जाने का एक स्वर से विरोध करते हैं। नागरिक स्वतंत्रताओं के इस प्रकार छीने जाने से देश में एक भयंकर सांस्कृतिक संकट उत्पन्न हो गया है। यह हम सब बुद्धिजीवियों के हेतु घोर चिंता का विषय है।[75]

यह एक लंबे वक्तव्य का अंश है। इस वक्तव्य पर हस्ताक्षर करने वाले लेखकों के नाम हैं : बाबू राव विष्णु पराड़कर, अंबिका प्रसाद वाजपेयी, रायकृष्ण दास, केशव प्रसाद मिश्र, रामचंद्र वर्मा, रणदा उकील, जयचंद्र विद्यालंकार, नंददुलारे वाजपेयी, पद्मनारायण आचार्य, लल्ली प्रसाद पांडेय, भीष्म आर्य, शिवरानी देवी, प्रेमचंद, मनोरमा देवी गोयल, नरेंद्र शर्मा, त्रिलोचन शास्त्री, रुस्तम सैटिन, श्रीपत राय, सुरेंद्र श्रीवास्तव, अमृतराय, गोविंद वल्लभ, त्रिभुवन नाथ, राजीव सक्सेना, मौलवी अब्दुल मजीद, मुंशी बेताब, श्रीमती जौहरा महमूद, मोहम्मद तकी और अलिफ उल्लाह उस्मानी।

हिंदी-उर्दू के उपर्युक्त लेखकों के अलावा बांग्ला के साहित्यकारों में सतीशचंद्र गुप्त, सुरेशचंद्र चक्रवर्ती और महेश चंद्र राय के भी हस्ताक्षर थे।[76]

'हंस' के अक्टूबर अंक में ही इलाहाबाद प्रगतिशील लेखक संघ की ओर से दमन और फासिज्म के विरुद्ध अपील प्रकाशित की गई। उक्त अपील में बालकृष्ण शर्मा 'नवीन' और शिवदान सिंह चौहान की गिरफ्तारी की निंदा की गई तथा देश के तमाम लेखकों से दमन के विरुद्ध संगठित होने का आह्वान किया गया। इसके अलावा यह भी कहा गया कि फासिज्म के विरुद्ध महान स्टालिन के नेतृत्व में जो अंतिम निर्णायक युद्ध हो रहा है, उसमें देश की तमाम ताकतों को एकजुट करने की आवश्यकता है।[77] इस अपील पर इलाहाबाद के सुप्रसिद्ध लेखकों में नरेंद्र शर्मा, पहाड़ी, प्रकाशचंद्र गुप्त, फिराक, आर. एन. देव आदि के हस्ताक्षर थे।[78]

भारतीय जननाट्य संघ (इप्टा) की स्थापना

देश भर में फैल रहे दुर्भिक्ष, भयंकर महंगाई, फासिज्म का खतरा, ब्रिटिश सरकार द्वारा नागरिक स्वतंत्रताओं का दमन–इन सारी समस्याओं पर प्रचारात्मक आंदोलन चलाना प्रगतिशील लेखक संघ का इस दौर में मुख्य कार्यक्रम था। इन मुद्दों पर साहित्यकारों, बुद्धिजीवियों और कलाकारों को एक व्यापक जनवादी आंदोलन के अंदर खींच लाना कठिन और दीर्घ प्रयासों से ही संभव था। परंतु यह कार्य केवल बैठकों, सम्मेलनों, अधिवेशनों और भाषणों से एक सीमा तक ही हो सकता था। अतः प्रगतिशील लेखक संघ ने इसी दौर में जनता के निकट पहुंचने के अन्य माध्यमों की खोज आरंभ की। शिवदान सिंह चौहान ने प्रगतिशील लेखक संघ की कार्यकारिणी के विचारार्थ फरवरी 1939 में ही अपना लेख 'भारत की जननाट्य शाला' प्रस्तुत किया था। उक्त लेख में उन्होंने सबसे पहले यह स्थापना रखी थी :

> हमारी कला को तीस-पैंतीस करोड़ किसान-मजदूर और निम्नमध्यवर्ग से प्राणसंबंधित होना चाहिए क्योंकि समाज का यह वर्ग ही आज ऐतिहासिक दृष्टि से समाज की असंगतियों पर विजय प्राप्त कर एक नए समाज का निर्माण करने की क्षमता रखता है, पूंजीपति वर्ग या उपजीवी अवकाशभोगी वर्ग की क्षमता अब समाज को आगे बढ़ाने में नहीं वरन पीछे धकेलने में ही शेष रही है। अतः यदि कला शोषित वर्गों से अर्थात जनता से 'प्राणसंबंधित' हो गई तो समझना चाहिए कि कला इतिहास के साथ कदम मिलाकर चलने लगेगी और समाज की प्रगति में सचेत रूप से सहायक होगी।[79]

इस निबंध में यूरोप के यूनिटी थिएटर का हवाला दिया गया है। यूरोप के जो तबके फासीवाद के खिलाफ थे, वे सब संयुक्त मोर्चे के रूप में काम कर रहे थे। उसी संयुक्त मोर्चे का प्रचार

यंत्र था—'यूनिटी थिएटर'। यूनिटी थिएटर के द्वारा इंगलैंड, फ्रांस और पोलैंड में अनेक नाटक खेले जा चुके थे। उन नाटकों में ट्रिटिया राव का 'रोड टु चाइना', गोर्की का 'मदर', स्टीफेन स्पेंडर का 'दि ट्रायल आफ ए जज', विलफर्ड आडेट का 'वेटिंग फार लेफ्टी' आदि प्रसिद्ध हैं। उन नाटकों के पात्र सर्वहारा वर्ग के हैं, अतः रंगमंच पर श्रमिक वर्ग का प्रवेश नाटकीय विकास में निश्चित रूप से युगांतरकारी ही माना जाएगा।

परंतु भारत की परिस्थितियों में चीनी नाटककारों और रंगकर्मियों के अनुभवों से लाभ उठाने के खयाल से शिवदान सिंह चौहान ने उक्त लेख में चीनी थिएटर का विस्तार से उल्लेख किया। उनके अनुसार :

> चीन में क्रांतिकारी जननाट्य शाला का जन्म और विकास बिलकुल भिन्न परिस्थितियों में हुआ। चीन एक कृषिप्रधान देश है—अशिक्षित, पिछड़ा हुआ और अंधविश्वासों में डूबा हुआ। उसकी समस्याएं बहुमुखी हैं। लेकिन जापानी साम्राज्यवाद के आक्रमण ने वहां की सोई हुई जनता में चेतना और आत्माभिमान की एक लहर दौड़ा दी, उसमें ऐक्य और संगठन पैदा कर दिया, और वह दैत्य की तरह आक्रमणकारी का मुकाबला करने के लिए उठ खड़ी हुई। इस कार्य में क्रांतिकारी नाट्यशाला एक साथ ही आज जापान विरोधी भावना, शिक्षा, नव जागृति और संगठन की विद्युत केंद्र बन गई है, जहां से आम जनता के हृदयों में आधुनिक जीवन की प्रकाश रेखाएं पहुंचाई जाती हैं और उनके जापान विरोधी निश्चय को दृढ़ बनाया जाता है। गांवों के नाटकों में पर्दे वगैरह भी नहीं होते और वे मैदान में खेले जाते हैं। तीन घंटे के प्रोग्राम में मुख्य नाटक के अतिरिक्त प्रहसन, व्यंग्य और क्रांतिकारी नृत्य और संगीत भी रहता है। वहां 'आक्रमण', 'मंचूरिया विजय' और '18 सितंबर से' आदि उपनाटक बहुत प्रसिद्ध हैं।[80]

भारत का चीन से साम्य स्थापित करते हुए तथा क्रांतिकारी जनगीतों और जननाट्य शाला की आवश्यकता बताते हुए 'भारतीय जननाट्यशाला' स्थापित करने का सुझाव शिवदान सिंह चौहान ने रखा। उन्होंने लेख के अंत में कहा : 'मेरी सम्मति में भारत की जननाट्य शाला का नाम 'राष्ट्रीय जननाट्य शाला' (नेशनल पीपुल्स थिएट्रिकल एसोसिएशन) होना चाहिए। भारत की सबसे बड़ी हकीकत उसकी राष्ट्रीय आजादी की लड़ाई है। इसलिए यहां की नाट्यशाला 'राष्ट्रीय' होकर भी प्रगतिशील-क्रांतिकारी हो सकती है।[81]

इसके अलावा इस नाट्यशाला के भारतीय रूप और उसके संगठन पक्ष के संबंध में भी उन्होंने विस्तृत रूपरेखा प्रस्तुत की।

प्रगतिशील लेखक संघ की ओर से भारतीय जननाट्य शाला स्थापित करने के प्रयत्न शुरू हुए। 1943 में बंबई में 'भारतीय जननाट्य संघ' की स्थापना की गई। इसके तुरंत बाद कम्युनिस्ट पार्टी और प्रगतिशील लेखक संघ के परस्पर सहयोग से देश के कोने-कोने में जननाट्यशाला की शाखाएं स्थापित करने की चेष्टा होने लगी। 'इस सदी के पांचवें दशक में पीपुल्स थिएटर ने नाट्यकला को बल और शक्ति प्रदान की। इस धारा ने हर प्रांत और भाषा को अच्छे नाटककार, गीतकार, कवि और मंच-कलाकार प्रदान किए।'[82]

आज की नाट्यटोलियों के अधिकांश कलाकार एक समय में भारतीय जननाट्य संघ (इप्टा) से संबद्ध थे। बंबई के लिटिल बैले ट्रुप के जन्मदाता शांतिवर्द्धन और गुलवर्द्धन, कलकत्ता के 'बहुरूपी' के शंभु मित्र और तृप्ति मित्र, कलकत्ता लिटिल थिएटर ग्रुप के उत्पल दत्त, जुहु

आर्ट थिएटर ग्रुप बंबई के बलराज साहनी, नाट्यमंडल अहमदाबाद की दीना गांधी और जसवंत ठाकुर, हिंदुस्तानी थिएटर नई दिल्ली के हबीब तनवीर, दिल्ली आर्ट थिएटर की शीला भाटिया और स्नेहलता सान्याल, मुंबई मराठी साहित्य संघ की दुर्गा खोटे और पृथ्वी थिएटर्स की जोहरा सहगल–ये सब भारतीय जननाट्स संघ (इंडियन पीपुल्स थिएट्रिकल एसोसिएशन–'इप्टा') के सक्रिय कलाकार रहे हैं।[83]

भारतीय जननाट्य संघ की स्थापना से फासिज्म, दमन और अकाल के प्रसंग में जन चेतना जाग्रत करने और विचारधारा के प्रचार का पूरा अवसर प्रगतिशील लेखकों को मिला। 1944 में बंगाल के फासिस्टविरोधी लेखक एवं कलाकार सम्मेलन में भाषण करते हुए शिवदान सिंह चौहान ने जो कहा था, उससे इप्टा के क्रियाकलापों की व्यापकता का पता चलता है :

> इस समय बंगाल के हर जिले में जनता के जागरूक कार्यकर्त्ताओं के बीच से एकदम नए प्रतिभाशाली लेखक और कलाकार उत्पन्न हो रहे हैं। वे वास्तविक अर्थ में जनता के लेखक और कलाकार हैं। वे स्थानीय प्रगतिशील लेखक और कलाकार संघों द्वारा संगठित सांस्कृतिक जत्थे–अपने-अपने जिलों के देहात में ले जाकर, गीतों, नृत्यों नाटकों और चित्रों के प्रदर्शन से जापानी फासिज्म, दुर्भिक्ष, महामारी, गुलामी, अनाज चोरों और मुनाफाखोरों के विरुद्ध जनता को संगठित कर रहे हैं। वे लोकगीतों और लोकनृत्यों की परंपरा में क्रांतिकारी भावों की प्रेरणा भर कर उन्हें अभिनव रूप दे रहे हैं।[84]

जिस जमाने में ब्रिटिश साम्राज्यवाद और फासीवाद के विरुद्ध दोहरे मोर्चे पर संघर्ष की कार्यनीति आवश्यक थी, उस दौर में सिर्फ फासीवाद विरोधी इकहरी कार्यनीति के कारण कम्युनिस्ट पार्टी जनता से एक हद तक अलग-थलग पड़ गई थी, उस पर कांग्रेस सोशलिस्ट पार्टी के जयप्रकाश नारायण गुट तथा गांधीवादियों की तरफ से बुरी तरह हमला किया जा रहा था। उस जमाने में अपने संगठित सांस्कृतिक अभियानों के द्वारा ही कम्युनिस्ट पार्टी अपने को जिंदा रख सकी। और इस कार्य में बंगाल का अकाल, जापानी फासीवाद,हिटलरी तानाशाही से रूसी कम्युनिस्ट पार्टी की निर्णायक लड़ाई और ब्रिटिश सरकार द्वारा भारतीय स्वाधीनता संघर्ष के कार्यकर्त्ताओं के दमन के सवाल सामने लाए गए। इन सभी सवालों पर प्रगतिशील लेखक संघ के द्वारा बड़े-बड़े सम्मेलन से लेकर छोटी-छोटी गोष्ठियां तक की गईं, ग्रामगीतों के कार्यक्रम से लेकर नाट्य प्रदर्शन तक इप्टा के द्वारा किए गए। इन सभी कार्यों के द्वारा प्रगतिशील साहित्यिक आंदोलन ने कवि सम्मेलनों के मंच के विकल्प के रूप में भारतीय 'जननाट्य संघ' को लोकप्रिय बनाया तथा साहित्यिक आंदोलन कविता-कहानी-उपन्यास तक सीमित न रहकर नाटक, रंगमंच तथा जनभाषा कवि सम्मेलनों तक व्याप्त हो गया।

फासीवाद विरोधी सम्मेलनों का दौर

1943 में कलकत्ते में बंगाल के फासिस्ट विरोधी कलाकार और लेखक संघ का पहला आयोजन किया गया था। दूसरा आयोजन 1944 में 15 जनवरी को किया गया। इस सम्मेलन की स्वागत समिति के अध्यक्ष चुने गए थे प्रसिद्ध कथाकार ताराशंकर वंद्योपाध्याय। इस सम्मेलन की विस्तृत रिपोर्ट 'हंस' के बंगाल अंक में प्रकाशित हुई थी। रिपोर्टर थे प्रो. हीरेन मुखर्जी। सम्मेलन इंडियन एसोसिएशन हाल में हुआ। उपस्थित प्रतिनिधियों और दर्शकों का स्वागत करते हुए ताराशंकर वंद्योपाध्याय ने इस अभियोग का प्रतिवाद किया कि फासिस्ट विरोधी

शब्द का आशय निषेधात्मक है। उन्होंने कहा :

> उसका आशय तो हमारे देश की आजादी से है, जिसके बिना कलाकारों का ह्रास अनिवार्य है; उसका अभिप्राय फासिज्म और उसके अनेक प्रच्छन्न रूपों के विरुद्ध सक्रिय लड़ाई से है। जो शक्तियां आज भी हिंदुस्तान को गुलाम बनाए हुए हैं, जो अकाल और महामारी के लिए जिम्मेवार हैं और जो मुजरिमाना तरीके से इस वक्त मुनाफों के अंबार लगा रही हैं, उन सब शक्तियों के खिलाफ लड़ना और युगों से मुसीबतें झेलने वाली हमारी उदार जनता के साथ लेखक और कलाकारों का भाईचारा कायम करना उस शब्द का विधेयात्मक अभिप्राय है।[85]

इस कांफ्रेंस का संचालन सात लेखकों और कलाकारों के सभापति मंडल ने किया। प्रेमेंद्र मित्र (अध्यक्ष), मानिक बनर्जी, अतुल बोस, मनोरंजन भट्टाचार्य, गोपाल हालदार, सचिनदेव बर्मन आदि सभापति मंडल में थे। इस सम्मेलन में उत्तर प्रदेश प्रगतिशील लेखक संघ के प्रतिनिधि की हैसियत से शिवदान सिंह चौहान उपस्थित थे।

कांफ्रेंस का खुला जलसा दूसरे दिन श्रद्धानंद पार्क में हुआ जिसमें छह सात हजार लोग सम्मिलित हुए थे। इस खुले कार्यक्रम के अंतर्गत बंगाल के हर जिले की सांस्कृतिक टोली ने अपने पोग्राम पेश किए। इसके बाद विनय राय के लघु भावनाट्य 'मैं भूखा हूं' का प्रदर्शन हुआ।

तीसरे दिन के अधिवेशन में कई प्रस्ताव पास किए गए। एक प्रस्ताव द्वारा सोवियत संघ, चीन तथा फासिस्टों द्वारा अधिकृत अन्य देशों के प्रतिबद्ध लेखकों को बधाई दी गई। दूसरे प्रस्ताव द्वारा ब्रिटिश साम्राज्यवादी राजसत्ता द्वारा पालित नौकरशाही की दुर्नीति की निंदा की गई कि वह नेताओं को जेल में डालकर राजनीतिक अवरोध को अक्षुण्ण रखती है। इसी में जनता से यह मांग की गई कि वह आत्म-निर्णय के आधार पर राष्ट्रीय एकता स्थापित कर इस परिस्थिति का अंत करे और राष्ट्रीय सरकार की स्थापना करे।[86]

बंगाल में इतना जबरदस्त सांस्कृतिक मोर्चा कायम करना और इतने व्यापक आयोजन को सफल बनाना—बंगाल के फासिस्ट विरोधी कलाकार और लेखक संघ के मंत्री चिन्मोहन सहानबीस की कर्मठता से ही संभव हो सका।

फासिस्ट विरोधी आंदोलन में प्रगतिशील लेखक संघ कितनी जबरदस्त सफलता हासिल कर रहा था, इसका दूसरा उदाहरण मध्य भारत फासिस्ट विरोधी लेखक सम्मेलन का आयोजन माना जाएगा। इस सम्मेलन के आयोजकों में गजानन माधव मुक्तिबोध, श्यामू संन्यासी आदि के नाम उल्लेखनीय हैं। 'उज्जैन में मुक्तिबोध ने मध्यभारत प्रगतिशील लेखक संघ की बुनियाद डाली। इसकी विशिष्ट मीटिंगों में भाग लेने के लिए वह बाहर से रामविलास शर्मा, अमृत राय आदि साहित्यिक विचारकों को बुलाते थे। उन्होंने सन् '44 के अंत में इंदौर में फासिस्ट विरोधी लेखक कांफ्रेंस का आयोजन किया जो राहुल जी की अध्यक्षता में हुई। लेखकों के दायित्व पर स्वयं मुक्तिबोध ने भी एक निबंध उसमें पढ़ा था।'[87]

इंदौर में हुए इस मध्य भारत फासिस्ट विरोधी लेखक सम्मेलन की विस्तृत रिपोर्ट और राहुल सांकृत्यायन का अध्यक्षीय भाषण 'हंस' के जनवरी-फरवरी' 44 अंक में प्रकाशित हुए। बंगाल की तुलना में मध्य भारत जैसे पिछड़े राज्य में प्रगतिशील लेखक संघ की स्थापना भी देर से हुई थी। 1943 में जब प्रगतिशील लेखक संघ की पहली बैठक इंदौर में बुलाई

गई थी तब वहां के लेखकों ने इसका जबरदस्त विरोध किया था। उनके विरोध की वजह से ही 'प्रगतिशील' विशेषण हटा दिया गया। परंतु इस बार चूंकि बड़े स्तर पर आयोजन हो रहा था और राहुल सांकृत्यायन को अध्यक्ष की हैसियत से आमंत्रित किया गया था, अतः पढ़े-लिखे नौजवानों में उत्साह दिखाई पड़ा।

इस सम्मेलन में सबसे पहले बुद्धदेव बसु की 'प्रतिवाद' शीर्षक कविता का हिंदी अनुवाद पढ़कर सुनाया गया। फिर प्रभाकर ऊध्वरि ने रोम्यां रोलां पर अपना मराठी स्केच पढ़ा। सबसे अंत में महापंडित राहुल सांकृत्यायन ने अध्यक्षीय भाषण में कहा :

> हमारे साहित्यकारों को ही अपनी सांस्कृतिक निधि की रक्षा का गुरुतर भार सौंपा गया है, जैसा कि वाल्मीकि, अश्वघोष, भास, कालिदास, शूद्रक, भवभूति, बाणभट्ट पर पड़ा था। साथ ही हमारे साथियों को नवनिर्माण में उतने ही जोर से भाग लेना है। सांस्कृतिक निधि की रक्षा और नवनिर्माण की अभिलाषा, यही वे बातें हैं, जिन्होंने हमें फासिस्टवाद का घोर विरोधी बनाया है। हमें अफसोस है कि हमारे कितने ही साहित्यकार अभी इसे समझते नहीं हैं कि फासिस्टवाद दुनिया की हरेक जाति की संस्कृति और नवनिर्माण का कितना महान शत्रु है।[88]

दूसरे दिन सबेरे प्रतिनिधियों का सम्मेलन था। उसमें प्रस्ताव और निबंध पढ़े गए। निबंधों में प्रभाकर माचवे लिखित 'युद्धकालीन साहित्य', प्रभाकर ऊध्वरि का 'साहित्य में नया मूल्यांकन', मुक्तिबोध का 'साहित्य और समाज का पारस्परिक संबंध', जगदीश का 'महादेवी वर्मा' तथा भोपाली का 'फासिज्म और नई उर्दू कविता' पढ़े गए।[89]

सांध्यकालीन सांस्कृतिक कार्यक्रम भी सफल रहा। साढ़े आठ बजे रात से प्रोग्राम शुरू हुए। सबसे पहले बच्चों का एक समूहगान हुआ जिसमें जापानी कुत्तों को ललकारा गया था। बड़ों को आगे आने के लिए उत्साहित किया गया था। कोरस की धुन राधेश्याम कथावाचक की रामायण की तर्ज पर थी।

उसके बाद दादा आप्टे ने अपनी एक मराठी कविता ओजपूर्ण ढंग से पढ़ी। कविता के बाद जगदीश जी की कहानी पढ़ी गई। इसके बाद फासिज्म विरोधी शिशु कथा श्यामू संन्यासी ने पढ़कर सुनाई। इसी तरह शरत मुक्तिबोध की मराठी कविता, मजदूरों के एक दल द्वारा 'सब इंसान एक समान' के तुक से बंधे हुए समूह गान, चंद्रभान के द्वारा नरेंद्र शर्मा की कविता 'नील लहरों के पार' का पाठ, हरींद्र नाथ चट्टोपाध्याय की अंग्रेजी कविता का हिंदी अनुवाद, एक ब्रिटिश सैनिक कवि की अंग्रेजी कविता का 'एकता' नाम से भाषांतर, श्यामू संन्यासी का भील नृत्य, अहसान अली पठित गजल, सुरेंद्र की 'ओले-बरस' कविता का पाठ, इंदौर के प्रसिद्ध मजदूर कवि भगवान भाई की बुलंद आवाज में 'स्तालिन महान' कविता का ओजपूर्ण स्वर में गायन और सबसे अंत में बच्चों के द्वारा 'हंस' में प्रकाशित अशोक की 'सत्यं शिवं सुंदरम्' कविता का गीतनाट्य प्रदर्शित किया गया।[90]

उज्जैन, इंदौर, नागपुर आदि में प्र.ले.सं. की छोटी-मोटी शाखाएं इसी क्रम में स्थापित हो गईं। लेखकों के फासिस्ट विरोधी सम्मेलनों की सफलता से उन जगहों में प्रगतिशील लेखक संघ के संगठन भी बनते चले गए, जहां अभी तक नहीं बन पाए थे। ऐसी ही एक शाखा के बनने का उल्लेख तथा उसके घोषणापत्र का प्रकाशन 'हंस' (फरवरी-मार्च 1945) में मिलता है। 1942 में काशी के लेखकों ने फासीवाद और ब्रिटिश दमन के विरोध में प्रस्ताव पास

किया। पर काशी प्रगतिशील लेखक संघ की स्थापना 1943 ई. के फरवरी मास में हुई। अधिवेशन के सभापति नंददुलारे वाजपेयी ने अपने भाषण में प्रगतिशील साहित्य की नकारात्मक पक्षों तक सीमित रहने की दुर्बलता का जिक्र किया :

> हमारा प्रगतिशील साहित्य अभी स्वस्थ दिशा पर नहीं पहुंचा है। हमारी चेष्टाएं अत्यधिक नकारात्मक हैं। हममें व्यंग्यात्मकता आ गई है। हम बौद्धिक दृष्टि से क्रांतिकारी हैं किंतु हमारी सांस्कृतिक दृष्टि बदली नहीं है। यह वैषम्य नवीन साहित्य में स्पष्ट है।[91]

नई परिस्थितियों में प्रगतिशील लेखकों की बौद्धिक सहानुभूति मात्र से काम चलने वाला नहीं था, और न नकारात्मक प्रवृत्ति की एकांगिता से। प्रगतिशील साहित्य को स्वाधीनता आंदोलन के जनवादी सांस्कृतिक कार्यभारों को पूरा करना था और यही नई चुनौती थी। उपर्युक्त हवालों का एक दूसरा पक्ष भी है। वह यह कि काफी नए-पुराने लेखकों और समीक्षकों का सहयोग प्र.ले.सं. और उसकी विभिन्न शाखाओं को मिलने लगा था।

यह स्थिति कवेल मध्य प्रदेश, उत्तर प्रदेश और दिल्ली में ही नहीं थी, बल्कि बिहार में भी थी। जनवरी '44 में बिहार प्रांतीय प्रगतिशील लेखक संघ के प्रथम अधिवेशन के स्वागताध्यक्ष पद से दिए गए रामधारी सिंह दिनकर के अभिभाषण से पता चलता है कि उस समय बेनीपुरी, कलक्टर सिंह केसरी, नागार्जुन, श्यामल किशोर झा, कृष्णचंद्र चौधरी आदि प्रगतिशील आंदोलन के समर्थकों और सहयोगियों में से थे। दिनकर ने अपने भाषण में कहा था :

> क्रांतिप्रेरित जाति साहित्य में सबसे पहले अपनी ही जाग्रत भावनाओं को प्रतिष्ठित देखना चाहती है। राजनीति अपना काम अच्छी तरह कर रही है। जीवन का आदेश है कि साहित्यिक भी नई आग में अपने सोने को अच्छी तरह तपाए, नए इतिहास के निर्माण में अपना योग दे और राजनीति ने जिस सत्य की सृष्टि कर दी है उसके मुंह में जीभ धर दे। यह काम केवल कला को पूजने वाले साहित्य से नहीं हो सकता। अकेली कला इस तूफान को सांसों से बांधने में असमर्थ है।[92]

बदलती हुई परिस्थितियों में प्रगतिशील लेखक संघ का संघर्ष

अकाल, दमन, फासीवाद, स्वाधीनता, सामंतवाद, साम्राज्यवाद, औपनिवेशिक शासन आदि राजनीतिक शब्दावली का साहित्यिक रचनाओं से लेकर बैठकों और बातचीत तक में धड़ल्ले से इस्तेमाल होने लगा था। इस स्थिति से कुछ लोग परेशान थे। उनका कहना था कि यह साहित्य में राजनीति को लाना है, साहित्य को प्रोपगैंडा बनाना, उसे पतित बना देना है। ऐसे ही लेखकों में इलाचंद्र जोशी, अज्ञेय, बच्चन, भगवतीचरण वर्मा आदि थे। साहित्य के मैदान से राजनीति को खदेड़ने की कोशिश में प्रगतिवाद पर प्रचारात्मकता का आरोप लगाने वालों में इलाचंद्र जोशी का नाम विशेष उल्लेखनीय है। 'विशाल भारत', 'विचार' आदि के साथ प्रगतिवाद विरोधी मोर्चे में एक नया साप्ताहिक पत्र 'संगम' (इलाहाबाद) भी शामिल हो गया। इसका प्रकाशन 1942 में इलाचंद्र जोशी के संपादन में आरंभ हुआ। जोशी जी के दो सहयोगी थे : धर्मवीर भारती और लक्ष्मीनारायण लाल। इस पत्र के माध्यम से जोशी जी ने प्रगतिवाद विरोधी संघर्ष में कई तरह के पैंतरे बदले। कहना चाहिए कि 'संगम' चूंकि इलाहाबाद से प्रकाशित होता था, अतः 'विशाल भारत' की तुलना में वह कहीं अधिक संगठित रूप में प्रगतिवाद के विरोधियों के लिए सुनियोजित मंच का काम

कर सकता था। जोशी जी के नेतृत्व में 'संगम' ने यह भूमिका पूरी की। उनके निबंधों का संग्रह 'साहित्य सर्जना' नाम से प्रकाशित हुआ। इस पुस्तक के अनेक निबंधों में प्रगतिशील साहित्यिक आंदोलन पर भरपूर प्रहार किया गया। यहां तक कि प्रगतिशील लेखकों को असाहित्यिक, पेशेवर प्रोपगैंडिस्ट, गड्डलिका प्रवाहपंथी, उच्छृंखलतावादी, धूर्त आदि दुर्वचनों से शरबिद्ध करने की कोशिश की गई थी। इन आरोपों का उत्तर शिवदान सिंह चौहान ने अपने निबंध 'क्या साहित्य प्रोपगैंडा है?' (1941) में दिया। चौहान का तर्क था : 'इसमें संदेह नहीं कि अधिकांश प्रगतिवादियों का यह मत रहा है कि साहित्य प्रोपगैंडा है, किंतु वे प्रोपगैंडा शब्द का प्रयोग किन अर्थों में करते हैं, यह स्थापना सही है या गलत, इस पर हमें स्वतंत्र रूप से विचार करना चाहिए।'[93]

प्रगतिशील लेखक संघ के समानांतर हिंदी साहित्य सम्मेलन के अधिवेशन, कवि सम्मेलन आदि होते रहते थे। प्रगतिवाद के विरोधियों के लिए हिंदी साहित्य सम्मेलन एक प्रचार मंच था। 'सम्मेलन के कर्णधार हिंदी का संबंध हिंदू संस्कृति से जोड़ते थे और हिंदू संस्कृति का निरामिष भोजन से।'[94] हिंदी साहित्य सम्मेलन के प्राचीनताभक्त रूढ़िवादी दृष्टिकोण के विरुद्ध प्रगतिशील लेखक संघ ने रचनात्मक साहित्य, समालोचना तथा सभा सम्मेलनों के द्वारा नई जनवादी विचारधारा की प्रतिष्ठा का प्रयत्न किया था और इसमें वह एक हद तक सफल भी हुआ था। पर साहित्य सम्मेलन के मंच से नई पीढ़ी के प्रबुद्ध लेखकों ने भी प्रगतिवाद पर प्रहार करना आरंभ कर दिया था। अखिल भारतीय हिंदी साहित्य सम्मेलन के तैंतीसवें अधिवेशन (1945) के कवि सम्मेलन के अध्यक्ष पद से दिनकर ने लगभग अपना संपूर्ण भाषण प्रगतिवाद के विरोध में दिया। उन्होंने कहा :

> साहित्य के क्षेत्र में हम न तो गोयबेल्स की सत्ता मानने को तैयार हैं, जो हम से नाजीवाद का समर्थन लिखवाता है और न किसी स्टालिन की ही, जो हमारे शरीर और मन के किसी भी विकास की दिशा का निर्धारण हमें करने नहीं दे सकता। हमारे लिए फरमान न तो क्रेमलिन से आ सकता है और न आनंद भवन से ही। अपने क्षेत्र में हम सिर्फ उन्हीं नियंत्रणों को स्वीकार करेंगे जिन्हें साहित्य की कला अनंत काल से मानती चली आ रही है।[95]

इतना ही नहीं बल्कि दिनकर ने मार्क्सवाद और मार्क्सवादी सौंदर्य दृष्टि का भी विरोध किया। 1936 से 1944 तक दिनकर ने प्रगतिशील आंदोलन के विकास में सक्रिय भूमिका निभायी थी। पर ज्यों ही सोवियत संघ की लालसेना ने फासीवाद को पराजित कर दिया, त्यों ही उनकी भूमिका बदल गई। अतः अब वे खुले तौर पर मार्क्सवाद-विरोध के प्रवक्ता बन गये। अब वे कांग्रेस पार्टी के हमदर्द बन कर नये विचार प्रकट करने लगे। उनके अनुसार—'मार्क्सवाद जिस समाज की कल्पना का लोभ दिखाकर साहित्य को अनुकरण की ओर प्रेरित कर रहा है, वह भी कला के स्वाभाविक विकास के लिए घातक सिद्ध हो सकता है।'[96]

इस प्रकार के वक्तव्य कला के शाश्वत प्रतिमानों की ही वकालत करते थे। अतः प्रगतिशील लेखकों ने इनके खिलाफ अपना संघर्ष जारी रखा। इसी बीच मार्क्सवादियों और गैर मार्क्सवादियों ने मिलकर अज्ञेय के संपादन में नए प्रयोगों और मौलिक रचनाप्रयासों का परिचय देते हुए 1943 ई. में 'तारसप्तक' का प्रकाशन करवाया था। 'तारसप्तक' का स्वागत तो हुआ था, पर तब तक उसकी कोई विशेष चर्चा नहीं थी।

प्रगतिशील आंदोलन का नया उभार और विचारात्मक संघर्ष का प्रारंभ

फासीवाद पर मित्र राष्ट्रों की विजय और सोवियत समाजवादी राजसत्ता की राजनीतिक प्रतिष्ठा के उभार के दौर में प्रगतिशील आंदोलन का एक नया जुझारू दौर शुरू होता है जो 1946 से 1951 -52 तक चलता है। यह एक दिचलस्प तथ्य है कि 1943 में प्रकाशित 'तारसप्तक' के 'प्रयोगवाद' की कहीं कोई चर्चा उस अवधि के दौरान नहीं मिलती। इसका कारण संभवतः यह है कि एकाएक जमाने ने पलटा खाया। स्टालिन के नेतृत्व में रूस की कम्युनिस्ट पार्टी ने फासिज्म को जबरदस्त शिकस्त दी। इस विश्व परिस्थिति में भारत की आजादी की लड़ाई एक नए दौर में दाखिल हुई। अतः इस दौर की मूल राजनीतिक विशेषताएं ही बदल गईं।

सन् '46 का साल भारतीय जनता के नए इतिहास में बहुत ही महत्वपूर्ण था। सारे संसार में नाजियों की हार के बाद साम्राज्य विरोधी लहर उठान पर थी। भारत में ब्रड़े पैमाने पर हर वर्ग के लोग संघर्षों में भाग लेने लगे। केवल पूंजीपति इन संघर्षों से अलग थे। उन्हें भय था कि अंग्रेजों के विरुद्ध क्रांति हुई तो उनका भविष्य भी खतरे में पड़ जाएगा। कांग्रेस और लीग के नेता, जो किसी और बात पर तो सहमत न थे, किंतु इस बात पर जोर दे रहे थ कि अंग्रेजों से सत्ता शांतिपूर्ण वैधानिक उपायों से प्राप्त की जाए। कांग्रेसी नेता सन् '42 की क्रांति का गौरव गीत गाकर जनमत अपने पक्ष में करते थे, कम्युनिस्टों को गद्दार कहकर वामपक्ष विरोधी अभियान चला रहे थे, लेकिन सन् '46 में अंग्रेजी राज के खिलाफ जो संघर्ष उग्र रूप धारण कर रहे थे उनसे कतरा रहे थे। कम्युनिस्ट पार्टी के नेताओं ने कुछ समय के लिए अपनी गलत नीति छोड़कर एक सुसंगत साम्राज्यविरोधी नीति अपनाई थी।[97]

इस नए दौर में प्रगतिशील साहित्यिक आंदोलन संगठन की सैकड़ों शाखाओं, सभी भारतीय भाषाओं के प्रगतिशील साहित्यिकों, भारतीय जननाट्य संघ की लोकप्रियता और उसके बढ़ते हुए देशव्यापी प्रभावों आदि के साथ दाखिल हुआ। विश्व साम्राज्यवाद के सबसे क्रूर रूप फासिज्म को उसकी ही सर-जमीन पर पराजित किया गया था और इस दृष्टि से स्टालिन, लाल सेना, कम्युनिस्ट पार्टी और मार्क्सवादी-लेनिवादी विचारधारा की प्रतिष्ठा में वृद्धि स्वाभाविक थी। नौजवानों और बुद्धिजीवियों का इस नए दौर में कम्युनिस्ट विचारधारा और प्रगतिशील लेखक संघ के प्रति दृष्टिकोण में एकाएक परिवर्तन हुआ। विश्व परिस्थिति में आए इस गुणात्मक बदलाव से वैचारिक चेतना का गहरा संबंध था।

चेतनागत गुणात्मक परिवर्तन की इस अवधि में प्रगतिशील लेखक संघ के अंदर घुसे हुए फ्रायडवादी, अराजकतावादी और व्यक्तिवादी एकाएक छंटने लगे। हंसराज रहबर ने इस घटनाक्रम पर टिप्पणी करते हुए लिखा है :

> युद्ध और युद्ध के बाद की घटनाओं में यह रोमांसवाद टिक नहीं सकता था। विश्व राजनीति का झुकाव समाजवाद और लोकवाद की ओर हुआ था।[98]

अतः तमाम तरह के प्रतिगामी रुझान वाले साहित्यकार अपने को सांगठनिक अनुशासन के दायरे से मुक्त रखने वाले व्यक्तिवादी लेखक प्रगतिशील साहित्यिक आंदोलन से दरकिनार हो गए। उनमें से कुछ लोगों ने अज्ञेय, लक्ष्मीकांत, वर्मा, धर्मवीर भारती आदि के नेतृत्व में 1944-45 में 'परिमल' की स्थापना की। इन्हीं लोगों ने प्रयोगवाद, शुद्ध साहित्य, कला में नवीन प्रयोग और अन्वेषण आदि की बात करते हुए साहित्य के राजनीतिकरण के विरुद्ध

आंदोलन खड़ा करने की चेष्टा की।[99]

1936 से 1946 तक प्रगतिशील साहित्यिक आंदोलन का एक दशक पूरा हो गया था। इस अवधि में निराला प्र.ले.सं. से कुछ विरक्त से रहे। पर 1946 में वे कम्युनिस्ट पार्टी, मार्क्सवाद और क्रांति के प्रति आस्था रखते हुए दिखाई देते हैं। रामविलास शर्मा ने बताया है कि निराला उन दिनों कम्युनिस्ट पार्टी के बहुत नजदीक थे। उनका विचार था कि अंग्रेजों से समझौता न करके भारतीय जनता को क्रांति की राह पर आगे बढ़ना चाहिए।[100] दिल्ली में अंतरिम सरकार की बात सुनकर उन्होंने गंगाप्रसाद पांडेय से कहा था :

> आज जनता की चिंताधारा और कांग्रेस की कार्यप्रणाली में कोई तारतम्य नहीं रहा। भारतीय राजनीति में आज एक ही रास्ता साफ है, क्रांतिपथ, संघर्ष का पथ और अंत में समाजवाद का पथ, इसके अलावा कोई दूसरा पथ नहीं।[101]

अब तक निराला 'न आए वीर जवारहरलाल' शीर्षक कजली लिख चुके थे और अमृतलाल नागर, नरेंद्र शर्मा और रामविलास शर्मा के संपर्क की वजह से मार्क्सवाद-लेनिनवाद से गहरा परिचय प्राप्त कर चुके थे।

इस दूसरे उभार के समय प्रगतिशील लेखक संघ का केंद्रीय कार्यालय बंबई आ गया था। बंबई केंद्र होने के अनेक कारण थे। एक तो कम्युनिस्ट पार्टी के केंद्रीय कार्यालय का बंबई होना, दूसरे 'जनयुग', 'नया अदब' और 'नया साहित्य' का वहीं से प्रकाशित होना, तीसरे फिल्म उद्योग का मुख्य केंद्र होना और चौथे सरदार जाफरी, कैफी आजमी, बलराज साहनी, शमशेर बहादुर सिंह, अमृतलाल नागर, नरेंद्र शर्मा, शंकर शैलेंद्र, शील आदि का बंबई में काम करना।[102]

इस प्रकार 'हंस' और 'विप्लव' के अतिरिक्त प्रगतिशील साहित्य को पार्टी की ओर से प्रकाशित 'जनयुग' (साप्ताहिक), 'नया साहित्य' (मासिक), 'नया अदब' (उर्दू मासिक) आदि पत्रों का भी भरपूर सहयोग मिलने लगा।

उधर नरेंद्र देव के संपादन में प्रकाशित 'संघर्ष' बंद हो गया था। पर 1946 में पुस्तकमाला के रूप में नई सजधज के साथ एक नए प्रकार का प्रकाशन आरंभ हुआ, जिसका नाम था 'जनवाणी'। काशी विद्यापीठ, बनारस से दिसंबर 1946 में उसका पहला अंक नरेंद्र देव, बी. पी. सिंहा, राजाराम शास्त्री और बैजनाथसिंह 'विनोद' के संपादकत्व में प्रकाशित हुआ। जनवरी '47 से यह मासिक पत्रिका के रूप में प्रकाशित होने लगी। आगे चलकर अर्थात जनवरी 1948 से इसके संपादक मंडल में पुनः परिवर्तन हुआ। इस बार नरेंद्र देव, बेनीपुरी और बैजनाथसिंह 'विनोद' संपादक बनाए गए। प्रगतिशील आंदोलन के विकास में इस पत्रिका का आंशिक रूप में ही सहयोग रहा।[103] 'जनवाणी' के पहले ही अंक में प्रगतिवाद के संबंध में लिखा गया :

> यह संक्रांतिकाल है। पुराने विश्वास, पुरानी नैतिकता और पुरानी परंपरा के प्रति एक शंका आज समग्र वातावरण में व्याप्त है। पर नया अभी पूर्णरूपेण नहीं बन पाया है। बनने के क्रम में है। जो बनने के क्रम में होता है, वह समाज के पूर्ण विश्वास का भाजन नहीं होता। जो पूर्ण विश्वास का भाजन नहीं होगा, उसमें अपने मन को रमा लेने की शक्ति नहीं होती। इसका प्रमाण वर्तमान हिंदी का वह प्रगतिशील साहित्य है, जिसमें सब कुछ नवीन रखने की चेष्टा की गई है। इसका अर्थ यह नहीं है कि इस साहित्य में व्यक्त भाव युगसापेक्ष

नहीं है। यह सब कुछ साहित्य में है, पर जनचित्त पर विश्वास प्राप्त तत्वों की कमी के कारण इस साहित्य के भाव में जनचित्त में रमण करने की शक्ति प्रायः नहीं है। संभवतः इस बात को आज के प्रगतिशील साहित्यकारों ने भी समझ लिया है। शायद यह भी एक कारण है कि प्रगतिवादी साहित्यकार अपने भावों को व्यक्त करने के लिए सांस्कृतिक आधार ढूंढ़ने लगे हैं।[104]

अपनी परंपरा की स्वस्थ विरासत को ग्रहण करना तथा सांस्कृतिक आधार को ग्रहण करने की यह बात क्या 1936 अथवा 1938 के प्रगतिशील लेखक संघ के घोषणापत्र में नहीं कही गई थी? बैजनाथसिंह 'विनोद' द्वारा उठाई गई पीढ़ी-दर पीढ़ी प्राप्त 'सांस्कृतिक आधार' की बात प्रगतिशील लेखकों के सामने 1936 में भी थी। और 1946 में भी। इसलिए मैंने ऊपर यह लिखा है कि 'जनवाणी' द्वारा प्रगतिवाद को सहयोग एक हद ही मिल रहा था। इसके बावजूद 1946 से 1951 तक के प्रगतिशील साहित्यिक आंदोलन के विकास में 'जनवाणी' के मंच का महत्वपूर्ण स्थान है।

सन् '46 हिंदुस्तान के जनवादी आंदोलन और उसकी क्रांतिकारी अंतर्वस्तु की दृष्टि से ऐतिहासिक वर्ष था। पहले के जन-उभार से सन् '46 के जन-उभार की भिन्नता का कारण समझना आवश्यक है। यह ध्यान देने की बात है :

> भारत अधिक पेचीदा रास्तों से आजादी की ओर बढ़ा। चीन और दक्षिणपूर्ण एशिया के देशों की तरह भारत पर न तो जापानियों का कब्जा हुआ था और न यहां आजादी के लिए हथियारबंद आंदोलन चला था। युद्ध समाप्त होने पर सब देशों की तरह यहां भी राष्ट्रीय विद्रोह की जबरदस्त लहर उठी।[105]

इस लहर को रोकने की कोशिश एक ओर जहां ब्रिटिश साम्राज्यवादियों ने की, वहीं देशी रियासतों के नरेशों और जमींदारों ने भी की। इसके अतिरिक्त देश के सुधारवादी नेतृत्व से साम्राज्यवादियों, नरेशों और जमींदारों की सांठगांठ भी हो गई। अतः जनक्रांति के बढ़ाव के साथ, उसे रोकने वाला मोर्चा भी अमल में आया। रियासतों में किसान विद्रोह कर रहे थे, विभिन्न अंचलों में जमींदारों के खिलाफ जमीन के सवाल पर किसान सभा के नेतृत्व में संघर्ष भड़क उठे थे और रेल, डाक, तार, बैंक, सरकारी दफ्तर आदि के कर्मचारी अपनी यूनियनों के नेतृत्व में हड़ताल कर रहे थे। इसके साथ कानपुर, बंबई, मद्रास, कलकत्ता आदि में कारखानों के मजदूर लाल झंडे के नीचे लंबी-लंबी हड़ताल के लिए एकजुट हो रहे थे।

इस विस्फोटक परिस्थिति में 1946 के फरवरी महीने में आकस्मिक रूप से नाविक विद्रोह फूट पड़ा :

> भारत की समुद्री सेना की बगावत ने मानो बिजली की तरह चमक कर भारतीय क्रांति की परिपक्व होती हुई समस्त शक्तियों को खोलकर सामने रख दिया। 1905 में रूस के पोतेम्किन जहाज के नाबिकों ने विद्रोह किया था। 1917 में यहां क्रोंसवाल के मल्लाहों ने बगावत का झंडा बुलंद किया था। 1917 में जर्मनी में कील के जहाजियों ने विद्रोह किया। इन सब विद्रोहों की स्मृति बताती है कि समुद्री सेनाओं के विद्रोह महान जनक्रांतियों के लिए अग्रदूत का काम करते आए हैं। 1946 में भारत के समुद्री बेड़े में जो विद्रोह हुआ, उसके समर्थन में देश में जो जनआंदोलन उठा और बंबई के मेहनतकशों ने जिस बहादुरी से उनका साथ दिया—ये सारी घटनाएं भारत के इतिहास में एक नया युग आरंभ होने

की सूचना दे रही थीं। फरवरी के उन ऐतिहासिक दिनों में यह बात स्पष्ट हो गई कि भारत में जनता की प्रगति के मित्र कौन हैं और शत्रु कौन हैं?[106]

सरदार पटेल, मौलाना आजाद, मुस्लिम लीग के नेता मिस्टर जिन्ना और महात्मा गांधी–सभी ने अंग्रेजों के सामने आत्मसमर्पण की सलाह दी। यहां तक कि हिंदू मुस्लिम नाविकों की एकता को महात्मा गांधी ने 'अपवित्र एकता' की संज्ञा दी थी, चूंकि वह अहिंसा के सिद्धांत को तिलांजलि देकर कायम हुई थी। पर हिंदुस्तान की कम्युनिस्ट पार्टी, मजदूरों की ट्रेड यूनियनों और अखिल भारतीय किसान सभा ने इस विद्रोह के समर्थन में सारे हिंदुस्तान में व्यापक आंदोलन चलाया। इस एक घटना ने सुधारवादी नेतृत्व में चलने वाले स्वाधीनता आंदोलन और क्रांतिकारी नेतृत्व में चलने वाले स्वाधीनता आंदोलन को आमने-सामने ला खड़ा किया।

जहाजियों के विद्रोह को लेकर तत्कालीन प्रगतिशील उर्दू कवि साहिर लुधियानवी ने अनेक जनसभाओं के मंचों से अपनी क्रांतिकारी कविता पढ़ी। यह कविता उस समय के हिंदुस्तान में कानोंकान एक कोने से दूसरे कोने तक फैल गई। कविता का शीर्षक है : 'यह किसका लहू है, कौन मरा?' केवल साहिर ने ही नहीं बल्कि हिंदी प्रगतिशील कवि शील [107], केदारनाथ अग्रवाल[108] और शमशेर बहादुर सिंह[109] ने भी जहाजियों के विद्रोह पर कविताएं लिखीं। उर्दू, हिंदी, मराठी, मलयालय और बांग्ला में ऐसी कविताओं की बाढ़ सी आ गई। यही नहीं, बंबई में स्थापित 'जन प्रकाशन गृह' की ओर से कम्युनिस्ट पार्टी ने सभी भारतीय भाषाओं में पत्रों और लघु पुस्तिकाओं का प्रकाशन आरंभ किया। 2 अक्टूबर 1942 से पूरनचंद्र जोशी के संपादन में हिंदुस्तान की कम्युनिस्ट पार्टी का मुख पत्र 'पीपुल्स वार' (अंग्रेजी साप्ताहिक) तथा 'लोक युद्ध' (हिंदी साप्ताहिक) का प्रकाशन चल रहा था। इसके अलावा गंगाधर अधिकारी के संपादन में 1946 से साप्ताहिक 'जनयुग' का प्रकाशन आरंभ हुआ। इसी तरह तेलुगु में 'प्रजाशक्ति', बांग्ला में 'जनयुद्ध', तमिल में 'जनशक्ति', उड़िया में 'मुक्तियुद्ध', पंजाबी में 'जंगेआजादी', उर्दू में 'कौमीजंग' और मलयालम में 'देशाभिमानी' का प्रकाशन आरंभ हुआ।

इन प्रकाशनों से अखिल भारतीय प्रगतिशील लेखक संघ को पूरे हिंदुस्तान में अपनी गतिविधियों को फैलाने का सुनियोजित मंच मिल गया और सही मायने में प्रगतिशील आंदोलन का राष्ट्रीय तथा अंतःप्रांतीय चरित्र बन सका। यही नहीं बल्कि पिछले एक दशक के कठिन विचारधारात्मक संघर्ष, सांगठनिक कार्य और लेखकों में चेतना के प्रसार के फलस्वरूप प्रगतिशील आंदोलन सभी साहित्यिक विधाओं का सर्वातिशायी आंदोलन बन गया। सामाजिक यथार्थवाद की नई दृष्टि के कारण हर प्रगतिशील लेखक जनता के निकट संपर्क में जाकर सामयिक जीवन की वास्तविकताओं को उनकी राजनीतिक अंतर्वस्तु के साथ अंकित करने को अपना ध्येय बनाकर चला। 1946 आते-आते अधिकांश प्रगतिशील लेखकों की पुस्तकें काफी बड़ी संख्या में प्रकाशित हुईं।

प्रगतिशील लेखक संघ को इस नई परिस्थिति में नई चुनौतियों का सामना करना पड़ रहा था। अतः संगठन को नए सिरे से गठित और सक्रिय करने की भी आवश्यकता महसूस हुई। इसी पृष्ठभूमि में हम देखते हैं कि 1946 में बंबई में अखिल भारतीय प्रगतिशील लेखक संघ का तीसरा अधिवेशन बुलाया गया। यह अधिवेशन मई महीने में कम्युनिस्ट पार्टी के प्रसिद्ध विचारक एवं ट्रेड यूनियन नेता श्रीपाद अमृत डांगे की अध्यक्षता में संपन्न हुआ।

इस अधिवेशन में ही यह निर्णय किया गया कि संघ का मुख्य कार्यालय लखनऊ से स्थानांतरित कर बंबई लाया जाए। संगठन के पदाधिकारियों का फिर से चुनाव किया गया जिसमें सज्जाद जहीर को महामंत्री, ख्वाजा अहमद अब्बास और विष्णु डे को सहायक मंत्री तथा मराठी के प्रसिद्ध लेखक मामा वरेरकर को कोषाध्यक्ष बनाया गया।

1946 के इस जमाने में ही 'कश्मीर छोड़ो' आंदोलन के सिलसिले में कश्मीर के राजा हरिसिंह और ब्रिटिश सरकार के द्वारा कांग्रेस, कम्युनिस्ट और शेख अब्दुल्ला की पार्टी नेशनल कांफ्रेंस का जबरदस्त दमन शुरू हो गया था। रियासत के नरेश ने हर जगह किसान आंदोलन को दबाना प्रारंभ कर दिया था। कश्मीर के जनवादी आंदोलन के इस दमन के विरुद्ध बंबई में ही नहीं, बल्कि भारत के अन्य हिस्सों में भी जनता का क्रोध भड़क उठा। कम्युनिस्ट पार्टी ने इस मौके पर अनेक जगहों में कश्मीर आंदोलन की सहायता के लिए सांस्कृतिक समारोह आयोजित किए। इस प्रकार के सांस्कृतिक समारोह का एक उदाहरण 28 जुलाई को बंबई में आयोजित सांस्कृतिक उत्सव था। उस दिन जननाट्य संघ के मंत्री बलराज साहनी द्वारा लिखित और निर्देशित 'मशाल' नाटक खेला गया। इसके अलावा जोश मलीहाबादी की क्रांतिकारी कविता, अमर शेख की कविता, कामरेड गवाणकर के जत्थे द्वारा मजदूर कवि अन्नाभाऊ साठे का पवाड़ा और प्रेम धवन के द्वारा बैले आदि—बहुरंगी सांस्कृतिक कार्यक्रम प्रस्तुत किए गए।[110] केवल कश्मीर की जनता के सामंतविरोधी साम्राज्यविरोधी संघर्ष में ही प्रगतिशील साहित्यकार उनके साथ रहे हों, ऐसी बात नहीं है। पूरे हिंदुस्तान में जो भी जनसंघर्ष छिड़ता था, उसके साथ प्रगतिशील लेखक और जननाट्य संघ के कलाकार एकता स्थापित कर संस्कृति के क्षेत्र में यथार्थवादी धारा को जीवंत और विशद बनाने का प्रयत्न कर रहे थे।

जून 1946 में सांप्रदायिक दंगे भड़क उठे। अंग्रेजों की चाल यह थी कि जनक्रांति की शक्तियों को विभाजित कर, खूनी दंगे भड़का कर हिंदुस्तान के दो टुकड़े कर दिए जाएं और दोनों देशों में सुधारवादी नेतृत्व को राजसत्ता सौंप दी जाए। उनकी इसी चाल का परिणाम यह दंगा था। देश के कोन-कोने में दंगे की छिटफुट घटनाएं होती रहती थीं। इन दंगों ने बंगाल के नोआखाली इलाके में भयंकर रूप ले लिया। भाई-भाई के बीच खून की होली का यह विचित्र जमाना था जब हिंदू महासभा और मुस्लिम लीग सीधी कार्रवाई पर उतर आई थीं। ऐसी स्थिति में पटेल भी हिंदू महासभा के साथ हो गए थे।

प्रगतिशील लेखक संघ के आह्वान पर हिंदी के अधिकांश लेखकों ने सांप्रदायिक एकता को मजबूत करने वाली रचनाएं लिखीं। इनके अलावा जननाट्य संघ तथा पृथ्वी थिएटर्स ने पारस्परिक सद्भावना को सशक्त करने वाले अनेक नाट्य प्रदर्शन किए। इन्हीं दिनों प्रगतिशील लेखक संघ के मुखपत्र 'हंस' ने अपरिवर्तनवादी तथा रूढ़िवादी साहित्यकारों द्वारा निराला पर हो रहे प्रहारों के संदर्भ में निराला को पूर्ण समर्थन दिया। कहना चाहिए कि प्रगतिशील लेखक संघ के अंदर निराला को क्रांतिकारी रचनाकार के रूप में स्वीकृत किया जाना एक उल्लेखनीय घटना थी। 'हंस' ने अपनी जयंती के अवसर पर निराला के विरोधियों की खबर लेते हुए लिखा : 'हमारे कुछ साहित्यिक महारथी अगर निराला की हत्या नहीं कर पाए तो इसका कारण यह नहीं कि उस दिशा में प्रयत्न कम हुए। उसका कारण है निराला का सबल व्यक्तित्व। आज भी यदि हम पुरानी पत्र-पत्रिकाओं की फाइलें उलटें और हिंदी साहित्य के

पुराने इतिहासों पर नजर डालें तो हमें उस अंधेरे का कुछ अंदाजा मिल सकेगा जिसे चीरकर यह सूर्य अपनी समस्त दीप्ति में हमारे सामने जगमगा रहा है। हम उनको नमस्कार करते हैं।[111]

यह उल्लेखनीय है कि पंत प्रगतिशील आंदोलन से दूर खिसकते जा रहे थे और निराला सभी प्रगतिशीलों के निकटस्थ प्रतीत होते जा रहे थे। ज्यों-ज्यों समझौतापरस्त सुधारवादी नेतृत्व शांतिपूर्ण वैधानिक उपायों के जरिए देश के विभाजन की साम्राज्यवादी नीति से अपना संबंध जोड़ता हुआ राजसत्ता हथियाने की ओर तेजी से बढ़ रहा था, पंत उतनी ही तेजी से नेहरू, गांधी और अरविंद की बातें करने लगे थे। नेहरू के नेतृत्व में स्थापित बैवेल योजना के अधीन अंतरिम भारत सरकार का जब 1946 में गठन हुआ तो पंडित नेहरू भी उसी नीति पर चल पड़े जिस नीति पर अब तक अंग्रेज और पटेल चल रहे थे अर्थात जनक्रांति की शक्तियों और कम्युनिस्ट पार्टी पर जबरदस्त कमरतोड़ हमला। जनवरी 1947 में कम्युनिस्ट पार्टी के दफ्तरों पर छापे मारे गए और सैकड़ों कम्युनिस्ट नेताओं को गिरफ्तार कर लिया गया।[112] दमन की यह जिम्मेदारी गृहमंत्री सरदार पटेल ने अपने ऊपर ले ली। दमन की लपेट में 'जनयुग', 'नया साहित्य' और 'जननाट्स संघ' भी आ गए।[113] दमन का उद्देश्य 'औपनिवेशिक स्वराज्य' की माऊंट बेटन योजना को मनवाना था या उस पर चुप्पी साधने और निष्क्रिय रहने को विवश करना था। इन्हीं परिस्थितियों में साम्राज्यवादी विभाजन होना तय हुआ और कम्युनिस्ट पार्टी ने सन् '46 की नीति को तिलांजलि देकर कांग्रेस-मुस्लिम लीग और अंगरेज सरकार के समझौते का समर्थन किया।[114]

देश दो हिस्सों में बंट गया। जघन्य हत्याकांड के बीच 15 अगस्त 1947 के दिन माऊंट बेटन योजना की अनेक धाराओं के अधीन आजाद भारत की नई शासन व्यवस्था का श्रीगणेश हुआ। प्रगतिशील लेखक संघ भयंकर विचारमंथन के दौर से गुजर रहा था। एक हिस्सा कहता था देश 'आजाद' हो गया, दूसरा कहता था, 'औपनिवेशिक स्वराज्य' हुआ है।[115] इसी वैचारिक पृष्ठभूमि में अखिल भारतीय हिंदी प्रगतिशील लेखक संघ का सितंबर 1947 के महीने में इलाहाबाद में विशाल अधिवेशन हुआ। यहां पर एक सूचना आवश्यक है कि सितंबर 1947 में इलाहाबाद में हुए विशाल प्र.ले.सं. के अधिवेशन से पूर्व 3 और 4 मई '47 को लखनऊ में युक्तप्रांतीय प्र.ले.सं. की हिंदी शाखा की प्रांतीय समिति की एक बैठक हुई थी,[116] जिसमें हिंदी प्र.ले.सं. के कार्यों का लेखा-जोखा रखा गया था और भावी कार्यनीति एवं कार्यक्रम तय किए गए थे। इसी बैठक में सितंबर 1947 में अखिल भारतीय हिंदी प्रगतिशील लेखक सम्मेलन करने और इस सम्मेलन के लिए धनराशि इकट्ठा करने का निश्चय किया गया तथा अखित भारतीय हिंदी प्रगतिशील लेखक कांफ्रेंस के लिए 15 विषय चुने गए और 15 अगस्त तक उनको प्रकाशित करने की बात तय की गई। अखिल भारतीय प्रगतिशील हिंदी लेखक सम्मेलन के प्रधान मंडल में तीन लेखकों को चुना गया--राहुल सांकृत्यायन, हजारी प्रसाद द्विवेदी, सुमित्रानंदन पंत। शिवदान सिंह चौहान, प्रकाशचंद्र गुप्त, पहाड़ी और नेमिचंद्र जैन के सहयोग से अखिल भारतीय प्रगतिशील हिंदी लेखक सम्मेलन का विधान तैयार करने का निर्णय हुआ था। इस बैठक में शिवदान सिंह चौहान, डा. रामविलास शर्मा, पहाड़ी, प्रकाशचंद्र गुप्त, साहबसिंह मेहरा, अमृतराय, कृष्ण कुमार, यशपाल और नेमिचंद्र जैन उपस्थित थे।[117]

अनेक दृष्टियों से यह सम्मेलन असाधारण महत्व का था। अमरनाथ झा ने उद्‌घाटन किया। भदंत आनंद कौसल्यायन स्वागत समिति के अध्यक्ष थे। महापंडित राहुल सांकृत्यायन

प्रधान सभापति थे। पंत, बच्चन आदि हिंदी के प्रमुख कवियों ने कवि सम्मेलन में भाग लिया। उर्दू के अनेक शायर भी शरीक हुए। परंतु सम्मेलन का सुखद वैशिष्ट्य था जनकवि सम्मेलन। पहली बार इतने व्यापक पैमाने पर जनकवि सम्मेलन हुआ था। स्वाभाविक था कि जहां कुलीन साहित्यकार छुआछूत के विचार से जनकवियों से दूर रहे, वहां अपना कर्त्तव्य समझते हुए प्रगतिशील आंदोलन ने जनबोलियों के महान कलाकारों कबीर, जायसी सूर तथा तुलसी के उन प्रतिनिधियों का अभिनंदन किया :

> और जिन्होंने वह कवि सम्मेलन देखा, वे भूल नहीं सकेंगे, किस प्रकार हमारे दिग्गज कवियों और प्रगतिशील गायकों—सुमन और केदार के स्वरों के ऊपर भी इन जनकवियों की आवाज उठकर छा गई थी। खेमसिंह नागर सभापति थे। बंशीधर शुक्ल ने अवधी में, मूढ़ जी और साहेब सिंह मेहरा ने ब्रजबोली में, गंगाशरण पांडे, रामकेर और धर्मराज ने भोजपुरी में, श्री नंदन और बैजनाथ कुम्हार ने मुंगेरी मगही में, नवलपुरी ने वज्जिका में, विजय जी ने मैथिली में, अधिक लाल ने भागलपुरी (अंगिका-मगही) में और कानपुर के मजदूर कवि सुदर्शन ने कानपुरी आल्हा में अपनी रचनाएं पढ़ीं। सम्मेलन उमग आया। सम्मेलन के आयोजन ने ग्राम-साहित्य के कृतित्व में चार चांद लगा दिए।[118]

इस सम्मेलन में सज्जाद जहीर और सरदार जाफरी भी मौजूद थे। उर्दू तथा अन्य भाषाओं के लेखकों में जोश मलीहाबादी, सागर निजामी, कृश्न चंदर, महेंद्रनाथ, विश्वमित्र आदिल, मधुसूदन, ख्वाजा अहमद अब्बास, इस्मत चुगताई, मुमताज हुसैन, कैफी आजमी आदि के दस्तखतों से सम्मेलन के नाम एक संदेश पढ़कर सुनाया गया जिसमें देश के भौगोलिक बंटवारे की शोकपूर्ण स्वीकृति थी किंतु सांस्कृतिक बंटवारे के खतरे से बचते हुए सम्मिलित संस्कृति की रक्षा की अपील की गई थी।

इस सम्मेलन में पहला प्रस्ताव घोषणापत्र के रूप में रखा गया। उस घोषणापत्र में सांप्रदायिक दंगे के प्रति दुःख और रोष तथा देश के नवनिर्माण और जनता के सांस्कृतिक धरातल को ऊंचा करने का आह्वान था।

दूसरे प्रस्ताव के द्वारा राजनीतिक दल से प्रगतिशील लेखक संघ की स्वतंत्रता घोषित की गई, तीसरे के द्वारा लेखकों के अधिकार और अभिव्यक्ति की स्वतंत्रता की रक्षा के लिए संघर्ष का आह्वान किया गया, चौथे में राष्ट्रीय सरकार का स्वागत किया गया, पांचवां बोलियों के विकास के बारे में था, छठा सेंसर खत्म करने के बारे में, सातवां दमनविरोधी प्रस्ताव था और आठवें प्रस्ताव में राजबंदियों की रिहाई की मांग की गई थी। इस तरह पचीस प्रस्ताव स्वीकृत किए गए थे।[119]

उल्लेखनीय है कि पूरन चंद जोशी इस दौर में हिंदुस्तानी कम्युनिस्ट पार्टी के महासचिव थे। उनकी राजनीतिक दृष्टि कांग्रेस के सुधारवादी नेतृत्व से संघर्ष और सहयोग की लचीली कार्यनीति के अनुसार ढली थी। अतः सन् '47 के प्रगतिशील लेखक संघ के नेतृत्व और सम्मेलन पर भी इस नीति का असर होना स्वाभाविक था। इसलिए इस सम्मेलन में हम न केवल पंत, बच्चन और प्रभाकर माचवे की मौजूदगी देखते हैं, बल्कि प्रगतिवाद के घनघोर शत्रु अज्ञेय और इलाचंद्र जोशी के उपस्थित होने पर हर्षध्वनि भी सुनाई पड़ती है। हंसराज रहबर की यह टिप्पणी विचारणीय है कि सन् '47 के आते-आते प्रगतिशील लेखक संघ मध्यवर्ग के व्यक्तिवादी लेखकों का संगठन बन गया।[120] इस आलोचनाओं के संदर्भ में अगर हम

इस सम्मेलन द्वारा पास किए गए दूसरे प्रस्ताव के अभिप्रायों की छानबीन करें तो पता चल जाता है कि विरोधियों के आरोपों से डरकर यह घोषित रूप में कहा गया था कि किसी भी राजनीतिक दल से प्रगतिशील लेखक संघ का कोई संबंध नहीं था। ऐसी घोषणा के बावजूद आज तक प्रगतिवाद के शत्रु, अपने आरोपों पर अडिग हैं। इससे ही पता चलता है कि इस प्रकार का प्रस्ताव कितना अनावश्यक और कितना सिद्धांतहीन समझौता था। इस सम्मेलन में राहुल सांकृत्यायन और भदंत आनंद कौसल्यायन ने विरोधियों की आशंकाओं और आरोपों का काफी हद तक निराकरण करने की कोशिश की।[121]

इस सम्मेलन के अंदर विचारधारात्मक भटकाव और अंतर्विरोध बड़े गहरे थे। विचार-विमर्श के दौरान मतभेद के बावजूद यह सम्मेलन अपने आयोजन में असाधारण और प्रगतिवाद की साहित्यिक धाक जमाने की दृष्टि से पर्याप्त सफल था।

प्रगतिशील लेखक संघ के भीतर मौजूद अंतर्विरोध की अभिव्यक्ति राहुल सांकृत्यायन तथा कम्युनिस्ट पार्टी के संबंध को लेकर हिंदी साहित्य सम्मेलन के बंबई अधिवेशन (दिसंबर 1947) के समय हुई। वस्तुतः अखिल भारतीय हिंदी साहित्य सम्मेलन में हिंदू पुनरुत्थानवादी संस्कृति के समर्थकों और हिंदू-मुस्लिम सम्मिलित संस्कृति के समर्थकों के बीच टकराव एक अरसे से चल रहा था। 'मेरी जीवन यात्रा' नामक पुस्तक में राहुल सांकृत्यायन ने बताया है कि 1943-44 के लगभग ही साहित्य सम्मेलन के सभापति पद के चुनाव के लिए जमनालाल बजाज और उनमें टकराव हुआ था। इस संघर्ष में गांधीजी के सहयोग के कारण कुछ मतों के फर्क से सेठ बजाज की जीत हुई थी। संघर्ष फिर उभरा जब देश आजादी प्राप्त कर चुका। इस बार संघर्ष था सेठ गोविंददास और राहुल सांकृत्यायन के बीच। इस बार सेठ गोविंददास को 145 और राहुलजी को 180 वोट मिले।[122] इससे पता चलता है कि साहित्य सम्मेलन में प्रगतिशील विचारधारा को एक हद तक समर्थन मिलने लगा था। पर बंबई अधिवेशन के पहले रामविलास शर्मा का 'जनयुग' में 'साहित्य सम्मेलन किसकी सेवा करेगा–साहित्य की यह हिंदू संप्रदायवाद की?' शीर्षक निबंध प्रकाशित हो चुका था। इस निबंध में व्यक्त आशंकाएं राहुल जी के सभापति पद से दिए गए मुद्रित भाषण से भी निर्मूल नहीं हुईं। अपने भाषण में राहुल जी ने कहा था आजाद होने तक तो मुसलमान सांस्कृतिक एकता का बायकाट करते रहे हैं, पर उन्हें अब सांस्कृतिक एकता के मार्ग में सहयोग का रुख अपनाना चाहिए। भाषा के इस अंश पर कम्युनिस्ट पार्टी को एतराज था। इस एतराज को 'जनयुग' के संपादक गंगाधर अधिकारी ने राहुल जी के समीप व्यक्त किया और भाषण देने से पहले उस अंश को काटने का आग्रह भी किया। राहुल जी डटे रहे। अंत में पार्टी से उनका अलगाव हो गया।[123] राहुल जी फिर भी अपनी व्यक्तिगत सोच-समझ के हिसाब से कम्युनिस्ट पार्टी और प्रगतिशील लेखक संघ का समर्थन करते रहे और इसके साथ-साथ हिंदी साहित्य सम्मेलन के मंच पर टंडन जी के सहयोग से सांस्कृतिक नवनिर्माण के प्रयत्न में 'पारिभाषिक शब्दावली' आदि के काम में जुटे रहे। राहुल जी के व्यक्तित्व का यह परस्पर विरोधी कर्मपक्ष अधिकांश प्रगतिशील लेखकों को अरुचिकर प्रतीत हुआ।[124]

राष्ट्रीय सरकार द्वारा प्रगतिशील साहित्यकारों एवं कलाकारों का दमन

प्रगतिशील लेखक संघ के उल्लिखित सितंबर अधिवेशन में पास किए गए राष्ट्रीय सरकार

के स्वागत संबंधी प्रस्ताव और हिंदुस्तानी कम्युनिस्ट पार्टी की, राष्ट्रीय सरकार के साथ सहयोग और संघर्ष की लचीली कार्यनीति के बावजूद, वामपंथी साहित्य के प्रचार-प्रचार का दमन और भी तेजी से शुरू हो गया। 'नया साहित्य' पर पाबंदी तथा जननाट्य संघ के राष्ट्रीय एकता संबंधी नाटकों और सांस्कृतिक कार्यक्रमों पर बंबई सरकार के द्वारा रोक लगा दी गई थी। प्रगतिशील लेखकों ने इस दमन के विरोध में देश के कोने-कोने से प्रस्ताव पास कर सरकार से अभिव्यक्ति की स्वतंत्रता की गारंटी की मांग की थी।[125] नेहरू और पटेल के नेतृत्व में कांग्रेस पार्टी की यह राष्ट्रीय सरकार इन प्रस्तावों के आगे झुकने वाली नहीं थी। वह आर्थिक-राजनीतिक क्षेत्र में तेजी से अंग्रेज-अमरीकी बैंक-पूंजी के नागफांस में फंसने की तरफ कदम बढ़ा रही थी और जिस वर्ग ने शासन-सत्ता संभालते ही सांप्रदायिक दंगे की लपेट में महात्मा गांधी सहित तमाम बेकसूरों की हत्याएं करवाई थीं, उसी वर्ग का हित-साधन करते हुए वामपंथी कार्यकर्त्ताओं, किसान सभा और ट्रेड यूनियन के नेताओं का पैशाचिक ढंग से विशाल पैमाने पर दमन शुरू कर दिया गया था।[126]

इस पृष्ठभूमि में ही लेखकों और पत्रकारों की वैचारिक स्वाधीनता पर बार-बार हमले होने लगे। उन्हीं दिनों बंबई की 'प्रेस स्वतंत्रता कमेटी' का एक वक्तव्य प्रसारित किया गया, जिसमें दमन की कारवाई समाप्त करने की मांग की गई थी :

> यह बड़े शर्म की बात है कि राष्ट्रीय सरकार भारतीय जनता को बाहर के प्रगतिशील विचारों के संपर्क में आने पर रोक लगाए और इसके लिए पुरानी साम्राज्यवादी पाबंदियों का पुनः सहारा ले।[127]

'विप्लव' के संपादक यशपाल ने भी अपने पत्र के स्वराज्य मीमांसा अंक में 'विचार-नियंत्रण' के विरुद्ध टिप्पणी लिखी और सरकार को इस शर्मनाक कृत्य के लिए जिम्मेवार ठहराया :

> गत दो वर्षों से दैनिक समाचार पत्रों के पाठक संयुक्त राष्ट्र अमरीका में विचार नियंत्रण के लिए सरकार द्वारा प्रगतिशील साहित्यकारों और कलाकारों की रचनाओं पर प्रतिबंध लगाने और उनकी व्यक्तिगत स्वतंत्रता के अपहरण की कहानियां पढ़ते रहे हैं। पर उनको यह जानकर विस्मित नहीं होना चाहिए कि भारत सरकार भी जब से जनता से नाता तोड़कर देशी और विदेशी पूंजीपतियों के स्वार्थों का प्रतिनिधित्व करने लगी है, विचार नियंत्रण की दिशा में बड़ी तेजी से अमरीकन तरीकों का अनुसरण कर रही है। युक्त प्रांत से 'पीपुल्स एज' के पठन-पाठन पर पाबंदी लगाने के समाचार से तो पाठक अवगत होंगे ही। अब देश के बाहर से आए हुए प्रगतिशील साहित्य को भी भारत सरकार ने गैरकानूनी करार कर दिया; और उसे जनता तक न पहुंचने देने का संकल्प कर लिया है। पिछले कई महीनों से बंबई के बंदरगाह पर जन प्रकाशन गृह लिमिटेड, बंबई का सात हजार रुपए का पुस्तकों और पत्रों का स्टाक पुलिस के कब्जे में पड़ा हुआ है। गोर्की की पुस्तकों, लेबर मंथली, कामिनन्टर्न के परिपत्रों आदि से भरतीय जनता को वंचित करने का कलंक भारत सरकार के सिर पर है।[128]

विप्लव के साथ ही 'हंस' ने भी इस दमन का मुकाबला किया। अमृतराय और नरोत्तम नागर के सपादन में प्रकाशित तत्कालीन 'हंस' ने 1947 में 'हंस' का दमन-विरोधी अंक निकाला। साहित्य और संस्कृति की स्वाधीनता की रक्षा के उद्देश्य से इसी दौर में भारतीय जननाट्य संघ के प्रधान मंत्री निरंजन सेन और प्रगतिशील लेखक तथा फिल्म निर्देशक

ख्वाजा अहमद अब्बास ने भी नाट्य प्रदर्शनों और कला की आजादी का गला घोंटने की कार्रवाइयों की तीव्र भर्त्सना की और फासिस्ट दमन को वापस लेने की मांग की।[129] अमृतराय ने दमन का पूरा खाका खींचते हुए 'हंस' के संपादकीय में 'जस सुरसा बदन बढ़ावा' शीर्षक जोरदार टिप्पणी लिखी।[130] संपादकीय में इस घटना का भी उल्लेख है कि युक्तप्रांतीय जननाट्य संघ के मंत्री राजेंद्रसिंह के विरुद्ध वारंट जारी हो गया था। आगरा जननाट्य संघ के शाखा मंत्री बिशन खन्ना को गिरफ्तार कर लिया गया था। इसी शाखा के संबंध में कुछ दिनों पहले युक्तप्रांत के मिनिस्टर तक ने कहा था कि 'दंगों के दौरान और बाद में भी आगरा के ट्रुप ने सांप्रदायिक एकता के लिए प्रशंसनीय कार्य किया था। लगे हाथों इलाहाबाद जननाट्य संघ के संस्थापकों में से परमानंद गौड़ को नजरबंद कर दिया गया था।' जननाट्य संघ, दिल्ली शाखा पर सरकार के जासूसों की कड़ी नजर थी और संघ के प्रत्येक सदस्य की जन्मकुंडली तैयार की जा रही थी। बंबई में जननाट्य संघ के मराठी जत्थे के सभी सदस्यों को गिरफ्तार कर लिया गया था।

आंध्र में किस कदर दमन हो रहा था, वह सुनकर सभी को आश्चर्य होता था। 'मां भूमि' नाटक को जब्त कर लिया गया था क्योंकि उसमें निजाम के विश्वासघात और रजाकारों के जुल्म का घृणित रूप दिखलाया गया था। जब्ती से पूर्व नौ महीने के भीतर जननाट्य संघ के जत्थे द्वारा प्रस्तुत इस नाटक के प्रदर्शन को पचास लाख लोग देख चुके थे और 'राष्ट्रीय सरकार', औपनिवेशिक नौकरशाही तथा निजामशाही उससे घबरा उठी थी। सरकार केवल जब्ती और पाबंदी से ही संतुष्ट नहीं हुई, बल्कि उसने देश की हिफाजत के नाम पर तमाम सांस्कृतिक कार्यकर्त्ताओं को जेल के अंदर डाल दिया। इतना ही नहीं, उस नाटक के प्रदर्शन की जहां भी सरकार को खबर मिली, दर्शकों का अश्रुगैस, लाठी और गोलियों से स्वागत किया जाता था।

कलकत्ते में दिगिन बनर्जी के नाटक 'वस्तुभीत' पर प्रतिबंध लगा दिया गया। प्रतिबंध से एक साल पहले यह नाटक कलकत्ता तथा आसपास के इलाकों में खेला जा चुका था। 'वस्तुभीत' पर पाबंदी मात्र नहीं, बल्कि जननाट्य संघ के बांग्ला जत्थे के सदस्य तथा एक सुप्रसिद्ध फिल्म कंपनी के सहायक निर्देशक सबल राय चौधरी को जनसुरक्षा कानून के अंतर्गत नजरबंद कर दिया गया।

कांग्रेस और उसके नेतागण बंगाल में इससे भी अधिक गर्हित तरीके से हमला करने पर उतारू हो गए थे। फरवरी' 48 में स्टेनगन और रिवाल्वर से सुसज्जित तीस व्यक्तियों के एक दल ने जननाट्य संघ के एक जत्थे पर हमला किया, जिसमें दो प्रगतिशील कलाकार मारे गए तथा दो बुरी तरह घायल हुए जिनमें जननाट्य संघ के प्रधान मंत्री निरंजन सेन भी थे।

अमृतराय ने अपनी उक्त टिप्पणी में बांग्ला उपन्यासकार मनोज बसु की कृति 'भूलि नाई' (भूला नहीं हूं) पर आधारित फिल्म पर सेंसर बोर्ड द्वारा लगाई गई पाबंदी और उस फिल्मकृति की जांच के लिए बिठाई गई कमेटी में पुलिस अफसरों, खुफिया अधिकारियों और मिलमालिक संघ के अध्यक्ष के प्रसंग में लिखा :

> आज की शासन व्यवस्था में दमन का यह एक ही तर्क है जिससे एक ओर अच्छे राजनीतिक कार्यकर्त्ता और विचारक 'गुंडे' घोषित करके जेल में सड़ाए जाते हैं। जबकि समाजविरोधी

लोग (दंगाई और गुंडे और अनाज चोर-कपड़ा चोर) छुट्टे सांढ़ों की तरह घूमते हैं; और दूसरी ओर श्रेष्ठ जनरुचि का परिष्कार करने वाली, प्रगतिशील फिल्में, 'अवांछित' घोषित करके दबा दी जाती हैं, जबकि 'रतन', 'दिल', 'शहनाई' और 'खिड़की' जैसी भोंडी, कामोत्तेजक और अश्लील फिल्में ठाठ के साथ चलती हैं, लाखों-करोड़ों लोग उन्हें देखते हैं। क्या वे फिल्में अवांछित नहीं हैं? कोई उन पर उंगली नहीं उठाता यद्यपि उनसे राष्ट्र के चरित्र का भीषण अधःपतन हो रहा है। उनसे जनता की कलात्मक रुचि का भयंकर सत्यानाश हो रहा है, क्योंकि हीन से हीन, गंदे से गंदा मनोरंजन करना ही उनका उद्देश्य है।[131]

राष्ट्रीय सरकार का यह दमनकारी चरित्र संस्कृति को प्रगति और स्वाधीनता की ओर नहीं ले जा रहा था, बल्कि सर्वनाश की ओर ले जा रहा था। अतः लेखकों का, कलाकारों का क्षोभ स्वाभाविक था। बांग्ला उपन्यासकार ताराशंकर वंद्योपाध्याय, अभिनेता महींद्र चौधरी, प्रो. मन्मथ बसु और स्वयं मनोज बसु ने इस कार्रवाई का तीव्र प्रतिवाद किया।[132]

कला, संस्कृति, साहित्य, पत्रकारिता तथा विदेशी वामपंथी साहित्य के विरुद्ध राष्ट्रीय सरकार ने पूरी ताकत से हमला बोल दिया था। दमन के विरोध में प्रगतिशील लेखक संघ तमाम लेखकों, बुद्धिजीवियों और कलाकारों को एकजुट कर रहा था और सरकार के इस नंगे फासिस्ट चरित्र का पर्दाफाश कर रहा था। इन्हीं स्थितियों में, सरकारी पत्र 'आजकल' (सं. देवेंद्र सत्यार्थी) और बिड़ला का पत्र 'संगम' (संपादक इलाचंद्र जोशी) सरकार का गुणगान कर रहे थे।[133]

प्रगतिशील आंदोलन का जुझारू दौर; अंतःसंघर्ष तथा विघटन

1948 के सांस्कृतिक परिवेश के उपर्युक्त चित्र के परिपार्श्व में जो रुख हम देवेंद्र सत्यार्थी, इलाचंद्र जोशी का देखते हैं, लगभग वही रुख पंत, अज्ञेय, जैनेंद्र, नवीन, दिनकर तथा सोशलिस्ट पार्टी के लेखकों का था। लेखकों, कलाकारों तथा आम जनता का पाशविक दमन हो रहा था, पर माधुर्य, सौंदर्य तथा ग्राम जीवन की प्रकृत शोभा के कवि पंत जरा भी क्षुब्ध न थे। वे 'लोकायतन' का प्रस्ताव लेकर नवीन जी के साथ पंडित नेहरू से मिलते थे; आखिर 'राष्ट्रीय सरकार' के शासनतंत्र के कृपाभाजन बने तथा आकाशवाणी के एक बड़े अफसर हो गए। पंत के इस गैरमार्क्सवादी तथा प्रगतिशील लेखक संघ विरोधी रवैए की डा. रामविलास शर्मा द्वारा आलोचना एकदम सही कही जा सकती है :

> सन् '45 46 में कांग्रेसी नेताओं ने जबरदस्त कम्युनिस्ट विरोधी अभियान चलाया। पंत के ढुलमुल होने का यही समय था। नवीन, दिनकर आदि जो समाजवाद के साथ थे, अब राष्ट्रवाद के साथ हो गए थे। भारतीय बुद्धिजीवियों के समाजवाद की परख सन् '48 के बाद होनी थी, उससे पहले मुख्य लड़ाई अंग्रेज से थी, भारतीय पूंजीपतियों से नहीं। पर हिंदी के अनेक प्रगतिशील कवि और लेखक सन् '47 के पहले तो उग्र समाजवादी थे, सन् '47 के बाद जब समाजवाद के लिए संघर्ष करने का समय आया, तब वे सरकार या पूंजीपतियों के संस्थानों से चिपक गए।[134]

पंत के व्यक्तिगत व्यवहार तथा सिद्धांत में जो परिवर्तन आया था, इसकी अभिव्यक्ति 'स्वर्णधूलि' और 'स्वर्णकिरण' में पूरी तरह हुई। तत्कालीन प्रगतिशील लेखक संघ के सक्रिय

कार्यकर्त्ता और समीक्षक रामविलास शर्मा द्वारा पंत की रचनाप्रवृत्ति के इस बदलाव की आलोचना भी सही थी।[135] नामवर सिंह भी पंत जी के इस बदलाव के बारे में कहते हैं कि 'बौद्धिक सहानुभूति की सीमा का यही अंत होता है और उसकी कार्यशक्ति समाप्त हो जाती है। यदि जनता के संपर्क से फिर नई कार्यशक्ति नहीं आई तो ऐसी दुर्बल दशा में अध्यात्मवाद के पुराने मलेरिया का उभर आना स्वाभाविक है।'[136] इन्हीं दिनों का एक गोष्ठी-प्रसंग है जिसमें पंत ने भौतिकवाद और अध्यात्मवाद के समन्वय की बात की तथा पंत के सुझाव का तार्किक ढंग से इलाचंद्र जोशी और अज्ञेय ने समर्थन किया। रामाविलास शर्मा ने उक्त गोष्ठी में तीनों की आलोचना की।[137] देश में ज्यों-ज्यों कृषिक्रांति, वर्गसंघर्ष और आंदोलनों के दमन के सवाल पर राजनीतिक ध्रुवीकरण हो रहा था, त्यों-त्यों प्रगतिशील लेखक संघ के अंदर के समाजवादी सहयोगी उससे दूर खिसककर विरोधियों के शिविर में शामिल होते जा रहे थे।

1948 में मलाबार और तेलंगाना के किसान संग्राम के प्रश्न पर कम्युनिस्ट पार्टी, उसका हर जनसंगठन तथा जन-आधार जुझारू रुख लेकर आगे बढ़ रहा था। एक ओर सशस्त्र दमन था, अभिव्यक्ति पर रोक थी तो दूसरी ओर सशस्त्र प्रतिरोध, छापामार संघर्ष तथा खुले जनसंगठनों द्वारा व्यापक हड़तालें तथा प्रदर्शन। कलकत्ता अधिवेशन में हिंदुस्तानी कम्युनिस्ट पार्टी के नेतृत्व में परिवर्तन हो गया था तथा फरवरी 1948 से बी.टी. रणदिवे महासचिव चुन लिए गए थे।

उस लड़ाकू जनसंघर्ष के दौर में पार्टी पत्रों के माध्यम से वर्गयुद्ध की ललकार से भरी रचनाएं काफी बड़ी संख्या में प्रकाशित हो रही थीं। 'हंस', 'नया सबेरा', 'उदयन' आदि भी प्रायः उसी तेवर का साहित्य प्रकाशित कर रहे थे। प्रगतिशील लेखक संघ और जननाट्य संघ सहयोग कर रहे थे। नौजवान पाठक वर्ग में प्रगतिशील लेखकों की रचनाएं लोकप्रिय हो रही थीं तथा हर जगह विशाल दर्शक समुदाय की ओर से जननाट्य संघ का स्वागत किया जाता था। प्रगतिशील लेखक संघ के इस दौर के बारे में शमशेर बहादुर सिंह का कहना है :

> तो तरक्कीपसंद यानी प्रगतिशील धारा के उस दौर में शहरी कवियों और शायरों की हालत बहुत पतली थी। लोकनिधि राहुल जी तक का कार्ड छिन चुका था। भला महशुमा किस गिनती में होते। स्तालिन युग का वह कठोर 'आदर्शवाद' प्रायः हर भावुक जनवादी कवि-कलाकार को आकर्षित तो बहुत करता था (कारण, शायद यह कि महान मायकॉव्स्की आंखों के सामने साकार हो उठता था)।[138]

सरकार की ओर से अभिव्यक्ति की स्वतंत्रता के हनन, जनक्रांति की शक्तियों के फासिस्ट ढंग से दमन आदि को देखते हुए पार्टी संगठन या जनसंगठन में ढीले-ढालेपन, दब्बूपन, उदारतावाद या वर्गसहयोग की पुरानी नीति का अभाव देखकर शमेशर बहादुर सिंह क्या, अनेक लेखकों ने इसे 'संकीर्णतावाद का दौर' कहा है।[139] इसी दौर में रामविलास शर्मा हिंदी प्रगतिशील लेखक संघ के मंत्री थे। रामविलास शर्मा ने स्वयं लिखा है कि उन्हें इस दौर के लड़ाकू एवं जुझारू तेवर के कारण ट्राटस्कीवादी, संकीर्णतावादी आदि नामों से गालियां दी गईं।[140] 'गाली' देने वालों में शिवदान सिंह चौहान, अमृतराय, रांगेय राघव, प्रकाश चंद्र गुप्त आदि एक साथ थे। पर रामविलास शर्मा का कहना है कि उनकी कोई व्यक्तिगत नीति नहीं थी, बल्कि पूरे संघ के सभी सदस्यों के आपसी विचार-विनिमय के बाद निर्धारित नीति थी। इसी नीति के तहत उन्होंने अपने सारे लेख उस दौर में लिखे थे।[141] असल में 'सुधारवाद'

और 'संकीर्णतावाद' के नाम पर जो यह विवाद सुनाई पड़ता है, वह पहले कभी नहीं सुनाई पड़ा था। रामविलास शर्मा के हवाले से पता चलता है कि कुछ लेखकों ने एक विशेष उद्देश्य के लिए सन् '51 में संकीर्णतावाद के विरुद्ध अपना आंदोलन चलाया।[142]

इस लड़ाकू दौर में एक तरफ जहां संगठन के अंदर दो दिशाओं के संघर्ष के सवाल पर इतनी रस्साकशी थी, वहीं दूसरी ओर उस जमाने में तमाम पत्रों और पुस्तकों के माध्यम से प्रगतिशील लेखकों की जीवंत, यथार्थ के सौंदर्यबोध से दीप्त, नई संवेदना की रचनाओं में संघर्ष का स्वर मुखर हो रहा था। इस समय प्रगतिशील लेखक संघ की सांस्कृतिक इकाई :

> 'भारतीय जननाट्य संघ (इप्टा) सारे भारतवर्ष में अपनी शाखाएं फैला रहा था। इसी उद्देश्य से प्रयाग में जननाट्य संघ का अखिल भारतीय अधिवेशन 1948 में किया गया था। उन दिनों उत्तर प्रदेश शाखा के संयोजक की हैसियत से नेमिचंद्र जैन जननाट्य संघ को आगरा, कानपुर, काशी, प्रयाग आदि में संगठित करने में संलग्न थे और उनकी पत्नी रेखा जैन भी इसमें सहयोग कर रही थीं।[143]

चूंकि हिंदी क्षेत्र में उत्तर प्रदेश का जननाट्य संघ ही अधिक सक्रिय था, अतः प्रयाग में अखिल भारतीय स्तर पर कलाकारों और अभिनेताओं को आमंत्रित करना स्वाभाविक था। प्रकाशचंद्र गुप्त ने इस समारोह की याद करते हुए लिखा है :

> प्रयाग में जननाट्य संघ का अखिल भारतीय सम्मेलन हो रहा था, तब बंबई के प्रतिनिधि मंडल में अमर शेख भी थे जिनका गायन भूलना असभंव है; और बलराज साहनी भी थे, जिनका अभिनय देखकर चार्ली चैपलिन की कला का अनायास ही स्मरण हो जाता था।[144]

इस साहित्यिक परिवेश में ही पुराने पुनरुत्थानवादियों ने एक नया साहित्यिक हमला शुरू कर दिया। गुलाबराय और उदयशंकर भट्ट ने 'साहित्य में गतिरोध', 'साहित्य में संकट' आदि का नारा दिया। 'चेतना' पत्रिका के एक विशेषांक में इस नारे की चर्चा छिड़ी। चंद्रबली सिंह ने इस नारे के अभिप्रायों का पर्दाफाश करते हुए लिखा :

> आखिर ये साहित्यिक जिन्हें हिंदी में गत्यवरोध दिखलाई पड़ता है, किस चीज के प्रतिनिधि हैं? बाबू गुलाबराय पक्के पुनरुत्थानवादी आलोचकों में हैं और जब वे साहित्यिक वादों की परंपरा में जकड़े रहने की बात उठाते हैं तो निश्चय ही उनका संकेत आज के प्रगतिशील साहित्यिकों की ओर है। वे आज भी भारतीय स्वतंत्रता को असली स्वतंत्रता मानने का फतवा जारी करते हैं और उनकी यह शिकायत है कि आज के साहित्यिक इस स्वतंत्रता की तारीफ में राग नहीं अलापते।[145]

अपने इसी लेख में आगे चंद्रबली सिंह ने इस नारे के थोथेपन का भंडाफोड़ किया। उनके अनुसार चूंकि शोषकवर्ग के अवकाशभोगी मनोरंजन का शृंगारिक साहित्य नहीं लिखा जा रहा है, चूंकि आज के यथार्थ और संघर्ष से उत्पन्न नई सौंदर्य संवेदनाओं का साहित्य लिखा जा रहा है, अतः

> हिंदी साहित्य में संकट का नारा एक झूठा और अर्थहीन नारा है। संकट केवल उसके उस अंग पर है जो सड गया है और यह अच्छा होगा कि वह जल्द से जल्द काटकर अलग कर दिया जाए।[146]

पुनरुत्थानवादी, अराजकतवादी, गांधीवादी, व्यक्तिवादी और फ्रायडवादी, मानवेंद्रनाथ राय

के समर्थक और जयप्रकाश नारायण के प्रभाव क्षेत्र के लेखक—सबके सब प्रगतिवाद और प्रगतिशील लेखक संघ पर टूट पड़े थे। इलाहाबाद की साहित्यिक संस्था 'परिमल' तथा अज्ञेय के संपादन में प्रकाशित 'प्रतीक' (द्वैमासिक) की ओर से इस दिशा में प्रगतिवाद विरोधी अभियान संगठित करने का प्रयास आरंभ हुआ। 'परिमल' की उस प्रगतिवाद विरोधी भूमिका के संबंध में शमेशर बहादुर सिंह की समझ बहुत साफ है। उनके अनुसार :

> 1946 से 'परिमल' की स्थापना के बाद प्रगतिशील लेखक संघ का संगठित विरोध आरंभ हो गया। प्रगतिशील लेखक संघ के प्रति 'परिमल' का रवैया व्यंग्य और फब्ती का रहा था और है। 'परिमल' कलावादी (कला कला के लिए), व्यक्तिवादी और प्रयोगवादी साहित्य को प्रोत्साहित करता था और स्पष्ट रूप से प्रगतिशील साहित्य की परंपरा का विरोधी था।[147]

ऊपर 'परिमल' की स्थापना का जो वर्ष बताया गया है, वह ठीक नहीं है। इसी अध्याय में लक्ष्मीकांत वर्मा के हवाले से बताया जा चुका है कि 'परिमल' की स्थापना 1944-45 में हुई थी। हां, शमशेर बहादुर सिंह ने 'परिमल' और प्रगतिवाद की जो टक्टर बतलाई है, वह ऐतिहासिक दृष्टि से अपने पूरे उत्कर्ष पर 1951-52 के बाद ही पहुंच पाती है।

प्रगतिशील आंदोलन अपने लड़ाकू दौर में था, उसके पास अनेक पत्र थे, उसका सांस्कृतिक संगठन सक्रिय और विशाल था; अतः इलाहाबाद तक सीमित 'परिमल' जैसा संगठन तब तक उसका कुछ बिगाड़ नहीं पाया। इसी बीच अखिल भारतीय प्रगतिशील लेखक संघ का सम्मेलन 1949 में बंबई के एक उपनगर भिवंडी में आयोजित हुआ। एक रिपोर्ट से पता चलता है कि यह सम्मेलन 27, 28 और 29 मई 1949 को संपन्न हुआ था।[148]

प्रगतिशील लेखक संघ की बंबई शाखा की ओर से प्रतिनिधियों का स्वागत करते हुए स्वागत समिति की अध्यक्ष श्रीमती इस्मत चुगताई ने सभी लेखकों का आह्वान किया कि वे सांस्कृतिक संगठनों पर होने वाले हमलों का मुंहतोड़ जवाब दें। सम्मेलन ने कार्रवाई चलाने के लिए कृश्न चंदर, मुल्कराज आनंद, सुशील जाना और रामविलास शर्मा—इन चार लेखकों की सभापति मंडली चुनी। इस सम्मेलन में डा. रामविलास शर्मा को अखिल भारतीय प्रगतिशील लेखक संघ का महामंत्री चुना गया।

राजेंद्र सिंह बेदी ने बाहर से आए हुए संदेश पढ़कर सुनाए जिनमें पाकिस्तान के प्रगतिशील लेखक संघ का भी संदेश था। पाल राब्सन, जूलियन क्यूरी, लुई अरागों आदि अनेक लेखकों के भी संदेश सुनाए गए। इसके बाद हिंदी प्रगतिशील लेखक संघ के मंत्री की हैसियत से डा. रामविलास शर्मा ने हिंदी साहित्य की वर्तमान स्थिति पर अपनी रिपोर्ट पेश की। रिपोर्ट में उन्होंने कहा :

> बहुत से लेखक जो इस दौर में प्रगतिशील लेखकों के साथ आए, मार्क्सवाद का गठबंधन तरह-तरह की भाववादी धाराओं से कराना चाहते थे। इस चीज की काफी आलोचना नहीं की गई जैसे सुमित्रानंदन पंत के मामले में। यह भूल राहुल सांकृत्यायन की अतीतमुखी (रिवाइवलिस्ट) प्रवृत्ति के संबंध में भी हुई।
>
> अगस्त 1947 के बाद के प्रगतिशील साहित्य ने दंगों, दमन और बढ़ते हुए आर्थिक संकट आदि के संबंध में दृढ़ कंठ से अपनी बात कही है। आज साधारण जनता अच्छी जिंदगी, जनतंत्र और समाजवाद के लिए जो लड़ाई लड़ रही है, उसकी छाया प्रगतिशील साहित्य में आने लगी है। नागार्जुन और केदार की कविताओं ने लोकप्रिय, व्यंग्यात्मक

ढंग से वर्तमान समाज व्यवस्था का पर्दा उघाड़ा है। इस बीच कई मजदूर कवि जैसे शंकर शैलेंद्र सामने आए हैं जिनकी कविताएं अपनी सादगी और तीखी व्यंग्यात्मकता में बेजोड़ हैं।[149]

समर्थ प्रगतिशील रचनाकारों की चर्चा के बाद रामविलास शर्मा ने प्रगतिवाद का विरोध करने वाले लेखकों की विचारधारा और उनकी रचनाप्रवृत्तियों का मूल्यांकन किया। उन्होंने बताया कि बच्चन हालावाद से छलांग लगाकर अब गांधीवाद की प्रशस्ति में रचनाएं लिख रहे हैं। सुमित्रानंदन पंत अध्यात्मवादी प्रवृत्तियों को जन्म दे रहे हैं। विरोधी शिविर के लेखकों में इलाचंद्र जोशी की, ऐंग्लो अमरीकी मार्शल प्लान के समर्थन के कारण, बड़ी कड़ी आलोचना की गई।

हिंदी के समकालीन लेखन के संपूर्ण दृश्यपट का सर्वेक्षण करने के बाद अपनी रिपोर्ट में रामविलास शर्मा ने प्रगतिशील साहित्य के अंदर पनप रहे प्रगति विरोधी रुझानों–खास तौर पर फ्रायडवाद और मार्क्सवाद का मेल कराने के दृष्टिकोण का उल्लेख किया और उसकी अवैज्ञानिकता प्रमाणित की।

डा. शर्मा ने लेखकों को सचेत किया कि वे न तो अतीत के गौरवगान और महिमा मंडन वाली प्रवृत्ति को प्रश्रय दें, न इतिहास की उस व्याख्या को जिसमें इतिहास के पूंजीवादी विचारक यह कह रहे हैं कि मानव की ऐतिहासिक नियति पूर्व निश्चित है तथा वर्गोपरि है और न पुरानी सांस्कृतिक विरासत को बुर्जुआ और सामंती कहकर छुट्टी ले लें। प्रगतिशील लेखकों को आत्मसंघर्ष करते हुए इस दुर्बलता पर काबू पाने के लिए कहा गया जिसके द्वारा वे जनकला के रूपों की उपेक्षा करते हैं और जनसाधरण की बोली और लोकप्रिय शैली के प्रति उदासीनता बरतते हैं।[150]

दूसरे दिन के सम्मेलन में साम्राज्यवादियों के कुचक्र, राष्ट्रीय सरकार के चरित्र आदि की रोशनी में प्रगतिशील लेखकों के कंधों पर जो नई जिम्मेदारियां आई थीं, अर्थात स्वाधीनता, शांति तथा जनवाद के लिए संघर्ष–उन पर विचार विमर्श हुआ।

दूसरे दिन के अधिवेशन के अंत में घोषणापत्र स्वीकृत किया गया और शांति संबंधी तथा भारत के कामनवेल्थ में शरीक होने के विरोध में प्रस्ताव पास हुए।

अखिल भारतीय प्रगतिशील लेखक सम्मेलन (भिवंडी 1949) के इस घोषणापत्र का अनेक दृष्टियों से ऐतिहासिक महत्व है। इस घोषणापत्र की कुछ मूल स्थापनाओं का सारांश यहां देना प्रासंगिक प्रतीत होता है :

1. आजादी के बाद भारतीय पूंजीपति वर्ग और साम्राज्यवाद का गठबंधन हो गया है जो भारतीय जनता की इस इच्छा का विरोधी है कि इस देश में एक पूर्ण स्वतंत्र, सार्वभौम प्रजातांत्रिक राज्य स्थापित किया जाए।
2. आशंकित तीसरे महायुद्ध के षड्यंत्र में ऐंग्लो-अमरीकी साम्राज्यवाद शरीक है और वह सोवियत संघ तथा सारी दुनिया के जातीय मुक्ति आंदोलन का शत्रु है।
3. नेहरू-पटेल के नेतृत्व में राष्ट्रीय सरकार हर जनवादी आंदोलन को कुचल रही है, पूंजीवादी संस्कृति को छूट दे रही है तथा जनवादी एवं समाजवादी संस्कृति के प्रयत्नों का गला घोंट कर दमन की कार्रवाई कर रही है।
4. आजादी की लड़ाई के इस दौर में लेखक भी दो खेमों में बंट गए हैं। एक खेमे में

वे हैं जो जनवाद, समाजवाद, शोषणमुक्त व्यवस्था के लिए जनता के संघर्ष तथा सामंतविरोधी और साम्राज्यविरोधी संस्कृति की धार तेज करने के पक्ष में हैं। दूसरे खेमे में वे हैं जो हिंदुस्तान को साम्राज्यवाद का पिछलग्गू बनाने के पक्ष में हैं और पुराने देशभक्तिपूर्ण साहित्य की सर्वश्रेष्ठ परंपराओं पर थूकते हैं। इन दो ध्रुवों के बीच तटस्थ कोई नहीं है और जो तटस्थता की बात करते हैं वे दूसरे खेमे को ही मदद पहुंचाते हैं।

5. साहित्य का महान नैतिक उद्देश्य लेखकों से मांग करता है कि वे अपने साहित्य को प्रभावोत्पादक, लोकप्रिय और सुंदर बनाएं जिससे हमारी जनता उससे प्रेरणा ले।

इस घोषणापत्र को सम्मेलन के सामने बहस और स्वीकृति के लिए अखिल भारतीय प्रगतिशील लेखक संघ के महामंत्री की हैसियत से रामविलास शर्मा ने प्रस्तुत करते हुए कहा कि यही वह आधार है जिस पर सभी जनवादी और ईमानदार लेखकों का संयुक्त मोर्चा बनाया जा सकता है।[151] कृश्न चंदर ने प्रस्ताव का समर्थन किया। समर्थन के पीछे उनकी युक्ति थी कि हमारी यह आजादी दो शोषकों के आपसी समझौतों का नतीजा है। इस तरह यह घोषणापत्र सम्मेलन में सर्वसम्मति से स्वीकृत हुआ।

इस घोषणापत्र के बाद अंग्रेजी के लेखक तथा प्रगतिशील साहित्यिक आंदोलन के प्रवर्तकों में एक मुल्कराज आनंद ने शांति संबंधी प्रस्ताव प्रस्तुत किया।[152]

उपर्युक्त सम्मेलन के प्रसंग में रामविलास शर्मा ने लिखा है :

> सन् '49 में ही—सन् '43 के बाद पहली बार—बंबई में बांग्ला, तेलुगु, मराठी, हिंदी, उर्दू आदि के प्रगतिशील लेखक एकत्र हुए थे और उन्होंने अखिल भारतीय संगठन को फिर चलाने का प्रयत्न किया था। उन दिनों अधिकांश प्रगतिशील लेखक कांग्रेसी दमन के शिकार थे। बंबई में सम्मेलन पर बैन लगा दिया गया था। दमन के कारण अनेक प्रदेशों से प्रगतिशील लेखक आ न सके थे।[153]

ए. पायेव्स्काया ने भिवंडी सम्मेलन पर टिप्पणी करते हुए लिखा :

> भारत का विभाजन होने पर हिंदुस्तान के प्रगतिशील लेखक कठोर पुलिस दमन का मुकाबला करते हुए ऐंग्लो-अमरीकी साम्राज्यवाद और घरेलू प्रतिक्रियावाद के खिलाफ वीरता से और जमकर संघर्ष करते रहे हैं और जनतंत्र और स्वाधीनता के लिए भारतीय जनता के अधिकारों का समर्थन करते रहे हैं। 1949 की गर्मियों में प्रगतिशील लेखक संघ के घोषणापत्र ने कहा था : 'साम्राज्यवाद के खिलाफ संघर्ष में साहित्य निष्क्रिय नहीं है। पूर्ण स्वाधीनता और जनवाद के लिए जनता के संघर्ष में प्रेरणा देने, नेतृत्व करने और मार्गदर्शन करने की अपनी भूमिका उसे कारगर ढंग से पूरी करनी चाहिए, उसे जनता की आकांक्षाएं प्रकट करनी चाहिए जो विदेशी साम्राज्यवाद से ही पीड़ित नहीं है बल्कि भारतीय पूंजीवाद, सामंतों और जमींदारों से भी पीड़ित है। भारतीय साहित्य के लिए देश के जन साधारण से अलग कोई भविष्य नहीं है जो मजदूर वर्ग के नेतृत्व में आज स्वाधीन मानव जीवन के लिए और शोषण के सभी रूप खत्म करने के लिए लड़ रहे हैं। हमारे लेखक जितना ही इस आंदोलन के नजदीक आएंगे, उतना ही उनके साहित्य की विषयवस्तु और रूप दोनों ही समृद्ध होंगे।[154]

भिवंडी प्रगतिशील लेखक सम्मेलन के तीसरे दिन विशाल सांस्कृतिक कार्यक्रम का आयोजन

हुआ जिसमें शंकर शैलेंद्र, कैफी आजमी, अमर शेख, नागार्जुन, नेमिचंद्र जैन आदि ने हिस्सा लिया।

हिंदी के प्रगतिशील साहित्यिक आंदोलन में सन् '46 के बाद जो लड़ाकू उभार आया था, उसकी औपचारिक स्वीकृति' 49 के इसी सम्मेलन में हुई थी।

मई के इस सम्मेलन के बाद युक्तप्रांत के प्रगतिशील लेखकों का सम्मेलन 25 सितंबर 1949 के दिन इलाहाबाद में हुआ। इस सम्मेलन के अध्यक्ष बनाए गए प्रसिद्ध व्यंग्यकार और जुझारू तेवर के कवि नागार्जुन। अपने अध्यक्षीय भाषण में नागार्जुन ने कहा कि आज का नया साहित्य उन्हीं लेखकों का है जो जनक्रांति की शक्तियों के साथ हैं। सबसे महत्वपूर्ण और जानदार चीजें आज मजदूर वर्ग के लेखकों द्वारा लिखी जा रही हैं। लक्षणा, व्यंजना, चमत्कारपूर्ण शैली और तकनीक की दलदल में गर्दन तक धंसा हुआ बुर्जुआ साहित्यकार उन रचनाओं की लोकप्रियता देखकर नाक-भौं सिकोड़ रहा है, जलन के मारे खून कै कर रहा है। अंत में लेखकों का आह्वान करते हुए अध्यक्ष नागार्जुन ने कहा :

> साथियो, ऐसे साहित्यकार की हमें रत्ती-भर भी परवाह नहीं। हम शासक-शोषक वर्ग के पिछलगुआ जी-हुजूर, चाटुकार लेखक नहीं हैं। हम बिड़ला-टाटा-डालमिया के चाकर नहीं हैं। हम नेहरू और पटेल की थाप पर थिरकने ठमकने वाले आर्टिस्ट नहीं हैं। सर्वसाधारण जनता को हम अपनी अधिस्वामिनी समझते हैं। हमारी सारी प्रेरणाओं और कल्पनाओं का मूल स्रोत वही है।[155]

इस सम्मेलन के दो माह बाद कलकत्ते के शांति सम्मेलन में प्रगतिशील लेखक संघ एक घटक के रूप में सम्मिलित हुआ। यह सम्मेलन 'आल इंडिया पीस काउंसिल' की ओर से 24 नवंबर से 27 नवंबर तक रखा गया था। सरकार ने पांच सौ से अधिक स्वयंसेवकों को गिरफ्तार किया, पूर्वी पंजाब और बिहार के अनेक प्रतिनिधियों को स्टेशन पर ही पकड़ लिया गया, मुहम्मद अली पार्क में पंडाल बनाने की इजाजत नहीं मिली, अनेक समाचार एजेंसियों से यह खबर फैला दी गई कि सम्मेलन पर रोक है जिसके कारण अनेक विदेशी प्रतिनिधि वापस चले गए तथा जो आ रहे थे उन्हें पासपोर्ट नहीं दिया गया।

इस दमन के बावजूद शांति सम्मेलन हुआ और देशबंधु पार्क में पंडाल बनाया गया। पंडाल में पाल राब्सन का चित्र, पिकासोकृत शांति कपोत, दाएं-बाएं स्टालिन और माओत्सेतुंग की विशाल फोटो तथा सारी दुनिया के अनेकानेक जनवादी कलाकारों की तस्वीरें टंगी थीं।

पंडाल में हाथ से सुंदर लिपि में नारे लिखे थे 'अमन का दुश्मन कौन है? ट्रूमैन, ऐटली और नेहरू।' 'युद्ध के विरुद्ध लड़ाई—रोटी की लड़ाई, बेकारी की लड़ाई और शांति की लड़ाई है।'

शांति सम्मेलन में 25 नवंबर के दिन प्रगतिशील लेखक संघ की ओर से कैफी आजमी का भाषण हुआ। उसी रोज प्रतिनिधियों के कैंपों पर पुलिस ने छापे मारे। तेलंगाना की हथियारबंद किसान क्रांति के समर्थक कवि मख्दूम मुहीउद्दीन को पुलिस बड़ी सरगर्मी से ढूंढ़ रही थी। इस दमन के माहौल के बावजूद 27 नवंबर को सांस्कृतिक सम्मेलन का कार्यक्रम रखा गया। पश्चिम बंगाल की सरकार तथा पुलिस ने इस कार्यक्रम पर 1884 ई. के ब्रिटिश कानून के तहत रोक लगा दी। यह कानून केवल अश्लील नाटकों पर रोक लगाने के लिए ब्रिटिश हुकूमत ने बनाया था। उन्नीसवीं सदी की साम्राज्यवादी विरासत का प्रयोग कांग्रेसी मंत्री विधान चंद्र

राय ने शांति सम्मेलन के कलाकारों, जननाट्य संघ के कार्यकर्त्ताओं और प्रगतिशील कवियों के विरुद्ध किया। पुलिस ने मंच की साज-सज्जा बूटों से रौंद डाली, खंभे और खूंटे उखाड़ दिए। इस माहौल के बावजूद श्रोताओं की संख्या तीन लाख के लगभग पहुंच गई थी। जनवादी स्वाधीनता के दमन और सांस्कृतिक कार्यक्रमों पर कानूनी रोक के बावजूद अपार जनसमूह कैफी आजमी, मजरूह सुल्तानपुरी तथा जननाट्य संघ के द्वारा प्रस्तुत पंवाडे, गीत एवं आल्हा सुनता रहा। कार्यक्रम समाप्त होने के बाद इस श्रोतासमूह ने मशाल जुलूस निकालकर अपने अदम्य उत्साह का परिचय दिया।[156]

पत्र-पत्रिकाओं, पुस्तकों और सांस्कृतिक कार्यक्रमों का फासिस्ट ढंग से दमन और भी तेज हो गया था। अप्रैल-मई 1949 के महीने में 'हंस' (संपादक अमृतराय-नरोत्तम नागर) के प्रकाशन पर रोक लगा दी गई। सरकार का आरोप था (1) 'हंस' सांप्रदायिकता का प्रचार करता है। (2) पूंजीवाद के विरुद्ध घृणा फैलाता है। (3) हिंसक उपायों से सरकार को उलटने की शिक्षा राजनीतिक पाठकों को देता है।[157] इतना ही नहीं, बल्कि तीसरे महायुद्ध की तैयारी करने वाली साम्राज्यवादी ताकतों के विरुद्ध पेरिस में बहत्तर देशों के बुद्धिजीवियों, लेखकों और कलाकारों ने कांफ्रेंस की थी। इस सम्मेलन में भारतीय प्रतिनिधियों की हैसियत से कृश्न चंदर, मुल्कराज आनंद, सरदार जाफरी, अमर शेख, अन्नाभाऊ साठे शामिल होने वाले थे। परंतु इन प्रतिनिधियों को बंबई सरकार ने गिरफ्तार कर लिया और इनके पासपोर्ट जब्त कर लिए।[158] दमन के इसी दौर का उल्लेख करते हुए केदारनाथ अग्रवाल ने एक ओर शासन व्यवस्था और दूसरी ओर जनता और लेखक के अंतर्विरोध का विश्लेषण करते हुए एक लंबा लेख लिखा–'शासन, जनता और लेखक'। इस लेख में उन्होंने बताया :

> पूंजीवादी शासन तथा साम्राज्यवादी शासन, शांति और सुरक्षा का ढोल पीटकर, देश की जनता की प्रगतिशील शक्तियों पर आक्रमण करते हैं। ऐसे शासन जन-आंदोलन के सभी नेताओं को जेल में बंद कर देते हैं, जन अभिरुचि की सभी पुस्तकों को अवैध घोषित कर देते हैं, जनता के महाशक्तिशाली समाचार पत्रों को छपने नहीं देते, और कटु कानूनी अस्त्रों से जनसभाओं की हत्या करते हैं। अपनी सरकार ने भी देश के सभी जनवादी अखबारों पर रोक लगा दी थी। बंबई से निकलने वाले 'जनयुग', 'करेंट अफेयर्स' और कई पत्रों पर प्रतिबंध लागू कर दिया था और उनका प्रकाशन रोक दिया गया था। यही नहीं 'भारतीय जननाट्य संघ' के प्रदर्शनों को होने नहीं दिया गया था। नागर जी, मूढ़ जी, साहब सिंह मेहरा तथा अली सरदार जाफरी जैसे जनप्रिय कवियों को जेल में ठूंस दिया गया था। नागार्जुन और पहाड़ी जैसे साहित्यकारों पर 'क्रिमिनल ला अमेंडमेंट' के अंतर्गत इलाहाबाद में मुकद्दमे चालू कर दिए गए थे। 'हंस' जैसे प्रगतिशील पत्र के कार्यालय पर संयुक्त प्रांतीय सरकार ने न छपने का रोकनामा चिपका दिया था। इसी प्रकार बंगाल, बिहार, मध्य प्रदेश और अन्य प्रांतों के शासनों ने भी दंड और दमन का अस्त्र चलाया था।[159]

यह एक उल्लेखनीय तथ्य है कि इस दौर को 'संकीर्णतावादी' कहने वाले समीक्षकों और लेखकों ने अपनी रचनाओं में कहीं भी दमन की चर्चा नहीं की है। इसके प्रमाणस्वरूप प्रकाशचंद्र गुप्त और शिवदान सिंह की पुस्तकें द्रष्टव्य हैं। सरकार के दमनकारी चरित्र के विरोध, जनवाद तथा सांस्कृतिक स्वाधीनता की रक्षा में इन दिनों जो भी लिखा गया उसके बारे में शिवदान सिंह चौहान ने कहा :

हमारे कुछ साथी ऐसे भी थे, जिन्होंने अपने मन में नए भारत की आदर्श कल्पना बना रखी थी। स्वतंत्रता के बाद उस कल्पना से भारत का मेल न देखकर उनकी निराशा दुर्वासा का अनियंत्रित आक्रोश बनकर फूट निकली। उन्होंने कहा कि यह स्वतंत्रता एक धोखा है, क्योंकि इसमें सब कुछ अभी पुराना ही है, नया कुछ भी नहीं, केवल शासक बदल गए हैं। वर्गशोषण से मुक्ति, न्याय और समानता इसमें आज भी नहीं है।[160]

अपने इस विवेचन को आगे बढ़ाते हुए चौहान जी ने शासक दल, तत्कालीन राष्ट्रपति राजगोपालाचारी, नेहरू, पटेल तथा ऐंग्लो-अमरीकी साम्राज्यवाद से उनके गठबंधन का कहीं भी जिक्र नहीं किया बल्कि यह कहा कि स्वतंत्रता की नई मंजिल पर 'अपनी कल्पना के भारत का निर्माण करने का दायित्व' ही हिंदुस्तान की प्रगतिशील एवं जनवादी ताकतों के सामने 'युग की केंद्रीय समस्या' है। अतः लेखकों को इस वास्तविकता का साक्षात्कार कहते हुए 'युग की केंद्रीय समस्याओं को प्रतिबिंबित करने के लिए जीवन सत्य से जूझना पड़ेगा।'[161] और वह जीवन सत्य क्या था जिससे जूझने का आह्वान किया गया था? चौहान जी की दृष्टि में लेखकों के आगे यह जीवन सत्य था—राजनीति के झगड़े, जहां तक पार्टियों के झगड़े हैं, निम्नस्तर के झगड़े हैं या अधिक से अधिक नए भारत के निर्माणकार्य को अधिक वेग और सुचारु रूप से चलाने के बारे में अपनी-अपनी योग्यता प्रमाणित करने या अवसर पाने के झगड़े हैं।[162] इस तरह जो लेखक इन राजनीतिक झगड़ों से अलग रहकर नवनिर्माण की केंद्रीय समस्या को प्रतिबिंबित करते हैं, वे सही हैं और जो राजनीतिक झगड़ों को समझते हुए जनता की मुक्ति में साहित्य को सक्रिय बनाते हैं, वे 'बुद्धिजीवियों में मूल्यों के विघटन' के पक्षधर बनने की गलती करते हैं।

चौहान जी की यह विचारधारा साहित्य से राजनीति के विसर्जन के तर्क पर आधारित है। इस तरह के विचार लिखित रूप में तो वे '51 के बाद ही व्यक्त कर पाए थे। पर '49 के भिवंडी सम्मेलन में उनकी अनुपस्थिति, 'नया साहित्य' और 'हंस' में उनकी रचनाओं का न होगा—इससे प्रमाणित होता है कि इस पूरे दौर में मुख्य रूप से वे 'संकीर्णतावाद' से लड़ते हुए साहित्य के अराजनीतिकरण का प्रचार करते रहे और वर्ग सहयोग की नीति पर चलते रहे।

शिवदानसिंह चौहान अपने उपुर्यक्त दृष्टिकोण की वजह से प्रगतिशील लेखक संघ के अंदर केवल फूट ही नहीं पैदा कर रहे थे, बल्कि संघ के विरोधी लेखक जैनेंद्र कुमार और अज्ञेय से सहयोग कर रहे थे, नेहरूभक्ति तथा अरविंदवाद के प्रचारक सुमित्रानंदन पंत तथा उनके मित्र प्रकाशचंद्र गुप्त से मेलजोल बढ़ाकर दलबंदी कर रहे थे और कुछ दिनों बाद तो यह स्थिति आई कि उन्होंने प्रगतिशील लेखक संघ को ही भंग करने का प्रस्ताव किया। एक दूसरा 'अखिल भारतीय जनवादी लेखक संघ' बनाने की योजना प्रचारित की और प्रगतिवाद के शत्रुओं के इस प्रचारतंत्र के पुर्जे बन गए कि प्र.ले.सं. कम्युनिस्ट पार्टी का प्रचार केंद्र है।[163]

जाहिर है कि नये बिवादों और घटनाक्रमों की इस विशेष अवस्था में प्रगतिशील आंदोलन के अंदर भी गंभीर अंतर्विरोध शुरू हो गए। एक छोटा सा गिरोह ऐसे लेखकों का बन गया जो राजसत्ता से सहयोग के रास्ते पर चलना चाहता था। दूसरी तरफ जन आंदोलनों से संपृक्त ओजपूर्ण रचना लिखने वाले साहित्यकारों की जमात पहले से ही बहुत सक्रिय थी। इनके

साथ नई पीढ़ी के बहुत से कलाकार आए जो सच्ची स्वाधीनता चाहते थे, जनक्रांति की शक्तियों के साथ कला और संस्कृति को जनवादी रूप देना चाहते थे। स्थानीय स्तर पर अनेक शहरों से छोटे-मोटे साप्ताहिक, पाक्षिक, मासिक और द्वैमासिक पत्रों के अलावा प्रगतिशील सांस्कृतिक संस्थाओं का जन्म हुआ। प्रगतिशील साहित्य के विकास के इतिहास में इस विशेष मंजिल पर, इन पत्रों और संस्थाओं के योगदान अविस्मरणीय हैं। यहां इस प्रसंग में नागपुर के साप्ताहिक पत्र 'नया खून' (संपादक--लक्ष्मीकांत), लखनऊ के मासिक पत्र 'नया पथ' (संपादक--शिव वर्मा एवं यशपाल), पटना के मासिक पत्र 'नौजवान' (संपादक--कृष्णचंद्र चौधरी), जबलपुर के द्वैमासिक पत्र 'समता' (संपादक--वसंत पुराणिक) तथा 'रक्ताभ', 'नया कदम', 'नया सबेरा', 'वसुधा' आदि उल्लेखनीय हैं। इससे यह पता चलता है कि प्रगतिशील आंदोलन के भिवंडी सम्मेलन में जो आह्वान किया गया था, उसका जनता, सांस्कृतिक कार्यकर्त्ता तथा लेखकों ने पूरी ताकत से समर्थन किया और अधिकांश लोग शांति, स्वाधीनता और जनवाद के इस नए संघर्ष में जुट गए। शिवदानसिंह चौहान, प्रकाशचंद गुप्त, रांगेय राघव, सुमित्रानंदन पंत आदि इस विराट जनवादी साहित्यिक अभियान से कटकर एक कोने में भ्रमित पड़े रहे और 'संकीर्णतावाद' का रोना रोते रहे। इन्हीं परिस्थितियों में सन् '49-50 के आसपास नई पीढ़ी के तेजस्वी प्रगतिशील समीक्षक और बनारस में अंग्रेजी के अध्यापक चंद्रबली सिंह ने प्रगतिशील आंदोलन के अंदरूनी संघर्षों पर 'प्रगतिशील साहित्य और उसके झाड़झंखाड़' शीर्षक से एक लंबा निबंध लिखा। यह लेख सन् '49 के भिवंडी सम्मेलन की स्पिरिट के समर्थन में था और तमाम तरह के विरोधियों से मुठभेड़ लेता हुआ। इन निबंध की मुख्य स्थापना यह थी :

> एक ओर स्वार्थ और अवसरवादिता के लोभ और दूसरी ओर दमन के शिकंजे में आ जाने के भय से आज भी अनेक प्रगतिशील समझे जाने वाले साहित्यिकों में प्रतिक्रिया की ओर झुकाव बढ़ता जा रहा है और यदि खुले शब्दों में नहीं तो कम से कम इधर-उधर छिपे तौर पर और मित्रमंडलियों में वे अपनी प्रतिक्रियावादी प्रवृत्तियों और विचारधाराओं को प्रकट करने लगे हैं। ऐसे प्रगतिशील साहित्यिक निस्संदेह वर्ग-संघर्ष के बढ़ने के साथ-साथ और निर्णयात्मक घड़ी के आ जाने के बहुत पहले ही दूसरे शिविर में चले जाएंगे। इसलिए इस बात की आवश्यकता है कि प्रगतिशील आलोचना खुलकर इन प्रवृत्तियों पर सधी, सीधी और जोरदार चोटें करे, जो इधर रामविलास शर्मा के भगवतीचरण वर्मा, सुमित्रानंदन पंत, रांगेय राघव तथा कुछ और लेखकों पर लिखे लेखों में, सम्मतियों में, नरोत्तम नागर के लेखों और संपादकीय टिप्पणियां में या 'हंस' की संपादकीय टिप्पणियों में दिखलाई पड़ती हैं। अभी ऐसे लोगों की कमी नहीं है जो प्रगतिशील समझे जाते हैं और आज के सच्चे प्रगतिशील साहित्य से इसलिए नाराज हैं कि वह राजनीति के समीप पहले से बहुत अधिक आ गया है और वर्गसंघर्ष को उत्तेजना देने लगा है। ऐसे धोखे में पड़े हुए लोगों को अभी से यह बतला देना होगा कि प्रगतिशील साहित्य यह सब कुछ करने लगा है और इससे भी अधिक यही सब वह आगे करता जाएगा। अगर प्रगतिशील साहित्य को रीढ़दार साहित्य बनना है तो उसमें विचारों और सिद्धांतों की स्पष्टता और समानता का आना उसकी सबसे बड़ी और पहली शर्त है।[164]

उल्लेखनीय है कि चंद्रबली सिंह का यह निबंध प्रगतिशील लेखक संघ के अंदर जो ढुलमुल यकीन और उदारतावादी लेखक थे, मूलतः उन्हीं के विरुद्ध चर्चा का विषय बन गया। सन् '50 में इस तरह की बहस चल ही रही थी कि सहसा 'सोवियत साहित्य' नाम की रूसी

अंग्रेजी पत्रिका में स्तालिन का साहित्य संबंधी निबंध प्रकाशित हुआ। उक्त लेख तरुण बुद्धिजीवी समुदाय के बीच बहस का विषय बन गया। स्तालिन ने निम्न मध्यवर्ग के लेखकों के भोलेभाले कलावादी सिद्धांतों के संबंध में लिखा थाः

> वर्गविरोधों को नजरअंदाज करना, वर्गसंघर्ष को अस्वीकार करना, स्पष्ट रूपरेखा का अभाव, कार्यक्रम का विरोध, हितों को उलझाने और अराजकता के लिए कोशिश—यह है गैर-जानिबदारी।[165]

स्वाभाविक था कि ऐसे विवादों के बीच शिवदानसिंह चौहान को हर घटनाक्रम और हर मोड़ अपने विरुद्ध जान पड़ रहा था।

साहित्यिक इतिहास के दस्तावेजों की दृष्टि से, खास तौर पर प्रगतिशील आंदोलन के इतिहास के दस्तावेजों की दृष्टि से उस समय की पत्रिकाएं मूल्यवान सामग्री प्रदान करती हैं। ध्यान देने की बात है कि यही वह समय है जब प्रगतिशील आंदोलन साफ तौर पर समाजवादी कला और संस्कृति के विकास में तत्पर कलाकारों और संस्कृतिकर्मियों से अंतर्राष्ट्रीय स्तर पर अपना संबंध जोड़ता है। यद्यपि यह प्रवृत्ति सन् '17 की अक्टूबर क्रांति के बाद ही शुरू हो गई थी और सन् '35 के पेरिस सम्मेलन ने इस प्रवृत्ति को झटके के साथ बढ़ावा दिया था, पर इस संबंध को रचनात्मक लेन-देन और विचारधारात्मक प्रौढ़ता के स्तर पर सन् '46 से सन् '51 बीच सचेत रूप में, संगठित प्रयास के द्वारा प्रगाढ़ बनाया गया। प्रगतिशील समीक्षा के क्षेत्र में मार्क्स, लेनिन, स्तालिन, माओत्सेतुंग के अतिरिक्त राल्फ फाक्स, काडवेल, हेनरी बारबूज, इलिया एहरेनबर्ग, गोर्की, लुनाचार्स्की, लुह्सुन, कुओ मोजो आदि के लेखों और उद्धरणों के अनुवाद धड़ल्ले से पत्रिकाओं और पुस्तकों में दिखाई पड़ने लगे। समाजवादी यथार्थवाद पर कई सैद्धांतिक निबंध प्रकाशित हुए। कविता के क्षेत्र में मायकॉव्स्की, पाब्लो नेरूदा, लुई अरागों, नाजिम हिकमत आदि की रचनाओं के अनुवाद छपने लगे। कथाकारों में गोर्की, फेदेयेव, कुप्रिन, शोलोखोव, लुह्सुन, रोम्यां रोलां, इलिया एहरेनबर्ग, कोंस्तानिन पास्तोव्स्की, आस्त्रोव्स्की आदि के कुछ अनुवाद प्रकाशित हुए। तत्कालीन प्रगतिशील पत्रिकाओं में इस तरह की अनूदित रचनाएं काफी संख्या में मिल जाती हैं। इनके अलावा शमशेर बहादुर सिंह ने 'प्रतीक' में लुई अरागों पर निबंध लिखा, केदारनाथ अग्रवाल ने 'पाब्लो नेरूदा' पर कविता लिखी, रामविलास शर्मा ने लेनिन के कला एवं साहित्य संबंधी विचारों को सुसंबद्ध रूप देते हुए लेख लिखा, सोवियत सिनेमा पर चंद्रबली सिंह का निबंध प्रकाशित हुआ, रामकुमार द्वारा लिखित पाब्लो नेरूदा का इंटरव्यू प्रकाशित किया गया, संस्कृति और शांति पर मारिस थोरे के निबंध का हिंदी रूपांतर छापा गया, 'फांसी के तख्ते से' के प्रसिद्ध लेखक जूलियस फ्यूचिक पर रामकुमार की टिप्पणी प्रकाशित हुई, 'महान चीनी फिल्म' पर चाओ यी मान की रचना का नेमिचंद्र जैन ने हिंदी रूपांतर प्रकाशित करवाया, 'रेल भंजकों को जगने दो' शीर्षक पाब्लो नेरूदा की कविता का अनुवाद केदारनाथ अग्रवाल ने किया, बर्नार्ड शा पर प्रकाशचंद्र गुप्त ने निबंध लिखा, चीन का साहित्य शीर्षक एन. फोदोयोंको के लेख का अनुवाद प्रकाशित किया गया।

इन्हीं दिनों विश्व समाजवादी कला और संस्कृति से प्रगतिशील आंदोलन का यह घनिष्ठ संबंध संगठन के स्तर पर विकसित करने के उद्देश्य से 'नया साहित्य' में दूसरे विश्व शांति सम्मेलन का घोषणापत्र प्रकाशित किया गया। रामकुमार ने इस शांति सम्मेलन की विस्तृत

रिपोर्ट देते हुए एक लेख भी 'नया साहित्य' में लिखा। फ्रांस के राष्ट्रीय बुद्धिजीवी संघ की ओर से 'पेरिस अपील' की गई थी। उसका अनुवाद भी डा. सतीशचंद्र ने 'नया साहित्य' में प्रकाशित करवाया। इसके साथ ही भारतीय बुद्धिजीवी वर्ग के नाम डी.डी. कोसांबी की 'शांति के लिए अपील', 'नया साहित्य' में प्रकाशित हुई।

इससे यह साफ जाहिर होता है कि अपने इस उफान काल में प्रगतिशील साहित्यिक आंदोलन सारी दुनिया की युद्धविरोधी एवं साम्राज्यविरोधी सांस्कृतिक लहर का अविच्छिन्न अंग बन गया। ऐसे ही समय चीन के प्रख्यात साम्यवादी लेखक कुओ मोजो का एक लेख नए जनवादी गणराज्य चीन की पत्रिका 'पीपुल्स चाइना' में 'साहित्य और कला में संयुक्त मोर्चा' के नाम से प्रकाशित हुआ। इस निबंध में कला-संस्कृति और साहित्य के क्षेत्र में सक्रिय लोगों के जनवादी संगठन बनाने के सैद्धांतिक सवालों पर चीन के अनुभवों की रोशनी में विश्लेषण किया गया था और कुछ ठोस नतीजे निकाले गए थे। कुओ मोजो के निर्देशों का हवाला देते हुए रामविलास शर्मा ने सन् '50 के प्रगतिशील साहित्यिक आंदोलन को और भी व्यापक स्तर पर फैलाने और संगठित करने के खयाल से 'साहित्य में संयुक्त मोर्चे के कुछ सवाल' शीर्षक निबंध लिखकर एक जबरदस्त बहस की शुरुआत कर दी। 'नया साहित्य' इस बहस का मंच बन गया। आदित्य मिश्र, प्रकाशचंद्र गुप्त, रामगोपाल सिंह चौहान और पहाड़ी ने रामविलास शर्मा के उक्त लेख पर अनेक दृष्टिकोणों से विचार किया। इनमें प्रकाशचंद्र गुप्त और पहाड़ी ने रामविलास शर्मा पर संकीर्णतावाद का आरोप लगाया। इसी बीच अमृतराय ने इस सवाल पर लंबी बहस करते हुए एक पुस्तक ही लिख दी। इस बहस को शिवदानसिंह चौहान ने अपने अनेक लेखों के द्वारा आगे बढ़ाया। पर 'नई चेतना' में प्रकाशित उनका निबंध इस दृष्टि से उल्लेखनीय हैं।[166] इस बहस में स्पष्ट रूप से दो खेमे बन गए थे। एक खेमे में हिंदी प्रगतिशील लेखक संघ के मंत्री रामविलास शर्मा थे तो दूसरे खेमे में शिवदानसिंह चौहान, अमृतराय, प्रकाशचंद्र गुप्त, रांगेय राघव, रामगोपाल सिंह चौहान और पहाड़ी।

व्यापक जनवादी आधार पर लेखकों के संगठन का सवाल बुनियादी सैद्धांतिक मुद्दों पर हल किया जाने वाला था और बहस जारी थी। इसी बीच सहसा भारतीय कम्युनिस्ट पार्टी के नेतृत्व में परिवर्तन हुआ। सन् '51 में मदुरई कांग्रेस (पार्टी की तीसरी कांग्रेस) में बी.टी. रणदिवे को हटाकर अजय घोष को पार्टी का महामंत्री चुना गया। यह स्पष्ट रूप से पार्टी के अंदर चल रही दो कार्यनीतियों की लड़ाई में एक कार्यनीति की विजय थी और दूसरी की हार। एक प्रकार की कार्यनीति के प्रवर्तक रणदिवे थे और दूसरे प्रकार की कार्यनीति के प्रवर्तक पूरनचंद जोशी। इस लड़ाई में मध्यमार्गी झुकाव के नाम पर अजय घोष को नेतृत्व दिया गया, यद्यपि वे भी रणदिवे को 'संकीर्णतावादी', 'वामपंथी दुस्साहसिकतावादी' ही कहते थे। इस नए नेतृत्व ने कांग्रेस से सहयोग, संसदीय जनवाद के रास्ते चलने तथा तेलंगाना की हथियारबंद लड़ाई वापस लेने का निर्णय किया।

इसी नए नेतृत्व की नीति के तहत पार्टी पत्र 'नया साहित्य' के संपादक मंडल से रामविलास शर्मा को मई' 51 में अलग कर दिया गया। संपादक मंडल की तरफ से पहाड़ी ने इस कार्रवाई की पृष्ठिभूमि बताते हुए टिप्पणी लिखी :

> पिछले दो वर्ष की संकीर्णतावादी गलतियों के लिए हम सभी कमी-वेशी जिम्मेदार रहे हैं। बहुत से पाठकों तथा लेखकों की फिर भी ऐसी धारणा है कि इसमें डा. रामविलास शर्मा

> की काफी जिम्मेदारी है, इसलिए उनको आलोचना करने तथा दूसरों को उनकी आलोचना का अवसर देने के लिए यह आवश्यक है कि उनका नाम 'नया साहित्य' से हटा दिया जाए। पिछले काल में वामपंथी भटकाव कैसे और किन रूपों में आया, इसके लिए उनके साहित्य का अध्ययन जरूरी है। कुछ साथियों को इसका भार सौंपा गया है। आगामी अंकों में उसे प्रकाशित करेंगे। मगर वामपंथी गलतियों की जड़ों तथा उसके रूपों की सही जांच के लिए यह भी आवश्यक है कि दूसरे लेखक भी अपना आत्मालोचन तथा दूसरों की आलोचना करके सही निष्कर्षों पर पहुंचने में सहायता करें।[167]

प्रगतिशील लेखकों के संगठन को इस घटना से धक्का लगा। एक ओर सत्ताधारी वर्ग से सहयोग, पार्टी का कांग्रेस से हाथ मिलाना, वामपंथी लफ्फाजी के आरोप पर रणदिवे को मंत्री पद से हटाना और हथियारबंद छापामार दस्तों को शस्त्रसमर्पण का आदेश देना, करोड़ों जनता के साथ विश्वासघात और जनक्रांति के प्रति गद्दारी और इन्हीं आलोचनाओं-प्रत्यालोचनाओं के बीच प्रगतिशील आंदोलन की संगठित इकाइयों तथा आम पाठक वर्ग में रामविलास शर्मा की 'नया साहित्य' के मंच से सार्वजिनक रूप में निंदा। संगठन के अंदर टूट और दरार की असली शुरुआत यहीं से हुई।

इस स्थिति के बावजूद साहित्यिक रचनात्मकता और बौद्धिक परिसंवाद की दृष्टि से वातावरण की गरमी बनी रही। आंदोलन अपनी प्रखरता और जीवंतता के जन-आधार यद्यपि खोने लगा था, पर '46 से'51 तक का अनुभव पर्याप्त था। संगठन और सम्मेलन की दृष्टि से जुलाई सन् '50 में आयोजित दिल्ली प्रादेशिक प्रगतिशील लेखक संघ के सम्मेलन का उल्लेख आवश्यक है। कहा जाता है कि इसमें सौ से अधिक प्रतिनिधियों ने भाग लिया था। यह भी चर्चा है कि इसमें दिल्ली के अलावा पंजाब और राजस्थान के प्रतिनिधि आए थे।[168] पर यह एक विरोधाभास है कि जहां सम्मेलन हो रहा था, वहां, सरकारी आतंक का साया जबरदस्त था, संगीनधारी पुलिस का घेरा पड़ा हुआ था। अतः इतने प्रतिनिधियों का जाना संदिग्ध प्रतीत होता है।[169] इसी तरह आगरा प्रगतिशील लेखक संघ की ओर से प्रेमचंद दिवस 8 अक्टूबर सन् '50 को मनाया गया। इस आयोजन में भी जनता और स्थानीय बुद्धिजीवियों का उदारतापूर्ण सहयोग प्राप्त हुआ।[170] इसके बाद सन् '52 में युक्तप्रांतीय प्रगतिशील लेखक सम्मेलन हुआ। इस सम्मेलन के घोषणापत्र का मसौदा रामविलास शर्मा ने तैयार किया, जिसे बाजाब्ता अखिल भारतीय प्रगतिशील लेखक संघ के सन् '53 के दिल्ली सम्मेलन में थोड़े हेरफेर के साथ नए घोषणापत्र के रूप में पास कर दिया गया। सन् '53 के इस दिल्ली सम्मेलन में अखिल भारतीय प्रगतिशील लेखक संघ के महामंत्री पद पर कृश्न चंदर को प्रतिष्ठित किया गया और रामविलास शर्मा को संकीर्णतावाद के आरोपों के आधार पर महामंत्री पद से हटा दिया गया।

साहित्यिक आंदोलन की दृष्टि से सन् '53 तक आते-आते प्रगतिशील लेखकों के बीच आपसी रस्साकशी, खींचातानी, आरोप-प्रत्यरोप खतरनाक बिंदु पर पहुंच गए थे। इससे आंदोलन में बिखराव आना स्वाभाविक था। इसके साथ ही सन् '47 के बाद नई 'राष्ट्रीय सरकार' ने प्रगतिशील लेखकों समेत तमाम कलाकारों और शिल्पियों को आकाशवाणी, समाचारपत्र, साहित्य अकादमी, ललितकला अकादमी, नाटक अकादमी, कोश संपादन योजना, विश्वविद्यालय आदि में मोटी तनखाह वाली नौकरियों पर गद्दी से चिपकाना शुरू कर दिया। यह एक

वास्तविकता थी, जिसे प्रगतिशील लेखक संघ को स्वीकार करना पड़ा। नामवर सिंह ने इस संबंध में लिखा है :

> सन् '47 अनेक अर्थों में भारत के लिए एक गहरी विभाजक रेखा है। इस दिन इतिहास इस अर्थ में विभक्त हुआ कि स्वाधीनता आंदोलन की एक क्रांतिकारी परंपरा खंडित हुई। उस दौर की अनेक जनवादी प्रतिज्ञाएं तोड़कर राजनीतिक नेतृत्व ने भारत के लिए पूंजीवादी विकास का रास्ता चुना। इस प्रकार समझौता और सुविधा का वह रास्ता खुला जिसने अनेक टुटपुंजिया राजनीतिक नेताओं की तरह टुटपुंजिया मध्यवर्ग के लेखकों और बुद्धिजीवियों को भी पूंजीवादी सुविधा के सोपानों का आरोही बना दिया। स्वाधीनता आंदोलन के दौरान 'गरीब हिंदी' के 'गरीब लेखकों' की जो छोटी-मोटी जनवादी परंपरा बनी थी, वह भी देखते-देखते खंडित हो गई। आजादी क्या मिली कि संचित तप के भोग का खुला अवसर उमड़ पड़ा। औरों की तो बात ही क्या, पिछले दौर के अनेक जनवादी लेखक भी देर-सबेर एक-एक करके सुविधा की इसी 'क्यू' में जा खड़े हुए। इस प्रकार इन लेखकों ने अपनी ही गौरवशाली परंपरा से नाता तोड़ लिया। विडंबना यह है कि यह सब राष्ट्र निर्माण के नाम पर हुआ। मसलन नाम समाजवाद का लिया गया और काम पूंजीवादी रास्ते के लिए हुआ। कथनी और करनी के इस भेद ने उस राष्ट्रीय पाखंड को जन्म दिया जिससे लफ्फाजी पैदा होती है और जिसका असर राजनीति में ही नहीं बल्कि साहित्य में भी देखा जा सकता है।[171]

प्रगतिशील लेखक संघ के आंतरिक विघटन, शासक वर्ग द्वारा तमाम प्रतिष्ठित और जनवादी लेखकों को सरकारी तथा गैरसरकारी प्रतिष्ठानों में हजम करने का प्रयत्न, सन् '45 से 'परिमल' संस्था का सक्रिय होना तथा सन् '52 में 'परिमल पर्व' का विशाल आयोजन।[172] यह सिलसिला यहीं नहीं रुका। तत्कालीन उतार चढ़ाव की एक संक्षिप्त झांकी के अंतर्गत उल्लेखनीय है हैदराबाद के स्थानीय पूंजीपति पित्ती परिवार के संरक्षण में सन् '48 से 'कल्पना' नामक पत्रिका के प्रकाशन द्वारा गैरमार्क्सवादी लेखकों को मंच प्रदान करना, अज्ञेय के संपादन में 'प्रतीक' नामक पत्रिका के द्वारा विशुद्ध साहित्य, कलावाद और साहित्य से राजनीति के निर्वासन के लिए संघर्ष का आयोजन तथा सन् '51 में उन्हीं के संयोजन में बंबई में अमरीकी प्रचार संस्था 'कांग्रेस फार कल्चरल फ्रीडम' के अधीन भारतीय बुद्धिजीवियों की संस्कृति की स्वाधीनता के लिए बैठक जिसमें मानवेंद्र नाथ राय और आर्थर केस्लर का सहयोग।[173] ये सारी घटनाएं बड़ी तेजी से घटती चली गईं।

इधर 'हंस' और 'नया साहित्य' का प्रकाशन बंद हो गया। सन् '51 के अक्टूबर महीने में दिल्ली से त्रैमासिक 'आलोचना' का प्रकाशन एक स्थानीय गैरइजारेदार पूंजीपति की प्रकाशन संस्था ने किया। संपादक बनाए गए शिवदानसिंह चौहान। इस पत्रिका में प्रयोगवाद को भी साहित्यिक चर्चा का मंच मिला। यद्यपि शिवदानसिंह चौहान ने यूरोपीय काव्यांदोलन (प्रतीकवाद और बिंबवाद) के उच्छिष्ट के रूप में प्रयोगवाद की आलोचना की,[174] पर डा. रघुवंश,[175] शमशेर बहादुर सिंह,[176] गिरिजाकुमार माथुर[177] और गोपालकृष्ण कौल[178] ने प्रयोगवाद को नए साहित्यक आंदोलन के रूप में स्वीकार कर लिया।

इस तरह सन् '51 के बाद प्रगतिवाद की जगह प्रयोगवाद एक साहित्यिक आंदोलन के रूप में रचना, आलोचना और परिसंवाद का विषय बन गया। एक संगठित आंदोलन के रूप में प्रगतिवाद बिखर गया। उसके कुछ लेखक और कलाकर व्यक्तिगत प्रतिबद्धता के

आधार पर प्रगतिवादी साहित्य लिखते रहे; यहां तक स्थिति आई कि 'प्रतीक', 'निकष', 'कल्पना', 'नई कविता' आदि में अनेक भूतपूर्व प्रगतिशील साहित्यकार लिखने को विवश हो गए। सन् '54 आते-आते 'आलोचना' पत्रिका भी धर्मवीर भारती, लक्ष्मीकांत वर्मा, जगदीश गुप्त, रघुवंश और विजयदेव नारायण साही के हाथों संपादित होने लगी और प्रगतिशील समीक्षक शिवदानसिंह चौहान संपादक पद से, प्रगतिशीलता के जुर्म में, निकाल दिए गए।

प्रायः यह धारणा बन गई है कि बुर्जुआ संस्कृति और जनवादी-समाजवादी संस्कृति के प्रतिनिधि रूप में प्रयोगवाद और प्रगतिवाद के इस युद्ध में सन् '53 के लगभग बुर्जुआ संस्कृति की तात्कालिक अस्थायी विजय हुई।

संदर्भ और टिप्पणियां

1. रामधारीसिंह दिनकर : *'मिट्टी की ओर'*, उदयाचल प्रकाशन; पटना, 1946, पृ. 147।
2. *'सुधा'*, दिसंबर, 1929।
3. *'मिट्टी की ओर'*, पृ. 7।
4. जवाहलाल नेहरू : *'मेरी कहानी'*, ग्यारहवां संस्करण, सस्ता साहित्य मंडल, नई दिल्ली, 1965, पृ. 635-36।
5. वही, पृ. 636।
6. वही, पृ. 627।
7. वही, पृ. 601-602।
8. पट्टाभिसीतारमैया : *'भारतीय राष्ट्रीय कांग्रेस का इतिहास'*, खं-2; प्रथम संस्करण, सस्ता साहित्य मंडल, नई दिल्ली, 1948, पृ. 197।
9. वही।
10. *'विविध प्रसंग'*, 'हंस' प्रकाशन, इलाहाबाद, प्रथम संस्करण, 1962, पृ. 541।
11. अमृत राय : 'कलम का सिपाही', प्रथम संस्करण, हंस प्रकाशन, इलाहाबाद, 1962, पृ. 544-45।
12. वही, पृ. 597।
13. 'हंस', जनवरी 1948, 'वे दिन जो बीत चुके हैं'।
14. 'हंस', जनवरी 1936।
15. *'कलम का सिपाही'*, पृ. 610।
16. 'आलोचना', अप्रैल-जून 1970, 'हिंदी साहित्य पर समाजवादी विचारधारा का प्रभाव : दो महायुद्धों (1919-1939) के बीच'।
17. *'कलम का सिपाही'*, पृ. 613।
18. वही, पृ. 645।
19. *'विशाल भारत'*, जून 1936।
20. वही, जुलाई, 1936।
21. वही।
22. रजनी पामदत्तः ' *भारतः वर्तमान और भावी'*, प्रथम संस्करण, पीपुल्स पब्लिशिंग हाउस, नई दिल्ली, 1956, पृ. 221।

23. राममनोहर लोहिया : '*समाजवादी आंदोलन का इतिहास*', प्रथम संस्करण, राममनोहर लोहिया समता न्यास विद्यालय, हैदराबाद, 1969, पृ. 19।
24. हंसराज रहबर : '*प्रगतिवाद : पुनर्मूल्यांकन*', प्रथम संस्करण, नवयुग प्रकाशन, दिल्ली, 1966, पृ. 25 पर सज्जाद जहीर की उर्दू पुस्तक 'रोशनाई' से उद्धृत।
25. वही, पृ. 26-27।
26. '*दि हिस्टरी आफ दि इंडियन नेशनल कांग्रेस*', खंड-2 (1935-47) प्रथम संस्करण, पद्मा प्रकाशन, बंबई, 1947।
27. वही, पृ. 4।
28. सज्जाद जहीर : '*संकेत*', '*सभापति मुंशीजी*', पृ. 211।
29. 'हंस' (प्रेमचंद स्मृति अंक), 'प्रगतिशील लेखक संघ का लखनऊ अधिवेशन और मुंशीजी', (अहमद अली)।
30. शिवदानसिंह चौहान : 'आलोचना', अप्रैल-जून 1970।
31. वही।
32. जनेश्वर वर्मा : '*हिंदी काव्य में मार्क्सवादी चेतना*', ग्रंथम, कानपुर, प्रथम संस्करण, 1976, पृ. 305-06।
33. वही, पृ. 306।
34. रांगेय राघव : '*प्रगतिशील साहित्य के मानदंड*', सरस्वती पुस्तक सदन, आगरा, प्रथम संस्करण, 1954, पृ. 7।
35. धर्मवीर भारती : 'प्रगतिवाद : एक समीक्षा', साहित्य भवन लि., प्रयाग, प्रथम संस्करण, 1949, पृ. 14।
36. '*जनवाणी*', मार्च 1948, 'प्रगतिवाद—उसके बाद?'
37. रामविलास शर्माः '*प्रगतिशील साहित्य की समस्याएं*', विनोद पुस्तक मंदिर, आगरा, दूसरा संस्करण, 1957, पृ. 138।
38. रामविलास शर्माः '*निराला की साहित्य साधना*', खंड-1 राजकमल प्रकाशन, दिल्ली, प्रथम संस्करण, 1969, पृ. 351।
39. वही, पृ.351।
40. '*कल्पना*', जून 1967, 'हिंदी साहित्य के पिछले बीस वर्ष'।
41. '*निराला की साहित्य साधना*', खंड-1 पृ. 369।
42. शिवदानसिंह चौहान : '*साहित्य की समस्याएं*', आत्माराम एंड संस, दिल्ली, प्रथम संस्करण, 1959, पृ. 292।
43. हंसराज रहबर : '*प्रगतिवाद : पुनर्मूल्यांकन*' पृ. 142।
44. '*इंडियन लिटरेचर*', संख्या-1 1953, बंबई।
45. रामविलास शर्मा : '*भाषा और समाज*', प्रथम संस्करण, पीपुल्स पब्लिशिंग हाउस, नई दिल्ली, 1961. पृ. 316।
46. वही, पृ. 320।
47. वही, पृ. 356।
48. '*हिंदी साहित्यकारों के नाम पत्र*', टर्नल लायन लेन, जुहू, बंबई से प्रकाशित लघु पुस्तिका, 1972, पृ. 19।
49. '*फिलहाल*', पाक्षिक, पटना, 5 जून 1972, 'रवींद्रनाथ की मूर्ति'।
50. '*फिलहाल*', 20 दिसंबर 1972, 'वर्गचेतना बनाम मूर्तिभंजन'।

51. *'प्रगतिशील साहित्य की समस्याएं'*, उद्धृत, पृ. 140।
52. *'वाम'*, अंक-2 जुलाई 1972, 'प्रगतिशील और साम्यवादी साहित्य'।
53. वही।
54. *'प्रगतिशील साहित्य की समस्याएं'*, पृ. 141।
55. *'स्वाधीनता'*, नवंबर, 1967, 'प्रगतिवाद : पुनर्मूल्यांकन और नई दिशा'।
56. *'विशाल भारत'*, मार्च 1937।
57. वही।
58. *'निराला की साहित्य साधना'*, खंड-1 पृ. 334।
59. *'विश्वभारती'*, क्वार्टरली, 1937, 'माडर्न (पोस्टवार) हिंदी पोएट्री'।
60. 'विशाल भारत', अप्रैल 1939, 'हमारे गुमराह भाई'।
61. वही, दिसंबर 1938।
62. वही, नवंबर 1938, 'प्रगति या दुर्गति'।
63. वही, मई 1939, 'प्रगतिवाद का दुरुपयोग'।
64. *'आज के लोकप्रिय हिंदी कवि : भगवतीचरण वर्मा'*, राजपाल एंड संस, प्रथम संस्करण, 'परिचय', पृ. 20।
65. *'रूपाभ'*, अंक-1 1938।
66. *'निराला की साहित्य साधना'*, खंड-1 पृ. 359।
67. *'नई धारा'*, अप्रैल-अगस्त 1969, 'भैया बनीपुरी जी', 'रामरीझन रसूलपुरी'।
68. *'नई धारा'*, अप्रैल-अगस्त 1969, 'बनीपुरी जी, युवक, जनता और मैं', केदारनाथ मिश्र 'प्रभात'।
69. नवभारत टाइम्स, 2 अगस्त 1964, 'मुक्तिबोध और उनकी साहित्य सेवा', (प्रभाकर माचवे)।
70. *'आधुनिक साहित्य'*, भारती भंडार, इलाहाबाद, द्वितीय संस्करण, संवत 2013 वि., पृ. 389।
71. *'प्रगतिशील साहित्य की समस्याएं'*, पृ. 147।
72. *'संकेत'*, पृ. 251, 'प्रगति का ऐरावत' (भगवतशरण उपाध्याय)।
73. *'साहित्य की समस्याएं'*, पृ. 179।
74. वही।
75. *'हंस'*, अक्टूबर, 1942।
76. वही।
77. वही।
78. वही।
79. *'साहित्य की समस्याएं'*, पृ. 136।
80. वही, पृ. 142।
81. वही, पृ. 146।
82. बलवंत गार्गी : *'रंगमंच'*, राजकमल प्रकाशन, दिल्ली, प्रथम संस्करण, 1968, पृ. 210।
83. वही।
84. *'हंस'*, जनवरी-फरवरी 1944. 'बंगाल और हम', संपादकीय टिप्पणी।
85. *'हंस'*, बंगाल अंक, जनवरी फरवरी 1944।
86. वही।
87. 'एक विलक्षण प्रतिभा' शीर्षक भूमिका, शमशेर बहादुर सिंह, 'चांद का मुंह टेढ़ा है', भारतीय ज्ञानपीठ, कलकत्ता, प्रथम संस्करण, 1964, पृ. 16।
88. *'हंस'*, जनवरी-फरवरी 1944।

89. वही।
90. वही।
91. वही, जनवरी-फरवरी 1945।
92. *'मिट्टी की ओर'*, पृ. 107।
93. *'साहित्य की समस्याएं'*, पृ. 49।
94. *'निराला की साहित्य साधना'*, खंड-1 पृ. 389।
95. *'मिट्टी की ओर'*, पृ. 1125।
96. वही, पृ. 127।
97. *'निराला की साहित्य साधना'*, खंड-1 पृ. 422।
98. *'प्रगतिवादः पुनर्मूल्यांकन'*, पृ. 422।
99. लक्ष्मीकांत वर्मा, *'परिमल'* (परिगोष्ठी संक्षिप्त विवरण), हिंदी साहित्य प्रेस, इलाहाबाद, प्रथम संस्करण, 1957।
100. *'निराला की साहित्य साधना'*, खंड-1 पृ. 422।
101. *'महाप्राण निराला'*, साहित्यकार संसद, प्रयाग, प्रथम संस्करण, सं. 2007, पृ. 101।
102. *'प्रगतिवादः पुनर्मूल्यांकन'*, पृ. 193।
103. वही, पृ. 230।
104. बैजनाथ सिंह 'विनोद' : *'जनवाणी'*, दिसंबर 1946।
105. रजनी पामदत्त : *'भारत : वर्तमान और भावी'*, पृ. 274।
106. वही, पृ. 275।
107. 'उदयपथ', पीपुल्स पब्लिशिंग हाउस, बंबई, प्रथम संस्करण, 1953, 'नाविक विद्रोह' शीर्षक कविता।
108. *'हंस'*, अक्तूबर 1946. 'जहाजियों की हड़ताल पर आल्हा'।
109. *'हंस'*, दिसंबर 1948, 'शहीद नहीं हुए हैं'।
110. *'जनयुग'*, 11 अगस्त 1946, 'कश्मीर पर सांस्कृतिक कार्यक्रम की रिपोर्ट'।
111. *'हंस'*, जनवरी-फरवरी संयुक्तांक 1947।
112. *'भारत : वर्तमान और भावी'*, पृ. 280।
113. *'जनयुग'*, 7 फरवरी 1947।
114. *'निराला की साहित्य साधना'*, खंड-1 पृ. 428।
115. रांगेय राघव : *'प्रगतिशील साहित्य के मानदंड'*, पृ. 69 से 90 तक।
116. *'विप्लव'*, जुलाई 1947।
117. वही, जुनाई 1947।
118. *'संकेत'*, 'प्रगति का ऐरावत' (भगवतशरण उपाध्याय)।
119. वही, पृ. 255।
120. *'प्रगतिवादः पुनर्मूल्यांकन'*, पृ. 159।
121. *'हंस'*, अक्टूबर 1947।
122. राहुल सांकृत्यायन : *'मेरी जीवन यात्रा'* (भाग-4), राजकमल प्रकाशन, दिल्ली, प्रथम संस्करण, 1967. पृ. 42।
123. वही, पृ. 54. तथा 65।
124. वही, पृ. 104।
125. देखिए, *'विप्लव'*, जुलाई 1947, तथा *'हंस'*, अक्तूबर 1947, *'प्रगतिशील लेखक संघ के प्रस्तावों*

की रिपोर्ट'।
126. '*भारत : वर्तमान और भावी*', पृ. 288।
127. '*विप्लव*', अगस्त 1948।
128. यशपाल, वही।
129. '*हंस*', सितंबर 1948।
130. वही, अक्तूबर 1948।
131. वही।
132. वही।
133. वही।
134. '*निराला की साहित्य साधना*', खंड-1 पृ. 563।
135. '*हंस*', अक्टूबर 1948।
136. '*आधुनिक साहित्य की प्रवृत्तियां*', लोकभारती, इलाहाबाद, प्रथम संस्करण 1962, पृ. 91।
137. '*निराला की साहित्य साधना*', खंड-1 पृ. 559।
138. 'प्यारे बड़े भाई और आलोचक प्रकाश जी', कथा-3 (सं. मार्कण्डेय), इलाहाबाद, पृ. 71।
139. '*प्रगतिशील साहित्य के मानदंड*', पृ. 10।
140. '*प्यारे बड़े भाई और आलोचक प्रकाशजी*', कथा-3, पृ. 76।
141. वही।
142. '*प्रगतिशील साहित्य की समस्याएं*', पृ. 149।
143. '*संकेत*', अंक-1, 'वर्ष 1948' (शमशेर बहादुर सिंह) पृ. 15।
144. प्रकाशचंद्र गुप्त : '*आज का हिंदी साहित्य*', नेशनल पब्लिशिंग हाउस, दिल्ली, प्रथम संस्करण 1966।
145. '*हंस*', जनवरी 1950, 'साहित्यिक संकट का नारा'।
146. वही।
147. '*प्यारे बड़े भाई और आलोचक प्रकाशजी*', कथा-3, पृ. 74।
148. '*नया साहित्य*', जुलाई 1949।
149. वही।
150. वही।
151. वही।
152. वही।
153. '*प्रगतिशील साहित्य की समस्याएं*', पृ. 147-48।
154. पायेव्स्काया : '*सोवियत लिटरेचर*', फरवरी 1953।
155. '*हंस*', जनवरी 1950, 'हमारी जिम्मेवारी'।
156. '*नया साहित्य*', अप्रैल 1950, 'कलकत्ता के शांति सम्मेलन की रिपोर्ट'।
157. '*नया साहित्य*', जुलाई 1949।
158. वही।
159. '*समय-सयम पर*', परिमल प्रकाशन, इलाहाबाद प्रथम संस्करण 1970, पृ. 160-61।
160. '*साहित्य की समस्याएं*', पृ. 2।
161. वही।
162. वही, पृ. 3।
163. वही, पृ. 181 से 195 तक।

164. '*नया साहित्य*', अप्रैल 1950।
165. '*सोवियत लिटरेचर*', दिसंबर 1950।
166. '*नई चेतना*', (सं. लक्ष्मीकांत), दिसंबर 1951, 'साहित्य में संयुक्त मोर्चा'।
167. '*नया साहित्य*', मई1951।
168. '*हंस*', अगस्त 1950।
169. '*प्रगतिशील साहित्य की समस्याएं*', पृ. 149।
170. '*हंस*', नवंबर 1950।
171. '*आलोचना*', अप्रैल-जून 1970।
172. लक्ष्मीकांत वर्मा : '*परिमल*' पुस्तिका, पृ. 6।
173. '*नया साहित्य*', मई 1951, 'अमरीकी कांफ्रेंस, (प्रकाशचंद्र गुप्त)।
174. 'आलोचना', जनवरी 1952, 'प्रतीकवाद : त्रिशंकुओं का साहित्य'।
175. वही, 'साहित्य में प्रयोगवाद' (डा. रघुवंश)।
176. वही, 'कला और साहित्य में प्रयोगवाद' (शमशेर बहादुर सिंह)।
177. वही, 'काव्य में प्रयोगशीलता' (गिरिजा कुमार माथुर)।
178. वही, 'दूसरा सप्तक' (गोपालकृष्ण कौल)।

2

प्रगतिवाद की साहित्यिक प्रतिष्ठा

कोई भी साहित्यिक आंदोलन लेखकों का मंडल इकट्ठा करने या संगठन बनाने से ही प्रतिष्ठित नहीं होता, उसे अपनी रचनात्मक सामर्थ्य का परिचय देना पड़ता है, पूर्ववर्त्ती साहित्यिक अभिरुचि से भिन्न अपने वैशिष्ट्य की मर्यादाएं प्रस्तुत करनी होती हैं और लगातार जागरूक सृजनशीलता की लपेट में नए-नए कृतिकारों तक को अपनी परिधि में समेटना पड़ता है।

इस दृष्टि से प्रगतिवाद के उद्भव, उसकी साहित्यिक प्रतिष्ठा और उसके अंतर्विरोध पर अगर विचार करें तो यह स्वीकार करना पड़ेगा कि इस आंदोलन ने हिंदी-उर्दू साहित्य की हर विधा में एक से एक नई कृति दी है; इसने अपनी परिधि की लपेट में एक ओर जहां पूर्ववर्त्ती पीढ़ी के लेखकों को खींचा, दूसरी ओर नई पीढ़ी के सैकड़ों प्रतिभाशाली लेखकों को भी नई यथार्थ-दृष्टि से संपन्न प्रयोगधर्मी सृजनात्मकता की ओर उन्मुख किया।

आचार्य रामचंद्र शुक्ल ने समसामयिक साहित्य का आलोचनात्मक विवरण देते हुए यद्यपि प्रगतिवाद का नामोल्लेख नहीं किया किंतु प्रेमचंद के प्रसंग में उत्साही प्रगतिवादियों का परोक्ष रूप से व्यंग्यपूर्वक हवाला दिया है। उनके अनुसार :

> एक दूसरा है जो दया वाले सिद्धांत के विरुद्ध यूरोप का साम्यवादी सिद्धांत ला भिड़ाता है और कहता है कि गरीबों का रक्त चूसकर उन्हें अपराधी बनाना और फिर बड़ा बनकर दया दिखाना तो उच्चवर्ग के लोगों की मनोवृत्ति है। वह बड़े जोश के साथ सूचित करता है कि इस मनोवृत्ति का समर्थन करने वाला साहित्य हमें नहीं चाहिए, हमें तो ऐसा साहित्य चाहिए जो पद-दलित अकिंचनों में रोष, विद्रोह और आत्मगौरव का संचार करे और उच्चवर्ग के लोगों में नैराश्य, लज्जा और ग्लानि का।[1]

आचार्य शुक्ल के द्वारा प्रगतिवाद और मार्क्सवादी समीक्षा पर व्यंग्य किया गया है। अपने इस दृष्टिकोण के बावजूद, 'लोकमंगल की साधनावस्था' के सिद्धांत, रीतिकाल के सामंती साहित्यिक दृष्टिकोण के खंडन, भारतेंदु की युगचेतना के समर्थन, क्रोचे के अभिव्यंजनावाद से प्रभावित कलावादी साहित्यिक मानमूल्यों के प्रत्याख्यान, छायावाद के साथ विकसित हो रहे थोथे अध्यात्म और रहस्यवाद की भर्त्सना, 'स्वाभाविक स्वच्छंदतावाद' के अंतर्गत 'युगांत' की रचनाओं के स्वागत आदि के द्वारा आचार्य शुक्ल साहित्य के नए यथार्थवादी रुझान को समर्थन ही दे रहे थे।

प्रेमचंद के उपन्यास 'कर्मभूमि', 'गोदान' तथा 'पूस की रात', 'कफन' आदि कहानियां, प्रसाद के उपन्यास, 'कंकाल' और 'तितली', पांडेय बेचन शर्मा उग्र के 'दिल्ली का दलाल',

'बुधुआ की बेटी', 'शराबी', पंत के 'युगांत', 'युगवाणी', निराला की 'देवी', 'चतुरी चमार', 'बादल राग', 'जागो फिर-एक बार', राहुल सांकृत्यायन के कहानी संग्रह 'सतमी के बच्चे', दुर्गा प्रसाद खत्री के उपन्यास 'लाल पंजा', 'रक्त मंडल', रामवृक्ष बेनीपुरी के 'पतितों के देश में', 'लाल तारा', 'डुगडुगी', गोविंद वल्लभ पंत के आंचलिक उपन्यास 'मदारी', शिवपूजन सहाय के उपन्यास 'देहाती दुनिया', ठाकुर श्रीनाथ सिंह के कहानी संग्रह 'जागरण', वृंदावन लाल वर्मा के उपन्यास 'गढ़कुंडार', 'विराटा की पद्मिनी' तथा 'कुंडली चक्र', उदयशंकर भट्ट के नाटक 'कमला', सेठ गोविंददास के नाटक 'प्रकाश', गणेशप्रसाद द्विवेदी के नाटक 'सुहागबिंदी', रामेश्वर 'करुण' के काव्य 'करुण सतसई', आरसी प्रसाद सिंह की लंबी कविता 'रक्तपर्व' तथा दिनकर, प्रभात, सुभद्राकुमारी चौहान, नवीन, माखनलाल चतुर्वेदी, त्रिशूल, देवीदयाल चतुर्वेदी 'मस्त', नाथूराम शर्मा 'शंकर', शील आदि की राष्ट्रीय एवं सामाजिक कविताओं के द्वारा हिंदी में स्वतः स्फूर्त ढंग से राष्ट्रीय अथवा सामाजिक चेतना से परिपूर्ण यथार्थवाद का विकास हो रहा था। भारतेंदुयुगीन यथार्थवाद से इस नए स्वतः स्फूर्त यथार्थवाद का बड़ा प्रगाढ़ संबंध था।

तत्कालीन हिंदी साहित्य का सर्वांग दृश्यपट तभी प्रस्तुत हो सकता है जब इस तस्वीर का एक दूसरा पहलू भी सामने रखा जाए। वह है बच्चन की 'मधुशाला' का हालावाद, महादेवी वर्मा की 'नीरजा', 'दीपशिखा' और 'यामा' नामक कृतियों का अध्यात्मपरक दुःखवाद, इलाचंद्र जोशी की 'लज्जामयी', जैनेंद्र की 'सुनीता' और भगवतीचरण वर्मा की 'चित्रलेखा' में व्यक्त युवकों को भ्रष्ट करने वाली यौन-उच्छृंखलता, ऋषभचरण जैन और चतुरसेन शास्त्री का प्रकृतवाद की ओर झुकाव, लक्ष्मीनारायण मिश्र के समस्या-नाटकों की विसंगतिमूलक उन्मुक्तता। इन्हीं साहित्यिक प्रवृत्तियों के द्वंद्व में सन् '36 में 'प्रगतिशील लेखक संघ' की स्थापना हुई। अतः प्रगतिशील लेखक संघ के सामने एक ओर जहां साहित्य के यथार्थवादी रुझानों को समाजवादी चेतना से संयुक्त कर विकसित करने की समस्या थी, वहीं दूसरी ओर पतनशील और असामाजिक साहित्यिक प्रवृत्तियों के विरुद्ध निरंतर दृढ़ संघर्ष चलाने का कार्यभार कम महत्वपूर्ण न था। तत्कालीन साहित्यिक परिवेश के इस अंतर्विरोध के प्रधान पहलू को मजबूत बनाने और गौण पहलू को खत्म करने से ही प्रगतिवाद को साहित्यिक प्रतिष्ठा मिल सकती थी। इस कार्यभार को पूरा करने के लिए 'प्रगतिशील लेखक संघ' की बैठकों, बहसों और घोषणापत्रों का यद्यपि प्रचार मूल्य बहुत था, पर असली समस्या तो युग की आवश्यकताओं के अनुकूल नई पीढ़ी के प्रगतिवादी लेखकों द्वारा सामाजिक यथार्थ के कलात्मक रूपांतर की थी।

संगठन के स्तर पर यद्यपि प्रगतिशील लेखकों का नेतृत्व सज्जाद जहीर, मुल्कराज आनंद, शिवदानसिंह चौहान आदि के हाथों में था, पर इस आंदोलन के प्रारंभिक दौर में रचना की दृष्टि से नेतृत्व और निर्देशन प्रेमचंद, पंत, निराला और उग्र से ही मिले। सन् '36 के लखनऊ अधिवेशन में प्रेमचंद ने सभापति पद से जो भाषण किया, उसमें कही गई कुछ आधारभूत बातें बहुत ही महत्वपूर्ण थीं।

प्रेमचंद ने साहित्यिक कुरुचि और सुरुचि का अंतर उपस्थित कर नए यथार्थवादी सौंदर्यबोध और 'देशभक्ति तथा राजनीति को मशाल दिखाने के' साहित्य के ऐतिहासिक कर्त्तव्य के स्पष्टीकरण द्वारा लेखकों के आगे प्रगतिशील साहित्य के सृजन की समस्याओं के हल प्रस्तुत

किए। साहित्य में युगांतर लाने के लिए ये आवश्यक कार्यभार थे जिन्हें संपन्न करना आवश्यक था। यह तभी संभव था जब लेखक 'संघर्ष में जीवन के रहस्य' की खोज करे; जब खेत और कारखाने में काम कर रहे श्रमशील भारतवासियों की कर्मण्यता और गति में सौंदर्य देखे। प्रेमचंद के ये विचार उनकी रचनाओं से भी प्रकट होते थे, अतः हिंदी लेखकों के आगे इसके उदाहरण भी सामने थे। दूसरी तरफ मार्क्सवादी विचारधारा से अनुप्रेरित लेखकों के आगे सामाजिक यथार्थवाद को हिंदी में प्रस्तुत करने की जो समस्या थी, वह प्रेमचंद के रचनादर्शों से बहुत भिन्न नहीं थी।

गैरमार्क्सवादी लेखकों में केवल प्रेमचंद ही प्रगतिवाद के साथ नहीं आए थे। उनके अलावा जयशंकर प्रसाद भी थे जो सन् '37 के अपने एक लेख द्वारा 'यथार्थवाद' का समर्थन करने लगे थे।

प्रसाद ने यथार्थ के मर्म का उद्घाटन करने के लिए 'लघुता की ओर साहित्यिक दृष्टिपात', 'दुःख की प्रधानता और वेदना की अनुभूति' तथा 'जीवन के दुःख और अभावों का वास्तविक उल्लेख'– ये तीन सूत्र रखे। इन सूत्रों में भी यद्यपि प्रसाद के भाववादी चिंतन का संस्कार मौजूद है, तथापि इंद्रियबोध और भावधारा की दृष्टि से उन्होंने सही दिशा की ओर संकेत किया था। 'महत्ता के काल्पनिक चित्रण' का युग बीत चुका था। 'लघुता की ओर साहित्यिक दृष्टिपात' आवश्यक था।[2] प्रसाद के यहां 'लघुता की ओर साहित्यिक दृष्टिपात' का संबंध भारतेंदुकालीन यथार्थवाद की कतिपय सीमाओं के अतिक्रमण से है।

प्रसाद के दृष्टिकोण से उन्नीसवीं सदी के अंतिम दशकों और बीसवीं सदी के चौथे दशक के यथार्थवाद का मूल तत्व है : सामंतवाद के स्थान पर साहित्य में जन-साधारण की प्रतिष्ठा। उच्चकुलोत्पन्न सामंती नायक-नायिकाओं के स्थान पर 'तितली' अर्थात बंजो, मधुआ, राजकुमारी आदि के जीवन की वास्तविकताओं का उद्घाटन और उसमें 'अभाव, पतन और वेदना' का यथार्थ चित्रण।

प्रसाद की परिभाषा में 'अभाव, पतन और वेदना' से भरपूर जनजीवन के यथार्थवाद से लगभग अभिन्न आचार्य शुक्ल की 'स्वाभाविक स्वच्छंदता' (ट्रू रोमांटिसिज्म) है। उल्लेखनीय है कि अपने इतिहास में आचार्य शुक्ल सुमित्रानंदन पंत की 'युगवाणी' की रचनाओं की समालोचना करते हुए 'दो लड़के', 'दो मित्र', 'झंझा में नीम' आदि कविताओं के उपयुक्त अंश उद्धृत करते हैं और व्यापक अर्थभूमि पर 'स्वाभाविक स्वच्छंदता' के साथ कवि के विचरण की प्रशंसा करते हैं। आचार्य शुक्ल की व्याख्या में 'चराचर के साथ मनुष्य के संबंध की बड़ी प्यारी भावना', 'व्यापक अर्थभूमि पर स्वाभाविक स्वच्छंदता के साथ कवि के विचरण' और 'चित्रण की स्वाभाविक पद्धति'—ये तीन मूल तत्व हैं जिनसे 'स्वाभाविक स्वच्छंदता' का अविच्छिन्न संबध है। इसे ही आचार्य शुक्ल 'छायावाद' और 'रहस्यवाद' की सीमाओं को लांघकर बाहर आना भी कहते हैं।[3]

निराला, पंत और उग्र भी अपनी स्वाभाविक गति से अपनी रचनाओं में रोमांटिक अंतर्वस्तु और यथार्थ के कटु-तिक्त बोध को मिले-ज़ुले रूप में व्यक्त कर नई सामाजिक चेतना का परिचय दे रहे थे। इन तीनों के पीछे भी स्वतःस्फूर्त प्रेरणाएं ही प्रमुख थीं, यद्यपि ये प्रेरणाएं अपने देश के बदले हुए तेवर और जन संघर्ष से ही जीवन-सामग्री प्राप्त करती थीं।

'बादल राग' और 'जागो फिर एक बार' के कवि निराला बैसवाड़े के किसानों को संगठित

करने में कुछ दिनों के लिए जुट गए थे। वे भगतसिंह की क्रांतिकारी विचारधारा से प्रभावित हो रहे थे, दूसरी ओर नेहरू की वामपंथी विचारधारा में उस समय आस्था रखते थे और राष्ट्रीय आजादी को सामाजिक क्रांति से अभिन्न समझते थे। यह आकस्मिक नहीं है कि साहित्य में नवीन परिवर्तन को वे सामाजिक क्रांति से जोड़ते थे। सन् '35 में ही निराला ने कहा कि साहित्य में नवीनता की जननी 'क्रांति' है। क्रांतिजन्य नवीनता से ही साहित्य सप्राण और सजीव बनता है।[4]

निराला कम्युनिस्ट नहीं थे और न कभी बने—पर जनजीवन के प्रति लगाव के कारण वेदांती भावधारा के बावजूद स्वाभाविक रूप में क्रांतिकारी रोमांटिसिज्म और यथार्थवाद की ओर उनका झुकाव बढ़ रहा था। संपूर्ण चौथे दशक में उनकी दो प्रकार की रचनाएं देखने में आईं। पहले प्रकार की रचनाओं में उदास भाव-संस्कार के साथ स्वच्छंद कल्पना की प्रधानता दिखाई पड़ी, अर्थात 'राम की शक्तिपूजा', 'तुलसीदास', 'सरोजस्मृति'। किंतु यहां भी जीवन संघर्षों की प्रत्यक्ष छाया और आत्मपीड़ा का यथार्थ रूप पूरी तरह उभरता है; दूसरी तरफ 'बापू तुम मुर्गी खाते यदि', 'खजोहरा', 'कुकुरमुत्ता', 'मास्को डायलाग्स' आदि रचनाओं के सामाजिक व्यंग्य के माध्यम से आदर्श कल्पनालोक का तिरस्कार किया गया। इस दौर में निराला वेदांत की भूमि से यथार्थवाद की ओर आए थे। उनका विचार था कि वेदांत की भूमि से जनता की जैसी सेवा की जा सकती है, जैसा क्रांतिकारी साहित्य रचा जा सकता है, वैसा अन्य किसी दर्शन की भूमि से नहीं।[5] निराला के छायावादकालीन सहधर्मी कवि पंत के 'युगांत', 'युगवाणी' और 'ग्राम्या' नामक कविता-संग्रहों में पुरातन के विनाश के आग्रह और 'वाणी मेरी तुझे चाहिए क्या अलंकार' की निरलंकृत यथार्थवादी काव्यभाषा के द्वारा गांव के सरल जनों पर बौद्धिक सहानुभूति की दृष्टि का भी इसी दौर में विकास हुआ। परंतु मार्क्सवाद और अध्यात्मवादी दर्शन के समन्वय के संस्कार के न मिटने के कारण पंत की वास्तोन्मुखता उनकी 'मनोरचना से सीमित' रही।[6] इसके बावजूद पंत ने अपने काव्य में यथार्थ के उद्घाटन के ऐसे रचनात्मक द्वार उन्मुक्त किए जिनके माध्यम से वास्तव की संवेदनक्षमता विकसित की जा सकती थी, संवेदन की ताजगी से कविता में सारभूत जीवन तथ्य अंकित किया जा सकता था।

यथार्थ की पकड़ के संबंध में अपने भाववादी संस्कारों के बावजूद निराला और पंत ने सन् '36 के बाद कविता में आए गतिरोध को तोड़ा और इंद्रियबोध, भावना तथा 'बहुजन छवि' के विचार के स्तर पर कविता और जीवन की वास्तविकता का एक-दूसरे से गहरा रिश्ता कायम किया। काव्य में प्रगतिवाद की प्रतिष्ठा के लिए यह एक महत्वपूर्ण मोड़ था। इसके साथ ही राष्ट्रीय 'अभाव, पतन और वेदना' के कवियों में माखनलाल चतुर्वेदी, नवीन, दिनकर आदि पहले से ही नई दिशा के अग्रधावक बने हुए थे। प्रगतिवादी आंदोलन के आरंभ होने से पहले ही माखनलाल चतुर्वेदी ने 'कैदी और कोकिला' और 'मरण त्योहार' कविताओं के द्वारा क्रांतिकारियों के बलिदान की शौर्यगाथा प्रस्तुत की थी; दिनकर ने सन् '31 में 'कस्मै देवाय' में भूषण की भावरंगिनी और लेनिन के दिल की चिनगारी का आह्वान किया था; सन् '33 में 'नई दिल्ली के प्रति' कविता में ब्रिटिश सरकार द्वारा दिल्ली में उत्सव मनाने और जन आंदोलन के दमन के परस्पर विरोधी व्यवहार के द्वंद्व को चित्रित किया था। समकालीन राष्ट्रीय काव्यधारा के कवि नवीन के 'पराजय गीत', 'विप्लव गायन', 'नरक-विधान', 'जूठे

पत्ते', 'कागज की नाव' आदि की यथार्थवादिता प्रगतिशील भावभूमि के सन्निकट थी। सन् '36 में प्रकाशित नवीन के कविता-संग्रह 'कुंकुम' की अधिकांश कविताएं कवि सम्मेलनों तथा राजनीतिक सभाओं के मंचों से लोकप्रिय हो चुकी थीं। इन तीनों कवियों के अलावा केदारनाथ मिश्र 'प्रभात', आरसी प्रसाद सिंह, कलक्टर सिंह 'केसरी', त्रिशूल, नाथूराम शर्मा 'शंकर', रामेश्वर 'करुण', हितैषी, शिवदास गुप्त आदि भी बलिदान, क्रांति, विप्लव, किसान मजदूर क्रांति, समाजवादी क्रांति तथा आर्थिक सामाजिक दुरवस्था के यथार्थ की कविताएं सन् '36 के पहले से ही लिखते आ रहे थे।

इस तरह प्रगतिवाद के सामने इन छिटफुट यथार्थवादी प्रयासों और रुझानों को एक मंच पर सुनिर्दिष्ट पथ की ओर अग्रसर करने का दायित्व था। प्रगतिशील आंदोलन के प्रारंभिक दौर में जनवादी, राष्ट्रवादी और मार्क्सवादी—सभी लेखक साहित्य में सामाजिक प्रवृत्ति को प्रोत्साहन देने के कारण एक वृत्त के अंतर्गत गिने जाते थे, इस तथ्य की पुष्टि अनेक प्रमाणों से होती है। मार्क्सवादी और गैरमार्क्सवादी लेखकों की जनवादी एकता का आधार वह सामाजिक चेतना थी, जो कुछ लेखकों को राष्ट्रव्यापी जनसंघर्ष के संपर्क से प्राप्त हुई थी, कुछ लेखकों को स्वतःस्फूर्त ढंग से उभर रहे यथार्थवादी रुझानों के विकास के क्रम में मिली थी और कुछ लेखकों को कम्युनिस्ट पार्टी तथा मार्क्सवादी साहित्य की प्रेरणा से सचेत रूप में अनिवार्यतः मिली थी। इस तरह सभी समाजोन्मुख लेखक एक-दूसरे के करीब आए थे। पर इस ऐतिहासिक वास्तविकता को भ्रष्ट और विकृत कर पेश करने से साहित्यिक इतिहास के साथ अकसर अनाचार किया गया है। इस प्रसंग में अज्ञेय की एक टिप्पणी ध्यान देने योग्य है :

> आरंभ में प्रगतिशील लेखक संघ में विभिन्न प्रवृत्ति के लोग थे, जिनको साथ मिलाने वाली भावना वस्तुस्थिति के प्रति एक संदेह की भावना थी। सुधारवाद, या कि प्राचीन संस्कृति की पुनः स्थापना का स्वप्न पर्याप्त नहीं है, और इससे अधिक भी कुछ होना चाहिए; लेखक को भी नेताओं का मुंह न जोहकर स्वयं कार्यात्मक रूप से कुछ करना चाहिए। सामान्यतः ऐसा मानने वाले सभी लेखक प्रगतिशील आंदोलन की ओर आकृष्ट हुए; क्योंकि वह आंदोलन उनकी उदात्त भावनाओं के लिए नया क्षेत्र प्रस्तुत करता जान पड़ता था। किंतु क्रमशः प्रगतिशील आंदोलन में 'शील' का स्थान 'वाद' ने ले लिया। जिनके नाम और प्रतिष्ठा के आधार पर प्रगतिशील लेखक संघ संगठित हुआ और पनपता रहा, वे एक-एक कर उससे अलग हो गए या अलग कर दिए गए।[7]

क्या राष्ट्रवादी, जनवादी और समाजवादी लेखकों के उस व्यापक मोर्चे के मूल में 'वस्तुस्थिति के प्रति संदेह की भावना' थी? क्या कुछेक स्थापित लेखकों के नाम के आधार पर ही यह संगठन बना था?

प्रेमचंद अपनी सजग यथार्थ-दृष्टि को व्यापक बनाना चाहते थे और इसीलिए साहित्यिक 'प्रगति या उन्नति' की अपने ढंग से व्याख्या भी कर रहे थे। इस व्याख्या के अनुसार साहित्यिक प्रगति का मतलब है 'दृढ़ता और कर्मशक्ति', 'ह्रास की अवस्था के अंतर्बाह्य कारणों' की पहचान और उनसे 'मुक्ति' के प्रयत्न जिस साहित्य में हैं, वही प्रगतिशील साहित्य है। कहीं भी किसी संदेह की भावना के वह कायल न थे। अपनी इसी समझ को आगे बढ़ाते हुए प्रेमचंद ने आशिकी और वैराग्य की प्रवृत्ति का खंडन किया, नैराश्य और वियोग के आंसू

से भरे साहित्य की अप्रासंगिकता बतलाई और यह घोषणा की कि 'हम तो कवि की सभी अनुभूतियों के कायल नहीं।' इतना ही नहीं वह यह भी बलपूर्वक कहने लगे कि सच्चे साहित्य का उद्देश्य है 'हमारी करुण भावनाओं को उत्तेजित करना, हमारी मानवता को जगाना।'[8] इस तरह प्रगतिशील लेखक संघ के घोषणापत्र और प्रेमचंद के लेखों तथा भाषणों से यह स्पष्ट हो चुका था कि 'साहित्य-रचना के क्षेत्र में जो विभिन्न विचारधाराओं और भिन्न कोटियों की रसानुभूति का भेद विद्यमान है, उसे आंखों से ओझल नहीं किया जा सकता। हानिकर विचारधारा और अस्वस्थ प्रवृत्तियों से साहित्य की रक्षा करना[9] रचनाकारों और समीक्षकों के आगे एक जबरदस्त समस्या थी।

प्रेमचंद, प्रसाद, निराला, पंत आदि रचना के स्तर पर स्वयं अपनी ही सीमाओं को तोड़कर बाहर आए थे। यथार्थदृष्टि से संपन्न इस नए साहित्यिक आंदोलन के साथ आचार्य शुक्ल की सहयोगी भूमिका भी कम मूल्यवान नहीं थी जो साहित्य की अलौकिकता के विचार और रीतिकालीन दरबारी परंपरा का खंडन कर रहे थे। अपने इतिहासग्रंथ में वे कथा साहित्य के अंदर विकसित हो रही यथार्थवादी रचना-दृष्टि को समर्थन दे रहे थे, मध्यवर्ग की विलासिता पर लिखित कथासाहित्य की प्रवृत्ति का विरोध कर रहे थे, यथार्थ के विषयबोध का स्पष्टीकरण कर भावों तथा मनोविकारों की अनात्मवादी अधिभौतिकवादी व्याख्या कर रहे थे और हेकेल की पुस्तक 'रिड्ल आफ दि यूनिवर्स' के अनुवाद 'विश्वप्रपंच' की भूमिका में लोक व्यवहार, आधुनिक दर्शन और विज्ञान के आधार पर साहित्य के नए वैचारिक दर्शन का प्रतिपादन कर रहे थे। उन्हीं दिनों सुमित्रानंदन पंत ने 'रूपाभ' के संपादकीय में 'जीवन की वास्तविकता के उग्र रूप धारण करने', 'प्राचीन विश्वासों में प्रतिष्ठित भाव और कल्पना के मूल हिल जाने', 'जीवन की आवश्यकता के नग्न रूप में आ जाने' का उल्लेख करने के बाद लिखा :

> अतएव इस युग की कविता स्वप्नों में नहीं पल सकती। उसकी जड़ों को अपनी पोषण-सामग्री ग्रहण करने के लिए कठोर धरती का आश्रय लेना पड़ रहा है।[10]

इसके अलावा पंत समसामयिक कृतिकारों के आगे 'सत्य के वास्तविक आग्रह' के उत्तरदायित्व के अनुसार 'मध्यवर्ग के संकीर्ण व्यक्तिवाद से हृदय को मुक्त कर सामूहिक जीवन की ओर अग्रसर' होने का कार्यभार रख रहे थे।

प्रगतिशील लेखक संघ का घोषणापत्र भी इन्हीं बातों को सुसंगत और सुसंबद्ध रूप में मार्क्सवादी दर्शन के आलोक में पुष्ट कर रहा था। घोषणापत्र में कहा गया था कि साहित्य को शोषक और अप्रगतिशील वर्गों के आधिपत्य से बाहर निकाला जाए, उसे जनता के निकटतम संसर्ग में लाया जाए, उसमें जीवन और वास्तविकता लाई जाए, अपनी परंपरा के अस्वस्थ तत्वों का तिरस्कार और स्वस्थ तत्वों का विकास किया जाए तथा इस विचार के अनुसार साहित्य रचा जाएः

> हमारी धारणा है कि भारत के नए साहित्य को हमारे वर्तमान जीवन के मौलिक तथ्यों का समन्वय करना चाहिए और वह है हमारी रोटी का, हमारी दरिद्रता का, हमारी सामाजिक अवनति का और हमारी राजनीतिक पराधीनता का प्रश्न।[11]

चूंकि देश की सामाजिक और राजनीतिक स्थिति इस तरह के साहित्य की मांग कर रही थी और आदर्शवादी, राष्ट्रवादी तथा छायावादी साहित्य के अंदर से स्वतः स्फूर्त ढंग से यथार्थवादी

रुझानों का विकास हुआ था, अतः नई समाजवादी चेतना से परिपूर्ण 'प्रगतिशील यथार्थ' के साहित्य का रचनात्मक विकास एक ऐतिहासिक आवश्यकता थी। इसीलिए प्रगतिवाद ने 'बहुत जल्दी एक व्यापक रूप धारण कर लिया।'[12] उसने न केवल हिंदी-उर्दू लेखकों के बीच व्यापक रूप धारण किया, बल्कि उसने अखिल भारतीय रूप धारण कर लिया। 'इस आंदोलन में यह क्षमता थी कि वह भारत की विभिन्न भाषाएं बोलने वाली जनता और उसके साहित्यकारों को एक दूसरे के निकट लाकर देश की एकता दृढ़ करे।'[13] प्रगतिवाद ने एक हद तक इस दायित्व को भी पूरा किया। प्रारंभ में हिंदी-उर्दू के प्रगतिशील लेखक एक दूसरे के करीब आए, बाद में सभी भारतीय भाषाओं और जनबोलियों के रचनाकार एक विशाल मोर्चे के अंदर संगठित हुए।

प्रगतिवाद को एक व्यापक साहित्यिक आंदोलन का रूप दे दिया गया था; उसके अंदर मार्क्सवादी और गैरमार्क्सवादी दोनों सम्मिलित थे। सिद्धांत यह था कि एक मंच पर और एक विशाल साहित्यधारा के अंतर्गत 'मार्क्सवाद से प्रभावित साहित्य आवश्यक है, मार्क्सवाद से अप्रभावित राष्ट्रीय और जनवादी साहित्य से उसकी मैत्री भी आवश्यक है।'[14] इस तरह दोनों प्रकार के लेखकों में प्रगतिशील यथार्थ के संबंध में भिन्न-भिन्न प्रकार की समझ, भिन्न-भिन्न प्रकार का रूप ले रही थी और इससे रचनागत वैविध्य और भावों तथा विचारों में नए प्रकार का अंतर्विरोध भी आना अनिवार्य था। प्रगतिशील साहित्यिक आंदोलन की प्रतिष्ठा और उसके विविध पक्षों को तभी समझा जा सकता है, जब हम उसके ऐतिहासिक परिप्रेक्ष्य को भी समझने का प्रयत्न करें। चंद्रबली सिंह ने उसी ऐतिहासिक परिप्रेक्ष्य की व्याख्या करते हुए लिखा है :

> प्रगतिवादी आंदोलन हमारे राष्ट्रीय जागरण और समाजवादी विचारधारा का संगम था। उसमें दृष्टिकोणों की विविधता और वर्गचेतना के अनेक रूपों और स्तरों का होना स्वाभाविक था। उसके विभिन्न तत्वों में सहयोग और संघर्ष का होना भी उतना ही स्वाभाविक था। इसी द्वंद्वात्मक प्रक्रिया के माध्यम से प्रगतिवादी आंदोलन का विकास हुआ, हमारे साहित्यिकों की पकड़ गहरी हुई और यथार्थवाद हमारे साहित्य की मुख्य धारा बन सका। इस प्रक्रिया से गुजरते हुए लेखकों ने अपने सुधारवादी या पूंजीवादी मानवतावादी दृष्टिकोण को क्रांतिकारी मोड़ दिया।'[15]

ऐसे लेखकों में प्रेमचंद, शील, केदारनाथ अग्रवाल, मुक्तिबोध, त्रिलोचन, सुदर्शन चक्र, रामविलास शर्मा, रांगेय राघव, यशपाल, श्यामू संन्यासी, मन्मथनाथ गुप्त, नागार्जुन, शैलेंद्र, महेंद्र भटनागर आदि के नाम उल्लेखनीय हैं। पर प्रगतिवाद पर एकांतिक रूप से मार्क्सवादी सौंदर्यशास्त्र या समाजवादी विचारधारा का प्रभुत्व आरोपित करना गलत होगा। इस तरह की इतिहासविरोधी भ्रामक समझ प्रगतिवाद के आंतरिक तत्वों और उसके संपूर्ण कलात्मक चरित्र के बारे में गलत नतीजों की ओर ले जाती है। प्रगतिवाद के अंतर्गत उस यथार्थवाद का विकास हुआ, जो भारतेंदुयुग में आरंभ हुआ था। इस तरह उसने उन्नीसवीं सदी की यथार्थवादी परंपरा को संवर्धित और समृद्ध करने में योग दिया, उसे समकालीन समाज की ठोस वास्तविकताओं से जोड़कर आगे बढ़ाया। अतः 'प्रगतिवाद ने हमारे साहित्य को समाजवादी नहीं, बल्कि जनवादी चरित्र दिया।'[16] उस दौर के जनसंघर्षों की राजनीतिक विशिष्टताओं से भी यह स्पष्ट हो जाता है कि उस समय लड़ाई की मुख्य धारा एक ओर जहां साम्राज्यवाद के विरुद्ध थी,

वहीं दूसरी ओर साम्राज्यवाद के दो दलाल वर्गों अर्थात परोपजीवी पूंजीवाद और सामंतवाद के विरुद्ध भी थी। अतः किसान, मजदूर और मध्यवर्ग की जनवादी आकांक्षाओं का यह साहित्य था। चूंकि अधिकांश प्रगतिवादी लेखक मध्यवर्ग से आए थे, अतः उन सबसे सर्वहारा चेतना की मांग करना भी प्रगतिशील आंदोलन के मूलभूत चरित्र के विपरीत एक तरह से सबसे मार्क्सवादी होने की मांग करना था। वस्तुतः ऐसी मांग वामपंथी अति उत्साह का प्रतिफल थी। वे लोग यह नहीं समझ पाते थे कि 'प्रगतिवादी साहित्य में जनता के विभिन्न वर्गों की विचारधारा के समानांतर यथार्थ के विभिन्न रूपों की रचना स्वाभाविक है। प्रगतिवादी साहित्य का विकास समाजवादी यथार्थवाद और यथार्थवाद के अन्य रूपों के बीच प्रतियोगिता के द्वारा ही संभव है।'[17]

कवि दिनकर ने प्रगतिवाद के प्रारंभिक दौर के जिस व्यापक वृत्त में उन तमाम लेखकों के (जो 'साम्राज्यवादी शोषण और औपनिवेशिकता' के विरुद्ध लिख रहे थे) गिने जाने की बात कही है, वह प्रगतिवाद के जनवादी चरित्र की बात है और सही है। इस समस्या को प्रारंभ में अवश्य ही हल कर लिया गया था और इसी से प्रगतिशील आंदोलन को साहित्यिक प्रतिष्ठा मिली।

चंद्रबली सिंह ने इस दौर के प्रगतिवाद के जनवादी चरित्र को सही समझा है और जनवादी एकता के स्तर पर दिनकर द्वारा निर्दिष्ट सभी राष्ट्रवादी कवियों के गिने जाने की बात भी सही है। पर इसे साहित्यिक आलोचना के स्तर पर चंद्रबली सिंह 'समाजवादी यथार्थवाद और यथार्थवाद के अन्य रूपों के बीच प्रतियोगिता' कहकर परिभाषित करते हैं। यहां यह उल्लेखनीय है कि इस काल में एक ओर यदि मार्क्सवादी लेखकों के अंदर भी स्त्री-पुरुष संबंधों के वर्णन में प्रकृतवादी रुझान मिलता है, वहीं दूसरी ओर कवियों के अंदर छायावादकाल की रूमानी कल्पनाशीलता से प्रेरित स्वप्न चित्रों की बहुतायत भी मिलती है; एक ओर यदि उग्र जैसे लेखकों का तीखा यथार्थवाद मिलता है जो कहीं-कहीं बीभत्स हो जाता है, तो दूसरी ओर विप्लव, क्रांति, महाज्वाला आदि की कल्पनाओं में निम्न पूंजीवादी लफ्फाजी का भी आभास मिलता है; कुछ रचनाकारों में मात्र प्रचारात्मक ढंग से मजदूर-किसान और मार्क्स-लेनिन की बार-बार आवृत्ति मिलती है, वहीं दूसरी ओर मध्यवर्गीय व्यक्ति की आत्मपीड़ा को ही यथार्थ के रूप में प्रस्तुत करने की प्रवृत्ति भी है। इस तरह कथासाहित्य में प्रेमचंद, सुदर्शन, कौशिक के आदर्शवाद की भूमि से दीनता और दुरवस्था की हाय की प्रवृत्ति भी जारी रहती है और 'सामाजिक यथार्थवाद' के नाम पर पेटेंट कथानक का कलाहीन रूप भी मिलने लगता है।

रचनागत वैविध्य और यथार्थवादी रुझानों की अनेकरूपता के इस दौर में निश्चित रूप से यथार्थवाद अपने विकास की ऐसी मंजिल पर पहुंच गया था, जिसकी अपनी अलग परिस्थितियां थीं और जिसमें पिछले दौर के साहित्यिक लेखन के अवशेष भी मौजूद थे। दमित्री मारकोव नामक सोवियत समालोचक ने इस प्रकार की साहित्यिक स्थिति का बड़ा ही वैज्ञानिक विवेचन किया है। उसके अनुसार पुरानी से नई धारा के द्वंद्वात्मक संक्रमण की अवधि में पुराने साहित्यिक मान-मूल्य और साहित्यिक वैशिष्ट्य एक हद तक अवशिष्ट रहते हैं। पर जहां तक प्रगतिशील रूमानियत और आलोचनात्मक यथार्थवाद की धाराओं का संबंध है, ये धाराएं समाजवादी यथार्थवाद के सन्निकट आ जाती हैं। सन्निकट आने का मतलब यह नहीं कि पुराने साहित्यिक रुझान और वैशिष्ट्य समाप्त हो जाते हैं, बल्कि यह कि अपने

सांचे को खारिज न करते हुए भी ये धाराएं अपनी रचनाओं के उन पक्षों का गुणात्मक विकास करती हैं जो नए विचारधारात्मक, भावात्मक और कलात्मक पहलुओं के रूप में विकास की क्षमता रखते हैं। इस तरह पुरानी धारा की रचनाएं भी सामाजिक यथार्थवाद की परिधि के अंतर्गत आकर, अपने विगत वैशिष्ट्य की रक्षा करती हुई नए कलात्मक सौंदर्य से दीप्त हो उठती हैं।

सामाजिक यथार्थवाद अपने प्रारंभिक दौर में अभिव्यक्ति के रूपों और साधनों की विविधता का अन्वेषण करता है और मृत साहित्यिक रूपों, विरासत के प्राणवान तत्वों, सर्वहारा साहित्य की मांग से रचित वामपंथी उत्साह के एकांगी रूपों आदि के बीच क्रिया-प्रतिक्रिया के द्वंद्वात्मक संबंधों को कायम कर—विकास की उस मंजिल में 'संश्लिष्ट यथार्थवाद' (सिंथेटिक रियलिज्म) को जन्म देता है।[18] प्रगतिवाद काल के इस 'संश्लिष्ट यथार्थवाद' के दौर में कविता, कहानी, उपन्यास और नाटक लेखक के भीतर उस गतिरोध को तोड़ने का उत्तरदायित्व एक चुनौती के रूप में दरपेश था, जिसकी चर्चा सन् '36-37 की पत्र-पत्रिकाओं में मिलती है। ऐसी चुनौती यद्यपि समानांतर प्रवृत्ति के कृतिकारों में बच्चन, भगवतीचरण, अज्ञेय, जैनेंद्र, इलाचंद्र जोशी, लक्ष्मीनारायण मिश्र आदि के सामने भी थी और अपने-अपने ढंग से वे भी नए ढंग की रचनाएं कर रहे थे, पर प्रगतिवाद के सामने यह दायित्व दुहरा था। एक ओर तो पुराने साहित्य के स्वस्थ कलारूपों को समृद्ध और विकसित करने का सवाल था, दूसरी ओर सामाजिक यथार्थवाद और यथार्थवाद के अन्य रूपों के बीच प्रतियोगिता के द्वारा नए कथ्य और विषय के अनुकूल वस्तु और रूप के द्वंद्वात्मक संबंध से नवीन उद्भावनाओं की ओर बढ़ने की समस्या थी। समानांतर प्रवृत्ति के लेखकों में जैनेंद्र, इलाचंद्र, अज्ञेय, भगवतीचरण वर्मा और लक्ष्मीनारायण मिश्र तथा भुवनेश्वर ने पश्चिम के कलारूपों को स्वीकार कर आसन्न पूर्ववर्ती साहित्यिक परंपरा से अपने को विच्छिन्न कर लिया था। अतः प्रगतिवादियों का कार्यभार कहीं महत् था। इस दिशा में प्रेमचंद की 'पूस की रात', 'कफन', 'गोदान' आदि कृतियां नए प्रयोग की सूचक थीं। किंतु इनसे भी पहले उग्र ने 'गंगा', गंगादत्त और गांगी', 'जल्लाद', 'भुनगा', और 'चांदनी' नामक कहानियों में फंतासी तथा प्रतीकात्मक रूपबंध के प्रयोग किए थे। ये सभी रचनाएं वस्तु और रूप की नवीनता लेकर आई थीं। किंतु इन सारी रचनाओं के साथ ही सन् '31 में उर्दू में कहानियों का एक नया संग्रह 'अंगारे' नाम से प्रकाशित हुआ। इस संग्रह में एक ओर यदि मनोवैज्ञानिकता का आग्रह था तो दूसरी ओर आर्थिक और सामाजिक उत्पीड़न के कटु यथार्थवादी चित्र थे। इस दौर में नए प्रयागों को इस संग्रह से भी बल मिला।

प्रगतिवाद वस्तु और रूप की नवीनता से साहित्य की हर विधा में जीवंत सृजनशीलता का आंदोलन बन गया था। इस ऐतिहासिक परिप्रेक्ष्य के तथ्यों पर परदा डालते हुए प्रयोगवादियों ने यह नारा दिया कि साहित्य में नए रूपों के उद्भावक वे ही हैं। सन् '46 में ही शमशेर बहादुर सिंह ने प्रयोगवादियों के इस नारे के खोखलेपन पर प्रकाश डाला था :

> मौलिक रूप से तारसप्तक के प्रयोग अन्यत्र और कवियों के इससे पहले के संग्रहों में मिल जाएंगे। प्रथमतः निराला में ही—न केवल तारसप्तक के लगभग सभी प्रयोग बल्कि उससे भी कहीं अधिक, कहीं अधिक; दूसरे पंत जी में उनकी अतुकांत और मुक्त छंद की कविताओं में—लगातार 'ग्रंथि' से 'युगवाणी' तक। फिर नरेंद्र शर्मा ने भी अपनी कतिपय वर्णनात्मक अतुकांत मुक्त छंद की कविताओं में अपनी एक विशिष्ट शैली का परिचय दिया है (मसलन

'वासना की देह में'—पलाशवन), यद्यपि यह उनकी सामान्य धारा नहीं। उनकी एक कविता 'बटनहोल' भी पाठकों को अपरिचित न होगी।[19]

सन् '30 के बाद नए यथार्थवादी रुझानों के साथ वस्तु और रूप के प्रयोगों की विविधता दिखाई पड़ती है। प्रगतिवाद के प्रारंभिक दौर में जब 'संश्लिष्ट यथार्थवाद' वस्तु और रूप के द्वंद्वात्मक संबंध में नवीनता का उद्भावक बना हुआ था, साहित्य और कला संबंधी प्रश्नों को लेकर दो मोर्चो पर संघर्ष था। ऐकांतिक रूपवाद और ऐकांतिक राजनीतिक यथार्थबोध की वस्तु—इन दोनों से बचते हुए 'संश्लिष्ट यथार्थ' की मांग थी—राजनीति और कला की एकता, वस्तु और रूप की एकता, क्रांतिकारी राजनीतिक वस्तु और अधिक से अधिक संभाव्य पूर्णता से परिष्कृत कलात्मक रूप की एकता। प्रगतिशील लेखकों में राष्ट्रवादी, जनवादी और समाजवादी—तीनों प्रकार के लोगों ने इस मांग को पूरा किया। नई सामाजिक वास्तविकता की अभिव्यक्ति में 'प्रयोग उसकी चरित्रगत विशेषता है और हमारे साहित्य में भी प्रगतिवादी आंदोलन का उदय प्रयोगों के साथ हुआ।'[20]

नामवर सिंह भी इसी मत की पुष्टि करते हैं। उनकी मान्यता है कि सन् '36 के बाद पुराने साहित्य के विरुद्ध जो प्रतिक्रिया हुई वह केवल विषयवस्तु के क्षेत्र तक ही सीमित न थी। इस तरह 'नए रूपविधान के पुरस्कर्त्ता प्रगतिशील' रचनाकार रहे हैं और 'उसका निर्माण प्रगतिशील आंदोलन के दौरान हुआ है।'[21]

प्रगतिवाद का विरोध साहित्य की शुद्धता की रक्षा की आड़ में राजनीतिक दृष्टिकोण से ही हो रहा था। अधिकांश विरोधी आलोचकों का मत था कि प्रगतिवाद राजनीति से साहित्य को दूषित करने वाला आंदोलन है। दिनकर ने प्रगतिवाद की साहित्यिक प्रतिष्ठा के इस दौर में प्रगतिवाद पर होने वाले प्रहारों का बड़ा अच्छा संक्षिप्त विवरण दिया है। उन्होंने लिखा है :

> वर्तमान हिंदी कविता की भूमि में आज एक कोलाहल सा छा रहा है। लोग कहते हैं कि प्रगतिवाद के माध्यम से राजनीति साहित्य पर चढ़ी आ रही है और जिस कलाकक्ष में फूलों और पत्तियों की सजावट होनी चाहिए थी उसमें मजदूरों के गंदे चिथड़े, चिमनियों का धुंआ और खेतों की धूल भरती जा रही है। शुद्ध कला के उपासकों को यह जानकर चिंता हो रही है कि साहित्य राजनीति के हाथ का रणवाद्य बनता जा रहा है और उसके प्राणों की कलामयी दीप्ति दिनोंदिन क्षीण होती जा रही है।[22]

साहित्य में व्यक्त हो रही सामाजिक चेतना का प्रखर विरोध मुख्य रूप में वे ही लोग कर रहे थे जो चाहे तो पुनरुत्थानवादी विचारधारा के पोषक थे या नई यूरोपीय पूंजीवादी संस्कृति के समर्थक। वे लोग इतिहास की धारा की उलटी दिशा में चल रहे थे, समय की नब्ज नहीं पहचान पा रहे थे और वर्गसमाज के शोषक वर्गों के हितों की पोषक संस्कृति के पक्षधर बने हुए थे। शोषक वर्गों के विचारधारात्मक आग्रहों से परिपूर्ण, कहना चाहिए कि शत्रुतापूर्ण दृष्टिकोण से उनकी आलोचना हो रही थी और समसामयिक हिंदी पाठकों पर वर्गसंस्कार के अनुकूल ही उसका प्रभाव भी पड़ रहा था।

नई पीढ़ी के तरुण बुद्धिजीवियों पर राष्ट्रीय जागरण की उस लहर में मुख्यतः समाजवादी विचारधारा का प्रभाव था। फलतः शुद्ध साहित्यिकता के नारे को अधिकांश लोग पुरानी बकवास ही समझते थे। साहित्यिक विकास की इस प्रक्रिया में प्रगतिवाद के समानांतर लिखी जा रही

सृजनात्मक कृतियों में समाजविरोधी स्वर की प्रमुखता थी, यौन उच्छृंखलता और मध्यवर्गीय कुंठा थी, यूरोपीय पतनशील संस्कृति के साहित्य रूपों की नकल थी—अतः स्वयं जिस प्रकार का साहित्य अज्ञेय, इलाचंद्र, भगवतीचरण वर्मा आदि लिख रहे थे, उसी से उनकी प्रगतिवाद विरोधी आलोचना को भी मापा जा रहा था।

विवाद के इस परिप्रेक्ष्य में सन् '36 से सन् '51 के प्रगतिशील साहित्य के रचनागत वैविध्य और महत्वपूर्ण साहित्यिक कृतियों का मूल्यांकन आवश्यक है। इसी संदर्भ में उसकी साहित्यिक प्रतिष्ठा का रहस्य स्पष्ट हो सकता है। इसके साथ ही प्रगतिवाद के भीतर उभर रहे अंतर्विरोधों को भी समझा जा सकता है। अतः हर साहित्यिक विधा की कृतियों की जांच-परख आवश्यक है। सबसे पहले हम कविता को ही लें।

कविता

जनेश्वर वर्मा का मत है कि हिंदी में प्रगतिशील कविता का आरंभ सन् '18 के बाद ही हो गया था। अपनी इस मान्यता को उदाहृत करते हुए वह सनेही स्कूल के अधिकांश कृतिकारों का हवाला देते हैं। वह मानते हैं कि काव्य में छायावाद के समानांतर प्रगतिवाद की धारा भी प्रवाहित हुई। उनके शब्दों में :

> सनेही जी की कविताओं में शोषित वर्ग के प्रति सहानुभूति, समाजवादी सिद्धांतों में आस्था, जनक्रांति का समर्थन, सर्वहारा की विजय में विश्वास, नवनिर्माण की प्रेरणा, समाजवादी नवयुग का संदेश आदि वे समस्त तत्व जो किसी प्रगतिवादी रचना के लिए आवश्यक कहे जा सकते हैं, स्पष्ट रूप से विद्यमान हैं।[23]

अपनी इस शोध-प्रतिज्ञा की पुष्टि के लिए डा. जनेश्वर वर्मा ने सनेही जी की 'वीरप्रण' शीर्षक सन् '18 की कविता का विशेष रूप से हवाला दिया है। कविता की कुछ पक्तियां हैं :

> न होने देंगे अत्याचार।
> लड़ जाएंगे न्याय पक्ष पर करके हृदय उदार।
> न होने देंगे अत्याचार।[24]

सनेही मंडल में देवीदत्त मिश्र, जगदंबा प्रसाद हितैषी, राधाबल्लभ पांडे, बंधु शिवदास गुप्त, कंटक, तरल और रामेश्वर करुण के नामों का उल्लेख किया जाता है। इन रचनाकारों की काव्य संवेदना द्विवेदी युग का अतिक्रमण नहीं कर पाती। यही उनके भावबोध की सीमा है। विचारधारा की दृष्टि से ये सभी कवि मार्क्सवाद-लेनिनवाद से प्रभावित हैं, पर उनके द्वारा अपने समय के यथार्थ के उद्घाटन में स्थूल इतिवृत्त और कम्युनिस्ट नारों की प्रधानता है।

सन् '18 से सन् '30 तक सनेही मंडल के पत्र 'सुकवि', गणेश शंकर विद्यार्थी तथा माखनलाल चतुर्वेदी के पत्र 'प्रताप' और 'प्रभा' में उद्बोधनमूलक प्रचारात्मक क्रांतिकारी कविताएं प्रकाशित होती रहीं।

पर सनेही मंडल के कवियों ने ही क्या इस यथार्थवाद की शुरुआत की थी? क्या यह एक तथ्य नहीं है कि 'सरस्वती' पत्रिका के माध्यम से देशदशा पर इतिवृत्तमूलक रचना को आचार्य महावीर प्रसाद द्विवेदी ने प्रोत्साहित किया था। पं. केशव प्रसाद मिश्र ने सन् '15 में 'जाड़ा और निर्धन' शीर्षक कैसी यथार्थपरक कविता लिखी थी, यह देखना चाहिए :

सिर पर लदा घास का बोझा तन पर नहीं एक भी सूत,
हाय! हाय! कंपित होता है जाड़े से भारत का पूत।
छोटे-छोटे बच्चे घर पर देख रहे हैं उसकी बाट,
किंतु आज वह दुःखित लौटा, विफल हुई उसकी हाट।
एक दरिद्र कृषक है जिसने किया खेत में दिन भर काम,
किंतु पेट भर रोटी मिलना उसको है जय सीताराम।[25]

जहां तक यथार्थ की अनुभूतिप्रवण संवदेना का प्रश्न है, सनेही मंडल के कृतिकारों की रचनाओं से कहीं अधिक जीवंत रचनाशीलता 'जाड़ा और निर्धन' में है। इतना ही नहीं, उपर्युक्त कविता के अन्य अंशों में कवि की व्यंग्यबोधक युगचेतना उस वक्त प्रखर रूप में व्यक्त होती है, जब वह झूठे देशभक्तों के 'स्वदेश अनुराग' पर व्यंग्य कसता है।

जनेश्वर वर्मा सन् '18 से प्रगतिवाद के समारंभ को सिद्ध करने की शोध-प्रतिज्ञा में भारतेंदु काल के आलोचनात्मक यथार्थवाद की परंपरा का विकास नहीं देखते। भारतेंदु युग से लेकर प्रगतिवाद काल तक यथार्थवाद अनेक मंजिलों से गुजरता है।

सनेही मंडल के संबंध में उक्त अतिरंजित ध्यानाकर्षण से भारतेंदु युग और प्रगतिवाद के बीच के अंतःवर्ती सूत्रों का पता चल गया है। समीक्षकों ने इन अंतःवर्ती सूत्रों की उपेक्षा की थी और सन् '18 के बाद भारतेंदुकालीन यथार्थवाद किस प्रकार नया रूप रंग लेकर विकसित होता है, यह जनेश्वर वर्मा के ग्रंथ से स्पष्ट हो जाता है।

छायावाद एक आंदोलन के रूप में आखिर सन् '30 के लगभग अपनी उदात्त जीवंतता खो रहा था, कविता और कथा साहित्य के बीच यथार्थ की पकड़ के अंतर के कारण एक खाई सी आ गई थी, छायावाद के ही कुछ रचनाकार रुग्ण रूमानियत से मुक्त होने की चेष्टा करने लगे थे और नई सृजनशील जागरूकता के कारण यथार्थवादी भावभूमि के निकट आ रहे थे। राष्ट्रीय काव्यधारा के कवियों में माखनलाल चतुर्वेदी, दिनकर, नवीन, सुभद्राकुमारी चौहान, केदारनाथ मिश्र 'प्रभात' आदि नजरुल इस्लाम की 'अग्निवीणा' तथा भगतसिंह की क्रांतिकारी विचारधारा से प्रेरित होकर सर्वथा नए ढंग की कविता लिखने लगे थे। सन् '29 में प्रकाशित माखनलाल चतुर्वेदी की कविता 'मरण त्योहार' वह विभाजक रेखा है जो बीसवीं सदी के चौथे दशक की संवेदनाओं की अग्रसूचनाएं देती है। सन् '29 में लाहौर की बोरस्टल जेल में भगतसिंह और यतींद्रनाथ दास के साथ अनेक क्रांतिकारी नौजवान अनशन कर रहे थे। उन युवकों की भूख हड़ताल के पचास दिन हो गए थे। सारा देश व्याकुल हो रहा था। ब्रिटिश सरकार की निष्ठुरता, देश के सुधारवादी नेतृत्व के ढुलमुलपन और क्रांतिकारी नौजवानों के त्यागमय पौरुष पर देश की आम जनता की विह्वलता विचित्र प्रकार की थी। दिनकर का कथन है :

> हवा में क्रोध और करुणा इस प्रकार एकाकार हो रहे थे मानो बाघों से जूझ रहे हों और गायें कठघरों में बंद रंभा रहीं हों। ऐसे में अचानक माखनलाल जी की 'मरण त्योहार' नामक कविता अनेक पत्रों में छपी जिसमें कवि ने कहा था कि नाश ने भारत को चुनौती भेजी है। इस चुनौती का पूरा जवाब न तो चरखे वाले दे पाए, न आनंद भवनों के सम्राट, न उस चुनौती का जवाब पांडिचेरी दे सकी।[26]

पूरी कविता राष्ट्रीय संघर्ष के समसामयिक यथार्थ के एक प्रखर पक्ष पर लिखी गई थी और 'पत्रकारिता' को भी 'कवित्व' के धरातल पर पहुंचा रही थी। द्विवेदीकाल के नीतिवादी कथनों के स्थान पर बलिदान और आत्मक्षरण के रूमानी प्रतीक के रूप में 'मोमदीप' की कल्पना की गई। यह एक महान शोकगीत था जो मानवता के संरक्षक क्रांतिकारी नौजवानों के प्रति लिखा गया था।[27] मोमबत्ती के बूंद-बूंदकर नष्ट होने के आत्म शौर्य में देश के क्रांतिकारियों के नष्ट होने का रूपक दिखाई पड़ा जिसने जहां भी वह कविता पढ़ी उसकी छाती खौल उठी, उसका हृदय विदीर्ण हो गया, उसकी आंखों से आंसू निकल पड़े।[28] उस कविता के अंतिम पद में संपूर्ण देश को 'जम्बुदेश' कहकर पराजित दास मनोभाव के लिए फटकारा गया है और उन वीरों के बलिदान का शोकगीत गाया गया है।[20] 'मरण त्योहार' के अलावा, देश के बदले हुए मनोभाव के साथ बदलती हुई काव्य संवेदना की सूचक दूसरी कविता 'कैदी और कोकिला' भी उल्लेखनीय है, जो सन् '30 के लगभग प्रकाशित हुई थी। इस कविता में कवि ने अपना परिचय दिया—'हूं मोट खींचता लगा पेट पर जुआ, खाली करता हूं ब्रिटिश अकड़ का कूआ।'

ऐसी कविताओं से वह दूसरा पक्ष उभरने लगा जो सुधारवादी नेतृत्व के ढुलमुलपन के विरुद्ध था और क्रांतिकारी रणनीति से राष्ट्रीय संघर्ष को उग्र रूप देने का दृष्टिकोण रखता था। माखनलाल चतुर्वेदी उसी उग्र राष्ट्रीयता से भरी-पूरी काव्यधारा के प्रतिनिधि के रूप में उस समय स्वीकार किए गए। मैथिलीशरण गुप्त की राष्ट्रीय काव्यधारा से भिन्न यह उग्र संघर्ष को आगे बढ़ाने वाली प्रवृत्ति थी।[30] दिनकर सन् '30 के लगभग इसी प्रवृत्ति के समर्थक थे। इसीलिए माखनलाल चतुर्वेदी, दिनकर, नवीन, सुभद्रा कुमारी चौहान आदि को ब्रिटिश साम्राज्यवाद के विरुद्ध उग्र राष्ट्रीय काव्य लिखने वाले कृतिकारों के रूप में याद किया जाता है। अकसर भ्रांतिवश दिनकर के सन् '42 के पहले के कृतित्व और सन् '42 के बाद के कृतित्व को विचारधारा की दृष्टि से एक जैसा अर्थात गांधीवाद से प्रेरित माना जाता है। यही भ्रम माखनलाल चतुर्वेदी के संबंध में भी है। सन् '42 के पहले तक उपुर्यक्त राष्ट्रीय कवियों ने 'अहिंसावाद' के विरुद्ध और क्रांतिकारी तथा समाजवादी विचारधारा के प्रभाव में आकर कविताएं लिखी थीं। यद्यपि इन कविताओं में भी मध्यवर्ग का संस्कार चिपका हुआ है; पर इसके बावजूद इनके काव्य में उदात्त सामाजिकता है। 'कस्मै देवाय' शीर्षक कविता में दिनकर ने रूस की महान समाजवादी क्रांति के नेता 'लेनिन के दिल की चिनगारी' का आह्वान किया था। सन् '29 की राजनीतिक पृष्ठभूमि पर दिनकर की लंबी कविता 'नई दिल्ली के प्रति' (1933) अनेक दृष्टियों से लोकप्रिय हुई। एक तो इसलिए कि ब्रिटिश साम्राज्यवादियों के विलास वैभव पर उसमें व्यंग्य है और प्रकारांतर से भारतीय सामंतों और दलाल पूंजीपतियों पर भी प्रहार किया गया है। दूसरा यह कि एक ओर नई दिल्ली में अंग्रेज उत्सव मना रहे थे, दूसरी ओर स्वाधीनता के दीवानों की हत्या कर रहे थे। इसी विरोधाभास पर सारी काव्य वस्तु की व्यंग्यधर्मिता निर्भर करती है। देश में चारों तरफ अंधकार है, पर दिल्ली के आसमान में चांदनी है। देश के मरघट में दिल्ली अपने को सजा रही है। वंदिनी मां विलखती है, कवि आंसू पोंछना चाहता है। पर कितनी विवशता है। 'दिल्ली! आह! कलम रुक जाती।' पर अपने ही देश की नगरी दिल्ली का क्या हाल है? कवि उसी से कहता है : 'वैभव की दीवानी दिल्ली, कृषकमेध की रानी दिल्ली! अनाचार, अपमान, व्यंग्य की चुभती हुई कहानी दिल्ली!'[31]

अपने रूपविधान की दृष्टि से यह कविता एक नया प्रयोग तो है ही। काव्यवस्तु के धरातल पर स्थिति का व्यंग्य कवि ने पूरी तरह पहचाना है। इसीलिए दो प्रकार के सेट्स का प्रारंभ से अंत तक निर्वाह है। कविता के स्थापत्य की यह नवीनता सन् '30-35 के बहुसंख्यक पाठकों और श्रोताओं के लिए अनूठी चीज थी। उपर्युक्त दोनों कविताओं के बाद दिनकर की 'विपथगा' और 'हिमालय' शीर्षक कविताएं बड़ी लोकप्रिय हुईं। पहली कविता में संहार लपट का चीर पहने प्रलयनर्तन करने वाली क्रांतिकुमारी का आह्वान है और दूसरी कविता में अपने देश के भूगोल और इतिहास की महानता का आख्यान। उग्र जनवादी भावना से चमत्कृत और देश के नौजवानों को राष्ट्रीय जागरण की वास्तविकता का परिचय कराने वाली दिनकर की अनेक कविताओं का एक संग्रह 'रेणुका' नाम से प्रकाशित हुआ। उनका दूसरा संग्रह सन् '39 में 'हुंकार' नाम से प्रकाशित हुआ। इन दोनों संग्रहों में राष्ट्रीय मुक्ति, क्रांतिकारी भावना और शोषण-उत्पीड़न समाप्त करने वाली व्यवस्था के निर्माण की कामना व्यक्त हुई। इसके साथ ही उनकी अतीतोन्मुखता भी बरकरार रही। 'मंगल आह्वान' में उन्होंने स्वयं लिखा : 'वर्तमान की चित्रपटी पर भूतकाल संभाव्य बने।' इससे स्पष्ट है कि साम्राज्यवाद विरोधी संघर्ष में वे भूतकाल की सामंती व्यवस्था के पुनरुत्थान की कामना से अपने को बचा नहीं पाए। भविष्य की समाजवादी व्यवस्था की परिकल्पना न कर पाने के कारण ही उनकी 'क्रांति' दुर्गा, रणचंडी या शिव के रुद्रसंहार के पौराणिक परिधान में प्रकट हुई। प्रोफेसर कामेश्वर शर्मा ने इन्हीं आधारों पर यह निष्कर्ष निकाला है कि 'हुंकार' के प्रकाशन तक दिनकर आतंकवादी धारा के गायक रहे हैं।[32]

काव्यरचना के स्तर पर उनका योगदान सन् '30 के बाद के जमाने के बदले हुए मनोभाव के अनुकूल रहा। सन् '46 तक दिनकर के काव्य की प्रगतिशील भूमिका से इन्कार नहीं किया जा सकता। उनकी यह प्रगतिशीलता राष्ट्रीय जागरण और जन संघर्ष की बढ़ती हुई लहरों के साथ रही है। यथार्थ के उद्घाटन का जो क्रांतिकारी रोमांटिक तत्व उनके काव्य में मिलता है, वह संश्लिष्ट यथार्थवाद का अविच्छिन्न पहलू है। खास बात यह है कि दिनकर अपने युग के तमाम कवियों से विलक्षण दिखाई देते हैं। ओजस्वी मनोभाव वाले कवि के रूप में निराला और दिनकर दोनों का अविस्मरणीय स्थान है। पर राष्ट्रीय आंदोलन की उग्र वामपंथी राजनीति के साथ जन्मी क्रांतिकारी कविता में ओज भरे संगीत और वक्तृता का सामंजस्य केवल दिनकर ही कर सके। यही वह चीज थी, जिस पर पाठक और श्रोता सम्मोहित थे और एक हद तक आज भी हैं। शिवदानसिंह चौहान ने उनके संबंध में लिखा है : 'जीवन के वर्तमान दैन्य और कुरूपता के प्रति विद्रोह की भावना को तीव्र अभिव्यक्ति देने के लिए उन्होंने नए विराट प्रतीकों, लाक्षणिकता प्रधान वक्रभंगिमा और भाषणकला में प्रयुक्त होने वाली अतिशयोक्तिपूर्ण भाषा का प्रयोग किया।[33] यही नहीं, प्रगतिशील कविता को 'वर्तमान जीवन की कठोर यथार्थ चेतना' का आधार प्रदान करने में उनका महत्वपूर्ण स्थान है। अपने काव्य में 'नवीन' पुनरुत्थानवादी तो नहीं दिखलाई पड़ते, क्योंकि वे कहते हैं 'मैं हूं भारत के भविष्य का मूर्तिमान विश्वास महान।' पर वे अध्यात्मवाद और रहस्यवाद से अंत तक छुटकारा नहीं पा सके। इसके बावजूद उनके प्रथम कविता संग्रह 'कुंकुम' में सन् '30 के नए उभरते हुए यथार्थवादी रुझान की झलक मिलती है, उग्र राष्ट्रीय काव्यधारा की 'विद्रोह भावना' भी, फक्कड़पन, मस्ती और मदहोशी भी। इसके साथ वयःसंधि की कलिका के प्रति

प्रौढ़ पुरुष के याचनास्वर की कविताएं तो अनगिनत हैं। 'नवीन' मांसल रूपोपासना पर पर्दादारी के लिए अध्यात्म और फक्कड़पन का बाना ओढ़ लेते हैं।

एक ओर 'कवि कुछ ऐसी तान सुनाओ' जैसी उग्र रूमानी कविता है, दूसरी ओर 'नरक विधान', 'जूठे पत्ते' जैसी कटु यथार्थ की कविताएं भी हैं। 'विप्लव गायन' शीर्षक कविता सन् '33 में लिखी गई थी और उसमें 'उथल-पुथल मचाने, एक हिलोर इधर से आए एक हिलोर उधर से आए' जैसी प्रखर रूमानी संवेदना से राष्ट्रीय वास्तविकता को व्यक्त किया गया था। पर सन् '37 में लिखित 'जूठे पत्ते' शीर्षक कविता के स्वरविधान और यथार्थबोध को देखकर अचरज होता है :

अरे चाटते जूठे पत्ते जिस दिन मैंने देखा नर को
उस दिन सोचा, क्यों न लगा दूं आज आग इस दुनिया-भर को?
यह भी सोचा; क्यों न टेंटुआ घोंटा जाय स्वयं जगपति का?
जिसने अपने ही स्व को रूप दिया इस घृणित विकृति का।[34]

मनुष्य को भिखमंगा बना देने वाली औपनिवेशिक तथा सामंती-पूंजीवादी व्यवस्था पर कवि को उतना गुस्सा नहीं है, जितना ईश्वर पर। उत्पीड़क व्यवस्था के एक अमूर्त प्रतिबिंब पर गुस्सा है। सन् '37 में ही लिखित 'नरक विधान' शीर्षक कविता रहन-सहन के बीभत्स यथार्थ का स्केच प्रस्तुत करती है :

उधर बिलबिलाते थे कीड़े/ नाबदान में किलबिल-किलबिल / इधर सड़ी, गंदी, कच्ची-सी / नाली का पानी था पंकिल / तिल्ली बढ़ी जिगर बढ़ आया / ढांचा हुआ सूखकर कांटा / रोटी के टुकड़े के बदले / इन्हें मिला चांटे पर चांटा।[35]

नवीन, यथार्थ का प्रगतिशील पक्ष उद्घाटित न कर, उत्पीड़न की बीभत्सता का पर्दाफश अवश्य कर रहे थे; पर इस व्यवस्था को खत्म करने वाली शक्तियां किस तरह एकत्र हो रही थीं, इसका संकेत देने के मामले में उनका काव्य असमर्थ था। इसीलिए यथार्थवादी वर्णनों में प्रकृतवादी कविमनोभावना अथवा हू-ब-हू चित्रण की प्रेरणा काम कर रही थी। 'प्रगतिशील लेखक संघ' के यथार्थवादी दृष्टिकोण से ये कविताएं नहीं लिखी जा रही थीं। स्वतःस्फूर्त यथार्थ चेतना के मध्यवर्गीय संस्कार ही लिपटे चले आ रहे थे।

सन् '35 की 'सच है' शीर्षक कविता में निराला ने अपनी कविताओं के सामाजिक ज्ञानसंवेदन को परिभाषित करते हुए रेखांकित किया 'जनता का जन-ताका ज्ञान वह।' यही वह जमाना था जब 'अपरिवर्तनवाद के चुस्त रूपकों' वाले, टस से मन न होने वाले साहित्यकारों ने शत-शत प्रहारों से निराला को छिन्नमूल कर देने की कोशिश की थी और निराला ने 'आत्मदया' (सेल्फ-पिटि) के संत्रास को व्यक्त किया था :

उड़ी धूल, तन सारा भर गया,
नहीं फूल, जीवन अविकच है—
यह सच है![36]

इसी भावभूमि पर सन् '37 में 'वनबेला' में निराला ने अपनी पराजय की गाथा अंकित की और स्वार्थजड़ित समाज पर व्यंग्य किया :

हो गया व्यर्थ जीवन,
मैं रण में गया हार!
सोचा न कभी–
अपने भविष्य की रचना पर चल रहे सभी।[37]

कवि ने अपनी पुत्री की असामयिक मृत्यु पर सन् '35 में 'सरोजस्मृति' लिखते हुए आत्मदया के इस संत्रास को एक विशद पटभूमि प्रदान की। पिता के उस दुःख का भी कवि स्मरण करता है, जो गृहस्वामी की विपन्नता से उत्पन्न होता है : 'धन्ये, मैं पिता निरर्थक था, कुछ भी तेरे हित न कर सका।' ऐसा क्यों? आर्थिक पथ पर अनर्थ था, इसलिए सरोज का पिता 'हारता रहा स्वार्थ-समर।' उसने 'क्षीण का न छीना कभी अन्न' और वह 'लख न सका वे दृग विपन्न।'

स्थितिरक्षा के आत्मसंघर्ष से उत्पन्न 'दुःख की गहन अंधतम निशि' और 'चिरकालिक क्रंदन' की जो मनोभूमि शुरू हुई थी, वह '35 में सरोज की मृत्य से पराकाष्ठा पर पहुंच गई। निराला को तोड़ने और ध्वस्त करने के जितने भी निकृष्ट साहित्यिक-असाहित्यिक प्रयास हुए और इस क्रम में उन्हें जिस तरह के अभावों की भयंकर यातना से जूझना पड़ा, उस 'शर-क्षेप' से आहत होकर भी निराला 'हिंदी के सुमनों के प्रति' (सन् '37) शीर्षक कविता में नई पीढ़ी का स्वागत करते हैं। पर अपनी करुण गाथा भी कहते हैं : 'मैं जीर्णसाज बहुछिद्र आज।' हिंदी के 'वसंत के अग्रदूत' की स्थिति कैसी है : 'ब्राह्मण समाज में ज्यों अछूत।'

निराला के आत्मसंघर्ष का एक रूप व्यंग्बोधक युगचेतना से संवलित होकर 'वनबेला' शीर्षक लंबी कविता में एक स्थूल फंतासी का रूप लेता है :

फिर लगा सोचने यथासूत्र–'मैं भी होता
यदि राजपुत्र–मैं क्यों ये सदा कलंक ढोता,
ये होते-जितने विद्याधर–मेरे अनुचर
मेरे प्रसाद के लिए विनत-सिर उद्यत-कर,
मैं देता कुछ, रख अधिक, किंतु जितने पेपर,
सम्मिलित कंठ से गाते मेरी कीर्ति अमर
जीवन चरित्र
लिख अग्रलेख अथवा, छापते विशाल चित्र।'[38]

सच्चे कलाकार और साहित्यकार किस प्रकार राजपुत्रों, नवाबों, धनी कुल के नेताओं, विलायती शिक्षा प्राप्त झूठे शिक्षितों आदि से यशमान प्रतिष्ठा की प्रतिद्वंद्विता में पराजित हो जाते हैं– इस कथ्य पर आधारित 'वनबेला' का व्यंग्य प्रसंग तत्कालीन समाज का सच्चा चित्र है। ध्यान देने की बात यह है कि निराला 'साम्यवादी' नेता के ढोंग का पर्दाफाश करते हैं। सन् '37 में ये कौन से साम्यवादी नेता थे। 'फिर पिता संग जनता की सेवा का व्रत' लेने वाले और मंच पर खड़े होकर साम्यवाद का प्रचार करने वाले?

निराला का व्यंग्य भरा स्वर सन् '35 के बाद आरंभ हो जाता है। क्या रूमानी मनोदशा से समाज के अंतर्विरोधों पर व्यंग्य हो सकता है? व्यंग्य यथार्थ की देन है या रूमानियत की?

निराला ने '35 के बाद कविता के माध्यम से व्यंग्य को एक शक्तिशाली अस्त्र के रूप में आजमाना शुरू किया। 'दान' शीर्षक कविता में विप्रवर की धार्मिकता और दानशीलता का घृणित नग्न रूप द्रष्टव्य है :

झोली से पुए निकाल लिए,
बढ़ते कपियों के हाथ दिए;
देखा भी नहीं उधर फिर कर
जिस ओर रहा वह भिक्षु इतर;
चिल्लाया किया दूर दानव,
बोला मैं —'धन्य श्रेष्ठ मानव!'[39]

सन् '35 की ही 'मित्र के प्रति' कविता में 'प्राचीनता भक्त' रूढ़िवादी और अपरिवर्तनवाद के प्रेमी साहित्य जगत के मठाधीशों पर व्यंग्य किया गया है :

सत्य, बंधु, सत्य; वहां
नहीं अर्र-बर्र;
वहां नहीं भेक, वहां
नहीं टर्र-टर्र।

हाय रे मयूर-ब्याल
पूंछ से जुड़े।[40]

आत्मसंघर्ष और व्यंग्य एक-दूसरे के पूरक हैं। पर सामाजिक वास्तविकता के वैषम्यपूर्ण पक्षों पर से निराला की दृष्टि हटती नहीं है। 'विधवा', 'भिक्षुक', 'तोड़ती पत्थर', 'वे किसान की नई बहू की आंखें' आदि में सामान्य वास्तविकता और उसकी विशिष्टताएं—यथार्थ की गहरी पहचान का द्योतन कराती हैं। सन् '45 के लगभग जब अकाल और महंगाई की लपेट में सारी जनता तड़प रही थी, उस समय निराला ने अपनी प्रसिद्ध कजली लिखी :

काले-काले बादल छाए, न आए वीर जवाहरलाल।
कैसे-कैसे नाग मंडलाए, न आए वीर जवाहरलाल।[41]

इसी समय लिखी गई कृषिक्रांति के सारभूत सत्यों को प्रकट करने वाली कविता भी उल्लेखनीय है :

आज अमीरों की हवेली
किसानों की होगी पाठशाला
धोबी, पासी, चमार, तेली
खोलेंगे अंधेरे का ताला
एक पाठ पढ़ेंगे, टाट बिछाओ।
यहां जहां सेठ जी बैठे हुए थे
बनिये को आंख दिखाते हुए,
उनके ऐंठाए ऐंठे थे।

धोखे पर धोखा खाते हुए,
बैंक किसानों का खुलाओ।[42]

सन् '46 में विद्यार्थियों के देशप्रेम के सम्मान में 'खून की होली जो खेली' कविता तत्कालीन भारत की युवाचेतना का दस्तावेज है।

सन् '46 के दौर की निराला की सर्वश्रेष्ठ कविता 'देवी सरस्वती' अपनी अंतर्वस्तु में एक ओर यदि सामंत विरोधी है, वहीं दूसरी ओर कृषि सभ्यता के ग्रामीण भारतवर्ष की देवी सरस्वती का सभी रंग-रेखाओं में चित्र उपस्थित करती है। किसानों की दुरवस्था सामंती उत्पीड़न के कारण है। जमीन बटाई पर लगा कर जमींदार और सूद पर रुपया लगाकर महाजन किस प्रकार भोले-भाले कर्मनिरत किसानों की अंतिम कौड़ी तक छीनकर धनी हुए हैं, इसका वर्णन : ' जमींदार की बनी, महाजन धनी हुए हैं। जग के मूर्त पिशाच, धूर्तगण गनी हुए हैं।'[43] उत्पीड़ित ठेठ ग्रामीण जनसमूह अपनी दीनता और भूख के बावजूद लोकसंस्कृति का कैसा रूप रचे हुए है, कितना उन्नत और खुला हुआ :

> मुक्त समीरण से धीरता, धरा की छूटी / पके खेत, सोने के जैसे अंचल लहरे / नव मनोज के मनोभाव लोगों में घहरे / प्रतिसंध्या समवेत हुए ग्रामीण सभ्यजन / ढोलक और मजीरे पर करते हैं गायन / फाग हो रहा, उठा रहे हैं धुन धमार की / होली, चैती, लेज, गा रहे हैं संवार की।[44]

राष्ट्रीय संस्कृति की यह सरस्वती–हिंदी-उर्दू भाषी ग्रामीण आबादी की ही नहीं पूरे हिंदुस्तान की देहाती आबादी की सभ्यता का आलेखन बन गई है।

समसामयिक वास्तविकताओं के अनेक तथ्यों और पहलुओं को निराला जैसी समृद्ध काव्यसंवेदना के साथ उत्कीर्ण करते हैं, वैसी समृद्ध काव्यसंवेदना नए प्रगतिशील कवियों के लिए दिशासंकेत का काम करती है। पर पंत की यथार्थग्राही संवेदना को लेकर अनेक प्रश्न उठते हैं।

राजनीतिक आंदोलनों, साहित्यिक मतवादों आदि के कारण 'युगांत' की कविताओं की सृष्टि हुई है या कवि की अपनी अनुभूति की प्रेरणा से? श्रमजीवियों का रेखांकन करते हुए 'युगांत' का कवि कहता है : 'ये नाप रहे निज घर का मग, कुछ श्रमजीवी धर डगमग डग, भारी है जीवन, भारी पग।' इस प्रकार के रेखांकन में क्या अनुभूति का स्वाभाविक प्रवाह है? इसी काल में लिखित निराला की 'तोड़ती पत्थर' से तुलना करने पर दोनों की संवेदना का अंतर स्पष्ट होता है। 'वह तोड़ती पत्थर; देखा उसे मैंने इलाहाबाद के पथ पर–वह तोड़ती पत्थर।' 'गुरु हथौड़ा हाथ, करती बार-बार प्रहार-सामने तरुमालिका अट्टालिका, प्राकार।' दोपहरी की लू में 'रुई ज्यों जलती हुई भू', 'गर्द चिनगी छा गई',–फिर भी, 'वह तोड़ती पत्थर'।

निराला की इस रचना में तथाकथित कल्याण भावना से प्रेरित मतवादी की 'उद्धारक दृष्टि' नहीं है। कवि गहरी संवेदना के साथ बड़ी अट्टालिका के आगे लगी तरुमालिका की सीमा से परे, लू और गर्द में पत्थर तोड़ने वाली मजदूरनी का गतिचित्र खींचता है, ऐसा गतिचित्र जिसमें परवशता और अभाव को व्यक्त करने वाली आंखें कवि की तरफ ताकती हैं : 'देखकर कोई नहीं, देखा मुझे उस दृष्टि से जो मार खा रोई नहीं।' संवेदना का तार कवि और मजदूरनी को परस्पर जोड़ देता है। निराला के आत्मसंघर्ष की पीड़ा से उत्पन्न काव्यसंवेदन–अपने लिए

ही सीमित नहीं है। पर पंत के काव्य में अरूप, अमूर्त, रंगरेखाहीन—एक मानसिक प्रत्यय मात्र कुछ श्रमजीवी 'नाप रहे घर का मग'। छायावादी भावभूमि पर निराला और पंत का जो अंतर है, वह यथार्थग्राह्यता और सामाजिक चेतना के स्तर की दृष्टि से भी नया रूप लेना आरंभ करता है। इसलिए कि दोनों के भिन्न-भिन्न प्रकार के 'सामाजिक अस्तित्व' दोनों में भिन्न-भिन्न प्रकार की चेतना पैदा करते हैं। इस अंतर के ही कारण पंत यथार्थ के दृश्यखंडों के चित्रांकन की सीमाओं के बाहर नहीं निकल पाते, निराला बाहर आकर अपनी यथार्थग्राह्यता को 'काल की गति', इतिहास की अवश्यंभाविता, जीवन के द्वंद्व आदि से जोड़ते हुए अपने ही भाववादी संस्कारों का अतिक्रमण करते हैं। पंत आचार्य शुक्ल के शब्दों में छायावाद और रहस्यवाद की सीमाओं से बाहर आते हैं और एक विशद अर्थभूमि पर उनकी कविप्रेरणा का संरचण, स्वाभाविक स्वच्छंदता का रूप ग्रहण करता है। इस विचार की पुष्टि में आचार्य शुक्ल ने 'युगवाणी' (सन् '39) की अनेक कविताओं, जैसे : 'झंझा में नीम', 'दो लड़के', आदि को उदाहृत किया है। इसके साथ ही दार्शनिक मतवादों पर लिखी कविताओं की काव्यसंवेदना की सीमा भी उन्होंने बताई है। उनके अनुसार : 'इन नाना वादों के संबंध में अच्छा तो यह होता कि उनके नामों का निर्देश न करके, उनके भीतर जो जीवन का सत्यांश है उसका मार्मिक रूप सामने रख दिया जाता। ऐसा न होने से जहां इन वादों के नाम आए हैं वहां कवि का अपना रूप छिपा सा लगता है।'[45] संभवतः इसलिए वादों और सिद्धांतों पर लिखी कविताओं में यथार्थ का अपना द्वंद्वात्मक अंतःरूप दिखाई नहीं पड़ता बल्कि भविष्यचिंतन का एक काव्यछद्म खड़ा होता है। यूरोप के काव्यांदोलनों में 'भविष्यपूजा की रूढ़ि' के रूप में यही बात दिखाई देती है। निराला ने वादों या सिद्धांतों की अभ्यर्थना में कोई कविता नहीं लिखी, अतः भविष्यचिंतन का काव्यछद्म उनके यहां नहीं मिलता। इतिहास की अग्रगति की पहचान जीवन-संघर्षों और जन आंदोलनों के सान्निध्य से उत्पन्न होती है। पंत में इसी पहचान की कमी है। फलतः कभी वे गांधीवाद की अभ्यर्थना करते हैं, कभी साम्यवाद का काव्यभाष्य लिखते हैं। पंत अपने इन दोषों से जहां मुक्त हैं, उन कविताओं में सामाजिक वास्तविकता का संवेदनशील भावचित्र मिल जाता है। मुक्तिबोध ने पंत की इस सीमा के अंतर्गत लिखी रचनाओं का सही मूल्यांकन किया है। मुक्तिबोध की दृष्टि में पंत के अंतःकरण का वास्तव में अधिकतर मनोमय संबंध रहा है, द्वंद्वात्मक संघर्ष नहीं :

> अतः, वास्तविक जीवनानुभव की जितनी संपन्नता निराला और प्रसाद में है, उतनी उस हद तक, उस मात्रा में पंत के पल्ले नहीं पड़ी। कर्म ही से बौद्धिक विश्लेषण शक्ति बढ़ती है, इसमें संदेह नहीं। प्रसाद ने सारस्वत सभ्यता की निर्माण करने वाली इड़ा को बुद्धिवादी बताया है। मुझे कहने दीजिए कि इस प्रकार के संघर्ष की, अर्थात् जीवनसंघर्ष की, आपेक्षिक अल्पता ने तथा स्वाभाविक एकांतप्रियता ने, बाह्य वास्तव से पंत जी के संबंधों के आरापास एक गोल सीमारेखा खींच दी है। पंत जी के काव्य का जो विकास हुआ है, उस विकास की अपनी एक निश्चित सीमा है। उस सीमा के घेरे के भीतर, पंत जी ने वास्तव के प्रति जो प्रतिक्रियाएं कीं और उस वास्तव ने उन्हें जो संवदेनाएं प्रदान कीं, उनमें ऋजुता, मंजुलता तथा एकरैखिकता है, जटिलता नहीं, वक्र-तिर्यक रैखिकता नहीं, ग्रंथिलता नहीं।[46]

पंत के काव्यसंवेदन और रूपाकन की यह 'एकरैखिकता' उनके कलाकार की सीमा है। छायावाद काल में भी यह सीमा थी, किंतु रूमानी कल्पना की उन्मुक्त उड़ान और विस्मयभाव के कारण

इस एकरैखिकता को 'अलौकिकता' और एक प्रकार की रहस्यवादिता मिल जाती थी। प्रगतिवाद की यथार्थदर्शी दृष्टि के कारण उनकी यह 'एकरैखिकता' निरवलंब और अनावृत्त हो गई। इसीलिए 'भारतमाता' (सन् '40) जैसी कविता की विराट पार्श्वभूमि और वस्तुसमष्टि के बावजूद पंत अपनी ऋजुता से बाहर नहीं निकल पाए। गीता और अहिंसा—अर्थात भूत और वर्तमान का यह चित्र 'ज्ञानमूढ़ गीता प्रकाशिनी/ जगजननी जीवन विकासिनी।' जैसे टुकड़ों से अरूप ही रह जाता है।

इस कविता के प्रारंभिक पद्यखंडों की तुलना में अंतिम दोनों पद्यखंड ऊपर से आरोपित प्रतीत होते हैं : कहां प्रारंभिक उदात्त भावचित्र—'भारतमाता ग्रामवासिनी। खेतों में फैला है श्यामल / धूल भरा मैला सा आंचल / गंगा यमुना में आंसू जल / मिट्टी की प्रतिमा उदासिनी।' और कहां अंतिम पद्यखंड का निरा वक्तृत्व। यही स्थिति 'राष्ट्रगान', 'महात्माजी के प्रति', 'कवि किसान', 'नवइंद्रिय', 'अहिंसा', 'बापू', 'संस्कृति का प्रश्न' आदि कविताओं की भी है। निरे वक्तृत्व का दोष उपर्युक्त सभी कविताओं में है। पंत अपने इस दोष से जहां मुक्त हो जाते हैं, वहां 'एकरैखिकता' के बावजूद यथार्थ के विविध स्तरों का उद्घाटन करने में अमर भावचित्रों की सृष्टि करते हैं। सामंती उत्पीड़न और तत्कालीन सामाजिक दुरवस्थाओं का परिचय गांव के किसान की आंखों से ही मिल जाता है। निराला ने जहां 'वे किसान की नई बहू की आंखें' और पत्थर तोड़ती मजदूरनी की आंखें चित्रित कीं, वहां पंत ने निराला के चित्रों से टक्कर लेने वाली उदात्त यथार्थपरक 'वे आंखें' शीर्षक कविता लिखी। अंधकार की गुहा सरीखी उन आंखों में पाशाविक उत्पीड़न, जमींदार और महाजन के आतंक, दुर्ज्ञेय दया की भूख, जमींदार के लठैतों से मारे गए बेठे की चीत्कार, पत्नी और दुधमुंही बिटिया का इलाज न करा सकने के कारण देहांत, कोतवाल के द्वारा विधवा पतोहू के बलात्कार से उत्पन्न तीव्र विक्षोभ—जाने कितने प्रकार के भित्तिचित्र उत्कीर्ण हैं। उस किसान के स्वाभिमान का उल्लेख करना भी कवि नहीं भूलता।

इसी तरह 'वह बुड्ढा' शीर्षक कविता भी लाठी टेके निर्धन ग्रामीण का रेखाचित्र प्रस्तुत करती है। जमींदार के यहां सलाम ठोंकता है, 'मौन त्रस्त चितवन' और 'कातर वाणी' से अपना दुःख कहता है। सारा मुखमंडल झुर्रियों की झांझर प्रतीत होता है। पूरा शरीर अब तो ध्वस्त है, पर :

> उसका लंबा डील डौल है, हट्ठी-कट्ठी काठी चौड़ी,
> इस खंडहर में बिजली सी उन्मत्त जवानी होगी दौड़ी।[47]

इस दृश्य को देखने के बाद मन विचित्र प्रकार की करुणा से भर जाता है—ऐसी करुणा जो सामाजिक अवस्था की 'काली नारकीय छाया निज छोड़' जाती है। हरी-भरी फसलों से सुशोभित धरती का पंत ने उतनी ही तन्मयता से वर्णन किया है, जितनी तन्मयता 'पल्लव' के प्रकृति-सौंदर्य के वर्णनों में है। खेतों में दूर तक 'मखमल की कोमल हरियाली' फैली है। कृषिसभ्यता के बाह्य यथार्थ का यह सौंदर्यवर्णन कहीं तो 'तिनकों के हरे-हरे तन पर हिल हरित रुधिर है रहा झलक' के रूप में है, कहीं 'उड़ती भीनी तैलाक्त गंध फूली सरसों पीली-पीली' के गंधचित्र के रूप में। 'लहलह पालक, महमह धनिया' का नाद-गंधमय मुहावरा भी खूब है। धरती की धूल और मेहनत की फसल वाली प्रकृति कवि की सपंख कल्पना को रूमानी

उड़ान का पूरा अवसर देती है :

फिरती हैं रंग-रंग की तितली रंग-रंग के फूलों पर सुंदर,
फूले फिरते हों फूल स्वयं उड़ उड़ वृंतों से वृंतों पर ।[48]

पर व्यवस्था का व्यंग्य यह है कि मनुष्य को लेकर कवि की रूमानी कल्पना उन्मुक्त उड़ान नहीं भर सकती। खेतों में हरियाली, पर मनुष्य ही यहां रूखा-सूखा, दीन-दुर्बल है। 'ग्राम चित्र' कविता की यही भावभूमि है। 'यहां नहीं है चहल-पहल वैभव विस्मित जीवन की, यहां डोलती वायु म्लान सौरभ मर्मर ले वन की।' 'गांव के लड़के' और 'कठपुतली' कविताओं में भी मनुष्य की इसी विडंबना का वर्णन है। उत्पीड़ित जनगण की दयनीयता और नर के 'नरकत्रास' का चित्रचयन 'ग्राम्या' में बहुतायत से मिलता है। इस यथार्थ के भीतर से उभरती हुई संघर्ष-चेतना का स्वर यद्यपि नहीं मिलता, पर गतिशील जनगण का सांस्कृतिक चित्र धोबियों, चमारों और कहारों के नृत्य पर लिखी कविताओं में मिल जाता है।

'कहारों का रुद्र नृत्य' कविता में वाद्यों के उन्मत्त घोष और गायन स्वर से कहारों की 'जन संस्कृति का तिग्म स्फीत सौंदर्य स्वप्न' अंकित किया गया है। जन संस्कृति की अनगढ़ता के कारण 'चमारों का नाच' शीर्षक कविता में नृत्य-प्रहसन और युद्ध का बेढंगा स्वांग ग्रामजीवन की गतिशीलता और ताजगी का परिचायक है। जन संस्कृति के इन्हीं उपादानों से प्रगतिशील यथार्थ का सामंत विरोधी पक्ष भी अपनी संघर्षशील भंगिमा के साथ उभरता है :

जमींदार पर फब्ती कसता। बाम्हन ठाकुर पर है हंसता।[49]

'ग्राम्या' में पंत के प्रेम संबंधी दृष्टिकोण का यथार्थवादी रूप उन्हें नारीपराधीनता की वास्तविक समस्याओं पर सोचने को मजबूर करता है। इस संग्रह में एक ओर यदि उच्चमध्यवर्ग की आधुनिकाओं की भर्त्सना है, तो दूसरी ओर 'मजदूरनी के प्रति', 'नारी', 'द्वंद्व प्रणय' और 'स्त्री' कविताओं में प्रेमभावना तथा नारी मुक्ति पर यथार्थवादी ढंग से विचार किया गया है। यदि इस पृथ्वी पर कहीं स्वर्ग है, तो स्त्री के हृदय के भीतर है; यदि कहीं मादकता है तो वह स्त्री के अधरों में है; यदि कहीं नरक है तो वासना के अंध गर्त में पुरुष को ढकेलने वाली नारी में है। 'स्त्री' शीर्षक कविता की यह भावभूमि क्रमशः रोमांटिक, यथार्थवादी और भोगवादी—तीन सार्वकालिक कथनों से व्यक्त की गई है। प्रचलित तीन प्रकार के यही दृष्टिकोण रहे हैं। 'द्वंद्व प्रणय' कविता में कवि नर-नारी संबंधों के कुंठित होने के मूल में जाता है और सामंती बंधनों की बेड़ियां काटकर दो हृदयों की मिलन-भावना को स्वस्थ प्रेम का लक्षण मानता है।

उल्लिखित दोनों कविताओं की तुलना में कहीं अधिक मूर्त और ठोस रूप में प्रेम के प्रगतिशील यथार्थवादी स्वरूप का चित्रण 'मजदूरनी के प्रति' कविता में है। स्त्री की आर्थिक मुक्ति में ही, उसकी प्रेमभावना और उसके व्यक्तित्व की भी मुक्ति है। यह तभी संभव है जब आजीविका की जिम्मेवारी केवल पुरुष पर न हो। पितृसत्तात्मक समाज की इस रूढ़ि अर्थात मेहनत केवल पुरुष करे, परिवार की जीविका केवल पुरुष अर्जित करे, स्त्री केवल भोगविलास, संतानोत्पत्ति और रसोई तक सीमित रहे—जब तक इस सामाजिक पराधीनता से स्त्री को मुक्ति नहीं दिलाई जाती, स्त्री-पुरुष का प्रेम कुंठित होता रहेगा। अतः पुरुष के साथ-साथ स्त्री भी समाज की विशाल कर्मधारा में हिस्सा ले। मजदूरनी कविता का यही सारतत्व

है। लोकलाज, कुलवधू की मर्यादा, 'निज द्वंद्व प्रतिष्ठा मूल'-- कामकाज में हाथ बंटाने और समाज की शेष सृष्टि से अपने को जोड़ने पर ही स्त्री अपनी स्वतंत्रता अर्जित कर लेती है :

नारी की संज्ञा भुला, नरों के संग बैठ,
चिर जन्म सुहृद सी जन हृदयों में सहज पैठ,
जो बंटा रहीं तुम जग जीवन का काम काज
तुम प्रिय हो मुझे न छूती तुमको काम लाज।[50]

सन् '35 में 'प्रेयसी' नामक कविता में निराला स्त्रीपराधीनता और प्रेम को कुंठित करने वाले सामंती बंधनों से प्रेमिका की मुक्ति दिखला चुके थे। उसके बाद 'अष्टम एडवर्ड के प्रति' कविता में निराला ने पुरुष पर हावी सामंती बंधनों से छुटकारा मिलने पर उसके प्रेम की मुक्ति दिखलाई। साम्राज्य त्याग कर अष्टम एडवर्ड ने अपनी प्रेमिका को स्वीकार किया; 'धन के, मान के बांध को जर्जर कर', नवसंस्कृति के उर की पुकार से अपना उर मिलाकर, भेदों का क्रम तोड़कर :

सिंहासन तज उतरे भू पर,
सम्राट! दिखाया
सत्य कौन सा वह सुंदर।[51]

प्रेम के इस प्रगतिशील यथार्थवादी सत्य की स्थापना के कारण एडवर्ड से 'आलिंगित हुई' 'सभ्यता यह नूतन'। पंत और निराला के प्रेम चित्रों के अलग-अलग पक्ष हैं। दोनों की निजी विशिष्टताओं के बावजूद सामंती बंधनों, रूढ़ सामाजिक मर्यादाओं और कुलशील के प्रश्नों से कुंठित हो रहे प्रेम की मुक्ति के भावचित्र जीवंत हैं। फिर भी सम्राट की प्रेममुक्ति और मजदूरनी के संपूर्ण व्यक्तित्व की मुक्ति में कितना अंतर है!

सन् '34-'35 के बाद सामाजिक यथार्थ के जिन प्रश्नों से निराला और पंत जूझ रहे थे, नई पीढ़ी के अनेक कृतिकार उन्हीं प्रश्नों से जूझ रहे थे। इन कृतिकारों में वे लोग भी सम्मिलित थे, जो प्रारंभ में छायावादी गीत या कविता लिखते थे। इस तरह सर्वथा नई यथार्थदृष्टि लेकर आने वाले कवियों से लेकर सनेही मंडल और उग्र राष्ट्रीय काव्यधारा के कवियों तक प्रगतिवादी आंदोलन का प्रसार हो गया था। यथार्थवादी दौर में लिखित निराला और पंत की रचनाओं की काव्यवस्तु और शैली का नई पीढ़ी के रचनाकारों पर काफी प्रभाव पड़ा, पर इन लोगों ने अपना स्वतंत्र रचनापथ भी निर्धारित करना शुरू कर दिया था। इसके अलावा कुछ ऐसी रचनाएं भी मिल जाती हैं जो निराला और पंत की यथार्थवादी रचनाओं के प्रकाशन से पूर्व ही छिटफुट रूप में इधर-उधर छपी थीं। 'रूपतरंग' में संगृहीत रामविलास शर्मा की कुछ कविताएं सन् '29 और सन् '36 के बीच की हैं। इसी तरह 'लावा और फूल' में संगृहीत शील की कुछ कविताएं सन् '34 और सन् '39 के मध्य छपी थीं। सन् '37 में प्रकाशित कानपुर के जनकवि सुदर्शन चक्र की छोटी सी काव्य-पुस्तिका 'रणभेरी' भी इस दृष्टि से उल्लेखनीय है। यथार्थ चित्रण की जिस प्रवृत्ति का स्वाभाविक विकास सन् '30 के बाद स्वतः हुआ, उसी की एक कड़ी भवानीप्रसाद मिश्र की 'सन्नाटा' (सन् '36) और 'गांव' (सन् '37) शीर्षक कविताएं हैं। लेकिन इन रचनाकारों से भी बहुत पहले सन् '32 में गोपालसिंह नेपाली की 'उलझन' शीर्षक कविता प्रकाशित हुई थी। इस कविता से बदलती हुई भावभूमि, यथार्थदृष्टि

और अलंकरणहीन रचनाशैली का पर्याप्त संकेत मिल जाता है। इस कविता में रूमानी उच्छ्वास, कल्पना की अतिशयता, भाषा की रंगीनी आदि से बचने का प्रयत्न पूरी तरह स्पष्ट है। केवल प्रेमभावना को लेकर ही नहीं, बल्कि अनेक ऐसे विषयों पर भी सन् '30 से सन् '36 तक कविताएं प्रकाशित हो रही थीं, जो सामाजिक वैषम्य, किसान-मजदूर के कर्मनिरत जीवन और जनआंदोलन से संबद्ध थे। उदाहरण के लिए जगन्नाथप्रसाद 'मिलिंद' की कविता 'अंधा गायक' सन् '30 में 'विशाल भारत' के फरवरी अंक में छपी थी, शील की कविता 'बैल' का प्रकाशन सन् '34 में 'प्रभा' के दिसंबर अंक में हुआ था और इकबाल वर्मा 'सिहर' की रचना 'मजदूर' सन् '36 में 'विशाल भारत' के मार्च अंक में प्रकाशित हुई थी। उन्हीं दिनों काजिम अली जमीर मजहरी की दो कविताएं 'मजदूर की आवाज' और 'पथगीत' समाजवादी विचारधारा से प्रभावित युवकों के बीच चर्चा का विषय बनी हुई थीं। बेनीपुरी ने इन दोनों कविताओं की मुक्तकंठ से प्रशंसा की थी।[52] इससे स्पष्ट है कि काव्य के क्षेत्र में भी सामाजिक यथार्थ की ओर बढ़ने का स्वाभाविक क्रम सन् '30 के बाद शुरू हो गया था और इस दिशा में युवा कवि पीछे न थे। इन्हीं युवा कृतिकारों में केदारनाथ अग्रवाल, शमशेर, नागार्जुन, शैलेंद्र, त्रिलोचन, मुक्तिबोध आदि प्रगतिशील आंदोलन के प्रतिष्ठित हो जाने के बाद अर्थात सन् '43 के लगभग धीरे-धीरे उभरने लगे थे, पर उसके लड़ाकू दौर में ही अपनी प्रतिभा का तेज दिखला पाए।

यहां प्रगतिशील काव्यांदोलन के प्रमुख रचनाकारों के कृतित्व की मूलभूत प्रवृत्तियों, यथार्थ के विविध रूपों की विशिष्टताओं, शैली शिल्प की नवीनता आदि का विश्लेषण अपेक्षित है। अतः हर कवि का अलग-अलग मूल्यांकन न तो यहां अपेक्षित है और न संभव। इसीलिए उनकी रचनाओं का उल्लेख करने के बाद प्रवृत्तियों, विशिष्टताओं और रचना-विधान की दृष्टि से संपूर्ण प्रगतिशील काव्य का संक्षेप में मूल्यांकन और विश्लेषण किया गया है। इसके साथ ही रचनात्मक स्तर पर प्रगतिशील साहित्य के अंतर्विरोधों को उसी प्रकार दिखाया गया है, जिस तरह सनेही मंडल, उग्र राष्ट्रीय कवियों और निराला-पंत के काव्य में अंतर्भूत परस्पर विरोधी तत्वों की अलग-अलग विशेषताएं दिखाई गई हैं। प्रगतिशील काव्यांदोलन के अंतर्गत लिखित रचनाओं का काफी बड़ा हिस्सा पत्र-पत्रिकाओं और स्थानीय स्तर पर प्रकाशित संकलनों में ही दबा पड़ा है, अब तक उनका संग्रहाकार प्रकाशन नहीं हो पाया। अतः उसके काव्यसाहित्य के समुचित मूल्यांकन के लिए पत्र-पत्रिकाओं और स्थानीय संकलनों को भी मैंने देखा है। उनसे यह पता चलता है कि संग्रहों के प्रकाशन के बावजूद, शील, नागार्जुन, केदारनाथ अग्रवाल, त्रिलोचन, शमशेर बहादुर सिंह, मुक्तिबोध, नरेश मेहता, शंकर शैलेंद्र, रांगेय राघव, रामविलास शर्मा ('निरंजन' तथा 'अगिया बेताल' छद्मनाम), राजीव सक्सेना, सुरेंद्र कुमार श्रीवास्तव, रमई काका, प्रकाश आनंदपुरी, मलखान सिंह, चंद्रदेव शर्मा, सुदर्शन चक्र, गंगाराम पथिक आदि की अनेक महत्वपूर्ण रचनाएं पत्र-पत्रिकाओं में ही दबी पड़ी हैं। ऐसी रचनाओं में केदारनाथ अग्रवाल की 'जहाजियों के विद्रोह पर आल्हा', 'छोटे हाथ', रांगेय राघव की 'आज सुन रधिया पपीहरा के बोल न' आदि कविताएं उल्लेखनीय हैं। अतः जिन कवियों के संग्रह प्रकाशित हुए हैं, उनके विपुल काव्यसाहित्य को देखते हुए इन लोगों की रचनाओं के प्रकाशन आंशिक रूप में ही हो पाये हैं।

दूसरी तरफ अनेक प्रगतिशील जनकवि हैं, जिनके संग्रहों का अब तक प्रकाशन ही नहीं

हो पाया है। ऐसे कृतिकारों में वीरेश्वर सिंह वीरेश ('गोरा बादल' छद्मनाम), चांद मोहन, शलभ, ज्ञेय, अनंत कुमार पाषाण, लाल धुआं, जयनारायण व्यास, मानसिंह राही, रामबहादुर सिंह मुक्त, कन्हैया, दरिद्र नारायण, राम आसरे, अमर शेख, रफअत लईक, खेमसिंह नागर, धनंजय झा, वंशीधर पंडा, वंशीधर शुक्ल, राहुल सांकृत्यायन, रामकेर, मूढ़जी, साहबसिंह मेहरा आदि के नाम उल्लेखनीय हैं। जन आंदोलन के समय आयोजित राजनीतिक-सांस्कृतिक मंचों से इनकी कविताओं का बराबर पाठ होता रहा, श्रोताओं की स्मृतियों में अब उन कविताओं का भावावेग भर शेष है। कम्युनिस्ट पार्टी और सोशलिस्ट पार्टी के पत्रों में भी इनकी बहुत कम कविताएं प्रकाशित हो पाईं हैं। ऐसी स्थिति में उपर्युक्त रचनाकारों का काव्यसाहित्य अल्पांश में ही पत्र-पत्रिकाओं में उपलब्ध है, शेष लुप्तप्राय और अज्ञात है।

प्रगतिवादी काव्य

प्रगतिवाद ने रचनाकारों की सौंदर्यवृत्ति, विचारदृष्टि और रचना सामर्थ्य को उन अवरोधों से मुक्त किया जो अध्यात्मवाद, रहस्यवाद, आदर्शवाद, कलावाद आदि के नाम पर उन्हें कुंठित कर रहे थे। नए यथार्थवादी सौंदर्यबोध, समाजवादी विचारधारा, मानववाद और जन संस्कृति के उपादानों से कविता को समृद्ध करने के प्रयास आरंभ हुए। यह प्रयास अपनी परंपरा और विरासत के प्रगतिशील तत्वों के ग्रहण तथा प्रतिगामी तत्वों के त्याग की स्वस्थ वैचारिक अंतर्दृष्टि के बिना निष्फल होता। अतः प्रगतिवाद ने एक सुव्यवस्थित कलात्मक मानदंड अर्थात समाजवादी यथार्थवाद के साहित्यिक मानदंडों को रखने का प्रयास किया। प्रगतिशील समीक्षा के अंतर्गत इन मानदंडों का विवेचन किया गया है। यहां इतना बता देना अप्रासंगिक न होगा कि इन मानदंडों के निर्माण में समीक्षकों से लेकर सृजनशील साहित्यकारों तक का योग है। प्रगतिशील काव्य का मूल्यांकन उन्हीं मानदंडों पर किया जाना चाहिए।

प्रगतिवादी काव्य में सौंदर्यवृत्ति एवं विचारदृष्टि

इंद्रियबोध, भाव और विचारदृष्टि का कलात्मक संयोजन न कर पाने के कारण ही सनेही मंडल के कवियों की रचनाएं तथा कुछ प्रगतिशील कवियों की कृतियां पाठक या श्रोता को प्रचार मात्र प्रतीत होती हैं। यह एक प्रकार का कलात्मक दोष है जो कविता को बुद्धिविलास में परिणत कर देता है। इस प्रसंग में कवि प्लाटेन पर लिखी एंगेल्स की समीक्षा की वह प्रसिद्ध पंक्ति उल्लेखनीय है, जिसमें उन्होंने बुद्धिविलास को काव्यदोष बताया है। एंगेल्स ने लिखा : 'प्लाटेन की गलती यह थी कि वह अपनी बुद्धि की उपज को कविता समझता था।' स्पष्ट है कि कविता के लिए विचार मात्र पर्याप्त नहीं है, ऐंद्रिक संवेदना, भावबोध और चित्रमय कल्पना भी अपेक्षित हैं। बुद्धिविलास से बचने की कोशिश तथा ऐंद्रिक संवेदना, भाववृत्ति तथा विचार को परस्पर गुंफित करने पर ही कवि अपनी सौंदर्यवृत्ति अभिव्यक्त कर पाता है। हिंदी काव्यपरंपरा में सौंदर्यवृत्ति को अभिव्यक्त करने के प्रयत्न आदिकालीन साहित्य से लेकर अब तक के काव्य में मिलते हैं। सनेही मंडल के रचनाकारों ने शुद्ध वैचारिक आवेश में इस पूरी काव्यपरंपरा और उसकी सौंदर्यवृत्ति के यथार्थवादी उपादानों को ग्रहण न कर स्वयं को अपनी परंपरा से ही काट लिया, जबकि उसी समय के केशवप्रसाद मिश्र, नाथूराम शर्मा 'शंकर', देवीदयाल चतुर्वेदी 'मस्त' आदि में उनसे कहीं अधिक गहरी यथार्थवादी कलादृष्टि

है। प्रगतिशील आंदोलन के दौरान भी सनेही मंडल के कृतिकारों की कोरी वैचारिकता, नारेबाजी अथवा बुद्धिविलास की प्रवृत्ति का अवशेष मिलता है। अनेक समीक्षकों ने इसे ही लक्षित कर प्रगतिवाद को प्रोपगेंडा साहित्य कहना आरंभ कर दिया है।

पर अधिकांश प्रगतिशील रचनाकारों ने स्वयं को उपर्युक्त दोष से बचाने का प्रयत्न किया है। इस दृष्टि से प्रगतिशील काव्य को उग्र राष्ट्रवादी कवियों ने भी एक हद तक समृद्ध किया है। शील की सन् '34 में लिखित 'बैल' शीर्षक कविता में किसान और बैल की कर्मण्यता का सौंदर्य दर्शनीय है :

मुझको रोटी तुमको तिनका,
है आधार यही जीवन का
चलो पेट भर लें चल करके दुखिया बैल टुटैल,
तक तक तक तक बैल।[53]

एक मजदूरनी द्वारा बलात्कारी पुरुष से अपनी रक्षा अर्थात साहसपूर्ण ओज का सौंदर्य 'नारी' नामक कविता में पूरी नाटकीयता के साथ अभिव्यक्त हुआ है। 'लावा और फूल' नामक शील के कविता संग्रह में 'किसान', 'अंतर्द्वंद्व', 'अंगड़ाई', 'मजदूर की झोंपड़ी' आदि कविताएं उत्पीड़ित वर्ग के जीवन संघर्ष का सौंदर्यांकन करती हैं। केदारनाथ अग्रवाल ने तो इस नए सौंदर्यबोध को परिभाषित करते हुए बबूल की जिजीविषा और झेलने की शक्ति में ही सुंदरता पा ली है :

गरम-गरम हवा चली, अशांत रेत से भरी,
हरेक पांखुरी जली, कली न जी सकी, मरी।
बबूल आप ही पला, हवा से वह न डर सका,
कठोर जिंदगी चला, न जल सका, न मर सका।[54]

केदार की एक दूसरी कविता में इसी सौंदर्यात्मक अवधारणा को दिन के वर्णन में व्यक्त किया गया है : 'दिन अच्छा है / बीच खेत में अड़े सांढ़ की तरह खड़ा है / उस मनचीते वृषभ दिवस की जो भर देखो।' यथार्थ के कठोर संघर्षशील रूपों के स्थिर क्षणों के अंकन के साथ केदार ने 'वसंती हवा' के गतिशील पक्षों के चित्र अंकित किए हैं; फसल कटनी के समय का श्रमगीत लिखकर किसानों का कर्म-सौंदर्य दिखलाया है :

काटो काटो काटो करबी
मारो मारो मारो हंसिया
हिंसा और अहिंसा क्या है
जीवन से बढ़ हिंसा क्या है
मारो मारो मारो हंसिया
पाटो पाटो पाटो धरती।[55]

इसी तरह सर्वहारा वर्ग के श्रमगीत 'मार हथौड़ा/ कर कर चोट /लाल हुए काले लोहे को जैसा चाहे वैसा मोड़' लिखकर सुखद भविष्य के निर्माण के आह्वान की भावना को बंधन तोड़ने के संकल्प से जोड़ा है। कवि की दृष्टि में इसी प्रकार 'जल्दी छवि से नाता जोड़ा'

जा सकता है। छायावाद काल में निराला ने भी इसी छवि से नाता जोड़ा था (उद्‌बोधन, सन्‌ '24), पर उसे 'विश्व की नश्वरता' नष्ट करने, 'रहे अवशिष्ट सत्य जो स्पष्ट' कर सुरक्षित करने, दुर्बल विश्वास को दूर करने के उद्देश्य से आमंत्रण दिया था : 'किरणों की गति से आ, आ तू, गौरव गान, एक कर दे पृथ्वी आकाश।' पर केदार के काव्य में 'किरणों की गति से आने वाले' किसी अज्ञात पुरुषार्थ पर भरोसा नहीं, यहां तो 'लाल हुए काले लोहे को जैसा चाहे वैसा मोड़' वाली सर्वहारा चेतना है या वह जन है, जो 'जीवन की आग जलाकर आग बना है', 'फौलादी पंजे फैलाए नाग बना है', 'जिसने शोषण को तोड़ा, शासन मोड़ा है, जो युग के रथ का घोड़ा है।' ('वह जन मारे नहीं मरेगा', शीर्षक कविता)। केदार का यह जन अकेला नहीं है, 'चित्रकूट के बौड़म यात्रियों' की तरह 'लंबी एक कतार बना के' निकलता है। वह जन ऐसा है जिसे संघर्ष के सभी रूपों पर महारत हासिल है। कवि ने उस जन को देखा-समझा-बूझा है : 'मैंने उसको /जब जब देखा/ लोहा देखा/ लोहा जैसा—/ तपते देखा/ गलते देखा/ ढलते देखा / मैंने उसको / गोली जैसा / चलते देखा।'

प्रगतिशील कवि नागार्जुन ने इसी जन की वंदना 'युगधारा' संग्रह की पहली कविता में की है। इस जन के करोड़ों पैर, हाथ और सिर हैं। यह जन महिमामंडित परंपराओं का वाहन है, यह जन हिरण्यकशिपुः का पेट फाड़ रहा है और आज के प्रह्लादों को अभयदान दे रहा है :

> हे महाप्राण
> आतंकित तुमसे दानवदल
> वंचक मायावी कालनेमि धारण करते
> नाना प्रकार के छद्‌मवेश
> फिर भी न पा रहे कहीं त्राण
> छीजते जा रहे क्षीयमाण
> प्रतिशोध तुम्हारा अति अद्‌भुत, विकराल तुम्हारा न्यायदंड
> तुम चूर-चूर कर रहे आज मांधाताओं का सब घमंड।

शमशेर बाहदुर सिंह की एक कविता में मजदूर वर्ग इतिहासविधायक शक्ति के रूप में चित्रित है, मध्यवर्ग हीनता-दीनता से पीड़ित है, दूसरी तरफ 'ध्येय धीर', 'मुक्ति का धनंजय' मजदूर वर्ग है :

> किंतु उधर
> पथ-प्रदर्शिका मशाल
> कमकर की मुट्ठी में—किंतु उधर,
> आगे-आगे जलती चलती है
> लाल-लाल
> वज्र कठिन कमकर की मुट्ठी में
> पथ प्रदर्शिका मशाल।[56]

नागार्जुन और शमशेर की उपर्युक्त उद्धृत दोनों कविताओं की एक सीमा है। सीमा यह कि 'जनता' और 'कमकर' का वर्गप्रत्यय अमूर्त रूप में उभरता है। सनेही मंडल के कवियों की

तुलना में 'जनवंदना' और 'वाम-वाम वाम दिशा' कविताएं उच्च स्तर की हैं, पर 'बुद्धिविलास' का स्तर वही है। 'जनता' और 'कमकर' का चित्रण 'टाइप' के माध्यम से हो सकता है, उनके गतिशील जीवनपहलू की ब्योरेवार झलक देने के लिए सृजनशील दृश्यकल्पना अपेक्षित है। पंत की कविता में 'कुछ श्रमजीवी धर डगमग डग' के रेखांकन से मजदूरवर्ग अरूप और अमूर्त ही रह जाता है। कुछ ऐसी ही स्थिति नागार्जुन और शमशेर की उपर्युक्त कविताओं की भी है। पर केदारनाथ अग्रवाल ने मेहनतकशों की श्रमशक्ति और उनकी युगांतरकारी भूमिका का चित्र खींचने के लिए एक दूसरा ही तरीका अपनाया है। 'छोटे हाथ' शीर्षक कविता में वह मेहनतकशों के हाथ को एक विराट पटभूमि पर इंद्रियग्राही भावसंवेद्य रूप प्रदान करते हैं : 'छोटे हाथ सबेरा होते, लाल कम से खिल उठते हैं/करनी करने को आतुर हो धूप-हवा में हिल उठते हैं।' केदार की इस कविता में निहित विभावन व्यापार ध्यान देने योग्य है।

प्रगतिशील रचनाकारों में जिन लोगों ने इस 'विभाजन-व्यापार' की उपेक्षा की है, वे कोरी वक्तृता और संवेदनाशून्य वाग्जाल में फंसे रह गए। 'कुहरे के बादल' शीर्षक कविता के रचयिता रामविलास शर्मा खेती के कार्यों में तन्मय ग्राम्य युवती का चित्र खींचते हैं और अपने इसी चित्र के माध्यम से किसानों की मुक्ति का सवाल उठाते हैं। उनकी श्रमशक्ति और कर्मण्यता में ही भावी क्रांति के बीज छिपे हुए हैं। इसके अलावा यह यथार्थ का प्रगतिशील पहलू है जो रागात्मकता के साथ अपना भावसंवेद्य रूप ग्रहण करता है :

> बीच बीच में सहसा उठकर, खड़ी हुई वह युवती सुंदर
> लगा रही थी पानी झुक कर, सीधी करे कमर वह पलभर
> इधर-उधर वह पेड़ हटाती, रुकती जल की धार बहाती
> मांगी से फिर उसे रोकती, विगही में जब धवा फोड़ती
> धीरे-धीरे विगही भरती, धवा बांध वह आगे बढ़ती।[57]

रामविलास शर्मा की ही 'तूफान के समय' शीर्षक कविता में प्रकृति की अंध शक्तियों पर श्रमशील जनगण की विजय का आस्थापूर्ण भव्य चित्र है। हिंदी प्रगतिशील कविता में मजदूर-किसान जनता की प्रगतिकामी शक्तियों को उभार कर रखने के प्रयास में ऐसी ही अनेक सुंदर कविताएं लिखी गई हैं। केदारनाथ अग्रवाल की कविता 'घन गरजे, जन गरजे', पराधीनता से मुक्ति के साथ वर्गशोषण से मुक्ति का समूहगान है। शंकर शैलेंद्र की कविता 'तू जिंदा है', में मजदूरों, किसानों एवं अन्य उत्पीड़ित जनों से कहा गया है कि वे 'जिंदगी की जीत में यकीन' करना सीखें। कलात्मकता और यथार्थ के प्रगतिशील पहलुओं के उद्घाटन की दृष्टि से इस कविता का अंतिम टुकड़ा देखा जा सकता है :

> हमारे कारवां को मंजिलों का इंतजार है,
> यह आंधियों की, बिजलियों की पीठ पर सवार है,
> तू आ कदम मिला के चल, चलें एक साथ हम,
> मुसीबतों के सर कुचल, बढ़ेंगे एक साथ हम
> कभी तो होगी इस चमन पर भी बहार की नजर।
> टिके न टिक सकेंगे भूख रोग के स्वराज्य ये
> ज़मीं के पेट में लगी अगन, पले हैं ज़लज़ले,

बुरी है आग पेट की, बुरे हैं दिल के दाग़ ये
न दब सकेंगे, एक दिन बनेंगे इंक़लाब ये
गिरेंगे जुल्म के महल,
बनेंगे फिर नवीन घर![58]

शंकर शैलेंद्र की 'उठे कदम' शीर्षक कविता भी इसी तरह का प्रयाणगीत है। 'अगिया बैताल' और 'निरंजन' के छद्मनाम से लिखित रामविलास शर्मा की अनेक कविताओं में यथार्थ के क्रांतिकारी पक्ष को उभारा गया है। समाजवादी यथार्थवाद की आवश्यक साहित्यिक प्रणाली के रूप में क्रांतिकारी रोमांटिसिज्म का उपयोग शंकर शैलेंद्र, केदारनाथ अग्रवाल, रामविलास शर्मा, सुदर्शन चक्र, नागार्जुन, जय नारायण व्यास, मलखान सिंह सिसौदिया आदि के काव्य में मिलता है। 'किसान जागा, जमींदार भागा' शीर्षक सन् '47 में लिखित कविता क्रांतिकारी यथार्थवादी अंकन पद्धति की दृष्टि से उल्लेखनीय है। आल्हा के उदात्त वीरत्व के स्वर के साथ कविता शुरू होती है : 'चोट पड़ी है फिर डंके पर, यारों फौज होय तैयार।'

यही जमाना है रैयत का बढ़कर फतह करे मैदान।
दो सौ साल गुलामी काटी अब होवें आजाद किसान॥
चोट पड़ी है फिर डंके पर यारों इधर सुनो ललकार।
इन्कलाब के वीर सिपाही अपनी फौज करो तैयार।[59]

प्रगतिशील काव्यांदोलन के दौरान दिनकर-नवीन की रूमानी मध्यवर्गीय क्रांतिकारिता से मध्यवर्गीय भावसंस्कार को छांटकार एक नई क्रांतिकारी यथार्थवादी काव्यपरंपरा विकसित की गई। ऐसी रचनाओं में स्वाधीनता और सामजिक क्रांति–दोनों को एक साथ लिया गया। इस दृष्टि से लिखी गई कविताओं में प्रेम धवन का वह गीत उल्लेखनीय है, जिस पर सन् '47 के मार्च महीने में पं. नेहरू की अस्थायी केंद्रीय सरकार ने रोक लगा दी थी। गीत का शीर्षक है 'सुनो हिंद के रहने वालो।' इस गीत में सन् '47 के सांप्रदायिक हत्याकांड की पृष्ठभूमि में उत्पीड़ित जनगण की वर्ग-एकता का आह्वान किया गया हैः

आओ, हिंदू-मुस्लिम आओ, फिर डंके पे चोट लगाओ,
फिर टीपू की तलवार उठे, फिर झांसी की ललकार उठे,
फिर ज्योति जल उठे आजादी की, फिर घर-घर जय-जयकार उठे,
आओ, सोए भाग जगाओ, दूर नहीं है मंजिल गर
चालीस करोड़ अब कदम बढ़ाओ, कदम बढ़ाओ...।[60]

जननाट्य संघ की ओर से बैले ग्रुप समूहगान के रूप में इस गीत को गाता था और जन एकता का भावनात्मक दायरा लहर-दर-लहर बढ़ाता हुआ, स्वर को क्रमशः आरोह की ओर ले जाता था। सन् '46 के बाद के लड़ाकू दौर में प्रगतिशील आंदोलन की ऐतिहासिक राजनीतिक आवश्यकताओं के कारण कविता में क्रांतिकारी रूमानियत और सामाजिक यथार्थवाद के रचनात्मक उपादानों का विकास हुआ। 'जीवन-संग्राम में सौंदर्य का चरम रूप' देखा गया। शिवमंगल सिंह 'सुमन' और नरेंद्र शर्मा ने दूसरे महायुद्ध काल में फासीवाद के विरुद्ध लाल सेना की विजय के गीत लिखे। 'प्रलय-सृजन' नामक संग्रह में 'मास्को अब भी दूर है', 'तूफानों की ओर', 'स्तालिनग्राद' और 'चली जा रही है बढ़ी लाल सेना' आदि इसी दौर में लिखी

गई कविताएं हैं। प्रथम समाजवादी क्रांति के देश रूस पर नाजियों ने आक्रमण कर दिया था। हिटलर की सेना को रूस के अंदर 'लाल सेना' से युद्ध के क्रम में मुंह की खानी पड़ी। फासिस्ट शक्तियों की पराजय के उन क्षणों की राजनीतिक पृष्ठिभूमि में सुमन ने लिखा : 'इस जनगढ़ में जो-जो आता / होता चूर जरूर है / दस हफ्ते दस साल बन गए मास्को अब भी दूर है।'[61]

प्रयाण गीत की सामूहिक स्वरलहरी का प्रवाह 'चली जा रही है बढ़ी लाल सेना' कविता में देखा जा सकता है। 'युगों की सड़ी रूढ़ियों को कुचलती/ जहर की लहर सी लहरती मचलती/ अंधेरी निशा में मशालों सी जलती / चली जा रही है बढ़ी लाल सेना।' इसी जमाने में नरेंद्र शर्मा द्वारा लिखित जनगीतों का संग्रह 'लाल सेना' (1943) प्रकाशित हुआ था। इस संग्रह में 'लाल रूस', 'योम सोवियत', 'स्तालिनग्राद' और 'यकुम मई' कविताएं हैं। नई समाजवादी व्यवस्था के क्रांतिकारी पक्षों को उभारते हुए हिंदुस्तान के मजदूर किसानों के बीच गाए जाने वाले समूह गीत 'लाल रूस' की ये पंक्तियां सीधी-सादी भाषा में हैं :

वहां राज है पंचायत का, वहां नहीं है बेकारी
वहां न लड़ती दाढ़ी-चोटी, वहां नहीं साहूकारी
मीलें यहां मजूरों की हैं, धरती वहां किसानों की
लाल रूस है ढाल साथियों सब मजदूर-किसानों की।[62]

प्रगतिशील काव्य अपने विषयक्षेत्र की सीमा व्यापक बनाता चल रहा था। उसी काल में राजस्थान के अनेक जनकवियों ने राजे-रजवाड़ों और नरेशों के उत्पीड़न के विरुद्ध क्रांतिकारी कविताएं लिखीं। जय नारायण व्यास ने लिखा :

कल ही तुम पर गाज गिरेगा, तेरा सभी समाज गिरेगा
तख्त गिरेगा, ताज गिरेगा, नहीं रहेगी तेरी सत्ता
बस्ती तो आजाद रहेगी, जालिम तेरे सब जुल्मों की
उसमें कायम याद रहेगी।[63]

उस समय राजस्थानी के प्रसिद्ध कवि 'काला बादल' ने 'काले बादल बरसा दे रे बलती आग' जैसी उग्र क्रांतिकारी कविता लिखी थी। कुछ अरसे बाद किसानों और नरेशों के अंतर्विरोध के हल के लिए सुधींद्र की कविता 'प्रलय वाणी' में राजनीति का ऊंचा स्वर सुनाई पड़ा था। नंद चतुर्वेदी के हवाले से पता चलता है कि उस युग में राजस्थान में क्रांतिकारी कवियों की एक पूरी जमात ही तैयार हो गई। उन कवियों में मेघराज मुकुल, गणपत चंद भंडारी, घनश्याम 'शलभ', गंगाराम पथिक आदि के नाम विशेष प्रसिद्ध हुए।[64] डा. रणजीत के हवाले से पता चलता है कि आजादी की लड़ाई के समय से लेकर सन् '51 तक मनुज देवापत राजस्थान के सामंती वातावरण में विद्रोह की ज्वाला जलाने वाले साहसिक कवि थे।[65] 'विप्लव गायन' नामक उनके संग्रह में अनेक क्रांतिकारी कविताएं संगृहीत हैं।

वर्गवैषम्य और वर्गसंघर्ष पर काव्यात्मक प्रतिक्रिया की दृष्टि से प्रगतिशील काव्य का सामंत विरोधी पक्ष समृद्ध रहा है। हिंदुस्तान के जातीय जीवन में कृषिक्रांति की आवश्यकता से प्रेरित 'किसान सभा' का प्रभाव सन् '30 से सन् '51 तक विशेष रूप से पड़ा। संभवतः इसीलिए प्रगतिशील काव्य का कृषिक्रांतिमूलक स्वर सबसे ऊंचा और सबसे जीवंत रहा है।

जिस तरह तुलसीदास ने राम-रावण की कथा द्वारा अन्याय के प्रतिरोध की भावना जाग्रत की, उसी तरह प्रगतिशील कवियों ने नरेशों, नवाबों, जमींदारों और महाजनों के अन्याय का प्रतिरोध करने की भावना जाग्रत की। प्रगतिशील कविता की यह संघर्षप्रेरणा उसकी उच्चतम सौंदर्यवृत्ति है। जीवन के काले अंधकारमय पक्ष का चित्रण कर कवियों ने कर्मण्यता, संघर्ष, आस्था और सुखद भविष्य का पार्श्वअंकन किया।

करुणा और ममता : 'वे किसान की नई बहू की आंखें', 'वह बुड्ढा', 'वे आंखें', 'देवी सरस्वती' आदि कविताओं में गांव के उत्पीड़ित जनगण और खेतिहर आबादी की जनसंस्कृति का सहानुभूतिपूर्ण चित्र खींचने की कला का उच्च रूप निराला और पंत दिखला चुके थे। नई पीढ़ी के अनेक कवियों ने गांव के यथार्थ का उद्घाटन करने की दिशा में उसी परंपरा को और भी आगे बढ़ाया। सन् '37 में लिखित भवानी प्रसाद मिश्र की कविता 'गांव' का यह टुकड़ा ध्यान देने योग्य है :

रात बीती है, अंधेरी छंट रही है,
और पीली पौ अकेली फट रही है;
एक चिड़िया घोंसले को छोड़ जागी
और पूरब में लगी बेलाग आगी।
गांव में पहली किरन के साथ जागे,
चैन जगने पर नहीं जिनको, अभागे;
जोतना है खेत, हल के साथ निकले।[66]

प्रगतिशील आंदोलन ने गांव को साहित्यिक सृजन के केंद्र में ला खड़ा किया। गांव का टाइप चित्र खींचने अथवा सीधा सादा रेखांकन करने की प्रवृत्ति एक तरह से उस समय सर्वातिशायी प्रवृत्ति बन गई थी। इस टाइप की अंतरंग विशिष्टताओं को वही कवि सामने ला सकता था जिसका गांव से गहरा लगाव रहा हो। 'गांव' के कर्मण्य जीवन और किसानों की दीनता का अंकन करने की प्रवृत्ति विभिन्न आलंबनों के माध्यम से सामने आई; उदाहरणार्थ आरसी प्रसाद सिंह की 'बैलगाड़ी' शीर्षक कविता ली जा सकती है। कविता बैलगाड़ी की गतिमयता का सहज स्वर उभारती हुई शुरू होती है : 'जा रही है गांव की कच्ची सड़क से लड़खड़ाती बैल गाड़ी।' गांव के लोग किस तरह उत्पादन की पुरानी प्रणाली, रहन-सहन के पुराने ढंग और सामाजिक रूढ़ियों की पुरानी लकीर के फकीर बने हैं : 'एक ही वह लीक पकड़े / रूढ़ियों को और जकड़े।' गाड़ीवान की दयनीयता को कवि जाड़े की रात में दिखाता है : 'रात जाड़े की कंपाती/हड्डियों को भी चबाती/बर्फ-सी ठंडी हवा है/ मौत की भी क्या दवा है? देखकर इतना अंधेरा/आज लगता है कि आए/ ही नहीं जैसे सबेरा।' दलित आबादी के बीच से संवेदनशील कवि 'हलधर' को उठा लाता है और उसे अपनी राम कहानी व्यक्त करने वाली भाषा दे देता है : 'मैं ऊसर में बोता मोती / फिर किस्मत क्यों मेरी रोती? मेरे मिट्टी के खेतों में/नित सोने की वर्षा होती।' सन् '42 में प्रकाशित आरसी प्रसाद सिंह की 'संचयिता' में ऐसी अनेक कविताएं संगृहीत हैं। 'तमसा' नामक अपने कविता संग्रह में रामेश्वर 'करुण' ने वर्गवैषम्य से पीड़ित निर्धन किसानों की हाय और उनकी मूक वेदना का सरलतम रेखांकन किया है। 'यह दो विपरीत कथाएं' नामक कविता में कवि कहता है : 'कुछ को मंदाग्नि सताती, वह चूरन फांका करते/ कुछ को जठराग्नि सताती, वह चूल्हे झांका करते/तोड़े

न तिजोरी कोई, कुछ इस चिंता में मरते⁄ कैसे यह कर्ज पटेगा, कुछ इसकी चिंता करते।' संसार के दुःख-दैन्य के मूल में वर्ग-समाज की स्थिति न देखने वाले कवि पंत ने जहां 'जग पीड़ित है अति दुःख से' कहकर वर्ग उत्पीड़न पर परदा डाल दिया था, वहां रामेश्वर 'करुण' ने 'दो विपरीत' दुःख को आमने-सामने रखकर शोषक और शोषित को आमने-सामने ला खड़ा किया है। कवि दो विपरीत व्यथाओं के चित्रण के साथ 'कृषकों की करुण कथाएं' शीर्षक कविता भी लिखता है और यह संकेत देता है कि कर्मण्य 'कृषक-भुजा' पर बलिहारी हो जाना चाहिए। रामेश्वर 'करुण' अपनी कविता के अभिव्यक्तिप्रकार और रूपबंध में द्विवेदी युग के इतिवृत्त संग्रह तथा सनेही मंडल के विचारबद्ध तथ्य कथन की सीमा का अतिक्रमण नहीं कर पाते।

मिलिंद की प्रारंभिक कविताओं में बुद्धिविलास और प्रचारात्मकता का वही स्तर बना रहा जो सनेही मंडल का था। इस दृष्टि से 'बलि के गीत' नामक संग्रह की दो कविताएं : 'किसान का जन्मदिन' और 'किसान की चुनौती' देखी जा सकती हैं। पहली कविता में कवि किसान को उसके जन्म दिन पर बधाई देता है : 'इतिहास कहेगा, तेरे श्रम में रहा सत्य।' दूसरी कविता में किसान स्वयं अपनी गाथा कहता है : 'अन्नकणों के बाद रक्त की बूंद-बूंद दे डाला⁄ मैं कंकाल! जल रही जीवन में अभाव की ज्वाला!' किसान संघर्षों से गहरा लगाव न रहने के कारण ही अनुभूति सीमित हो जाती है और ऊपरी संवेदना के स्तर पर काव्य रचना होती है। मिलिंद की यही सीमा है।

इस इतिवृत्तिमूलक ऐकांतिकता से बचते हुए केदारनाथ अग्रवाल ने बुंदेलखंड के किसानों की दुरवस्था का मार्मिक भावचित्र उपस्थित किया :

> हट्टे-कट्टे हाड़ों वाले
> चौड़ी चकली काठी वाले
> थोड़ी खेती बाड़ी रक्खे
> केवल खाते-पीते जीते!
> कत्था चूना लौंग सुपारी
> तंबाकू खा पीक उगलते,
> चलते फिरते, बैठे-ठाड़े
> गंदे यश से धरती रंगते।
> गुड़गुड़ गुड़गुड़ हुक्का पकड़े,
> खूब धड़ाके धुआं उड़ाते
> फूहड़ बातों की चर्चा के
> फौवारे फैलाते जाते।
> दीपक की छोटी बाती की
> मंदी उजियारी के नीचे
> घंटों आल्हा सुनते सुनते
> सो जाते हैं मुरदा जैसे।[67]

बाप के मरने के बाद पैतृक संपत्ति के रूप में घर का मलबा, टूटी खटिया, थोड़ी परती भूमि, चमरौंधे जूते का तल्ला, छोटी, टूटी बुढ़िया ओगी, दरकी गोरसी, हुक्का, लोहे की पत्ती का

चिमटा और इससे भी बढ़कर बनियों के रुपयों का कर्ज मिला जो चुकाए नहीं चुकता। इस यातनाग्रस्त दीनता के दलदल और सदियों के अंधकार में पड़े किसानों को नवयुग की चेतना से जोड़ना पड़ेगा क्योंकि 'वह क्या जानें आजादी क्या? आजाद देश की बातें क्या?' वर्गवैषम्य से मुक्ति के लिए 'स्वाधीनता की चेतना' फैलाने की आवश्यकता तक यद्यपि भगवतीचरण वर्मा नहीं पहुंचते, पर अपनी 'भैंसा गाड़ी' (1939) कविता में वे गांव की दयनीयता की तस्वीर उतार कर समाज की आलोचना अवश्य ही करते हैं। अनाज लादकर शहर बेचने जा रहे किसान के घरबार का उल्लेख 'भैंसा गाड़ी' में है - 'भू की छाती पर फोड़ों से हैं उठे हुए कुछ कच्चे घर।' बीमार पत्नी और भूखे कंगाल परिवार के मुंह का कौर छीनकर किसान अपना अनाज बेचने को विवश है, क्योंकि 'है उसे चुकाना सूद कर्ज/ है उसे चुकाना अपना कर/ जितना खाली है उसका घर/ उतना खाली उसका अंतर।' पर उसके परिवार की उत्पीड़ित और दयनीय अवस्था कितनी भयानक है :

उसके वे बच्चे तीन, जिन्हें
मां-बाप का मिला प्यार न था,
जो थे जीवन के व्यंग्य, किंतु
मरने का अधिकार भी न था।
थे क्षुधाग्रस्त बिलबिला रहे,
मानो वे मोरी के कीड़े
वे निपट घिनौने, महापतित,
बौने कुरूप, टेढ़े मेढ़े।[68]

बालकृष्ण शर्मा 'नवीन' की 'जूठे पत्ते', 'नरक विधान' आदि कविताओं में जो यथार्थ की बीभत्सता को प्रस्तुत करने वाली प्रकृतवादी प्रवृत्ति मिलती है, उसी का प्रभाव भगवतीचरण वर्मा पर भी रहा है।

सामंतों और महाजनों के प्रति रोष, घृणा तथा व्यंग्य : पूंजीवादी मानवतावादी भावभूमि पर खड़े भगवतीचरण वर्मा चकपकाहट के साथ 'राजाजी का वायुयान' में दो वर्गों का अस्तित्व स्वीकारते हैं : 'वह रागरंग! वह त्राहि-त्राहि!' रागरंग और उत्पीड़न पर वे क्रमशः व्यंग्य से हंस लेते हैं और दुःख से रो लेते हैं : 'मैं हंस कर पागलपन में रोकर उत्पीड़न को देख रहा।' परस्पर विरोधी उक्तियों की विवशता के बावजूद 'भैंसा गाड़ी' कविता में सेठ-साहूकारों के बारे में कहते हैं : 'वे व्यापारी, वे जमींदार, वे हैं लक्ष्मी के परमभक्त, वे निपट निरामिष सूदखोर, पीते मनुष्य का उष्ण रक्त।' केदारनाथ अग्रवाल इस अगर-मगर हिचक-झिझक से काम नहीं लेते। उनकी सामाजिक चेतना का स्वर बहुत ही स्पष्ट है। 'गांव का महाजन' किस प्रकार अपनी 'नागमुखी पैतृक संपत्ति' की सूदरूपी जंजीरों से ग्रामीणों को जकड़े हुए है और इससे उनकी मुक्ति आवश्यक है, इसका ठोस रेखांकन द्रष्टव्य है :

वह समाज के त्रस्त क्षेत्र का मस्त महाजन,
गौरव के गोबर-गनेश-सा मारे आसन,
नारिकेल-से सिर पर बांधे धर्म-मुरैठा,
ग्राम-वधू की गोरी गोदी पर है बैठा,

नागमुखी पैतृक संपत्ति की थैली खोले,
जीभ निकाले, बात बनाता करुणा घोले,
ब्याजस्तुति से बांट रहा है रुपया पैसा,
सदियों से, पहले से, होता आया ऐसा।[69]

'नागार्जुन के बांदा आने पर' में केदार ने अपने कस्बे के महाजनों का उत्पीड़क चरित्र चित्रित किया : 'यह बांदा है /सूदखोर आढ़त वालों की इस नगरी में/ जहां मार, काबर, कछार, महुआ की फसलें/ कृषकों के पौरुष से उपजा कन-कन सोना/लढ़ियों में लद-लदकर आकर/बीच हाट में बिककर, कोठों गोदामों में/ गहरी खोहों में खो जाता है जा-जाकर/और यहां पर/ रामपदारथ, रामनिहोरे/ बेनी पंडित, वासुदेव, बलदेव, विधाता/ चंदन, चतुरी और चतुर्भुज/गांवों से आ-आकर गहने गिरवी रखते/ बढ़े ब्याज के मुंह में बरबस बेबस घुसते/फिर भी घर का खर्च नहीं पूरा कर पाते।' भगवतीचरण वर्मा की कविता 'राजा जी का वायुयान' में जिस तरह का व्यंग्य नरेशों पर है, उससे कहीं अधिक गहरा, कलात्मक और सामाजिक अंतर्वस्तु से युक्त व्यंग्य मिलिंद की कविता 'चढ़ी रह गई बरात' है। राजे-महाराजे, नवाब और जमींदार किस प्रकार इस चुनाव को छिछला प्रहसन बना चुके हैं और चुनाव के मौके पर पैसे की बदौलत वे किस प्रकार लोगों को खरीदते हैं, यह दिखाना कवि का उद्देश्य रहा है। जागीरदार कुढ़ेरी सिंह चुनाव पर उसी तरह ध्यानमग्न है जैसे बगुला तटसमाधि लगता है :

खड़े होंगे, खड़े होंगे ठाकुर कुढ़ेरी सिंह।
मोरचे लगाए गए,
मुखिया बुलाए गए।
वक्ता, भजनीक, भाट,
गायिकाएं, गायकगण,
नेता, स्वयंसेवक, नट,
ठाकुर ने सबको नियुक्त किया।[70]

सन् '46 में उर्दू में जोश मलीहाबादी ने 'कश्मीर' पर लिखी अपनी कविता में हर रियासत को अंग्रेजों की रखैल कहा था। उसी समय प्रेम धवन ने अपने जनगीत में रियासत के नरेशों के बारे में कहा : 'ये भाड़े के टट्टू राजे/ ये मिट्टी के माधो/ इनके भी दिन बीते अब/इनका भी बिस्तर बांधो/ साहेब अपने संग ये/ अपने कुत्ते भी ले जाव/ अरे भागो लंदन जाव।[71] निराला के काव्य का सामंतविरोधी पक्ष अपने संपूर्ण तेवर के साथ बार बार उभरा है, यहां तक कि वे कहते हैं : 'आज अमीरों की हवेली / किसानों की होगी पाठशाला।' 'राजे ने अपनी रखवाली की' कविता में सामंती संस्कृति के सभी तत्वों को बेपर्द कर दिया गया : 'कितने ब्राह्मण आए / पोथियों में जनता को बांधे हुए / कवियों ने उनकी बहादुरी के गीत गाए लेखकों ने लेख लिखे / ऐतिहासिकों ने इतिहास के पन्ने भरे।' पंत, निराला, केदार, नागार्जुन, रामविलास आदि के काव्य में सामंती उत्पीड़न के चित्र हैं; आश्चर्य तो यह है कि स्वाधीनता आंदोलन के दौरान क्रांति कुमारी का गर्जन-नर्तन दिखलाने वाले कवि दिनकर ने अपनी एक भी कविता में सामंतों, नवाबों, जागीरदारों और नरेशों के उत्पीड़क चरित्र को निरावृत्त नहीं किया। इससे स्पष्ट है कि किसानों की जिस पीड़ा के प्रति वे करुणा दिखलाते

हैं, वह पूंजीवादी मानवतावादी करुणा है। दिनकर किसानों को चूसने वाले सामंतों और महाजनों की निर्दयता पर चुप्पी साधे रहते हैं। राष्ट्रवादी और जनवादी कवियों से उनका यही मूल अंतर है, जिसकी वजह से दोनों प्रवृत्तियों में सन् '42 के बाद संघर्ष तीखा हो जाता है और तेलंगाना सशस्त्र संघर्ष के समय तो राष्ट्रवादी कवि पूंजीवादी सामंती खेमे में चले जाते हैं। नवीन, प्रभात, रामदयाल पांडेय, आरसी प्रसाद सिंह आदि की भी यही स्थिति होती है।

वर्गसंघर्ष और भविष्य में आस्था : मुक्तिबोध ने अपने सामाजिक जीवनानुभव को 'संवेदनमय ज्ञान नाग' कहकर कविता के स्तर पर मार्क्सवादी-लेनिनवादी विचारधारात्मक समझ की सीमा बता दी है। उत्पीड़ित जनगण ही तो सर्वहारा चेतना से लैस होकर इतिहास बदलते हैं : 'इसलिए कि उनके किरण-सूत्र से होता था /पट-परिवर्तन, यवनिका-पतन/मन में जग में/ ओ काव्यात्मन् फणिधर, अपना फण फैलाओ।'[72] सर्वहारा तथा अन्य उत्पीड़ित जनगण की ऐतिहासिक भूमिका का ज्ञान तथा समाज की हर गति, रूप और संबद्ध-असंबद्ध घटनाक्रम में वर्गद्वंद्व देखने की यह दृष्टि कविता को यांत्रिक प्रचारात्मक रूप न प्रदान कर दे—अतः एक तरह का सचेत प्रयास मुक्तिबोध, शमशेर, नरेश मेहता, रामविलास शर्मा, नेमिचंद्र जैन, भारतभूषण अग्रवाल, केदार, नागार्जुन, त्रिलोचन आदि की कविताओं में मिलता है। इनमें कुछ कवियों का संबंध अपने अंचल के जनजीवन से रहा है, अतः वे बुंदेलखंड, बैसवाड़े या मिथिला के स्थानीय रंग, ग्रामप्रकृति एवं कृषकों के कर्मण्य जीवन के चित्र देकर प्रचारात्मकता से परहेज कर सकते थे। पर यह सुविधा मध्यवर्ग के उन कवियों को प्राप्त नहीं थी जो अपनी जन्मभूमि के अंचलों से छिन्नमूल होकर शहरी या कस्बाई संवेदनशीलता के साथ मध्यवर्ग के अंतःसंघर्ष को व्यक्त करना चाहते थे। अतः अपनी इस असुविधा पर कलात्मक संवेदना के बहुविध रूपों से विजय प्राप्त करने के प्रयत्न में मुक्तिबोध ने जीवनानुभव के हर चौराहे पर मनुष्य की पीड़ा देखी, वर्गसंघर्ष देखा और ठीक ही सोचा 'घबराए प्रतीक और मुसकाते रूपचित्र / लेकर मैं जब घर पर लौटता.../ उपमाएं द्वार पर आते ही कहती हैं कि /सौ बरस और तुम्हें/ जीना ही चाहिए।'[73] ऐसा इसलिए कि जीवन के यथार्थ और उसके भीतर छुपी हुई युगांतरकारी शक्तियों को पहचानने वाले कवि को अनुभव की सौ राहें बांहें फैलाए मिलती हैं, इनसे शाखाएं-प्रशाखाएं निकलती रहती हैं और कविता के लिए—'नव-नवीन दृश्य वाले सौ-सौ विषय रोज-रोज मिलते हैं।'[74]

त्रिलोचन का यह कहना सभी प्रगतिशीलों पर लागू होता है : 'ध्वनिग्राहक हूं मैं समाज में उठने वाली/ ध्वनियां पकड़ लिया करता हूं इस पर कोई/ अगर चिढ़े तो उसकी बुद्धि कहीं है खोई / कहना यही पड़ेगा/ लड़ता हुआ समाज नई आशा-अभिलाषा/ नए चित्र के साथ नई देता हूं भाषा।'[75] शमशेर बहादुर सिंह ने 'यह शाम है' कविता में ग्वालियर के मजूरों के लाल झंडे, रोटियों के निशान और गोलियों से भूने गए उनके जुलूस का भावचित्र खींचा—एक प्रभाववादी इंप्रेशन की मार्मिकता के साथ। समानांतर प्रवत्तियों के विवेचन क्रम में शकुंत माथुर की कविताओं से अनेक ऐसे उदाहरण दिए जा सकते हैं जो प्रगतिशील मनोभूमि की रचनाएं हैं। उन रचनाओं में वर्ग संघर्ष के भी चित्र हैं। वर्ग संघर्ष ने दूसरे महायुद्ध के समय अंतर्राष्ट्रीय स्तर पर कम्युनिज्म और फासिज्म के बीच युद्ध का रूप ले लिया था। महायुद्ध वर्गसंघर्ष का ही अंतर्राष्ट्रीय विस्तार था। नरेश मेहता ने 'समय देवता' कविता में व्यापक पटभूमि पर विश्व के दो खेमों का वर्णन किया और शांति तथा मुक्ति के लिए लड़ते हुए

उत्पीड़ित जनगण के प्रति गहरी मानवीय संवेदना के साथ अपना लगाव व्यक्त किया। यह लंबी कविता द्वितीय महायुद्ध-काल के उत्पीड़ित जनगण की अंतर्राष्ट्रीयता का महाकाव्यात्मक प्रतिबिंब है। दृश्यपट की सांस्कृतिक व्यापकता का रेखांकन शमशेर बहादुर सिंह की रचना 'अमन का राग' को भी महाकाव्यात्मक कविता का गौरव दे देता है। युद्ध और शांति के विषयों में सन् '46 में दिनकर का महाकाव्य 'कुरुक्षेत्र' प्रकाशित हुआ। शासक वर्ग द्वारा लादे गए युद्ध को दिनकर ने 'वह कौन रोता है वहां इतिहास के अध्याय पर, जिसमें लिखा नौजवानों के लहू का मोल है।' कहकर काल के त्रिआयामी दर्पण में झांका। शमशेर शांति की आत्मगाथा लिखने के क्रम में उन सच्चाइयों को व्यक्त करते हैं जो गंगा के गोमुख से निकलकर बसंत के नए प्रभात सागर में छोड़ दी गई हैं। शांति कहती है : 'ये पूरब-पच्छिम मेरी आत्मा के ताने-बाने हैं', 'सब संस्कृतियां मेरे सगरम में विभोर हैं / क्योंकि मैं हृदय की सच्ची सुख-शांति का राग हूं / बहुत आदिम, बहुत अभिनव।'[76]

पाब्लो नेरूदा पर लिखी केदार की कविता में अंतर्राष्ट्रीय सर्वहारा चेतना को अपने देश के उत्पीड़ित किसान-मजूर की मुक्ति से जोड़ने का प्रयास है। नेरूदा के संबंध में कवि कहता है : 'रक्त तुम्हारा, पूंजीवादी परंपरा के कटु विरोध में / विद्रोही बन, जलते शब्दों की मशाल ले / भरी भीड़ में दौड़ रहा है सौ घोड़ों की ताकत लेकर।' चिले के जनवादी कवि को सच्ची बधाई तभी दी जा सकती है, जब कवि अपने देश में वर्गसंघर्ष की ताकतों को जीत की मंजिल तक पहुंचाने में कला का हथियार की तरह इस्तेमाल करे। इसीलिए कवि कहता है : 'नेहरू और लियाकत दोनों बड़े शेर की दुम में बंधकर /खोद रहे हैं सबकी कब्रें।' अतः भविष्य की जनवादी लड़ाइयों में अटल विश्वास व्यक्त करते हुए केदार कहते हैं :

> हम अपनी पूरी ताकत से,
> रूस-चीन की तरह धधक कर,
> जनवादी सच्ची आजादी पूरे भारत में लाएंगे।[77]

सन् '47 में समझौते से मिली स्वतंत्रता और केंद्र में अस्थायी सरकार की स्थापना पर जगन्नाथ प्रसार 'मिलिंद' ने जनता के मन में उमड़ते-घुमड़ते सवाल—'दिल्ली में हलचल क्या है' —को कविता का रूप दे दिया। इस कविता का स्वर आम जनता की मुक्ति आकांक्षा का स्वर है :

> कोटि-कोटि जन पूछ रहे हैं—
> दिल्ली में हलचल क्या है?
> संधि-पत्र या मुक्ति हमारी?
> महाक्रांति का फल क्या है?[78]

सन् '46 में लिखित 'विप्लव और विधान' कविता में मिलिंद जातीय स्वत्व की रक्षा के लिए 'दान' और 'विधान' का पथ त्याग कर क्रांति की ज्वाला जलाने की बात कर चुके थे। अतः आजादी के समय संधिपत्र से मिले औपनिवेशिक स्वराज्य पर एतराज होना स्वाभाविक था। उसी समय 'गोरा-बादल' के छद्मनाम से वीरेश्वर सिंह वीरेश ने 'आधी गोरी, आधी काली, दिल्ली की सरकार' कहकर स्वराज्य के चरित्र को परिभाषित करने का प्रयत्न किया था।

सन् '30 से लेकर सन् '51 तक वर्गसंघर्ष अनेक रूपों और अनेक सरल-जटिल स्तरों

पर अभिव्यक्त होता रहा है। ब्रिटिश साम्राज्यवाद का विरोध यदि उसका एक रूप है, तो स्वाधीनता प्रेम और किसानों मजूरों की मुक्ति का सवाल उठाना, उसका दूसरा रूप है। इसी तरह पंडे-पुरोहितों और झूठे सामाजिक आडंबरों पर व्यंग्य इसी वर्गसंघर्ष का बाह्य संरचना के स्तर पर विचारधारात्मक संघर्ष है। नई पीढ़ी के प्रगतिशील कवियों ने धार्मिक आडंबरों और सामाजिक रूढ़ियों पर प्रहार करते समय अपनी प्रखर सामाजिक चेतना का परिचय दिया। '*पंडितजी गजब हो रहा है*' नामक संग्रह में चंद्रदेव शर्मा की अनेक ऐसी व्यंग्य रचनाएं संगृहीत हैं। 'लानत ब्राह्मण है तुझ पर', 'धर्म के ठेकेदार' तथा 'हमारा देश' कविताएं अपना उल्लेखनीय महत्व इसी संदर्भ में रखती हैं। साम्राज्यवादियों ने इस देश को योगियों और सँपेरों का देश बनाकर जनसंस्कृति की कर्मण्य धारा पर पर्दा डालने का बराबर प्रयत्न किया है। हिंदुस्तान की खोखली आध्यात्मिकता पर 'अमर रहे अध्यात्म हमारा' शीर्षक रचना भी एक सफल व्यंग्यकृति है। केदारनाथ अग्रवाल की 'वरदान' शीर्षक कविता निराला की व्यंग्यपरंपरा को कलात्मक ऊंचाई तक पहुंचा देती है। देवमूर्तियां किस प्रकार पत्थरों को ही जनने का वरदान मांगती हैं :

> वैभव की विशाल छत्र-छाया में / स्वर्ण सिंहासन पर / रक्खी देवमंदिरों में पत्थर की मूर्तियां— / क्षुब्ध हो गर्भवती /ईश्वर से मांगती हैं वरदान / केवल पाषाण हो / कोख की मेरी भी संतान।

रामेश्वर 'करुण' के 'तमसा' नामक कविता-संग्रह में धर्म और रूढ़ि पर पूरी ताकत से प्रहार किया गया है, पर निराला या केदारनाथ अग्रवाल जैसी कलात्मकता नहीं है। 'यह अर्थ विषमता भारी', 'हे हे द्विजवर दीवाने', 'हम क्यों अछूत कहलाते', 'आओ यह विश्व बसाएं' आदि इसी श्रेणी की रचनाएं हैं। धर्म, धन और सत्ता, इन तीनों के गठबंधन से सामाजिक उत्पीड़न जारी रहता है। इसलिए रामेश्वर 'करुण' ने कहा :

> तीनों का लक्ष्य निराला, तीनों के छिद्र छिपाना,
> जनता की जीभ दबाकर, वैषम्य व्यथा फैलाना।

धर्म, धन और सत्ता के गठबंधन का एक रूप व्यंग्य-बोधक युगचेतना के साथ 'विजयी के वंशधर' शीर्षक नागार्जुन की कविता में संपूर्ण कलात्मकता के साथ व्यक्त हुआ है। विजया दशमी के दिन सामंत जययात्रा पर निकलते हैं। नीलकंठ पक्षी को देखते हैं और दशरथकुल के अवतार-पुरुष बनकर निर्धन जनता की खून-पसीने की कमाई सलामी के रूप में ग्रहण करते हैं :

> मरे हुए रावण को फिर-फिर मारने
> खस्ता सामंती शान बघारने
> निकले हैं बाहर
> विजेता राम के सैकड़ों वंशधर
> देख रहे निर्निमेष भालू और वानर?
> साधारण जनता मजूर और खेतिहर...
> विजयी के वंशज विजया मनाते हैं!
> ढेलों की ढेर का रावण बनाते हैं।[79]

सन् '47 के बाद प्रगतिशील कवियों के सामने इस आजादी के वर्गचरित्र को कलात्मक संवदेना के साथ व्यक्त करने का कार्यभार था। शंकर शैलेंद्र ने अपने संग्रह *'न्यौता और चुनौती'* में ऐसी अनेक कविताएं लिखीं। 'आजादी हो तो ऐसी हो' कविता में कहा गया –'जो खून बहाए बिना मिले, जो जोर लगाए बिना मिले।' गांधीवादियों पर व्यंग्य करते हुए उक्त कविता में शैलेंद्र ने लिखा : 'कुछ ऐसा मन परिवर्तन हो, घर बैठे हरि के दर्शन हों।' स्वतंत्रता के बाद औपनिवेशिक नौकरशाही और उत्पादन के साधनों पर निजी स्वामित्व का यथावत रूप देखकर 'अंदर की आग' नामक रचना में आम हिंदुस्तानियों की भावनात्मक प्रतिक्रिया को शब्दबद्ध किया गया : 'नाम बदल डाले हैं पर हर काम वही है/ ढोल-पोल कंट्रोल वही, गोदाम वही है।' इतना ही नहीं बल्कि साम्राज्यवादियों की अर्थनीति की दुम से आजाद भारत बंधा हुआ है क्योंकि 'छापा बदला किंतु वही सिक्का ढलता है / घटे पौंड की पूंछ पकड़ रुपया चलता है।' 'स्वदेशी शासक' नामक कविता में नागार्जुन ने लिखा :

> चांदी का मुंह, कंचन की है जीभ तुम्हारी
> चरण तुम्हारे गगन बिहारी
> राजाओं के राजा हो तुम
> हीरा-मोती-मणि-माणिक का भस्म तुम्हारी शक्ति बढ़ाता
> चाटुकार है आसमान पर तुम्हें चढ़ाता
> जा-जाकर दिल्ली-लंडन
> बुर्जुआ शिष्टता सीख-सीखकर
> अपनी सामंती संस्कृति में
> पश्चिम के विज्ञानवाद की छौंक मारकर
> वायुयान से वापस आओ
> हमें सीख दो शांति और संयत जीवन की।[80]

विजयेंद्र नारायण दास ने 'ये सपूत भारत माता के' नामक कविता में भी स्वदेशी शासन के उत्पीड़क चरित्र को अनावृत्त करने का प्रयत्न किया। एक ओर जहां 'ये सपूत भारतमाता के छप्पन विधि जो भोग लगाते/ ये सपूत भारतमाता के पेरिस में कपड़े धुलवाते।' दूसरी ओर मेहनतकश जनता है : 'ये भी लाल इसी भारत के जिन्हें न मिलती टूटी कुटिया/ शाप बने आते हैं बेटे, आफत बन जाती है बिटिया।'

राजनीतिक दृष्टि से जनजागृति को ध्यान में रखकर स्वातंत्र्योत्तर भारत के शासक-शोषक वर्ग पर साफ-सुथरी कविताएं जिन दिनों लिखी जा रही थीं, उन्हीं दिनों कलात्मक दृष्टि से सुंदर कविताएं भी लिखी गईं। गिरिजा कुमार माथुर की 'पंद्रह अगस्त' कविता इस दृष्टि से उल्लेखनीय है। कविता का प्रारंभिक बंद है : 'आज जीत की रात/ पहरुए सावधान रहना/ खुले देश के द्वार/ अचल दीपक समान रहना।' इससे स्पष्ट है कि गिरिजा कुमार माथुर 15 अगस्त का स्वागत कर रहे थे और 'यह आजादी नहीं है, यह नकली आजादी है' जैसी स्थापना से सहमत नहीं थे। आजादी के स्वागत के बावजूद नई मंजिल की नई समस्याओं पर उपर्युक्त कविता का अंतिम पद्यखंड प्रकाश डालता है :

ऊंची हुई मशाल हमारी
आगे कठिन डगर है
शत्रु हट गया, लेकिन उसकी
छायाओं का डर है।[81]

यह उल्लेखनीय है कि सन् '46 से सन् '51 के बीच प्रगतिशील कविता में दो प्रकार की प्रवृत्तियां स्पष्ट तौर पर मिलती हैं। एक प्रकार के कृतिकार वे थे जो आजादी का स्वागत कर रहे थे और दूसरे प्रकार के कृतिकार वे थे जो राष्ट्रव्यापी किसान-मजदूर संघर्ष तथा तेलंगाना-मलाबार आदि क्षेत्रों में हथियारबंद किसान क्रांति का समर्थन कर रहे थे। प्रगतिशील काव्यांदोलन के अंतिम दौर में इन दोनों प्रवृत्तियों की रचनाएं मिलती हैं।

सन् '47 के बाद मुक्तिबोध ने जहां एक ओर आजादी की बदरिया के उधर ही चले जाने से दुःख व्यक्त किया, अनेक दरारों में फटकर भूरी हंसी हंसने वाली मिट्टी के संताप को व्यक्त किया, वहीं दूसरी ओर उन्होंने 'दिमागी गुहांधकार का ओरांग-उटांग' नामक अपनी कविता में मध्यवर्गीय संस्कार और सर्वहारा चेतना के संघर्ष का भयावह चित्र खींचा। हर प्रगतिशील रचनाकार इसी आत्मसंघर्ष से गुजर रहा था, क्योंकि उसके :

> स्वप्न के भीतर एक स्वप्न / विचारधारा के भीतर और / एक अन्य / सघन विचारधारा प्रच्छन्न!! / कथ्य के भीतर एक अनुरोधी/ विरुद्ध विपरीत, / नेपथ्य... संगीत!! / मस्तिष्क के भीतर एक मस्तिष्क/ उसके भी अंदर एक और कक्ष / कक्ष के भीतर / एक गुप्त प्रकोष्ठ और / कोठे के सांवले गुहांधकार में / मजबूत...संदूक / दृढ़ भारी भरकम / और उस संदूक के भीतर कोई बंद है / यक्ष / या कि ओरांग-उटांग हाय।[82]

वर्गसमाज में व्यक्ति किस प्रकार अनेक प्रकार की परस्पर विरोधी टकराहटों का केंद्र होता है और उसका व्यक्तित्व गुत्थियों की अनंत शृंखला बन जाता है, इसकी व्याख्या जो लोग केवल फ्रायड की मनोवैज्ञानिक खोजों के सहारे करना चाहते हैं, वे इस 'ओरांग-उटांग' को भी सेक्स का ही प्रतीक मान बैठते हैं। देखने की बात है कि डि-क्लास न होने पर मध्यवर्ग का बुद्धिजीवी किस प्रकार अपने अहंकार की तुष्टि (वर्गसमाज का अवशेष!) करता है। मुक्तिबोध का अभिप्रेत यही है। इस विषय पर प्रगतिशील कृतिकारों में नागार्जुन की 'रीते मन छूछे मन' कविता भी उल्लेखनीय है। व्यक्तित्व के आत्मसंघर्ष के काव्य को अज्ञेय और भारती 'आत्मान्वेषण' कहते हैं, जबकि मुक्तिबोध और नागार्जुन के यहां यह डि-क्लास करने की एक प्रक्रिया है। वर्गसमाज में अंतर्भूत मूल्यों, दुर्गुणों, अहंकार आदि से भावनात्मक और विचारात्मक स्तर पर संघर्ष का जितना श्रेष्ठ काव्य मुक्तिबोध ने लिखा, उतना हिंदी में किसी ने भी नहीं। पर असली सवाल यह है कि जिस वक्त उत्पीड़ित जनगण के सामने केंद्रीय प्रश्न जन आंदोलन और हथियारबंद क्रांति की ताकतों को जगाने का हो, उस वक्त एक ईमानदार प्रगतिशील कवि 'डि-क्लास' करने के नाम पर आत्मगाथा लिखे, क्या यह सही तरीका है? इस तरह की शंका व्यक्त करने वाले आलोचकों ने संभवतः इसी गुत्थी के आलोक में मुक्तिबोध को देखा और उन्हें एक प्रकार के अस्तित्ववादी मर्ज का शिकार मान लिया।

जनसंस्कृति : बीसवीं सदी के प्रारंभिक तीन-चार दशकों में पूंजीवादी राष्ट्रवाद के साथ

आर्य, वैदिक और भारतीय इतिहास के 'स्वर्ण युग' से संबंधित सामंती संस्कृति के आदर्शों की स्थापना का प्रयास मैथिलीशरण गुप्त, प्रसाद और दिनकर के काव्य में मिलता है। इस तरह प्रगतिशील काव्यांदोलन के सामने सांस्कृतिक पुनरुत्थानवाद की ओर से चुनौती थी। इससे निपटना आवश्यक था। कृषिजीवी ग्रामसभ्यता के जनवादी उपकरणों की सहायता से ही नई जनसंस्कृति का स्वरूप निर्मित किया जा सकता था। इसी के सहारे काव्य का नया यथार्थवादी रुझान अतीतोन्मुखता की सामंती प्रतिध्वनियों से बचते हुए, लोक संस्कृति के पुनरुद्धार की दिशा में किए गए प्रयत्नों को विकसित कर नए युग का अपना कार्यभार पूरा कर सकता था। सन् '30 के बाद आए राष्ट्रव्यापी जन-उभार तथा अवध के किसान आंदोलनों का प्रभाव भी संवेदनशील रचनाकारों पर कम न था। अतः नई पीढ़ी के यथार्थवादी कवियों ने निराला-पंत के साथ-साथ जनसंस्कृति के रेखांकन की परंपरा आगे बढ़ाई।

प्रगतिशील काव्यांदोलन के दौरान इस दिशा में अनेक प्रकार के प्रयत्न हुए। सन् '36 से सन् '39 तक भवानी प्रसाद मिश्र ने 'गांव', 'सन्नाटा' और 'सतपुड़ा के जंगल' नामक तीन कविताएं लिखीं। इन कविताओं में विंध्य प्रदेश के जनजीवन की झांकी है। इसके साथ ही गोंड जनजाति के पेशे और उसके सांस्कृतिक लोकरूपों का सहज-सरल चित्र भी दे दिया गया है :

> इन वनों के खूब भीतर/ चार मुर्गे, चार तीतर/ पालकर निश्चिंत बैठे/ विजन वन के बीच पैठे/ झोंपड़ी पर फूस डाले/ गोंड तगड़े और काले/ जबकि होली पास आती/ सरसराती घास गाती / और महुए से लपकती/ मत्त करती वास बाती/ गूंज उठते ढोल इनके/ गीत इनके, बोल इनके।[83]

सन् '39 में ही केदारनाथ अग्रवाल की दो कविताएं 'चंद्रगहना से लौटती बेर' तथा 'वसंती हवा' प्रकाशित हुई। बाद की भी अनेक कविताओं में उन्होंने बुंदेलखंड की ग्रामप्रकृति और वहां के लोक-रिवाजों, मेलों, उत्सवों आदि के चित्र खींचे। बुंदेलखंड की स्थानीय विशेषताओं का चित्रण करने में केदार ने अपनी गहन भावसंवेदना का परिचय दिया। बुंदेलखंड का स्थानीय रंग उभारने वाले उपादानों में एक ओर यदि बांधे मुरेठा शीश पर एक बीते के बराबर हरा ठिगना चना है, ब्याह मंडप में पधारने वाली सरसों है, चित्रकूट की अनगढ़ चौड़ी पहाड़ियां हैं, रीवां के कांटेदार कुरूप पेड़ हैं, तो दूसरी तरफ केन नदी, सुग्गे की टें-टें का स्वर, चित्रकूट के बौड़म यात्री तथा मंदी उजियारी के नीचे हुक्का गुड़गुड़ा कर घंटों आल्हा सुनने वाले किसान हैं।

सन् '35 से ही रामविलास शर्मा ग्रामप्रकृति तथा किसानों के कर्ममुखर जीवन को रूपायित करते आ रहे थे। अवध की ग्रामश्री पर कविदृष्टि डालते हुए उन्होंने लिखा :

> आमों की सुगध से महक उठी पुरवाई,
> पिउ-पिउ के मृदु रव में गूंज उठी अमराई।
> जग के दग्ध हृदय पर गह-गह बादर बरसे
> डह-डह अंकुर फूटे वसुधा के अंतर से।[84]

इन्हीं खेतों में किसानों के 'लाल लहू' से फागुन में लाली आती है। क्वांर के महीने का चित्र 'दिवास्वप्न' कविता में खींचा गया, जहां :

पागुर करती छाहीं में, कुछ गंभीर अधखुली आंखों से /बैठी गायें करतीं विचार/ सूनेपन का मधुगीत आम की डाली में/ गातीं जातीं मिलकर ममाखियां लगातार/ भर रहे मकई ज्वार बाजरे के दाने / चुगती चिड़ियां पेड़ों पर बैठीं झूल-झूल।[85]

हेमंत ऋतु में किसानों का जो सांस्कृतिक कार्यक्रम होता है, उसे भी दिखाया गया :

बरगद के नीचे ही महफिल है जमी,
घुघंरू की छुमछुम पर तबला ठनकता,
पेशवाज़ से सजी पतुरियां नाचतीं,
मीठी-मीठी सारंगी भी बज रही।[86]

जाहिर है कि बैसवाड़े की जनसंस्कृति के अनेक उपादान लेकर किसानों के भावजगत और उससे संबंधित लोकरूप दिखलाने में रामविलास शर्मा अभिरुचि ले रहे थे। कथासाहित्य में प्रेमचंद अवध की जनसंस्कृति के लोकतत्वों को उभार चुके थे। दूसरी तरफ बुंदेलखंड की जनसंस्कृति के जीवंत उपादानों से वृंदावनलाल वर्मा हिंदी कथासाहित्य को समृद्ध कर रहे थे और केदारनाथ अग्रवाल उसे काव्य रूप दे रहे थे। उन्हीं दिनों मिथिला की जनसंस्कृति के अनेक उपादानों को 'यात्री' नाम से अपनी मैथिली कविताओं में नागार्जुन रूपायित करने में लगे थे। 'विजयी के वंशधर' नामक कविता में नागार्जुन ने सामंती संस्कृति और जनसंस्कृति का अंतर्विरोध दिखलाने के उद्देश्य से मिथिला के जमींदारों 'मालिक-मालिकान, बाबू-बबुआन' की विजयादशमी की जययात्रा का चित्र खींचते हुए प्रस्तुत किया। बहेलिए नीलकंठ पक्षी पकड़कर लाते हैं और मालिकों के आगे उड़ा देते हैं फर्र से। इसके बाद जमींदारों का दरबार लगता है :

बैठे दालान पर धीर गंभीर शांत / गौर-हरित मृदु मसृण यवांकुर छीटते/ आ गए ब्राह्मण आशीर्वाद देने / दक्षिणा में इकन्नी-अधन्नी लेने.../ जयंती मंगला/ कपालिनी भद्रकाली/ दुर्गा शिवा धात्री क्षमा नमोऽस्तुते स्वाहा स्वधा.../ जय हो यजमान की बाबू बबुआन की।[87]

इसके बाद खेतिहर मजदूर और बटाईदार सलामी में नजराना देते हैं। सामंती संस्कृति के इन्हीं तत्वों को व्यापक ऐतिहासिक परिप्रेक्ष्य में निराला ने दिखाया था। 'राजे ने रखवाली की' ('नए पत्ते') कविता में उन्होंने पुनरुत्थानवाद के आश्रयदाता नरेशों और सामंतों की संस्कृति पर से झूठ का पर्दा हटा दिया : 'कितने ब्राह्मण आए/ पोथियों में जनता को बांधे हुए।' इसके अलावा जनसंस्कृति को सामंतों ने भ्रष्ट किया क्योंकि 'जनता पर जादू चला राजे के समाज का/ लोक-नारियों के लिए रानियां आदर्श हुई।' नागार्जुन की कविता में वर्णित बहेलिए और पुरोहित उसी तामझाम और सामंती उत्पीड़न के अंग हैं। इसके साथ ही 'ऋतु-संधि' नामक कविता में नागार्जुन ने मिथिला जनपद की ग्रामप्रकृति के स्थानीय रंगों को उभारा : 'भर गई होगी अरे वह वाग्मती की धार/ उगे होंगे पोखरों में कुमुद पद्म मखान।' कवि को मिथिला की धान कूटती किशोरियों की कोकिलकंठी तान भी याद आती है। प्रवासकाल में मिथिला का यह कवि अपनी पत्नी की याद में जब 'सिंदूर तिलकित भाल' कविता लिखने बैठा तो मिथिला अंचल के विभिन्न अनुषंगों से गुंथे हुए वेणु वन, रुचिर भूभाग, धान, लीचियां और आम भी स्वतः याद आते गए। इसी मिथिला की कृषिजीवी सभ्यता का चित्र कलक्टर सिंह केसरी ने भी प्रस्तुत किया। पंत की 'ग्रामश्री' की भावभूमि पर केसरी की कविता 'पूस-माघ'

मिथिला की स्थानीय विशेषताओं को उभारती है :

> कोंपल के भीतर छिपी अभी गेहूं की, जौ की नव बाली,
> घूंघट सरकारए कौन, नहीं अलमस्त हवा फागुन वाली।[88]

पूस-माघ में किसान किस प्रकार चौपालों में बैठकर किस्सा-कहानी कहते हैं, 'धरती मां ठकुरानी' बन जाती है, मीलों तक फैले हरे खेत तरलायित झीलों की नाईं नजर आते हैं —यह सब देखने में कलक्टर सिंह केसरी की ग्रामदृष्टि काफी सहायक होती है। यहां यह उल्लेखनीय है कि बेनीपुरी ने मिथिला अथवा वज्जिका क्षेत्र की जनसंस्कृति को अपने रेखाचित्रों में प्रस्तुत करने का प्रयास किया था। आरसी प्रसाद सिंह ने भी इन प्रयासों को आगे बढ़ाया। इस दृष्टि से उनकी 'फाल्गुनी' कविता उल्लेखनीय है। होली की मस्ती और प्रेम समागम के क्षणों में गांव के लोग किस पकार समूह-संस्कृति का निर्माण करते हैं :

> मिलकर आज सभी जन आओ/भर कर रंग अबीर उड़ाओ/लाओ झाल, मृदंग, बांसुरी/ आओ, गाओ और बजाओ।[89]

नागार्जुन, केसरी और आरसी की गांव संबंधी कविताओं में सामंतों के उत्पीड़क रूपों के चित्र हैं; इराके साथ ही जनसंस्कृति का उदात्त मनोहर दृश्य अपने सीमित रूपों में थोड़ा-बहुत अवश्य ही उभरता है। किंतु नरेंद्र शर्मा के यहां पशुचारण सभ्यता का ग्रामचित्र गोधूलि बेला के वर्णन के माध्यम से दिखाई पड़ता है :

> दूर-दूर कनक-धूलि खुरों से उड़ाती हुई,
> आती है सांझ कजरी गाय सी रंभाती हुई।
> बछड़े-सा बिछुड़ा था दिनभर जो ग्रामप्रांत,
> श्याम धेनु संध्या के आते ही हुआ शांत।[90]

इसके साथ ही पत्नी को याद करते हुए पूरी ग्रामप्रकृति का स्मृतिचित्र उपस्थित करने की तत्कालीन प्रवृत्ति इसी जनसंस्कृति के निर्माण में संहायक होती है :

> कटहल, बेल, नीम, महके हैं/ खिली कामिनी फूलों वाली रंगी खड़ी सेंमल, पलाश औ'/ अमलताश की डाली डाली/ आज लगे बैसाख / नई अंबियां गदराती होंगी/ अब तो तुम्हें और भी मेरी याद न आती होगी।[91]

'फागुन की आधी रात' कविता में नरेंद्र शर्मा इस जनसंस्कृति को अपनी संस्कृति मानने वाले मजदूरों की मोदमस्ती का उल्लेख करते हैं :

> बज रहे कहीं ढग ढोल झांझ, पर बहूत दूर/गा रही मदमस्त मजूरों की टोली/कल काम धाम करना सबको पर नींद कहां/ है एक वर्ष में आती होली।[92]

प्रगतिशील काव्यांदोलन के दौरान ग्रामप्रकृति का चित्रण इसी जनसंस्कृति का एक अंग रहा है, इससे स्वतंत्र नहीं। यह दूसरी बात है कि गिरिजा कुमार माथुर, प्रभाकर माचवे, अज्ञेय और धर्मवीर भारती ने भी संस्कृति के लोकरूपों को काव्य में उतारने का हल्का-फुल्का प्रयत्न किया था। पर इनके प्रयत्न गांव की संस्कृति और प्रकृति को अलंकरण सामग्री के रूप में प्रस्तुत करने की दिशा में हुए थे, इनका जनसंस्कृति के आत्मीय रूप से कोई संबंध न था। 'परिमल' संगोष्ठी के रचयिताओं तथा अज्ञेय-गिरिजाकुमार माथुर की दृष्टि में पूंजीवादी संस्कृति

का एक बहुत ही गौण अलंकरण खंड भारत की खेतिहर जनता की संस्कृति है। वे इससे अधिक सोच भी नहीं सकते थे, चूंकि जनसंस्कृति और कृषिक्रांति के घनिष्ठ आत्मीय संबंधों को पहचानने की सामाजिक यथार्थवादी दृष्टि के विरुद्ध बुर्जुआ संस्कृति के वे समर्थक रहे हैं। मुक्तिबोध ने इसी पूंजीवादी संस्कृति को संबोधित कर कहा : 'छोड़ो हाय, केवल घृणा और दुर्गंध/ तेरी रेशमी वह शब्द-संस्कृति अंध।'[93] इससे स्पष्ट है कि जनता की संस्कृति के यथार्थवादी तत्वों को उभारने में प्रगतिवाद को प्रारंभ में जहां पुनरुत्थानवादी सामंती भावधारा से टक्कर लेनी पड़ी, वहीं बाद में पूंजीवादी संस्कृति की भावधारा से भी उसे संघर्ष करना पड़ा। इन सारे संघर्षों के बीच निराला की 'देवी सरस्वती' भारत की जनसंस्कृति का एक विराट महाकाव्यात्मक आख्यान है। प्रगतिशील कवियों ने अवध, मिथिला, बुंदेलखंड, भोजपुर, मालवा जनपद आदि की जनसंस्कृति के यथार्थवादी उपादानों को विकसित करने में कबीर-सूर-तुलसी-जायसी की जनवादी परपंरा से काफी कुछ ग्रहण किया है और उन्नीसवीं सदी की यथार्थवादी परंपरा से अपने को जोड़ा है। इसके अलावा अंग्रेजी के कवि राबर्ट बर्न्स जैसे कवियों की जनवादी रूमानी भावधारा से प्रगतिशील काव्यांदोलन की जनसंस्कृति का सहज ही संबंध जुड़ जाता है क्योंकि ये दोनों अपने मूल तत्व की दृष्टि से सामंत-विरोधी हैं।

प्रेम भावना : नारी पराधीनता की समस्या पर यथार्थ दृष्टि डालने का प्रयत्न प्रगतिशील आंदोलन के दौरान सुसंगत रूप में हुआ। नरेंद्र शर्मा ने अपने दांपत्य प्रेम पर अनेक ऐसी कविताएं लिखीं जो परिवार में स्त्री के सामाजिक संबंधों का उद्घाटन करती थीं। उनकी बहु-उद्धृत कविता 'बटनहोल' से भी स्पष्ट है कि नरेंद्र शर्मा के लिए प्रेम कोई आलौकिक वस्तु नहीं है। पत्नी आती है तो मन स्वस्थ और प्रसन्न हो जाता है। मन पर छाया बादल छंट जाता है : 'सब आसमान खुल जाता है/ खिल जाती है पल में प्रसून सी नरम धूप।'[94] सिर्फ इतना ही नहीं कि पत्नी का साहचर्य अच्छा लगता है बल्कि प्रकृति भी अच्छी लगती है : 'खुली हवा है, खिली धूप है, दुनिया कितनी सुंदर रानी।'[95] स्त्री के साथ हमारे समाज में अनेक प्रकार से खिलवाड़ किया जाता रहा है। सामंती समाज ने उसे भोगवादी दृष्टि से कुंठित किया है, और विभिन्न धर्मों ने वैराग्य और संसार की असारता का उपदेश देकर उसे सारी बुराइयों की जड़ की संज्ञा दी है। नागार्जुन की 'पाषाणी' कविता में यदि बलात्कार से दूषित पत्थर बन गई अहिल्या का चरित्र है तो 'भिक्षुणी' कविता में बौद्ध धर्म के संघवाद से पीड़ित एक नारी की नैसर्गिक कामना और प्रेम भावना दिखाई गई है। वह भगवान बुद्ध के सुंदर रूप को देख कर सोचती है : 'कितना मनोरम है तुम्हारा यह मुखड़ा!/ काया यह तुम्हारी कितनी सुडौल है!/ भले ही कुछ दिन —/ सुलभ रहा जिसको तुम्हारा यह बाहुपाश/ अंकुरित यौवना धन्य वह यशोधरा!'[96] भिक्षुणी अपने अस्वाभाविक जीवन से त्राण चाहती है : 'कोई एक होता जिसको अपना वह समझती/ भूख मातृत्व की मिटा देता वह।' इससे स्पष्ट है कि प्रगतिशील कवियों ने स्त्री को अस्वाभाविक बंधनों से मुक्त करने की दिशा में ही कविताएं लिखीं। त्रिलोचन ने प्रेम के प्रारंभ का स्वाभाविक चित्र खींचकर नारी संबंधी अपने स्वस्थ दृष्टिकोण का परिचय दिया : 'यों ही कुछ मुस्का कर तुमने/ परिचय की वह गांठ लगा दी/ था पथ पर मैं भूला-भूला/ फूल उपेक्षित कोई फूला/ जाने कौन लहर थी उस दिन/ तुमने अपनी याद जगा दी।' इस तरह स्वाभाविक रूप से जब प्रेम जन्मा तो कवि

की दृष्टि संसार की तरफ भी गई। इस स्वस्थ प्रेम भावना के कारण वह प्लेटोनिक प्रेम की स्वप्निल दुनिया में भटकता नहीं रहा। उसने जगत-जीवन के प्रति अपना लगाव बढ़ाया, दृढ़ किया। त्रिलोचन की इस उक्ति पर विश्वास किया जा सकता है : 'मुझे जगत जीवन का प्रेमी बना रहा है प्यार तुम्हारा।' नागार्जुन को जब भी पत्नी की याद आती है तो खेत-खलिहान, फूल-पौधे, लीची-आम, रुचिर भूभाग, वेणु वन, वाग्मती नदी की धार तथा अपने तरौनी ग्राम की भी याद आ जाती है। और फिर-फिर 'याद आता सिंदूर तिलकित भाल।' अधिकांश समीक्षकों ने अंचल को मांसल रूपोपासना और यौन-भोगवाद का कवि मान लिया है। पर अंचल के काव्यविकास पर ध्यान देने पर पता चलता है कि सन् '39-'40 के लगभग नारी पराधीनता के सामाजिक प्रश्न से वह उलझने लगे थे। प्रेमिका की याद में अपनी भावना और वेदना कहना छोड़कर यह कल्पना करने लगे थे कि उस पर क्या बीत रही होगी, वह क्या सोच रही होगी। इसके अतिरिक्त 'जानता हूं' नामक कविता में 'नशीले चोंचलों' से छुटकारा पाने की बात करने लगे थे; 'तुमसे' नाम कविता में प्रेमिका को 'नवयुग की करवट' देखने और 'जनता के हाहाकार' से हृदय मिलाने का आग्रह करने लगे थे। लगभग इसी दौर में लिखित उनकी 'शोषिता' कविता में एक उत्पीड़ित स्त्री की प्रेम भावना का सरल रेखांकन है; यह ऐसी स्त्री का चित्र है जिसका पति परदेस में मजदूरी कर रहा है। उसके सामने जमींदार का बकाया चुकाने की समस्या है अन्यथा घर नीलाम हो जाएगा और वह पेड़ के साए में बसेरा लेने को मजबूर होगी :

> खड़ी रही जड़ पत्थर सी वह अपने निर्मोही की प्यासी
> घर के बिकते ही बन जाना होगा पेड़ तले की वासी
> दबे कंठ से रोती पछुआ, बीती रजनी अभी प्रहर भर
> दिल में किसका दीप जलाए मौन खड़ी है यह पनघट पर?[97]

इस कविता से यह स्पष्ट है कि स्त्री पुरुष को उनका सच्चा प्रेम तब तक नहीं मिल सकता, जब तक समाज वर्ग-उत्पीड़न से मुक्त नहीं होता।

राष्ट्रीय स्वाधीनता आंदोलन तथा जनक्रांति के प्रति ऐतिहासिक जिम्मेदारी का अनुभव करने वाले कृतिकारों ने साफ तौर पर कहा कि देश की मुक्ति सर्वोपरि समस्या है, प्रेम और दांपत्य का स्थान उसके बाद ही है। जगन्नाथ प्रसाद 'मिलिंद' ने अपने इस आग्रह को 'तरुण के प्रति' कविता में हिंदुस्तान के तमाम नौजवानों के सामने रखा : 'प्रेयसी का प्यार पीछे/ स्वप्न का संसार पीछे/ विविध रंगों के सजीले विश्व की मनुहार पीछे।'[98] 'मिलिंद' ही नहीं, बल्कि सभी प्रगतिशील कवि यह मानते रहे हैं कि समाज की मुक्ति से ही व्यक्ति को भी मुक्ति मिलती है। अतः स्वाधीनता के उस संघर्षकाल में व्यक्तिगत सुख-दुःख, प्रेम-विरह गौण प्रश्न मान लिए गए थे।

व्यंग्य : प्रगतिशील काव्यांदोलन की यथार्थदृष्टि का सबसे जीवंत माध्यम व्यंग्य ही हो सकता था। अतः भारतेंदुयुग के आलोचनात्मक यथार्थवाद की व्यंग्य शैली से प्रगतिशील कवियों ने हिंदी की नई कविता को समृद्ध किया। इस दिशा में भी पहलकदमी निराला ने ही की। उन्होंने सामाजिक रूढ़ियों, राजनीतिक धूर्तताओं, झूठे सौंदर्य स्वप्नों और खान-पान के पवित्रतावादी अहंकारों पर 'दान', 'वनबेला', 'कुकुरमुत्ता', 'बापू तुम मुर्गी खाते यदि', 'रानी और कानी', 'खजोहरा', 'मास्को डायलाग्स' आदि कविताओं में व्यंग्य के द्वारा अपनी जिंदादिली

का परिचय दिया। प्रगतिशील काव्यांदोलन के दौरान भारतेंदु और निराला की यथार्थदृष्टि से संपन्न व्यंग्यशैली का कलात्मक विकास हुआ।

साहित्यिक विरोधियों पर भी इस शैली का इस्तेमाल कम नहीं हुआ। छायावादी नैराश्यवाद और व्यक्तिवादिता पर वीरेश्वर सिंह 'वीरेश' का व्यंग्य द्रष्टव्य है :

> अरे फेंको पुरानी बांसुरी को/ पपीहा बन के जो पी कर रहे हो/ धुएं के बादलों को जी रहे हो/ हवा में भी कहीं बनते महल हैं?/ कहां सुख से रहे जग में निबल हैं?/ न सोज़े-दिल से यह रोटी पकेगी/ न बातों से खरी खोटी बनेगी।[99]

दुनियादारी और सामाजिकता से परहेज करने वाले छायावादी कवियों पर नागार्जुन की व्यंग्य रचना भी बड़ी लोकप्रिय हुई :

> गमन मराल का, चितवन चकोर की/ कुहासा सी भाषा सांझ की न भोर की/ कलित कलकंठ, विकल वेदनामय गाना/ पौरुष नदारद, स्त्रैण सवा सोलह आना/ मृदु मसृण विधु वदनी छवि है / ढलते दिनमान का छायावादी कवि है।[100]

इस दृष्टि से भगवतीचरण वर्मा की 'कवि जी का कितना विशद ज्ञान' भी उल्लेखनीय व्यंग्य रचना है। दूसरे महायुद्ध के जमाने में आर्यरक्त और जर्मनरक्त की एकता की बात करने वाले प्रतिक्रियावादियों पर रामविलास शर्मा का यह व्यंग्य करारा था :

> हाथी घोड़ा पालकी / जै कन्हैला लाल की / हिंदू हिंदुस्तान की/ जै हिटलर भगवान की / जिन्ना पाकिस्तान की/ तोजो और जापान की/ बोलो वंदे मातरम् / सत्यं शिवं सुंदरम्।[101]

शुद्ध कला के पारखी किस प्रकार साहित्य को समाज से परे की चीज बना देना चाहते हैं, इस पर भी 'सत्यं शिवं सुंदरम्' कविता में रामविलास शर्मा का प्रहार उस समय चर्चा का विषय बना हुआ था। कुछ दिनों बाद लक्ष्मीनारायण सुधांशु, अज्ञेय, इलाचंद्र जोशी आदि ने साहित्य से राजनीति को निर्वासित करने का आंदोलन चलाया। भागलपुर की एक साहित्यिक गोष्ठी में सुधांशु जी ने इसी आशय का भाषण दिया था। इस पर नागार्जुन ने 'अमलेंदु एम. एल. ए.' नामक अपनी कविता में कहा :

> राजनीति क्या है? विष्ठा है, मल है / साहित्य क्या है? गंगा का जल है/ दिखाने के और दांत, खाने के और.../ आप तो अमलेंदु जी ठहरे खैर समाज के सिरमौर/ जातिवाद डंडा है, राजनीति है मथनी!/ करनी अलग है, अलग है कथनी!/ खाते हैं गुड़, गुलगुले से रखेंगे परहेज?/ भारी करामाती लगते हैं आप तो![102]

ब्रिटिश साम्राज्यवाद के 'आर्डिनेंस' पर केदारनाथ अग्रवाल की व्यंग्य कविता कितनी कलात्मक है : 'कागजी घोड़े विदेशी/ हिनहिनाते, टाप रखते / ध्वंस करते गांव बस्ती/ धूल धरती की उड़ाते/ चाल मारू चल रहे हैं/ बेतहाशा बढ़ रहे हैं।' इसी तरह बुंदेलखंड के महाजन का चित्र खींचते हुए केदार ने लिखा : 'गौरव के गोबर गणेश-सा, नागमुखी पैतृक संपत्ति की थैली खोले।'

आजादी के बाद स्वदेशी शासकों की दमन नीति पर व्यंग्य करते हुए शंकर शैलेंद्र ने लिखा था :

> भगतसिंह इस बार न लेना काया भारतवासी की
> देशभक्ति के लिए आज भी सजा मिलेगी फांसी की

यदि जनता की बात करोगे, तुम गद्दार कहाओगे
बम्ब सम्ब की छोड़ो, भाषण दिया कि पकड़े जाओगे
निकला है कानून नया चुटकी बजते बंध जाओगे
कांग्रेस का हुक्म, जरूरत क्या वारंट, तलाशी की।[103]

'न्यौता और चुनौती' संग्रह की 'मुझको भी इंग्लैंड ले चलो', 'आजादी हो तो ऐसी हो' शीर्षक कविताओं में व्यंग्य की कटुता और प्रखर सामाजिक चेतना है। शंकर शैलेंद्र ने 'तेलंगाना' के सवाल पर उन्हीं दिनों 'यू. एन.ओ. और हैदराबाद' शीर्षक प्रसिद्ध व्यंग्य कविता लिखी थी। 'पंडित जी गजब हो रहा है' नामक संग्रह में चंद्रदेव शर्मा की अनेक व्यंग्य कृतियां संगृहीत हैं। 'अशिक्षित पति-पत्नी', 'रसिक साहित्यकार', 'लानत ब्राह्मण है तुझ पर', 'पैसे का कोढ़', 'महाराजा यूनियन' तथा 'गोबर का युग' कविताएं अच्छी बन पड़ी हैं। 'धारा सभा चुनाव' नामक कविता में स्वदेशी शासकदल के नेताओं पर करारा व्यंग्य है : 'नेता बनना उद्योग नया/ यह खूब मुनाफा देता है/ भाषण की गोली बेच/ भेंट में थैली चित कर लेता है।'

गोरा बादल के छद्मनाम से वीरेश्वर सिंह वीरेश ने अनेक व्यंग्य कविताएं लिखी थीं। बैवेल योजना के अधीन स्थापित सन् '46 की अस्थायी केंद्रीय सरकार के उपाध्यक्ष पं. नेहरू थे। उस सरकार के चरित्र को अर्ध औपनिवेशिक करार देते हुए गोरा बादल ने लिखा :

> तरुवर से एक तिरिया उतरी/ उसने बहुत रिझाया/ बाप का उसके नाम जो पूछा/ बैवेल नाम बताया/ बैवेल नाम बताया यारो/ बड़ी अजूबी नार/ आधी गोरी, आधी काली/ दिल्ली की सरकार।[104]

समाज के आडंबर, जातिप्रथा, रूढ़ि-रीति, प्रतिक्रियावादी राजनीति, सामंत-महाजन, पूंजीपति, ब्रिटिश सरकार, कांग्रेस पार्टी, झूठे समाजवाद, साहित्य में प्राचीनता के पक्षधर—सब पर प्रगतिशील कवियों ने व्यंग्य किए। प्रगतिशील काव्य में व्यंग्य रचनाओं का अपना अलग महत्व है। प्रगतिवाद की व्यंग्यात्मक शैली का सूत्र आगे चलकर प्रयोगवादियों ने पकड़ा और उसे व्यक्तिवादी रंग में रंग कर विकसित किया।

रचना सामर्थ्य : प्रगतिशील काव्यांदोलन के सामने यथार्थवादी सौंदर्यबोध और समाजवादी विचार-दृष्टि को हृदयग्राही कलात्मक रूप देने की समस्या थी। यह समस्या हर कृतिकार से जीवंत रचना सामर्थ्य की मांग कर रही थी। पुरानी काव्यपरिपाटी सामाजिक विडंबनाओं के सारभूत सत्यों को व्यक्त करने में असमर्थ थी; राष्ट्रीय जागरण, जनवादी कृषिक्रांति, सर्वहारा वर्ग की हलचलों और युद्धकालीन विश्वपरिस्थिति ने द्विवेदीयुग तथा छायावादयुग के अभिव्यक्ति प्रकारों को युगबोध की दृष्टि से निःशक्त साबित कर दिया था। ऐसी स्थिति में स्वतः स्फूर्त ढंग से नए अभिव्यक्ति प्रकारों का अन्वेषण आरंभ हुआ। रचनाप्रक्रिया के स्तर पर यह अन्वेषण भाषा, छंद, प्रतीक, बिंब, उपगान, लय, अन्विति और रूपबंध सब में नई उद्भावनाओं को सामने लाने लगा था। 'अचल रूढ़ियों की ध्रुवकारा' अर्थात छंद के बंधनों को तोड़कर निराला ने ओज, भावावेश और प्रवाह की दृष्टि से मुक्तछंद को स्थापित कर दिया था। माखनलाल चतुर्वेदी, सनेही, नवीन, सुमन, दिनकर आदि ने राजनीतिक जनसभाओं की मांग की पूर्ति में एक नई काव्यपरिपाटी का निर्माण कर दिया था। प्रगतिशील कवियों ने इस परिपाटी को जनगीत की नई भंगिमा से मंडित कर और भी आगे बढ़ाया।

इन्हीं दिनों जनक्रांति के समाजवादी सिद्धांतों के अनुकूल लिखी गई रचनाओं के नए उदाहरण उर्दू कविता के माध्यम से जनसभा के मंचों पर सुनाई पड़ने लगे। 'ये जंग है जंगे आजादी, आजादी के परचम के तले' (मख्दूम), 'बोल अरी ओ धरती बोल, राज सिंहासन डांवाहोल' (मजाज), 'हां बगावत! आग, बिजली, मौत, आंधी मेरा नाम' (जोश मलीहाबादी), 'जंग न होने पाए साथी, जंग न होने पाए' (नरेश कुमार 'शाद'), 'कोलंबस के देश के राजा! तेरी जय जयकार' (कतील शिफाई) आदि रचनाएं ऐसी ही थीं। राष्ट्रीय काव्यधारा के क्रांतिकारी तत्वों को जनवादी चेतना के कवियों ने अपने ढंग से ग्रहण किया और क्रांतिकारी जनवादी काव्यधारा के नए अभिव्यक्ति प्रकारों का निर्माण किया। इस दृष्टि से लिखी गई 'काले काले बादल छाए, न आए वीर जवाहर लाल' (निराला), 'देश हमारा, धरती अपनी, हम धरती के लाल' (शील), 'तू जिंदा है तो जिंदगी की जीत में यकीन कर' (शंकर शैलेंद्र), 'काटो, काटो काटो करबी' (केदार), 'मार हथौड़ा कर कर चोट' (केदार), 'एक हथौड़े वाला और हुआ' (केदार), 'चोट पड़ी है फिर डंके पर यारो फौज होय तैयार' (रामविलास शर्मा), 'अरे अब भागो लंदन जाव' ('प्रेम धवन), 'मौन हो क्यों सह रहा है विश्व का आघात पत्थर' (शील), 'लिख रही जिंदगी नया गीत, कर रहा जमाना नई बात' (शील), 'गली गली में आग लगी है घर-घर बना मसान' (नागार्जुन), 'वो है मंजिल दम ना तोड़ो बढ़ते जाओ हैया' (चांद मोहन), 'वह सहज विलंबित मंथर गति जिसको निहार, गजराज लाज से राह छोड़ दे एक बार' (रामविलास शर्मा), 'हम तूफान सर्वहारा हैं विप्लव के संदेश' (मलखान सिंह) आदि कविताएं इस युग के काव्य में ऐतिहासिक महत्व रखती हैं।

इन रचनाओं से पता चलता है कि क्रांतिकारी जनवादी काव्यपरिपाटी के निर्माण के लिए कजली, आल्हा, श्रमगीत तथा समूहगान (कोरस) की पद्धति अपनाई गई है।

मानसिंह राही, खेमसिंह नागर, वंशीधर पंडा, वंशीधर शुक्ल, राहुल सांकृत्यायन, अगिया बैताल, अमर शेख आदि ने जनशैलियों में स्वाधीनता आंदोलन, जनक्रांति तथा फासिज्म विरोध से संबंधित गीत लिखे। इन गीतों का अगर अलग से संग्रह किया जाए तो पता चलेगा कि प्रगतिशील आंदोलन के दौरान इनकी संख्या संपूर्ण खड़ी बोली प्रगतिशील काव्य की तुलना में कहीं अधिक है। 'पंडित नेहरू फिरंगिया से मिलिके झूठे बतावै सुराज रे, भाय रे' (बालकृष्ण आजाद), 'भाय रे सोना कय धरती लूटल जाए' (गायक अमरशेख), 'लाल रूस है ढाल साथियों सब मजदूर किसानों का' (नरेंद्र शर्मा), 'ये फिरंगिया रार, सुराजी धरि मारौ' (खेम सिंह नागर), 'सुन भैया रहिमू पाकिस्तान के' (शंकर शैलेंद्र), 'सुनो हिंद के रहने वालो, सुनो-सुनो' (प्रेमधवन), 'अब कहो मुनाफाखोर फगुआ कैसे हो' (धनंजय झा), 'आज सुन रधिया पपीहरा के बोल न' (रांगेय राघव) आदि जनगीत लोक छंदों के स्वरप्रवाह पर आधारित हैं।

हालावाद के जन-आधार को खत्म करने में राष्ट्रीय काव्यधारा के कवियों का जितना योग है, उनसे कहीं अधिक क्रांतिकारी जनवादी काव्य का योग है। इस संदर्भ में 'मधुशाला' की पैरोडी के रूप में लिखित 'चर्खाशाला' (शील) भी उल्लेखनीय है। किंतु काव्य-साहित्य के स्तर पर नए प्रयोग रुके हुए नहीं थे। सानेट, लैंडस्केप, गजल, घनाक्षरी, सवैया आदि काव्य विधानों तथा छंदों को यथार्थ की प्रखरता अंकित करने के काम में देसी ढंग से निखारा और तराशा जा रहा था। पत्रिकाओं एवं पुस्तकों में नए सांचे में ढली हुई कविताएं जब सामने आने लगीं तो उस समय केदारनाथ अग्रवाल ने लिखा : 'आज कहीं भी देखिए, नई कविता

छपती है। वह बिलकुल बदली हुई होती है। जैसे उसका नखशिख ही बदल गया है।'[105] कविता का नखशिख और उसका चालचलन बदल गया क्योंकि नई युगचेतना इसकी मांग कर रही थी। रस, अलंकार और संगीत-इन तीनों का लगभग बहिष्कार होने लगा था, अतः कुछेक समीक्षकों को लगा कि प्रगतिशील आंदोलन कला की अवहेलना कर रहा है। इतिवृत्त संग्रह, वस्तुवर्णन, व्यंग्यविद्रूप, स्थानीय वैशिष्ट्य का उल्लेख, गतिचित्र, वक्तृत्व, बातचीत अथवा आत्मालाप आदि के कारण पुरानी काव्यरुचि के पाठकों की ऐसी प्रतीति स्वाभाविक थी। गिरिजा कुमार माथुर को भी ऐसा ही महसूस हुआ कि 'छायावाद के बाद प्रगतिकाव्य में पहुंच कर कलात्मक बोध को और भी बड़ा आघात लगा।'[106] इस दिशा में भी पहलकदमी निराला ने की। उनकी 'नर्गिस' (३८) कविता मुक्तछंद में नहीं है। इसमें कवित्त का निर्वाह है। पुरानी प्रणाली से फर्क यह रखा गया है कि कवित्त का अंत्यानुप्रास से मेल करा दिया गया है। इस मुर्दा छंद में भी नई जान डाल दी गई। 'छंद रचना में निराला का यह अन्यतम प्रयोग है। छंद की गति में ऐसी मस्ती, उसके उतार-चढ़ाव में मन की उमंग की ऐसी समर्थ व्यंजना, नाटकीयता का प्रदर्शन किए बिना ध्वनि की ऐसी मोहक भंगिमाएं, एक ही कविता में लय की ऐसी निरंतर परिवर्तनशीलता अपने आप में नई बात थी।'[107]

निराला एक ही सांचे की बार-बार आवृत्ति नहीं करते। नए सांचे की खोज उनके विभिन्न काव्यरूपों में देखी जा सकती है। मात्रिक छंद के चौरस स्वरपात को तोड़कर अर्थात सोलह मात्राओं की वाक्यभंगी के बदले चौबीस या अधिक मात्राओं की पंक्तियां लिखने की कला का विकास 'उद्बोध' कविता में देखा जा सकता है। 'सम्राट अष्टम एडवर्ड के प्रति', 'वनबेला' आदि में विषम मात्रिक रचना के उदाहरण हैं, छोटी-बड़ी पंक्तियों के अनगिनत टुकड़े, नाप-तोल से परे जाने के प्रयास, यहां द्रष्टव्य हैं। अंग्रेजी की अनियमित ओड, जैसे वर्ड्सवर्थ की प्रसिद्ध 'इम्मोर्टेलिटी ओड' का स्वरप्रसार इन कविताओं में स्पष्ट परिलक्षित होता है। निराला अपनी इसी कला का विकास '*सरोजस्मृति*', 'राम की शक्ति पूजा', 'तुलसीदास' आदि में करते हैं। वस्तुतः यह 'अर्थ प्रसार के विचार से पैराग्राफ' रचने की कला है।

दूसरा महत्वपूर्ण प्रयोग निराला ने यह किया कि रवींद्रनाथ ठाकुर और माइकेल मधुसूदन दत्त की तरह कविता की वाक्यभंगी बदल डाली। उनके वाक्यांश अनेक स्थलों पर बीच में पूरे होते हैं। अंत्यानुप्रास की सहायता से एक पंक्ति के वाक्यांश को दूसरी पंक्ति में पूरा करने की यह कला कविता के अर्थ-प्रसार की कला है। कविता में इस नए प्रकार के ध्वनिप्रवाह से एक ओर यदि वक्तृत्व की ऋजु-वक्र छटा का विकास होता है, तो दूसरी ओर स्वगत के माध्यम से आत्मदंश, व्यंग्य विद्रूप तथा जीवन के छायानाटक को उपस्थित करने की सुविधा मिलती है। सामाजिक द्वंद्व और आत्मद्वंद्व-इन दोनों को वक्तृत्व और आत्मालाप के द्वारा व्यक्त करने में निराला की कलात्मक ऊंचाई देखी जा सकती है जैसे 'तुलसीदास' में शृंगार और संन्यास का द्वंद्व, ग्लानि और पराजय की पीड़ा; 'वनबेला' में समाज के सत्ताधारियों के साथ व्यक्ति का संघर्ष, आत्मदया एवं उत्पीड़कों के प्रति व्यंग्य।

इससे स्पष्ट है कि कविता में छंद तथा रूपबध सबधी नए प्रयोगों की शुरुआत निराला ने की। इसके अलावा प्रबंधकाव्य का चलन खत्म होने पर नए ढंग की प्रबंधात्मक कविता की रचना 'शेर सिंह का शस्त्र समर्पण' (प्रसाद), 'पंचवटी प्रसंग', 'राम की शक्तिपूजा' (निराला) आदि में हुई। इस शृंखला की अगली कड़ियों के रूप में नागार्जुन ने 'पाषाणी', 'चंदना', 'भिक्षुणी',

रांगेय राघव ने 'अजेय खंडहर', 'मेधावी', श्रीकृष्ण सरल ने 'भगतसिंह', अश्क ने 'बरगद की बेटी' आदि लंबी प्रबंधात्मक कविताएं लिखीं। प्रसाद की 'कामायनी' और दिनकर का 'कुरुक्षेत्र' भी इसी दिशा में किए गए प्रयोग हैं।

रामविलास शर्मा, प्रभाकर माचवे, गिरिजा कुमार माथुर, त्रिलोचन, बालकृष्ण राव, शमशेर बहादुर सिंह आदि ने रूपबंध, छंद और चित्रात्मकता के नए-नए प्रयोग किए। इसी जमाने में लैंडस्केप, बैलेड, ओड, गजल, रूबाई, कजली, आल्हा, बारहमासे आदि के भी प्रयोग हुए। सुमित्रानंदन पंत ने रोला छंद को हिंदी कविता में साधिकार उतारा और उनके प्रयोगों से प्रभावित होकर गिरिजा कुमार माथुर ने अपनी प्रारंभिक कविताएं रोला के स्वरपात के हिसाब से ही लिखीं।

इनके अलावा लोकनृत्य की धुन पर 'ग्राम्या' में पंत ने चमारों, धोबियों आदि के नृत्य को सामाजिकता की लपेट के साथ उसी भावभंगी में व्यक्त किया।

लोकजीवन के निकट सान्निध्य के कारण केदारनाथ अग्रवाल ने 'मांझी न बजाओ वंशी मेरा मन डोलता', भवानी प्रसाद मिश्र के 'पीके फूटे प्यार के पानी बरसा री', नरेश मेहता ने 'पीले फूल कनेर के', प्रभाकर माचवे ने 'गा रे गा चरवाहे दिल चाहे वही तान', त्रिलोचन ने 'माली के छोकरे, माली के छोकरे, फूल मुझे ला दे बेले के', नवीन के 'डोला वाले चलो तुम झटपट, छोड़ो अटपट चाल रे' आदि गीत लिखे। घटना, प्रवृत्ति, वस्तु, व्यक्ति आदि के चित्रण द्वारा टाइप खड़ा करने की प्रवृत्ति का विकास प्रगतिशील आंदोलन के साथ बड़ी तेजी से हुआ। इस दृष्टि से उल्लेखनीय 'वसंती हवा', 'बुंदेलखंड का आदमी', 'कानपुर' (केदार), 'तक तक तक बैल', 'मजदूर की झोंपड़ी', 'बरगद के नीचे' (शील), 'भैंसागाड़ी' (भगवतीचरण वर्मा), 'बैलगाड़ी', (आरसी प्रसाद सिंह) 'गरीबिन का बेटा', 'सुखिया', 'भूरन सिंह' (कलक्टर सिंह केसरी), 'वह तोड़ती पत्थर' (निराला), 'वे आंखें', 'वह बुड्ढा', 'झंझा में नीम', 'आधुनिका', 'मजदूरनी के प्रति' (पंत), 'लाल रूस' (नरेंद्र शर्मा), 'भिक्षुणी' (नागार्जुन), 'कवि' (रामविलास शर्मा), 'अमन का राग' (शमशेर), 'समय देवता' (नरेश मेहता), 'मैं कंकड़ पत्थर हूं' (शिवमंगल सिंह 'सुमन'), 'किसान' (सोहनलाल द्विवेदी), 'वह मजदूर की अंधी लड़की', 'हवेली' (अंचल), 'बुधई के गांव में लाल झंडा' (निरंजन), 'सतपुड़ा के जंगल' (भवानी प्रसाद मिश्र) आदि रचनाओं में यथार्थ के गतिशील पहलुओं को नई शैली में ढाला गया है। इन रचनाओं में कहीं तृतीय पुरुष में रपट लिखने का अंदाज है, कहीं आत्मगाथा का रचनाशिल्प है, कहीं नखशिख वर्णन प्रणाली से चरित्रचित्रण है, कहीं संबोधनगीत या अभिनंदनगीत का स्वर प्रवाह है और कहीं विराट फलक पर भावना का प्रसार है।

यथार्थबोध के नवीन आशय से प्रेरित कविता के रूपप्रकार में परितर्वन स्वतः स्फूर्त ढंग से हुआ। इन प्रयोगों के साथ हिंदी में व्यंग्य कविताओं की भी बाढ़ सी आ गई। यथार्थ के विविध अंतःवर्ती रूपों के उद्घाटन के लिए व्यंग्य एक सशक्त काव्य-माध्यम बन गया। निराला की 'बापू तुम मुर्गी खाते यदि', 'पंडित जी देश में विराजते हैं', 'मास्को डायलाग्स', आदि कविताओं की परंपरा में अनेक प्रकार की व्यंग्य रचनाएं लिखी गईं। व्यंग्य की शक्ति और तीक्ष्णता के जितने अच्छे प्रयोग नागार्जुन, केदार, गोरा बादल, चंद्रदेव शर्मा, शंकर शैलेंद्र, नियाज हैदर, सुदर्शन चक्र आदि ने किए, उतने संभवतः उस जमाने में क्या, अब तक नहीं हो सके हैं। इनकी व्यंग्य कृतियों में स्तोत्रपाठ, फेरीवाले के लटके, मदारी के आवाज लगाने

के तरीके, पौराणिक ऐतिहासिक प्रसंग आदि के कलात्मक प्रयोग चमत्कारपूर्ण हैं, इसमें संदेह नहीं।

इन उदाहरणों से स्पष्ट है कि कविता के स्थापत्य की दृष्टि से सन् '30 से लेकर सन् '51 तक अनेक प्रकार के प्रयोग हुए हैं। इन प्रयोगों से उस युग के कृतिकारों की रचना सामर्थ्य का पता चलता है। प्रतीक विधान, बिंबविधान, तथ्यकथन आदि में सामाजिक वास्तविकता के अनुकूल बातचीत की सहज सरल भाषा और गद्यात्मकता का पुट इस युग की मुख्य विशेषता है। उन प्रयोगों के निर्धारक तत्व कृतिकार के इंद्रिय संवेदन, भावबोध और विचार रहे हैं। वस्तु और रूप की द्वंद्वात्मक एकता की समस्या को कलात्मक स्तर पर हल करने के प्रयास अनेक रचनाओं में दिखाई पड़ते हैं।

प्रगतिशील समझे जाने वाले समीक्षक शिवदान सिंह चौहान का आरोप है कि प्रगतिवादी कवियों की रचनाओं में 'अधिकतर ऐसी हैं जिन्हें पढ़कर यह धारणा ही पक्की होती है कि इन कवियों ने काव्य के रूपाकार को विकृत और सतही बनाने में प्रयोगवादियों से होड़ लगा रखी है।'[108] सन् '55 में दिए गए अपने इस वक्तव्य में चौहान जी ने प्रगतिशील आंदोलन के मूल्यांकन का द्वंद्वात्मक तरीका न अख्तियार कर, विशुद्ध नकारात्मक दृष्टिकोण अपनाया। नामवर सिंह ने इस विवाद में हिस्सा बंटाते हुए कहा कि 'प्रयोगवाद की कटी-छंटी नव कविता के मुकाबले प्रगतिशील कविताएं प्रायः अनगढ़, बेतरतीब उगी हुई घासों और फूलों की वनस्थली प्रतीत होती हैं लेकिन उनके जंगलीपन में भी आकर्षण है। प्रगतिशील कविता की यह सरलता ही रचयिताओं के लिए दुःसाध्य है।'[109]

उपन्यास

उपन्यास को अन्य कलाओं से अलग करने वाली महान विशेषता यह है कि उसमें गोपनीय जीवन-प्रसंग को प्रत्यक्ष करने की शक्ति है। सतह पर दिख रहे बाह्य वास्तव के साथ-साथ, प्रच्छन्न यथार्थ को उद्घाटित करने की सामर्थ्य उपन्यास को एक यथार्थवादी कला बना देती है। उसके अलग अस्तित्व का यही औचित्य है। राल्फ फॉक्स ने इसी बात को समाजविज्ञान के निष्कर्षों से जोड़ते हुए कहा कि उपन्यास 'समाज के विरुद्ध, प्रकृति के विरुद्ध, व्यक्ति के संघर्ष का महाकाव्य है। और यह केवल उसी समाज में विकसित हो सकता था जिसमें व्यक्ति और समाज के बीच संतुलन नष्ट हो चुका हो और जिसमें मानव का अपने सहजीवी साथियों अथवा प्रकृति से युद्ध ठना हो। पूंजीवादी समाज ऐसा ही समाज है।'[110] इससे स्पष्ट है कि उपन्यास की विधा अन्य कलाओं की तुलना में यथार्थ का अधिक आग्रह रखती है, 'काल की गति को गोचर करती है और कार्य-कारण संबंध दिखलाकर वर्तमान और भविष्य' के बीच सेतु का काम करती है।

हिंदी में प्रगतिशील साहित्यिक आंदोलन के पहले से ही क्या हिंदी उपन्यासकार जीवन के यथार्थ और काल की गति को व्यक्त कर रहे थे?

इन प्रश्न पर विचार करने वाले अधिकांश समीक्षकों ने प्रायः अस्पष्ट-सा उत्तर दिया है। यह कहा जाता रहा है कि सन् '36 के पहले हिंदी उपन्यास आदर्शवादी था, फिर आदर्शोन्मुख यथार्थवादी हुआ और प्रेमचंद की कुछेक अंतिम रचनाओं से यथार्थवाद की ओर अग्रसर हुआ।

इस संदर्भ में ध्यान देने की बात है कि आदर्श और यथार्थ की कसौटी का बड़ा ही

कृत्रिम ढंग से और सरलीकृत सूत्र की तरह इस्तेमाल किया गया है। जो कृतियां इन कसौटियों पर कसी न जा सकीं, उन्हें 'अश्लील', 'प्रकृतवादी', 'घासलेटी' आदि कहकर छुट्टी ले ली गई। नतीजा यह कि प्रेमचंद की तुलना में प्रसाद को प्रकृतवादी और प्रेमचंद-प्रसाद दोनों की तुलना में उग्र को अश्लील, बीभत्स या नग्नतावादी मान लिया गया।

सन् '21 में प्रकाशित बालदत्त पांडेय के उपन्यास 'वनदेवी' के छह-सात संस्करण सन् '30 तक बिक चुके थे। इस उपन्यास में देशप्रेम, पति-पत्नी के आदर्श दांपत्य, अशिक्षा के दोष और सामंती उत्पीड़न का चित्रण है। इसी वर्ष 'खरा सोना' नाम से जगदीश झा विमल का उपन्यास प्रकाशित हुआ था जिसमें किसानों पर जमींदारों के अत्याचार, मजदूरों पर पूंजीपतियों के अन्याय, हड़ताल, ट्रेड यूनियन आंदोलन और अंत में सुलह आदि का चित्रण है। ब्रजकृष्ण गुर्टू ने अपने उपन्यासों ('महात्मा की जय'–1926, 'गुरुदर्शन' –1928, 'गिरिबाला' –1929) में विधवा विवाह, लड़के-लड़कियों के बीच मनपसंद विवाह की विधि आदि का समर्थन किया और तीर्थों के दुराचारियों, अनमेल विवाह से पीड़ित नायक-नायिकाओं, धर्म की आड़ में होने वाले पाप कर्मों में रत चरित्रों, अनेक प्रकार की रूढ़ियों एवं सड़ी-गली मान्यताओं की शिकार विधवाओं का यथार्थ चित्रण कर समाज के पतनशील मूल्यों एवं रीति-रिवाजों पर प्रहार किया। पं. शेरसिंह कश्यप ('सत्याग्रह की मूर्ति गंगोत्तरी' –1922), देवनारायण द्विवेदी ('कर्त्तव्याघात' -1925), कृष्णानंद गुप्त ('केन'-1930) आदि ने सामंती बेड़ियों में तड़पती स्त्री की छटपटाहट का चित्रण किया और उसे मुक्त करने वाली शक्तियों का भी संकेत दिया। इस क्रम में जमींदारों, पंडे, पुरोहितों एवं दुराचारियों का भंडाफोड़ भी होता चला है। उस जमाने में हिंदी के अनेक छोटे-मोटे कथाकार स्त्री-पुरुष संबंधों पर लदे सामंती बंधनों तथा ढोंगी धर्मगुरुओं के दुराचरण का चित्रण कर रहे थे। पंडित बेचन शर्मा उग्र' ने इस नई शुरुआत को कलात्मक दृष्टि से काफी आगे बढ़ाने का प्रयत्न किया। 'कलकत्ता रहस्य' (1925), 'चंद हसीनों के खतूत' (1927) 'दिल्ली का दलाल' (1927), 'चाकलेट', 'बुधुआ की बेटी' (1928), 'शराबी' (1930), 'सरकार तुम्हारी आंखों में' (1936), आदि उपन्यासों में कटु यथार्थवादी शैली में स्त्रियों के उत्पीड़न का चित्रण किया गया; दुराचारों एवं धर्म की आड़ में होने वाले पापप्रसंगों, अछूतोद्धार की समस्या, सामाजिक अंधविश्वास एवं रूढ़ि, वेश्यालय, मदिरालय एवं ताड़ीखानों आदि का चित्रण किया गया। उग्र की रचनाओं के भ्रष्ट अनुकरण में चतुरसेन शास्त्री, ऋषभरचण जैन, सर्वदानंद वर्मा आदि ने भी दुराचारों का उद्घाटन करने वाले अनेक उपन्यास लिखे। सन् '37 में ऋषभचरण जैन ने अपनी सृजनप्रेरणा भी स्पष्ट कर दी : 'पाठक इस चीज को पढ़कर कसक और गुदगुदी का एक साथ अनुभव करेगा और शायद यह कसक और गुदगुदी उसे बहुत दिन तक परेशान रखेगी।'[111]

उग्र के उपन्यासों में 'कसक और गुदगुदी' नहीं है। उग्र अपना कथानक जिस तरह प्रस्तुत करते हैं, पात्रों को जिस तरह उभारते हैं और स्त्री-पुरुष संबंधों का जो रूप लेते हैं, उससे पता चलता है कि उग्र दुराचार के प्राकृतिक पहलू को सामने लाकर उसके सामाजिक पहलुओं पर रोशनी डालते हैं। साहित्य में सुरुचि के आदर्शवादी प्रतिमानों या शुद्धतावादी आग्रह रखने वाले समीक्षकों ने उग्र की निंदा की। बनारसीदास चतुर्वेदी ने उनके विरुद्ध आंदोलन चलाया और कहा कि उग्र घासलेटी साहित्य लिखते हैं। श्रीकृष्णलाल ने भी उग्र को संभवतः उसी आदर्शआग्रही कसौटी पर खोटा पाया। उनके विचार से उग्र ने 'ऐसे चरित्रों की सृष्टि

की जो पुकार-पुकार कर कहते हैं कि मनुष्य और पशुओं में कोई विशेष अंतर नहीं, विशेषकर विषयभोग की दृष्टि से वे पशुओं से भी नीच और निकृष्ट हैं।'[112] सेठ, साहूकार, जमींदार, सामंत, पंडे, पुरोहित और धर्म गुरु—समाज के शरीर पर चिपकी हुई जोंकें हैं। उग्र ने इन्हीं का दुराचार दिखाया है, इन्हीं की पशुता दिखलाई है। मनुष्यमात्र को पशु दिखलाना उग्र का न तो अभिप्रेत रहा है और न ऐसा कहीं दिखाया गया है। वेश्यागमन के दूषित प्रभावों की समस्या को लेकर उन्हीं दिनों विश्वंभर नाथ शर्मा 'कौशिक' ने 'मां' नामक उपन्यास लिखा। वेश्यागामी श्यामू और गोकुल की पत्नियां अपने पतियों के दुराचार से छटपटाती हैं। कौशिक ने मध्यवर्गीय कुटुंब के रीति-रिवाज, रहन-सहन, आशा-आकांक्षा आदि के चित्रण में यथार्थ की रक्षा की है। इसके साथ ही वेश्यालय के संपूर्ण परिवेश का यथार्थ चित्र उपस्थित किया है। विधवाओं की नैसर्गिक कामना के सामाजिक पहलुओं को 'अमर अभिलाषा' नामक उपन्यास में चतुरसेन शास्त्री ने उपस्थित किया। उपन्यास रचना की दृष्टि से भी चतुरसेन शास्त्री का यह उपन्यास एक प्रयोग माना जाना चाहिए चूंकि भगवती, नारायणी, सुशीला, कुमुद, मालती और बसंती—ये छह विधवाएं इस उपन्यास में चित्रित हैं। हर स्त्री पर एक स्वतंत्र अध्याय है जो कहानी की तरह प्रतीत होता है, पर सभी अध्याय परस्पर गुंफित होकर विधवा समस्या पर उपन्यास का कलेवर धारण कर लेते हैं। कहना न होगा कि चतुरसेन शास्त्री से भिन्न शैली में विधवा नंदा और उसके फुफेरे देवर हरी की प्रेमकहानी पर भगवती प्रसाद वाजपेयी ने 'पतिता की साधना' (1939) नामक उपन्यास लिखा और विधवा विवाह का समर्थन किया।

समाज किस तरह नैतिक निषेध का पहरा लगाकर और दुराचारी पुरुषों को बढ़ावा देकर स्त्री को वेश्या बना देता है—इस प्रक्रिया पर उस जमाने में अनेक उपन्यास लिखे गए थे। इस दृष्टि से लिखे गए उपन्यासों में प्रेमचंद का 'सेवा सदन' (1918), तेजरानी दीक्षित का 'हृदय का कांटा' (1828), यदुनंदन प्रसाद का 'अपराधी' (1928) आदि उल्लेखनीय हैं।

जमींदार और महंत, धर्मगुरु और पुरोहित, भोली-भाली स्त्रियों का किस प्रकार उत्पीड़न करते हैं—यह प्रसाद के 'कंकाल' (1930), पं. शेरसिंह कश्यप के 'सत्याग्रह की मूर्ति गंगोत्तरी' (1922), पांडेय बेचन शर्मा उग्र के 'बुधुआ की बेटी', देवनारायण द्विवेदी के 'कर्त्तव्याघात' (1925) जैसे उपन्यासों में देखा जा सकता है।

उपन्यास के कथानक और चरित्रों के विश्लेषण से स्पष्ट है कि उस समय स्त्री-पुरुष संबंधों की धुरी पर अनेक उपन्यास लिखे गए थे। इन रचनाओं का सारतत्व है : सामंती बंधनों के अधीन घुटती हुई स्त्रियों की सच्ची स्वाधीनता की समस्या का चित्रण। इन स्त्री-पुरुषों में गोविंद वल्लभ पंत के उपन्यास 'मदारी' (सन् '35) के निर्धन नायक नवाब और उसकी प्रेमिका तितली का एक दूसरे को पाने के लिए संघर्ष भी देखा जा सकता है। कालिंजर राज्य के बुंदेलखंडी जनपद के एक गांव के कुर्मी नौजवान धीरज और अहीर लड़की जमुना का प्रेमविवाह के लिए समाज से संघर्ष कृष्णानंद गुप्त के उपन्यास 'केन' (1930) में बड़ी ही स्पष्टता से चित्रित हुआ है। अनमेल विवाह के कारण पीड़ित प्रेमचंद की निर्मला, महंत और पादरी के दुराचारों की शिकार प्रसाद की किशोरी, घंटी, लतिका, तारा, व्यभिचारियों के चंगुल में फंसकर विधवा से वेश्या बन जाने वाली यदुनंदन प्रसाद की सरला, अपने ही जीजा द्वारा छली गई एवं विधवा बनने को मजबूर तेजरानी दीक्षित की बालविधवा मालती तथा ब्रजकृष्ण गुर्टू की गिरिबाला-ये सबके सब स्त्री चरित्र इसी सामंती व्यवस्था के व्यभिचार से उत्पन्न हैं।

इसके साथ ही व्यभिचारी सामंत के उत्पीड़क कृत्यों एवं षड्यंत्रों से जूझती एक साधारण कृषक परिवार की स्त्री गंगोत्तरी का चरित्र एक 'पॉजिटिव कैरेक्टर' है। वह अपने सतीत्व की रक्षा के लिए दुराचारी राजा से किस प्रकार संघर्ष करती है, यह पं. शेरसिंह कश्यप के उपन्यास 'सत्याग्रह की मूर्त्ति गंगोत्तरी' में देखा जा सका है। गोदान में झुनिया और गोबर का प्रेमविवाह भी सामंती रिवाज से मुक्ति के संघर्ष की एक कड़ी है। वृंदावनलाल वर्मा के उपन्यास 'गढ़कुंडार' (1927) और 'विराटा की पद्मिनी' (1933) में अग्निदत्त और हेमवती तथा कुमुद और कुंजरसिंह की प्रेमकथा से पता चलता है कि वर्मा जी के पात्र स्त्री-पुरुष के प्रेममार्ग में बाधक जातिप्रथा तथा सामंती व्यवस्था के नैतिक बंधन नहीं मानते। वे उनमें बंधे हुए घुटते हैं, जान दे देने को तैयार रहते हैं, पूरा जोर जगाकर स्वतंत्र होना चाहते हैं और इस क्रम में प्रायः सफल भी हो जाते हैं। इस तरह वर्माजी के उपन्यासों में चित्रित प्रेमसंबंध मूलतः सामंती व्यवस्था की ही कड़ी आलोचना है। इसके साथ ही 'गढ़कुंडार' के नलदेव की हेमवती के प्रति दुर्वासना का चित्रण कर वर्माजी ने यह दिखलाया है कि किस प्रकार ज़मींदार और नरेश अपनी प्रजा की सुंदर लड़कियों का शीलभंग करते हैं, उनके सतीत्व का अपहरण करते हैं। ये वे ही लोग हैं जो मेहनतकश बहुसंख्यक कृषक समुदाय के खून-पसीने की कमाई लूटते रहते हैं और कर्मठ जनता का रक्त पीने वाली जोंक बने रहते हैं। बेनीपुरी के उपन्यास 'पतितों के देश में' (1930) मनोहर और पिअरिया का परस्पर प्रेम अनेक प्रकार के संघर्षों से होकर गुजरता है। नतीजा क्या होता है? सामंतों के षड्यंत्र से मनोहर रेप केस का कैदी हो जाता है तथा पिअरिया पागल हो जाती है। प्रसाद के 'तितली' उपन्यास में मधुआ और बंजो का संघर्ष भी इसी सामंती व्यवस्था के अधीन परस्पर प्रेम के लिए छटपटाने वाले प्राणियों का ही संघर्ष है। जैनेंद्र के उपन्यास 'परख' की कट्टो और 'त्यागपत्र' की मृणाल भी इसी व्यवस्था से पीड़ित स्त्रियां हैं।

इस तरह सन् '20 से सन् '30 तक हिंदी उपन्यासों ने स्त्री-पुरुष के प्रेमसंबंधों की पराधीनता के वास्तविक पहलुओं को उठाया था। सामंती व्यवस्था केवल आर्थिक दृष्टि से ही मनुष्य को परवश और गुलाम नहीं बनाती, बल्कि स्त्री-पुरुष को स्वतंत्रतापूर्वक मनचीते व्यक्ति से प्यार भी नहीं करने देती। दूसरी तरफ इस व्यवस्था में सामंतों और धर्मगुरुओं को दुराचार की पूरी छूट मिली रहती है। इससे स्पष्ट है कि जिस तरह उत्पादक शक्तियों के विकास में उत्पादन संबंध बाधक बन जाते हैं, उसी तरह मनुष्य की इंद्रिय संवेदना, भावबोध और विचारधारा के विकास में भी एक खास तरह की पुरानी व्यवस्था के रीति-रिवाज, नैतिक मूल्य, आचार, सामाजिक संबंध आदि बाधक बन जाते हैं।

सामंती समाजव्यवस्था ने अपनी बाह्य संरचना (सुपर स्ट्रक्चर) के स्तर पर जो संस्थाएं बनाई हैं, जो रिवाज रचे हैं और जिन मूल्यों की सृष्टि की है, वे सब आज समाज के विकास में बाधक हो रहे हैं।

जिसे प्रेमचंदयुग, हिंदी उपन्यास का आदर्शवादी युग अथवा आदर्शोन्मुख यथार्थवाद का युग कहा जाता है, उस युग के उपन्यासों ने व्यवस्था के इस पहलू को बड़े जोरदार ढंग से उठाया था। रीति-रिवाज पर प्रहार, सामाजिक विडंबनाओं से पीड़ित स्त्री-पुरुषों की छटपटाहट और दुराचारियों के अमानवीय कृत्यों का भंडाफोड़ –सन् '20 से सन् '30 तक के उपन्यासों का मूलभूत तत्व रहा है। क्या यह आदर्शवाद है? क्या यह अश्लीलता है? क्या यह प्रकृतवाद

है? बांग्ला में रवींद्रनाथ ठाकुर और शरच्चंद्र ने भी इन्हीं समस्याओं को उठाया था। हिंदी के उपन्यासकारों ने इन्हीं समस्याओं को उठाकर यह साबित कर दिया कि वे भी सामंती व्यवस्था के बुनियादी आधार तथा उसकी बाह्य संरचना पर जबरदस्त प्रहार करने वाले अपने समकालीन बुद्धिजीवियों की नई धारा के सहयात्री हैं। सामंती 'हृदय कपाट' पर सहज मानवीय संवेदना से प्रेरित लेखकों का यह समवेत प्रहार था।

उस समय अनूदित उपन्यासों की लोकप्रियता के संदर्भ में भी यह कहा जा सकता है कि अधिकतर वे ही कृतियां बड़े चाव से और व्यापक तौर पर पढ़ी जा रही थीं जिनमें नारीपराधीनता के इन वास्तविक पहलुओं पर विचार किया गया था। रवींद्र-शरत के उपन्यासों के अलावा, हिंदी में जिन उपन्यासों के अनुवाद धड़ल्ले से बिक रहे थे, उनमें तोल्स्तोय की 'अन्नाकेरेनिना' ('अन्ना' -अनु. छविनाथ पांडेय), मोपांसा का 'वीमेंस लाइफ' ('स्त्री का हृदय', अनु., ज्योति प्रसार निर्मल,) कुप्रिन का 'यामा द पिट' ('गाड़ी वालों का कटरा', अनु. चंद्रभाल जौहरी) आदि प्रसिद्ध हैं। स्त्रीस्वाधीनता के सवाल पर इन देशी-विदेशी लेखकों ने भी सामंती समाज की संरचना पर बड़ा जोरदार प्रहार किया था। अतः ये उपन्यास उस समय की नवशिक्षित जनता की मनोभावना के निकट पड़ रहे थे। प्रेमचंद, प्रसाद, उग्र, वृंदावनलाल वर्मा, कौशिक, भगवती प्रसाद वाजपेयी, बेनीपुरी, बालदत्त पांडेय, ब्रजकृष्ण गुर्टू, तेजरानी दीक्षित, जगदीश झा विमल आदि उपन्यासकारों ने नारीसमस्या के विविध सूत्रों की गांठें खोली हैं। स्त्री-पुरुष के स्वाभाविक संबंध और उनके 'हृदय की पुकार' के मार्ग में बाधक शक्तियों, नैतिक मर्यादाओं और बंधनों के उद्घाटन से इस युग के लेखकों ने सामंती व्यवस्था की संरचना के अमानवीय पहलुओं का उद्घाटन किया। किसानों की मुक्ति और स्त्री-पुरुष के सहज प्रेमव्यापार—इन दोनों समस्याओं के बीच घनिष्ठ संबंध है। वास्तविकता यही है कि किसानों की मुक्ति के बिना, ग्रामीण समाज में स्त्री की भी मुक्ति नहीं हो सकती; सामंती व्यवस्था की समाप्ति से ही स्त्री-पुरुष के सहज सामाजिक संबंध का विकास संभव है। इस तरह समाज की सर्वाधिक उत्पीड़ित ये दोनों ही शक्तियां (किसान और स्त्री) इस युग के उपन्यासों में एक साथ आंतरिक तारतम्य के साथ चित्रित हुई हैं। प्रेम और दुर्वासना, सहज स्त्री-पुरुष संबंध और शोषकों—पाखंडियों का दुराचार—कहना चाहिए कि इस जटिल औपन्यासिक वस्तु में संपूर्ण सामाजिक जीवन लिपटा चला आया है।

यह स्पष्ट है कि सामंती व्यवस्था के सामाजिक, धार्मिक एवं नैतिक पहलुओं का चित्रण कर वर्ग समाज में निहित अंतर्विरोधों को सामने लाया जा रहा था। अधिकांश उपन्यासकार वर्ग संघर्ष के आर्थिक पहलुओं के बजाय सामंतवाद की अधिरचना (सुपर स्ट्रक्चर) के विभिन्न पक्षों के चित्रण पर जोर दे रहे थे। अपने समकालीन कथाकारों की तुलना में प्रेमचंद की महानता इस बात में है कि वे आधार और अधिरचना दोनों पर सम्यक दृष्टि रखकर चले। एक ओर यदि उन्होंने 'सेवा सदन', 'निर्मला' और ' गबन' जैसे उपन्यास लिखे, दूसरी ओर जमींदार-किसान संघर्ष पर सन् '30 के लगानबंदी आंदोलन की पृष्ठभूमि में 'कर्मभूमि' उपन्यास लिखा; जमींदार और महाजन, दोनों के उत्पीड़क चरित्र को निर्ममतापूर्वक निरावृत्त करने के लिए 'गोदान' में 'होरी' का टाइप चरित्र प्रस्तुत किया। प्रेमचंद वर्ग समाज की नस-नस की अपनी पहचान को संपूर्ण समाज के संदर्भ में, व्यापक परिप्रेक्ष्य देने में सफल हुए। सन् '21 के असहयोग आंदोलन के समय जो व्यापक राष्ट्रीय जन उभार आया था, उसके प्रवाह में

बहकर प्रेमचंद के समाकलीन कुछ गौण कथाकारों ने राष्ट्रीय मुक्ति की उन शक्तियों का चित्रण किया था, जो जमींदार, महाजन तथा सरकारी अमलों को नष्ट करने में विश्वास करती थीं। इस दृष्टि से उल्लेखनीय 'वनदेवी' नामक उपन्यास की कथावस्तु पर ध्यान देना चाहिए। सन् '30 तक इस उपन्यास के अनेक संस्करण धड़ाधड़ बिक गए थे। इसकी कथावस्तु का सारांश बताते हुए गोपाल राय ने लिखा है : 'देश के युवकों में सेवाभाव जाग्रत करना तथा देश सुधार की भावना की प्रेरणा देना इस उपन्यास का मुख्य लक्ष्य प्रतीत होता है। पति-पत्नी के आदर्श प्रेम, शिक्षा के दोष, किसानों की दुरवस्था, जमींदारों के अत्याचार आदि का चित्रण उपन्यास में प्रमुख है।'[113] मजदूरों और किसानों की क्रांतिकारी भूमिका के प्रति अपनी हमदर्दी जाहिर करते हुए जगदीश झा विमल ने सन् '29 में ही 'खरा सोना' नामक उपन्यास लिखा था। सन् '25 में लिखित अपने प्रगतिशील उपन्यास 'आशा पर पानी' में जगदीश झा विमल ने राष्ट्रीय जागरण, सामाजिक कुरीति, देशसेवा तथा दूषित साम्राज्यवादी संस्कृति–सबको एक साथ उभारा था। अंचल विशेष की जनजाति की उत्पीड़ित अवस्था, जमींदारों तथा विदेशी मिशनरियों के चरित्र आदि के लिहाज से पंडित श्रीकृष्ण मिश्र का सन् '30 में प्रकाशित 'महाकाल' नामक उपन्यास भी द्रष्टव्य है। इसमें दार्जिलिंग की पहाड़ी जनजाति का चित्रण है। पर सन् '26 में प्रकाशित जगमोहन वर्मा के उपन्यास 'लोकवृत्ति' का भी कम महत्व नहीं है क्योंकि इसमें ब्रिटिश नौकरशाही और जमींदारी की मिलीभगत से होने वाले अत्याचार का बहुत ही निर्मम अंकन है। खेतिहर मजदूरों की क्या अवस्था है और वे किस प्रकार अछूत बना दिए गए हैं–इस कथावस्तु पर इंद्र बसावड़ा के उपन्यास 'घर की राह' (सन् '35), बनारसी प्रसाद भोजपुरी के उपन्यास 'समाज का पाप' (सन् '36), कुमाऊं के पहाड़ी लोगों की निर्धनता पर लिखित गोविंद वल्लभ पंत का उपन्यास 'मदारी' (सन् '35) और मेरठ के जमींदारों, मुखिया, पटवारी, पुलिस और सरकारी कारिंदों की चालबाजियों का पर्दाफाश करने वाला श्री सुरेंद्र शर्मा का उपन्यास 'मालती' (सन् '34) आदि सामंती व्यवस्था के आर्थिक अंतर्विरोध को यथार्थवादी ढंग से उभारते हैं।

निराला के उपन्यास 'अलका' (1933) में अजित और विजय-दोनों गांव के अंदर पहुंच जाते हैं। स्वाधीनता आंदोलन के सुधारवादी नेतृत्व से मेलजोल स्थापित कर किसानों का संगठन बनाया जाय या स्वतंत्र रूप से, संघर्ष करने की स्थिति में यदि किसान अपने क्रांतिकारी नेताओं को छोड़कर अलग राह चलने लगें तो नेतागण क्या करें–इन प्रश्नों पर निराला की 'अलका' के पात्र बातचीत करते हैं। ब्रिटिश नौकरशाही की मदद से जमींदारों को नीचा दिखलाना, सिपाही द्वारा जमींदार के कान पकड़कर घसीटने के बाद 'विजय की वैजयंती' फहराना, डिप्टी साहब द्वारा जमींदार को बाहर बैठाना तथा विजय को संन्यासी वेश में देखकर उसका सम्मान करना–ये सब दृश्य 'अलका' में चित्रित हैं पर गांव के मूल अंतर्विरोध के चित्रण के बावजूद रूमानी छायाचित्र ही प्रमुख है। 'अलका' में बुधुआ और महंगू की बातचीत से स्वाधीनता आंदोलन की क्रांतिकारी अंतर्वस्तु का संकेत मिलता है। बुधुआ पूछता है : सुराज क्या है? महंगू कहता है : 'किसानों का राज।' जब बुधुआ समझ नहीं पाता और फिर पूछता है कि 'ये जमींदार और पटवारी क्या करेंगे?', तो हास्यव्यंग्य की संपूर्ण जिंदादिली के साथ महंगू कहता है : 'तू तो बात पूछता है और बात की जड़ पूछता है। गंधी महारानी का प्रताप ऐसा है कि इनके हाथ बंध जाएंगे और बोल बंद हो जाएगा। तब ये किसानों

के तलबे चाटेंगे।'[114] 'अलका' में वीणा और अजित के प्रेमप्रसंग, अलका के रूप वर्णन में कवित्वपूर्ण उपमान योजना आदि के बावजूद रायबरेली के गांव के किसानों पर जमींदार और पुलिस के अत्याचारों का यथार्थ वर्णन है। पर 'निरुपमा' (1936) में लेखक की दृष्टि मलूतः, लंदन से ऊंची डिग्री पाकर लौटे कुमार पर केंद्रित है। वहां का जनजीवन साफ उभरता नहीं है।[115] इसी वर्ष प्रकाशित 'प्रभावती' में स्वाधीनता संघर्ष की तीव्र भावना, सामंतों के उत्पीड़न और उनके विलासमय जीवन की कठोर आलोचना तथा यमुना के द्वारा क्रांतिकारी ढंग से संगठन बनाने का प्रयास होते हुए भी, रामविलास शर्मा के अनुसार निराला की 'दृष्टि सामंती वैभव के इर्दगिर्द इतना घूमती है कि किसान जीवन के चित्र उभर नहीं पाते।'[116]

सन् '36 के बाद लिखे गए उपन्यासों में निराला का यथार्थवादी रुझान प्रौढ़-परिपक्व रूप लेता है। नारी पराधीनता और सामंती व्यवस्था की अधिरचना के यथार्थ चित्रण की ही दृष्टि से नहीं, बल्कि जमींदारी प्रथा, महाजनी व्यवस्था, किसानों के उत्पीड़न, अछूतों के साथ अन्याय, ब्रिटिश साम्राज्यवाद के विरुद्ध देशव्यापी जनजागरण, पुलिस के आतंक और अत्याचार, सरकारी अफसरों और कारिंदों के जनविरोधी चरित्र—इन सभी विषयों को उपन्यास की कथा की सीमा के अंदर समेटने की दृष्टि से भी सन् '20-21 के बाद हिंदी उपन्यास यथार्थ चित्रण की निश्चित दिशा की ओर बढ़ रहा था। इस जमाने के पंद्रह-सोलह वर्षों के संपूर्ण औपन्यासिक कृतित्व पर अगर टिप्पणी की जाए तो कहा जा सकता है कि यह युग उत्तरी भारत में विद्यमान सामंतवाद के आधार (बेस) और उसकी अधिरचना (सुपरस्ट्रक्चर) दोनों के भीतर निहित अनेक परस्परविरोधी शक्तियों के यथार्थ चित्रण का युग था। यद्यपि अनेक लेखक अपनी-अपनी कृतियों में हृदय-परिवर्तन, आश्रम निर्माण, दुष्ट पात्रों के आत्मसुधार या समझौते-सुलह में प्रायः सभी समस्याओं के हल ढूंढ़ लेते थे, पर यह तो उस युग की वैचारिक सीमा थी।

इसीलिए सन् '20 से सन् '36 तक के उपन्यासों में स्वराज्य के अर्थों, उसके सामाजिक और आर्थिक पहलुओं का उद्घाटन उपर्युक्त सीमा के बावजूद यथार्थवादी है। प्रेमचंद, प्रसाद, निराला, उग्र, वृंदावनलाल वर्मा एवं बेनीपुरी की दुनिया को सन् '35 तक के हिंदुस्तान के उत्पीड़ित जनगण के और भी भयंकर और यातनामय संसार ने, जातीय स्वत्व के लिए किए जा रहे संघर्षों की निष्फलता ने, महंगाई के कारण किसान, मजदूर और मध्यवर्ग की जनता की गाढ़ी कमाई की अंतिम बूंद तक निचोड़ने वाली व्यवस्था के नए भीषण आघातों ने, समाजवादी विचारधारा, कांग्रेस-सोशलिस्ट पार्टी के प्रचार कार्य और संगठन की शक्तियों से हरकत में आ रहे ऊंघते हुए इलाकों के मनुष्य की नई आस्था ने, संक्रांतिकाल की सारी ऐतिहासिक विशेषताओं को एक साथ बदल डाला था। यही उस युग के यथार्थवादी रुझानों का सारतत्व था। इन उपन्यासकारों की कृतियों में चित्रित किसान वही किसान थे, जो सन् सत्तावन की राज्यक्रांति के गवाह थे। पर अपनी आर्थिक एवं सामाजिक प्रेरणाओं से वे अब हरकत में आ रहे थे। रामविलास शर्मा ने प्रेमचंद और निराला के साहित्य में सामाजिक क्रांति की शक्ति के अंकुर देखे हैं और किसानों के जीवन और उनके संघर्ष के चित्रण के पीछे निहित ऐतिहासिक कारणों का विश्लेषण किया है। उनके अनुसार उपनिवेशों में क्रांति की मुख्य शक्ति किसान रहे हैं, कारण कि साम्राज्यवादी शोषण का सबसे ज्यादा असर उन पर होता था, साम्राज्यवाद के मुख्य सहायकों—सामंतों से किसानों का स्वार्थ सीधा टकराता था।

भारत के जिन प्रदेशों में जमींदारी प्रथा और ब्रिटिश नौकरशाही के विरुद्ध किसान जितनी ताकत से किसान सभा के आंदोलनों में खिंचे, उसके अनुरूप ही साहित्य के विकास की यथार्थवादी दिशा का निर्धारण हुआ। यह आकस्मिक बात नहीं है कि किसान जीवन के सबसे बड़े भारतीय चित्रकार प्रेमचंद उस प्रदेश के रहने वाले थे जिसमें किसान आंदोलन सबसे सशक्त था। किसान जीवन को आधार बनाकर उन्होंने भारतीय साहित्य में नए यथार्थवाद का विकास किया। यह भी आकस्मिक बात नहीं है कि निराला ने 'बादल राग' में किसान से क्रांति का संबंध जोड़ा। जिन प्रदेशों में किसान आंदोलन कमजोर था, वहां राष्ट्रीय चेतना में गहराई कम थी। ऐसी गहराई स्वाधीनता आंदोलन के सामंतविरोधी पक्ष को समझने-बूझने से पैदा होती है।[117] प्रेमचंद हमें केवल अवध के गांव के बीच ही लाकर खड़ा नहीं कर देते, बल्कि किसानों के लगानबंदी आंदोलन के सिलसिले में महंत आत्माराम गिरि की जमींदारी में लड़ रहे किसानों के लड़ाकू तेवर भी दिखलाते हैं, अमरकांत के ढुलमुल गांधीवादी तरीके की निष्फलता से भी अवगत कराते हैं, पुलिस और सरकारी नौकरशाही द्वारा किसानों के दमन की भयंकरता के बीचोंबीच भी ला खड़ा करते हैं, हथियार लेकर प्रतिरोध करने की जनभावना का भी परिचय देते हैं और स्वामी आत्मानंद के क्रांतिकारी किसान आंदोलन की कार्यनीतियों से आम किसानों की हमदर्दी भी दिखलाते हैं। यह एक ऐतिहासिक तथ्य है कि महात्मा गांधी और स्वामी सहजानंद सरस्वती के बीच किसान आंदोलन के तौर-तरीकों को लेकर मतभेद था। गांधीजी स्वामी सहजानंद सरस्वती की क्रांतिकारी कार्यनीति के विरोधी थे और स्वामी सहजानंद सरस्वती सामंतविरोधी क्रांतिकारी कार्यनीति में विश्वास करते थे। अमरकांत और आत्मानंद का अंतर्विरोध गांधी और सहजानंद सरस्वती का ही अंतर्विरोध है।

प्रेमचंद ने 'प्रेमाश्रम' के सामंतविरोधी कथासंसार को 'कर्मभूमि' तथा 'गोदान' में उस धरातल पर पहुंचाया, जिसे राजनीतिक शब्दावली में कृषिक्रांति का धरातल कह सकते हैं। यहां प्रेमचंद की चिंता का विषय यह है कि राजनीतिक आजादी पर्याप्त नहीं है, जॉन की जगह गोविंद को गद्दी पर बैठाने से कुछ भी न होगा, असली सवाल यह है कि समाज के उत्पीड़क वर्गों द्वारा बनाई गई व्यवस्था का खात्मा होता है या नहीं; जमींदारी प्रथा, रियासती व्यवस्था, महाजनी सभ्यता, पूंजीवाद, औपनिवेशिक नौकरशाही, औपनिवेशिक शिक्षापद्धति और सामंती व्यवस्था के रीति-रिवाज, नीति-नियम, जीवनमूल्य आदि समाप्त करने पर ही होरी, गोबर, सिलिया, धनिया और झुनिया को सच्ची मानवीय गरिमा उपलब्ध कराने वाली जनवादी स्वाधीनता प्राप्त हो सकती है। स्वाधीनता और सामाजिक क्रांति को समन्वित करने वाली इस व्यापक समाजवादी यथार्थदृष्टि को मानवीय संबंधों के स्तर पर कलात्मक रूप से अंकित करने के कारण ही प्रेमचंद महान हैं और यही प्रेमचंदयुग के कथाकारों की विरासत रही है। प्रगतिशील साहित्यिक आंदोलन के सामने प्रेमचंदयुग में विकसित यथार्थवादी रुझानों को और भी पुष्ट, प्रौढ़, एवं परिपक्व कलात्मक स्तर प्रदान करने की जिम्मेवारी थी।

देखना यह है कि प्रगतिशील उपन्यासकारों ने इस कार्यभार को निभाया या नहीं? प्रेमचंद ने किसान जीवन और नारी पराधीनता के विषय को उठाया था। पर यशपाल ने मजदूरों के संगठित आंदोलन और स्त्री स्वाधीनता के विषय को 'दादा कामरेड' (1941) में उठाया, मजदूर आंदोलन के केंद्र में मध्यवर्ग के क्रांतिकारी हरीश को रखा और स्त्री स्वाधीनता के

प्रश्न को उच्च मध्यवर्ग में जन्मी क्रांतिकारिणी शैला के इर्द-गिर्द केंद्रित किया। स्पष्ट है कि जैनेंद्र की 'सुनीता' को यशपाल अपने ढंग से शैला के रूप में एक भिन्न संदर्भ देकर चित्रित करते हैं और हरिप्रसन्न को मजदूर आंदोलन के बीच सर्वहारा चेतना से लैस कर हरीश का रूप देते हैं। वर्गसंघर्ष, सर्वहारा चेतना, मजदूर वर्ग का संगठन तथा स्त्री स्वाधीनता का सवाल उठाकर यशपाल प्रेमचंदकालीन यथार्थवादी परंपरा के उन सूत्रों से अलग खड़े प्रतीत होते हैं जो कृषिक्रांति तथा सामंती व्यवस्था की अधिरचना से जुड़े हुए थे। यद्यपि प्रेमचंद ने भी रमानाथ और जालपा (गबन), मेहता और मालती (गोदान) के जीवन प्रसंगों के यथार्थ चित्रण के माध्यम से मध्यवर्ग के चरित्र उठाए थे, पर प्रेमचंद साहित्य की यह बहुत ही गौण दिशा थी। जहां तक हिंदुस्तान समाजवादी प्रजातंत्र सेना के क्रांतिकारी सदस्यों के कम्युनिस्ट बनने की प्रक्रिया, उनके विचारधारात्मक कायाकल्प और जनसंगठन बनाने की दिशा में आगे बढ़ने की तत्कालीन राजनीतिक वास्तविकता का प्रश्न है, यशपाल ने अवश्य ही इसका बड़ा ही प्रामाणिक चित्रण किया है। यह एक ऐसा विषय था जिसे उस युग में जैनेंद्र ने हरिप्रसन्न के चरित्र द्वारा, अज्ञेय ने शेखर के चरित्र द्वारा भ्रष्ट और विकृत रूप दिया था। जैनेंद्र के हरिप्रसन्न की क्रांतिकारी राजनीति का अंत सुनीता के प्रति शरीर लोलुपता में देखा गया और अज्ञेय के शेखर के विद्रोहवाद का अंत परित्यक्ता शशि की निरवलंब स्थिति का फायदा उठाकर निरंतर उसके भोग में। इस तुलनात्मक प्रसंग में यदि यशपाल के हरीश को देखें या शैला और यशोदा को देखें तो पता चलता है कि यशपाल 'आधुनिक भारत के नए परिच्छेदों को कथाबद्ध करते हैं' और 'स्त्री की स्वाधीनता' का सवाल उठाते हैं।[118] शैला और यशोदा दोनों ही वास्तविक स्वाधीनता की प्राप्ति के लिए संघर्ष करती हैं, फलतः शैला घर से गर्भावस्था में ही निकल जाती है और यशोदा का पति उससे विमुख हो जाता है। मिल मालिक की पुत्री होने के कारण शैला पर सामाजिक प्रतिबंध केवल नैतिक पहरे के रूप में है। उसके आगे 'गोदान' की झुनिया, 'सेवासदन' की सुमन, 'निर्मला' की निर्मला, 'कंकाल' की लतिका, तारा, किशोरी या 'तितली' की बंजो जैसी कोई समस्या नहीं है। पर यशोदा के आगे पातिव्रत्य की समस्या है और व्यक्तिगत स्वाधीनता का प्रश्न। शैला और यशोदा के माध्यम से यशपाल शरीर की भूख का रोमांस अवश्य ही लाते हैं जो उच्चवर्ग या मध्यवर्ग की औरत के साथ मध्यवर्ग के क्रांतिकारी के शरीर-आकर्षण पर अवलंबित है। अतः प्रकाशचंद्र गुप्त का यह कथन कि 'राजनीति और यौन संबंध यशपाल के उपन्यासों में परस्पर लिपटे रहते हैं'[19], शिवदान सिंह चौहान की यह टिप्पणी कि यशपाल अपने यथार्थवाद में प्रेमचंद की तरह आदर्श का नहीं, रोमांस का संयोग करते हैं'[120], रामविलास शर्मा का यह आरोप कि जैनेंद्र जी ने सुनीता में जो भाभीवाद शुरू किया था, यशपाल जी ने मानो वही सूत्र 'दादा कामरेड' में पकड़ लिया था, वही आतंकवादी, वही साड़ी-जंपर उतार परिस्थिति[121]। उल्लिखित आरोप हमें इस दिशा में सोचने को मजबूर करते हैं कि क्या यशपाल नारी पराधीनता की वास्तविक समस्या से जूझते हैं? इस प्रश्न का उत्तर ढूंढने के लिए यशपाल के अन्य उपन्यासों को भी देखना चाहिए। 'देशद्रोही' उपन्यास के संदर्भ में प्रकाशचंद्र गुप्त का सवाल ठीक है कि जब यशपाल 'खन्ना को निरंतर शरीर की वासना से अधीर और उद्वेलित पाते हैं, तब यह प्रश्न स्वाभाविक है कि क्या क्रांतिकारी अपने यौन संबंधों में संयम और संतुलन के लिए संघर्ष नहीं करता?'[122] चूंकि खन्ना अपनी स्वयं की कमजोरियों पर विजय पाने के लिए कहीं भी आत्मसंघर्ष नहीं

करता, अतः ऊंची कम्युनिस्ट नैतिकता के अभाव में वह एक पतित मध्यवर्गीय व्यक्ति ही बना रहता है। इसीलिए मजदूरवर्ग, साम्यवाद और लोकयुद्ध की विजय के लिए खन्ना के माध्यम से सारे साम्यवादी सिद्धांत कथन अविश्वसनीय हो जाते हैं। खन्ना के विचार वास्तवितक मानवीय संवंधों से घनिष्ठ रूप में जुड़े प्रतीत नहीं होते। इसके बावजूद अज्ञेय 'देशद्रोही' को रोचक और पठनीय उपन्यास मानते हैं।[123] कारण शायद यह कि शेखर की तरह खन्ना भी उस वर्ग के आदमी हैं 'जिनके लिए सेक्स और आत्मपीड़ा की समस्याएं प्रधान हैं।'[124] अज्ञेय को शायद यह भी अच्छा लगा हो कि खन्ना का सारा राजनीतिक संग्राम 'जनता के अधिकांश भाग को उपन्यास से बाहर रखकर चलता है।'[125]

'देशद्रोही' से बहुत भिन्न स्थिति 'पार्टी कामरेड' (1945) की नहीं है। 'पार्टी कामरेड' में एक गुंडे भावरिया को बहादुर रूप में पेश किया गया है तथा जनता को डरपोक तथा कायर दिखलाया गया है। गीता के मन में भावरिया के प्रति करुणा का उद्रेक होता है, पर पार्टी अनुशासन के कारण वह अपनी सीमाओं को समझ लेती है। मध्यवर्ग की स्त्री और मध्यवर्ग के कम्युनिस्ट पुरुष को केंद्र में रखकर कथानक का सांचा गढ़ने की अपनी शैली से दूर हटते हुए यशपाल ने 'मनुष्य के रूप' (1949) नामक उपन्यास में कांगड़ा जिले की एक निर्धन विधवा सोमा और धनसिंह ड्राइवर के संबंधों पर पहले से भिन्न प्रकार का कथानक उठाया। सोमा स्त्री-पुरुष संबंधों की वास्तविकता पर जो विचार व्यक्त करती है, वह समाजवादी यौन नैतिकता के ठीक विपरीत है। पर सवाल यह है कि सोमा सामंती-पूंजीवादी यौन नैतिकता से छुटकारा पाने के लिए अपने संघर्ष को बीच में ही क्यों स्थगित कर देती है? उपन्यास में अंतर्भूत सोमा के चरित्रविकास की इस दुर्बलता के बावजूद उपन्यासकार एक नारी के क्रमशः गहरे होते हुए उत्पीड़न का अनुगमन करता हुआ 'समस्त समाज पर आलोचनात्मक दृष्टि डालता है।'[126]

जहां तक मजदूरवर्ग के संगठित संघर्ष के यथार्थ चित्रण का प्रश्न है, यशपाल ने प्रेमचंदकालीन यथार्थवादी परंपरा में एक नई कथावस्तु जोड़ी है। यशपाल की सीमा यह है कि उनके उपन्यासों में हड़ताली मजदूरों के संघर्ष में अर्थवाद ही प्रमुख है, मालिकों से मजदूर की लड़ाई केवल आर्थिक दशा में सुधार के लिए है, राजसत्ता उलटने, उसे चकनाचूर करने और नई जनवादी राजसत्ता बनाकर सर्वहारावर्ग के अधिनायकत्व की स्थापना करने का प्रश्न बिलकुल छोड़ दिया गया है। लेखक पर मध्यवर्गीय सुधारवादी मनोभावना हावी है और अपनी उस सीमा से वह बाहर नहीं आ पाया। गोर्की की 'मां' में पावेल मजदूरवर्ग का है, पर यशपाल के हरीश, खन्ना, भूषण आदि पात्र मध्यवर्ग से आते हैं। यही वजह है जिससे 'यशपाल श्रमिक जीवन को बाहर से देख रहे हैं', जबकि गोर्की उसका अंतरंग उद्‌घाटित करते हैं। 'वस्तुतः यशपाल गोर्की की भांति श्रमिक जीवन का, श्रमिक संघर्ष का, पुलिस के प्रहारों का, बंदी जीवन का एवं न्यायालय और जुलूसों का वर्णन तो करते हैं, पर वह वर्णन केवल परिवेश का चित्रण है। उनका प्रतिपाद्य मध्यवर्गीय जीवन का चित्र ही है।'[127]

समसामयिक राजनीतिक परिप्रेक्ष्य, मजदूर आंदोलन, मध्यवर्ग के कम्युनिस्ट पात्र आदि की कथावस्तु से अलग 'दिव्या' (1945) बौद्धकालीन भारतवर्ष की पृष्ठभूमि में नारी पराधीनता के वास्तविक प्रश्नों को समेटने वाली महत्वपूर्ण औपन्यासिक कृति है। 'चित्रलेखा' में जहां भगवतीचरण वर्मा ने मनुष्य को परिस्थितियों के हाथ में नाचती हुई विवश कठपुलती के रूप

में दिखाया है, वहां 'दिव्या' में यशपाल ने मनुष्य को परिस्थितियों के स्रष्टा के रूप में दिखाने का प्रत्यन किया है। 'चित्रलेखा' में पाप-पुण्य तथा योग और भोग की समस्या पर आदर्शवादी चिंतन है किंतु दिव्या में स्त्री स्वाधीनता की समस्या पर यथार्थवादी ढंग से विचार किया गया है।

इस उपन्यास में मारीश चारवाक और दिव्या के द्वारा यशपाल ने अपने भौतिकवादी दर्शन तथा स्त्री स्वाधीनता के वास्तविक प्रश्नों को अत्यंत कलात्मक ढंग से प्रस्तुत किया है। इसके अलावा तत्कालीन गणराज्यों में अभिजातीय वर्ग-संस्कारों के अंतःसंघर्ष से लेकर, ब्राह्मणों एवं बौद्धों के संघर्ष तक की राजनीतिक एवं सांस्कृतिक पृष्ठभूमि का भी विश्वसनीय और यथार्थ वर्णन है। रामविलास शर्मा ने कहा है कि 'यशपाल का सबसे प्रभावशाली उपन्यास 'दिव्या' है, कारण कि यहां राजनीति की स्लिप खड़खड़ाती नहीं है।'[128] यशपाल के अन्य उपन्यासों में राजनीति और रोमांस के सम्मिश्रण का जो प्रयत्न है, उसमें राजनीति स्लिप की तरह चिपकी प्रतीत होती है।

प्रगतिशील साहित्यिक आंदोलन के सामने पुनरुत्थानवाद से संघर्ष की जबरदस्त समस्या थी। पुनरुत्थानवादी यह कहा करते थे कि हमारा इतिहास महान है। भारत के हिंदू सम्राटों के समय इतिहास का स्वर्ण युग था, उस समय दूध-दही की नदियां बहती थीं, स्त्रियां भी सुखी और प्रसन्न थीं। ऐसे पुनरुत्थानवादियों को जवाब देने के लिए 'दिव्या' महत्वपूर्ण कलाकृति प्रमाणित हुई। त्रिभुवन सिंह का खयाल है कि यशपाल हिंदी के प्रथम उपन्यासकार हैं जिन्होंने प्राचीन बौद्धयुगीन मानव जीवन की नवीन व्याख्या प्रस्तुत की। अतीत स्वर्णिम और स्वर्गिक नहीं था जिसमें मनुष्यरूपी देवता निवास करते थे, बल्कि उस समय भी भूल-चूक करने वाले रक्त-मांस से गठित शरीर वाले व्यक्ति थे। इतना ही नहीं बल्कि इतिहास पर विश्लेषणात्मक दृष्टि डालकर उसका पुनर्निर्माण करने और ऐतिहासिक वातावरण प्रस्तुत करने में यशपाल की 'कला का चमत्कार अत्यंत रमणीय हो उठा है।'[129] जहां तक इतिहास के पिछले युगों के भीतर झांककर मनुष्य द्वारा मनुष्य के शोषण की प्रणाली और वर्गविभाजन के चित्रण का प्रश्न है, यशपाल ने 'दिव्या' में केवल शासकवर्ग का ही चित्र नहीं खींचा, बल्कि पूरे समाज का चित्र खींचा है।[130]

यह देखने की बात है कि चित्रलेखा, दिव्या और वैशाली की नगरवधू—इन तीनों चरित्रों के माध्यम से जोला के उपन्यास 'नाना' की नायिका को भारतीय संदर्भ में रखने की कोशिश की गई है। पर इन तीनों नायिकाओं में दिव्या अपने समय के समस्त सामाजिक निषेधों और प्रतिबंधों, सचेत होकर अपनी परिस्थितियों को बदलने के प्रयत्न तथा स्त्री की वास्तविक मुक्ति की आकांक्षा के दृष्टिकोण से एक यथार्थ चरित्र है। शीलवैचित्र्य और प्रवृत्तिवैचित्र्य दिव्या के चरित्र में नहीं, चित्रलेखा, वैशाली की नगरवधू, सुनीता आदि के चरित्र में है। दिव्या की हर उलझन का एक सामाजिक एवं यथार्थवादी पहलू है।

'कर्मभूमि', 'कंकाल', 'तितली' और 'गोदान' की परंपरा में औपन्यासिक यथार्थ का विकास जनवादी कृषिक्रांति और सामंती बंधनों से लड़ते हुए स्त्री-पुरुष के प्रेमसंबंधों की स्वाधीनता की दिशा में ही हो सकता था। यशपाल ने जनवादी कृषिक्रांति का सवाल दरकिनार कर दिया, मजदूर आंदोलन और ट्रेड यूनियन की आर्थिक लड़ाइयों के सवाल उठाए और केंद्र में 'भूषण' को छोड़कर शेष सभी कमजोर मध्यवर्गीय कम्युनिस्ट चरित्र रखे। जहां तक

स्त्री स्वाधीनता का प्रश्न है, यशपाल ने सोमा, मनोरमा तथा दिव्या के चरित्रों के माध्यम से अवश्य ही काफी हद तक यथार्थ चित्रण किया।

पर सवाल यह है कि क्या यशपाल ने मध्यवर्गीय कम्युनिस्ट पात्रों के चित्रण में मध्यवर्ग की वास्तविकताओं अर्थात अंदरूनी छलनाओं एवं झूठे दिखावे, प्रपंच एवं दावपेंच के बल पर जीने के लिए संघर्ष और वर्गसमाज की उत्पीड़क मशीनरी का मध्यवर्ग पर दबाव आदि का यथार्थ संपूर्ण परिप्रेक्ष्य के साथ उठाया है? स्पष्ट है कि यशपाल ने मध्यवर्ग के किसी भी पात्र के विचारधारात्मक कायाकल्प के लिए उस वर्ग के यथार्थ का उद्घाटन नहीं किया; फलतः अपनी स्थिति से बाध्य होकर कोई पात्र कम्युनिस्ट नहीं बनता; उनके पात्र बौद्धिक स्तर पर ही रूपांतरित होते हैं। उपेंद्रनाथ अश्क की स्थिति यशपाल से भिन्न है। वे मध्यवर्ग का कथानक उठाते हैं, मध्यवर्ग के चरित्र मात्र नहीं। सन् '36 से सन् '51 के बीच अश्क ने दो उपन्यास लिखे : 'सितारों का खेल' (1937) और 'गिरती दीवारें' (1947)। 'सितारों का खेल' उनका प्रारंभिक प्रयास है। पर 'गिरती दीवारें' को हिंदी उपन्यास-समीक्षकों ने महत्पूर्ण माना है। लक्ष्मीनारायण लाल इसे यथार्थवादी परंपरा का उपन्यास मानते हैं।[131] रामदरश मिश्र का कहना है कि यह यद्यपि मध्यवर्ग के विराट फलक पर स्थित है किंतु :

> कथाविन्यास की दृष्टि से बहुत ही फैला हुआ, फूला हुआ और यथार्थ की दृष्टि से बहुत ऊपरी है। कथा कहने का अनुपात ही नहीं दिखाई पड़ता। लेखक जब किसी पात्र को प्रस्तुत करता है और परिचय देता है तो इकट्ठे उसके दादा-परदादा से लेकर उस तक की कहानी कह जाता है। मध्यवर्ग की समस्याएं जरूर उभरती हैं किंतु वे व्यक्ति के गहन मनः सत्यों और संश्लिष्ट सामाजिक संबंधों के बीच से यात्रा नहीं कर पातीं।[132]

'गिरती दीवारें' को लेकर आलोचकों में इतना भारी मतभेद है कि सामान्य पाठक सही नतीजे पर नहीं पहुंच पाता। जिस कसौटी पर रामदरश मिश्र इसे 'कथा-विन्यास' की दृष्टि से ढीला-ढाला कहते हैं, संश्लिष्ट सामाजिक संबंधों की अंतःयात्रा में इस कृति के चितेरे को असमर्थ समझते हैं—उसी कसौटी पर भारत भूषण अग्रवाल भी इसे कसते हैं और एकदम विपरीत नतीजे पर पहुंचते हैं। उनके अनुसार :

> 'गिरती दीवारें' की मुख्य उपलब्धि अपने अतीत का जीवंत विश्लेषण है जिसमें अश्क अपने समस्त सामर्थ्य और धैर्य का उपयोग करके उसके तुच्छ से तुच्छ विवरण को उजागर करते हैं और अपने काल के मध्यवर्गीय जीवन का तानाबाना साकार कर देते हैं, जो छोटी-छोटी स्पर्धाओं, कुंठाओं, आशाओं और निराशाओं को लेखक के निजी दृष्टिकोण से अनुरंजित कर देता है।[133]

भारत भूषण का कथन इस माने में सही है कि 'गिरती दीवारें' पंजाब के निम्न मध्यवर्ग के विभिन्न व्यक्तियों के सामाजिक संबंधों की रग-रग उधेड़ कर रखने वाला उपन्यास है। शिवनारायण श्रीवास्तव ने अश्क के इस उपन्यास पर अपनी राय देते हुए ठीक ही लिखा है कि इसमें मध्यवर्ग के व्यक्तियों के जीते-जागते चित्र अंकित किए गए हैं। यही नहीं बल्कि लाहौर और जालंधर के निम्नमध्यवर्ग के परिवारों का चित्र खड़ा करने में लेखक वातावरण-चित्रण को यथार्थवादी तरीके से आगे बढ़ाता है और इस मामले में उसकी 'कला पूर्ण उत्कर्ष पर पहुंची हुई परिलक्षित होती है।'[134] हर ब्योरे को यथार्थ के नाम पर प्रस्तुत करने के उत्साह में कथाविन्यास की दृष्टि से बिखराव या संघटन का अभाव प्रतीत होता है, पर यह रचनाशिल्प

का बहुत ही गौण दोष है। 'गिरती दीवारें' के नायक चेतन का पीछा करता हुआ लेखक प्रारंभ से अंत तक अनेक छोटी-मोटी बातों को नोट करता है। समस्या तभी खड़ी होती है जब लेखक सारे नोट्स पाठक के लिए भी अनिवार्य मान बैठता है। आश्चर्य तो यह है कि हर ब्यौरे को उपलब्ध कराने की इस प्रतिज्ञा ने अनजाने ही एक खूबी भी उत्पन्न कर दी है। 'गिरती दीवारें' में इसी खूबी ने उपन्यास को यथार्थ अंकन का गौरव दे दिया है। अश्क का 'महत्व तो विशेष रूप से इसी में है कि वे अपने मध्यवर्गीय परिवेश का अत्यंत प्रामाणिक और रंगमय अंकन करते हैं।'[135] अश्क ने स्वयं यह माना है कि इस कथाकृति में कहानी 'महत्व नहीं रखती, महत्व रखता है निम्न मध्यवर्ग के वातावरण का चित्रण और उस अंधेरे में अपनी प्रतिभा का विकासपथ खोजने वाले अति भावप्रवण युवक की तड़प और उसका मानसिक विकास।'[136] कथाविन्यास में संघटन की कमी संबंधी आलोचनाओं का उत्तर देने के लिए अश्क ने उपर्युक्त तर्क उपन्यास के दूसरे संस्करण के प्रकाशन के समय दिया। इसके साथ ही उपन्यासकार ने चेतन के स्वतंत्र अस्तित्व की यथार्थवादिता की रक्षा के अपने प्रयत्न का भी स्पष्टीकरण किया : 'जीवन में जैसे आदमी चलता है, बढ़ता है और आगे-पीछे की सोचता है वैसे ही इसका नायक भी चले, बढ़े और सोचेगा।'[137]

रामविलास शर्मा 'गिरती दीवारें' के नायक की परिकल्पना के मूल में हरिप्रसन्न और शेखर की परंपरा देखते हैं। उनका आरोप है कि कुछ कलाकारों के लिए मध्यमवर्ग की जिंदगी के चित्रण का मतलब होता है, सेक्स संबंधी विकारों का चित्रण। इसके सिवा उन्हें आज के समाज की चक्की में उनका जीवन पिसता हुआ नहीं दिखाई देता, कहीं वे उस चक्की के पाटों के खिलाफ कसमसाते नजर नहीं आते। कुछ कलाकार मध्यवर्ग का बहाना करके उसी सुनीतावादी परंपरा का अनुकरण करते है।'[138] रामविलास शर्मा ऐसी रचना को प्रगतिशील नहीं मानते और इसके लिए छिछले सेक्स चित्रण के अनेक उदाहरण 'गिरती दीवारें' से उद्धृत करते हैं। उनका निष्कर्ष है कि 'इस शेखर-चेतनवाद को प्रगतिशील ठहराना' और 'प्रगतिशीलता की शुद्ध कलावादी परिभाषाएं देना एक प्रतिगामी साहित्यिक दृष्टिकोण है।[139]

'गिरती दीवारें' के छिछले कामवर्णन पर केवल प्रगतिशील समीक्षकों को ही एतराज नहीं रहा है। नलिन विलोचन शर्मा जैसे मार्क्सवाद-विरोधी समीक्षक इस उपन्यास को कथाविन्यास की दृष्टि से व्यर्थ विस्तृत और प्रेमवर्णन की दृष्टि से निहायत साधारण किस्म की रचना मानते हैं। उनका विचार है कि 'सैकड़ों पृष्ठों के इस बृहत्काय उपन्यास के अध्यवसायपूर्ण अध्ययन के बाद हम पाते हैं सिर्फ एक उपेक्षित किशोर, ग्रामीण और ग्राम्य-युवक, असफल सहकारी संपादक और लेखक-कवि के कुंठित व्यक्तित्व का दयनीय इतिहास, जिसका सबसे बड़ा कृतित्व शायद यह है कि वह अपनी पत्नी की छोटी और सुंदर बहन से लुक-छिपकर प्रेम करता है।[140] ऐसा प्रतीत होता है कि अनमेल विवाह से उत्पन्न कड़ी दर कड़ी व्यक्तिगत और पारिवारिक समस्याओं को रामविलास शर्मा और नलिन विलोचन शर्मा, दोनों ही इस उपन्यास का गौण पहलू मानते हैं। पर इसके बावजूद क्या यह उपन्यास मध्यवर्ग के अनेक पहलुओं की वास्तविकता सामने नहीं लाता? यहां इतना कहना अप्रासंगिक न होगा कि अश्क के यथार्थवादी चित्रण को समाजवादी यथार्थवाद के अंतर्गत नहीं रखा जा सकता, पर उनके उपन्यासों में समाज के उत्पीड़क वर्ग और वर्गसमाज की अनेक रूढ़ियों के प्रति आलोचनात्मक दृष्टिकोण मिलता है। अतः अश्क के यथार्थवाद को 'आलोचनात्मक

यथार्थवाद' के अंतर्गत रखना गलत नहीं है। अश्क स्वयं भी अपने यथार्थवाद को 'आलोचनात्मक यथार्थवाद' मानते हैं।[141] अतः प्रगतिशील यथार्थ का मतलब यदि समाजवादी यथार्थवाद है तो अश्क निश्चित रूप से प्रगतिशील नहीं हैं। पर यदि प्रगतिशील यथार्थ के अंतर्गत 'आलोचनात्मक यथार्थवाद' का भी समावेश है तो कुछेक दोषों के बावजूद अश्क प्रेमचंदकालीन यथार्थवादी परंपरा के अंतर्गत आते हैं। प्रगतिशील आंदोलन के दौरान मध्यवर्ग के संपूर्ण परिवेश और मध्यवर्गीय सामाजिक संबंधों के माध्यम से वर्गविभाजित समाज पर यथार्थदृष्टि डालने के अनेक औपन्यासिक प्रयत्न हुए। कालेज तथा विश्वविद्यालय जीवन पर भगवतीचरण वर्मा ने 'तीन वर्ष' नामक उपन्यास में रमेश के चरित्र के माध्यम से विचार किया। पर रांगेय राघव ने 'धरौंदे' (1941) नामक उपन्यास में भगवती के जीवनचरित्र का विविधरूपी अंकन करते हुए वर्गद्वंद्व को भी सामने रखा। इस उपन्यास में प्रोफेसर मिश्रा के भ्रष्ट एवं विकृत चरित्र के माध्यम से समाज के ऊंचे तबके के लंपट तत्वों की पोल खोली गई है।

रांगेय राघव का यह उपन्यास उनका प्रथम प्रयास होने के कारण सराहनीय है। लेखक ने 'कर्मभूमि' और 'तितली' की यथार्थवादी परंपरा में किसान-जमींदार संघर्ष को उठाने का प्रयत्न किया है; यह दूसरी बात है कि कृषिक्रांति की कथा-भूमि हाशिए पर ही घूमती रह जाती है। कृषिक्रांति को आधिकारिक कथाभूमि के रूप में 'विषाद मठ' (1946) नामक उपन्यास उठाता है। सन् '43 के बंगाल के अकाल का संबंध जमींदारों, भूस्वामियों तथा अनाज के जमाखोरों के अमानवीय कृत्यों से रहा है। रांगेय राघव ने जनवादी कृषिक्रांति को बंगाल के अकाल से जोड़कर प्रस्तुत करने में प्रेमचंद की यथार्थवादी परंपरा का विकास ही किया है।

रांगेय राघव ने अपनी कथा का दृश्यपट वर्गउत्पीड़न के अमानवीय कृत्यों से परिपूर्ण आर्थिक सामाजिक संबंधों को प्रस्तुत करने के लिए बंगाल के एक गांव को चुना। उन्होंने स्वयं बंगाल की यात्रा द्वारा उस विभीषिका के दर्शन किए थे। पेट की भूख के दारुण हाहाकार को अपनी आंखों से देखने के कारण ही रांगेय राघव 'विषाद मठ' के यथार्थ चित्रण के बारे में विश्वस्त हैं : 'प्रस्तुत उपन्यास जनता का सच्चा इतिहास है। इसमें एक भी अत्युक्ति नहीं, कहीं भी जबरदस्ती अकाल की भीषणता को गढ़ने के लिए कोई मनगढ़ंत घटना नहीं है।'[142] प्रारंभ में ही किसानों की सामाजिक जीवनरीति और सामूहिक मनोभूमि का चित्र है :

> गांव के किसान सदा की भांति किस्मत को कोसते, ईश्वर का अधिक भय करते, अधिक लड़ते और कचहरियों में आकर सिर टेकते; आए दिन सिर फुटौवल की नौबत आती; किंतु फिर भी जब कोई बाहर का आदमी आता, वे गंवारों-से उसे देखकर सकपकाते, उसके सामने बोलती बंद रहती, किंतु उसके जाने के बाद, उसे गालियां देते, आपस में एक-दूसरे का मजाक उड़ाते और अपने बैलों को पानी देते हुए दूसरों के घरों के बाहर अपने सामने के कूड़े को सरका देने का प्रयत्न करते। पकड़े जाने पर लड़ते और थोड़ी देर बाद चौधरी के घर के सामने इकट्ठे होकर समझौता करते या लड़ते और फिर महंगाई का जिक्र करते, निराई या गोड़ाई पर बहस करते और चट्टोपाध्याय को गालियां देते।[143]

किसान जीवन की सामूहिकता के दृश्यचित्र की वर्णनप्रणाली का सादृश्य इग्नात्सियो सिलोने के उपन्यास 'फांटामारा' में देखकर भारत भूषण अग्रवाल ने यह प्रमाणित किया है कि 'विषाद मठ' पर 'फांटामारा' का प्रभाव है। उन्होंने यह तथ्य भी सामने रखा है कि 'फांटामारा' का

हिंदी अनुवाद सरस्वती प्रेस, बनारस से 1943 में प्रकाशित हुआ था और 'विषाद मठ' का रचनाकाल 1944 है।[144] हो सकता है कि रांगेय राघव ने 'फांटामारा' का अनुवाद पढ़ा हो। पर गांव का ऐसा वर्णन क्या प्रेमचंदकालीन उपन्यासों में नहीं है? आश्चर्य है कि अग्रवाल जी बंकिमचंद्र के 'आनंदमठ' का जिक्र नहीं करते, जिसकी प्रतिक्रिया में रांगेय राघव ने बंगाल के अकाल को कथाभूमि बनाकर 'विषाद मठ' लिखा।

अधिकांश समीक्षकों ने इस उपन्यास को अकाल की विभीषिका की पृष्ठभूमि में लिखित मानवीय करुणा की श्रेष्ठ कथाकृति के रूप में साहित्यिक इतिहास में महत्वपूर्ण स्थान पर प्रतिष्ठित किया है। इसमें बंगाल की अभिशप्त मानवता का हृदयद्रावक चित्रण है और इसी 'सच्ची यथार्थता के कारण उपन्यास अत्यंत संवेदनात्मक हो गया है।'[145] उत्पीड़ित ग्रामीण जनगण का समष्टिचित्र अंकित करने की प्रवृत्ति रांगेय राघव में रही है। इसीलिए 'विषाद मठ' का रूपबंध रेखाचित्रों को सुसंबद्ध करने वाले कौशल में निहित है और इसी कौशल के सहारे ग्रामकथा कहने की प्रवृत्ति का विकास बाद में लिखित 'कब तक पुकारूं', 'आखिरी आवाज', 'धरती मेरा घर' आदि उपन्यासों में होता है। रांगेय राघव ने 48 उपन्यास लिखे हैं। इनमें बहुत से ऐसे उपन्यास हैं जो जल्दी में लिखे गए हैं और मसिजीवी स्रष्टा की आर्थिक बाध्यताओं के कारण ढीले-ढाले रह गए हैं। पर उनकी सन् '51 तक प्रकाशित कृतियों में 'विषाद मठ' और 'मुर्दों का टीला' का साहित्य के इतिहास में अन्यतम स्थान है।

'मुर्दों का टीला' (1946) ऐतिहासिक उपन्यास माना जाता है। इसमें मोहन-जो-दड़ो की लुप्त भारतीय सभ्यता का आख्यान उपन्यस्त करने का प्रयास है। द्रविड़ सभ्यता के स्वर्णयुग की कथा, प्रकारांतर से दासप्रथा का स्वरूप और गणतंत्रात्मक शासन की विस्तृत प्रणाली को उपन्यास का रूप देने में लेखक ने वैज्ञानिक दृष्टिकोण की तटस्थता और निरपेक्षता की बात उठाई है :

> इसमें मैंने विशेष ध्यान रखा है कि उस काल के ही अनुसार सबका वर्णन किया जाए।... खेद है आपको यहां दास दासों की सी बात करता मिलेगा। उसकी परिस्थिति प्रगट है। वह उस काल के दार्शनिकों की सी शिक्षित बहस नहीं कर सकता, न वह वैज्ञानिक भौतिकवाद मानता है, न द्वंद्वात्मक ऐतिहासिक व्याख्या ही। मैं समझता हूं इतिहास को इतिहास की सफल झलक दिखाकर देना ठीक है, न कि अपने-आपको पात्र बनाकर किए कराए पर पानी फेर देना।[146]

यह उल्लेखनीय है कि रांगेय राघव ने अपने इस उपन्यास में वर्तमान रहन सहन, वेशभूषा और दृष्टिकोण का प्रक्षेपण न कर उस समय के लोगों को उस काल की सीमा में ही दिखाने की चेष्टा की है। 'मुर्दों का टीला' में मोहन-जो-दड़ो के दासों के अंदर 'आदिम समाज के संस्कार परिलक्षित होते हैं। कहीं भी लेखक ने सप्रयास आधुनिक जीवन की समस्याओं को आरोपित करने का कौशल नहीं दिखाया है।'[147]

ऐसा प्रतीत होता है कि दासप्रथा और विस्मृत सभ्यता का औपन्यासिक आख्यान लिखने के लिए, इस विषय पर प्रख्यात दो उपन्यास 'अंकिल टाम्स केबिन' और 'लास्ट डेज आफ पांपिआई' का अध्ययन रांगेय राघव ने किया था। 'मुर्दों का टीला' पर उल्लिखित दोनों कृतियों के प्रभाव की चर्चा की जाती है।[148] सन् '30 में सर एडवर्ड बुल्वर लिटन के उपन्यास 'लास्ट डेज आफ पांपिआई' का 'समाधि' नाम से हिंदी रूपांतर गणेश पांडेय ने किया था और उसका

प्रकाशन साहित्य मंदिर, दारागंज, प्रयाग से हुआ था। यह उपन्यास प्राचीन रोम के प्रसिद्ध नगर पांपिआई की ध्वसंलीला पर आधारित ऐतिहासिक रचना है।[149] 'मुर्दों का टीला' और 'समाधि' में केवल इतनी ही सामनता नहीं है कि दोनों उपन्यास एक विस्मृत सभ्यता का कथानक लेकर चलते हैं। दोनों की महत्वपूर्ण समानता वस्तुतः यह है कि 'मुर्दों का टीला' का मुख्यपात्र विश्वजित अंधा भिखारी है और वह उपन्यास में शुरू से अंत तक बना रहता है। ठीक इसी तरह 'समाधि' (लास्ट डेज आफ पांपिआई) की अंधी मालिन निडिया भी संपूर्ण उपन्यास में छाई हुई है और पूरे समाज को तटस्थ होकर देख रही है। 'समाधि' में जब सारे घटनाचक्र की परिणति होती है तो ग्लोकस पांपिआई नगर के भस्मसात हो जाने के बाद एक वृद्ध और उसके पुत्र को भागते हुए देखता है। उस समय पुत्र अपने पिता के साथ किस तरह दुर्व्यवहार करता है, इस दारुण व्यवहार को भी ग्लोकस ध्यान से देखता है। ठीक इसी तरह 'मुर्दों का टीला' के अंत में विश्वजित और उसके अज्ञात पुत्र श्रेष्ठि मणिबंध के बीच संघर्ष होता है। 'काका टाम की कुटिया' में जिस तरह जार्ज अपनी मुक्ति का प्रयत्न करता है, उसी तरह 'मुर्दों का टीला' में विश्वजित दासों को अपनी दीनहीन स्थिति से छुटकारा पाने के लिए संघर्ष करने का आह्वान करता है।[150]

सर एडवर्ड वुल्वर लिटन और रांगेय राघव के दृष्टिकोण और चित्रण शैली में काफी समानता है। इसीलिए 'समाधि' का 'मुर्दों का टीला' पर प्रभाव मानना अस्वाभाविक नहीं है :

> अपने महत्वपूर्ण रूप में ये दोनों कृतियां प्रायः एक से रूपबंध का आश्रय लेती हैं जो घटनाप्रधान होते हुए भी घटनाओं से भी अधिक एक समाज का गतिशील चित्रण करती हैं। दोनों ही लेखकों की दृष्टि समूह पर टिकी रहती है, और उनके पात्र हाट-बाजार, स्नानागार और समुद्र तट, पर्व और उत्सव, पथ और वीथियों में ही आते-जाते मिलते हैं। वस्तुतः इन दो कृतियों की इस विलक्षण समानता का मूल कारण है उनके रचना उद्देश्य की समानता—दोनों ही लेखक पुरातत्व की खोजों से प्रेरित होकर विलुप्त सभ्यता को मूर्तिमान कर रहे थे।[151]

अपने अतीत को गौरवमंडित कर हिंदू रूढ़िवाद को रांगेय राघव बढ़ावा नहीं देते बल्कि इतिहास के प्राचीन युग और समाज में भी वर्ग द्वंद्व तथा उत्पीड़न का तत्कालीन चित्र खींचते हैं। यही दृष्टिकोण उन्हें प्रगतिशील कृतिकार बना देता है।

सन् '51 में रांगेय राघव का 'हुजूर' नामक उपन्यास प्रकाशित हुआ। संपूर्ण उपन्यास में एक कुत्ता कथावाचक की हैसियत से मौजूद है। इस उपन्यास में भिन्न-भिन्न वर्ग के प्रतिनिधि पात्रों के व्यक्तिगत जीवन, उनकी सामाजिक स्थिति, रहन-सहन आदि के खंडचित्रों को शृंखलित कर सुसंबद्ध कथा का रूप दिया गया है। शोषकों और उत्पीड़कों पर तीखा व्यंग्य है; प्रताड़ित स्त्रियों के प्रति ममता और करुणा; नेताओं और पूंजीपतियों के नैतिक ह्रास, आंतरिक खोखलेपन और विलासी रंगढंग के चटकीले चित्रों में एकसूत्रता है।

रूपबंध की दृष्टि से भी यह उपन्यास एक नया प्रयोग प्रमाणित हुआ क्योंकि आगे चलकर अनेक कथाकारों ने आत्मकथा शैली का उपयोग कहीं वटवृक्ष के माध्यम से किया, कहीं किसी जानवर के माध्यम से, कहीं पुराने भवन या किले के माध्यम से।

प्रगतिशील आंदोलन के दौरान अमृतलाल नागर ने 'नवाबी मसनद', 'सेठ बांकेमल' और

'महाकाल' नामक तीन उपन्यास लिखे। सन् '39-40 के लगभग हास्यरस के साप्ताहिक 'चकल्लस' में 'नवाबी मसनद' का धारावाहिक प्रकाशन हुआ था। इस उपन्यास में नवाब साहब और उनके मुसाहिबों के रेखाचित्र, लखनऊ चौक के साधारण जनों की चलती फिरती जबान में दीन-दुनिया पर बातचीत-बहस और लखनऊ की नवाबी सभ्यता के पतनशील सामंती वातावरण के खाके उपस्थित किए गए हैं।

'सेठ बांकेमल' में आगरे के एक सेठ बांकेमल दुकान पर बैठे-बैठे चौबेजी के पुत्र को अपने और चौबेजी के युवाकाल की मस्ती का संस्मरण सुनाते हैं। बीच-बीच में सेठ बांकेमलजी अपने ग्राहकों को भी निबटाते चलते हैं। इस उपन्यास का कथावाचक सेठ बांकेमल है; उसकी भाषा खास आगरे की है। संपूर्ण उपन्यास हास्य-व्यंग्य की छटा से भरपूर है।

अमृतलाल नागर के इन दोनों उपन्यासों में मुख्य रूप से सामंती और साहूकारी जीवन पर लेखक की व्यंग्यपूर्ण यथार्थदृष्टि का परिचय मिलता है। पर 'महाकाल' (1947) उपन्यास बंगाल के दुर्भिक्ष की विषयभूमि पर लिखा गया है जिसमें बनिया मोनाई की हृदयहीनता और मुनाफाखोरी का चित्रण है। बंगाल के एक गांव के जमींदार राजा दयाल के विलास वैभव के नीचे छटपटाते हुए अनगिनत किसानों के नरकंकालवत जीवन का भयावह यथार्थ है और स्कूल अध्यापक पांचू गोपाल मुखर्जी की निस्सहाय मानवीय करुणा से प्रेरित मूक द्रष्टा जैसी स्थिति का चित्र है। महाजन, साहूकार, जमींदार और निर्धन किसान-मजदूर—इन सभी वर्गों के पात्र लिए गए हैं। 'गोदान' की कृषिक्रांति की यथार्थवादी कथाभूमि पर रचित यह उपन्यास प्रगतिशील आंदोलन की महत्वपूर्ण देन है।

प्रगतिशील साहित्यिक आंदोलन के प्रारंभिक दौर में प्रभाकर माचवे ने 'परंतु' (1940) नामक उपन्यास के द्वारा व्यापक सामाजिकता और यथार्थवादिता का परिचय दिया था। 'परंतु' सामंती-पूंजीवादी समाज के आंतरिक गतिरोध और मनुष्य द्वारा मनुष्य के उत्पीड़न के कारण उत्पन्न निरंतर नैतिक ह्रास की समस्या का यथार्थ चित्र है। रूपबंध की दृष्टि से 'परंतु' लघु उपन्यास है और इसमें चेतना धारा वाली पाश्चात्य प्रणाली का सफल निर्वाह है। परंतु कृतिकार ने वर्ग समाज की सामंती-पूंजीवादी नैतिकता और उसके आर्थिक आधार के बीच क्रिया-प्रतिक्रिया पर सहज मानवतावादी यथार्थ दृष्टि डाली है।

इसी काल में अंचल ने चार उपन्यास लिखे : 'चढ़ती धूप' (1945), 'नई इमारत' (1946), 'उल्का' (1947) और 'मरुप्रदीप' (1951)। इन चारों उपन्यासों में अनेक पात्र ऐसे हैं जो साम्यवाद में अपनी आस्था प्रकट करते हैं, मजदूर आंदोलन में भाग लेते हैं, देश की जनवादी स्वाधीनता के लिए संघर्ष करते हैं और अपनी विचारधारा तथा कार्यविधि से अपनी प्रेमिकाओं को अभिभूत कर उन्हें भी कम्युनिस्ट या समाजसेवी बनाने में सफल हो जाते हैं। संभवतः इसी आधार पर डा. गणेशन अंचल को ही एकमात्र प्रगतिवादी उपन्यासकार मानते हैं। उनकी टिप्पणी है कि 'मार्क्सवादी विचारधारा से प्रभावित प्रगतिवाद केवल रामेश्वर शुक्ल 'अंचल' के कुछ उपन्यासों में मिलता है। अंचल का दृष्टिकोण मार्क्सवादी है।'[152] किंतु इस निष्कर्ष के ठीक विपरीत रवींद्र भ्रमर की मान्यता है कि अंचल के उपन्यासों में 'कल्पना' की अतिशयता के कारण कथात्मक परिवेश और उसमें उभरने वाले चरित्र यथार्थ की दुनिया से कुछ दूर रह गए हैं।'[153]अंचल की कथाकृतियों के नायकों पर विचार करते हुए राजेंद्र यादव ने 'चढ़ती धूप' के मोहन और 'मरुप्रदीप' के विमल को इलाचंद्र जोशी के उपन्यास 'निर्वासित' के

नंदकिशोर और धर्मवीर भारती के उपन्यास 'गुनाहों का देवता' के चंदर जैसा ही माना है। शरच्चंद्र के उपन्यासों में नायक स्त्रियों के समीप आते हैं और फिर भाग खड़े होते हैं। रामविलास शर्मा इस प्रकार के प्रेमचित्रण को असामाजिक समझते हैं। राजेंद्र यादव ने रामविलास शर्मा की इस मान्यता के आधार पर ही अंचल के नायकों पर अपना निर्णय दिया है। उनकी समझ है कि इस प्रकार का स्त्री-पुरुष संबंध निरूपण वस्तुतः प्रेम के उस सूक्ष्म विज्ञान के अंतर्गत आता है जो पुरुष को नारी के निकट लाता है और फिर नारीत्व को निखारने के लिए उसे दूर ढकेल देता है। राजेंद्र यादव प्रेम के इस सूक्ष्म विज्ञान को उपन्यासकार की ट्रंप चाल समझते हैं।[154]

प्रगतिशील उपन्यासों में चित्रित स्त्री-पुरुष संबंधों के सामाजिक और प्राकृतिक पहलुओं को लेकर प्रगतिशील समीक्षकों के बीच गहरे मतभेद रहे हैं। यशपाल की शैला एक मिल मालिक की लड़की है और वह हरीश से प्रेम करने के कारण साम्यवादी विचारधारा के प्रति हमदर्दी जाहिर करना शुरू कर देती है। प्रेम भावना के ऐसे स्वरूप में वर्ग संघर्ष की राजनीति और रोमांस का वैचित्र्यपूर्ण सम्मिश्रण दिखाई पड़ता है। 'उल्का' से लेकर 'मरुप्रदीप' तक अंचल ऐसे नायकों की सृष्टि करते हैं जिन्हें स्त्रियां पूजा भावना के साथ चाहती हैं। कुलीन घराने की स्त्री और निर्धन परिवार के पुरुष के बीच के प्रेमसंबंधों के चित्रण द्वारा वर्गसंघर्ष की खाई पाटने का घिसा-पिटा मंत्र लेकर यशपाल, अंचल, श्रीकृष्ण दास आदि प्रायः असली समस्या को टालने का प्रयत्न करते हैं। वस्तुतः यह मध्यवर्गीय प्रेम रोमांस है। राजनीति और रोमांस दोनों में ये नायक मध्यवर्गीय व्यक्तिवाद लेकर आए हैं—इनमें बौद्धिक सहानुभूति अवश्य ही साम्यवाद के प्रति दिखाई पड़ती है, पर जनक्रांति और नारीमुक्ति के संबंध में इनका दृष्टिकोण मध्यवर्गीय खोल से बाहर नहीं निकल पाता।[155]

कुछेक समीक्षक इस प्रकार के मूल्यांकन के ठीक विपरीत राय रखते हैं। उनका मत है कि 'चढ़ती धूप' और 'उल्का' के नायक परंपरागत संस्कृति के बंधनों से निरंतर संघर्ष करते प्रतीत होते हैं।[156] इन पात्रों की नई सामाजिक बौद्धिक चेतना और परंपरागत संस्कार के बीच घात-प्रतिघात का चित्रण ही उपन्यासकार का अभीष्ट है। 'चढ़ती धूप' का नायक मोहन परिस्थितियों से लड़ता है; परिवेश उसकी क्रियाओं और उसके मानसिक विकास को रूप देता है। 'उल्का' में वर्ग समाज की प्राचीन परंपराओं से प्राप्त आचार-विचार के विरुद्ध विद्रोह करने वाली मंजू का चरित्र प्रस्तुत है। विद्रोह भावना की आवश्यकता नायिका के सामाजिक संबंधों के स्वरूप की पहचान से उत्पन्न होती है। जहां तक सर्वहारा वर्ग के ट्रेड यूनियन आंदोलन को उभारने का सवाल है, 'अंचल' ने मजदूरों के उस यातनापूर्ण जीवन की ओर ध्यान ही नहीं दिया है, जो हड़ताल को उनकी अनिवार्य आवश्यकता बना देता है।[157] वर्गसमाज में उत्पीड़ित जनगण की आर्थिक सामाजिक अवस्थाओं और विभिन्न मनुष्यों के सामाजिक संबंधों के यथार्थ का उद्‌घाटन न कर पाने के कारण ही 'नई इमारत' नामक उपन्यास में यद्यपि उपन्यासकार से सन् '42 के जन आंदोलन का चित्रण किया है, महमूद एवं आरती के पवित्र प्रेम के आंतरिक स्वरूप का अंकन किया है, पर कथानक संघटन और चित्रण शैली में काल्पनिकता एवं भावुकता ही अधिक छाई रहती है। शिवनारायण श्रीवास्तव का तो यह खयाल है कि इसमें एक तरह का 'आदर्शवाद' आ गया है।[158]

यशपाल, अंचल, पहाड़ी, नरोत्तम नागर और नागार्जुन के उपन्यासों के संबंध में अनेक

मार्क्सवादी और गैरमार्क्सवादी समीक्षकों ने यह राय व्यक्त की है कि ये 'मनोवैज्ञानिक यथार्थवाद' और 'नारीसमस्या के चित्रण' के नाम पर नग्न कामुकता को प्रगतिशीलता के रूप में प्रतिष्ठित कर रहे हैं। इस संबंध में प्रगतिशील समीक्षा के अंतर्गत जो वाद-विवाद हुए हैं, उनकी विस्तार से चर्चा अगले अध्याय में की जा रही है। यहां इतना बताना आवश्यक है कि पहाड़ी के उपन्यास 'सराय' और नागार्जुन के उपन्यास 'रतिनाथ की चाची' के संबंध में सभी प्रगतिशील समीक्षक एकमत नहीं हैं। मुल्कराज आनंद और कृश्न चंदर के कृतित्व के संबंध में भी इसी तरह का मतांतर रहा है।

नारीसमस्या के चित्रण में प्रगतिशीलता और प्रतिगामिता को लेकर जो वादविवाद हुए, उसी के परिणामस्वरूप पहाड़ी ने 'सराय' नामक अपने उपन्यास के रुग्ण रोमांस से परहेज करते हुए आगे चलकर 'निर्देशक' (1946) में सुगठित यथार्थवादी कथानक उठाया। त्रिभुवन सिंह के विचार से 'इस उपन्यास में पहाड़ी जी ने सामाजिक क्रांति की एक ऐसी कहानी कही है जिसमें भारत के मजदूर-वर्ग ने पूंजी के विरुद्ध, सरकार के विरुद्ध जेहाद बोल दिया है।'[159] इस उपन्यास में मध्यवर्ग के संस्कारों से आत्मसंघर्ष कर क्रमशः क्रांतिकारी बनता हुआ नवीन सभी प्रकार के नारी आकर्षणों से बचने का प्रयत्न करता है। एक पूंजीपति की बेटी सरला नवीन के प्रति आकृष्ट है। वह नवीन की बहन तारा के दुःखी विवाहित जीवन के प्रति सहानुभूति रखती है। वह ऐन मौके पर क्रांतिकारियों को मदद देती रहती है। संदेह होने पर अपनी विश्वासपात्रता का परिचय देने के लिए पिता के घर से मजदूरों से संबंधित फाइल चुरा कर लाती है और सबके सामने आत्महत्या कर लेती है।

इस उपन्यास में आधे दर्जन पात्र हत्या और आत्महत्या के शिकार होते हैं। ऐसा प्रतीत होता है कि सन् '46 में लिखित इस उपन्यास में 'लाल आतंक' को राजनीतिक कथानक के रूप में उठाने का प्रयत्न है। सर्वहारा चेतना और कम्युनिस्ट कर्त्तव्यपरायणता की दृष्टि से 'निर्देशक' उस काल के सभी उपन्यासों में अपना अलग महत्व रखता है। जहां तक पारिवारिक ममता और सहज मानवीय दुर्बलताओं का प्रश्न है, नवीन की चरित्र परिकल्पना में लेखक को पर्याप्त सफलता मिली है। यशपाल के हरीश और खन्ना की तुलना में नवीन का चरित्र बहुत ही महत्वपूर्ण है। सन् '46 में लिखित 'निर्देशक' के कथानायक नवीन के ही वजन पर यशपाल ने 'मनुष्य के रूप ' ('49) में भूषण का चरित्र अंकित किया।

ब्रिटिश साम्राज्यवाद से देश की जनवादी मुक्ति के लिए जनविद्रोह की कथाभूमि पर लिखित 'निर्देशक' की शृंखला में ही प्रतापनारायण श्रीवास्तव ने 'सन् बयालीस' (1948) और 'बेकसी का मजार' (1956) नामक दो बहुत ही महत्वपूर्ण उपन्यास लिखे। यद्यपि पहाड़ी और प्रतापनारायण-श्रीवास्तव की विचारदृष्टि में बहुत अंतर है, पर जहां तक कथा के विराट फलक पर राष्ट्रीय स्वत्व के लिए संघर्ष की भावना का प्रश्न है, दोनों में काफी निकटता है। पहला उपन्यास सन् '42 के साम्राज्यविरोधी जन आंदोलन का चित्रण करता है और दूसरा 1857 की राज्यक्रांति का।

प्रगतिवाद ने प्रेमचंद-प्रसाद से विरासत के रूप गें कृषिक्रांति और नारी स्वाधीनता की समस्याओं पर यथार्थवादी साहित्य प्राप्त किया था। पर मध्यवर्ग के कम्युनिस्ट बुद्धिजीवी और ट्रेड यूनियन आंदोलन के संचालक चरित्रों की अवतारणा से हिंदी उपन्यास में प्रेमचंद-प्रसाद की वह परंपरा नई दिशा में मुड़ गई थी। वृंदावन लाल वर्मा ने बुंदेलखंड के सामंती समाज,

कर्मतत्पर किसान, सामंती रूढ़ि के जुए के नीचे घुटते स्त्री-पुरुष और वहां की लोक संस्कृति के चित्रों द्वारा हिंदी उपन्यास की प्रेमचंद-प्रसाद वाली प्रगतिशील यथार्थवादी परंपरा को आगे बढ़ाया।

'मुसाहिब जू' (1946), 'झांसी की रानी' (1946), 'कचनार' (1946), 'अचल मेरा कोई' (1947), 'माधव जी सिंधिया' (1948), 'टूटे कांटे' (1949) और 'मृगनयनी' (1950) उपन्यासों में वर्मा जी ने एक ओर जहां हिंदुस्तान के अतीत पर विश्लेषणपरक आलोचनात्मक दृष्टि डालकर वर्तमान यथार्थ को बदलने का आह्वान किया, वहीं दूसरी ओर पश्चिमी सभ्यता के पुजारियों के आगे भारत की बहुरंगी लोक-संस्कृति के जीवंत उपादानों को चित्रित कर सांस्कृतिक नवनिर्माण की अमर संपदा उपलब्ध करा दी है।

वर्माजी के उपन्यासों की रूमानी प्रवृत्ति सामंती रूढ़िवादी सामाजिक संस्थाओं के प्रति विद्रोह पर अवलंबित है। 'गढ़ कुंडार' में तारा-दिवाकर का प्रेम, 'विराटा की पद्मिनी' में कुमुद-कुंजर का प्रेम, 'झांसी की रानी' में मुंदर-रघुनाथ का प्रेम, 'प्रेम की भेंट' में धीरज-सरस्वती का प्रेम, 'कुंडली चक्र' में पूना-अजित का प्रेम, 'माधव जी सिंधिया' में जवाहर-गन्ना बेगम का प्रेम, 'मृगनयनी' में लाखी-अटल का प्रेम और 'कचनार' में कचनार-दिलीपसिंह का प्रेम—ये सारे कथातंतु सामंती समाज के बंधनों, रूढ़ियों, निषेधों और प्रतिबंधों का तिरस्कार करते हैं।

वृंदावनलाल वर्मा ने जीवन की अविश्राम कर्मधारा में बहते हुए स्त्री-पुरुषों के चरित्र लिए हैं। उनके पात्र अकर्मण्य और निष्क्रिय नहीं हैं। यही कारण है कि कुमुद-कुंजर, लाखी-अटल, कचनार-दिलीपसिंह आदि के व्यक्तित्व में 'मानसिक विलासिता की प्रवृत्ति नहीं मिलती। जीवन की कर्मण्यता का उत्कर्ष उनके पात्रों की वीरता में देखा जा सकता है। उच्चादर्शों से प्रेरित युद्ध का वर्माजी ने हमेशा समर्थन किया है। वर्माजी की कला में **'मलिन मानसिक जुआ'** खेलने वाले मनुष्यों के प्रति सहानुभूति नहीं है। इसीलिए दुष्ट राजे-रजवाड़ों, खल रानियों, धूर्त-कपटी मंत्रियों, रूढ़िवादी पंडितों, लुटेरे बादशाहों आदि के चित्रों में जीवन के नकारात्मक काले रंग को घनीभूत रूप में देखा जा सकता है। दूसरी तरफ प्रेम और वीरता के उदात्त कथाचरित्र हैं। इसमें नारीपात्रों की भूमिका प्रमुख है। वर्मा जी के उपन्यास इस दृष्टि से उल्लेखनीय हैं कि उनके पात्रों का चरम सौंदर्य तब प्रकट होता है जब वे युद्ध में भाग ले रहे होते हैं या जीवनसंग्राम में वीरता प्रकट कर रहे होते हैं। इस तरह उनके यहां उस यथार्थवादी सौंदर्यबोध की पुष्टि है जिसमें वीरता और सौंदर्य का अद्भुत कलात्मक सामंजस्य है। प्रगतिशील साहित्य की रीतिकालविरोधी, सामंतविरोधी भूमिका में वर्माजी के उपन्यासों का स्वतः स्फूर्त ढंग से योग हो जाता है क्योंकि उनके 'नारीपात्र लक्षणग्रंथों की नायिकाएं नहीं हैं। उनका अपना व्यक्तित्व है, मान-अपमान की भावना है, वे प्रेम करना जानती हैं और प्रेम के लिए मर मिटना जानती हैं। यह प्रेम की समस्या उपन्यासों में घटनाओं के विचित्र ऊहापोह खड़े कर देती है।'[160]

वृंदावनलाल वर्मा के साहित्य में बुंदेलखंड की स्थानीयता एवं उसकी सांस्कृतिक पृष्ठभूमि कलात्मक परिपूर्णता के साथ गोचर हो उठी है। उनके साहित्य की सजीवता के पीछे बुंदेलखंड की नदियां, झीलें, पहाड़ियां, जंगल, पुराने दुर्ग, लोक रिवाज, लोक गीत और जनता की सरस बोली-बानी है। उनके कथासंसार के स्त्री-पुरुष बुंदेलखंड के जंगल, पहाड़, नदी नाले से प्यार

करते हैं; यहां तक कि आखेट में मृगनयनी का अद्भुत वीरत्व देखकर राजा पूछता है : 'इतना बल तुम में कहां से आया?', तो मृगनयनी कहती है कि राई 'नदी के पानी के आलावा उसकी गांठ में है ही क्या?' इसी तरह अनेक उपन्यासों में बेतवा नदी के दर्शन होते हैं। कहीं बेतवा अपनी भरी जवानी में दहाड़ मारती हुई बहती है, ऊपर से लगातार बारिश और हवा की प्रचंडता। इस भयंकर अवस्था में भी निडर स्त्री रामा बेतवा को कुछ इस तरह पार करती है, जिस तरह चंद्रमा बादलों को चीरता है; कुंवरसिंह को प्यार करने वाली कुमुद बेतवा में पैठती है, नदी की धार अपने वक्ष को खोलकर सावधानी से उसे अपनी गोद में ले लेती है। इसी बेतवा के तीव्र प्रवाह और वेग भरे स्वर के बावजूद लक्ष्मीबाई की घुड़सवार सेना बेतवा के बीच से रास्ता बनाती है। केवल नदी ही नहीं, वन-प्रकृति और झाड़-झंखाड़ों का भी अत्यंत तन्मयता से वर्णन मिलता है। करघई, रेवंजा, नेगड़ और मकोय के बीहड़ जंगल में एक चतुर शिकारी की तरह उपन्यासकार का प्रवेश देखा जा सकता है। करघई की कत्थई रंग की झाड़ी में नायक-नायिकाओं का विकट शिकारी रूप, आखेट की साहसिकता के नाटकीय रूप और प्रकृति के अनगढ़ प्रसार के सरल रेखाचित्र वर्माजी की कथा में स्वाभाविक जीवंतता का पुट भरते हैं।

बुंदेखलंड के किसानों और साधारण मनुष्यों की बोली-बानी, कहावतें और नाटकीय उतार-चढ़ाव से भरे संवाद जनसंस्कृति के पारदर्शी उपादान का काम करते हैं। गांव के सांस्कृतिक जीवन की सहज छवि उतारने के लिए 'विराटा की पाद्मिनी' में 'उड़ गए धुलवा, रह गई बास' जैसे लोकगीत की शोक-संतप्त भावना का उपयोग है, दूसरी ओर झलकारी दुलैया के साम्राज्यविरोधी तेवर की अभिव्यक्ति के लिए 'छाती बर जाए इन अंगरेजन की, गुटक लई झांसी' जैसी जीवंत आक्रोश भरी शापवाणी है। बुंदेलखंड के देहाती अंचलों में नाच, आखेट, फाग, होली, कसरत-कुश्ती, तैराती क्या नहीं है। सामंतों द्वारा कृषकजनों के सांस्कृतिक उत्पीड़न के बावजूद जनवादी कला और संस्कृति का जीवन की श्रमधारा के साथ विकास रुक न सका। रामविलास शर्मा ने इस प्रसंग में ठीक ही कहा है :

> यद्यपि सैकड़ों वर्षों तक सामंतों ने रासरंग पर अपना अधिकार जमा रखा था और जनता को दुःखी जीवन बिताने पर विवश किया था, फिर भी भारत की जनता के हृदय से कला का प्रेम गिरा नहीं है। वह उसके लोकनृत्यों और उत्सवविनोद के रूप में सुरक्षित है। वर्माजी इस कला के प्रेमी हैं। वे जनता का यह कलाप्रेम अपने उपन्यासों में चित्रित करते हैं। 'झांसी की रानी लक्ष्मीबाई' में हरदी कूं कूं का नाम लेना उनके कलाप्रेम और विनोदप्रियता का परिचायक है।[161]

झलकारी दुलैया का बुंदेलखंड़ी नृत्य, 'टूटे कांटे' उपन्यास में नूरबाई का ब्रजनृत्य प्रेम, मृगनयनी का नृत्यकला और चित्रकला के प्रति अनुराग—इसी जनसंस्कृति के विविध रूप हैं।

प्रेमचंद-प्रसाद के ग्रामोन्मुख यथार्थवाद और गांवों का परिवेश अंकित करने वाली उपन्यास कला की परंपरा को अपनी रचनात्मक प्रतिभा से समृद्ध करने वाले कृतिकारों में वृंदानलाल वर्मा का बहुत ऊंचा स्थान है। ऐतिहासिक उपन्यास और ऐतिहासिक रोमांस के माध्यम से इस परंपरा को आगे बढ़ाने में वृंदायनलाल वर्मा का बहुत ऊंचा स्थान है। ऐतिहासिक उपन्यास और ऐतिहासिक रोमांस के माध्यम से इस परंपरा को आगे बढ़ाने में प्रगतिशील लेखकों के योगदान का सही मूल्यांकन करने के लिए राहुल सांकृत्यायन के उपन्यास का विवेचन भी

अपेक्षित है। राहुल जी ने एक दर्जन से अधिक ही उपन्यास लिखे हैं। उनमें से कुछ के नाम और प्रकाशन वर्ष इस प्रकार हैं : 'सोने की ढाल' (1937), 'विस्मृति के गर्भ में' (1937), 'जादू का मुल्क' (1938), 'जीने के लिए' (1940), 'सिंह सेनापति' (1942), 'जय योधेय' (1944), 'किन्नरों के देश में' (1948), 'मधुर स्वप्न' (1950)। इनमें प्रारंभिक तीनों उपन्यास विदेशी लेखकों के उपन्यासों के भावानुवाद हैं। इन तीनों के पात्रों के नामों का भी भारतीयकरण कर दिया गया है। मौलिक रचनाओं में वृंदावनलाल वर्मा और राहुल सांकृत्यायन के कथानक संघटन के बीच के अंतर को समझना आवश्यक है। वह यह कि :

> राहुल जी वृंदावनलाल वर्मा की तरह इतिहास के प्रमुख व्यक्तियों को अपने उपन्यासों का पात्र नहीं बनाते, बल्कि उनका उद्देश्य विभिन्न प्राचीन सांस्कृतिक और सामाजिक युगों में मनुष्य के विकास की कहानी को चित्रित करना होता है। इसके लिए वे ऐतिहासिक और प्रागैतिहासिक युगों के विशिष्ट समाजों और उनके निर्माण में भाग लेने वाले विशिष्ट और साधारण जनों का कल्पनाजन्य चित्र प्रस्तुत करते हैं।[162]

मानवजाति के विकास की विभिन्न मंजिलों ने अलग-अलग क्या रूप लिए, उन युगों के वातावरण, रहन-सहन और समाज-व्यवस्था के रंगरूप क्या थे —इन्हीं प्रश्नों को लेकर राहुल जी ने अपने देश के इतिहास में अंतःप्रवेश किया और मनुष्य के प्रकृत स्वभाव पर विभिन्न मंजिलों के समाज की रीति-नीति ने जो आवरण डाल दिए हैं, उन्हें दिखलाने की चेष्टा की। उदाहरण के लिए 'सिंह सेनापति' नामक उपन्यास में उस काल के गणराज्यों की दशा, जीवनस्तर, व्यक्ति और समाज का संबंध, राजतंत्र के अधीन प्रजा की उत्पीड़ित अवस्था, गणराज्यों को मिटाने पर तुले राजाओं की साम्राज्य-लोलुपता, दासप्रथा के अधीन अमानवीय अत्याचार, गुरुकुल के आचार्यों और विद्यार्थियों का परस्पर संबंध, विवाह पद्धति, प्रेम का स्वरूप, युद्धशैली तथा विभिन्न कलाओं के तत्कालीन रूप आदि के गोचर चित्र हैं। रामदरश मिश्र का आरोप है कि संकीर्ण हिंदू मनोवृत्ति का विरोध करने के लिए ही लेखक ने इतिहास के कंकाल में साम्यवाद की सांस भरनी चाही है। बौद्धधर्म की अनात्मवादिता के प्रसंग द्वारा भौतिकवाद के समर्थन की चेष्टा स्पष्ट रूप से 'मार्क्सवाद की प्रतिष्ठा का दुराग्रह है।'[163] यहां यह टिप्पणी करना आवश्यक है कि दार्शनिक प्रसंगों और गणराज्यों की सामाजिक व्यवस्था के चित्रण द्वारा लेखक अपने जातीय इतिहास को द्वंद्वात्मक भौतिकवाद की दृष्टि से देख सकता है। इस तरह का प्रयास किसी प्राचीन युग पर मार्क्सवाद को चिपकाना नहीं है। पर प्राचीन गणराज्यों की सामाजिक उन्मुक्तता के चित्रण के नाम पर 'यौन भोगवाद' या स्त्री-पुरुष संबंधों में यौन स्वच्छंदता की प्रतिष्ठा करना अवश्य ही चिंताजनक है। शिवदान सिंह चौहान का कहना है कि राहुल जी के उपन्यासों में 'कहीं-कहीं प्राचीन के प्रति एक दौहार्द्र भावना सी प्रकट होती है और बहुधा ऐसा लगता है मानो एक वर्गमुक्त, स्वच्छंद समाज की एकमात्र कसौटी यौनस्वातंत्र्य ही हो।'[164]

'जीने के लिए' उपन्यास में राहुल जी ने किसानों की मुक्ति की समस्या उठाई है। यद्यपि इस उपन्यास में क्रांतिकारी राजनीतिक विचारधारा से भरे संवादों की भरमार के कारण उपन्यास के कलात्मक गठन को आघात पहुंचा है, पर यह कृति प्रेमचंद के उस यथार्थवाद की परंपरा में है जो कृषिजीवी जनसमूह की जीवंत वास्तविकता के ग्रहण पर बल देता रहा है। 'सिंह सेनापति' में ऐसे अनेक स्थल हैं, जहां शिवदानसिंह चौहान के आरोप प्रमाणित हो जाते हैं—

'देवकन्याएं मंडल बांधकर मुझे बीच में लिए नाच रही थीं। बीच-बीच में मैं थककर विश्राम लेता, तो मधुक्षीर मिश्रित सोम का चषक ले देवांगनाएं आदरपूर्वक मुझे पिलाने के लिए तैयार रहतीं।'[165] कामिनियों और देवांगनाओं की स्वच्छंदता दिखलाते हुए राहुल जी ने लिखा :

> वहां प्रत्येक देवी उन्मुक्त देवी है, वह किसी की भार्या नहीं। वह पद्मसर में विहरने वाली भ्रमरी है, और चाहे जिस भी पद्मकोश में रात को बंद होने के लिए स्वतंत्र है।[166]

इस प्रकार के नारीचित्रण के आधार पर शिवदानसिंह चौहान ने जो निष्कर्ष निकाले हैं, उन निष्कर्षों से बहुत भिन्न रामविलास शर्मा के निष्कर्ष नहीं हैं। रामविलास शर्मा इसे 'स्वच्छ ग्लास से स्वच्छ पानी' वाली यौन नैतिकता कहते हैं। व्यंग्य करते हुए एक जगह वह कहते हैं कि 'राहुल जी अपनी नायिकाओं की नस्ल का बड़ा खयाल रखते हैं। उनके नेत्र नीले और केश पीले होने चाहिए।'[167] राहुल सांकृत्यायन ने इतिहास की अलग-अलग मंजिलों के अलग-अलग प्रकार के स्त्री-पुरुष संबंध नहीं दिखलाए बल्कि स्वच्छंद यौन संबंध का एक स्थिर स्वरूप हर काल पर फिट कर दिया। इस तरह के दृष्टिकोण के कारण ही वे गतिशील सामाजिक संबंधों की यथार्थ झांकियां प्रस्तुत करने में असमर्थ रहे।

ये तत्व राहुल सांकृत्यायन के उपन्यासों का बहुत ही गौण पहलू हैं। उनका उद्देश्य सभ्यता की एक विशेष अवस्था का सामूहिक स्वरूप उपस्थित करना रहा है। अपनी इस प्रतिज्ञा में उपन्यासकला की रचनासामर्थ्य की दृष्टि से वे पूरी तरह सफल नहीं हो पाए क्योंकि चरित्र, घटनाचक्र, कथाप्रवाह की रोचकता और इतिहास की सजीवता की दृष्टि से उनका रचनाविधान शिथिल है। इसके बावजूद अपने गहन अध्ययन, प्रकांड ऐतिहासिक ज्ञान तथा मर्मभेदी यथार्थ दृष्टि के बल पर वे इन उपन्यासों में उस नए आलोक को अवश्य फेंक सके हैं जो प्रगतिवाद काल के 'विचारदर्शन की संगति में थे।'[168] प्रगतिशील आंदोलन के सामने ऐतिहासिक रोमांस और ऐतिहासिक उपन्यास के क्षेत्र में वृंदावनलाल वर्मा की समृद्ध यथार्थवादी कला को समाजवादी दिशा में उन्मुख करने का प्रश्न था। 'झांसी की रानी', 'कचनार' 'मृगनयनी', 'टूटे कांटे' आदि में साम्राज्यवाद, सामंती रूढ़िवाद और अन्याय का विरोध करने वाली यथार्थदृष्टि है। रामविलास शर्मा ने प्रगतिशील लेखकों से कहा कि 'ऐतिहासिक उपन्यासों में हमें यही परंपरा अपनानी चाहिए न कि मुखर अश्व जैसे कुचों वाली नायिकाओं और चाहे जिस पद्मकोश में बंद हो जाने वाली भ्रमरियों की परंपरा।'[169]

यह उल्लेखनीय है कि निराला ने प्रगतिशील साहित्यिक आंदोलन के ही दौर में 'प्रभावती' नामक ऐतिहासिक रोमांस की रचना की। 'प्रभावती' के प्रारंभ में ही कथाकार उपन्यास में चित्रित युग की वर्गस्थिति का खाका खींचते हुए कहता है कि उस युग में गांव के 'किसान छप्परों के नीचे' रहते थे, महाराजा 'हीरे-मोतियों से भरे प्रासादों में'। 'सिंह सेनापति' में जहां राहुल सांकृत्यायन सामंतों के ऐश्वर्य और उनकी स्वच्छंद विलासलीला का चित्रण करते हैं, वहां निराला 'प्रभावती' में जनसाधारण की दशा की ओर दृष्टिपात करते हैं। अपने अतीत का मूल्यांकन करने का प्रगतिशील तरीका यही हो सकता है कि हम देखें कि कहीं हमने अपने समाज के अंदर दलित वर्गों की स्वाधीनता छीनी तो नहीं। विदेशी आक्रमणकारियों, विजातीय सामंती बर्बर युद्ध सरदारों से भारत युद्ध में पराजित होता रहा। इसके मूल में जाकर देखने की आवश्यकता है। 'प्रभावती' में यमुना कहती है : 'वर्णाश्रम धर्म की प्रतिष्ठा में बौद्धों पर विजय पाने वाले क्षत्रिय कदापि इस धर्म की रक्षा न कर सकेंगे; क्योंकि साधारण

जातियां इनके तथा ब्राह्मणों के घृणाभावों से पीड़ित हैं।'[170] 'साधारण जातियां' से मतलब खेतिहर मजदूर और पिछड़े तथा अछूत समुदायों के किसान से है। निराला ने स्वयं 'प्रभावती' के अगले पृष्ठों में यह स्पष्ट कर दिया है। कथावाचन के क्रम में एक टिप्पणीकार की हैसियत से निराला ने आगे कहाः

> उस समय भारत जिस भिन्नता में था, वह साधारण जनों की आत्मा को असह्य थी। जिस तरह वनों के प्राण शून्य में प्यासी पुकार भरते हुए वारिवर्षण कराते हैं, उसी तरह भारत की जनता की मौन करुणा-ध्वनि ने दूसरी-दूसरी सत्ताओं को शासन के लिए बुलाया... चिरकाल से क्षत्रियों की युद्ध ज्वाला भारत को दग्ध कर रही थी। कृषि, जनपद तथा जीवन अकारण युद्ध के कारण नष्ट हो रहे थे। साधारण जनों के दृश्य बड़े करुणोत्पादक थे।[171]

सामंती उत्पीड़न से केवल साधारण जन के दृश्य ही सकरुण नहीं थे। पृथ्वीराज से जामवंती, इच्छन कुमारी, शशिव्रता, इंद्रावती और संयोगिता के विवाह वर्णन प्रसंग में वीर सिंह और यमुना के संवाद से पता चलता है कि उस समाज में वीरत्व नहीं रह गया था, साधारण कुल के वीर क्षत्रिय का सम्मान नहीं रह गया था, दंभ खूब था और राजे-रजवाड़ों के हरम में बहुपत्नी प्रथा से पीड़ित स्त्रियों की चीख थी।

मुगलकाल के जातीय-विजातीय संघर्ष की पृष्ठभूमि में जाकर अपने समाज के मूलभूत अंतर्विरोधों पर द्वंद्वात्मक तरीके से विचार ऐतिहासिक रोमांस में भी किया जा सकता है, पुराने युगों के स्वस्थ उपादानों से आज की राष्ट्रीयता की इमारतें तैयार की जा सकती हैं, यह निराला ने अपने 'प्रभावती' उपन्यास के द्वारा दिखलाने का प्रयत्न किया। 'प्रभावती' वृंदावनलाल वर्मा के ऐतिहासिक रोमांस, प्रेमचंद-प्रसाद के सामाजिक कथानक, और सन् '30 के लगभग शुरू हुए नए यथार्थवादी रुझानों को आगे बढ़ाती है। रामविलास शर्मा का 'प्रभावती' के संबंध में यह सोचना सही है कि इसमें 'सामंतों के उत्पीड़न और विलासितापूर्ण जीवन की कठोर आलोचना है। विदेशी आक्रमणकारियों से देश की रक्षा करने के लिए जनजीवन को नए सिरे से संगठित करना आवश्यक है। चंदन की तरह संगठन का काम यहां यमुना करती है। वह आदर्श रूप में चित्रित की गई क्रांतिकारी युवती है।'[172]

'कुल्ली भाट' (1939), 'चमेली' (1939), 'बिल्लेसुर बकरिहा' (1941), 'चोटी की पकड़' (1946), और 'काले कारनामे' (1946) जैसे नामों से लिखित उपन्यासों में न तो रूमानी कल्पनाचित्र है, न वैसी नायिकाएं, न उपन्यास के प्रचलित ढांचे का रूपबंध। यह भी ध्यान देने की बात है कि 'अप्सरा', 'अलका', 'निरुपमा' के शहर इन उपन्यासों में फिर लौटते नहीं। 'कुल्ली भाट' से लेकर 'काले कारनामे' तक सभी उपन्यासों की कथाभूमि 'बैसवाड़े का गांव' है। इन सभी उपन्यासों में निराला की यथार्थवादी कला पूर्ण प्रौढ़ता पर पहुंची हुई दिखाई देती है।

'कर्मभूमि', 'गोदान', 'कंकाल', 'तितली' की परंपरा में हिंदी उपन्यास के यथार्थवादी रुझान का जो सूत्र यशपाल के यहां मजदूर आंदोलन के केंद्र में बैठे मध्यवर्गीय कम्युनिस्टों से जुड़ न पाने के कारण छिन्न सा हो रहा था, वह वृंदावनलाल वर्मा, निराला, नागार्जुन, रांगेय राघव, अमृतलाल नागर आदि के उपन्यासों में दृढ़तापूर्वक गुंफित हो जाता है।

वयोवृद्ध समीक्षक कांतिकुमार का तो यहां तक कहना है कि 'यथार्थवादी उपन्यासों में ही निराला जी की प्रतिभा अपने पूर्ण यौवन में है। यहां आकर वे प्रेमचंद की उपन्यास

कला को दी हुई अपनी चुनौती पूरी कर सके हैं। और प्रेमचंद के आगे की चीज भी वे यहां दे सके हैं।'[173] यहां इस विवाद में पड़ना बेकार है कि निराला के यथार्थवादी उपन्यास प्रेमचंद के आगे की चीज हैं या नहीं।

'कुल्ली भाट' में कथा अंचल निराला की ससुराल डलमऊ है। अछूत समस्या, अछूतों के बीच शिक्षा प्रचार का काम, कुल्ली का जीवनचरित, हिंदू-मुस्लिम विवाह के बहाने सांप्रदायिक एकता, विवाह की संस्था की पैशाचिक धार्मिक रूढ़ि, परिवार का ध्वंस और बंगाल में हिंदी सीखने का कार्य, ब्याह और गौने के रीति-रिवाज—इस तरह अनेक सामाजिक पहलुओं को लेकर यह उपन्यास चलता है। कुंडलिनी शक्ति जगाकर ब्रह्मदर्शन करने वालों पर व्यंग्य, स्वयं के छायावादी मोह पर आत्मविद्रूप, सामाजिक क्षेत्र में कुल्ली का संघर्ष, परिवार विनाश का भयावह आत्मदाह—यह सब कहीं सहज-सरल रेखांकन की शैली ग्रहण करता है, कहीं संस्मरण, कहीं आत्मचरित; पर लघु उपन्यास का सर्वथा नया ढांचा प्रारंभ से अंत तक बरकरार रहता है। जिस तरह 'कुकुरमुत्ता' नामक कविता से कविता की विधा के सभी रूपों को परे ठेलकर नई काव्यविधा गढ़ी गई प्रतीत होती है, उसी तरह का उपन्यास है 'कुल्ली भाट'। कुल्ली भाट का निर्माण कर निराला ने चरित्रसृष्टि की समस्त परंपराबद्ध मान्यताओं की नकल न कर नये प्रकार के कथाविन्यास से औपन्यासिक ढांचे को ही बदल दिया। 'कुल्ली भाट' को हम हिंदी का पहला 'पिकरेस्क' उपन्यास कह सकते हैं।'[171] 'बिल्लेसुर बकरिहा' की भूमिका में स्वयं, निराला ने इसे प्रगतिशील साहित्य का नमूना कहा है। बिल्लेसुर बकरी पालता है, अतः उपहास में दिया गया उपनाम भी उसके साथ जुड़ जाता है। बिल्लेसुर की कहानी प्रारंभ से अंत तक लोककथा की रौ में चलती है।

ब्राह्मणसमाज की रूढ़ि और सड़ांध पर तीखा व्यंग्य करने के उद्देश्य से लेखक ने बिल्लेसुर का चरित्र गढ़ा है। रामविलास शर्मा का मत है : 'बिल्लेसुर पशुचारण और कृषि सभ्यताओं के संगम है।'[175] बकरी चराने और किसानी करने वाला बिल्लेसुर हर चीज को व्यवहार और यथार्थ के धरातल पर परखने का आदी है। धर्म के प्रति निष्ठा भी तभी तक है, जब यह व्यवहार में खरी उतरती हो। महावीर अगर उसकी बकरी की रक्षा न कर पाए, तो फिर वे महावीर कहां रहे। बिल्लेसुर महावीर से कहता है : 'देख, मैं गरीब हूं। तुझे सब लोग गरीबों का सहायक कहते हैं, मैं इसलिए तेरे पास आता था और कहता था, मेरी बकरियों को और बच्चों को देखे रहना। क्या तूने रखवाली की, बता, लिए थूथन-सा मुंह खड़ा है?'[176] गुस्से में दी गई इस शिष्ट गाली मात्र से बिल्लेसुर अपनी निष्ठा का अंत नहीं करता। महावीर जी के मुंह पर ऐसा डंडा मारता है कि 'मिट्टी का मुंह गिली की तरह टूटकर बीघे भर के फासले पर जा गिरा।'[177] कहां 'राम की शक्तिपूजा' में धार्मिक आस्था और अर्चना, और कहां महावीर जी का मुंह तोड़ देना। एक आस्तिक की यह व्यावहारिक नास्तिकता भौतिकवाद से, कथा के स्तर पर, अभिन्न हो जाती है। कहीं भी दार्शनिक संभाषण में, भौतिकवादी दर्शन पर लेक्चर नहीं, पर अपनी आंतरिकता में पगी भौतिक सत्य। 'वास्तव में निराला के प्रगतिशील साहित्य की यह विशेषता है कि उसमें पंतकाव्य की तरह प्रगतिवाद बूकने के स्थान पर, अन्य प्रगतिवादी उपन्यासकारों के द्वारा सायास वर्गसंघर्ष आयोजित करने के स्थान पर अपने देखे-सुने जनजीवन को पूरी वास्तविकता के साथ उसी के मुहावरे में उतार दिया गया है।'[178] इतना ही नहीं, फसल के वर्णन, बकरियों को पुकारने में बिल्लेसुर की आवाज का ध्वनिरूप, पशुपालन

के अनेक अनुभवजन्य प्रसंग–हर तरह से 'प्रयत्लप्रदर्शन के बिना ही कथा आंचलिकता के रंग में रंग गई है।'[179]

'चमेली' अधूरा उपन्यास है। इसके दो अध्यायों में जमींदार के सिपाही बख्तावर सिंह द्वारा किसान की विधवा बेटी चमेली का हाथ पकड़ना, महादेव की बहादुरी से बख्तावर सिंह का पटका जाना, शूद्र द्वारा ठाकुर के पीटे जाने के आक्रोश में चमेली के पिता दुःखी पर मुकद्दमा आदि के वर्णन द्वारा कथा के सूत्र फैलाए गए हैं। संवाद लेखन में गांव की बोली-बानी तथा वर्गसंघर्ष के चित्रण में चमेली-बख्तावर सिंह की कथा द्वारा उत्पीड़क वर्ग के दमनकारी तत्व का धृष्ट प्रसंग अंकित किया गया है। इससे उपन्यास की प्रगतिशील यथार्थवादी दिशा का अनुमान लगाया जा सकता है।

अन्य अधूरे उपन्यासों में भी निराला की यथार्थवादी दृष्टि ज्वलंत है। 'चोटी की पकड़' में 'नर के नरकत्रास' का साक्षात रूप दिखाई देता है। महिषादल की स्मृतियां हैं, राजा और राजसत्ता से सम्मान पाने की इच्छा और उसके साथ लगी हुई भंयकर नफरत। सभी लुभाने वाली चीजें खून से रंगी दिखाई देती हैं, स्वर्ग साक्षात नरक है, राजे-महाराजे राक्षस हैं, देवी-देवता पत्थर के, काठ के और मिट्टी के हैं। निराला का मन 'चोटी की पकड़' के जिस नरक, अविश्वास, पुलिस, जासूस, षड्यंत्र आदि के फंदे में फंसा है, वह फंदा काल्पनिक नहीं है। महीना भर जी तोड़ मेहनत के बाद दस रुपए पाने की साध लिए नौकरी करने की मजबूरी एक प्रकार का जाल है। 'जहां तक निगाह जाती है, यही जाल बिछा हुआ है।' यह आकस्मिक नहीं है कि सन् '45 में जिस समय निराला महंगाई और अकाल से तड़पती जनता की धड़कन से अपनी धड़कन मिलाकर 'न आए वीर जवाहरलाल' जैसी कजली लिख रहे थे, उसी समय 'चोटी की पकड़' में उन्हें राजे-महाराजे हिंस्र पशुओं और राक्षसों के रूप में दिखाई दे रहे थे। 'काले कारनामे' यद्यपि अधूरा उपन्यास है, पर फिर भी कथा नायक मनोहर का चरित्र 'कर्मभूमि' के अमरकांत की तुलना में कहीं अधिक जनवादी रुझान लिए हुए उभरा है। इसके साथ ही संपूर्ण गांव के दलित वर्ग तथा कृषिजीवी अंचल का परिवेश यथार्थ की स्पष्टता के कारण जीवंत रूप में अंकित है। एक ओर मनोहर है जो किसानों की जनवादी क्रांति की केंद्रीय भावना का प्रतीक है, दूसरी ओर जमींदार है जिसकी वजह से उत्पीड़ित ठेठ आबादी त्रस्त है। यह जमींदार ऐसा है जिसकी सेवा में जासूस हैं, पुलिस है। नर का यह नरकत्रास कैसा है? 'घर में त्रास का वातावरण फैला। सिसकते हुए भी सबके मुंह बंधे रहे। इस परिवार में रोटियां शाम को ही खा ली जाती हैं, जिससे चिराग का तेल बचे... लड़के सो चुके थे। औरतें मसान सी जगती रहीं।'[180] मनोहर ब्राह्मण है, पर अपमानित होता है। वह अपनी मां को राजनीतिक दर्शन समझाता है : 'हमारा समाज इस तरह स्वत्वहीन गुलामों का एक समाज हो रहा है।'[181] मनोहर के प्रति गरीबों, निर्धनों, खेतिहर मजदूरों, अछूतों, दलितों, शूद्रों, किसानों आदि का भाव क्या है? वही भाव है जो 'बादल राग' कविता में विप्लव के वीर' के प्रति 'अधीर किसानों' का भाव है। किसान मनोहर पर गर्व करते हैं और उसके पिता से कहते हैं : 'तुम्हारी मूंछें रख लीं, तुम्हारा सर ऊंचा किया, वह हमारा अपना भैया है, उसको कोई डर नहीं, हम जानते हैं कि लोगों ने उसको रहने न दिया, लेकिन वह वज्र है जो सर फोड़कर टूटे, वह हमारी पुकार है, हमारे आंसू से टपक कर भाव बनकर उड़ गया है, कभी खुशी की बारिश लाएगा।'[182]

'काले कारनामे' में ग्रामीण कर्मरत जनसमूह और प्रकृति का सजीव परिवेश हल्के रंगों और पेंसिल स्केच की शैली में द्रष्टव्य है :

> अनेक प्रकार की चिड़िया, तालाब के किनारे के ऊंचे पीपल और इमली के पेड़ पर बसेरा लेती हुई। ताल पर सिंघाड़े की बेल फैलती हुई। लड़के अखाड़े कूदते हुए। औरतें काम-काज से घर और बाहर आती-जाती हुई। गांव में चहल-पहल। हिंडोले पड़े हुए। लड़कियां झूलती हुई। गलियारे में पानी भरा हुआ। मेंड़ के ऊपर से निकली (निकाली) हुई पगडंडी, वह भी पानी बरस जाने से बिछलहर। कुएं पर पनिहारिनों का जमघट।[183]

निराला अवध के सबसे विपन्न अंचल के किसान जीवन, उत्पीड़क वर्ग, ग्राम-प्रकृति, खेत-खलिहान और वर्ग वैषम्य का सचित्र खंडकाव्य लिख रहे थे। उनके अंचल में भी अछूतों के उद्धार के लिए सुधारवादी प्रयत्न हो रहे थे। कांग्रेस से अलग स्वतःस्फूर्त ढंग से किसानों का संगठन बनाने की कोशिश हो रही थी और स्वाधीनता का मतलब उत्पीड़ित जनगण के राज्य से अभिन्न था।

यह आकस्मिक नहीं है कि किसान आंदोलन के सबसे मजबूत गढ़ मिथिला जनपद में स्वामी सहजानंद सरस्वती का नेतृत्व था। मिथिला के देहाती अंचलों को कथा का केंद्र बनाने वाले लेखकों में बेनीपुरी का नाम आदर के साथ लिया जाना चाहिए। उनके दो उपन्यास 'पतितों के देश में' (1930) और 'कैदी की पत्नी' (1941) प्रेमचंदोत्तर युग की प्रगतिशील यथार्थवादी परंपरा की अटूट कड़ियां हैं।

पहले उपन्यास में मनोहर और पिअरिया की प्रेमकथा आधिकारिक कथानक का रूप लेती है; उसकी मूल अंतर्वस्तु सामंतविरोधी और रूढ़िविरोधी है। दूसरे उपन्यास में दुलारी और उसके ऐसे पति की कहानी है जो राष्ट्रीय स्वाधीनता संग्राम का योद्धा है। पत्नी गांव में है और पति जेल में। मंझोले किसान-परिवार के स्वातंत्र्यसमर के इस योद्धा का घर भूकंप में ध्वस्त हो जाता है और पत्नी विपन्नावस्था में तड़पती है।

'पतितों के देश में' सुगठित कथानक, सामाजिक संघर्ष और यथार्थ के यातनामय पहलुओं के कलात्मक चित्रण की दृष्टि से एक सार्थक औपन्यासिक कृति है। मिथिला के दरभंगा जिले की आंचलिकता और ब्राह्मण समाज में विधवा स्त्री की सामाजिक समस्या के यथार्थ चित्रण की दृष्टि से नागार्जुन का उपन्यास 'रतिनाथ की चाची' (1949) हिंदी की प्रगतिशील यथार्थवादी परंपरा की वह कड़ी है जो प्रेमचंद और निराला की यथार्थवादी कला को आगे बढ़ाती है। पर इस उपन्यास को लेकर समीक्षकों के बीच बड़ा गहरा मतभेद भी रहा है। त्रिभुवनसिंह के मतानुसार 'रतिनाथ की चाची' में नागार्जुन ने अप्राकृतिक व्यभिचार के चित्रण से उच्छृंखलता का परिचय दिया है।[184] कुछ लोग इस मान्यता का खंडन करते हुए कहते हैं कि यौनविकृति से निस्तार पाते हुए जिन कृतियों में नारी का अपेक्षाकृत यथार्थ चित्रण हुआ है, उनमें 'रतिनाथ की चाची' सफलतम प्रयत्न है।

इस उपन्यास में निम्न मध्यवर्ग की एक विधवा ब्राह्मणी गौरी की यातनाकथा है। गौरी के सामाजिक उत्पीड़न को ही लेखक ने कथावस्तु के रूप में उठाया है, गौरी के अवैध संबंध से जुड़ी हुई सामाजिक समस्याओं को उपन्यासकार अनेक रूपों में उद्घाटित करता है। रामदरश मिश्र का कहना सही है : 'ग्रामीण जीवन की सामाजिक विषमता, संकीर्ण विश्वासमयता, स्वार्थपरता और जहालत के बीच गौरी की यातना और दुःखद अंत का सजीव चित्रण है।'[185]

मिथिला की ग्रामप्रकृति और उसकी स्थानीय विशेषताओं के चित्रण में नागार्जुन वृंदावनलाल वर्मा के चित्रण से आगे बढ़कर आंचलिकता की नई प्रवृत्ति की शुरुआत करते हुए प्रतीत होते हैं। उनकी यह यथार्थवादी कथा 'बलचनमा' (1952), 'नई पौध' (1953), 'बाबा बटेसरनाथ' (1954), 'वरुण के बेटे' (1957) आदि उपन्यासों में मिथिला के कर्मरत जनसमूह, जनसंस्कृति, खेत-खलिहान, नदी-पोखर और वर्गवैषम्य को प्रौढ़ रूप में प्रकट करती है। प्रगतिशील कथासाहित्य के उपर्युक्त संक्षिप्त इतिवृत्त से यह स्पष्ट है कि प्रेमचंद, प्रसाद, निराला, वृंदानलाल वर्मा, और उग्र की विविधतापूर्ण यथार्थवादी प्रवृत्तियों का विकास यद्यपि न तो संभव था और न हुआ, पर बुंदेलखंड, अवध, मिथिला आदि जनपदों के किसान जीवन का बड़ा ही आत्मीयतापूर्ण चित्रण इस काल में होता रहा। दूसरी तरफ मध्यवर्ग के स्त्री-पुरुष संबंध की सामाजिक समस्या पर अनेक युवा कथाकारों ने अपने-अपने ढंग से उपन्यास लिखे। सर्वहारा वर्ग की क्रांतिकारी चेतना का इस काल के उपन्यास साहित्य पर तिर्यक प्रभाव ही दिखाई पड़ता है, चूंकि सर्वहारा वर्ग के जन आंदोलन के केंद्र में अक्सर मध्यवर्ग के सुशिक्षित कम्युनिस्ट कार्यकर्त्ता रखे गए हैं, जिनके अपने कुंठित संस्कारों की सीमाएं हैं।

कहना चाहिए कि प्रगतिशील आंदोलन ने सामाजिकता से परिपुष्ट यथार्थवादी औपन्यासिक कला की बुनियाद अवश्य रखी, जिसका पूर्ण प्रस्फुटन यशपाल के 'झूठा सच' (1961), अमृतलाल नागर के 'बूंद और समुद्र' (1956), नागार्जुन के 'बलचनमा' (1952), फणीश्वरनाथ रेणु के 'मैला आंचल' (1954), प्रताप नारायण श्रीवास्तव के 'बेकसी का मजार' (1956), उपेंद्रनाथ अश्क के 'गर्म राख' (1952), अमृतराय के 'बीज' (1953), भैरवप्रसाद गुप्त के 'गंगा-मैया' (1955), 'सत्ती मैया का चौरा' (1956), रांगेय राघव के 'कब तक पुकारूं' (1958), देवेंद्र सत्यार्थी के 'ब्रह्मपुत्र' (1956), उदयशंकर भट्ट के 'सागर, लहरें और मनुष्य' (1956) आदि उपन्यासों में दिखाई पड़ता है। सन् '51 के बाद लिखित उपन्यासों में संश्लिष्ट यथार्थवाद की प्रवृत्ति मिलती है। इन रचनाओं को हिंदी उपन्यास के इतिहास में स्थायी महत्व प्राप्त है। इससे यह स्पष्ट है कि जैनेंद्र, अज्ञेय और इलाचंद्र जोशी की समाजविरोधी मनोविश्लेषणात्मक व्यक्तिवादी धारा को हिंदी के पाठक वर्ग और लेखक समुदाय ने औपन्यासिक लेखन की मुख्य धारा मानने से इन्कार कर दिया।

कहानी

सन् '30 के बाद प्रेमचंद आदर्श और सुधार का रास्ता छोड़कर यथार्थ और सामाजिक क्रांति के रास्ते की ओर बढ़ रहे थे। पर उनके समकालीन कहानीकारों पर आदर्श का रंग अंत तक हावी रहा। प्रेमचंद का उद्देश्य 'यथार्थसत्य का शोध करना और उसका कलात्मक आकलन करना' था। इसीलिए उनके साहित्य में एक सुव्यवस्थित क्रमविकास, सृजन के स्तर पर सतत जागरूकता और विचार के स्तर पर निरंतर द्वंद्वात्मक तरीका देखने को मिलता है। शिवदानसिंह चौहान का यह सोचना सही है कि 'जहां प्रेमचंद अपनी सतत जागरूकता के कारण अपनी प्रतिभा और कला का नवोन्मेष करते चले, वहां गुलेरी, कौशिक और सुदर्शन प्रारंभिक समाज-सुधारक की सीढ़ी लांघकर ऊपर न चढ़ सके।'[186] प्रेमचंद की यह 'सतत जागरूकता' ही उनकी रचनाशीलता में नयापन जोड़ती चलती है, घटनाओं के सारतत्व का उद्घाटन करने के लिए कहानी की विधा को ऐसा सांचा प्रदान करती है जो पूर्वनिर्मित नहीं होता।[187] अपने

समकालीन कहानीकारों से प्रेमचंद इसी मूल तत्व के कारण अलग खड़े दिखाई देते हैं और इसीलिए प्रेमचंद की अनेक कहानियां आलोचनात्मक यथार्थवाद से आगे सामाजिक यथार्थवाद की ओर बढ़ती हुई दिखाई पड़ती हैं।

सन् '30 के बाद प्रेमचंद ने सामंती-महाजनी उत्पीड़न, कृषिक्रांति और जनवादी स्वराज्य के लिए छटपटाते और लड़ते हुए हिंदुस्तान और मनुष्य की मनुष्यता के निरंतर खोते जाने के मूल में स्थित क्रूर व्यवस्था का सत्य उघाड़कर रखने का प्रयत्न किया। इस यथार्थवादी दौर में लिखित प्रेमचंद की कहानियों में सुधार, अध्यात्म, आस्तिकता, अंधविश्वास आदि कहीं भी दिखाई नहीं पड़ते। घटना संयोजन और कथासंघटन की दृष्टि से अब प्रारंभिक दौर की कृत्रिम घटनाबहुलता नहीं है। उनके कथानक सीधी लकीर होते हैं; उनमें पुरानी चंचलता, गति, वेग, उतार-चढ़ाव अब नहीं मिलते। वे मानो जीवन का एक टुकड़ा भर हैं। 'कफन', 'कश्मीरी सेव' आदि ऐसी रचनाएं हैं। इन कहानियों में कठोर यथार्थवाद का रंग गहरा हो रहा है।'[188] प्रगतिशील आंदोलन के आरंभ होने से पहले ही प्रेमचंद की रचनात्मकता 'घटनाचक्र के नर्तन' से आदर्श और यथार्थ का कृत्रिम सहसंबंध स्थापित करने वाली दृष्टि का परित्याग कर 'कठोर यथार्थवाद' की ओर उन्मुख हो गई थी।

प्रेमचंद के समकालीन कथाकारों में प्रसाद और उग्र के नामोल्लेख अलग-अलग स्कूलों के लिए किए जाते हैं। प्रसाद रोमांटिक भावापन्नता, कल्पनाशीलता और आदर्शवाद की सीमाओं से बाहर निकलकर केवल एक कहानी लिख पाए और वह है 'गुंडा'। पर उग्र यथार्थ के मर्म में पैठने में अपनी एक खास किस्म की शक्ति का परिचय देते हैं। वर्गसंघर्ष और सामाजिक रीति-रिवाजों पर उग्र की कहानियां, उस युग की सीमा को देखते हुए, प्रेमचंद के आलोचनात्मक यथार्थवाद से भिन्न शैलीशिल्प लेकर चलती हैं। संभवतः इसीलिए अश्लीलता और अशिष्टता के जितने दोष उग्र की रचनाओं पर आरोपित किए गए, उतने अन्य किसी भी कहानीकार पर नहीं। राजकमल चौधरी ने उग्र के संबंध में ठीक ही कहा है :

> समाज की सारी बदसूरती पर जोरदार आक्रमण करना, और जीवन के सारे स्थायी मूल्यों की रक्षा का प्रयत्न करना उग्र के साहित्यलेखन का अभीष्ट है। अगर उनकी रचनाओं में कहीं यथार्थवाद के कारण व्यक्ति और समाज के नग्न रूपों का चित्रण हुआ भी है, तो वह उस नग्न स्थिति को समाप्त करने के उद्देश्य से, किसी भी और कारण नहीं।[189]

सन् '30 के बाद हिंदी कहानी में यथार्थवाद का नया युग आरंभ हुआ और इस युग के उन्नायकों में प्रेमचंद के बाद उग्र और निराला का स्थायी महत्व है। इसका एक कारण यह भी है कि उग्र और निराला प्रगतिशील आंदोलन के दौरान अपनी यथार्थवादी कला की अनुपम कृतियों से हिंदी कहानी को समृद्ध करते रहे। उग्र की यथार्थवादी कहानी कला का विकास 'करुण कहानी' (1926) से लेकर 'चांदनी' (1939) तक में स्पष्ट है। सामाजिक अंधश्विास और धार्मिक पाखंड पर व्यंग्य तथा प्रहार की दृष्टि से उग्र की 'मूसलब्रह्म' शीर्षक कहानी अविस्मरणीय है। निर्दोष ज्योतिषी को मौत के घाट उतार कर गंगू गोसाईंन पीपल ब्रह्म की पुजारिन बन जाती है। उसका प्रेमी अब्दुल्ला भी इस पाखंड में शरीक हो जाता है। अंत में रक्षक दल के संगठनकर्त्ता निर्भयदेव मूसलब्रह्म के रूप में प्रकट होते हैं। ब्रह्मपूजा और गंगू गोसाईंन की काली करतूतों का भंडाफोड़ हो जाता है। पाखंड के विष को, पाखंड के ही विष से समाप्त कर दिया जाता है—'विषस्यविषमौषधम्'। 'चित्र-विचित्र' नामक कहानी संग्रह में उग्र की

हास्य-व्यंग्यपूर्ण रचनाएं संगृहीत हैं। कम्युनिज्म का मुखौटा लगाकर पूंजीपतियों से वर्ग सहयोग कर जनता को धोखा देने वाले नेताओं पर व्यंग्यकथा 'कम्युनिस्ट दरवाजे पर' शीर्षक रचना है। ऐसी ही राजनीतिक व्यंग्य रचना 'प्राइवेट इंटरव्यू' भी है। तथागत नामक एक व्यक्ति समाजवादी नेता बना हुआ है। रामराज्य, आर्यों की समाजवादी व्यवस्था, गांधीजी के समतापूर्ण विचार आदि का भक्त। उग्र जी के शब्दों में : 'तथागत और सोशलिज्म, कहानी फबती है–यह मुंह और मसूर की दाल। जमींदारी जनाब की, फिर भी आप समाजवादी। परसाल पुत्र का जनेऊ कराया ब्राह्मणों द्वारा और नारा लगाते हैं जातिहीन, वर्गहीन समाज का।'[190] 'नई कहानी' के आंदोलन के दौरान अनेक समीक्षकों और कथाकारों ने इस कहानी की जीवंतता और उद्घाटन क्षमता का हवाला दिया है। विजयमोहन सिंह का खयाल है कि यह रचना हास्यकथा न होकर एक व्यापक विडंबना को वाच्यार्थ के स्तर पर संप्रेषित करती है। इसी से मिलती जुलती बात प्रेमचंद की 'शतरंज के खिलाड़ी' कहानी में बावजूद तमाम खूबियों के इस तरह नहीं उभर पाई है क्योंकि प्रेमचंद करुण सूत्रों को कहानी में पिरोने का लोभ नहीं संवरण कर पाए थे।'[191]

'संतुलन और सामंजस्य के युग में व्यंग्य मनोरंजन का एक साधन है, किंतु तीक्ष्ण अंतर्विरोधों के युग में यह एक व्यावहारिक हथियार है, एक अत्यंत सिद्ध साधन भी है।'[192] निष्कर्ष यह कि व्यंग्य की प्रकृति समाज की अवस्था तथा उस समाज की सांस्कृतिक आवश्यकताओं पर निर्भर करती है। 'मूसलब्रह्म', 'प्राइवेट इंटरव्यू', 'कम्युनिस्ट दरवाजे पर', 'मूर्खों', 'खुदाराम', 'कुंठगोलक', 'नेता का स्थान', 'गंगा, गंगदत्त और गांगी' आदि उग्र की कहानियां जहां व्यंग्य को एक प्रेक्षण विधि के रूप में सामने लाती हैं, वहीं एक वास्तवदर्शी कलाकार की मानसिक भंगिमा भी प्रस्तुत करती हैं। स्विफ्ट ने जिस तरह व्यंग्य को कहानी का अविच्छिन्न उपादान बना दिया, लगभग उतनी ही कलात्मकता और यथार्थवादिता के साथ उग्र ने भी कथा को व्यंग्य का साधन बना दिया। बहुत कम कहानी समीक्षकों ने हिंदी कहानी की यथार्थवादी परिपाटी में व्यंग्यकथाकार की हैसियत से उग्र की कहानी कला पर विचार किया है। यही कारण है कि प्रगतिशील कहानी या यथार्थवादी कहानी साहित्य के मूल्यांकन के क्रम में उग्र का नामोल्लेख शायद ही कहीं मिलता है। अपने समाज के अंतर्विरोधों की जैसी तीखी पहचान उग्र को है, वैसी तीखी पहचान उस जमाने के बहुत कम कहानीकार कलात्मक स्तर पर व्यक्त कर पाते हैं। उग्र की रचनात्मक प्रतिभा इसी अंतर्विरोध को अत्यंत उग्रता से पकड़ती है। फंतासी और व्यंग्य, दोनों को कहानीपन के स्तर पर निभाते हुए उग्र ने 'गंगा, गंगदत्त और गांगी' शीर्षक अविस्मरणीय कहानी लिखी। आचार्य रामचंद्र शुक्ल फंतासी या प्रतीक व्यवस्था की दृष्टि से उग्र की कहानी 'भुनगा' को महत्वपूर्ण मानते हैं।

केवल व्यंग्य की दृष्टि से ही नहीं, प्रेमचंद के समानांतर यथार्थवादी कला के नए दिगंतों को उद्भासित करने की दृष्टि से भी, उग्र का योगदान बहुत ही महत्वपूर्ण है। उग्र का विद्रोह राजनीतिक और सामाजिक विचारों, रूढ़ियों, और गतानुगतिकता के विरुद्ध था, इसीलिए सोद्देश्य और आस्थावान था और उसने अपनी लपेट में हिंदी के सभी पाठकों को लेकर उन दिनों खूब झकझोरा। 'सनकी अमीर', 'जल्लाद', 'सुधारक' आदि कहानियां हिंदी की अविस्मरणीय रचनाएं हैं। शिवदानसिंह चौहान ने उग्र को पढ़कर ठीक ही फील्डिंग को याद किया है और कहा है कि 'पूंजीवादी-सामंतवादी समाज के विरुद्ध जितना गहरा आक्रोश और

घृणा आपके मन में है, आपकी कहानियों में वह उतनी ही आवेगमयी, ओजपूर्ण शैली और कलात्मक चरित्र-चित्रण में व्यक्त हुई है।'[193] इसी दौर में सूर्यकांत त्रिपाठी निराला कहानी क्षेत्र में अपने अनुभव समृद्ध यथार्थवादी रुझानों की ऐसी पूंजी लेकर अवतरित हुए जिसके मूल में अद्वैत वेदांत की व्यापक मानवीय करुणा और समाज के अस्वस्थ उपादानों के प्रति गहरी घृणा छुपी हुई थी। यथार्थवादी कहानीकार की हैसियत से निराला का उल्लेख बहुत कम कहानी समीक्षकों ने किया है। सन् '30 के बाद लिखित निराला की यथार्थपरक कथाकृतियों में 'देवी' और 'चतुरी-चमार' का अन्यतम महत्व है। निराला की इन कहानियों का ऐतिहासिक महत्व भी है क्योंकि 'देवी' और 'चतुरी चमार' में कथा रचना की यथार्थवादी धारा पूरी शक्ति से प्रवाहित है। इसका कारण अवध में किसान आंदोलन की प्रगति और उससे निराला का गहरा संपर्क है। इन कहानियों की खास विशेषता यह है कि निराला कहानी के पुराने सांचे को तोड़कर रेखाचित्र और संस्मरण के बीच कहानीपन के द्वारा सहसंबंध स्थापित करते हैं। बीच-बीच में रिपोर्ताज की विधा भी अपना रंग दिखा जाती है। इसी तरह व्यंग्य रचना की दृष्टि से निराला की कहानी 'गजानन शास्त्रिणी' बेजोड़ रचना है।

प्रगतिशील साहित्यिक आंदोलन के संगठित रूप में आरंभ होने से पहले ही हिंदी कहानी में प्रेमचंद, उग्र और निराला ने अलग-अलग ढंग से यथार्थ के सारतत्व का उद्घाटन किया और प्रगतिशील कहानी के लिए नई जमीन तैयार की। जिस जमाने में ये प्रगतिशील कृतिकार अछूते यथार्थ प्रसंगों को कहानी का उपजीव्य बनाकर हिंदी कहानी की नई यथार्थवादी परपंरा का प्रवर्तन कर रहे थे, उसी जमाने में समसामयिक पत्रिकाओं में स्वतःस्फूर्त ढंग से सामाजिक वास्तविकताओं का चित्रण करने वाली अनेक कहानियां छिटफुट प्रकाशित हो रही थीं। श्री बलभद्र दीक्षित 'पढ़ीस' की कहानी 'क्या से क्या', मोहनलाल महतो वियोगी की कहानी 'ये बच्चे' और उर्दू के कहानी संग्रह 'अंगारे' का भी प्रकाशन सन् तीस-पैंतीस के इसी यथार्थवादी दौर में हुआ। प्रेमचंद, उग्र, निराला, पढ़ीस, वियोगी आदि की रचनाएं देश की जमीन में से उपजे यथार्थबोध की परंपरा का द्योतन कराती हैं, पर 'अंगारे' की कहानियां मार्क्स और फ्रायड के प्रभाव को बौद्धिक स्तर पर स्वीकार कर चलती हैं। इस तरह 'अंगारे' के प्रकाशन से एक भिन्न ढंग के यथार्थवाद का आरंभ होता है, जिसमें दलितों और पीड़ितों के प्रति बौद्धिक सहानुभूति है, सामाजिक रूढ़ियों तथा प्रतिक्रियावाद पर अंधाधुंध चोट है तथा परंपराभंजन का विद्रोही स्वर है। 'अंगारे' संग्रह में सज्जाद जहीर, अहमद अली, रशीद जहां और महमूद जफर की कहानियां शामिल थीं। अपने संपूर्ण अतीत के नकारात्मक पहलुओं के प्रति अस्वीकार का भाव तथा उत्पीड़ित जनगण के प्रति हमदर्दी के कारण 'अंगारे' संग्रह साहित्यिक विद्रोह और कटु यथार्थवाद का पर्याय बन गया था। यथार्थवादी समझ के उस दौर पर नजर डालते हुए सज्जाद जहीर ने आत्मालोचना के भाव से लिखा है :

> अंगारे की अधिकांश कहानियों में गंभीरता और संयम कम और सामाजिक प्रतिक्रियावाद और रूढ़िवाद के विरुद्ध क्रोध और आक्रोध अधिक था। कई स्थानों पर जिंसी मामलात के जिक्र में लारेंस और ज्वाईस का असर भी बहुत था। प्रतिक्रियावादियों ने उनकी इन्हीं खामियों को पकड़कर अंगारे और उसके लेखकों के विरुद्ध बड़ा सख्त प्रोपेगैंडा किया।[194]

सन् '30 के प्रारंभिक यथार्थवादी दौर में प्रेमचंद, निराला, उग्र, बेनीपुरी आदि जो रास्ता बना रहे थे, उससे भिन्न रास्ता 'अंगारे' में निर्दिष्ट था। उपेंद्रनाथ अश्क का खयाल है कि उर्दू

में 'अंगारे' के द्वारा जिस प्रवृत्ति की शुरुआत हुई, हिंदी में उस प्रवृत्ति के प्रवर्तक जैनेंद्र थे।[195] अश्क की इस प्रकार की टिप्पणी से कहानी की विविध धाराओं की एकांगी समझ ही झलकती है।

प्रेमचंद की मृत्यु के बाद हिंदी कहानी में गतिरोध की काफी चर्चा चली। गतिरोध वास्तविक था या अवास्तविक, इसका अंदाज केवल इस बात से लगाया जा सकता है कि कहानी में सृजनात्मक जागरूकता को बढ़ावा देने के लिए एक ओर जहां 'माधुरी' नामक मासिक पत्रिका का कहानी विशेषांक 1938 में प्रकाशित हुआ जिसमें जैनेंद्र, पहाड़ी और भगवती प्रसाद वाजपेयी की महत्वपूर्ण कहानियां थीं, वहीं दूसरी ओर 1938 में ही सरस्वती प्रेस से 'कहानी' नामक मासिक पत्रिका का प्रकाशन आरंभ हुआ।

हिंदी कहानी में प्रगतिशील आंदोलन को प्रतिष्ठित करने का प्रयास यद्यपि सन् '36 के बाद हुआ, पर इसके पहले ही सामाजिक यथार्थदृष्टि का परिचय देने वाली राहुल सांकृत्यायन की कहानियों का एक संग्रह 'सतमी के बच्चे' (1935) के नाम से प्रकाशित हो चुका था। सन् '35 के बाद प्रगतिशील कहानीकारों का एक पूरा समुदाय उभरने लगा, जिसमें राहुल सांकृत्यायन के अतिरिक्त यशपाल, सुभद्रा कुमारी चौहान, अमृतराय, पहाड़ी, भीष्म साहनी, रांगेय राघव, बेनीपुरी, अमृतलाल नागर, उपेंद्रनाथ अश्क, भैरवप्रसाद गुप्त, वीरेश्वर सिंह वीरेश आदि के नाम प्रमुख हैं। इन कहानीकारों के रचनात्मक योगदान का संक्षिप्त इतिवृत्त यहां प्रस्तुत किया जा रहा है।

राहुल सांकृत्यायन

राहुल जी के प्रथम कहानी संग्रह 'सतमी के बच्चे' (1935) में दस कहानियां संगृहीत हैं। इन कहानियों के पात्र गांवों के हैं। अधिकांश कथानक किसानों और खेतिहर मजदूरों को लेकर रचित हैं। कला की दृष्टि से ये कहानियां कमजोर और शिथिल हो सकती हैं, पर विषयवस्तु की दृष्टि से साहित्य की अग्रगति की सूचक हैं। प्रायः सभी पात्र सामाजिक आर्थिक ढांचे से पीड़ित हैं और शोषण की व्यवस्था की तरफ ध्यान खींचते हैं। आर्थिक मजबूरियों से विवश उत्पीड़ित जनसमूह के प्रतीक चरित्रों को केंद्र में रखकर उनकी दुरवस्था का सहानुभूतिपूर्ण चित्रण ही इन कहानियों की विशेषता है।

जिस कहानी के शीर्षक के आधार पर इस संग्रह का नामकरण किया गय है, अर्थात 'सतमी के बच्चे', उस कहानी में सतमी के पांचों बच्चे आर्थिक तंगी के कारण भूख और बीमारी से तड़पते हुए मर जाते हैं। 'डीह बाबा' शीर्षक कहानी 1897 के अकाल के भीषण नतीजे दरसाती है। गीता इसका एक पात्र है जो परिस्थिति देखकर अपने धंधे में फेर-बदल करता है और किसी तरह जिंदा रहता है। पर जो फेर-बदल नहीं करते वे अकाल की चपेट में आ जाते हैं। 'जैसिरी' प्रतिभाशाली है, पर निर्धनता के कारण उसकी प्रतिभा कुंठित रह जाती है। बढ़ते हुए खर्च की वजह से 'घुरबिन' लंपट बनने लगता है, चोरी डाके पर आमादा हो जाता है। 'पाठकजी' नामक कहानी में बालविवाह की भी समस्या है और आर्थिक तंगी की भी।

राहुल जी के दूसरे कहानी संग्रह 'वोल्गा से गंगा' (1942) में कथाचरित्रों के माध्यम से ऐतिहासिक भौतिकवाद का निरूपण भारत के इतिहास और पुराण के संदर्भों में लपेट

कर किया गया है। 'निशा' कहानी में कबीलायुग, 'दिवा' में परिवार की उत्पत्ति, 'अमृतत्व' में प्राचीन भारतीय गणतंत्र और 'रेखा भगत' में सामंती समाज के स्वरूप का उद्घाटन है। कृषिक्रांति की कथाभूमि पर रचित 'रेखाभगत' कहानी में रेखाभगत 1800 ई. का पात्र है। कार्नवालिस के समय में जमींदारी प्रथा का आरंभ दिखाया गया है। हिंदू राजतंत्र के जमाने का सामंतवाद और ईस्ट इंडिया कंपनी के समय विकसित जमींदारी प्रथा का फर्क बतलाते हुए कथाकार कहता है : 'पहले प्रजा के ऊपर एक राजा था। किसान बस एक राजा को जानता था। वह दूर अपनी राजधानी में रहता था, उसे सिर्फ दशांश से मतलब था, सो भी जब फसल हुई तब। किंतु अब फसल हो चाहे न हो, जमींदार को अपना हाड़-चाम बेचकर, बेटी रेहन रख कर मालगुजारी चुकानी होगी।'[196] इतना ही नहीं, आजकल के कारिंदे भी लूटने लगे हैं। यह लूट मालगुजारी से अलग है। इसकी भी वजह है। वह यह कि 'पटवारी को जमींदार आठ आना महीना देता है।'[197] ग्राम व्यवस्था में पंचायत नष्ट कर कंपनी ने जमींदार के हाथ में न्याय और प्रशासन के भी अधिकार सौंप दिए हैं। मगरमच्छ और उसके हाथ में मछलियों के लिए न्याय की सत्ता? कैसा अंधेर है, रेखा भगत के शब्दों में : 'राजा कंपनी बहादुर डकैत है ही, उसने जमींदार को हमारे ऊपर ला बैठाया सो डकैत, और जमींदार ने और छोटे-छोटे एक टोकरी डकैत हमारे सिर पर बैठा दिए। इस पर भी हम कैसे जी रहे हैं?'[198] अन्न पानी मिलता रहे तो इस भीषण चक्की में पिसता हुआ भी किसान घिसटता चलता रहता है। पर सूखी रोटी भी मयस्सर न हो, चारों तरफ अकाल से लोग तड़प रहे हों, वैसे समय में –'मालिक के प्यादे अकाल के बाद और भी शोख हो गए थे। वे समझते थे, अकाल किसानों के मन को तोड़ने तथा मालिक के दबदबे को बढ़ाने के लिए आया था।'[199] ऐसे गाढ़े समय में भला दूध कहां मिले। और मालिक के प्यादों का हुक्म हुआ कि भगत कल दूध पहुंचाए। सबेरे दूध कहां से आता । रेखा भगत ने प्यादे से गाय-भैंस न होने की फरियाद की। मालिक ने पांच प्यादे गुंडों को हुक्म दिया : 'जाओ हरामजादे की औरत का दुध दूहकर लाओ।'[200] ऐसी भीषण परिस्थिति में रेखा जैसा बलवान और मेहनती किसान अगर डाकू का पेशा अख्तियार कर आंतक फैलाने लगे तो क्या अचरज!

किसानों की हतभागी जीवनलीला में ईश्वर की प्रचलित धारणा जमींदारों और शोषकों की सत्ता सुदृढ़ करती है। साम्राज्यवाद और सामंतवाद से लड़ने के लिए किसानों को संगठित करते समय ईश्वर की बात सबसे पेचीदा समस्या उत्पन्न करती है। अतः स्वाभाविक था कि राहुल जी इस समस्या पर भी ऐतिहासिक पृष्ठभूमि में कहानी लिखते। 'सुमेर' कहानी का मुख्य पात्र सुमेर कहता है : 'हजारों वर्षों से हमारी जाति (शूद्र) पशु से भी बदतर, अपमानित समझी जा रही है, और उसी भगवान के नाम पर, जो हिंदुओं की बड़ी जातियों की जरा-जरा सी बात पर अवतार लेता रहा, रथ हांकता रहा; किंतु सैकड़ों पीढ़ियों से हमारी स्त्रियों की इज्जत बिगाड़ी जाती रही। हम बाजारों में सोनपुर मेले के पशुओं की तरह बिकते रहे, आज भी गाली-मार खाना, भूखे मरना ही हमारे लिए भगवान की दया बतलाई जाती है। इतना होने पर भी जिस भगवान के कान पर जूं तक नहीं रेंगी, उसे माने हमारी बला।'[201]

उपर्युक्त दोनों कहानी संग्रहों के आधार पर डा. प्रभाशंकर मिश्र का यह कथन सही है कि राहुल जी की कहानियों में, कथा की अपेक्षा वातावरण तत्व की प्रधानता है। 'वोल्गा

से गंगा' की कहानियां वातावरण चित्रण के उद्देश्य से लिखी गई प्रतीत होती हैं। पर यदि पात्रों के वर्गचरित्रों पर ध्यान दें तो पता चलता है कि राहुल जी ने एक ओर जहां उत्पीड़ित जनगण के प्रतिनिधि चरित्रों में सतमी, जीता, पुजारी, रामगोपाल, सुमेर, रेखा भगत आदि को लिया है, वहां जगलाल पांडे जैसे धनी जमींदार के शोषक उत्पीड़क स्वरूप को भी उभार कर सामने रखा है।

यशपाल

प्रगतिशील कहानीकारों में यशपाल का सर्वोपरि स्थान है। प्रगतिशील आंदोलन के समानांतर हिंदी कहानी को व्यक्ति की कुंठा की तरफ ले जाने वाले कहानीकारों ने भी यशपाल का महत्व स्वीकार किया है। अज्ञेय ने लिखा है :

> यशपाल मुख्यतया समाजालोचन के कहानीकार हैं। उनकी कहानियों में मनोविश्लेषण बहुत रहता है और व्यक्ति की कर्मप्रेरणाओं का विवेचन वह बराबर एक पैने व्यंग्य के साथ करते हैं। अनेक स्थलों पर स्त्री-पुरुष संबंधों का उनका वर्णन नग्न भी हो जाता है, फिर भी उनका लगाव व्यक्ति के कर्मों के पीछे लक्षित होने वाली निर्वैयक्तिक सामाजिक शक्तियों से ही है।[202]

कहानीकार यशपाल का व्यवस्थित लेखन प्रगतिशील साहित्यिक आंदोलन के साथ ही सन् '38-39 से आरंभ हुआ था। यद्यपि सन् '34 में 'मक्रील' शीर्षक कहानी के प्रकाशन से युवा लेखकों में वे उल्लेखनीय बन गए थे, पर अपने प्रथम कहानीसंग्रह 'पिंजरे की उड़ान' (1939) के प्रकाशन से ही वे प्रतिभाशाली यथार्थवादी कहानी-लेखक के रूप में उभरकर सामने आ पाए। सन् '51 तक यशपाल की यथार्थवादी सृजनात्मक प्रतिभा का विकास निम्नलिखित कहानीसंग्रहों में देखा जा सकता है : (1) 'पिंजरे की उड़ान' (1939), (2) 'वो दुनिया' (1941), (3) 'तर्क का तूफान' (1943), (4) 'ज्ञानदान' (1944), (5) 'अभिशप्त' (1944), (6) 'भस्मावृत्त चिनगारी' (1946), (7) 'फूलों का कुर्ता' (1949), (8) 'धर्मयुद्ध' (1950), (9) 'उत्तराधिकारी' (1951)। इन नौ संग्रहों में यशपाल की 119 कहानियां संगृहीत हैं। सामाजिक यथार्थ के अंदर कुंठित व्यक्तिवादी यौनपीड़ा की तस्करी का आरोप अक्सर उन पर लगाया जाता रहा है। यशपाल के 'फूलों का कुर्ता' का प्रकाशन होने के बाद सन् '50 के लगभग डा. रामविलास शर्मा ने लिखा था कि 'यशपाल के पात्र जनजीवन के प्रतिनिधि नहीं हैं। वे उस वर्ग के प्रतिनिधि हैं जिनके लिए सेक्स और आत्मपीड़ा की समस्याएं प्रधान हैं।'[203] पर गैरमार्क्सवादी समीक्षकों की राय थी कि 'यशपाल में फ्रायड और मार्क्स मानो अपने शाश्वत विरोधों का परित्याग कर साथ-साथ गलबांही देकर घूम रहे हैं।'[204] इन दोषारोपणों और आलोचनाओं का उत्तर देने हुए यशपाल ने 'उत्तराधिकारी' की भूमिका में अपनी सफाई पेश करते हुए कहा कि वह यौनविकृति को आर्थिक कारणों के परिणाम के रूप में चित्रित करते हैं। यह सही है कि यशपाल ने प्रेमचंद की कृषिक्रांतिपरक कथाभूमि से अलग हटकर विशेष यथार्थवादी दिशाओं में ही प्रयोग किया; पर वर्गसमाज के बाह्य ढांचे (सुपर स्ट्रक्चर) के विभिन्न अवयवों की जितनी तीखी आलोचना उन्होंने की और वैवाहिक रूढ़ियों तथा नारी पराधीनता की कथावस्तु पर नए कोणों और साहस के साथ जैसी कहानियां उन्होंने लिखीं, वैसी उनके समकालीन कथाकारों ने नहीं लिखीं। 'करवा का व्रत' कहानी इस प्रसंग में विशेष रूप से

उल्लेखनीय है चूंकि इसमें लेखक द्वारा सुझाया गया हल भी मौजूद है। प्रारंभ में लेखक विवाह की रूढ़ियों पर प्रहार करता है और अंत में विवाह का अपेक्षित रूप सामने लाता है। इस कहानी के माध्यम से लेखक दांपत्य संबंध के मूल में पुरुष-स्त्री समानता के स्तर पर मिलन को दृढ़ता से स्थापित करता है। पत्नी पति के लिए निर्जीव वस्तु नहीं है और न दासी; वह एक सचेत सहचरी है, एक जीवित मानवी! कन्हैया और लाजो के प्रेम पर आधारित नए दांपत्य को सुखद ढांचे में ढाला गया है।

वर्गसमाज की अमानवीय रूढ़ि की शिकार बाल विधवाओं पर लिखित 'मृत्युंजय', 'जादू के चावल', 'एक सिगरेट', 'वैष्णवी' आदि कहानियां बड़ी ही करुणापूर्ण हैं। निराला की कविता 'विधवा' की पंक्ति 'वह छुटी लता सी दीन' की प्रतीकात्मकता के ही समानांतर यशपाल ने वैधव्य की कुरीतियों की चट्टान के नीचे दबी दीन-दलित स्त्रियों की तड़प का सच्चा यथार्थवादी संसार उद्‌घाटित किया है। विधवा स्त्रियां अपनी नैसर्गिक आवश्यकताओं को कैसे दबाएं? यह सामंती समाज की रूढ़ि ही है, जिससे विधवाएं जकड़ी हैं। 'डिप्टी साहब की ब्राह्मणी' में कहानीकार यह दिखलाता है कि किस प्रकार चोरी-चोरी शरीर की भूख की पूर्ति की जाती है। 'चूक गई' शीर्षक कहानी में आदिरा उन्मादग्रस्त होते दिखलाई गई है और 'वैष्णवी' कहानी में विधवा औरत विद्रोह कर अपने परिवार से भाग खड़ी होती है।

सामंती समाज की एक और रूढ़ि अनमेल विवाह के आधार पर 'तीसरी चिता', 'औरत', 'सोमा का साहस', 'पुरुष भगवान', 'मिट्ठो के आंसू' आदि कहानियां लिखी गई हैं। पहाड़ी प्रदेश की वैवाहिक रूढ़ियां, जिनके अंतर्गत स्त्रियों की खरीद-फरोख्त और पांडवी विवाह शामिल हैं, यशपाल के प्रहार का लक्ष्य रही हैं। इस कथाभूमि पर लेखक ने 'दूसरी नाक' और 'डायन' शीर्षक कहानियां लिखी हैं। वेश्या समस्या से पीड़ित स्त्रियों की कथा 'दुःखी-दुःखी', 'हलाल का टुकड़ा', 'गंडेरी', 'भाग्यचक्र' तथा 'एक सिगरेट' में कही गई है।

नारी-पराधीनता के यथार्थवादी पहलुओं पर यशपाल की कहानियां निश्चित रूप से प्रगतिशील साहित्यिक आंदोलन को बल पहुंचा रही थीं। अतः ऐसी स्थिति में कुछेक कहानियों के आधार पर यशपाल के संपूर्ण कहानी-साहित्य का यह मूल्यांकन सही नहीं है कि वे सेक्स और आत्मपीड़ा के कहानीकार हैं।

यशपाल पर नई कहानी आंदोलन के दौरान यह आरोप लगाया गया कि 'उनके चरित्र कठपुतलियों की तरह लगते हैं' और उन्होंने 'प्रगतिशील मान्यताओं को काल्पनिक कथानकों का जामा पहना' दिया।[205] यह तर्क भी दिया गया कि प्रेमचंदकालीन आदर्शवादी कहानियों से यशपाल की कहानियां केवल ऊपरी तौर पर अर्थात प्रगतिशील मान्यताओं के लबादे के कारण भिन्न हैं। मार्कण्डेय ने साफ तौर पर यह आरोप लगाया कि 'कल्पना की देह पर जहां आदर्शों की सफेद टोपी थी, वहीं अब लाल कर दी गई।'[206] इसी प्रकार के आरोप प्रगतिशील आंदोलन के दौरान प्रगतिवादविरोधी लेखकों ने यशपाल पर लगाए थे। वस्तुतः यशपाल पर लगाए गए इस तरह के आरोप लेखक की रचनाप्रक्रिया से संबद्ध हैं। जो समीक्षक यशपाल की रचनाप्रक्रिया की छानबीन किए बगैर आरोप-प्रत्यारोप करते हैं, वे रचनाकार के संपूर्ण कृतित्व पर एक मनमाना निष्कर्ष ही थोप देते हैं। कहानी-समीक्षा में नई पीढ़ी के प्रबुद्ध समीक्षक सुरेंद्र चौधरी ने यशपाल की रचनाप्रक्रिया की छानबीन से जो नतीजा निकाला है, वह उपर्युक्त आरोपों का खंडन करता है। सुरेंद्र चौधरी का कहना है :

> यशपाल जी जीवन के प्रत्यक्ष अनुभव का प्रयोग केवल थीम (विषय) के अवधान की दिशा में ही करते हैं। इस थीम के अनुरूप कल्पना से वे पूरी विषयवस्तु निर्मित कर लेते हैं। घटनाओं के निर्माण में यशपाल की रचनात्मक कल्पना उनकी रचनाप्रक्रिया का मूल सूत्र है। प्रेमचंद से यशपाल का तथा अन्य सामयिक लेखकों का यही आधारभूत पार्थक्य है जो उनकी रचनाप्रक्रिया के भेद से स्पष्ट होता है। 'दो मुंह की बात', 'तुमने क्यों कहा मैं सुंदर हूं', 'धर्मरक्षा' जैसी कहानियां किसी वास्तविक घटना का चयन मात्र नहीं हैं, लेखक की रचनात्मक कल्पना ने विषयगत अंतर्विरोधों के अनुरूप घटनाएं गढ़ ली हैं।[207]

यशपाल की यथार्थवादी सृजनात्मकता से कथानक कल्पित होते हैं। उदाहरण के रूप में यशपाल की 'परदा' शीर्षक प्रसिद्ध कहानी देखी जा सकती है। चौधरी पीर बख्श टूटते हुए मध्यवर्ग के झूठे दिखावे और भयावह दीनता पर आवरण डालकर निम्न पूंजीवादी आत्मग्रस्तता से पीड़ित वर्ग के प्रतिनिधि हैं। यशपाल इस स्थिति की करुणा और उसके व्यंग्य को एक साथ निपट इकहरे कथानक के माध्यम से उभारते हैं। मध्यवर्ग की ऐतिहासिक नियति के यथार्थ की परत दर परत खोलने में यशपाल की 'परदा', 'गंडेरी', 'काला आदमी', 'रोटी का मोल', 'देवी की लीला' तथा 'मक्खी या मकड़ी' कहानियां प्रगतिशील साहित्य में विशेष महत्व रखती हैं। मध्यवर्ग के ही कुछ ऐसे चरित्रों को केंद्रित कर यशपाल ने कहानियां लिखी हैं जो समाज के वर्गसंघर्ष को समझते हैं। 'आदमी या पैसा' शीर्षक कहानी के चरितनायक रामबाबू एक पत्रकार हैं। वह कहते हैं : 'मैं डेढ़ हजार रुपए में अपना श्रम बेचता हूं, परंतु मैं अपने पूंजीपति मालिक के हाथ में एक चाबुक की तरह हूं। तुम समझ लो, मेरा मालिक मुझे जनमत पैदा करने की कीमती मशीन समझता है जिसे वह अपनी सामाजिक और राजनीतिक शक्ति बनाए रखने के लिए चला रहा है।'[208] 'नई दुनिया' शीर्षक कहानी के माथुर वर्गसंघर्ष की बड़ी गहरी समझ रखते हैं और समाज की समस्या को अपनी समस्या समझते हैं। इस तरह मध्यवर्ग के विभिन्न प्रकार के टाइप पात्रों की निजी चारित्रिक विशेषताओं को उभारते हुए यशपाल ने मध्यवर्ग का संपूर्ण ऐतिहासिक संदर्भ में चित्रण किया है।

पहाड़ी जीवन के कुलियों और रिक्शाचालकों पर कहानीकार यशपाल की अनेक मर्मस्पर्शी कहानियां हैं। 'गुडबाई दर्देदिल', 'इ टोपी को सलाम', तथा 'कोकला डकैत' इस संदर्भ में विशेष रूप से उल्लेखनीय कृतियां मानी जा सकती हैं। 'कुत्ते की पूंछ' और 'एक राज' कहानियों में घरेलू नौकरों की नारकीय परवशता और यातना का चित्रण है। हिंदुस्तान के मेहनतकशों की दुर्दशा को कलात्मक स्तर पर कहानी का रूप देने की दृष्टि से 'नई दुनिया', 'अभिशप्त' तथा 'भवानी माता की जय' कहानियां उल्लेखनीय है। प्रेमचंद ने खेतिहर क्रांति की कथात्मक अंतर्वस्तु के साथ किसानजीवन का चित्रण किया था। उसी परंपरा में 'डरपोक कश्मीरी', 'हुकूमत का जुनून' और 'करुणा' कहानियां यशपाल के कहानीसाहित्य में अपना विशिष्ट महत्व रखती हैं।

प्रगतिशील साहित्यिक आंदोलन के दौरान कहानी के माध्यम से व्यंग्य की विधा को क्लासिक ऊंचाई तक पहुंचाने का श्रेय यशपाल को प्राप्त है। हिंदी कहानी की विकासपरंपरा में व्यंग्य और यथार्थ के कलात्मक संयोजन के कौशल की दृष्टि से यशपाल ने एक ओर जहां प्रेमचंद की परंपरा को आगे बढ़ाया, वहां दूसरी ओर पांडेय बेचन शर्मा उग्र की परंपरा को भी संशोधित रूप में विकसित किया। 'नीरस रसिक', 'कर्मफल', 'होली नहीं खेलता',

'शहंशाह का न्याय', 'प्रतिष्ठा का बोझ' तथा 'परदा' शीर्षक कहानियों में यशपाल के व्यंग्य का यथार्थवादी एवं कलात्मक रूप निखर कर सामने आया है। लक्ष्मण दत्त गौतम ने यशपाल की कहानियों में निहित व्यंग्यधर्मी यथार्थ का विश्लेषण कर ठीक ही नतीजा निकाला है :

> यशपाल की कहानियों में यथार्थ और व्यंग्य का चोली-दामन का साथ है। उनके व्यंग्य सोद्देश्य और बौद्धिक हैं। उनमें भावावेश अपेक्षाकृत कम है। अपने युग के वैषम्य और विकृतियों पर प्रहार करने के लिए उनके बौद्धिक व्यंग्य हथियार का काम करते हैं। प्रायः सभी कहानी में उनकी व्यंग्योक्तियां कभी किसी विशिष्ट चरित्र पर तो कभी सामाजिक स्थिति पर अपना आक्रोश व्यक्त करती चलती हैं। चाहे कोई वस्तुस्थिति से भटका हुआ मध्य वर्ग का क्लर्क हो या अफसर, सामंतवादी चरित्र हो अथवा पूंजीवादी शोषक, यशपाल के सात्विक रोष से भरे व्यंग्यवाणों से कोई बच नहीं सका है।[209]

वर्ग समाज के अंतर्विरोधों को अत्यंत तीखे रूप में उभार कर रखने में यशपाल व्यंग्य के हथियार का सही-सही इस्तेमाल करते रहे हैं। प्रगतिशील कहानीकारों में यशपाल की अद्वितीयता का रहस्य यही है। व्यंग्य उनके लिए चमत्कार, विट या वक्रोक्ति का साधन न होकर युग की विरूपताओं को निरावृत्त करने का साधन रहा है। कहानी समीक्षक सुरेंद्र चौधरी की मान्यता है कि सफल व्यंग्यकार के लिए युगबोध एक अनिवार्यता है। यशपाल जी जीवन के प्रति प्रगतिशील दृष्टिकोण रखते हैं, जनजीवन के विकसित होते हुए आयामों से उनका आत्मिक परिचय है, फलतः युग के अंतर्विरोधों के प्रति उनकी सजगता वस्तुतः रचनात्मक कोटि की है।[210]

वर्ग समाज का यथार्थ, उत्पीड़ित वर्ग की आर्थिक-सामाजिक पराधीनता आदि का चित्रण कर यशपाल इतिश्री नहीं करते, बल्कि मानव आचरण के विविध प्रसंगों के अंतर्तम में पहुंचने की कोशिश भी उनकी ओर से जारी रहती है। शिवदान सिंह चौहान ने यशपाल के कहानी साहित्य में चित्रित कार्यव्यापारों, मनोगत भावों और द्वंद्वों के प्रसंग में लिखा है :

> यशपाल की मूल समस्या यह है कि समाज के विषय संगठन ने मनुष्य जाति को ही दो विरोधी वर्गों में नहीं बांटा है, बल्कि मनुष्य के विचार और व्यवहार या आचरण में भी एक द्वैत या वैषम्य पैदा कर दिया है। इस द्वैत या वैषम्य के प्रति पाठकों को सचेत करना ही यशपाल का प्रधान उद्देश्य है।[211]

यशपाल में कथानक विविधता उनकी यथार्थदृष्टि की व्यापकता का परिचय देती है। उनकी प्रायः सभी कहानियां मार्क्सवादी दृष्टिकोण से लिखी गई हैं। दूसरे महायुद्ध के आसपास ब्रिटिश साम्राज्य के उपनिवेश भारत के संदर्भ में उन्होंने बड़ी निर्भीकता से 'साग' जैसी कहानी लिखी थी। वैसी ही निर्भीकता का परिचय उन्होंने सामाजिक रीति-नीति और आडंबरों पर प्रहार के दौरान 'मनु की लगाम', 'धर्म रक्षा', 'ज्ञानदान', 'प्रतिष्ठा का बोझ' और 'दूसरी नाक' शीर्षक कहानियों में दिया। यशपाल का कथानक उस अंतर्विरोध को लेकर गठित होता है जो किसी घटना या मानवसंबंधों के मूल में निहित होता है। अतः अगर उनके बारे में यह कहा जाए कि समाज में व्याप्त असंगति ही उनकी कहानी का आधार बन जाती है, तो कोई अत्युक्ति न होगी। यशपाल स्वयं ही मानते हैं कि उनके लिए विषय ही मुख्य है। पात्र तो उसके अनुरूप वे गढ़ लेते हैं।[212] दो प्रकार के विचारों का द्वंद्व, दो दृष्टिकोणों का संघर्ष रखने के क्रम में यशपाल कथानक का ताना-बाना फैलाते हैं और इतिहास की अग्रगामी शक्तियों

के वाहक के रूप में प्रगतिशील विचारों के प्रतिनिधि चरित्रों को पूरे तीखेपन के साथ उभार कर सामने लाते हैं। 'कोकला डकैत', 'पांव तले की डाल', 'पाप की कीचड़', 'कलाकार की आत्महत्या' आदि कहानियां इस दृष्टि से कलात्मक एवं अविस्मरणीय हैं।

अश्क

उपेंद्रनाथ अश्क की राजनीतिक एवं दार्शनिक आस्था कभी भी मार्क्सवाद के साथ नहीं रही। पर लेखक के नाते अश्क ने प्रगतिशील आंदोलन का ही प्रत्यक्ष-अप्रत्यक्ष रूप में समर्थन किया था। अश्क एक तरह से आलोचनात्मक यथार्थवाद की धारा के कहानीकार हैं। यही बात उनके उपन्यासों के प्रसंग में भी कही जा चुकी है। प्रगतिशील कहानी के समानांतर जैनेंद्र-अज्ञेय-इलाचंद्र जोशी की जो व्यक्तिवादी-मनोविश्लेषणात्मक ग्रंथि पर जोर देने वाली कहानी की धारा थी, अश्क उस धारा से अलग अपने समय के बदलते हुए यथार्थ के संग्राहक के रूप में दिखाई देते हैं। मधुरेश ने अश्क के प्रसंग में यह ठीक ही कहा है कि उनकी कहानियों में जीवन का आग्रह क्रमशः बढ़ता गया है। 'अश्क की कहानी कला की सबसे बड़ी विशेषता यह है कि विकास के दौर में वह पीछे नहीं छूटते और जो भी सार्थक और सामयिक है उसे अपनाने में उन्हें कभी गुरेज नहीं है।'[213] यद्यपि उन्होंने सेक्स की कुंठाओं को लेकर 'अंकुर', 'उबाल', 'चट्टान' जैसी कहानियां लिखीं, पर उनका दृष्टिकोण समाज की असंगति को कलात्मक रूप से उभारने तक ही सीमित रहा। सेक्सचित्रण में रस लेने की उनकी प्रवृत्ति कम रही है। अश्क के कहानीलेखन में कथावस्तु का भरपूर वैविध्य द्रष्टव्य है। उन्होंने सेक्स-चित्रण की उपर्युक्त कहानियों के अलावा प्रेमचंद की परपंरा में अपनी तरफ से नया जोड़ते हुए 'डाची', 'काकड़ां का तेली' और 'ज्ञानी' जैसी गांव की सच्ची तस्वीर दिखाने वाली कहानियां भी लिखीं। अश्क के यथार्थवादी रुझानों को समझने के लिए प्रगतिशील साहित्यिक आंदोलन की जानकारी अत्यंत आवश्यक है और वह भी उर्दू तथा पंजाबी का संदर्भ लेकर ही। मंटो, बेदी, ख्वाजा अहमद अब्बास, मुम्ताज मुफ्ती और कृश्न चंदर के संदर्भ में अश्क को अधिक अच्छी तरह समझा जा सकता है; अश्क को समझने के लिए केवल हिंदी कहानी साहित्य का तत्कालीन संदर्भ अधूरा और अपर्याप्त है।

सन् '51 तक अश्क के निम्नलिखित कहानीसंग्रह प्रकाशित हुए : 'जुदाई की शाम का गीत' (1933), 'डाची' (1937), 'कोंपल' (1940) 'छींटे', 'काले साहब', 'दो धारा' तथा 'पिंजरा'। हिंदी कहानी क्षेत्र में आने से पहले वे उर्दू कहानीकार के रूप में 'नवरत्न' तथा 'औरत की फितरत' नामक दो संग्रहों के माध्यम से सामने आ चुके थे। उनका पहला हिंदी कहानीसंग्रह 'जुदाई की शाम का गीत' मूलतः रूमानी भावुकता और आदर्शवाद से लबालब भरा था। पर दूसरे कहानीसंग्रह 'डाची' से यथार्थ की पकड़ की शुरुआत होती है। इस संग्रह की उल्लेखनीय कहानियां हैं 'डाची', '324', 'लीडर' एवं 'रफाकत'। सन् '41 के 'हंस' में अश्क के 'डाची' एवं 'कोंपल' नामक कहानीसंग्रहों का रिव्यू करते हुए शमशेर बहादुर सिंह ने ठीक ही लिखा था कि उपेंद्रनाथ अश्क उन कलाकारों में हैं जो धीरे-धीरे अपना व्यक्तित्व विकसित करते हुए अंत में एक व्यापक भूमि पर छा जाते हैं। प्रारंभ से अश्क ने अपनी कहानियों में यथार्थ का विवरण देने की अचूक शैली को विकसित करने का प्रयत्न किया :

> लगभग सभी कहानियों में देखिए, परिस्थितियों का हीरो अथवा हीरोइन बहुधा हीरोइन-के

> चारों ओर के वातावरण का मूर्त अचूक चित्रण और व्यक्ति की मानसिक कथा कहने के उपरांत जब सहसा कहानीसूत्र अंत में काट दिया जाता है, तो हमारी भावनाएं तड़पकर दर्द की एक करवट ले उठती हैं। 'कोंपल' में देखिए—गहनों की एक नवविवाहिता की दुनिया है, जिसमें उसका यौवन प्यासा दुःख रहा है; बूढ़ा पति जब उसे विधवा बना जाता है, तो मां उसके गहने लेने आई है—गहने जिसकी शोभा उसके अंग पर परमेश्वरी ब्राह्मणी का लड़का निरख गया है, सराह गया है। और उन्हें अब वह अपने शरीर पर नहीं सजा सकती, आह! और चुपचाप एक ट्रैजिक हीरोइन की तरह उन्हें वह पहनकर एक बार आईने में देखती है, अपना रूप, वह जवान विधवा।[214]

इन परिस्थितियों के अंदर मानवीय वास्तविकता की तह में बैठकर सच्ची तसवीर पेश करने वाला यथार्थ लेखक प्रस्तुत करता है : 'एक लंबी सांस भरकर वह वहीं ट्रंक पर बैठ गई और उसकी आंखों के सामने चार वर्ष पहले की एक घटना याद आ गई, जब परमेश्वरी ब्राह्मण के हंसमुख लड़के ने उसकी कंठी का हुक बांध दिया था।'[215] यहां यह उल्लेख करना अप्रासंगिक न होगा कि 'कोंपल' कहानी को ही बाद में अश्क ने 'अंकुर' नाम से प्रकाशित करवाया था। रीति-रिवाजों या आर्थिक शोषण से उत्पीड़ित पात्रों के जीवन की हाय का चित्रण करने में अश्क की कला का जवाब नहीं है। पर अश्क में इतिहास की अग्रगामी शक्तियों या प्रवृत्तियों का उभरता हुआ स्वर पहचानने की प्रवृत्ति प्रायः नहीं है। 'अपूर्ण आकांक्षाओं के जीवन की दबी हुई हाय' को खोलकर रखना तथा उससे हमदर्दी रखते हुए पाठकों का मन मसोसकर रह जाना, पाठकों को यह न दिखलाना कि समाज की उन्हीं घटनाओं और शक्तियों के माध्यम से नवयुग लाने वाला संकेत भी दिखाई दे रहा है-अश्क की निम्नपूंजीवादी समझ से उत्पन्न वर्ग संस्कारगत दुर्बलताएं हैं। मार्क्सवादी दर्शन से प्रभावित अश्क ने कुछ कहानियां अवश्य ही लिखी हैं, जैसे 'खटक', पर अश्क की अधिकांश कहानियों के विषय निम्नमध्यवर्ग से संबंधित हैं। शहरी कुलियों पर 'तीन सौ चौबीस', रिक्शाचालकों पर 'काले-साहब' तथा घरेलू नौकरों पर 'उबाल' तथा 'दो आने की मिठाई' शीर्षक कहानियां यथार्थ के अंतरंग साक्ष्य पर आधारित हैं। कुल मिलाकर यद्यपि वैचारिक धरातल पर अश्क की कला में वह परिपक्वता नहीं है जो प्रेमचंद की परवर्ती कहानियों में है या यशपाल में है; पर भावना और संवेदना की दृष्टि से अश्क में समाज की विसंगतियों की बड़ी गहरी पकड़ है—और इसके यथार्थवादी उद्घाटन की दृष्टि से ही वे प्रगतिवाद को अपना महत्वपूर्ण कलात्मक योग दे सके हैं।

अमृतराय

कहानीकार के रूप में अमृतराय का आगमन सन् '37 में प्रकाशित कहानीसंग्रह 'जीवन के पहलू' से हुआ। तब से सन् '51 तक 'इतिहास', 'कस्बे का एक दिन', 'लाल धरती' और 'भोर से पहले' नामक उनके अनेक संग्रह प्रकाशित हुए। 'लाल धरती' नामक संग्रह की भूमिका लिखते हुए कहानीकार के नाते अमृतराय के कृतित्व को परिभाषित करने के क्रम में कृश्न चंदर ने कहा था :

> अमृतराय महज कहानी लिखने के लिए कहानी नहीं लिखते बल्कि कहानी लिखते वक्त उनके सामने जिंदगी के और समाज के चरित्र और वर्गों के मसले रहते हैं, उनकी टक्कर

> रहती है और उस टक्कर से कुछ निष्कर्ष निकलता है। जिंदगी और समाज के बारे में उनका एक जीवनदर्शन है जिसे वह अपनी कहानियों में लागू करते हैं।

संभवतः इसीलिए अनेक प्रगतिवादविरोधी समीक्षकों ने अमृतराय की कहानियों में प्रचारात्मकता का आग्रह देखा है। 'लाल धरती' नामक संग्रह में ऐसी कहानियां अधिक हैं। 'योरप की विजयी जनता के नाम', 'एटमी सुलतान टू मैन के नाम', 'कोरिया का नया भूगोल', 'आजादी की रेल उर्फ वार्निश के पीपे', 'तेलंगाना के वीरों से', 'नई दुनिया के मेमार', 'बक्से के एक शेर के नाम', 'जिंदगी का खिराज', 'बाल बच्चेदार कबूतर', 'अभियोग', 'दुर्भिक्ष मंत्री कथाकार मुंशी के नाम', 'तिरंगे कफन', 'गोडसे के नाम खुला पत्र' आदि कहानियां तथ्य के भंडाफोड़ की दृष्टि से बड़ी साफ और सीधी-सच्ची वास्तविकताओं को सामने लाती हैं।

अगर ऐतिहासिक दृष्टि से देखें तो पता चलता है कि 'लाल धरती' द्वितीय महायुद्ध के बाद के भारतवर्ष और विश्व के व्यापक क्रांतिकारी जन-उभार के समय लिखी गई रचनाओं का संग्रह है। अतः प्रगतिवाद के विकास के लडाकू तेवर इन रचनाओं में साफ नजर आते हैं। यह वह जमाना था जब कहानी की विधा के अंदर से रिपोर्ताज, रेखाचित्र और युद्ध मोर्चे के संस्मरण की अनेक कथात्मक शैलियां विकसित हो रही थीं। अतः अमृतराय की रचनाओं में कहानी, रिपोर्ताज, स्केच और संस्मरण की विधाएं परस्पर एकाकार हो गई हैं। प्रगतिशील कहानीकारों में अमृतराय, रांगेय राघव और बेनीपुरी-ये तीनों इस दृष्टि से बहुत महत्वपूर्ण हैं कि इन लोगों ने कहानी के सांचे में बदलाव के जबरदस्त प्रयत्न किए। मधुरेश ने एकदम सही कहा है कि शिल्प की दृष्टि से अमृतराय की कहानियां परंपरागत कहानियों से पृथक हैं।[216] अमृतराय का यह वैशिष्ट्य उनके प्रारंभिक कहानीसंग्रह 'जीवन के पहलू' में भी देखा जा सकता है।

प्रगतिशील साहित्यिक आंदोलन के दौरान लिखित अमृतराय की कुछ कहानियां यथार्थ चित्रण एवं कलात्मकता, दोनों ही दृष्टियों से हिंदी कहानी साहित्य में अपना महत्वपूर्ण स्थान रखती हैं। उन कहानियों में 'एक सांवली लड़की', 'सत्यमेव जयते', 'शाम की थकन', 'इति जंबूद्वीपे भरतखंडे', 'एक कामयाबी की तस्वीर', 'इतिहास', 'तिरंगे कफन' आदि उल्लेखनीय हैं। समाजवादी यथार्थवाद को हिंदी साहित्य की एक महत्वपूर्ण धारा के रूप में प्रतिष्ठित करने के खयाल से अमृतराय ने कुछ सफल और बहुख्यात कहानियां लिखीं; उनमें 'हजार मन राख और एक चिनगारी', 'गीली मिट्टी' तथा 'एक गुमनाम आदमी' को समीक्षकों ने सार्थक माना है। सामंतवाद, पूंजीवाद, साम्राज्यवाद, धार्मिक विद्वेष, जाति प्रथा, वैवाहिक रूढ़ि, वर्गसमाज के भेद्रभाव आदि पर अमृतराय ने तेज चाकू से हमला करने वाला व्यंग्य किया। इन सारी बातों से यह पता चलता है कि प्रगतिवादी आंदोलन को हिंदी कहानी में पूरे जोश-खरोश के साथ आगे ले चलने में तथा प्रेमचंद की परंपरा में प्रगतिशील यथार्थ का चित्रण करने में अमृतराय का योगदान भुलाया नहीं सकता।

अन्य प्रगतिशील कहानीकार एवं कहानी की विधा का विस्तार

प्रगतिशील आंदोलन के दौराय रांगेय राघव की कहानी 'तबेले का धुंधलका' बहुत प्रसिद्ध हुई। यह कहानी उनके कहानीसंग्रह 'इंसान पैदा हुआ' में संगृहीत है। दूसरी तरफ इसी काल में रिपोर्ताजों का संग्रह 'तूफानों के बीच' लेकर वह आए जिसे अनके गैरमार्क्सवादी समीक्षकों

ने भी सराहा। यह उल्लेखनीय है कि नाजियों के अत्याचार से पीड़ित मानव जाति की गाथा के रूप में उन दिनों जूलियस फ्यूचिक की पुस्तक 'फांसी के तख्ते से' हर लेखक के लिए पठनीय और अनुकरणीय कृति बन गई थी। अतः युद्धकालीन संदर्भों से लेकर भारतीय स्वाधीनता संग्राम तक के विषयों पर अनेक प्रगतिशील लेखकों ने कहानी की विधा के साथ-साथ रिपोर्ताज, फीचर, स्केच, यात्रासंस्मरण आदि विधाओं का भी विकास किया। राजेंद्र यादव ने इस दौर के शिल्पगत वैशिष्ट्य को रेखांकित करते हुए अपना मत दिया है :

> रांगेय राघव ने 'तूफानों के बीच', अमृतराय ने 'लाल धरती' और भगवत शरण उपाध्याय ने 'इतिहास के पन्नों पर खून के धब्बे' इत्यादि संग्रहों में जिस आवेश और सामाजिक चेतना के बोलते दस्तावेज दिए हैं उनकी उपलब्धि कलाविधा के रूप में कितनी है- यह भले ही आज संदेहास्पद हो सकती है, लेकिन अपने से अलग हो सकने की दृष्टि और सामाजिक संचेतना के रूप में उसने आज के संपूर्ण साहित्य को एक बहुत बड़ी पृष्ठभूमि अवश्य दी है। इसके साथ ही उसने हिंदी भाषा की शास्त्रीय निर्जीवता, पंडिताऊ शब्दरचना और पिलपिले आडंबर को तोड़कर उसे आधुनिक मुहावरा, शक्ति और सामर्थ्य दिया जिसका प्रारंभ प्रेमचंद, निराला और उग्र ने किया था।[217]

रिपोर्ताज की शैली में हो या जीवन के गतिशील यथार्थ के मूड्स को उतारने की कथाभंगी में हो, तत्कालीन प्रगतिशील कहानी की यह एक प्रमुख धारा थी। पर यह सोचना कुछ विचित्र सा प्रतीत होता है कि उस समय यही एकमात्र प्रमुख धारा थी। नामवर सिंह की मान्यता है कि अमृतराय की 'लाल धरती' में जो कथा शैली है, वह उस समय की एकमात्र प्रमुख धारा थी और ऐसी धारा जो नुस्खे के मुताबिक 'क्रांतिकारी रोमांटिसिज्म' की कहानियां लेकर आई थी। इतना ही नहीं बल्कि प्रगतिवादी कहानी के उस दौर में 'शैली के अतिरिक्त विषयवस्तु में भी कुछ दिनों के लिए हिंदी कहानी कृश्न चंदर शैली की उर्दू कहानियों से आक्रांत थी।'[218] पांचवें दशक के हिंदुस्तान की ऐतिहासिक वास्तविकताओं के परिप्रेक्ष्य में यदि देखें तो पता चलता है कि क्रांतिकारी रोमांटिसिज्म की यह धारा कथावस्तु और शैली-शिल्प में जो कुछ भी नवीनता लेकर आई थी, वह नुस्खा या फार्मूला न होकर लेखकीय प्रतिबद्धता की अनिवार्य परिणति थी। दूसरी तरफ यह भी सत्य है कि उसी जमाने में यशपाल, तेजबहादुर चौधरी, पहाड़ी, अमृतलाल नागर, राहुल सांकृत्यायन, भगवतशरण उपाध्याय, भीष्म साहनी आदि की कहानियां क्रांतिकारी रोमांटिसिज्म की कृश्न चंदर छाप रचना शैली से नितांत भिन्न थीं। तीसरी तरफ 'चतुरी चमार', 'बिल्लेसुर बकरिहा', 'कुल्ली भाट' आदि कथाकृतियों की रेखाचित्र शैली को ग्रामीण परिवेश की अंतर्वस्तु के साथ बेनीपुरी ने 'माटी की मूरतें' में आगे बढ़ाया। इनके अलावा व्यंग्यकथा की विधा का इस दौर में उग्र, यशपाल और अमृतराय ने विकास किया। अतः प्रगतिवादी कहानी के संबंध में यह आरोप निराधार है कि उसमें वस्तु और शैली का वैविध्य नहीं था और नुस्खे वाली कहानी की प्रधानता थी।

प्रगतिशील आंदोलन की उस अवधि में लिखित रचनाओं के संग्रहों में ये प्रमुख हैं : 'आदमखोर' (चंद्रकिरण सौनरेक्सा), 'सफर', 'छाया गें', 'अधूरा चित्र', 'हिरन की आंखें' तथा 'बरगद की जड़ें' (पहाड़ी), 'पहला पाठ' (भीष्म साहनी), 'मंजिल', 'बिगड़े हुए दिमाग' (भैरव प्रसाद गुप्त), 'काठ का सपना' (गजानन माधव मुक्तिबोध), 'प्लाट का मोर्चा' (शमशेर बहादुर सिंह), 'खेल खिलौने' (राजेंद्र यादव), 'कड़वी मीठी बातें' (नरेंद्र शर्मा), 'सबेरा', 'संघर्ष',

'गर्जन' तथा 'बुर्जियों के पीछे' (भगवतशरण उपाध्याय), 'रेखाचित्र', 'पुरानी स्मृतियां' (प्रकाशचंद्र गुप्त)।

नाटक, एकांकी और रंगमंच

साहित्य में नाटक ही एकमात्र ऐसी विधा है जिसमें जनता और लेखक-अभिनेता आमने-सामने होते हैं। अतः जनचेतना को जाग्रत एवं प्रसारित करने के लिए नाटक सर्वाधिक सशक्त माध्यम है परंतु हिंदी साहित्य में इस दृष्टि से नाटक अल्पविकसित एवं उपेक्षित रहा है। भारतेंदु ने नाटक और रंगमंच की सामर्थ्य एवं संभावनाओं को पहचानकर उसे पुनर्जीवन प्रदान किया। पारसी थिएटर के जवाब में अव्यावसायिक रंगमंच की स्थापना की। इस प्रकार कविता, कहानी और उपन्यास की तरह नाटक में भी यथार्थवादी दृष्टि प्रतिष्ठित हुई। भारतेंदु के इस महत्कार्य में भारतेंदु मंडल के सभी लेखकों ने सहयोग दिया और भारतेंदु के बाद भी नाटक और रंगमंच को जीवित रखने के प्रयत्न जारी रखे। परंतु द्विवेदीयुगीन पुनरुत्थानवाद, साहित्यिक हिंदी के परिनिष्ठित रूप में खड़ी बोली को प्रतिष्ठित करने के प्रयत्नों के कारण तथा पारसी कंपनियों के व्यावसायिक रंगमंच के प्रभुत्व के फलस्वरूप नाटक और रंगमंच के क्षेत्र में भारतेंदुकालीन यथार्थवादी दृष्टि विलीन सी हो गई।

पारसी थिएटरों के मनोरंजनप्रधान लोकप्रिय नाटकों के विरुद्ध प्रसाद ने रंगमंच के बहिष्कार के साथ पाठ्य नाटकों को गंभीरता एवं कलात्मकता प्रदान की। ऐतिहासिक दृष्टि से प्रसाद ने वही काम किया, जो काम तिलस्मी-जासूसी एवं मनोरंजनप्रधान उपन्यासों से पटे हुए क्षेत्र में प्रेमचंद के गंभीर आदर्शवादी उपन्यासों ने किया था। इस दृष्टि से प्रसाद का प्रयास उस समय एक हद तक प्रगतिशील था। इसके अतिरिक्त प्रसाद ने भारतेंदुकालीन नाट्य रचनाशिल्प को भी स्वीकार नहीं किया —'मुद्राराक्षस' और 'चंद्रगुप्त' से यह तथ्य प्रमाणित हो जाता है। परंतु प्रसाद ने भारतेंदुकालीन तीन स्वस्थ तत्वों—राष्ट्रीय भावना, आदर्शोन्मुख्ता और जीवन के प्रति मंगलमय दृष्टिकोण को ग्रहण किया तथा उन्हें कलात्मक गरिमा प्रदान की।

इसी परिप्रेक्ष्य में सन् '29-'30 के लगभग पुनः यथार्थ चित्रण का रुझान दिखाई देता है, पर नाटक का यह यथार्थवाद कविता, कहानी और उपन्यास से भिन्न है। नाटक के क्षेत्र में प्रसाद एक ऐसे नाटककार थे जो भारतीय इतिहास एवं संस्कृति के पुनरुत्थानवादी आदर्शों एवं भावुकता से प्रेरित थे और नई पीढ़ी के तमाम नाटककार उन्हीं की प्रतिक्रिया में अपना यथार्थवादी रुझान व्यक्त कर रहे थे। अतः कृपानाथ मिश्र, लक्ष्मीनारायण मिश्र एवं भुवनेश्वर के सामने मुख्य समस्या प्रसादकृत नाटकों की भावुकता से हिंदी नाटकों को मुक्त करना था। प्रसाद के विरोध में नए नाटककारों को पश्चिम के समस्यानाटकों की तकनीक से काफी सुविधा मिल गई थी। इस तरह नाटक के क्षेत्र में सन् '30 के बाद जो रचनात्मक संघर्ष छिड़ा वह पुनरुत्थानवाद और भावुकता के विरोध में समस्यानाटक, बुद्धिवाद, फ्रायडवाद और तीक्ष्ण यथार्थवाद को प्रतिष्ठित करने का लक्ष्य सामने रखकर चला। हालांकि अपने अंतिम नाटक, 'ध्रुवस्वामिनी' (1933) में प्रसाद ने स्वयं समाज की प्राचीन रूढ़ियों पर ध्रुवस्वामिनी, मंदाकिनी, चाणक्य एवं चंद्रगुप्त के माध्यम से प्रहार किया था और स्त्री के विवाह और मोक्ष की समस्या पर यथार्थवादी ढंग से सोचने की दिशा में वे आगे भी बढ़े थे। परंतु उन्होंने समस्यानाटकों को 'व्यक्ति वैचित्र्यवाद' की संज्ञा दी, और उनका विरोध करते हुए कहा कि

'युग की मिथ्या धारणा से अभिभूत नवीनतम की खोज में इब्सनिज्म का भूत वास्तविकता का भ्रम दिखाता है।'[219] समस्यानाटकों में इतिहास एवं संस्कृति को खारिज कर मध्यवर्ग को प्रतिष्ठित किया गया तथा पात्रों की वर्तमान निजी समस्याओं, विशेष रूप से यौन समस्या, तक ही नाटक सीमित रहे।

प्रसाद के नाटकों और समस्यानाटकों के अतिरिक्त समसामयिक जीवन की सामाजिक समस्याओं एवं उनके विविध यथार्थवादी पहलुओं का उद्घाटन हरिकृष्ण प्रेमी, सेठ गोविंद दास, गोविंद बल्लभ पंत, उदयशंकर भट्ट, पृथ्वीनाथ शर्मा, वृंदावनलाल वर्मा, राधिका रमण प्रसाद सिंह, गणेश प्रसाद द्विवेदी आदि आदर्शवादी नाटककारों ने सीमित परिधि में किया। हिंदी नाटक भारतेंदुकालीन यथार्थवाद से अपना संबंध इस सीमित यथार्थ चित्रण से ही जोड़े हुए था। परंतु साथ ही यह भी एक उल्लेखनीय तथ्य है कि इसी अवधि के दौरान 'समाज' (1929—छविनाथ पांडेय), 'अछूत' (आनंदी प्रसाद श्रीवास्तव), तथा 'समाज' (1930—घनानंद बहुगुणा) जैसे सामाजिक यथार्थवादी नाटकों की भी रचना हुई थी।

सन् 1936 तक हिंदी नाटक का पाठक अनुवादों के माध्यम से अंग्रेजी, फ्रेंच, रूसी, जर्मन और डैनिश के यथार्थवादी नाटकों से परिचित हो चुका था। जान गाल्र्सवर्दी के 'जस्टिस', 'स्ट्राइक', 'द सिलवर बाक्स' का अनुवाद प्रेमचंद ने क्रमशः 'न्याय', 'हड़ताल' और 'चांदी की डिबिया' नाम से किया था। रोम्यां रोलां के अत्यंत प्रसिद्ध यथार्थवादी नाटक 'दि फोरटींथ आफ जुलाई' का अनुवाद ठाकुर राजबहादुर सिंह ने 1932 ई. में 'विनाश की घड़ी' नाम से किया। तोल्स्तोय के 'दि फर्स्ट डिस्टिलर', 'एंड लाइट शांइस इन डार्कनेस', 'दि लिविंग कार्प्स आर रिडेक्शन' का अनुवाद क्षेमानंद राहत द्वारा क्रमशः 'कलाकार की करतूत', 'अंधेरे में उजाला' तथा 'जिंदा लाश' नाम से तथा 'दि पावर आफ डार्कनेस' का अनुवाद जैनेंद्र कुमार ने 'पाप और प्रकाश' नाम से किया। इसके अतिरिक्त ठाकुर राजबहादुर ने 'सभ्यता का शाप' नाम से तोल्स्तोय के एक अन्य किसी प्रमुख नाटक का अनुवाद किया। इसी दौरान चेखव के भी अनेक नाटकों के अनुवादों का उल्लेख मिलता है। जर्मन नाटककार लेसिंग के 'नातन दर वेज' का अनुवाद अबुल फजल ने 'नातन' नाम से किया। इब्सन के 'दि पिलर्स आफ दि सोसाइटी' तथा 'डॉल्स हाउस' का अनुवाद लक्ष्मीनारायण मिश्र ने 'समाज के स्तंभ' और 'गुड़ियाघर' नाम से किया। अंग्रेजी के प्रसिद्ध नाटककार सेफील्ड के नाटक 'ट्रेजडी आफ मेन' का अनुवाद उमा नेहरू ने 'विपदा' नाम से 1936 में किया था जिसमें घरेलू वातावरण का यथार्थवादी चित्रण है।

यद्यपि हिंदी नाटक यथार्थवाद की दिशा में अग्रसर हो रहा था परंतु उसके विकास की गति अत्यंत धीमी थी। नाटक में कविता, कहानी, उपन्यास की भांति निराला, पंत और प्रेमचंद जैसे यथार्थ दृष्टि संपन्न रचनाकारों की परंपरा एवं विरासत नहीं थी। कुल मिलाकर नाटक के क्षेत्र में सर्वशक्तिमान प्रभुत्व प्रसाद की नाट्यकृतियों का था, अतः उस समय नई पीढ़ी के लेखक प्रसाद का विरोध करके ही अपनी प्रतिभा का परिचय देना चाहते थे। लक्ष्मीनारायण मिश्र और भुवनेश्वर के नाटकों को इसी संदर्भ में देखा जाना चाहिए।

प्रगतिशील आंदोलन के सामने नाटक के क्षेत्र में, अन्य विधाओं की अपेक्षा कहीं अधिक गंभीर समस्याएं थीं। प्रगतिशील नाटककारों को प्रसादकालीन आदर्शवादी नाटकों एवं प्रसादोत्तर समस्या नाटकों के स्वस्थ तत्वों को ग्रहण कर नए यथार्थवादी रुझानों का परिचय देना था,

और सन् '30 के बाद के जनजागरण के संदर्भ में नाटक को रंगमंच से जोड़ने की ऐसी आवश्यकता थी जिससे जन रंगमंच का निर्माण संभव हो सके। नाटक लेखन को रंगमंच से जोड़ने की समस्या भारतेंदु युग में उठी थी और भारतेंदु मंडल के लेखकों ने यथार्थवादी रंगमंच का निर्माण भी किया था। बीसवीं सदी के चौथे दशक के यथार्थवादी लेखकों के सामने फिर वही समस्या, नए सामाजिक राजनीतिक संदर्भों में, और भी गंभीर रूप धारण कर प्रकट हुई। प्रसाद काल के 'आदर्शवाद' तथा लक्ष्मीनारायण मिश्र और भुवनेश्वर के नाटकों-एकांकियों के 'व्यक्ति वैचित्र्यवाद' से हिंदी नाट्यलेखन को छुटकारा दिलाना आवश्यक था। पर यह काम मध्यवर्ग एवं उच्च वर्ग की हवाई बातचीत से संभव न था। आदर्शवादी और व्यक्ति-वैचित्र्यवादी, दोनों प्रकार के नाटककार यह मानकर चलते थे कि साहित्यिक रंगमंच का न होना, वस्तुतः रंगमंच के अभाव का सूचक है। पर वास्तविकता यह थी कि जनता अपना मनोरंजन करने के लिए परंपरागत लोकनाटकों एवं जनकला के मंचों का उपयोग करती आ रही थी। अतः प्रगतिशील लेखकों ने यथार्थवादी 'जननाट्यशाला' के निर्माण के लिए जनता की तरफ ताकना शुरू किया। प्रगतिशील समीक्षक तथा प्रगतिशील लेखक संघ के सक्रिय कार्यकर्त्ता शिवदानसिंह चौहान ने इस स्थिति पर एक लंबी रिपोर्ट तैयार की। अपनी रिपोर्ट में उन्होंने सही प्रश्न उठाए :

> हमने स्वयं देखा है कि दस-दस गांव के बालक, जवान, बूढ़े पुरुष (और कभी-कभी स्त्रियां भी) जाड़े पाले में ठिठुरते हजारों की तादाद में रामलीला, रासलीला, स्वांग या नौटंकी देखने को पहुंचते हैं। कौन शक्ति उन्हें वहां बरबस खींच ले जाती है? निस्संदेह उनकी आध्यात्मिक क्षुधा, या कहिए कि जीवन की विडंबनाओं को भूलकर कुछ मनोरंजक क्षण गुजारने की लालसा।[220]

गांवों और कस्बों में प्रचलित रामलीला, रासलीला, भड़ैती, स्वांग, नौटंकी आदि से प्रगतिशील नाट्यकर्मियों को प्रेरणा लेनी चाहिए—यही एकमात्र समाधान था। पर उस समय रंगमंच के पुनरोद्धार से संबंधित जितने भी वाद विवाद हुए हैं, उनसे पता चलता है कि यहां भी दो प्रकार के दृष्टिकोण मौजूद थे। कुछ लोग अभिजात वर्गीय साहित्यिक एवं कलात्मक रंगमंच की बात करते थे और कुछ लोग 'जननाट्यशाला' की बात करते थे। स्पष्ट है कि प्रगतिशील और प्रतिक्रियावादी दृष्टिकोणों की टकराहट यहां भी थी। अतः प्रगतिशील लेखकों ने यह साफ तौर पर कहा कि वे पारसी कंपनियों की परिपाटी को लेकर नहीं चल सकते और न कुलीन समुदाय की तथाकथित 'मानसिक क्षुधा' की परिपूर्ति का साधन जुटा सकते हैं। राष्ट्रीय जागरण और समाजवादी चेतना के लिए नाटक और रंगमंच के क्षेत्र में नई उद्‌भावनाएं आवश्यक थीं। प्रगतिशील लेखकों के आगे एक बृहत संदर्भ में गंभीर चुनौतियां थीं, चूंकि नाटक सभी प्रकार की कलाओं का संगम है। नृत्य, गायन, वादन, प्रकाश व्यवस्था, मंचसज्जा, अभिनय और लिखित साहित्यिक रचना—सबका समवेत रूप नाट्य प्रदर्शन होता है। अतः नाट्यकर्मियों ने यथार्थवादी रंगमंच के निर्माण के लिए सभी प्रकार के कलाकारों से सहयोग और उच्चतर संगठन की दृष्टि से इस दिशा में सन् '40 के लगभग जो काम किया, वह हिंदी रंगमंच के इतिहास में अभूतपूर्व है। बलवंत गार्गी ने जननाट्यशालाओं के प्रारंभिक दौर का मूल्यांकन करते हुए ठीक ही कहा है कि प्रगतिशील नाट्यकर्मियों ने :

> मंच की प्रचलित रीतियों को तोड़कर अपना ही एक स्वाभाविक और सरल नाट्य रूप ढूंढ़ लिया। यह इंडियन पीपुल्ज थिएटर की लहर का आरंभ था। प्रांतीय भाषाओं के नाटक इस समय चौखटे जड़े मंच की नकल कर रहे थे। मंच और दर्शकों के बीच–परदे-प्रकाश का प्रबंध होता था। यवनिका रंगशाला को दो भागों में बांटती थी–मंच और दर्शक। पीपुल्ज थिएटर इस प्रकार की मंच-व्यवस्था के विरुद्ध खड़ा हुआ। इसने लोकनाटकों के रूप पुनर्जीवित किए और इनमें नए विषय अवतरित किए। व्यावसायिक नाटक कंपनियों ने लोकनाटकों के कथाकार, सूत्रधार, गीतकार और विदूषक को प्राचीन काल के अवशेष समझ कर त्याग दिया था। पीपुल्स थिएटर इन्हें वापस लाया और नए विषयों पर लिखे नाटकों में उसने नई शक्ति और नया रंग भर इन्हें मंच पर प्रस्तुत किया।[221]

पीपुल्स थिएटर की स्थापना में शिवदान सिंह चौहान द्वारा प्रस्तुत 'भारत की जननाट्य शाला' शीर्षक रिपोर्ट (1939) का युगांतरकारी महत्व है। सारे हिंदुस्तान के प्रगतिशील लेखक संघ के लिए यह रिपोर्ट दिशा निर्देशक हो या न हो, हिंदी रंगमंच के विकास के लिए यह अवश्य ही दिशा निर्देशक प्रमाणित हुई। इस निबंध में ही यह प्रस्ताव रखा गया था कि भारत की जननाट्य शाला का नाम 'पीपुल्स नेशनल थिएटर' होना चाहिए। इसके लक्ष्य को परिभाषित करते हुए कहा गया था : 'भारत की सबसे बड़ी हकीकत उसकी राष्ट्रीय आजादी की लड़ाई है, इसलिए यहां की नाट्यशाला 'राष्ट्रीय' होकर भी प्रगतिशील क्रांतिकारी हो सकती है।'[222] सन् '39 के बाद से ही अनेक शहरों में स्थानीय स्तर पर जननाट्य संघ को संगठित करने के प्रयत्न शुरू हुए और इस क्रम में तरुण प्रतिभाशाली कलाकारों को एकजुट करने में थोड़ी बहुत सफलता भी मिली। पर अखिल भारतीय पैमाने पर 'इंडियन पीपुल्स थिएट्रिकल एसोसिएशन' (इप्टा) का जन्म 1942 में मई दिवस पर बंबई की एक मजदूर बस्ती परेल के दामोदर हाल में किए गए पहले नाट्य प्रदर्शन से हुआ। सरवालकर के 'दादा' और सरदार जाफरी के 'यह किसका खून' –ये दो नाटक सन् '42 के प्रारंभिक दौर के प्राण थे। दामोदर हाल में किए गए प्रथम प्रदर्शन का आयोजन 'भारतीय जननाट्य संघ' के तत्वावधान में हुआ था। बंबई और बंगलौर के कुछ कार्यकर्त्ताओं ने एस.एस. सोखे की अध्यक्षता में इप्टा की बुनियाद डाल दी थी, पर सारे हिंदुस्तान में स्थानीय स्तर पर विकसित पीपुल्स थिएटर के जत्थों को एकताबद्ध करने का कार्यभार आंशिक रूप में ही सन् '43 तक पूरा हुआ था। निरंजन सेन के हवाले से पता चलता है कि 'सन् 1943 में इन जत्थों के प्रमुख कलाकार और सांस्कृतिक कार्यकर्त्ता बंबई में इकट्ठे हुए और अखिल भारतीय जननाट्य संघ की स्थापना की गई, जिसका उद्देश्य भारत में जनवादी रंगमंच का विकास करना था। इस प्रथम अखिल भारतीय संगठन के अध्यक्ष मजदूर नेता श्री एम. एन जोशी और मंत्री सुश्री ए. डिसिल्वा चुने गए।' (पृथ्वीराज कपूर अभिनंदन ग्रंथ, पृ. 349)

जननाट्य संघ ने सारे हिंदुस्तान में प्रतिभाशाली कलाकारों को अपनी तरफ खींचा। प्रगतिशील साहित्यिक आंदोलन का सन् '43 के बाद जो लड़ाकू दौर शुरू हुआ था, उसमें 'इप्टा' का जबरदस्त योग था। बंगाल के अकाल, ब्रिटिश सरकार द्वारा स्वाधीनता आंदोलन के दमन, देशव्यापी जन-उभार और जापानी फासिज्म के विरुद्ध लेखकों तथा बुद्धिजीवियों के सांस्कृतिक मोर्चे के क्रियाकलाप की इस अवधि में 'प्रगतिशील लेखक संघ' तथा 'भारतीय जननाट्य संघ' ने नाटक लेखक की तुलना में नाट्य प्रदर्शन पर ही अधिक जोर दिया। 'इप्टा'

के जत्थे देश के कोने-कोने तक पहुंच रहे थे। जन जागृति के अस्त्र के रूप में नाट्य प्रदर्शन का जैसा उपयोग इस दौर में किया गया, वैसा न तो पहले कभी हुआ था और न बाद में। सन् '43 से सन् '53 तक सारे हिंदुस्तान में जो नाटक प्रसिद्ध हुए, उनमें 'नवान्न', 'अमर अभिलाषा', 'तुमने मुझे कम्युनिस्ट बनाया', 'मां भूमि', 'मशाल', 'जादू की कुर्सी', 'मैं कौन हूं', 'जुवेदा' आदि उल्लेखनीय हैं। बांग्ला, मलयालम, तेलुगु और हिंदी के ये नाटक भाषागत रूपांतर के साथ सारे हिंदुस्तान में दिखलाए गए। बंगाल के अकाल की पृष्ठभूमि में लिखित विजन भट्टाचार्य के दो नाटक 'अमर अभिलाषा' और 'नवान्न' सारे देश में लोकप्रिय हुए। शंभु मित्र और विनय राय के निर्देशन ने इन दोनों नाटकों को कलात्मक सौष्ठव और लोकोन्मुखी सहजता से और भी सप्राण बना दिया था। 'इप्टा' के बंबई, आगरा, कानपुर, दिल्ली और इलाहाबाद केंद्रों ने इन दोनों नाटकों का सारे हिंदी-उर्दू भाषी क्षेत्रों में प्रदर्शन किया। इसके अलावा विनय राय ने भी कलकत्ते के जत्थे के साथ अनेक शहरों में दौरा किया।

डॉ. रामविलास शर्मा ने विनय राय की कला के सीधे-सच्चे निखार की तारीफ में 'जन-आंदोलन में कवि और कलाकार' शीर्षक लेख लिखा। इससे पता चलता है कि ये नाटक ग्राम गीतों की धुन पर गीत का भी इस्तेमाल करते थे। ऐसा ही एक गीत था :

'ताक लगाए जापानी राछस, लिए खड़ा तलवार
सुनो बंगला की खबरिया ना।
कि बंगला देश में चारों तरफ मचा हाहाकार
सांवरिया सुनो बंगला की ख़बरिया ना।'

विनय राय एक वृद्ध ग्रामीण की वेशभूषा धारण कर उत्तर प्रदेश के किसी गांव में आकर खबरें सुनाने का नाट्य प्रदर्शन करते थे और ढोलक पर यह गीत गाते थे। मंच पर मौजूद अन्य साथी स्वर मिलाते थे। इस तरह गीत को एक हल्की नाटकीय सेटिंग दे दी गई थी। पर असली प्रभाव तो विनय के 'हा..हा... का...र' के खिंचे हुए स्वरों से ही पड़ता था। यह उल्लेखनीय है कि दिल्ली के जननाट्य संघ के कलाकारों ने एक विचित्र नाटकीय सेटिंग दी थी। सफेद पर्दे के पीछे चार लड़के चार छोटी मेजों पर खडे किए गए। मेजें क्रमशः एक-दूसरे से छोटी थीं जिससे खड़े होने वाले लड़कों में उतार-चढ़ाव रहे। हॉल में अंधेरा करके लाल फुललाइट खोल दी गई थी। चार लाल छायाएं सफेद पर्दे पर फांसी के फंदे से लटकती दिखाई पड़ती थीं और उसी समय बांग्ला गीत की धुन पर सरला गुप्त का किया हुआ उसका अनुवाद गाया जाता था। कहते हैं कि दर्शकों पर इस दृश्य और गीत का अभूतपूर्व रोमांचक प्रभाव पड़ता था। उस समय का संस्मरण लिखते हुए डा. रामविलास शर्मा ने बताया है कि इसी टेकनिक से दिल्ली में भारतीय जननाट्य शाला ने अनेक बार मूक अभिनय किया है। आज की परिस्थिति को मूक अभिनय द्वारा प्रदर्शित करके नेपथ्य से गीत द्वारा उसकी भाव-व्यंजना को स्पष्ट किया जाता है। जनता में गीत गाते समय आवृत्ति का विशेष प्रभाव पड़ता है। इसका नए गीतों में खूब प्रयोग हुआ है। जैसे सरला गुप्त के इस गीत में :

भूख भी मारे, बीमारी भी, सर्दी खाए जाय
अन्न लुटा, परिवार लुटा, तब बम जापान गिराय
जापान...जापान

जापान से बदला लेंगे हम सब, यह नारा तुम दो
बंगाल बचाएंगे मिलकर सब, यह नारा तुम दो।

घूंसा तानकर जब गाने वाले 'जापान, जापान' दुहराते हैं, तब गद्दारों के दिल दहल उठते हैं और देशभक्तों की हिम्मत बढ़ती है।

विनय राय के निर्देशन में जननाट्य संघ के जत्थे ने लाहौर के वाई.एम.सी.ए. हाल में 'नई फसल' (नवान्न) का प्रदर्शन 1943 में किया था। बलवंत गार्गी उस प्रदर्शन के समय मौजूद थे। उनके हवाले से पता चलता है कि बत्तियां बुझीं और दर्शकों के बीच से ही एक आदमी अचानक उठा। उसने ढोल पर तीन बार धीरे-धीरे चोट की और फिर वह मंच की ओर चल पड़ा। फिर तीन पुरुष और दो स्त्रियां दर्शकों के बीच से ही उठे और मंच की तरफ चलने लगे। वे सब कंगाल भिखमंगों की तरह जोर-जोर से पुकार रहे थे–'हम भूखे हैं। हम भूखें है।' इसके बाद इन छहों कलाकारों की कांपती आवाजों ने एक गीत का रूप धारण कर लिया। वे गाते हुए मंच पर आकर खड़े हो गए। उनकी आंखों में भूख और अकाल की भयावह काली यातना थी। उनके गीत और भूखे चेहरों के हावभाव में कृत्रिमता न थी। न कोई मंचसज्जा थी, न ही कोई सामग्री। इस सबके बावजूद इस नाट्य-प्रदर्शन का इतना घनीभूत प्रभाव पड़ा कि बंगाल की जनता की दारुण यातना के भयावह दृश्यों के खत्म होने के बाद 'दर्शकों में से स्त्रियों की सिसकियां सुनाई दे रही थीं। कई पुरुषों की आंखें भीग गईं। कालेज की लड़कियां, जिन्होंने स्टेशन पर उन्हें देखकर नाक-भौं सिकोड़ी थीं, तब अपने आंसू पोंछ रही थीं। दर्शक भावनाओं के प्रवाह में इतना बह गए थे कि दृश्य समाप्त होने पर तालियां भी न बजा सके।[223]

जनक्रांति की परिपक्व होती हुई शक्तियों के दबाव से ही रंगमंच का यह यथार्थवादी एवं लोकोन्मुख रूप उद्भूत हुआ था। शंभु मित्र, विनय राय, राजेंद्र सिंह, बलराज साहनी, विशन खन्ना, अन्नाभाऊ साठे, सरला गुप्त, अमर शेख आदि इस दौर के महान कलाकार थे। इनके अलावा शांतिवर्धन और रविशंकर के सहयोग से 'इप्टा' ने बैले की कला को भी यथार्थदृष्टि से संपन्न कर दिया। सन् '45 में इप्टा के 'सेंट्रल ट्रुप' का निर्माण हुआ। इस केंद्रीय जत्थे का मुख्यालय बंबई था। इस जत्थे ने 'कला और संस्कृति को पुनरुज्जीवित करने में एक सबल भूमिका अदा की। 'भारत की आत्मा' और 'अमर भारत' और दूसरे कई सुंदर नृत्य जो लोककलाओं से प्रभावित थे तथा शास्त्रीय ढंग से निर्मित किए गए थे, उस दौर के आंदोलन की महान कृतियां हैं। इन कृतियों का निर्माण उच्च कोटि के नृत्यकार शांतिवर्धन ने किया और संगीत प्रसिद्ध सितारवादक रविशंकर का था।'[224] 'भारत की आत्मा' और 'अमर भारत' नृत्य-वाद्य-समन्वित मूक अभिनय थे। ये जनवादी अंतर्वस्तु के साथ लोककला के सफल प्रयोग थे। बंबई के इप्टा के बैले, छायानाट्य, लोकनृत्य आदि के संबंध में उपेंद्रनाथ अश्क ने लिखा है कि 'इप्टा की रामलीला, इप्टा द्वारा प्रस्तुत माहगीरों का नाच, भारत का इतिहास रहस के माध्यम से सदा स्मृतिपट पर अंकित रहेंगे। इप्टा के रहस को देखकर ही जाना जा सकता है कि नृत्य और गान से कैसे जनता को जगाया और शिक्षित बनाया जा सकता है।'[225]

केंद्रीय जत्थे के द्वारा बैले तथा गीत-नृत्य-नाटक के रूप में उल्लिखित दो कृतियों के अलावा 'आजाद हिंद फौज का विद्रोह', 'हिंदू-मुस्लिम एकता', 'कश्मीर को सलाम', 'यह

हमारा हाथ है' आदि भी प्रदर्शित किए गए। हिंदुस्तान के दो हजार वर्षों के इतिहास को छायानाटक का गत्वर रूप 'हमारा भारतवर्ष' (हिंदी) में दिया गया था। बैले, लोकनृत्य, छायानाट्य आदि में महान कलाकारों के सहयोग की आवश्यकता थी। अतः जननाट्य संघ की बंबई, कलकत्ता और दिल्ली शाखाओं को छोड़कर शेष शाखाओं को ज्यादातर, नाटकों के प्रदर्शन तक ही अपने को सीमित करना पड़ा।

नाट्य प्रदर्शन और मंच-परिकल्पना में जननाट्य संघ ने क्रांतिकारी परिवर्तन उपस्थित कर दिया। हर जत्थे की निजी विशेषता की रक्षा की जाती थी, पर भारतीय जननाट्य संघ का एक सामान्य चरित्र भी था।

> आंध्र की इकाई ने स्वर-विस्तार के लिए लाउडस्पीकर की जगह मिट्टी के घड़ों का प्रयोग किया। बंगाल की इकाई ने रंगमंच, परदा, पार्श्व और सेट के लिए बोरों के कपड़ों का इस्तेमाल किया। दिल्ली की इकाई ने छायानाट्य का प्रयोग किया—रंग के प्रभाव को आजाद किया। बिजली की मदद के बिना छायानाटक पेश करने का तरीका निकाला। कलकत्ते की इकाई ने इसमें और भी कमाल पैदा किया। गांव-शहर में हजारों की भीड़ में प्रदर्शन करने के कारण इप्टा ने सादे खुले रंगमंच पर प्रदर्शन करने की कला को आविष्कृत किया और जनप्रिय बनाया।[226]

'सादे खुले रंगमंच पर प्रदर्शन' उस जमाने में सर्वथा युगांतरकारी प्रयोग था। जनता की राजनीतिक शिक्षा के अस्त्र के रूप में इस प्रकार के प्रयोग विख्यात नाट्यनिर्देशक मेयरहोल्ड ने रूस में क्रांति के समय किए थे। मंच पर दृश्यों की शृंखला का गुंफन अपनी विविधता को सुरक्षित कर प्रकट होता था। खुले मैदानों में बड़े पैमाने पर खेल प्रस्तुत किए जाते थे जिनमें दर्जनों अभिनेता हजारों दर्शकों के समक्ष प्रदर्शन किया करते थे। ये छोटे-छोटे नाटक 'आंदोलन स्केच' के रूप में होते थे। इनमें सामयिक अत्यावश्यक विषयों को उनके सही परिप्रेक्ष्य में प्रस्तुत किया जाता था। पत्थरों पर उभरी हुई नक्काशी की तरह लगने वाले ये खेल मजदूर-किसान जनता या उत्पीड़ित मध्यवर्ग की शहरी जनता के बीच दिखाए जाते थे। मेयरहोल्ड की इस तकनीक का इस्तेमान जननाट्य संघ ने अनेक बार किया। कहना चाहिए कि पीपुल्स थिएटर के ये प्रदर्शन राजनीतिक सभा की याद दिलाते थे। गवाणकर और अमर शेख के द्वारा गाए गए मराठी पवाडे इसी तरह की रचना थे।

पर हिंदी भाषी जनता के बीच बलराज साहनी के दो नाटक ('मशाल' और 'जादू की कुर्सी'), ख्वाजा अहमद अब्बास का नाटक ('मैं कौन हूं'), शील के नाटक ('बेकारी', 'संघर्ष' तथा 'किसान'), अश्क के नाटक ('तूफान के पहले') आदि लाखों जनता के बीच दिखाए गए। बलराज साहनी ने कश्मीर की जनता के साम्राज्यविरोधी सामंतविरोधी क्रांतिकारी संघर्ष के आधार पर 'मशाल' नामक नाटक 1946 में लिखा था। उस नाटक का प्रदर्शन बंबई, श्रीनगर, जम्मू, चंडीगढ़, कानुपर, इलाहाबाद, आगरा, दिल्ली आदि में बार-बार हुआ। ऐसी ही लोकप्रियता' 'जादू की कुर्सी' को भी मिली। बंबई और उत्तर प्रदेश की सरकारों द्वारा दोनों नाटकों के प्रदर्शन पर रोक लगा दी गई थी। अश्क ने इन दोनों नाटकों के अभिनय और प्रस्तुतीकरण की प्रशंसा की है। 'मशाल' का प्रदर्शन 'कश्मीर दिवस' पर बंबई में हो रहा था। 'बलराज के अभिनय और निर्देशन ने उसमें जान डाल दी थी। नाटक दर्शकों को देश काल की सुधबुध भुलाए अपने साथ बहाए लिए जा रहा था। बलराज एक बुड्ढे मल्लाह

का बड़ा ही सफल अभिनय कर रहे थे।'[227] नाटक के पाठरूप की दृष्टि से 'जादु की कुर्सी' में कहीं अधिक निखार था। पर इप्टा के जत्थे ने इसके प्रस्तुतीकरण में और भी जान डाल दी। बीच-बीच में नाटक के कुछ अंश व्यंग्य के छींटे मारते आगे बढ़ते थे। अश्क का साक्ष्य अगर सही मानें तो पता चलता है कि तत्कालीन राजनीतिक और सामाजिक व्यवस्था पर व्यंग्य के ये निशाने अचूक थे। पर इस व्यवस्था के संरक्षकों को 'बाद में नश्तरों की चुभन महसूस हुई और यू.पी. में नाटक के प्रदर्शन पर निषेध लगा दिया गया था।'[228]

जननाट्य संघ की कानपुर शाखा के सक्रिय सदस्यों में एस. सी. चक्रवर्ती, मुकुंद लाल बनर्जी और वेद प्रकाश कपूर उल्लेखनीय थे। सन् '43 में ही यहां शाखा स्थापित हो चुकी थी। सन् '43-45 के बीच कानपुर इप्टा ने भूखा बंगाल (नवान्न-लेखक विजन भट्टाचार्य; हिंदी अनुवाद : वेद प्रकाश कपूर) के तीन प्रदर्शन किए। इसके अलावा 'बेकारी', 'संघर्ष', 'बदला', 'मशाल', 'गुनहगार कौन', 'धनी बांके', 'घर', 'जादू की कुर्सी' आदि के अनेक प्रदर्शन कानपुर के विभिन्न इलाकों में किए गए। 'शोषित मिल मजदूर के जीवन पर आधारित 'बेकारी' (शील) के लगभग बीस प्रदर्शन हुए। इन प्रदर्शनों में स्त्रियों ने ही स्त्रियों भी भूमिकाएं कीं तथा छाया-प्रकाश और ध्वनिसंकेतों के उपयोग के साथ पृष्ठ पट के रूप में काले या नीले परदे और प्रतीकदृश्यों का उपयोग किया जाता था। मुकुंदलाल बनर्जी ने प्रायः सभी नाटकों का निर्देशन किया।'[229]

सन् '43 आते-आते जन नाट्य संघ हिंदुस्तान के उत्पीड़ित जनसमूह का सांस्कृतिक अवलंब बन गया। हर प्रदेश, हर शहर में उसकी शाखाएं थीं। देश की राजनीतिक स्थिति में सन् '47 के बाद जो उलट-फेर हुआ, खास तौर पर राजसत्ता के हस्तांतरण के सवाल को लेकर, उसमें जननाट्य संघ भी उसका शिकार बना। तेलुगु नाटक 'मां भूमि', मलयालय नाटक 'तुमने मुझे कम्युनिस्ट बनाया', बांग्ला नाटक 'वास्तुभिटा', हिंदी नाटक 'बेकारी', 'मशाल', 'जादू की कुर्सी', 'तूफान के पहले', 'संघर्ष' आदि पर प्रतिबंध लगा दिए गए। जननाट्य संघ के कार्यकर्त्ताओं में बलराज साहनी, विनय राय, परमानंद गौड़, राजेंद्र सिंह, विशन खन्ना, अमर शेख आदि को जेल के अंदर डाल दिया गया। सन् '48 से सन् '53 तक दमन के वातावरण के बावजूद जननाट्य संघ के नाट्य प्रदर्शन रुके नहीं। गांव, कस्बे और शहर की मजदूर बस्तियों में इप्टा के प्रदर्शन होते रहे।

यह उल्लेखनीय है कि सन् '40 के बाद से नाटक में प्रगतिशील आंदोलन को बल मिलता है। पाठ्य नाटकों की तुलना में जनता के बीच प्रदर्शित नाटक लेखकों के बीच में प्रतिष्ठा के प्रमाण बनते हैं। 'इप्टा' के द्वारा जिस नाटक का प्रदर्शन होता था, उसे लोग आसानी से महत्वहीन कहकर टाल न सकते थे। इस दौर में ही 'पृथ्वी थिएटर्स' की भी सन् '45 में स्थापना हुई। सन् '45 से सन् '53 तक पृथ्वी थिएटर्स ने 'दीवार', 'पठान', 'गद्दार' 'कलाकार', 'आहुति', 'पैसा' आदि के हिंदुस्तान भर में प्रदर्शन किए। उस समय 'पृथ्वी थिएटर्स' सामाजिक यथार्थवाद के विरुद्ध आदर्शोन्मुख यथार्थवाद या सुधारवाद का प्रतिष्ठान बनकर उभरा। इसके बावजूद सांप्रदायिक दंगे, साम्राज्यवादी युद्ध, पूंजीवादी अर्थव्यवस्था के अधीन अमानवीय शोषण, राष्ट्रीय स्वाधीनता आदि मुद्दों पर पृथ्वी थिएटर्स की प्रगतिशील भूमिका सराहनीय थी। जननाट्य संघ के प्रसिद्ध अभिनेता बलराज साहनी और प्रगतिशील लेखक संघ के सक्रिय नेता मुल्कराज आनंद ने 'पृथ्वी थिएटर्स' की प्रशंसा में लेख लिखे थे और पृथ्वीराज कपूर की रूढ़िवाद विरोधी,

कट्टर हिंदू संकीर्णता विरोधी भूमिका को सार्थक माना था।[230] पृथ्वी थिएटर्स के मानवतावाद, वास्तविकता से संपन्न संवाद और मैलोड्रामा के स्थान पर ड्रामा की प्रतिष्ठा के प्रयत्न राष्ट्रीय रंगमंच के अनुकूल थे।[231]

लक्ष्मीनारायण मिश्र, कृपानाथ मिश्र और भुवनेश्वर के 'व्यक्ति-वैचित्र्यवाद' से प्रगतिवाद का जो संघर्ष था, वह जननाट्य संघ और पृथ्वी थिएटर्स के नाटकों तथा नाट्य प्रदर्शनों के कारण विजयी हुआ। पर नाट्यलेखन के क्षेत्र में अश्क, विष्णु प्रभाकर, जगदीशचंद्र माथुर आदि मध्यवर्ग की समस्या अथवा हवाई ढंग से स्त्रीमुक्ति की समस्या में ही उलझे रहे। जहां तक निम्नमध्यवर्ग के पात्रों के सामाजिक उत्पीड़न का प्रश्न है, अश्क ने काफी हद तक आलोचनात्मक यथार्थवाद का विकास किया; पर सन् '40 के बाद हिंदुस्तान के जनजागरण की लहर जो रूप ले रही थी, उसके नाटकीय आलेखन की दृष्टि से अश्क प्रगतिशील आंदोलन के बहुत सन्निकट न आ पाए। अश्क के नाटकों से कहीं अधिक यथार्थवादी मोहन लाल महतो वियोगी का नाटक 'कसाई' है, जिसमें हिंदुस्तान के दलाल पूंजीपति वर्ग के चरित्र और अमानवीय स्वरूप को बेपर्द किया गया।

प्रगतिशील साहित्यिक आंदोलन का नाटक के क्षेत्र में मुख्य योगदान यही है कि उसने रंगमंच को जनता के रंगमंच के रूप में परिवर्तित कर युगांतर किया और जनजीवन की समस्याओं पर ऐसे नाटकों के लेखन का आह्वान किया जो 'मशाल', 'जादू की कुर्सी', 'बेकारी', 'किसान' आदि की तरह लोकप्रिय हो सकें।

संदर्भ और टिप्पणियां

1. '*हिंदी साहित्य का इतिहास*', नागरी प्रचारिणी सभा, काशी, संशोधित संस्करण 1940, पृ. 490।
2. '*काव्य, कला एवं अन्य निबंध*', भारती भंडार, प्रयाग, चतुर्थ संस्करण सं. 2010 वि., पृ. 120।
3. '*हिंदी साहित्य का इहितास*', पृ. 660।
4. '*सुधा*', फरवरी 1935।
5. '*निराला की साहित्य साधना*', खंड-1 पृ. 351।
6. मुक्तिबोध : ' नई कविता का आत्मसंघर्ष', विश्वभाती प्रकाशन, नागपुर, प्रथम संस्करण, 1964, पृ. 77।
7. '*आधुनिक हिंदी साहित्य*', राजपाल एंड संस, दिल्ली, प्रथम संस्करण, 1976. पृ. 32.
8. 'हंस', मई 1936।
9. रामविलास शर्मा : '*प्रगतिशील साहित्य की समस्याएं*', पृ. 144।
10. '*रूपाभ*', अंक- 1, 1938, संपादकीय।
11. प्रगतिशील लेखक संघ का प्रथम घोषणापत्र (अप्रैल, 1936)।
12. '*प्रगतिशील साहित्य की समस्याएं*', पृ. 138-39।
13. वही।
14. वही, पृ. 144।
15. '*स्वाधीनता*' (साप्ताहिक, कलकत्ता), नवंबर 1976, 'प्रगतिवाद : पुनर्मूल्यांकन और नई दिशा'।

16. वही।
17. वही।
18. '*सोवियत लिटरेचर*', सितंबर 1972, 'फार्म्स आफ आर्टिस्टिक जेनरलाइजेशन इन सोशलिस्ट रियलिज्म'।
19. '*नया साहित्य*' (प्रवेशांक), 1946।
20. '*स्वाधीनता*', नवबंर 1967, 'प्रगतिवाद–पुनर्मूल्यांकन और नई दिशा'।
21. '*इतिहास और आलोचना*', सत्साहित्य प्रकाशन, बनारस, प्रथम संस्करण 1956, पृ. 57।
22. '*मिट्टी की ओर*', पृ. 121।
23. 'हिंदी काव्य में मार्क्सवादी चेतना', ग्रंथम, कानुपर, प्रथम संस्करण 1974, पृ. 306।
24. '*मर्यादा*', जून 1918।
25. '*सरस्वती*', हीरक जयंती अंक, पृ. 62-63।
26. दिनकर : '*माखनलाल चतुर्वेदी : यात्रा पुरुष*', नेशनल पब्लिशिंग हाउस, हिंदी, प्रथम संस्करण 1969, पृ. 135।
27. अंचल, वही, पृ. 376।
28. दिनकर वही, पृ. 137।
29. '*युवक*', दिसंबर 1929।
30. रामविलास शर्मा, '*माखनलाल चतुर्वेदी : यात्रा पुरुष*', पृ. 258।
31. 'दिल्ली' (कविता संग्रह), द्वितीय संस्करण, उदयाचल, पटना, 1958, पृ. 11।
32. '*दिग्भ्रमित राष्ट्रकवि*', प्रकाशक जगदीश कुमार श्रीवास्तव, वितरक गांधी ग्रंथागार, बनारस, प्रथम संस्करण 1952, पृ. 2।
33. 'हिंदी साहित्य के अस्सी वर्ष', राजमकल प्रकाशन, दिल्ली, द्वितीय संस्करण, 1961, पृ. 127-28।
34. 'हम विषपायी जनम के', भारतीय ज्ञानपीठ, दिल्ली, प्रथम संस्करण, 1964।
35. वही, पृ. 459-60।
36. '*अनामिका*', भारतीय भंडार, प्रयाग, तृतीय संस्करण, सं. 2015, पृ. 44।
37. वही, पृ. 84।
38. वही, पृ. 85।
39. वही, पृ. 24-25।
40. वही, पृ. 11।
41. '*बेला*', निरुपमा प्रकाशन, प्रयाग, 1962. पृ. 84।
42. वही, पृ. 78।
43. वही, पृ. 73।
44. वही, पृ. 75।
45. '*हिंदी साहित्य का इहितास*', पृ. 656।
46. '*नई कविता का आत्मसंघर्ष*', पृ. 78।
47. '*ग्राम्या*', भारती भंडार, प्रयाग, पांचवा संस्करण, सं. 2013. वि., पृ. 29।
48. वही, पृ. 35-36।
49. वही, पृ. 44-45।
50. वही, पृ. 84।
51. '*अनामिका*', पृ. 27।

52. *'विशाल भारत'*, जनवरी 1934।
53. *'लावा और फूल'*, संस्कार प्रकाशन, कानपुर, प्रथमावृत्ति 1967, पृ. 168।
54. *'फूल नहीं रंग बोलते हैं'*, परिमल प्रकाशन, इलाहाबाद, 1965, पृ. 24।
55. वही, पृ. 75।
56. *'कुछ और कविताएं'*, राजमकल प्रकाशन, दिल्ली, प्रथम संस्करण, 1961, पृ. 8।
57. *'रूपतरंग'*, विनोद पुस्तक मंदिर, आगरा, प्रथम संस्करण, 1956, 'कुहरे के बादल', पृ. 63।
58. *'न्यौता और चुनौती'*, पीपुल्स पब्लिशिंग हाउस, नई दिल्ली, प्रथम संस्करण।
59. *'जनयुग'*, 29 जून, 1947।
60. वही, पृ. 30 मार्च, 1947।
61. *'प्रलय सृजन'*, आत्माराम एंड संस, दिल्ली, द्वितीय संस्करण 1969, पृ. 62।
62. *'लाल निशान'*, रेड स्टार पब्लिकेशंस, बनारस, प्रथम संस्करण, 1943, 'लाल रूस' कविता।
63. *'लेनिन और भारतीय साहित्य'*, नेशनल बुक ट्रस्ट, नई दिल्ली, प्रथम संस्करण, 1970, में उद्धृत, पृ. 50।
64. वही।
65. *'हिंदी के प्रगतिशील कवि'*, पी.पी. एच., नई दिल्ली, प्रथम संस्करण, 1973, पृ. 208।
66. *'गीत फरोश'*, नवहिंद प्रकाशन, हैदराबाद, प्रथम संस्करण 1956, पृ. 36।
67. *'फूल नहीं रंग बोलते हैं'*, *'बुंदेलखंड के आदमी'*, पृ. 73।
68. *'मानव'*, विशाल भारत बुक डिपो, कलकत्ता, द्वितीय संस्करण, 1948, 'भैंसागाड़ी', पृ. 76।
69. 'फूल नहीं रंग बोलते हैं', 'गांव का महाजन', पृ. 82।
70. जनन्नाथ प्रसाद 'मिलिंद' : *'भूमि की अनुभूति'*, *'रह गई चढ़ी बरात'*, साहित्य प्रकाशन मंदिर, ग्वालियर, प्रथम संस्करण, 1952, पृ. 74।
71. *'जनयुग'*, 11 अगस्त 1946, 'अरे अब भागो लंदन जाव'।
72. गजानन माधव 'मुक्तिबोध': *'चांद का मुंह टेढ़ा है'*, पृ. 133।
73. वही, पृ. 74।
74. वही।
75. *'दिगंत'*, प्रकाशक, जगत शंखधर, वाराणसी, प्रथम संस्करण, 1957, पृ. 22।
76. *'कुछ और कविताएं'*, 'अमन का राग', पृ. 18।
77. 'नया साहित्य', जनवरी 1961, 'पाब्लो नेरूदा', (केदारनाथ अग्रवाल)।
78. *'बलिपथ के गीत'*, आत्माराम एंड संस, दिल्ली, प्रथम संस्करण, 1950, पृ. 99।
79. नागार्जुन : *'युगधारा'*, जनसेवा प्रकाशन गृह, इलाहाबाद, प्रथम संस्करण, 1953, 'विजयी के वंशधर', पृ. 68।
80. वही, 'स्वदेशी शासक', पृ. 103।
81. *'धूप के धान'*, भारतीय ज्ञानपीठ, बनारस, प्रथम संस्करण, 1955, 'पंद्रह अगस्त', पृ. 40।
82. *'चांद का मुंह टेढ़ा है'*, पृ. 16।
83. *'गीत फरोश'*, 'सतपुड़ा के जंगल', पृ. 67।
84. *'तार सप्तक'*, भारतीय ज्ञानपीठ, दिल्ली, द्वितीय संस्करण, 1972, 'किसान कवि और उसका पुत्र', पृ. 251।
85. वही, 'दिवास्वप्न', पृ. 256।
86. वही, 'प्रत्यूष के पूर्व', पृ. 232।
87. *'युगधारा'*, पृ. 68।

88. कलक्टर सिंह केसरी : 'कदंब', पुस्तक भंडार, पटना, प्रथम संस्करण, 'पूस माघ', पृ. 70।
89. *'संचयिता'*, तारामंडल, मुजफ्फरपुर, प्रथम संस्करण, 1942, पृ. 39।
90. 'अग्निशस्य', भारती भंडार, प्रयाग, प्रथम संस्करण, 2008 वि., 'सांझ' पृ. 121।
91. *'पलाशवन'*, भारती भंडार, प्रयाग, प्रथम संस्करण, 1940, 'मेरी याद' , पृ. 3।
92. वही, पृ. 67।
93. *'तारसप्तक'*, 'पूंजीवादी समाज के प्रति', पृ. 25।
94. *'पलाशवन'*, 'तुम आती हो', पृ. 2।
95. वही, 'खुली हवा', पृ. 11-12।
96. *'युगधारा'*, पृ. 16।
97. रामेश्वर शुक्ल अंचल : *'आधुनिक कवि–11'*, हिंदी साहित्य सम्मेलन, प्रयाग, प्रथम संस्करण, पृ. 11।
98. 'बलि पथ के गीत', पृ. 67।
99. नया साहित्य, मार्च, 1946।
100. *'युगधारा'*, 'कवि', पृ. 90।
101. *'तारसप्तक'*, पृ. 246।
102. *'नया पथ'*, जनवरी, 55।
103. *'न्यौता और चुनौती'*, पीपुल्स पब्लिशिंग हाउस, नई दिल्ली, प्रथम संस्करण, 'भगतसिंह' ।
104. *'जनयुग'*, 27 मार्च 1947।
105. *'समय-समय पर'*, पृ. 127।
106. *'नई कविता : सीमाएं और संभावनाएं'*, अक्षर प्रकाशन, दिल्ली, प्रथम संस्करण,, 1969, पृ. 22।
107. *'निराला की साहित्य साधना'*, खंड-2 राजकमल प्रकाशन, दिल्ली, प्रथम संस्करण, 1972, पृ. 426।
108. *'साहित्य की समस्याएं'*, पृ. 77।
109. 'आधुनिक साहित्य की प्रवृत्तियां', पृ. 110।
110. *'उपन्यास और लोकजीवन'*, पीपुल्स पब्लिशिंग हाउस, नई दिल्ली, प्रथम हिंदी संस्करण, 1957, पृ. 28।
111. *'चंपाकली'*, साहित्य मंडल, दिल्ली, प्रथम संस्करण, 1937, भूमिका।
112. *'आधुनिक हिंदी साहित्य का विकास'*, हिंदी परिषद, विश्वविद्यालय, प्रयाग, तृतीय संस्करण, 1952, पृ. 315।
113. *'हिंदी उपन्यास कोश'*, भाग-2, ग्रंथ निकेतन, पटना, प्रथम संस्करण, 1968, पृ. 70।
114. निराला : *'अलका'*, गंगा पुस्तक माला कार्यालय, लखनऊ, सप्तमावृत्ति, पृ. 94।
115. *'निराला की साहित्य साधना'*, खंड-2, पृ. 464।
116. वही, पृ. 465।
117. वही, पृ. 542।
118. प्रकाशचंद्र गुप्त : *'आज का हिंदी साहित्य : एक दृष्टि'*, पृ. 68-74।
119. वही, पृ. 70।
120. *'हिंदी साहित्य के अस्सी वर्ष'*, पृ. 188।
121. *'प्रगतिशील साहित्य की समस्याएं'*, पृ. 116।
122. *'आज का हिंदी साहित्य : एक दृष्टि'*, पृ. 70।
123. वही, पृ. 97।

124. *'प्रगतिशील साहित्य की समस्याएं'*, पृ. 118।
125. वही।
126. भारतभूषण अग्रवाल : 'हिंदी उपन्यास पर पाश्चात्य प्रभाव', ऋषभचरण जैन एवं संतति, दिल्ली, 1971, प्रथम संस्करण, पृ. 323।
127. वही, पृ. 322।
128. *'प्रगतिशील साहित्य की समस्याएं'*, पृ. 117।
129. त्रिभुवनसिंह : *'हिंदी उपन्यास और यथार्थवाद'* हिंदी प्रचारक पुस्तकालय, वाराणसी, तृतीय संस्करण, वि. 2018, पृ. 316।
130. *'आज का हिंदी साहित्य'*, पृ. 156।
131. *'हिंदी साहित्यकोश'* भाग-2 प्रथम संस्करण, ज्ञानमंडल लि. वाराणसी, संवत 2020, पृ. 51।
132. 'हिंदी उपन्यास : एक अंतर्यात्रा', प्रथम संस्करण, राजकमल प्रकाशन, दिल्ली, 1968, पृ. 135।
133. *'हिंदी उपन्यास पर पाश्चात्य प्रभाव'*, पृ. 218।
134. *'हिंदी उपन्यास'*, सरस्वती मंदिर, वाराणसी, परिवर्द्धित संस्करण, पृ. 375।
135. *'हिंदी उपन्यास पर पाश्चात्य प्रभाव'*, पृ. 220।
136. 'गिरती दीवारें', नीलाभ प्रकाशन, इलाहाबाद, दूसरा संस्करण, भूमिका।
137. वही।
138. *'प्रगतिशील साहित्य की समस्याएं'*, पृ. 228।
139. वही।
140. इंद्रनाथ मदान (सं.) : *'उपन्यासकर अश्क'*, नीलाभ प्रकाशन, इलाहाबाद, प्रथम संस्करण, 1960, पृ. 136।
141. *'साप्ताहिक हिंदुस्तान'*, 23 अक्टूबा 1960।
142. *'विषादमठ'*, राजपाल एंड संस, पुनर्मुद्रित संस्करण, 1973, 'दो शब्द'।
143. वही, पृ. 8।
144. *'हिंदी उपन्यास पर पाश्चात्य प्रभाव'*, पृ. 435।
145. मोती सिंह, 'साम्यवादी उपन्यास' शीर्षक लेख, *'आलोचना'*, अक्टूबर, 1954।
146. *'मुर्दों का टीला'*, किताब महल, इलाहाबाद, प्रथम संस्करण, 1955 भूमिका।
147. जगदीश गुप्त, 'इतिहास और ऐतिहासिक उपन्यासकार' शीर्षक लेख, *'आलोचना'*, अक्टूबर 1954।
148. *'हिंदी उपन्यास पर पाश्चात्य प्रभाव'*, पृ. 392।
149. गोपाल राय, *'हिंदी उपन्यास कोश'*, खंड-2, पृ. 211।
150. *'मुर्दों का टीला'*, पृ. 260।
151. *'हिंदी उपन्यास पर पाश्चात्य प्रभाव'*, पृ. 366।
152. डा. गणेशन : *'हिंदी उपन्यास साहित्य का अध्ययन'*, राजपाल एंड संस, दिल्ली, प्रथम संस्करण, 1962, पृ. 359।
153. *'हिंदी साहित्य कोश'*, 2, पृ. 499।
154. राजेंद्र यादव, *'हिंदी के सामाजिक कथानायकों का विकास'* शीर्षक लेख, *'आलोचना'*, जनवरी *1955।*
155. वही।
156. शिवनारायण श्रीवास्तव : *'हिंदी उपन्यास'*, पृ. 426।

157. वही, पृ. 359-60।
158. वही, पृ. 426।
159. *'हिंदी उपन्यास और यथार्थवाद'*, पृ. 576।
160. *'नया पथ'*, मार्च 1955।
161. वही।
162. *'हिंदी साहित्य के अस्सी वर्ष'*, पृ. 169-70।
163. रामदरश मिश्र : *'हिंदी उपन्यास : एक अंतर्यात्रा'*, पृ. 166।
164. *'हिंदी साहित्य के अस्सी वर्ष'*, पृ. 170।
165. *'सिंह सेनापति'*, किताब महल, इलाहाबाद, 1957, पृ. 68।
166. वही, पृ. 69।
167. *'प्रगतिशील साहित्य की समस्याएं'*, पृ. 126।
168. शिवकुमार मिश्र : *'प्रगतिवाद'*, राजकमल प्रकाशन, दिल्ली, प्रथम संस्करण, पृ. 89।
169. *'प्रगतिशील साहित्य की समस्याएं'*, पृ. 127।
170. *'प्रभावती'*, किताब महल, इलाहाबाद, 1967, पृ. 48।
171. वही, पृ. 49-50।
172. *'निराला की साहित्य साधना'*, खंड-2, पृ. 1464।
173. *'माध्यम'*, अप्रैल 1965, 'कविकर निराला का औपन्यासिक कृतित्व'।
174. वही।
175. *'निराला की साहित्य साधना'*, खंड-2, पृ. 479।
176. *'बिल्लेसुर बकरिहा'*, किताब महल, इलाहाबाद, द्वितीय संस्करण, 1945, पृ. 54।
177. वही।
178. रामदरश मिश्र : *'हिंदी उपन्यास : एक अंतर्यात्रा'*, पृ. 118।
179. *'निराला की साहित्य साधना'*, खंड-2, पृ. 481।
180. निराला : *'काले कारनामे'*, प्रकाशन केंद्र लखनऊ, पुनर्मुद्रित संस्करण, 1973, पृ. 48।
181. वही, पृ. 18।
182. वही, पृ. 102।
183. वही, पृ. 5-6।
184. *'हिंदी उपन्यास और यथार्थवाद'*, पृ. 422।
185. *'हिंदी उपन्यास : एक अंतर्यात्रा'*, पृ. 194।
186. *'हिंदी साहित्य के अस्सी वर्ष'*, पृ. 183।
187. *'कहानी : अनुभव और शिल्प'*, पूर्वोदय प्रकाशन, दिल्ली, प्रथम संस्करण, 1967, पृ. 88।
188. *'आलोचना'*, जुलाई 1957, 'प्रेमचंद : कहानीकार', (प्रकाशचंद्र गुप्त)।
189. *'यह कंचन की काया'*, भूमिका, आत्माराम एंड संस, दिल्ली, प्रथम संस्करण 1964।
190. *'चित्र विचित्र'*, आत्माराम एंड संस, दिल्ली, प्रथम संस्करण, 1964, पृ. 93।
191. *'आलोचना'*, जून 1967, 'नई कहानी का सर्वेक्षण'।
192. *'हिंदी कहानी : प्रक्रिया और पाठ'*, भारती भवन, पटना, प्रथम संस्करण, 1963, पृ. 108।
193. *'हिंदी साहित्य के अस्सी वर्ष'*, पृ. 186।
194. *'रोशनाई'* (उर्दू पुस्तक), आजाद किताब घर, दिल्ली, प्रथम संस्करण 1964, पृ. 20।
195. *'हिंदी कहानी : एक अंतरंग परिचय'*, नीलाभ प्रकाशन, इलाहाबाद, प्रथम संस्करण, 1967, पृ. 48।

196. *'बोल्गा से गंगा'*, किताब महल, इलाहाबाद, तृतीय संस्करण, 1964, पृ. 312।
197. वही, पृ. 315।
198. वही।
199. वही, पृ. 316।
200. वही।
201. वही, पृ. 375।
202. *'आधुनिक हिंदी साहित्य'*, पृ. 110।
203. *'प्रगतिशील साहित्य की समस्याएं'*, पृ. 119।
204. 'आलोचना', अक्टूबर 1952, देवराज उपाध्याय का लेख।
205. *'नई कहानी : संदर्भ और प्रकृति'*, अक्षर प्रकाशन, प्रथम संस्करण, 1966, 'यशपाल, जैनेंद्र, और अज्ञेय', शीर्षक लेखक (मार्कण्डेय), पृ. 32-33।
206. वही, पृ. 30।
207. *'हिंदी कहानी : प्रक्रिया और पाठ'*, पृ. 57।
208. *'चित्र का शीर्षक'*, लोक भारती, इलाहाबाद, पांचवा मुद्रण, 1973, पृ. 33।
209. *'आधुनिक हिंदी कहानी में प्रगति चेतना'*, प्रथम संस्करण, पृ. 237-38।
210. *'हिंदी कहानी : प्रक्रिया और पाठ'*, पृ. 120-21।
211. *'हिंदी साहित्य के अस्सी वर्ष'*, पृ. 191।
212. *'कहानी'* (वार्षिकांक), 1955, 'मैं कहानी कैसे लिखता हूं'।
213. 'आलोचना', जुलाई 1965, 'हिंदी की चौदह श्रेष्ठ कहानियां : पुरानी पीढ़ी का योगदान'।
214. 'दोआब', सरस्वती प्रेस, बनारस, प्रथम संस्करण, 1948, पृ. 92।
215. अश्क : *'अंकुर'*, नीलाभ प्रकाशन गृह, इलाहाबाद, द्वितीय संस्करण, 1958, 'जुदाई की शाम का गीत', पृ. 95।
216. *'आलोचना'*, जुलाई 1965, 'हिंदी की चौदह श्रेष्ठ कहानियां : पुरानी पीढ़ी का योगदान'।
217. *'कहानी : स्वरूप और संवेदना'*, नेशनल पब्लिशिंग हाउस, दिल्ली, संस्करण 1968, पृ. 40।
218. *'नई कहानी : संदर्भ और प्रकृति'*, 'नई कहानी और एक शुरुआत', पृ. 233।
219. जयशंकर प्रसाद : 'काव्य कला तथा अन्य निबंध', पृ. 107।
220. *'साहित्य की समस्याएं'*, पृ. 139।
221. बलवंत गार्गी : *'रंगमंच'*, पृ. 207।
222. *'साहित्य की समस्याएं'*, पृ. 146।
223. बलवंत गार्गी : *'रंगमंच'*, पृ. 206।
224. 'पृथ्वीराज कपूर अभिनंदन ग्रंथ', निरंजन सेन का लेख, पृ. 350।
225. *'नाटककार अश्क'*, नीलाभ प्रकाशन, इलाहाबाद, प्रथम संस्करण, 1954, पृ. 372।
226. 'पृथ्वीराज कपूर अभिनंदन ग्रंथ', निरंजन सेन का लेख, पृ. 351।
227. *'नाटककार अश्क'*, पृ. 370।
228. वही, पृ. 374।
229. *'दैनिक जागरण'*, रजत जयंती विशेषांक, 20 नवंबर, 1972, 'कानपुर के हिंदी रंगमंच का यशस्वी शतक', (डा. अज्ञात), पृ. 84।
230. *'नाटककार अश्क'*, पृ. 422।
231. *'आज का हिंदी साहित्य'*, पृ. 208-209।

3

प्रगतिवाद के समानांतर साहित्यिक प्रवृत्तियां

सन् '30 के साहित्य में नई जीवंत रचनात्मकता का आरंभ उपन्यास और कहानी की विधाओं से होता है और इस नवोत्थान के प्रवर्तक प्रेमचंद माने जाते हैं। कविता और नाटक के विकास की दिशा वही है जो उपन्यास और कहानी की है। इस क्रम में उपन्यास और कहानी की विधाएं अपनी रूपगत शुद्धता की रक्षा नहीं कर पातीं; और रूप संबंधी नए-नए प्रयोग दृष्टिगोचर होने लगते हैं। इस दौर की साहित्यिक विधाओं का यदि पारस्परिक प्रभाव की दृष्टि से अध्ययन करें तो सामान्यतः यह नतीजा निकलता है कि यह परस्पर लेन-देन से परिवर्तन और प्रगति की प्रक्रिया है। विधाओं की इस अंतःक्रिया में ही 'सरल रूपबंध से जटिल रूपबंध की ओर विकास की ऐतिहासिक आवश्यकता' भी निहित है। सन् ' 30 के बाद के रचनात्मक साहित्य में जटिल रूपबंध की ओर जाने की प्रवृत्ति यह बतलाती है कि पहले के युग से भिन्न यह सृजनशील चेतना गुणात्मक दृष्टि से रूपांतरित होने की प्रक्रिया में है। करवट बदलते हुए जुझारू जनसमूह की भावना और उसके व्यापक होते हुए संघर्षों के दबाव से ही साहित्य में इस नई चेतना का प्रस्फुटन हुआ था।

इसी संदर्भ में हंसराज रहबर ने पिछले युग से इस काल की भिन्नता को समझने पर जोर दिया है। उनके अनुसार सन् '30 के बाद जब राजनीति में आदर्शवाद की सीमाएं टूटीं तो साहित्य में भी टूटीं। यह एक गुणात्मक परिवर्तन था जो हमारे विचार और चिंतन में आया था।[1] इस पूरे दौर के संपूर्ण साहित्य को गौर से देखने और परखने के बाद यह पकड़ पाना मुश्किल नहीं है कि गुणात्मक रूपांतर के इस काल में हर प्रवृत्ति अपनी विरोधी प्रवृत्ति के युग्म रूप में मौजूद है। गहराते हुए संकटकाल के साहित्य की यह खास विशेषता होती है। एक ओर यदि यथार्थ है तो उसके साथ रोमांस भी है; सामाजिक क्रांति की प्रवृत्ति है तो अराजकतावाद भी उतने ही तीखे रूप में उसके साथ-साथ है; एक ओर यदि आदर्श है तो उसे चिढ़ाता हुआ नग्न यथार्थ भी है; मार्क्सीय सौंदर्यशास्त्र है तो फ्रायडीय मनोविश्लेषणशास्त्र भी उसके साथ मौजूद है; नाटक में गलदश्रु भावुकता है तो समस्या नाटक का बुद्धिवाद भी है; इतिहास के प्रति मोहासक्त दृष्टि है तो परंपराभंजन और अतीत से विच्छेद की प्रवृत्ति भी है; समाजवादी संस्कृति से जुड़ने के प्रयत्न हैं तो साम्राज्यवादी संस्कृति के पक्षधरों की ओर से तथाकथित संस्कृति की स्वायत्तता के लिए वितंडावाद भी है; समाज को बदलने के अस्त्र के रूप में साहित्य का इस्तेमाल करने की ओर झुकाव है तो शुद्ध साहित्यिकता, कलावाद और साहित्य से राजनीति के निर्वासन पर जोर भी है; क्रांतिकारी रोमांटिसिज्म है तो उसके

साथ क्षयशील सशरीरी रूमानी दृष्टि भी है। इस युग के साहित्य की भिन्न-भिन्न प्रवृत्तियों का यह द्वंद्वात्मक संबंध अपने चरम रूप में दिखाई पड़ता है। साहित्यिक सृजन में अंतर्भूत इस पूरे युग का यह अंतर्विरोध सामाजिक अवस्था का ही प्रतिफल है। पर सामाजिक अवस्था और इन साहित्यिक प्रवृत्तियों, दृष्टिकोणों और भावधाराओं का अंतःसंबंध सरल और प्रत्यक्ष नहीं है बल्कि भौतिक ढांचे और अधिरचना के बीच की 'अनेक दर्म्यानी कड़ियों के कारण अधिकाधिक पेचीद्रा और गूढ़ हो गया है।'[2]

साहित्य का इतिहासकार इस प्रकार के अंतर्विरोध अथवा प्रगतिवाद के समानांतर अनेक प्रवृत्तियों के होने की व्याख्या इस रूप में भी कर सकता है कि 'साहित्य में कभी-कभी कई युग एक साथ जीते हैं।'[3] विगत युगों के अवशेषों का होना आश्चर्यजनक नहीं है क्योंकि सामाजिक अवस्था के बदल जाने के बावजूद पुराने समाज के भावों, विचारों, अभिरुचियों और मानसिक रुझानों का उसी झटके से बदलना संभव नहीं होता। और इस युग में तो सामाजिक अवस्था के मूलभूत ढांचे में उल्लेखनीय परिवर्तन भी नहीं हुआ; परिवर्तन केवल चेतना में हुआ, सो भी अलग-अलग सामाजिक स्तरों में अलग-अलग ढंग का। अतः पुराने युग के अवशेष मात्र ही नहीं हैं, बल्कि नए युग की नई चुनौतियां भी हैं और आने वाले युग के बीज भी। जो लोग इस अंतर्विरोध को नहीं देख पाते वे इस पूरे साहित्यिक दौर का सही मूल्यांकन नहीं कर पाते और एकांगिता या सरलीकरण के शिकार हो जाते हैं। यहां यह बतलाना आवश्यक है कि अज्ञेय के अनुसार : 'यह युग संशय, अस्वीकार और कुंठा का है। अस्वीकार का व्यापक स्वर सर्वोपरि है और कुछ अपवादों को छोड़कर सामान्यतः इसे अश्रद्धा का युग कह सकते हैं।'[4] यह उल्लेखनीय है कि पंडित नेहरू की आत्मकथा में उद्धृत इलियट की पंक्तियों की व्यंजना और गांधी-इरविन पैक्ट से नौजवानों के मोहभंग में व्यक्त रिक्तता को आधार बनाकर विजयदेव नारायण साही ने भी यही कहा कि 'यह विराट रिक्तता' उस युग में पूरे देश की 'केंद्रीय समस्या है' 'और इसी समस्या पर भावनात्मक विजय पाने का प्रयत्न तत्कालीन रचनात्मक साहित्य है।'[5] नामवर सिंह इसी निर्णय को स्वीकार कर लेते हैं, पर शब्दावली भिन्न रखते हैं। उनके अनुसार यह 'हृदय और बुद्धि के अलगाव के रूप में मन का जो विभाजन हुआ उससे उत्पन्न रिक्तता और संकट की चुनौती है।'[6]

अज्ञेय, साही और नामवर सिंह इस पूरे युग के चरित्र के संबंध में सहमत हैं। पर रामविलास शर्मा का कहना है कि साही ने उस रिक्तता को आध्यात्मिक स्तर पर ले जाकर उसे युगव्यापी बना दिया है। ऐसी रिक्तता न तो उस समय के साहित्य में है और न राजनीति में। असल में विजयदेव नारायण साही, अज्ञेय और नामवर सिंह के लिए सन् '30 से सन् '40 तक के दशक की युगभूमि संघर्ष या द्वंद्व न होकर एक दिलचस्प किस्म की संतुलनवादी ट्रेजेडी मालूम होती है।[7]

यहां संतुलन और मेलजोल का नाटक नहीं है और न युगमानस की रिक्तता ही दृष्टिगोचर होती है। पूरे जोरशोर से स्वाधीनता संग्राम की सरगर्मियां और जनता की हरकतें दिखाई देती हैं; इसके साथ ही साहित्य में नए ढंग की रचना धड़ल्ले से हो रही है। हां, सवाल यह है कि विभिन्न साहित्यिक प्रवृत्तियों के इस द्वंद्व में जीवंत, प्राणदायिनी और विकसनशील प्रवृत्ति कौन सी है अर्थात जातीय इतिहास की अग्रगति के साथ कौन सी साहित्यिक प्रवृत्ति विरोधी और सहायक प्रवृत्तियों से टकराती हुई अजेय होकर बढ़ती जा रही है? इसी प्रश्न

के उत्तर से प्रधान अंतर्विरोध ढूंढ़ निकालना संभव होगा। पर इस प्रश्न का उत्तर हर साहित्यिक विधा की रचनात्मक प्रवृत्तियों के मूल्यांकन से ही दिया जा सकता है। अतः एक-एक कर हर विधा पर विचार किया जाना अपेक्षित है।

कविता

प्रगतिशील साहित्यिक आंदोलन को निराला अपने यथार्थ चित्रण से मदद भी कर रहे थे, तथा उसके समानांतर निजी वेदांती संस्कारों से ग्रस्त अपनी संत्रास-भावना की अभिव्यक्ति के द्वारा उलझन भी पैदा कर रहे थे।

सुमित्रानंदन पंत को स्थितिरक्षा के समर में जूझना नहीं पड़ा था, अतः वे भौतिकवाद और अध्यात्मवाद के बीच संतुलन स्थापित करने के भाववादी संस्कारों से अभी तक मुक्त नहीं हो पाए थे। जीवन संघर्षों से अलग रहने के कारण बाह्य वास्तव के प्रति उनकी 'बौद्धिक सहानुभूति' क्रमशः लुप्त होने लगी थी। 'स्वर्णकिरण' और 'स्वर्णधूलि' के माध्यम से उनका आध्यात्मिक संसार प्रकट हो गया। इसके साथ ही नयनों, उरोजों, अधरों आदि की आवृत्ति से लालसा का नया रूप उस आध्यात्मिक संसार से टकराने लगा। वह यह भी कहने लगे :

> राजनीति का प्रश्न नहीं रे आज जगत के सम्मुख
> आज बृहत सांस्कृतिक समस्या जग के निकट उपस्थित।[8]

अंतःचेतना को प्रतिष्ठित करने की यह प्रवृत्ति पंत के संपूर्ण कवि व्यक्तित्व को सन् '47 के बाद आच्छन्न कर लेती है। 'स्वर्णधूलि' में सुधा और क्षुधा की प्रबंध कल्पना के द्वारा राजभवन की रक्षा तथा जनता से समझौते की कहानी लिखी गई है। राजकुमारी और उसकी निर्धन सहेली के प्रेम का अंत रियासती नरेश के राजभवन की रक्षा में होता है और रामराज स्थापित हो जाता है। कल्पित और उपचेतना से रंजित कथा के द्वारा हृदय परिवर्तन की राजनीति का नाटक खेला गया है। आध्यात्मिक 'स्वर्णचेतना' का प्रवाह 'स्वर्णकिरण' और 'स्वर्णधूलि' में भरपूर है। यह स्वर्णचेतना अरविंद, गांधी और भारतीय अध्यात्म लोक से संबद्ध है।

भारतीय अध्यात्मवाद का यह 'चिर परिचित स्वर' प्रगतिशील आंदोलन से टकराता है। ऐसा लगता है कि 'युगांत', 'युगवाणी' और 'ग्राम्या' का यथार्थ छोड़कर पंत राजभवन की सामंती संस्कृति, उसकी कला और वैभवपूवर्ण जीवन की स्वप्नशीलता की तरफ मुड़ गए हैं। इस प्रसंग में रामविलास शर्मा की टिप्पणी उपयुक्त है कि पंत जी की मरीचिका में फंसकर हमारे साहित्य की प्रगति असंभव है।[9]

यथार्थ और अध्यात्म के इस अंतर्विरोध में निराला अध्यात्मवादी भूमि से भी सामाजिक संघर्षों की ही प्रतिच्छवि, भले ही व्यक्तिगत संदर्भ में, उतार रहे हैं, जबकि पंत असाध्य स्वप्न और वर्ग समन्वय की तरफ बढ़ते हुए आत्मचेतना को प्रतिष्ठित करते हैं और यथार्थ को नकार देते हैं। वेदांत की भूमि पर निराला का आत्मसंघर्ष जटिल रूप लेता है। पंत सरल समाधान ढूंढ लेते हैं—यानी आत्मजगत का बाह्य जगत पर प्रक्षेप।

प्रसाद आनंदवाद और समरसता के दर्शन से प्रेरित होकर 'कामायनी' नामक प्रबंधकाव्य की रचना उसी समय कर रहे थे, जिस समय पंत और निराला प्रगतिवादी आंदोलन के यथार्थवाद की ओर उन्मुख हो रहे थे। हिंदी के तत्कालीन अनेक आलोचकों ने 'कामायनी' को 'बुद्धि-विरोधी

श्रद्धावाद की भारतीय परंपरा' की अनुपम कृति बताकर प्रचारित किया था।

'कामायनी' में वैराग्य और भोगवाद के बीच समन्वय स्थापित करने के बावजूद प्रसाद यथार्थवाद की मूल स्थापनाओं के कुछ पक्षों का विरोध भी करते हैं और कुछ पक्षों को स्वीकार कर चलते हैं। प्रसाद काव्य का प्रगतिवाद के समानांतर यही अंतर्विरोध है। पर महादेवी वर्मा अपने काव्य में सदियों से पराधीन स्त्री की वेदना और करुणा पर आत्मा-परमात्मा के अध्यात्म का दुकूल डालकर यथार्थवाद को कहीं भी स्वीकार नहीं करतीं।

छायावाद के अनेक तरुण कवियों की रचनाओं के काल को कुछ लोग छायावाद का उत्तरार्ध कहते हैं। उत्तरार्ध से उनका मतलब सन् '30 के बाद के रचनाकाल से है। इस काल में भगवतीचरण वर्मा, बच्चन, अंचल, नरेंद्र शर्मा, केदारनाथ अग्रवाल, प्रभात, आरसी प्रसाद सिंह, जानकीबल्लभ शास्त्री, हंसकुमार तिवारी, रामकुमार वर्मा, द्विज, चंद्रमुखी ओझा 'सुधा', अज्ञेय, मिलिंद आदि गौण छायावादी कवियों की रचनाप्रवृत्तियां कहीं प्रगतिवाद से टकराती हैं, कहीं मेल खाती हैं और कुछेक रचनाओं में प्रगतिवादी यथार्थदृष्टि का परिचय देती हैं। इनके साथ ही द्विवेदी युग से चली आती हुई राष्ट्रीय काव्यधारा को सुभद्रा कुमारी चौहान, माखनलाल चतुर्वेदी, नवीन, दिनकर और सनेही पुनर्जीवन प्रदान करते हैं और उसकी नई ऐतिहासिक भूमिका की पहचान को प्रगतिवाद से जोड़ने का प्रयत्न करते हैं। यह उल्लेखनीय है कि उपर्युक्त कवियों की सन् '40 तक प्रकाशित रचनाओं का उल्लेख करते हुए आचार्य शुक्ल ने उनमें से कुछ को छायावाद के अंतर्गत रखा है और कुछ को 'स्वच्छंद धारा' के अंतर्गत।[10] वे यह मानते थे कि छायावाद और स्वच्छंतावाद—दोनों ही आधुनिक साहित्य के तृतीय उत्थान की भिन्न-भिन्न धाराएं हैं। उनके अनुसार छायावाद 'प्रसंगों की अनेकरूपता के साथ नई-नई अर्थभूमियों' पर न चल पाया, वह संकुचित अर्थभूमि का काव्य बन गया। पर स्वच्छंद काव्यधारा विस्तृत अर्थभूमि पर स्वाभाविक स्वच्छंदता का मर्म पथ ग्रहण करने की प्रवृत्ति दिखलाती है। 'स्वाभाविक स्वच्छंद काव्यधारा' के ही अंतर्गत उन्होंने पंत के 'युगांत' को रखा है और 'राजनीतिक और सामाजिक परिवर्तन की लालसा व्यक्त करने वाली शाखा' को भी।[11] सन् '40 तक विद्रोह, क्रांति और 'राजनीतिक विप्लव के रोमांचक चित्र' देने वाली सैकड़ों कविताएं लिखी जा चुकी थीं। आचार्य शुक्ल की दृष्टि उन कविताओं की तरफ गई थी। इसीलिए उन्होंने उपर्युक्त शाखा के अंतर्गत दिनकर, नवीन और माखनलाल चतुर्वेदी की विप्लव के चित्र देने वाली कविताओं पर लिखा : 'क्रांति के नाम से परिवर्तन की प्रबल कामना हमारे हिंदी काव्य क्षेत्र में प्रलय की पूरी पदावली के साथ व्यक्त की गई है।'[12]

प्रगतिवाद से इस 'स्वच्छंद काव्यधारा' का भाव और संवेदना के स्तर पर विरोध नहीं था। पर जिनसे टकराव था उन प्रवृत्तियों में भोगवादी रोमांस, हालावाद, इतिहास के प्रति मोहासक्त पुनरुत्थानवादी दृष्टि, भारतीय अध्यात्म के प्रति आग्रह आदि उत्तर छायावादी काव्य प्रवृत्तियां यथार्थ को अस्वीकार करती थीं, दायित्वों को संशय की दृष्टि से देखती थीं और वर्तमान से भागकर किसी कल्पनालोक में शरण लेती थीं, अतः प्रगतिवाद से इनका अंतर्विरोध बड़ा तीखा था।

भोगवादी रुग्ण रोमांटिक भावुकता

नवीन की ख्याति मुख्यतः राष्ट्रीय काव्यधारा के प्रमुख कवि के रूप में है। पर 'कुंकुम', 'रश्मि

रेखा', 'क्वासि' आदि में उनकी अधिकांश कविताएं स्त्री-पुरुष संबंधों पर केंद्रित हैं। देखना यह है कि यह 'प्रेम' कैसा है; इस प्रेम का स्वरूप क्या है? कवि अपनी प्रिया का स्वरूप बोध कराते हुए कहता है कि प्रेमिका अधखिली कलिका है और प्रेमी सूखी सी डालों वाला वृक्ष। अवस्था भेद से इस प्रेम भावना में वासना परिलक्षित हो रही है या स्त्री-पुरुष के युवा हृदयों का मिलन? संस्कृत काव्यशास्त्र के औचित्य संप्रदाय के आचार्य क्षेमेंद्र के औचित्य विमर्श के अनुसार भी क्या एक किशोरी कन्या और एक बूढ़े आदमी का रतिभाव रसानुभूति करा पाता है?

एक अन्य कविता में कवि प्रेमिका से कहता है : 'अब कैसी यह झिझक सलोनी? अब कैसा अविचार?' किशोरी की झिझक से पता चलता है कि यह उचित-अनुचित का विवेक स्त्री-पुरुष संबंधों पर सदियों से लदे सामंती बंधनों से उत्पन्न नहीं हुआ है। एक निरुपाय बाला का भोग करने की उद्दाम लालसा से प्रेरित कवि अपने प्रेम को 'पूर्ण घूंट' कहता है और 'नई फांस के नवल त्रास' को मर्यादित रखने में असमर्थ है। अज्ञेय इसी प्रकार की उद्दाम भोगलालसा के कारण नवीन को 'नैसर्गिक ऊर्जा' का कवि मानते हैं।[13] मजा तो यह है कि 'लोकलाज' के आगे कवि को भारतीय अध्यात्म की रामनामी ओढ़ने में जरा भी देर नहीं लगती। नवीन अपने देह-भोगवाद पर कभी-कभी अध्यात्म का झीना आवरण डालने का प्रयत्न करने पर भी विफल हो गए; दूसरी तरफ बच्चन ने सशरीरी रोमांस को निरे खुले ढंग से काव्य का विषय बनाया और एक हद तक परिष्कृत काव्यरुचि का परिचय दिया। सन् '29 से सन् '51 तक प्रकाशित 'मधुशाला', 'मधुकलश', 'निशानिमंत्रण', 'एकांतसंगीत', 'आकुल अंतर', 'सतरंगिनी', 'हलाहल', 'मिलनयामिनी' आदि संग्रहों में बच्चन की अनेक प्रसिद्ध कविताएं संगृहीत हैं। कवि सम्मेलनों के वह प्रिय कवि रहे हैं। बच्चन की इस लोकप्रियता के मूल में एक ओर जहां कविता की सरलता थी, वहीं दूसरी ओर युवकों को प्रेमोन्मत्त कर देने वाली सशरीरी पिपासा भी कम नहीं थी। युवक युवतियों के प्रेमोल्लास के मादक क्षणों का सम्मोहक चित्र खींचते हुए बच्चन ने 'आओ हम पथ से हट जाएं' शीर्षक सुंदर गीत लिखा। यौवनोन्मत्त मादकता लहरी में उल्लसित प्रेम का चित्र खींचने के साथ बच्चन ने अपनी प्रेमिका की 'पगध्वनि' की पहचान का वर्णन किया : 'नंदन वन में उगने वाली मेंहदी, जिन चरणों की लाली।' कवि नारी पराधीनता के कठोर रूपों से नारी को मुक्त करने की समस्या में नहीं फंसा है। उसकी प्रेमिका पर ऐसा कोई बंधन है ही नहीं। एक निरपेक्ष नारी, परिवेश के सारे संबंधों से कटी हुई प्रेमिका—एक सुंदर रमणी! और तब कवि की यह कामना है कि वह नूपुर ध्वनि से कवि की वाणी का आत्मसाक्षात्कार करे :

मैं भी इन चरणों में नूपुर,
नूपुर ध्वनि मेरी ही वाणी।[14]

आत्मनिष्ठ प्रेमानुभूतियों के गायक के रूप में बच्चन की कविता में भोग, शोक, मोह और उल्लास की सरल लोकप्रिय अभिव्यक्ति हुई है। 'बच्चन अनुभूति से आगे नहीं बढ़ते। उसे आवेग के साथ व्यक्त करते हैं।' पर उच्च कविता केवल अनुभूति ही नहीं है। उसे मूल्यवान अनुभूति भी होना चाहिए। यही बच्चन की सीमा है।[15] उनकी अधिकांश प्रसिद्ध रचनाओं में अपने परिवार से बाहर निकलने की कोई कोशिश नहीं मिलती। बाह्य वास्तव, दूसरों के दुःख, देश के स्वाधीनता संघर्ष आदि से कवि के अनुभूति यंत्र का यह दुराव एक पहेली

है। बच्चन की आत्मपरकता यहीं से बुद्धि विरोध का पर्याय बन जाती है। बीस वर्ष की लंबी अवधि में लिखी इन कविताओं में एक स्थायी स्वर है—वह है बच्चन का एंटी इंटेलेक्चुएलिज्म, बौद्धिकताविरोध।[16] जितनी बड़ी पहेली बच्चन की यह सरल आत्मग्रस्तता है, उससे कहीं बड़ी पहेली साही की व्याख्या है। इसी व्याख्या पर शब्दांतर से स्वत्व की मुहर लगाते हुए नामवर सिंह कहते हैं कि 'बुद्धि और हृदय के बीच की दरार को उन्होंने एक सहज सत्य के रूप में स्वीकार करके बुद्धि से बिलकुल कुट्टी कर ली, क्योंकि उनके लेखे सारे खुराफातों की जड़ बुद्धि ही थी।'[17]

साही और नामवर सिंह के दृष्टिकोण से भिन्न मान्यता रखते हुए गजानन माधव मुक्तिबोध कहते हैं कि 'छायावादी धूमिलता और जीवन की ओर कल्पना द्वारा पहुंचने' की प्रवृत्ति की प्रतिक्रिया में बच्चन और उनके समकालीन कवियों ने अपना काव्य लिखा। बच्चन के सभी काव्यग्रंथों में 'निशानिमंत्रण' को मुक्तिबोध श्रेष्ठ काव्य का दर्जा देते हैं। उनके अनुसार : 'बच्चन का निशानिमंत्रण अत्याधुनिक इसलिए है कि उसमें जितनी उत्तमता से यथार्थ के प्रति भावनात्मक रिश्ते का दिग्दर्शन कराया गया है, वह हिंदी साहित्यजगत में दुर्लभ है।'[18] इस मान्यता के लिए उनका तर्क है कि बच्चन अपने कवित्व के स्तर पर कल्पना की तुलना में 'स्व-बाह्य' को अधिक महत्व देते हैं। रंगीन कल्पना, विचार या तर्क को त्याग कर बच्चन की भावनाएं बाह्य को आत्मसात करना चाहती हैं। किंतु बच्चन के काव्य का एक दूसरा पक्ष भी मुक्तिबोध मानते हैं, जिसमें बच्चन का भावनाजन्य भोगवाद चिपका हुआ दिखाई देता है। ठीक इसके विपरीत शिवदानसिंह चौहान को 'निशानिमंत्रण' जैसी कविताओं में प्रगतिचेता दृष्टि मिलती है।[19]

इस गंभीर मतभेद के पीछे संभवतः यह तथ्य है कि बच्चन का संपूर्ण काव्य रोमांटिक भोगवादी काव्य नहीं है। बच्चन की काव्ययात्रा के अनेक पड़ाव रहे हैं। एक पड़ाव पर वे निश्चित रूप से उद्दाम प्रेम के गायक रहे हैं। यह कविरूप प्रगतिवादी काव्यांदोलन की यथार्थवादी प्रवृत्तियों से टकराता है।

'प्रसाद' के 'आंसू' और उर्दू की आशिकी वाली कविता से इन कवियों को प्रेरणा मिलती रही। प्रचलित मान्यता यह रही है कि नवीन और बच्चन के साथ भगवतीचरण वर्मा इस दिशा में काफी आगे बढ़ चुके थे। 'एकांत संगीत' (बच्चन) के वजन पर भगवतीचरण वर्मा का कविता संग्रह 'प्रेम संगीत' सन् '37 में प्रकाशित हुआ था। छायावादी अध्यात्म का कवच उतारकर कवि ने स्त्री-पुरुष संबंध को काम-क्रीड़ा तक सीमित कर दिया :

तुम आदि प्रकृति,
मैं आदि पुरुष,
निशिबेला शून्य अथाह प्रिये,
तुम रतिरज मैं मनसिज सकाम
यह अंधकार है चाह प्रिय।[20]

स्वैच्छिक वरण सामंती नैतिकता वाले समाज में नहीं चलता। अतः वांछित संबंध भी टूट जाते हैं। ऐसी स्थिति में उस सामंती मर्यादा के विरुद्ध प्रेमी कवि लड़ता नहीं, बल्कि इसे 'विधि का विधान' कहकर स्वीकार कर लेता है।

यह भाग्यवाद, 'विधि-विधान', 'नियतिवाद', भगवतीचरण वर्मा के सन् '49 में प्रकाशित संग्रह 'मानव' की कविताओं में भी मिलता है : 'तम के पट पर अंकित है/ निःसीम नियति का लेखा।'[21]

अंचल की गीतात्मक संवेदना प्रसाद के 'आंसू' में अंतर्निहित ज्वालामय मिलन को अपना मुख्य उपादान बनाती है। नरेंद्र शर्मा ने भी अंचल के हड़कंपी छायावाद को प्रसाद के 'आंसू' का विकास कहा है।[22] कहना न होगा कि अनुभूति और कल्पना के मेल से तैयार भावुकताप्रधान संयोगस्मृति के व्याकुल चित्र अंचल के काव्य में इतने अधिक हैं, कवि के निजी प्रेम की 'उत्कंठा में तीव्र मादक लौ' की इतनी अधिक भरमार है कि 'सौंदर्यपिपासा' 'पूजा में परिणत' हो गई है। स्वयं अंचल ने कहा कि 'अपराजिता', 'मधूलिका' आदि प्रारंभिक कविता संग्रहों में 'रूपासक्ति, सौंदर्य निष्ठा, यौवन की तृष्णा, सपनों का रंग-बिरंगा चमकीलापन और चांदनी रात का बेहोशी भरा सुरभित मर्म, तारों भरी फाल्गुनी रात की प्रणयविह्वल मनुहार, तरंगित आर्द्र भावुकता' अपने आप आ गई है।[23] इनके वर्णन के लिए लाए गए उपमानों और बाह्य वास्तव के उपादानों से पता चलता है कि भावातिरेक और उन्माद के क्षणों में ही इनका चयन हुआ है; चूंकि 'प्रत्येक कविता उसी खोई हुई जीवन प्रतिमा की सुधि के अवसाद से गीली है। जीवन पर ऐसी कुहेलिका छाई है जो मिटाए नहीं मिटती।'[24] इसी 'कुहेलिका' और 'नैसर्गिक मतवालेपन' के कारण अंचल के परवर्ती कवितासंग्रहों ('किरण बेला', 'लाल चूनर', 'करील' और 'वर्षांत के बादल') में भी 'गीतधर्मी मर्म-मधुर आत्मसंताप' का सिलसिला बना रहता है। बच्चन की कविता में प्रेमिका की जिस जानी-पहचानी पगध्वनि का चित्र है, अंचल का कवि भी 'स्वप्न में सुनकर वही पगध्वनि सदा उन्मत्त होता' है। अंचल के काव्य में 'ममता-मोह छलकता है', 'केशर-कुंज' बसाने की कामना है, 'पुलक मुहूर्त' मनाने का आमंत्रण है, 'स्पर्श में तन्मयता' है और 'मधुवन में झंझावात' चलता है। इतना ही नहीं, 'पिपासा की परिधि में माधुरी का पुंज' जलता है, 'तृषा के श्याम घन में उल्कापात' होते हैं। प्रेमावेग के अनियंत्रित क्षण में अंचल एक इंद्रजाल खड़ा कर देते हैं, प्रसाद की ऐंद्रजालिक कल्पना से लगभग अभिन्न। इसीलिए सम्मोहन की यह जादुई दुनिया प्रेमसुधि के पिटारे से निकले अनेकानेक चित्रों और प्राकृतिक दृश्यखंडों से सज उठती है। इस पार्श्व भूमि में अपनी प्रेमिका का जो व्यक्तित्व वह उपस्थित करते हैं, वह यथार्थ से बहुत दूर, कैबरे नर्तकी के पण्य रूपसौंदर्य के समान ही प्रतीत होता है :

पुलकित तन का लास तुम्हारा सिंधु तरंगों सा लहराता
मधुवाही सौंदर्य तुम्हारा अपनी मधुता में मंडराता
लेती जग को लूट तुम्हारी श्यामल आंखों की सुंदरता
घुलते बादल कसी बल खाती जगमग अंगों वाली सुंदरता।[25]

नवीन, नरेंद्र और भगवतीचरण वर्मा जिस बीमार रोमानी भावदृष्टि से पीड़ित हैं, अंचल पर चाहे उसका संक्रामक आक्रमण हुआ हो या उनकी स्वयं की प्रवृत्ति हो, पर इतना साफ है कि यह स्वस्थ रूमानी काव्यप्रवृत्ति नहीं है। जीवन के यथार्थ में अपनी प्रेमिका का स्मरण करते हुए उसे यह कहना कि 'तुम यौवन की यज्ञ शिखा हो, तुम हो लपटों की पटरानी', क्या एक स्वस्थ व्यक्ति का प्रेम कहा जाएगा? अंचल यहीं अपने समय के साहित्य की सामाजिक दृष्टि से भिन्न दिशा में भटक गए-से लगते हैं।

इसके बावजूद अंचल के प्रेमकाव्य का एक दूसरा पक्ष भी है; नारी को देखने की एक दूसरी दृष्टि भी है जो प्रगतिवादी काव्यधारा के साथ है। उसका विवेचन प्रगतिशील साहित्य की प्रतिष्ठा के अध्ययनक्रम में किया गया है। प्रगतिवादी आंदोलन के समानांतर जिस अवधि में भोग और और तृष्णा पर आधारित स्त्री-पुरुष संबंधों की कविताएं लिखी जा रही थीं, उन्हीं दिनों सच्चिदानंद हीरानंद वात्स्यायन 'अज्ञेय' का काव्य 'चिंता' (1941) प्रकाशित हुआ था। गद्य-पद्य मिश्रित यह कृति दो खंडों में विभक्त है। पहले खंड का नाम है 'विश्वप्रिया'। इसमें वाचक पुरुष है। दूसरे खंड का नाम है 'एकायन'। इसमें वाचक स्त्री है।

'चिंता' में निकोलस रोयरिक, डी. एच. लारेंस और ब्राउनिंग की कुछ कविताओं के भावानुवाद भी सम्मिलित हैं।

आदिकाल से स्त्री-पुरुष एक दूसरे से प्यार करते आ रहे हैं। इस प्यार में पुरुष का स्वरूप क्या है और स्त्री का स्वरूप क्या है; हमेशा प्यार ही प्यार रहता है या अन्य कोई भाव भी बीच-बीच में आता है—यही इस काव्य का अभिप्रेत है।

स्त्री-पुरुष के सीमित संसार में आदम-हौवा की कहानी के 'निषिद्ध फल' पर आधारित नियम-मर्यादा तोड़ने का खेल शुरू होता है। पुरुष कहता है कि वह आदिम पुरुष बनेगा और स्त्री पहली रमणी। यौवन मधु का पान करने के लिए 'कंदरा में क्रीड़ास्थली' बनाते हुए वह स्त्री से कहता है :

आदिम प्रेमांजलि दे लें
आओ, एक खेल खेलें।[26]

फिर 'आग्नेय रात्रि के स्मारक चिह्नों', 'मंगलवस्त्रों पर पड़े हुए धब्बों' को देखकर खिन्न न होने की प्रार्थना करता हुआ पुरुष देखता है कि 'प्रणय की उत्तम वासना-ज्वाला में डूबी हुई रात' समाप्त हो चुकी है। पुरुष दायित्व से भागता नहीं; 'हाथ गहने' का आश्वासन तो देता है, पर सहसा जब विकर्षण होता है तो पुरुष कहता है :

मत हंसो, नारी, मुझे अपना वशीकृत जान,
तोड़ दूंगा मैं तुम्हारा आज यह अभिमान।[27]

फिर स्त्री उसे 'तितली' बनी नजर आती है ; अनेक फूलों पर उड़ती, रंगों की शोभा लूटती, उन्मत्त उद्भ्रांत। पुरुष अपनी ईर्ष्या पर सोचता है; इसके साथ स्त्री की दयनीय स्थिति के प्रति करुणा को ही वह प्रेम समझता है। 'प्रेम नहीं है, संभवतः सामर्थ्यपूर्ण दयाभाव मात्र।' इसीलिए एकीकरण असंभव है। स्त्री-पुरुष दोनों एक दूसरे के आखेट हैं—एक दूसरे का पीछा करते हुए।

स्त्री अपने को नदी कहती है और पुरुष को समुद्र। मिलनव्याकुलता और उत्सर्ग चेष्टा में शोणित का स्पंदन शिरा-शिरा में जाग्रत हो उठता है। और पुरुष विकर्षण की अवस्था में भी उसे उन्मादित रखता है। अंत में वह पूछती है :

> फिर, प्रियतम! हम क्यों चाहते हैं सदा इस ऊर्ध्वगामी ज्वाला की उच्चतम शिखा पर आरूढ़ रहना।[28]

इतिहास में समाज की अनेक अवस्थाएं रही हैं; स्त्री-पुरुष का प्रेम अलग-अलग मंजिलों की

सामाजिक अवस्थाओं में भिन्न-भिन्न रूप लेता रहा है। 'चिंता' में उन सामाजिक अवस्थाओं का कहीं कोई उल्लेख नहीं है। फलतः इतिहास के अंदर मनोविज्ञान तो प्रतिष्ठित कर दिया गया है; पर मनोरचना की ऐतिहासिक पृष्ठभूमि गायब है।

गजानन माधव मुक्तिबोध ने ऐसे चित्रणों के संदर्भ में लिखा है कि जो लोग रोमांस को सामाजिक संबंधों से हटाकर उसे मात्र व्यक्तिगत करार देते हैं वे यह नहीं जानते कि रोमांस का अर्थ मातृप्रधान समाज में कुछ भी नहीं था। रोमांस का आधुनिक विकास पितृप्रधान समाज की स्थापना के बाद ही हुआ। इस समाज की भी भिन्न-भिन्न मंजिलें हैं। दासी, उपभोग्या, सहचरी, पत्नी, प्रेमिका आदि अलग-अलग रूप विभिन्न सामाजिक अवस्थाओं के ही स्मारक हैं।[29] अतः समाज से काटकर, सामाजिक-पारिवारिक संबंधों से निरपेक्ष रखकर प्रेम के आंतरिक इतिहास को न तो प्रस्तुत किया जा सकता है और न समझा जा सकता है। भूख-प्यास, कामेच्छा तथा अस्तित्वरक्षा की मूलभूत जैविक वृत्तियों का स्थितिविकास ऐतिहासिक सामाजिक शक्तियों के बिना हो ही नहीं सकता। अगर ऐसा होता, तो मनुष्य बंदर ही रहता, आदमी नहीं हो पाता।

इस यथार्थ से प्रेम को अलगाने की प्रवृत्ति भाववादी व्यक्तिवादी रूमानी छलना है। आइकेरस या संपाती की पुराणकथा के माध्यम से प्रेम के ऊंचे से ऊंचे रूप को पाने और झुलसकर लौटने की अवस्था के वर्णन से यही पता चलता है कि कवि स्वयं भी ऐसे प्रयत्नों की निष्फलता से संतप्त है। 'इत्यलम्' नामक अपने संग्रह में अज्ञेय ने बादलेयर की कविता 'आइकेरस का विलाप' से कुछ पंक्तियां उद्धृत कर अपनी रचना की मनोभूमि की ओर संकेत किया है। 'चिंता' का प्रेमी भी ऐसा ही संपाती है—समाज से निरपेक्ष, व्यक्तिवादी; फलतः आत्मोलब्ध सत्य अदम्य अग्निशिखा की तरह उसके अंतस्तल को भस्म कर देता है।

काल्पनिक उड़ान की व्यर्थता और उसकी 'तेजोमय पीड़ा'—यही पतनशील रूमानी प्रवृत्ति तत्कालीन यथार्थवादी प्रेम संबंधी दृष्टिकोण से टकराती है। छायावाद-युग में 'विरह-मिलन' के ऐक्य से प्रेम की पूर्णता का गान गाया गया था। अज्ञेय ने इसे ही तृष्णा और वितृष्णा की अन्योन्य क्रिया से 'सनातन कर्षण' का रूप दिया। अपने परवर्ती संग्रहों ('इत्यलम्', 'हरी घास पर क्षण भर') में इसी दृष्टिकोण को वे बार-बार व्यक्त करते रहे। इतना ही नहीं बल्कि प्रसाद, नवीन, भगवतीचरण वर्मा और बच्चन का 'नियतिवाद', 'विधि विधानवाद' और 'भाग्यवाद' अज्ञेय के 'मिलन-विग्रह' को समझने की कुंजी है। वे स्वयं इसे 'विधि की विडंबना' कहते हैं :

> प्यार अनादि स्वयं है, यद्यपि हम में अभी अभी आया है,
> बीच हमारे जाने कितने मिलन-विग्रहों की छाया है—
> मति तो उसके साथ गई, पर यह विचार कर रह जाता हूं
> वह भी थी विडबना विधि की यह भी विधान की माया है।[30]

'इत्यलम्' की 'सावन मेघ' शीर्षक कविता में भोग की उद्दाम आकांक्षा के क्षण में स्त्री की याद आती है। श्वास उत्तप्त हो जाता है, धमनियों में लहू की धार उमड़ आती है; पर वियोग है, अतः प्यार अभिशप्त है।

अज्ञेय ही नहीं बल्कि धर्मवीर भारती का भी स्त्री-पुरुष के प्रेमचित्रण में यही भोगवादी

रवैया है। 'ठंडा लोहा तथा अन्य कविताएं' नामक उनके संग्रह में सन् '46 से '52 तक की कविताएं संगृहीत हैं। इसी संग्रह से उनके भोगवादी रोमांस के कुछ उदाहरण दिए जा सकते हैं।

रीतिकाल में कामिनियों के नखशिख वर्णन का रिवाज था। धर्मवीर भारती नखशिख वर्णन की प्राचीन रीति में थोड़ा हेरफेर कर 'प्रयोग' करते हैं :

सोनजुही की पंखुरियों से गुंथे, ये दो मदन के बान,
मेरी गोद में!
हो गए बेहोश दो नाजुक मृदुल तूफान
मेरी गोद में।[31]

घनवादी चित्रकला के नारीबिंबों के निर्माण के परिणामस्वरूप किसी एक अंग में अनेक अंगों और आकृतियों के सारभूत तत्व घनीभूत कर दिए जाते हैं। धर्मवीर भारती ने भी यहां चरण और स्तन का फर्क मिटा दिया है।

सामाजिक रूढ़ियों के कारण अन्य पुरुष से विवाहित प्रेमिका को हितोपदेश है कि हंसी में पुराने प्रसंगों को टाल जाना ही बेहतर रहेगा। कहीं भी उस सामाजिक रूढ़ि, विवाह संस्था पर लदे सामंती रिवाज के बंधन पर न तो गुस्सा है और न उसे तोड़ने का संकल्प। आज के प्रेमी का एप्रोच तो 'बुद्धिवादी है', 'व्यावाहारिक है'। पति के घर विदा हो रही, अपनी प्रेमिका से प्रेमी कहता है :

अगर कोई सखी जिक्र मेरा छेड़ बैठे
हंसी में टाल देना बात
आंसू थाम लेना।[32]

रसिया बालम का यह प्रबोधन—कैसा दुर्लभ संयोग है भावुकता और व्यावहारिकता का। मजे की बात तो ये है कि फलमूलकता (प्रैग्मेटिज्म) का यह सिद्धांत उसी भोगवाद का धर्म भाई है।

एक विचित्र तथ्य यह है कि 'नवीन' से लेकर भारती तक के इस भोगवादी आदर्श के विकास के दरम्यान बिहार के 'रमण' जैसे भी कवि हुए हैं, जिन्होंने संभोग के हर उपकरण का नग्न रूप प्रस्तुत कर काफी प्रसिद्धि पाई। ऐतिहासिक संदर्भ नहीं समझने के कारण शिवबालक राय ने 'प्रगतिवाद' पर इस यौन उच्छृंखलता को बढ़ावा देने का आरोप लगाया।[33] वास्तविकता यह थी कि 'नवीन' से लेकर भारती तक इस यौन उच्छृंखलता को बढ़ावा दे रहे थे।

हालावाद

हिंदी के साहित्यिक इतिहास में हालावाद का भी एक दौर रहा है। यह दूसरी बात है कि लेखकों और कवियों के एक संकुचित मंडल तक ही इसका प्रभाव सीमित रहा। सन् '35 में बच्चन की कृति 'मधुशाला' के प्रकाशन के बाद से हालावाद थोड़े दिनों के लिए 'वाद' के रूप में चर्चा का विषय रहा। अंग्रेज कवि फिट्ज़राल्ड द्वारा अंग्रेजी में उमर खैयाम की रुबाइयों का अनुवाद प्रशंसनीय माना गया। उसकी चर्चा रही। बच्चन ने उसी अनुवाद के

आधार पर हिंदी में उमर खैयाम की मधुशाला का काव्यानुवाद किया। बच्चन के अतिरिक्त मैथिलीशरण गुप्त, केशव प्रसाद पाठक और कमला देवी चौधरी ने भी उमर खैयाम की रुबाइयों का सफल अनुवाद किया। दूसरी तरफ 'सरस्वती' और 'विशाल भारत' ने उमर खैयाम की रुबाइयों पर आधारित चित्रों को प्रकाशित कर इस प्रवृत्ति को प्रोत्साहन दिया।

तत्कालीन पाठक और श्रोता समुदाय में, शिक्षित उच्च मध्यवर्ग तथा विश्वविद्यालयों के नौजवानों के एक हिस्से में बच्चन की धूम थी। बच्चन कवि और 'मधुशाला' के गायक के रूप में कवि सम्मेलनों पर छा गए।

'मधुशाला' में एक सौ पैंतीस रुबाइयां संगृहीत हैं। हर रुबाई एक स्वतंत्र मुक्तक है। इसमें हाला, प्याला, मधुबाला और मधुशाला के केवल चार प्रतीकों के आधार पर सभी कविताओं का ठाठ खड़ा किया गया है। 'मधुशाला' की रुबाइयों ने उर्दू के पाठक श्रोता समुदाय को हिंदी की ओर खींचा। उर्दू काव्यधारा का एक रूप ऐसा भी रहा है जो नवाबी संरक्षण और दरबारी परंपरा में पला बढ़ा। इस धारा के अंतर्गत विकसित सम्मोहक कविताओं को पाठक-श्रोता समुदाय के बीच धकिया कर एक तरफ ठेलने का कार्य बच्चन ने किया।

'मधुशाला' के बाद सन् '36 में 'मधुबाला', सन् '39 में 'मधुकलश' तथा सन् '46 में 'हलाहल' का प्रकाशन हुआ। इन संग्रहों की लोकप्रियता का अनुमान केवल इसी बात से लगाया जा सकता है कि सन् '46 तक 'मधुशाला' के सात संस्करण हाथों हाथ खप गए थे।

बच्चन ने अपना दो प्रकार का कवि-व्यक्तित्व एक साथ विकसित किया। एक ओर हालावादी कवि था, दूसरी ओर 'निशा निमंत्रण', 'आकुल अंतर' और 'एकांत संगीत' का बच्चन था। बच्चन के तीनों ग्रंथ ('मधुशाला', 'मधुबाला', 'मधुकलश') हालावादी काव्य पद्धति के धर्मग्रंथ हैं।

हालावाद के प्रवर्तक या संस्थापक बच्चन हैं या 'नवीन'—इस संबंध में मतभेद पाया जाता है। बालकृष्ण राव का कहना है कि 'इस काव्य पद्धति के संस्थापक ही इसके एक मात्र सफल साधक भी हुए क्योंकि जहां बच्चन की पैरोडी करना आसान है, वहीं उनका सच्चे अर्थ में अनुकरण असंभव है।'[34] परंतु देवीशंकर अवस्थी ने बच्चन के एक लेख का हवाला देते हुए लिखा है : 'वस्तुतः हिंदी में हालावाद के आदि प्रवर्त्तक नवीन ही हैं तथा भगवतीचरण वर्मा एवं बच्चन ने उनकी ऐसी कविताओं के प्रभाव के तले लिखा है। बच्चन ने स्वयं इस बात को स्वीकार किया है।'[35] कालक्रम की दृष्टि से भी बालकृष्ण राव का मूल्यांकन सही नहीं है। यह बात दूसरी है कि नवीन में यह प्रवृत्ति दो चार छिटफुट कविताओं से अधिक में नहीं मिलती है क्योंकि बाद में वे राष्ट्रीय काव्यधारा की ओर उन्मुख हो गए जबकि बच्चन 12 साल ('35 से '46) तक इस विषय पर लिखते रहे। बालकृष्ण राव के गलत मूल्यांकन का आधार संभवतः यही माना जा सकता है कि हाला, प्याला और मधुशाला पर बच्चन ने ही सबसे ज्यादा लिखा है तथा बच्चन ही हालावाद के सबसे अधिक प्रसिद्ध, सफल और लोकप्रिय कवि रहे हैं।

सवाल यह है कि सन् '35 से सन् '40 के बीच एक ओर जहां स्वाधीनता आंदोलन के क्रम में हुए दमन की भयंकरता का लोग अनुभव कर रहे थे, वहीं दूसरी ओर जनता के उत्साह और जोश में वृद्धि भी होती जा रही थी। ऐसे जमाने में बच्चन अपने पाठक-श्रोता

समूह को कौन सा अभिनव तत्व दे रहे थे कि लोगों का आकर्षण हालावाद से बढ़ रहा था? शिवदानसिंह चौहान का उत्तर है : 'भोग की प्रवृत्ति भी कहीं न कहीं छायावादी वायवीयता को तोड़ रही थी।'

हालावादी काव्यों में गंभीर तत्वज्ञान ढूंढ़ना निष्फल प्रयास है। एक तो इसलिए भी कि जिस प्रकार की मस्ती और फक्कड़ाना भाव लाने के लिए ये चीजें लिखी जा रही थीं, पाठक-श्रोता भी ठीक उन्हीं चीजों के लिए इन रचनाओं के करीब खिंचा चला आता था। सवाल केवल 'मधुशाला' का ही नहीं है। सवाल केवल बच्चन तक सीमित 'हालावाद' का नहीं है। क्योंकि बच्चन की 'मधुशाला' के प्रकाशन से पहले ही गोपाल सिंह नेपाली ने भी मदपान के इन्हीं उपकरणों को जुटाते हुए अपनी 'मस्ती' में अनेक कविताएं लिखीं। कुछेक आलोचक उन कविताओं की काव्यवस्तु और रचना-शैली को बच्चन के हालावादी काव्यों की तुलना में कहीं श्रेष्ठ मानते हैं। मस्ती, ठाठ फकीराना, अनिकतेन, दीवानगी आदि की यही प्रवृत्तियां 'मधुपान', 'मधुवन', 'मधु-दौर', 'मधुरस' के साथ छलकती चलती हैं। इस दृष्टि से तत्कालीन रचनाकारों की कृतियों का ऐतिहासिक क्रम यदि देखें तो पता चलता है कि नेपाली, नवीन, भगवतीचरण वर्मा, बच्चन और पद्मकांत मालवीय इन पांचों में —मस्तीवाद कह लें, हालावाद कह लें—लगभग समान ढंग की प्रेरणा काम कर रही थी। 'हालावाद' को इकहरे वाद प्रकार के रूप में 'मधुशाला' तक सीमित रखना प्रवृत्तियों के इतिहास की दृष्टि से गलत है।

'हालावाद' यदि उच्चमध्यवर्ग के अंदर काम कर रही ऐतिहासिक प्रेरणाओं की अभिव्यक्ति है—नवाब से लेकर सामंत तक; बड़े नौकरशाह से लेकर पेशेवर वकील, डाक्टर और व्यापारी तक; दायित्वहीनता, विलासिता, आमोद-प्रमोद, मौज-मस्ती के इस सीमित परिवेश की गूंज इस प्रकार की काव्यरुचि में स्पष्टतः सुनाई पड़ती है।

विजयदेव नारायण साही इसे ही 'अबौद्धिकता' कहते हैं और डा. नामवर सिंह उत्तर छायावादी 'अगंभीरता'। क्या यह अबौद्धिकता और अगंभीरता अपने आप में कोई प्रवृत्ति है या प्रवृत्ति का लक्षण इसे स्पष्टतः समझने के लिए हालावादी-मस्तीवादी कविताओं की आंतरिक काव्यवस्तु की परख आवश्यक है। बच्चन अपनी 'मधुशाला' में व्यक्त भावुकता और कल्पना से तैयार 'हाला' को कविता के प्याले में पाठक को पिला रहे हैं। उस मदिर भावलोक में डुबकी लगाने वालों के सामने हिंदू-मुस्लिम भेदभाव से उत्पन्न सांप्रदायिक समस्या है ही नहीं। इसीलिए कि देनों का मदिरालय एक ही है। अतः सांप्रदायिक हत्याकांड के उस जमाने में बच्चन की दृष्टि से 'मधुशाला' ही सही समाधान है :

मुसलमान और हिंदू हैं दो एक मगर उनका प्याला,
एक मगर उनका मदिरालय, एक मगर उनकी हाला।
दोनों रहते एक न जब तक मंदिर-मस्जिद में जाते,
बैर बढ़ाते मंदिर मस्जिद मेल कराती मधुशाला।[36]

किसी भी सुधार आंदोलन के जरिए जितने सुधार होते हैं—उनकी तुलना में 'सौ सुधारकों का करती है काम अकेली मधुशाला।'

इस पंक्ति में समस्या के प्रति बच्चन की भाव-विचार-दृष्टि अपने सारभूत रूप में विद्यमान

है। समाज की जिन बुराइयों से तत्कालीन नेतागण और संवेदनशील बुद्धिजीवी उलझ रहे थे, उनके हल के लिए असहयोग आंदोलन से लेकर साम्राज्यविरोधी सामंतविरोधी क्रांति की बात कर रहे थे, उन बुराइयों का हल बच्चन 'मदहोशी' में ढूंढ़ लेते हैं। होश में रहने पर तो ये समस्याएं दुःखदायी ही रहेंगी, उनसे निपटने से भी इनकार नहीं किया जा सकता। अतः मदमस्त कर देने वाला ऐसा प्याला उठाना चाहिए जो 'कभी न कण भर खाली होगा।' मधुपान के इस अंतहीन दौर में न होश रहेगा और न संसार की यथार्थता का संज्ञान। फलतः समस्याओं और उनकी चुनौतियों से फुरसत मिल जाएगी। कैसा सुंदर और अनुकरणीय हल है! और यह नुस्खा गांधीवाद और समाजवाद की तुलना में है भी कितना अचूक!

प्रेमचंद ने 'शतरंज के खिलाड़ी' में नवाबी खानदान के पतन का चरम रूप शतरंज के खेल के चस्के में और काल्पनिक हार-जीत में मनोक्रीड़ा का बीभत्स दायित्वहीन रूप दिखलाया था। प्रेमचंद के लिए जो प्रवृत्ति घृणित और पतनशील है, बच्चन के लिए वह एक गंभीर दार्शनिकता का पहलू अपने में समोए हुए है और अनुकरणीय है। तभी तो :

राज्य उलट जाएं, भूपों की भाग्यलक्ष्मी सो जाए,
जमे रहेंगे पीने वाले, जमा करेगी मधुशाला।[37]

पद्मकांत मालवीय हिंदी साहित्य के इतिहास में हालावाद के सहप्रवर्तक के रूप में उल्लेखनीय रहेंगे। बच्चन की तुलना में उनकी एक विलक्षणता गिनाई गई है कि उन्होंने उमर खैयाम के असर से अपने को मुक्त किया, छायावादी गीत को नई अभिव्यंजना दी। लक्ष्मीकांत वर्मा तो यहां तक मानते हैं कि जब छायावाद की बिंबयोजना और शब्दयोजना रूढ़ हो गई थी, तो उसमें नई संवेदना का प्रवेश पद्मकांत मालवीय जैसे हालावादी गीतकार के प्रयास से ही संभव हुआ।[38] उनके संग्रहों में 'त्रिवेणी', 'प्याला', 'प्रेमपत्र', 'आत्म-वेदना', 'आत्मविस्मृति', 'हार' आदि प्रमुख हैं। इन संग्रहों के अलावा 'अभ्युदय' नामक पत्र के संपादक के रूप में उन्होंने हालावादी गीतशैली के प्रचार-प्रसार का प्रयत्न किया। निठल्लेपन को दार्शनिक जामा पहनाते हुए पद्मकांत मालवीय ने मुक्तक लिखा :

थको न, ढाले जाओ बस प्याले पर प्याला
कल की चिंता करो न, देगा देने वाला।
सबको चलना है, रहना है जग में केवल
यह मादक मदिरा, यह प्याला, यह मधुशाला।[39]

सुख-दुःख कुछ नहीं हैं; संसार, पदार्थ, बाह्य वास्तव–सब निस्सार और अस्तित्वहीन हैं। 'मन' ही सब कुछ है–चेतना ही सब कुछ है। भाववादी दर्शन का चरम प्रतिक्रियावादी रूप प्रस्तुत करते हुए हालावाद को नई दार्शनिक अंतर्वस्तु दी गई।

बच्चन और पद्मकांत मालवीन के समकालीन कृतिकार गोपालसिंह नेपाली ने भी मधुपान के सारे उपकरण एकत्र किए थे। पर इसके बावजूद उनकी 'मधुमती भूमिका' की मस्ती का अंतर्तत्व एक बड़े परिवेश को अपने अंदर समेटकर चला। ऐसा प्रतीत होता है कि उनकी 'पी पीकर मदमाती मतवाली नई जवानी' पर उमर खैयाम का उतना असर नहीं है जितना संघर्षकालीन जोश का। 'आज भरी है खूब लबालब मेरी जीवन-प्याली' कहने वाले नेपाली निम्न मध्यवर्ग की मुर्दा रूहों में जान फूंकने के खयाल से नौजवानों की मस्ती और नई जवानी

के गायक प्रतीत होते हैं। उनकी कविता की प्रतीकव्यवस्था में पाठकों को मदिरालय में पहुंच कर मदहोश होकर झूमने का आमंत्रण नहीं है। संभवतः इसीलिए 'हालावाद' के आंदोलन के उभार के समय उन्होंने मधुपान के उपकरणों को अपनी कविता से खारिज कर दिया था।

'हालावाद' की मूल प्रवृत्ति का सगोत्रज 'फक्कड़ाना अंदाज' और 'मस्ती का आलम' नवीन तथा भगवतीचरण वर्मा में भी मिलता है। उस समय 'फकीरी बाना' एक काव्यरूढ़ि बन गया था जिसका इस्तेमाल प्रायः सभी गैरमार्क्सवादी रचनाकारों ने किया।

'हालावाद' के कवि 'भावानुभूति की तन्मयता' और एकतानता पर बल देते रहे हैं। यही प्रवृत्ति भगवतीचरण वर्मा में भी है। बच्चन और पद्मकांत मालवीय मदिरालय से मस्ती प्राप्त करते हैं, मैखाने में जाकर झूमने का आह्वान करते हैं। पर भगवतीचरण वर्मा प्रेम मदिरा से मस्ती और दीवानगी प्राप्त करते हैं। 'प्रेम संगीत' नामक कविता संग्रह में इस भावभूमि की अनेक कविताएं संगृहीत हैं। बच्चन की हाला से अपनी हाला का फर्क बताते हुए कवि कहता है :

होंठों पर नाच रहा था
मेरे वैभव का प्याला
मैं बना हुआ था साकी
मैं ही था पीने वाला
कोई कहता था विष है
कोई कहता था हाला
मैं हंसता था मस्ती में
मेरा था रंग निराला[40]

'प्रेम संगीत' के कवि को मैखाना जाने का कष्ट नहीं उठाना पड़ता। उसकी आंखों में ही मैखाना झूलता होता है; संभवतः इसलिए कि प्रेममुग्ध विस्मृति उसके हृदय में मधु भर देती है।

अज्ञेय 'चिंता' में कामप्रसंग के वर्जित सुख को चखने का प्रसंग लिखते हैं; भगवतीचरण वर्मा उसी कामप्रेरणा का हालावादी रूप 'वर्जित मदिरा' पीते हैं और सारी दुनिया के सामने मजनूं-लैला कथा की रौ में कहते हैं : 'हां प्रेम किया है, प्रेम किया है मैंने, वरदान समझ अभिशाप लिया है मैंने।'[41] भगवतीचरण वर्मा की कविताओं का 'दीवाना' उसी प्रेम से अभिशप्त दीवाना है। इस दीवाने का प्रगतिशील प्रेमकाव्य के यथार्थ और सामाजिक पहलुओं से कुछ लेना-देना नहीं है। दीवाना आज यहां तो कल वहां चल पड़ता है। उसे अपने लक्ष्य का पता नहीं है। प्रेम मुग्ध तन्मयता की वजह से वह 'लक्ष्यभ्रष्ट' प्रेमी अपना स्वच्छंद प्यार लुटाकर चलता रहता है :

किस ओर चले? यह मत पूछो
चलना है बस इसलिए चले;
जग से उसका कुछ लिए चले
जग को अपना कुछ दिए चले;
दो बात कही दो बता सुनी
कुछ हंसे और फिर कुछ रोए।[42]

निर्बंध घूमता हुआ लक्ष्यभ्रष्ट प्रेमदीवाना सारे बंधनों को तोड़ डालता है और इसे वह प्रेम की 'वर्जित मदिरा' के पान के अभिशाप का फल समझता है। 'प्रेम संगीत' की भूमिका में भगवतीचरण वर्मा अपने रचनाकार की तत्कालीन मनोदशा का स्पष्टीकरण करते हैं : 'कविताओं में विशुद्ध तन्मयता है और भावों की क्रियाएं तथा प्रतिक्रियाएं समभाव से प्रदर्शित हैं। वह एक भावनाओं का और केवल भावनाओं का अनुभव है जहां बुद्धि का संचय तथा तर्क की प्रखरता नहीं मिलेगी, उसमें कल्पना की मादकता भर है।' छायावादी कवि कल्पना की उन्मुक्त उड़ान के जरिए अपनी भावानुभूति को विराट पटभूमि पर प्रस्तुत करते थे; पर यहां कल्पना की उन्मुक्तता नहीं, 'कल्पना की मादकता' है। यह तत्व लगभग अधिकांश उत्तर छायावादी काव्य के क्षयी रोमांस का जनक है। अपनी कल्पना की मादकता के तारों की झंकार से भगवतीचरण वर्मा अपने समय के समाज को अभिभूत कर देना चाहते हैं। वे सोचते हैं 'थोड़ी देर के लिए मैं दुनिया को अपनी तन्मयता में तन्मय कर दूं।'[43] कविता को हृदय की चीज मानना, भावना की एकान्विति, कल्पना की मादकता तथा निजी तन्मयता से पाठक-श्रोता को तन्यम करने का प्रयास—ये कुछ ऐसे सामान्य तत्व हैं जो बच्चन, नवीन, पद्मकांत मालवीय, नेपाली और भगवतीचरण वर्मा में निरपवाद रूप से मिलते हैं।

असली सवाल इस तरह के काव्य के संबंध में यही है कि इन कवियों की तन्मयता का सामाजिक आधार क्या है? इस प्रकार की तन्मयता का विषयक्षेत्र मात्र प्रेम है या समाज के दलित जन के प्रति करुणा, विदेशी उत्पीड़न पर क्षोभ, स्वातंत्र्य भावना और आर्थिक दुरवस्था समाप्त करने वाले नए समाज का सुख-स्वप्न? ऐसा प्रतीत होता है कि एक खास समय तक इनमें से अधिकांश कवियों की तन्मयता का विषयक्षेत्र निजी आशा-निराशा और प्रेमभावना ही रही। भगवतीचरण वर्मा का दीवाना अपनी हस्ती खो देता है, मस्ती का आलम साथ लिए चलता है, एक जगह से दूसरी जगह पहुंचने के क्रम में सारी दुनिया पर धूल उड़ाता हुआ वैसे ही चल देता है जैसे गांव का मजनूं धूल भरी सड़क पे गर्द-गुबार उड़ाता हुआ मनोरंजन का पात्र बनता है। वह पैदल घमुक्कड़ दीवाना है। पर नवीन का बौड़म प्रेम अपनी मस्ती में 'प्रेमसमंदर' नापने चलता है। उसके पास समुद्रयात्रा के लिए कागज की नाव और सरकंडे की डांड़ है। वह प्राण का दांव लगा देता है। 'कागज की नाव' शीर्षक कविता का मूल कथ्य यही है।

नवीन के यहां 'मन की टेक' का जो मतलब है, वही बच्चन के 'हलाहल' में अंतस्तल का 'राग' है। नवीन के यहां 'मन की टेक' में सौंदर्य पिपासा के साथ राष्ट्रीय मुक्ति की आकांक्षा भी है। दोनों के लिए संघर्ष जारी है। अतः घरबार की चिंता नहीं है। 'कौन बनाए आज घरौंदा, हाथों चुन-चुन कंकड़ माटी।' वे तो रमते राम हैं; प्रेमभिक्षुक और अलख जगाने वाले फकीर एक साथ ही। तभी वे कहते हैं :

> ठाठ फकीराना है अपना, बाघम्बर सोहे अपने तन,
> हम अनिकेतन हम अनिकेतन।[44]

उपर्युक्त सोदाहरण विवेचन से यह स्पष्ट है कि हालावाद की काव्यप्रवृत्ति की जैसी एकरूपता बच्चन और पद्मकांत मालवीय में मिलती है, थोड़ी-बहुत भिन्नता के साथ वही रोमांटिक मनोभाव नेपाली, भगवतीचरण वर्मा और नवीन में 'मस्ती' और 'दीवानगी' की शक्ल में विद्यमान

है। यह उल्लेखनीय है कि पं. बनारसीदास चतुर्वेदी के संपादनकाल में 'विशाल भारत' के अनेक अंक इस वाद की आंधी से उड़ते-फड़फड़ाते नजर आते हैं।

एक साहित्यिक आंदोलन या 'वाद' के रूप में हालावाद अधिक दिनों तक नहीं चल पाया। पर पाठक-श्रोता समूह में सन् '46 तक हालावाद और मधुशाला की धूम बनी रही। वाद के रूप में इसका पतन सन् '39-40 से ही शुरू हो गया था। चूंकि भगवतीचरण वर्मा 'भैसागाड़ी' लिखने लगे थे, नवीन राष्ट्रीय और यथार्थवादी कविता की ओर अधिक झुकाव दिखला रहे थे तथा पद्मकांत मालवीन सन् '42 के विद्रोह के साथ कांग्रेस और सुभाष बाबू की राजनीति की प्रेरणा से विप्लव के गीत लिखने लगे थे और स्वयं बच्चन भी 'बंगाल के अकाल' तथा गांधीवाद पर ध्यान देने लगे। इस दल-बदल के माहौल में हालावाद का पतन स्वाभाविक था। यह उल्लेखनीय है कि 'मधुशाला' की भावभूमि और रचनाशैली का उपहास करने के लिए शील ने सन् '40 में 'चर्खाशाला' लिखी जिसे कांग्रेस की प्रचार समिति की तरफ से पुरुषोत्मदास टंडन ने हजारों की संख्या में वितरित करवाया।

हालावाद साहित्य की पतनशील धारा था, अतः प्रगतिवाद का उससे संघर्ष होना ही था। प्रगतिवादी कवियों और समीक्षकों ने अपनी वह भूमिका सफलतापूर्वक निभाई।

प्रयोगवाद-प्रपद्यवाद

सन् '43 में 'तारसप्तक' के प्रकाशन काल से आम तौर पर प्रयोगवाद का संबंध जोड़ा जाता है और कहा जाता है कि काव्यांदोलन के रूप में प्रयोगवाद का आरंभ सन् '43 से होता है। अज्ञेय द्वारा संपादित 'तारसप्तक' में जो सात कवि हैं, उनमें अज्ञेय को छोड़कर लगभग सभी उस समय तक मार्क्सवादी विचारधारा से अनुप्राणित थे और किसी न किसी रूप में प्रगतिशील लेखक संघ की गतिविधियों में खुलकर हिस्सा लेते थे। कागज की कमी और प्रकाशन की सुविधाओं के अभाव में सातों कवि अज्ञेय के संपादन में एकत्र हुए थे। उस समय अज्ञेय से इन कृतिकारों की किसी भी प्रकार की विचारधारात्मक एकता या कला के संबंध में समझ-बूझ की सहमति नहीं थी। अज्ञेय खुले तौर पर मार्क्सवादविरोधी और प्रगतिवादी आंदोलन के कट्टर शत्रु थे। ऐसी स्थिति में अज्ञेय के साथ साहित्यिक स्तर पर यह मेलजोल; यह समन्वय अथवा 'कविता के उद्धार' की सामूहिक कोशिश—साहित्यिक प्रवृत्तियों के पारस्परिक संघर्ष को समझने में एक पहेली बन जाती है।

'तारसप्तक' तो क्या 'प्रतीक' (सन् '47) के प्रकाशन तक भी नए-नए प्रयोग करने वाले कृतिकार के रूप में किसी की भी अलग से गणना नहीं होती थी; हां 'निराला' को अवश्य ही 'सांचे बनाने और सांचे तोड़ने' वाले महत् रचयिता और अन्वेषी की रूप में देखा जाता था। अज्ञेय सामान्यतः एक युवा उत्साही साहित्यकार और अनेक पत्रों के संपादक के रूप में देखे जाते थे। उन्हें तब तक छायावाद के रूमानी आग्रहों के भंजक के रूप में स्मरणीय या उल्लेखनीय मानने का प्रश्न ही नहीं था, चूंकि वे स्वयं अपनी रचना में उन आग्रहों के क्षयग्रस्त पहलुओं को उभार रहे थे। अतः 'तारसप्तक' के प्रतिनिधि कवि और सातों कवियों की सामूहिक प्रवृत्तियों को व्यक्त करने वाले संपादक के रूप में उन्हें इतिहास की दृष्टि से मान्य समझना तथ्य पर एक विशेष प्रकार का रंग चढ़ाना होगा। पर सन् '46 से सन् '56 तक के साहित्यिक विवादों में प्रयोग के वाद के प्रवर्तक के रूप में उनकी चर्चा, उस पर बहस

और आरोप-प्रत्यारोप—आखिर क्यों हुआ?

सन् '46-'47 तक एक साहित्यिक आंदोलन के रूप में न तो प्रयोगवाद की चर्चा थी और न 'तारसप्तक' के प्रकाशन को नई साहित्यिक रचना-प्रणाली को उद्‌भूत करने वाली घटना के रूप में देखा जाता था। उसके प्रकाशन का बस इतना ही महत्व था कि साधनों के अभाव में लेखकों का एक सहकारी प्रकाशन इस तरह भी हो सकता है। संकलित कविताओं में 'प्रयोग' का न तो अलग से आग्रह था और न संकलित कृतिकारों का ऐसा कोई 'वाद' या आंदोलन खड़ा करने का विचार था। पर संपादक अज्ञेय निश्चित रूप से यथार्थवादी रचना-प्रवृत्ति के विरुद्ध रूपवादी, कलावादी, शुद्ध साहित्यिक आग्रह रखते थे तथा प्रगतिवाद के समानांतर एक विशुद्ध कलावादी-रूपवादी काव्यांदोलन चलाने का प्रयत्न कर रहे थे। केवल संपादक के वक्तव्य के कारण 'तारसप्तक' की रचनाओं पर यह लेबिल लगा दिया गया और 'तारसप्तक' को इस भ्रम का शिकार बनाया गया कि वह 'किसी सुचिंतित काव्यांदोलन का अग्रदल था जिसके झंडाबरदार और नेता उसके संपादक महोदय थे।'[45] वास्तविकता इससे भिन्न थी। 'तारसप्तक' नाम, उसमें एक खास पसंद के कवियों का चयन, इस तरह के सहकारी प्रयास की परिकल्पना—इन सारी बातों से अज्ञेय का कोई संबंध नहीं था। प्रकाशन की असुविधाओं के कारण बाद में, परिस्थिति और संयोगवश, उन्हें संपादक के रूप में स्वीकार कर लिया गया था। 'तारसप्तक' के बलबूते एक अलग आंदोलन खड़ा किया जा सकता है, यह सब तो सन् '47 के बाद पता चला। स्वाधीनता के बाद जब 'तारसप्तक' की ओर पाठकों-आलोचकों का ध्यान आकर्षित हुआ और उसकी संभावनाओं को पहचानकर संपादक महोदय ने वैसे ही और भी संग्रह निकालने की योजना बनाई, तो स्थिति ने एक नया ही मोड़ ले लिया। 'दूसरा सप्तक' और 'तीसरा सप्तक' के प्रकाशन से आलोचकों का यह भ्रम पूरी तरह बाकायदा प्रतिष्ठित हो गया कि संपादक महोदय सचमुच प्रयोगवाद नामक किसी नए काव्यांदोलन के प्रवर्तक हैं।'[46] तारसप्तक' के संपादक के रूप में अज्ञेय ने सातों कवियों पर एक विशेष 'वाद' और समाजविरोधी कलावादी आग्रह का मुलम्मा चढ़ाने का प्रयत्न किया। संभवतः इसीलिए आमंत्रित होने पर भी केदारनाथ अग्रवाल, नागार्जुन और त्रिलोचन ने 'दो टूक शब्दों में सहयोग देने से इनकार कर दिया।'[47] आजादी के बाद जब तेजी से देश की राजनीति में साफ-साफ दो टूक ध्रुवीकरण हुआ तो उस ध्रुवीकरण की प्रलंबित छाया साहित्य में भी दिखाई पड़ी। एक तरफ अज्ञेय और उनकी मंडली के साहित्यकार थे, 'प्रतीक', 'कल्पना' जैसे उनके पत्र थे, 'परिमल' नामक साहित्यिक संगोष्ठी थी, 'कांग्रेस फॉर कल्चरल फ्रीडम' से अंतर्राष्ट्रीय स्तर पर प्रगाढ़ संबंध था, साहित्य में 'यथार्थ-दर्शन' को हटाकर 'आत्मान्वेषण' को प्रतिष्ठित करने वाला नारा था, व्यक्तिस्वातंत्र्य का राजनीतिक-दार्शनिक सिद्धांत था, दूसरी तरफ प्रगतिशील लेखक संघ और प्रगतिशील साहित्यिक आंदोलन था। ये दोनों प्रवृत्तियां सन् ' 47 के बाद से पूरी तरह एक दूसरे के विरुद्ध युद्ध की घोषणा कर आमने-सामने आ खड़ी हुईं, यह एक तथ्य है। अंतर्विरोध अपने तीखे रूप में उपस्थित हो गया था, ठीक उतने ही तीखे रूप में जितना तत्कालीन वर्गसंघर्ष (तेलंगाना सशस्त्र संग्राम, किसान आंदोलन और मजदूर आंदोलन) था।

साहित्यिक इतिहास की दृष्टि से 'प्रयोगवाद' का सगोत्री एक और आंदोलन रहा है। वह भी प्रगतिवाद का विरोधी ही रहा है। 'प्रपद्यवाद' अथवा 'नकेनवाद' के रूप में इसका

उल्लेख किया जाता है। इस आंदोलन के पुरस्कर्त्ता तीन कवि रहे हैं : नलिन विलोचन शर्मा, केसरी कुमार और नरेश। इन तीनों के नामों के पहले अक्षर के आधार पर इसका नाम 'नकेन' पड़ा और 'वाद' या 'काव्यप्रवृत्ति' के रूप में इसे 'प्रपद्यवाद' कहा जाता है। 'नकेन' के केसरी कुमार के हवाले से पता चलता है कि हिंदी कविता में 'प्रयोगवाद' का वास्तविक आरंभ सन् '36-'38 में लिखित नलिन विलोचन शर्मा की कविताओं से होता है। ये कविताएं और बाद में केसरी कुमार और नरेश की कविताएं 'प्रकाश' (सं. नरेश) तथा 'योगी' (सं. ब्रजकिशोर वर्मा) में प्रकाशित होती रहीं। कविताओं में निहित सारभूत कलासिद्धांतों को 'दृष्टिकोण' (सं. शिवचंद्र शर्मा, पटना) में प्रकाशित किया गया। ये सिद्धांत 'नकेनवादी प्रयोग द्वादशसूत्री' के रूप में पस्पशा के अंतर्गत प्रस्तुत किए गए। इन तीनों कवियों ने अपने वाद को 'प्रपद्यवाद' कहा।[48] अज्ञेय के नेतृत्व में चलने वाले प्रयोगवाद से प्रपद्यवाद की भिन्नता कुछेक बातों में घोषित की गई। केसरी कुमार ने प्रपद्यवाद की दार्शनिक पृष्ठभूमि स्पष्ट करते हुए कहा कि प्रपद्यवाद प्रयोग को साध्य मानता है, जबकि प्रयोगवाद प्रयोग को साधन मानता है; प्रपद्यवाद महान पूर्ववर्तियों की परिपार्टियों को भी निष्प्राण मानता है; प्रपद्यवाद मानता है पद्य में उत्कृष्ट केंद्रण होता है तथा प्रपद्यवाद इस स्वयंसिद्धि से शुरुआत करता है कि चीज़ों का एकमात्र सही नाम होता है।[49]

प्रपद्यवादियों ने 'कविता' (मासिक, सं. नलिन विलोचन शर्मा) का प्रकाशन आरंभ किया। इसके अलावा उन्हें 'दृष्टिकोण', 'पाटल' तथा 'साहित्य' का सहयोग प्राप्त था।

कौन सच्चा प्रयोगवादी है, किसने पहले पहल प्रयोग किया, श्रेय किसे मिलना चाहिए—इन मुद्दों पर प्रयोगवाद और प्रपद्यवाद के प्रवर्तकों तथा अनुयायियों के बीच बहस चलती रही। इस बहस ने अनेक बार मूलभूत कला प्रश्नों पर गंभीर साहित्यिक विवाद का भी रूप लिया। दोनों खेमों की पत्रिकाओं और पुस्तकों में इन विवादों की गूंज-अनुगूंज मौजूद है। ऐसी ही एक बहस चली प्रपद्य द्वादश सूत्री के अंतिम सूत्र को लेकर कि 'प्रत्येक वस्तु का अपना एक नाम होता है।' अज्ञेय ने इसे 'भाषा का रहस्यवाद' कहा।

इन गैर-बुनियादी मुद्दों पर मतभेद के अलावा कविता से रूमानियत को पूरी तरह खारिज करने के सवाल पर भी रचनात्मक स्तर पर भेद बना रहा। प्रपद्यवादी यह मानते रहे कि कविता आज के वैज्ञानिक युग में गद्य की यथातथ्यता तथा विज्ञान के सारतत्व का अंतर्भाव करके ही जिंदा रह सकती है। अपने इस दृष्टिकोण के अनुसार ही वे इलियट के वस्तु संश्लेष (आब्जेक्टिव कोरिलेटिव) पर जोर देते रहे। इसके अलावा काव्यवस्तु के स्तर पर हर तरह की भावुकता और रूढ़ रूमानी संवदेनाओं के विरोधी चित्र प्रस्तुत करने का आग्रह भी प्रपद्यवाद में पर्याप्त है। केसरी कुमार की 'प्रेम-प्रेत' कविता इस दृष्टिकोण का घोषणापत्र है। रूमानियत को खारिज करने की यह प्रवृत्ति सन् '40 के आसपास निराला से शुरू होती है। 'बापू तुम मुर्गी खाते यदि', 'कुकरमुत्ता' तथा 'खजोहरा' कविताएं इस दृष्टि से प्रपद्यवादियों को प्रेरणा देती रहीं। अजित कुमार की कविता 'चांदनी चंदन सदृश क्यों दिखे' भी इसी परंपरा की देन है। नलिन विलोचन शर्मा की 'प्रत्यूष' शीर्षक कविता ध्यान देने लायक है :

> क्षितिज की गंजी चांद
> गाढ़ा हरा रंग
> पथल कोयले के धूवर्त्त

रव डरा हुआ चूं-चूं कांय,
चिड़ियों का, बैलगाड़ियों
के चक्कों का रौंदना
कोलतार की कोमल सड़क को,
बैलों की क्षुद्रघंटिकाओं की
क्षुद्रतर टुन-घुन,
रिक्शों की वर्ण संकर भोंपू–
सुबह की मीठी नींद टूट गई है,
मशहरी के पार जंगले से देख रहा हूं[50]

औद्योगिक सभ्यता के प्रतीकों से हमारे रूढ़ सौंदर्य-संस्कारों पर आघात होता है, गंजे के सिर की तरह आसमान में चांद। प्रत्यूष-मनहूस! अज्ञेय ने भी 'भोरबेला नदी तट पर घंटियों का नाद' लिखा। पर वहां 'चोट खाकर जग उठा सोया हुआ अवसाद' भी है।

कहना चाहिए कि रूमानियत को खारिज करने के लिए और कविता में औद्योगिक सभ्यता के यथार्थ को व्यक्त करने के लिए 'नकेन' ने फ्रांसीसी प्रतीकवाद तथा अतियथार्थवाद से प्रेरणा ली। केसरी कुमार की 'आषाढ़स्य प्रथम दिवसे' में दिन के समय बदली छाने के परंपरागत रूमानी दृश्यखंड को 'रोमिल बिलाड़' के द्वारा 'चूहे' को निगलने की क्रिया के माध्यम से व्यक्त किया गया है। अपने उपचेतन से प्रतीक और उपमान चुनने की स्वतंत्रता में विश्वास रखने के कारण ही प्रपद्यवादी यह मानते रहे हैं कि उपचेतन की समस्या कविता की सनातन समस्या है। अतः निजी उपचेतन के सामानों से कवि ऐंद्रिक आघात करता है।[51]

प्रयोगवादी कवियों तथा उनके साहित्यिक नेता अज्ञेय का रोमांस के संबंध में वह दृष्टिकोण नहीं था, जो प्रपद्यवादी कृतिकारों का था। अज्ञेय स्वयं भी 'भग्नदूत' (1933), 'चिंता' (1941), 'इत्यलम्' (1946) और 'हरी घास पर क्षण भर' (1949) में रोमांस के क्षयशील रूप तथा स्त्री-पुरुष संबंधों के समाज-निरपेक्ष पहलुओं को लेकर लिखते रहे थे। उनके अनन्य सहयोगी धर्मवीर भारती भी उसी दिशा में बढ़ रहे थे। मदन वात्स्यायन, विजयदेव नारायण साही, सर्वेश्वर दयाल सक्सेना आदि पर भी इन प्रवृत्तियों का असर था। ऐसी स्थिति में प्रयोगवाद का रोमांसविरोधी होना संभव ही नहीं था। अज्ञेय मूलतः यथार्थविरोधी थे और अपनी मंडली के प्रत्येक कवि को उसी दिशा में 'राहों का अन्वेषी' बनाना चाहते थे। यथार्थ के अन्वेषण की जगह आत्मान्वेषण को प्रतिष्ठित करने की कोशिश रोमांस की बैसाखी के बिना असंभव थी। केदारनाथ सिंह का एतराज सही है कि ऐसे समय में जबकि साहित्य को रोमांटिक भावुकता से छुटकारा दिलाने की आवश्यकता थी, अज्ञेय ने अपने इस वक्तव्य के द्वारा कि 'यथार्थ दर्शन केवल कुंठा उत्पन्न करता है' तथा अन्य अनेक अवसरों पर रोमांटिक संशयों को प्रतिध्वनित करने वाली घोषणाएं ही कीं। परिणामतः रोमांटिक और आधुनिक के बीच जो स्पष्ट विभाजन हो जाना चाहिए था, वह अगली पीढ़ी के लिए स्थगित कर दिया गया।[52]

इससे स्पष्ट है कि प्रयोगवाद यथार्थवादी साहित्यिक प्रवृत्तियों के विरोध में आरंभ किया गया था, न कि बच्चन, भगवतीचरण, अंचल, नेपाली, नवीन, पद्मकांत मालवीय आदि के क्षयशील रोमांस के विरोध में। प्रयोगवाद ने छायावाद के उन स्वस्थ तत्वों का विरोध अवश्य किया जिनका विकास प्रगतिवादी कृतिकार कर रहे थे।

प्रयोगवाद और नई कविता के रचनाकारों के सामने उत्तर-छायावादी अगंभीरता, अबौद्धिकता और रिक्तता से जूझने की समस्या थी, विजयदेव नारायण साही की यह उक्ति विचारणीय है।[53] नामवर सिंह इस कथन से प्रत्यक्षतः सहमत प्रतीत होते हैं चूंकि वे भी यह मानते हैं कि नए बौद्धिकों के सामने अगंभीरता की समस्या ही प्रमुख थी।[54] अब प्रश्न यह है कि क्या प्रयोगवाद रोमांसविरोधी था? क्या वह बीमार रूमानियत की प्रवृत्तियों से लड़ रहा था? 'परिमल' की गतिविधियों, 'प्रतीक', 'कल्पना' तथा 'नई कविता' में प्रकाशित रचनाओं को यदि ध्यान से देखें तो पता चलेगा कि प्रयोगवाद मूलतः यथार्थवाद विरोधी साहित्यिक 'वाद' के रूप में चलाया जा रहा था। उस दौर की हिंदी कविता में जिन विभिन्न प्रवृत्तियों के बीच संघर्ष हो रहा था उन्हें यदि एक वाक्य में कहें तो कह सकते हैं कि यह संघर्ष सामाजिक यथार्थ और मध्यवर्गीय व्यक्ति के आत्मग्रस्त बिंबजाल के बीच ही मुख्य रूप से था। सामाजिक यथार्थ का प्रतिनिधित्व प्रगतिवाद कर रहा था और व्यक्ति के आत्मसत्य पर जोर देने वाली प्रवृत्तियों का प्रतिनिधित्व उत्तर-छायावादी और प्रयोगवादी दोनों ही अपने-अपने ढंग से कर रहे थे।

उस समय प्रयोगवाद की आलोचना मुख्यतः इस आधार पर प्रगतिशील आलोचकों ने की कि वह साहित्य में रूपवाद, कलावाद और शिल्प के प्रयोग का आंदोलन है; उसमें काव्यवस्तु का अभाव है आदि आदि। पर वास्तविकता इससे भिन्न थी। रूप और शिल्प के प्रयोग को सैद्धांतिक जामा पहनाकर एक नए आंदोलन का घोषणापत्र अवश्य प्रस्तुत किया गया था, पर रचना के स्तर पर रूप-शिल्प में नवीनता के जितने प्रयोग पंत, निराला, दिनकर, नवीन, अंचल, नरेंद्र शर्मा, रामविलास शर्मा, शील, शंकर शैलेंद्र, केदार, सुमन, नागार्जुन, त्रिलोचन, शमशेर, मुक्तिबोध आदि ने किए थे, उनसे एक कदम भी आगे प्रयोगवादी नहीं बढ़े थे। बाद में जब 'नई कविता' का आंदोलन हुआ, प्रयोगवाद नाम अनुपयुक्त जान पड़ा और प्रगतिवाद आंदोलन के रूप में संगठित शक्ति नहीं रह गया, तो अनेक यथार्थवादी, जनवादी और प्रगतिशील कवि भी 'नई कविता' के आंदोलन के साथ शरीक हो गए। इसके साथ ही यथार्थ संवेदना, भावबोध, वैचारिक कल्पना और आधुनिक काव्यरुचि से संपन्न नई पीढ़ी के तरुण कवियों का समुदाय सामने आया जिसने 'विविधा', 'युग चेतना', 'समवेत', 'वसुधा', 'अपरंपरा', 'कृति', 'नयापथ', 'निकष', 'नई कविता', 'हमारी पीढ़ी', 'कवि', 'कविता', 'कल्पना', 'अजंता', 'नई धारा', 'समता' आदि पत्रों एवं संकलनों के माध्यम से स्वतःस्फूर्त ढंग से हर कस्बे, नगर और अंचल में नई कविता के आंदोलन की सृजनात्मक जागरूकता का परिचय दिया। नई कविता के आंदोलन के दर्म्यान जो शिल्पसंबंधी नवीनता का वैविध्य दिखाई पड़ा, उसका सप्तकों से इतना ही संबंध माना जा सकता है कि ऐतिहासिक दृष्टि से ये महत्व रखते हैं। जहां तक रचनाशीलता के स्तर पर नवीनता की संभावनाओं की तरफ दिशानिर्देश करने का प्रश्न था, यथार्थवादी रुझानों के साथ हुए रचनात्मक प्रयोगों के वैविध्य से नई पीढ़ी को बहुत कुछ मिला।

अगर प्रयोगवादी काव्य साहित्य का विश्लेषण करें तो इतिहास की दृष्टि से कुछ दिलचस्प नतीजे सामने आते हैं। प्रगतिशील काव्यांदोलन एक ओर यदि 'छायावाद और स्वच्छंद धारा' के रहस्यवाद, अध्यात्म, क्षयशील रोमांस और पलायन की प्रवृत्ति का विरोध करता था, तो दूसरी ओर उसके स्वस्थ सामाजिक तत्वों को आत्मसात कर यथार्थवादी रुझानों के संदर्भों

को समृद्ध कर रहा था। इस तरह रोमांटिसिज्म अथवा रूमानी तत्व के बारे में प्रगतिवादी दृष्टिकोण के दो पहलू थे—सकारात्मक और नकारात्मक।

पर प्रयोगवादी रचनाकारों ने रोमांस की स्वीकृति अथवा अस्वीकृति, ग्रहण अथवा त्याग के बारे में सैद्धांतिक घोषणा प्रायः नहीं की। जितने जोरशोर से राजनीति और यथार्थ के विरोध में, सामाजिक आग्रहों और साहित्येतर लक्ष्यों की भर्त्सना की गई, उस संदर्भ में यदि रहस्यवाद, अध्यात्म, क्षयशील रोमांस और पलायनवाद पर उनके विचार ढूंढ़े, तो शायद ही कहीं मिलें। यही वह बिंदु है जहां प्रगतिवाद और प्रयोगवाद के संघर्ष के सारे गुप्त सूत्र मिलते हैं।

अगर रोमांटिक तत्वों के ग्रहण की दृष्टि से प्रारंभिक प्रयोगवादी काव्य का विश्लेषण करें तो पाएंगे कि बच्चन आदि की पीढ़ी के बाद के गीतकारों की रचना का जो नवरूमानी स्वर है, उससे बहुत भिन्न प्रयोगवादी रचना का काव्य तत्व नहीं है। यह समानता आकस्मिक नहीं है। समसामयिक यथार्थ से भागकर कौन कहां शरण ले रहा है, इसके पीछे ऐतिहासिक प्रेरणाएं काम करती हैं। समसामयिक यथार्थ से भागकर नई पीढ़ी के गीतकार निजी आत्मसत्य में शरण ले रहे थे, मध्यवर्ग के टूटते हुए विभाजित संसार की वैयक्तिक छटपटाहट व्यक्त कर रहे थे। इस तरह की अभिव्यक्ति में रस, रंग, रोमान का संयत किंतु खुला स्वर है। अज्ञेय, भारती, शकुंत माथुर, साही आदि भी शरणागत होकर यहीं मंडरा रहे थे। प्रयोगवाद और नवगीत दोनों का काव्यसंसार लगभग पास-पास है। उस समय के गीतकार हैं : शंभूनाथ सिंह, ठाकुर प्रसाद सिंह, नरेश मेहता, रामदरश मिश्र, राजनारायण बिसारिया, उमाकांत मालवीय, बालस्वरूप 'राही', धर्मवीर भारती, विद्यावती 'कोकिल', रमानाथ अवस्थी, नीरज, वीरेंद्र मिश्र। प्रारंभिक प्रयोगवादी काव्य गीतकारों के गीत से केवल एक मानी में भिन्न है। वह यह कि अज्ञेय से लेकर साही तक ने अनुभववाद और बुद्धिवाद के मेलजोल पर जोर दिया। 'इंद्रधनु रौंदे हुए ये' उस विवेक को समर्पित किया गया है जो मन की सीपी में अनुभव की कनी रख जाता है। 'सेतु' कविता में अज्ञेय अनुभव के स्तंभ और विवेक की किरण दोनों की बात करते हैं। रचना प्रक्रिया के स्तर पर भावुकता से पिंड नहीं छूटा था किंतु बौद्धिक हुए बिना काम भी नहीं चल सकता था। अतः एक नए प्रकार के रूमानी विश्वदृष्टिकोण का बोलबाला प्रयोगवादी काव्य में होना अवश्यंभावी था। भावुकता और प्रखर बौद्धिक व्यक्तिवाद के बीच 'सेतु' निर्माण, रचनाप्रक्रिया के 'क्षण' में उसकी अद्वितीयता को पकड़ने के प्रयत्न में फलित हुआ। गजानन माधव मुक्तिबोध भी स्वीकार करते हैं कि सन् '51 तक यही प्रवृत्ति प्रमुख रही। दूसरे सप्तक को लक्षित कर उन्होंने लिखा है : 'दूसरे सप्तक वाले अपनी नवीन रोमैंटिक भावनाएं लेकर प्रयोगवाद में आए। पहले सप्तक और दूसरे सप्तक में यह मौलिक भेद है। व्यक्ति के विकास की दृष्टि से पहला सप्तक अधिक मजबूत है, दूसरा सप्तक रोमैंटिक परिधान की दृष्टि से अधिक मनोरम।'[55] रोमांस के साथ बौद्धिकता का प्रक्षेप एक प्रकार का काव्य छद्म रहा है। अपने 'नीड़' या अपनी 'मध्यवर्गीय अंतर्गुहा' से न निकल पाने की दुर्बलता के कारण प्रयोगवाद ने आरंभ में छद्म बौद्धिकता का कवच ओढ़ लिया। 'जीवन-विश्लेषणपरक विस्तृत चित्रण करने के लिए जिस बौद्धिकता और संकलित अनुभवचित्रों के गठन के लिए जिस बुद्धिशक्ति की आवश्यकता होती है वह इस क्षेत्र में बहुत कम दिखाई देती है।'[56] मध्यवर्गीय जीवनयथार्थ की सारभूत विशेषताओं के चित्रण में भी वह असमर्थ

रहा। अक्सर समीक्षकों ने प्रारंभिक प्रयोगवादी काव्य की 'गद्यात्मक आभा' को देखकर उसे बौद्धिक काव्य कहा। यह आलोचकों का पक्षपात ही कहा जाएगा क्योंकि उसमें 'किसी बौद्धिक प्रक्रिया का उत्कर्ष नहीं दिखाई देता', बल्कि उसमें तो संवेदना-आघातों के 'सामान्यीकृत भावों की ही प्रधानता' है। 'संवेदना-आघात' या 'ऐंद्रिक आघात' को भावप्रवणता से पेश करना रूमानी कवियों का प्रधान कौशल रहा है। यहां भावप्रवणता के साथ एक प्रकार का बौद्धिक सरलीकरण भी आ मिला। प्रयोगवादी काव्यांदोलन के पुरस्कर्त्ता के नाते अज्ञेय के सामने एक महत दायित्व था–प्रगतिवाद के आधारभूत सिद्धांतों पर प्रहार। 'बौद्धिक सरलीकरण' की सहायता से अज्ञेय ने कविता में भी यही काम किया। अपने ढंग से प्रगतिवाद के सिद्धांतों का विकृत भाष्य करके अज्ञेय ने एक कविता लिखी–'कवि, हुआ क्या फिर?'

भावनाएं खाद हैं केवल!
जरा उनको दबा रखो
जरा-सा और पकने दो
ताने और तचने दो
अंधेरी तहों की पुट में पिघलने और पचने दो
रिसने और रचने दो–
कि उनका सार बनकर चेतना की धरा को कुछ उर्वरा कर दे;
भावनाएं तभी फलती हैं कि उनसे लोक के
कल्याण का अंकुर कहीं फूटे।
कवि, हृदय को लग गई है ठेस!
धरा में हल चलेगा
मगर तुम तो गरेबां टोह कर देखो
कि क्या वह लोक के कल्याण का भी
बीज तुम में है?[57]

एकतरफा उपदेश की वक्तृता शैली में प्रगतिवाद, समाजवाद, सामाजिक यथार्थवाद, लोककल्याण आदि का मजाक उड़ाया गया है। इसके अलावा इस कविता के द्वारा अज्ञेय ने 'भाव के स्वतः स्फूर्त प्रवाह', 'भावोद्रेक की सहजता', 'भाव की तन्मयता' आदि के उत्तर-छायावादी आग्रह के पक्ष में वकालत भी की। सामाजिक चेतना के अंकुर और विचार के बीज काव्य के आवश्यक उपकरण हैं, इस सिद्धांत का उपहास प्रमाणित करता है कि अज्ञेय की रचनात्मक संपृक्ति किस हद तक रूमानी मनोदशा से अनुकूलित हो रही थी। प्रकृति के 'रंगारंग फानूस', 'स्वत्व की पुरानी कुप्पियों' और 'स्मृति पींजड़े' में बंद 'सम्मोहिनी-सी झिलमिलाती मुग्ध राका' आदि के अनेकानेक शब्दचित्रों में अज्ञेय की रोमांसप्रियता स्पष्ट हो जाती है। कवि जिन क्रियाओं को 'क्षण की अद्वितीयता' में पकड़ता है, उनसे भी उसके दृष्टिक्षेत्र और भाव की संरचणभूमि का पता चलता है। कुछ क्रियाएं द्रष्टव्य हैं :

जब पपीहे ने पुकारा
मुझे दीखा :
दो पंखुरियां

झरीं लाल गुलाब की, तकीं पियासी
पिया से ऊपर झुके उस फूल को।[58]

× × ×

क्षितिज ने पलक-सी खोली
तमक कर दामिनी बोली–
'अरे यायावर ! रहेगा याद?[59]

× × ×

बादलों के चुंबनों से खिल अयानी हरियाली
शरद की धूप में नहा-निखर कर हो गई है मतवाली।
झुंड कीरों के अनेकों फबतियां कसते मंडराते
झर रही है प्रांतर में चुपचाप लजीली शेफाली।[60]

× × ×

सो रहा है झोंप अंधियाला
नदी की जांघ पर डाह से सिहरी हुई यह चांदनी
चोर पैरों से उझक कर
झांक जाती है।[61]

प्रकृति की अनेकानेक क्रियाओं में प्रभावसाम्य की व्यंजना से मानवव्यापार दिखलाना रूमानी काव्य का मुख्य कौशल माना जाता है। पर देखना यह चाहिए कि मनुष्य के कर्मक्षेत्र के विशाल व्यापार से किन क्रियाओं को साम्यव्यंजना के लिए चुना गया है। अपनी 'दीप्त प्यास की ऊर्ध्वमुखी शिखा' से बेचैन प्रयोगधर्मा कवि यदि 'मोर-सा प्रमत्त मन' बन झूमता है, 'उनींदे लोचनों की युगल जोड़ी याद कर लिया करता' है, 'टेसुओं की आरती सजा वधू बनी वनस्थली' को निरखता है और 'घहराते उद्दाम हठीले यौवन से इठलाती' बरसात या प्रिया को 'आषाढ़स्य प्रथम दिवसे' याद करता है– तो ऐसी स्थिति में उस काव्य का सौंदर्य के अनुपम चित्रों से भास्वर हो उठना एक खास किस्म के पाठकों को अवश्य ही संतुष्ट करेगा–पर क्या यह छायावाद और उत्तर-छायावादी काव्य प्रवृत्ति से भिन्न है? क्या यह भी 'स्वप्न-वीथी' का परंपरित काव्यतिलस्म नहीं है?

अगर अज्ञेय के काव्यसंसार की तुलना केदार, मुक्तिबोध, त्रिलोचन या निराला से करें तो पता चलेगा कि इस काव्यसंसार में व्यक्ति के आत्मसत्य के अंतर्गत न तो 'अंध कारा' है, न दलित जन पर करुणा है, न 'गांव के त्रस्त क्षेत्र का वह मस्त महाजन' है और न व्यक्ति को त्रस्त करने वाला दुर्वह अर्थभार है। यहां तो 'दबी वासना' के 'स्खलन', 'अपने से बाहर आने को छोड़ नहीं आवास दूसरा' की विवश स्वरति है, स्वरति से आत्म-साक्षात्कार है और सर्वोपरि यह कि 'भावोद्रेक की स्वतः स्फूर्तता' की वकालत है। 'अगंभीरता' अथवा 'अबौद्धिकता' से नाता जोड़ते हुए क्षयशील रोमांस की वकालत धर्मवीर भारती की कविता में बहुत ही स्पष्ट है :

किसी की सांस में चुन दूं
किसी के होंठ पर बुन दूं

अगर अंगूर की परतें
प्रणय में निभ नहीं पातीं कभी इस तौर की शरतें
यहां तो हर कदम पर
स्वर्ग की पगडंडिया घूमीं
अगर मैंने किसी की मदभरी अंगड़ाइयां चूमीं
अगर मैंने किसी की सांस की पुरवाइयां चूमीं
महज इससे किसी का प्यार मुझ पर पाप कैसे हो!
महज इससे किसी का स्वर्ग मुझ पर शाप कैसे हो![62]

'चिंता' के 'वर्जित प्रेमफल' और 'प्रेमसंगीत' की 'वर्जित प्रेम मदिरा' के अभिशाप से इस कविता के 'गुनाह' का घनिष्ठ संबंध है। 'दूसरा सप्तक' में भारती की ऐसी ही अनेक कविताएं हैं। 'इन फीरोजी होंठों पर बर्बाद मेरी जिंदगी', 'तुम कितनी सुंदर लगती हो, जब तुम हो जाती हो उदास', 'जाड़े की शाम', 'कविता की मौत' आदि रचनाएं व्यक्तिवादी उन्मत्त प्रेम-पीड़ा की प्रवृत्ति रेखांकित करती हैं।

दूसरे सप्तक में व्यापक दृष्टिक्षेत्र, गहन काव्यसंवेदना और अनुभवबहुल रचनाशीलता की दृष्टि से भवानी प्रसाद मिश्र, नरेश महेता, शमशेर बहादुर सिंह, हरिनारायण व्यास की कविताएं उल्लेखनीय हैं। इन चारों कृतिकारों की रचनात्मक मनोभूमि किसी न किसी प्रकार जनवाद, प्रगतिशीलता और सामाजिक यथार्थवाद से संबद्ध है। अतः इन रचनाकारों को प्रयोगवाद के अंतर्गत मात्र इसलिए गिनना कि ये 'दूसरा सप्तक' में संकलित हैं, न तो कृतिकारों के साथ न्याय है, न रचनाओं के साथ और न प्रयोगवादी काव्यांदोलन के साथ।

दूसरे सप्तक के शेष दो कवि रघुवीर सहाय और शकुंत माथुर हैं। इन दोनों का प्रयोगवाद से संबंध है और प्रयोग की चर्चा-परिचर्चा से इनकी मनोभूमि का एक हद तक निर्माण हुआ है। इसके बावजूद रचनाशीलता के विकास के अलग पड़ाव और मोड़ पर प्रयोगवादियों से वे अलग खड़े दिखायी देते हैं।

रघुवीर सहाय ने स्वयं लिखा है कि सन् '47 में 'एक बार बच्चन की कविताएं पढ़ीं और उनकी वेदना से मेरा कंठ फूटा।'[63] इस तरह बच्चन के प्रभाव से उनका भावोद्रेक हुआ और गिरिजा कुमार माथुर, अज्ञेय और शमशेर बहादुर सिंह का मिला-जुला प्रभाव उन पर पड़ा। पर इसके साथ ही वे मार्क्सवाद और प्रगतिवादी काव्यांदोलन के प्रति एक स्थिर रुख भी बना चुके थे कि लोग कविता पर मार्क्सवाद को गिलाफ की तरह चढ़ाना चाहते हैं। अतः इस प्रकार के दृष्टिकोण के प्रत्याख्यान का आग्रह भी शुरू हो गया। इसके बावजूद रघुवीर सहाय पर समसामयिक यथार्थ का घनीभूत प्रभाव है। अन्य प्रयोगवादियों से वे इस अर्थ में भिन्न हैं कि जहां दूसरे कवि औद्योगिक सभ्यता की कठिन कर्कश जिंदगी से भागकर गांव या प्रकृति के रूमानी आश्रयस्थल ढूंढ़ते हैं, वहीं रघुवीर सहाय प्रपद्यवादियों की तरह, बल्कि उनसे भी अधिक सामाजिकता को स्वीकार कर, 'उषा' की जगह 'मुंह अंधेरे' कहना अधिक पसंद करते हैं। इस कविता में एक ओर प्रभात के रूमानीकरण को खारिज करने की कोशिश है वहीं दूसरी ओर कवि अपने व्यापक दृष्टिक्षेत्र का भी परिचय देता है, भले ही उसमें गिनती के लिए ही बाह्य वास्तव के कर्म व्यापार क्यों न हों!

छापेखानों से चल दिया होगा अखबार,
ठेलों की खड़खड़ाहट, दूधवालों के खनकते बरतन
जल्दी चलते हुए चप्पल के हकलाने के से
शब्द, पास आते हैं और दूर चले जाते हैं।
आने दो याद हमें अपने कारखानों की,
दिन शुरू होगा जिस पर कि बस किसी का नहीं,
रात को रोक नहीं सकती हैं मीठी नीदें,
होती जाती है जुन्हाई एक कोरा कागज।[64]

इसी तरह 'सायंकाल' शीर्षक कविता का चित्र भी यथार्थपरक और प्रतीक व्यापार की दृष्टि से मौलिक है। 'दूसरा सप्तक' में संकलित रघुवीर सहाय की शेष कविताओं में संयत रूमानी विवरण जो थोड़े बहुत हैं वे भी यथार्थ की छाया से परे नहीं जाते।

'केसर रंग के रंगे आंगन', 'पूर्णमासी रात भर', 'डर लगता है' आदि शकुंत माथुर की कविताएं अपनी कथनभंगी में नए संयमित प्रयोग का परिचय देती हैं। 'लीडर का निर्माता' शीर्षक कविता में एक ओर राष्ट्रीय जीवन के उच्चवर्गीय राजनीतिक नेतृत्व के विलासमय तौर तरीकों पर व्यंग्य है, दूसरी ओर मेहनतकश जनता के उत्पीड़न का वर्णन है।

'जिंदगी का बोझ' कविता में कुली के कठोर श्रम का एहसास, 'जानबूझकर नहीं जानती' में प्रसन्नता के एक दिन को व्यक्त करने के उद्देश्य से लाए गए यथार्थ जीवन के अनूठे उपमान, 'सुनसान गाड़ी' में गांव के गाड़ीवान और बुझ चुके गरीबों के घरों के मंद दीपक का वर्णन तथा 'दोपहरी' में कोचवान, कोलतार की जली अंगीठी सी सड़क, भारी फटे जूते पहने और सुख-दुख की मोटी गठरी उठाए ग्रामीण का गतिचित्र–शकुंत माथुर के काव्य का मूल वैशिष्ट्य है। ऐसा लगता है कि प्रगतिवाद और प्रयोगवाद की संधिकालीन क्रिया-प्रतिक्रिया से जिन कवियों का रचना-स्वभाव निर्धारित हुआ है, उनमें शकुंत माथुर का नाम महत्वपूर्ण है। इस दृष्टि से रघुवीर सहाय का काव्य भी अछूता नहीं है।

प्रगतिवाद-प्रयोगवाद के परस्पर संघर्ष से अनेक प्रकार के साहित्यिक संवाद-विवाद हुए, कृतिकारों के रचनात्मक स्वभाव पर अनेक प्रकार के प्रभाव पड़े। इतना स्पष्ट है कि प्रगतिवादी कवियों ने गंभीरतापूर्वक रचना के शिल्पपक्ष और नवीन प्रयोगों की आवश्यकता का अनुभव करना आरंभ किया। पहले जहां स्वतःस्फूर्त यथार्थवादी रुझानों के क्रम में अपने आप नए प्रयोग हो रहे थे, उन प्रयोगों से आगे बढ़ने और नवोन्मेष की प्रवृत्ति को सचेत ढंग से समृद्ध करने की स्पर्द्धा प्रयोगवादी आंदोलन ने जगाई।

दूसरी तरफ प्रयोगवादियों और उत्तर-छायावादी गीतकारों ने कविता की सामाजिक अंतर्वस्तु का यद्यपि खुले तौर पर यह कहकर विरोध किया कि कविता को मीडियाकरों की नारेबाजी से बचाना होगा, राजनीति के कारण साहित्य का अस्तित्व खतरे में है, पर अंदर ही अंदर वे भी सामाजिक दायित्वों के प्रति क्रमशः नई सजगता का अनुभव करने लगे थे। इसीलिए हम देखते हैं कि नई कविता आंदोलन के दौरान इन प्रयोगवादियों में से अनेक कवियों ने अच्छी यथार्थपरक रचनाएं लिखीं।

दो प्रकार के आंदोलनों की खुली टकराहट हर खेमे के कृतिकार से सृजनात्मक जागरूकता और नवीन उद्‌भावना की मांग कर रही थी। इसका नतीजा बाद में सामने आया। संभवतः

इसीलिए 'नई कविता' हिंदी काव्य के रचनात्मक वैविध्य की दृष्टि से अपूर्व महत्त्व रखती है। इसे हर खेमे के रचनाकार का योग प्राप्त हुआ।

उपन्यास

महाकाव्यों की महान साहित्यिक परंपरा के निर्माण के स्थगित होने की प्रक्रिया में हम देखते हैं कि चौथे दशक में एकाएक प्रबंधकाव्य उपेक्षित काव्यविधा बन गया और उसे एक कोने में ठेलकर 'उपन्यास' की विधा महान प्रतिभाओं को चुनौती देने लगी। हिंदी साहित्य के इस दौर में कवि, नाटककार और समीक्षक भी उपन्यास लिखने की ओर प्रवृत्त हुए। इतना ही नहीं, बल्कि इतिहास को भी उपन्यास का विषय बनाकर अपने देश और राष्ट्रीय जीवन के समसामयिक यथार्थ को प्रकाशित करने के लिए ऐतिहासिक पृष्ठभूमि की जांच होने लगी, अतीत का निचोड़ निकालने के प्रयत्न शुरू हुए और वह सब हासिल किया गया जिसे हासिल करने में 'प्रबंधकाव्य' की विधा लगभग विफल हो चुकी थी। इस तरह उपन्यास को ऐसा साहित्यिक रूप दिया जाने लगा जिसमें जीवन की कविता और गद्य का ऐक्य हो।

सन् '30 के बाद लिखे गए उपन्यासों से पता चलता है कि इस काम में तत्कालीन लेखकों को महान सफलता इसलिए मिली चूंकि उनकी दृष्टि को ढके हुए अभेद्य परदे चाहे तो पहचान लिए गए थे या हटाए जाने लगे थे।

जैनेंद्र कुमार को प्रेमचंद ने यह बताया था कि हिंदी उपन्यास के विकास की दिशा रवींद्र और शरत की नहीं हो सकती है, जिसमें 'स्त्रीभावना' और उन प्रसंगों की 'स्मृति से भावना की तरलता' छाई होती है। हिंदी में तो संकल्प का उपन्यास साहित्य चाहिए, चूंकि 'संकल्प में भावना का काठिन्य अधिक होता है।'[65] इसके साथ ही अपनी कहानी 'मिस पद्‌मा' तथा अनेक लेखों में फ्रायडीय सिद्धांतों पर आधारित मनोविश्लेषणप्रधान या 'मनोवासना की पूर्ति' वाले साहित्य को वे कुरुचि का परिचायक कहते हैं। तथा 'नग्न यथार्थवाद' अथवा 'प्रकृतवाद' का साहित्यिक प्रणाली के रूप में विरोध करते हैं। इसी से समझा जा सकता है कि उस समय हिंदी उपन्यास में चूंकि इन विभिन्न प्रवृत्तियों का प्रभाव दिखाई पड़ने लगा था, अतः प्रेमचंद की इस चेतावनी का क्या अर्थ है। विचारधारात्मक रुझान, साहित्यिक लेखन प्रणाली और यथार्थवाद की ओर क्रमशः अग्रसर होने की प्रवृत्ति आदि के कारण सन् '30 के लगभग ही कथाकारों के बीच एक अस्पष्ट प्रकार का व्यक्तिपरक विभाजन होने लगा था। कुछ कथाकार 'प्रेमचंद-स्कूल' के माने जाते थे, कुछ 'प्रसाद-स्कूल' के और कुछ 'उग्र-स्कूल' के। नलिन विलोचन शर्मा के उल्लेखों से पता चलता है कि सुदर्शन और कौशिक प्रेमचंद-स्कूल के लेखक माने जाते थे। इन दोनों के अतिरिक्त प्रेमचंद के द्वारा उद्‌घाटित मार्ग पर चलने वाले उपन्यासकारों में राजा राधिकारमण प्रसाद सिंह, प्रफुल्ल चंद्र ओझा 'मुक्त', अनूप लाल मंडल, और 'देहाती दुनिया' के लेखक शिवपूजन सहाय के नाम साहित्य के इतिहास में परिगणनीय हैं।[66] ऐसा प्रतीत होता है कि बहुत अटपटे ढंग से प्रेमचंद के मार्ग का निर्णय किया गया था और वही निर्णय नलिन विलोचन शर्मा जैसे प्रख्यात समीक्षक मानते रहे। व्यक्तिपरक ढंग से लेखकों का विभाजन न तो हो सकता है और न वांछनीय है।

उस समय उपन्यास में प्रगतिवादी लेखन की यथार्थवादी धारा के समानांतर दो प्रकार की प्रवृत्तियां स्पष्ट थीं : (1) आदर्शवाद और भावुकता, (2) नग्न यथार्थवाद, प्रकृतवाद, सस्ती

कामुकता और मनोविश्लेषणप्रधान फ्रायडीय दृष्टिकोण।

आदर्शवाद और भावुकता

प्रेचचंद की अधिकांश प्रारंभिक कृतियों का संबंध प्रायः इसी प्रवृत्ति से जोड़ा जाता है। सन् '30 के बाद लिखे उनके उपन्यासों का संबंध इस प्रवृत्ति से नहीं जोड़ा जाता है, पर आचार्य शुक्ल 'गोदान' तक को इसी के अंतर्गत रख लेते हैं।

इस तरह कालबद्ध विभाजन प्रेमचंद साहित्य के साथ न्याय नहीं कर पाता। क्या 'प्रेमाश्रम', 'रंगभूमि', 'निर्मला' आदि में यथार्थ चित्रण की प्रवृत्ति नहीं है? हां, समस्याओं के समाधान की दृष्टि से प्रेमचंद के प्रारंभिक साहित्य को 'आदर्शोन्मुख यथार्थवादी' कहना एक हद तक ठीक है।

पर इस प्रवृत्ति के अंतर्गत कौशिक, सुदर्शन, हृदयेश, शिवपूजन सहाय, राजा राधिकारमण प्रसाद सिंह, चतुरसेन शास्त्री, प्रतापनारायण श्रीवास्तव आदि उपन्यासकारों की उस समय तक लिखित रचनाओं को रखा जा सकता है। आचार्य रामचंद्र शुक्ल ने इन्हीं उपन्यासकारों को तीन अलग-अलग भागों में रखा है : (1) 'मनुष्य के अनेक परस्परिक संबंधों की मार्मिकता पर प्रधान लक्ष्य रखने वाले' : प्रेमचंद ('सेवासदन', 'निर्मला', 'गोदान'), विश्वंभर नाथ शर्मा 'कौशिक' ('मां, 'भिखारिणी'), प्रताप नारायण श्रीवास्तव ('विदा', 'विकास', 'विजय'), चतुरसेन शास्त्री ('हृदय की प्यास')। (2) 'भिन्न-भिन्न जातियों और मतानुयायियों के बीच मनुष्यता के व्यापक संबंध पर जोर देने वाले' : राजा राधिकारमण ('राम रहीम')। (3) 'बाह्य और आभ्यंतर प्रकृति की रमणीयता का समन्वित रूप में चित्रण करने वाले, सुंदर और अलंकृत पदविन्यास युक्त' उपन्यास के रचयिता चंडी प्रसाद हृदयेश ('मंगल प्रभात')।[67] 'कथावस्तु के स्वरूप और लक्ष्य' के अनुसार विभाजित उपर्युक्त तीनों भेदों का 'आदर्शवाद और भावुकता' के अंतर्गत समाहार हो जाता है। शुक्ल जी के उपर्युक्त तीनों भेदों के वैशिष्ट्य का मूल तत्व 'संबंधों की मार्मिकता और आभ्यंतर प्रकृति की रमणीयता' है। यही आदर्शवाद और भावुकता का भी प्रधान लक्षण है।

सन् '30 तक आदर्शवादी भावप्रवणधारा को अवध नारायण, ब्रजनंदन सहाय तथा स्वयं प्रेमचंद ने भी काफी हद तक पुष्ट किया था। निराला की कृति 'प्रभावती' भी इस औपन्यासिक धारा में लिखी गई। 'प्रभावती' की भूमिका में निराला ने उसे 'रोमांटिक उपन्यास' कहा है।

आदर्शोन्मुख यथार्थ की धारा के अंतर्गत निम्नलिखित कृतियों को परिगणित किया गया है : (1) 'क्षमा' (श्रीनाथ सिंह, 1925), 'मीठी चुटकी' और 'त्यागमयी' (भगवती प्रसाद बाजपेयी, 1928, 1932), 'तलाक' (प्रफुल्लचंद्र ओझा 'मुक्त', 1932), 'रामलाल' (मन्नन द्विवेदी, 1921), 'देहाती दुनिया' (शिवपूजन सहाय, 1926), 'स्वामी चौपटानंद' (गंगा प्रसाद श्रीवास्तव, 1936), 'नारी हृदय' (शिवरानी देवी, 1932), 'मदारी' (गोविंद बल्लभ पंत, 1936), 'वचन का मोल' (उषा देवी मित्रा, 1936), 'अमर अभिलाषा', 'आत्मदाह', 'नील माटी' (चतुरसेन शास्त्री, 1933, 1936, 1940), 'प्रेम की भेंट', 'कुंडली चक्र' (वृंदावनलाल वर्मा, 1931, 1932)।

इस धारा के उपन्यासों के संबंध में प्रायः यह कहा जाता है कि ये 'मध्यवित्तीय मनोभावना के श्रेष्ठ प्रतिबिंब हैं जो क्रांति का दावा कर भी सुधार पर अटक' जाते हैं। यह स्थिति केवल राष्ट्रोद्धार या आर्थिक एवं सामाजिक समस्या को लेकर ही नहीं है, बल्कि नारी समस्या के

विविध पहलुओं के बारे में भी इन उपन्यासों का वही तरीका है। अतः 'चित्रलेखा' (भगवती चरण वर्मा, 1934) में वर्णित नैतिक मूल्यों के पुनः स्थापन की समस्या को यदि ध्यान में रखें तो पता चलेगा कि लक्ष्मीकांत वर्मा अपनी इस स्थापना में सही हैं कि यह कृति दार्शनिक खोखलेपन को उघाड़ती अवश्य है पर यह भी 'सेवासदन' की ही पूर्ति है।[68] अतः 'चित्रलेखा' को भी इसी प्रवृत्ति के अंतर्गत परिगणित किया जाना चाहिए। 'चित्रलेखा'के साथ ही भगवतीचरण वर्मा के 'तीन वर्ष' नामक उपन्यास को भी इसी श्रेणी में रखा जाना चाहिए चूंकि वेश्या सरोज को उच्चादर्शों से प्रेरित कर अंत में लेखक ने धनलिप्सा की वजह से प्रेमी को प्यार न करने वाली अपनी सहपाठिनी प्रभा को बदलने के लिए उसके प्रेमी रमेश को सारा धन समर्पित करते दिखलाया है। इनके अतिरिक्त इस प्रवृत्ति के प्रमुख उपन्यासकार और उसकी कृतियां ये हैं : (1) देवनारायण द्विवेदी ('कर्त्तव्याघात', 'प्रणय', 'पश्चाताप', 'दहेज'), (2) अनूपलाल मंडल ('निर्वासिता', 'मीमांसा', 'समाज की वेदी पर', 'गरीबी के दिन', 'अभिशाप'), (3) आनंदी प्रसाद श्रीवास्तव ('अबलाओं का बल'), (4) इंद्र विद्यावाचस्पति ('जमींदार', 'सरला की भाभी', 'सरला', 'आत्म बलिदान'), (5) उदय शंकर भट्ट ('वह जो मैंने देखा', 'नए मोड़'), (6) उपेंद्रनाथ अश्क ('सितारों के खेल'), (7) उषा देवी मित्रा ('वचन का मोल', 'नष्ट नीड़', 'सोहनी'), (8) ऋषभरचण जैन ('भाई', 'मास्टर साहब', 'रहस्यमयी'), (9) गिरिजा दत्त शुक्ल 'गिरीश' ('बाबू साहब', 'जगद्गुरु', 'प्रोफेसर', 'विद्रोह', 'बहता पानी'), (10) गोविंद बल्लभ पंत ('प्रतिभा', 'मदारी', 'अनुरागिनी', 'एक सूत्र', 'अमिताभ', 'नूरजहां', 'मुक्ति के बंधन', 'चंद्रकांत', 'प्रगति की राह', 'यामिनी' और 'नौजवान'), (11) हृदयेश ('मंगल प्रभात', 'मनोरमा'), (12) चतुरसेन शास्त्री ('आत्मदाह', 'वैशाली की नगरवधू', 'नरमेध', 'अपराजिता'), (13) छविनाथ ('मां की ममता', 'अस्पताल में'), (14), गंगाप्रसाद श्रीवास्तव ('लतखोरीलाल', 'दिलजले की आत्मकथा', 'गंगा जमुनी'), (15) देवीदयाल चतुर्वेदी मस्त ('अनुष्ठान', 'उड़ते पत्ते'), (16) सियाराम शरण गुप्त ('नारी', 'गोद', 'अंतिम आकांक्षा'), (17) प्रताप नारायण श्रीवास्तव ('विदा', 'विजय', 'विकास', 'बयालीस','विसर्जन', 'बेकसी का मजार', 'ईश्वर की वेदी पर'), (18) भगवती प्रसाद वाजपेयी ('प्रेमपथ', 'मीठी चुटकी', 'अनाथपत्नी', 'त्यागमयी','नियतिन', 'लालिमा', 'पतिता की साधना', 'पिपासा', 'दो हमें निमंत्रण', 'पतवार', 'चलते चलते'), (19) मोहनलाल महतो 'वियोगी' ('आरपार', 'शेषदान', 'आदमखोर'), (20) राजेश्वर प्रसाद सिंह ('आदमी और जिंदगी', 'अभिनय', 'सुलगती आग', 'खेल','रहस्यमयी', 'मृत्यु किरण', 'साथी', 'इंस्पेक्टर बोस'), (21) राधिकारमण प्रसाद सिंह ('राम रहीम', 'पुरुष और नारी', 'संस्कार'), (22) लक्ष्मी नारायण गर्दे ('नकली प्रोफेसर', 'मियां की करतूत',), (23) विश्वंभरनाथ जिज्जा ('तुर्क तरुणी', 'प्रेम की पूर्णिमा'), (24) विष्णु प्रभाकर ('ढलती रात', 'स्वप्नमयी'), (25) वृंदावनलाल वर्मा ('गढ़ कुंडार', 'विराटा की पद्मिनी', 'अचल मेरा कोई', 'प्रेम की भेंट', 'लगन', 'संगम', 'प्रत्यागत'), (26) शांतिप्रिय द्विवेदी ('दिगंबर', 'कुंडली चक्र', 'कभी न कभी'), (27) ठाकुर श्रीनाथ सिंह ('उलझन', 'क्षमा', 'एकांकिनी', 'प्रेम परीक्षा', 'जागरण', 'प्रजामंडल', 'एक और अनेक', 'अपहृता'), (28) 'सुदर्शन' ('भागवती', 'झंकार'), (29) निराला ('अप्सरा', 'अलका', 'निरुपमा', 'प्रभावती'), (30) हजारीप्रसाद द्विवेदी ('बाणभट्ट की आत्मकथा'), (31) प्रफुल्लचंद्र ओझा 'मुक्त' ('पाप-पुण्य), (32) अन्नपूर्णानंद ('महाकवि सच्चा')।

यह सूची और भी लंबी हो सकती है परंतु यहां मेरा उद्देश्य उपन्यासों के नाम गिनाना नहीं बल्कि प्रवृत्ति बतलाना है। इसीलिए कुछ खास उपन्यासों एवं उपन्यासकारों के ही नाम दे दिए हैं।

आदर्शवाद और आभ्यंतर रमणीयता से परिपूर्ण उपन्यास की इस धारा पर बंकिम, राखालदास, कन्हैयालाल माणिकलाल मुंशी, शरच्चंद्र, डिकेंस, थैकरे, अलेक्जेंडर ड्यूमा, अनातोले फ्रांस, विक्टर ह्यूगो, स्काट आदि का प्रभाव है। यह उल्लेखनीय है कि चौथे दशक के हिंदी पाठक समुदाय पर शरच्चंद्र के अनूदित उपन्यासों का जबरदस्त असर पड़ रहा था। तरुण प्रेमी-प्रेमिकाओं और असह्य रूढ़ सामाजिक संस्कारों के अंदर घुटती हुई मध्यवर्गीय नर-नारियों की अश्रुपंकिल भावुकता और अव्याख्येय पीड़ा का चित्रण शरत ने जितनी कलात्मकता से किया, उसे पाने के लिए हिंदी के प्रेमचंदकालीन और प्रेमचंदोत्तर उपन्यासकारों में होड़ लगी हुई थी। यह एक ऐतिहासिक तथ्य है कि 'इस फन के उस्ताद शरच्चंद्र की अनूदित पुस्तकें इस जमाने में जितनी संख्या में बिकीं, उसकी तुलना' में हिंदी उपन्यासकारों की लोकप्रियता नगण्य थी।[69] अगर इस प्रवृत्ति के औपन्यासिक कृतित्व का समग्र आकलन किया जाए तो यह स्पष्ट हो जाता है कि तीसरे दशक तक रवींद्र, शरत आदि की तुलना में हिंदी के मौलिक उपन्यास साहित्य में जो हीनता और कमी दिखाई पड़ती थी, वह चौथे और पांचवें दशक के बहुविध सृजन से दूर हो गई और इसमें आदर्शवादी भाववादी मौलिक उपन्यासों का योग नगण्य नहीं है।

इस धारा के साथ नई पीढ़ी के उपन्यासकार प्रायः नहीं आए। आदर्शोन्मुख यथार्थवादी, रोमांटिक, पुनरुत्थानवादी मध्यवर्ग की संकुचित सीमाओं में घुटती जिंदगी की भावुकता प्रधान प्रवृत्तियां और शैलियां प्रगतिवाद, फ्रायडवाद और प्रकृतवाद के साथ द्वंद्वात्मक संघर्ष के क्रम में नया रूप भी लेती रहीं, पर उनका मूल कथातत्व और रूपबंध प्रायः यथावत रहा। इस धारा के कुछ कृतिकारों ने निरंतर विकासशील सामाजिक यथार्थवादी धारा की तरफ कदम बढ़ाए। ऐसे लोगों के लिए प्रेमचंद का परवर्ती कथालेखन अनुकरणीय प्रतिमान था। अतः वृंदावनलाल वर्मा, निराला, विष्णु प्रभाकर, अश्क और एक हद तक भगवती प्रसाद वाजपेयी प्रगतिवादी ढंग के उपन्यास साहित्य को समृद्ध करने लगे। यह देखकर आश्चर्यजनक ऐतिहासिक तथ्य सामने आता है कि इस धारा का एक भी उपन्यासकार फ्रायडवाद और व्यक्तिवादी ढंग की मनोवैज्ञानिक केस हिस्ट्री को प्रमुखता प्रदान करने वाली धारा के साथ सम्मिलित नहीं हुआ।

सुधारवादी और भावप्रवण मनोदशा के आगामी विकास की दिशा व्यक्तिवादी कुंठा नहीं है —यह नतीजा अगर निकाला जाए तो इतिहास इसे पुष्ट ही करेगा, खंडित नहीं। संभवतः 'उपन्यास' की यथार्थग्राह्यता की अनिवार्य प्रकृति के कारण ही आदर्शवादियों का झुकाव निजी एकांत की मनोवासना और कामग्रंथि की ओर नहीं हो सकता।

मनोविश्लेषणप्रधान और नग्न यथार्थवादी प्रवृत्ति

हिंदी उपन्यास की आदर्शवादी भाववादी धारा की अनेक कृतियों में सामाजिक अन्याय, आर्थिक उत्पीड़न, रीति रिवाजों के अत्याचार आदि के वर्णन द्वारा सामाजिक सुधारों की आवश्यकता से उपन्यास का अंत किए जाने की प्रणाली शुरू हुई थी। इस प्रणाली के द्वारा एक सीमा

तक उपन्यासकारों ने अपनी क्रमशः परिपक्व होती हुई सामाजिक चेतना का परिचय दिया था और पाठकों के आगे मनुष्य-मनुष्य के बीच के अमानवीय रिश्तों पर से परदा उठाने की कोशिश की थी। पर जहां समस्याओं के यथर्थावादी हलों को औपन्यासिक गरिमा के साथ प्रस्तुत करने का प्रश्न आता था, वहां मध्यवर्ग का सुधारवादी, आदर्शवादी अथवा भावुकता प्रधान दृष्टिकोण हावी हो जाता था। रचनात्मकता के स्तर पर लेखकों का यह अंतर्विरोध प्रायः वर्ग दृष्टिकोण का ही प्रतिफल होता था।

इस व्यूह को काटकर इतिहास की अग्रगति के अनुसार लक्ष्यवेध करना हिंदी कथाकारों के सामने एक समस्या बनी हुई थी। प्रेमचंद ने इस समस्या के हल के लिए 'गोदान' और 'मंगलसूत्र' का रास्ता दिखाया। प्रगतिशील आंदोलन की शुरुआत होने से पहले ही मैक्सिम गोर्की के उपन्यासों के हिंदी अनुवादों ने भी पथ प्रदर्शक की भूमिका निभाई थी।

पर एक अन्य रास्ते का संकेत पांडेय बेचन शर्मा 'उग्र' भी कर रहे थे। वह रास्ता कैसा था—अच्छा या बुरा—इसका मूल्यांकन करने के पहले यह देखना आवश्यक है कि उग्र क्या लिख रहे थे, यथार्थ का कौन सा रूप ग्रहण कर रहे थे और वस्तुसंगठन में उस रूप का नियोजन कैसे कर रहे थे।

आचार्य रामचंद्र शुक्ल ने लिखा है कि उग्र अपने समाज के 'पाखंडपूर्ण कुत्सित पक्षों का उद्घाटन और चित्रण' करने वाले उपन्यासकार हैं।[70] पंडे, पुजारियों, महंतों, जागीरदारों, शरीफजादों, नवाबों और जमींदारों के पाखंड, नैतिक आंडबर और झूठी धर्म मर्यादा पर से एकदम निर्मम होकर उग्र ने परदा हटा दिया है। पाखंड लीला से पीड़ित अछूत बालिकाओं, वेश्याओं और विधवाओं का चित्र उतारने में यथातथ्यता और एक वस्तुद्रष्टा की करुणा मिली हुई है। समाज के दो पक्षों को आमने सामने खड़ा करने में 'उग्र की भाषा बड़ी अनूठी चपलता और आकर्षक वैचित्र्य के साथ चलती है।'[71] 'दिल्ली का दलाल', 'बुधुआ की बेटी', 'सरकार तुम्हारी आंखों में', 'चंद हसीनों के खतूत' और 'चाकलेट' उग्र की ये पांचों कृतियां बहुचर्चित रही हैं। व्यंग्य और कटाक्ष की मार के कारण शैलीकार के रूप में तथा यथार्थ को पूरी ईमानदारी से सही-सही उतारने वाले यथार्थवादी कथाकार के नाते उग्र उस समय व्यापक विवाद और चर्चा के विषय बने। लक्ष्मीकांत वर्मा ने 'अपनी खबर' का हवाला देते हुए यह लिखा है कि 'चाकलेट' को लेकर जब सारे हिंदी प्रदेश में गंभीर विवाद छिड़ा हुआ था, उस समय कुछ लोग शिकायत के तौर पर इस कृति को महात्मा गांधी के पास राय, सलाह और नैतिक निर्णय के लिए ले गए। महात्मा गांधी ने 'चाकलेट' पढ़ा और उसकी नितांत यथार्थ अभिव्यक्ति देखकर वे मौन रह गए। इसके बाद वे बोले : 'कटु चाहे जितना हो, सत्य तो है ही।'[72] उग्र की बेलाग लेखनशैली, कथासंयोजन तथा घटना-विन्यास में मौलिकता का साहस—उस समय के पत्रकारों और आलोचकों के आदर्शवादी आग्रहों के गले नहीं उतर रहा था। उग्र ने अपनी रचनाओं से यह प्रमाणित कर दिया कि वे आदर्शवादी भावुकताप्रधान कथाधारा से अलग हैं। बनारसीदास चतुर्वेदी अपने नैतिक आदर्शवादी संस्कारों की वजह से 'विशाल भारत' में डंडा लेकर उग्र के पीछे पड़ गए। उग्र के साहित्य को 'घासलेटी' साहित्य करार दिया गया और 'विशाल भारत' उग्र विरोधी मोर्चा बन गया। इस वाद-विवाद के साहित्यिक परिवेश में ही 'उग्र-स्कूल' की चर्चा चल पड़ी।

नलिन विलोचन शर्मा उग्र की घोषित प्रतिज्ञा और रचनागत वर्ण्य वस्तु में एक प्रकार

का विरोधाभास देखते हैं। उनके अनुसार 'सुधार की भावना से लिखने की प्रतिज्ञा करने वाले उग्र वर्जित प्रदेशों पर लिखकर 'घासलेटी' अर्थात तथाकथित अश्लील साहित्य के रचयिता के रूप में पाठकों के प्रिय और संपादकों के कोपभाजन बनते हैं। उग्र ने जीवन के सत्यों को उद्घाटित करने का निर्भीक साहस दिखलाया।'[73] 'घासलेटी' के आरोप का जवाब देते हुए उग्र ने प्रयाग के साप्ताहिक 'कर्मयोगी' में लिखा कि पर्चेबाज के जोश के साथ पाखंडमोचन करना आज ऐतिहासिक कर्त्तव्य बन गया है।

शिवदानसिंह चौहान की मान्यता है कि फ्रांस के प्रकृतवादी उपन्यासकार जोला की तरह समाज के कुत्सित अंगों और वर्जित पहलुओं का निर्भीक चित्रण पांडेय बेचन शर्मा 'उग्र' के उपन्यासों में है। परंतु आपके व्यंग्यों की चोट सोद्देश्य थी इसलिए आपकी रचनाएं साधारण पाठकों के बीच हाथों हाथ बिकीं।'[74]

आदर्शवादी और भावुक कलाकार समाज की घृणित वास्तविकता से किसी न किसी प्रकार का समझौता करते आए थे; पर उग्र ने समझौते से दो टूक शब्दों में इनकार कर दिया। यह रास्ता यथार्थवाद का ही रास्ता था, पर उस यथार्थवाद का नहीं जिसे गोर्की या प्रगतिशील साहित्यिक आंदोलन से जुड़े रचनाकर्मी समाजवादी यथार्थवाद कहते हैं। तथापि उग्र की यह रचनाप्रवृत्ति प्रगतिवाद से टकराती नहीं, उसकी सहायक बनती है। जयशंकर प्रसाद के तीनों उपन्यासों (कंकाल', 'तितली', 'इरावती') में यथार्थ के निर्मम उद्घाटन की वही प्रवृत्ति है जो उग्र में दिखाई पड़ती है। संभवतः इसीलिए नलिन विलोचन शर्मा जयशंकर प्रसाद को 'प्रकृतवादी' मानते हैं।[75] संभव है कि जयशंकर प्रसाद अपने खरेपन और उद्घाटन की सच्चाइयों में कहीं-कहीं प्रकृतवाद की ओर झुकते हुए दिखाई देते हों, किंतु यदि वे पंडे-पुरोहितों, जमींदारों-महंतों के दुराचार की पोल खोलते हैं तो यह प्रवृत्ति सामाजिक यथार्थवाद को पुष्ट करती है, भले ही उसकी सचेत उपशाखा न हो।

कथानक, घटनाक्रम, चरित्र योजना, यथार्थ के आवश्यक पहलुओं के ग्रहण तथा अनावश्यक के त्याग, लेखक की सामाजिक सोद्देश्यता आदि का वस्तुपरक विश्लेषण नहीं करने के कारण ही कुछेक समालोचकों ने उग्र और प्रसाद के उपन्यास-साहित्य की मूल प्रवृत्ति से चंद्रशेखर पाठक, ऋषभचरण जैन, सर्वदानंद वर्मा और चतुरसेन शास्त्री की औपन्यासिक प्रवृत्ति को अभिन्न मानने की भूल की है।[76]

यह उल्लेखनीय है कि प्रेमचंदयुग में ही चंद्रशेखर पाठक, ऋषभचरण जैन और चतुरसेन शास्त्री के अनेक ऐसे उपन्यास प्रकाशित हुए जिसे नैतिक दृष्टि से अश्लील कहा गया, समाजिकता की दृष्टि से पतित और कुत्सापूर्ण कहा गया, रचनापद्धति की दृष्टि से 'प्रकृतवादी' माना गया। इसमें पाठक जी के 'वारांगना रहस्य' (छह भागों में), ऋषभचरण जैन के 'भाई', 'मास्टर साहब', 'रहस्यमयी', 'वेश्यापुत्र' तथा चतुरसेन शास्त्री के 'हृदय की परख', 'व्यभिचार', 'हृदय की प्यास', 'अमर अभिलाषा', 'आत्मदाह' आदि उपन्यासों की गणना की जाती है।

इन कृतियों में कामुकता और वासना प्रसंगों को ही धुरी समस्या के रूप में प्रस्तुत किया गया था। ये रचनाएं 'प्रकृतवाद' के अंतर्गत मानी जाती रही हैं। न तो इनमें आदर्श था, न रोमांटिक प्रेम का आग्रह, न जीवन में यथार्थ के प्रति सारग्राही दृष्टि। भगवती चरण वर्मा के तत्कालीन उपन्यास 'तीन वर्ष' को तथापि इस कोटि में नहीं रखा जाता है, क्योंकि 'सरोज' नामक वेश्या के उद्धार के लिए लेखक उसके विवाह की समस्या भी उठाता है; पर 'तीन

वर्ष' पर इस प्रकार की लेखन प्रवृत्ति की तत्कालीन धारा का काफी प्रभाव है। इस प्रभाव से 'चित्रलेखा' भी अछूती नहीं है।

ऐसी औपन्यासिक धारा का एक दूसरा पक्ष भी है। अध्यात्म और धर्म के मिथ्या पाखंड पर प्रहार की दृष्टि से उन उपन्यासों का तात्कालिक महत्व रहा है। ये उपन्यास उस समय के समाज के आवरणप्रिय मनुष्यों को उनके नग्न रूप में उघाड़ कर सामने लाते हैं। मठों के 'धार्मिक और सात्विक संरक्षण' में किस प्रकार की कामलीला होती है, धन का प्रलोभन देकर किस तरह अबोध और आर्थिक दृष्टि से विवश औरतें रखैल बना ली जाती हैं, इस अंतहीन कामलीला की पोल खोली गई है। सामंती समाज में धार्मिक केंद्र भी किस प्रकार सामाजिक उत्पीड़न के अंग बन जाते हैं—उद्दिष्ट न होकर भी, लेखक यह सब अनजाने ही दिखलाता चला जाता है। सचेत सामाजिक दृष्टि से वेश्याओं पर लिखित अपने उपन्यासों में भगवती चरण वर्मा और रांगेय राघव ने तो सहानुभूति दी है; पर यह सहानुभूति अत्यंत प्रक्षिप्त रूप में 'वारांगना रहस्य', और 'हृदय की प्यास' में भी मिल जाती है।

इस परंपरा के उपन्यास साहित्य का अलग रूप द्वारिका प्रसाद के 'घेरे के बाहर' में दिखाई पड़ा। कहना चाहिए कि इंद्रिय संवेदनाओं तक सीमित रुग्ण सामाजिक दृष्टि के परिणामस्वरूप स्त्री-पुरुष संबंध को उसके विशाल सामाजिक परिपार्श्वों में दिखाने में असमर्थ उपन्यासकारों ने ही इस प्रकार के 'नग्न यथार्थ' या 'प्राकृतिकता' तक अपने को सीमित रखा। इस प्रकृतवादी प्रवृत्ति का उद्भव हिंदी प्रदेशों की अपनी सामाजिक अवस्था के यथार्थ से हुआ है, फ्रांसीसी प्रकृतवाद से इसका कोई संबंध नहीं है। इससे सामंती समाज की मूल्यगत अराजकता, पतनशीलता और हृदयहीनता पर प्रकाश तो पड़ता है, पर समाज की अग्रगामी प्रवृत्तियों के उद्भव का ऐसा कोई संकेत नहीं मिलता जो वैकल्पिक समाजरचना का दृश्यपट प्रस्तुत कर सके। इन उपन्यासकारों की मुख्य दुर्बलता यही रही है। उपन्यासकला की दृष्टि से यह दुर्बलता कथा संगठन में नग्न चित्रणों को भरने के लिए कथा के स्वाभाविक प्रवाह को विशृंखल कर देती है और 'फालतू प्रसंग' की भरमार कर देती है।[77] मुश्किल यही है कि डा. त्रिभुवन सिंह जैसे समालोचक भी उग्र को इसी प्रवृत्ति का उपन्यासकार मानते हैं।[78] प्रश्न यह है कि क्या उग्र ने जनसाधारण के 'प्रेम' का चित्रण किया है या सामंती समाज के पाखंडियों का? सामंती समाज में कुलीन अभिजात वर्ग अगर इंद्रियलोलुप हो गया है और उसकी मनोवृत्ति प्रेम की विकृति का पर्याय है तो ऐसी स्थिति में जनसामान्य के प्रेम का निदर्शन तो यह नहीं है? किस वर्ग के 'प्रेम का स्वरूप' प्रस्तुत किया जा रहा है और उस स्वरूप के प्रति लेखक की सहानुभूति है या नहीं, यह देखे बिना लेखक के भाव चित्रण के संबंध में सरलीकरण खतरे से खाली नहीं होता।

यह स्थिति उग्र के साथ मान्य नहीं हो सकती, चूंकि वे सामंती समाज की इंद्रियलोलुपता के प्रति कटु हैं। पर ऋषभचरण जैन और चतुरसेन शास्त्री पर काफी हद तक यह बात लागू होती है। यहां तक कि प्रगतिशील साहित्यिक आंदोलन तथा सामाजिक यथार्थवाद के थोड़े बहुत प्रभाव से यद्यपि चतुरसेन शास्त्री की रचना की अंतर्वस्तु में सतही तौर पर परिवर्तन हुआ, पर उनका पुराना रुझान प्रायः यथावत रहा। सन् '47 में दो खंडों में उनका बृहदाकार उपन्यास 'वैशाली की नगरवधू' प्रकाशित हुआ। लेखक ने इसमें यद्यपि गणतांत्रिक शासन विधान की समस्याओं को ऐतिहासिक पृष्ठभूमि में उठाया है, वैशाली गणराज्य और मगध

साम्राज्य के परस्पर संघर्ष के उत्थान-पतन के विराट कनवास को कथाविन्यास का अंग बनाया है पर यहां भी लेखक यौनसंबंधों की उन्मुक्तता को ही धुरी समस्या के रूप में प्रस्तुत करने को विवश है।

यह आकस्मिक नहीं है कि वृंदावनलाल वर्मा के ऐतिहासिक उपन्यास से अपना अलगाव करने के लिए चतुरसेन शास्त्री 'वैशाली की नगरवधू' की भूमिका में अपने ऐतिहासिक उपन्यासों को 'इतिहास रस' की कृति कहते हैं और वर्मा जी के उपन्यास को 'ऐतिहासिक सत्य' की कृति मानते हैं। इससे जाहिर होता है कि ऐतिहासिक उपन्यास में वे 'रस' या 'रोमांस' की खोज की दृष्टि से रचना करते हैं, सत्य की खोज से अलग रास्ता अपनाते हुए। संभवतः इसीलिए बौद्धकालीन भारत के मगध साम्राज्य और वैशाली गणतंत्र की इस कथा में 'ऐतिहासिक रस की अद्भुत तृप्ति' तो होती है, पर 'ऐतिहासिक तथ्यों का ज्ञान' नहीं होता। किंवदंतियों, जनश्रुतियों और मनगढंत कल्पनाओं के आधार पर 'इतिहास रस' के उपन्यास 'वैशाली की नगरवधू' में घटनाओं के वस्तुगत क्रमविकास से बचा गया है और मनमाने ढंग से घटनाक्रमों का संयोजन किया गया है। 'वैशाली की नगरवधू' में अंबपाली नामक गणिका के इर्दगिर्द घटना-क्रम का संयोजन होने के बावजूद, 'वारांगना रहस्य' और 'अमर अभिलाषा' जैसी कामोत्तेजक कथा नहीं है। 'घेरे के बाहर' जैसी बीभत्सता भी इसमें नहीं है। बीभत्स सेक्स चित्रण किसी भी दृष्टि से मनोवैज्ञानिक यथार्थवाद नहीं है। रांगेय राघव के अनुसार कथालेखन की यह प्रवृत्ति यथार्थवादी नहीं, बल्कि 'अतियौनवादी' है।[79] इस प्रवृत्ति के सभी लेखकों को 'अतियौनवादी' कहा जाए, नग्न यथार्थवादी कहा जाए, प्रकृतवादी कहा जाए, मनोविश्लेषणात्मक यथार्थवादी कहा जाए, व्यक्तिकुंठावादी कहा जाए—हिंदी समीक्षा के सामने यह एक समस्या रही है, चूंकि आलोचकों में इस पर परस्पर सहमति नहीं है। अतः इस संबंध में किसी वैज्ञानिक नतीजे पर पहुंचने के लिए इस प्रवृत्ति की कृतियों का आंतरिक विश्लेषण कर लेना आवश्यक है।

इस प्रवृत्ति के अंतर्गत मान्य लेखकों में इलाचंद्र जोशी, जैनेंद्र कुमार, अज्ञेय का नामोल्लेख किया जाता है। त्रिभुवन सिंह जैनेंद्र कुमार की जगह देवराज को इस प्रवृत्ति के अंतर्गत रखते है।।[80] पर रामविलास शर्मा जैनेंद्र कुमार को भी इसी प्रवृत्ति का कथाकार मानते हैं और 'सुनीता' में 'भाभी' के नंगे शरीर समर्पण की घटना के कारण उन्हें 'भाभीवादी' कहते हैं।[81] निष्कर्ष यह है कि जैनेंद्र भी विवादास्पद हैं, अतः उनकी कृतियों की आंतरिक व्याख्या अपेक्षित है। कथा साहित्य में सामाजिक यथार्थवाद अथवा प्रगतिवाद की प्रवृत्ति के आरंभ होने के समय एक ओर जहां 'कर्मभूमि', 'गोदान', 'कंकाल', 'तितली' की रचना हुई, वहीं दूसरी ओर सन् '35 में जैनेंद्र कुमार के विख्यात उपन्यास 'सुनीता' का प्रकाशन हुआ। सुनीता लिखने के पहले सन् '29 में उनकी औपन्यासिक कृति 'परख' का प्रकाशन हो चुका था। 'परख' में विधवा विवाह की प्रक्षिप्त गूंज-अनुगूंज के बीच से समाज की कुछ मूलभूत समस्याएं मौजूद थीं। 'सुनीता' में लेखक ने एक दूसरी ही तकनीक का प्रयोग किया। यह तकनीक है—कथा के विस्तार और घटनासंयोजन की बहुविध व्यापकता से बचना, समाज और देश की समस्या तथा जनसंघर्षों के चित्रण से पूरी तरह परहेज करना। 'सुनीता' की कहानी के द्वारा लेखक ने मध्यवर्ग के स्त्री-पुरुष सबंधों की समस्या की गुत्थियां प्रस्तुत करने का प्रत्यन किया। लेखक के पास न तो कोई हल है और न हल देने में उसका विश्वास है। सुनीता-श्रीकांत-हरिप्रसन्न के त्रिकोण में संघर्ष नाम की कोई चीज नहीं है; तीनों के अलग-अलग ढंग के निजी अंतर्द्वंद्व

हैं, जिन पर परिस्थितियों का कोई दबाव नहीं है। सुनीता आत्मसमर्पण कर सकती है, वह लगभग निर्बंध है, श्रीकांत अपनी पत्नी को पर पुरुष संबंध का संकेत दे सकता है, कोई बाधा नहीं है; हरिप्रसन्न चाहे तो सुनीता का भोग कर सकता है, सुनीता को कोई आपत्ति नहीं है और न हरिप्रसन्न पर कोई सामाजिक प्रतिबंध है। क्या सामाजिक संबंधों से निरपेक्ष इस प्रकार के मनुष्य हैं? जैनेंद्र जी की शब्दावली में 'पिंड और ब्रह्मांड' के बीच संबंधों की अंतःक्रिया का चित्रण किए बगैर, व्यक्ति और समाज के बीच अनुस्यूत शत-सहस्र संबंध सूत्रों को दिखाए बगैर क्या सत्य का दर्शन किया जा सकता है? सुनीता का अंतःसंघर्ष समाज से कटी हुई स्त्री का अंतः संघर्ष होने के कारण, व्यक्तिगत स्तर के संकुचित दांपत्य और संकुचित यौन भावना का मानस कुकुर बनकर रह गया है। कथा की जगह अंतःकथा अपने आप में कोई ह्रासशील रचनाप्रवृत्ति नहीं है, पर कथा की वास्तविकता के स्थान पर अंतःकथा के नाम पर अवास्तविक संबंधसूत्र की परिकल्पना अवश्य ही कोई विकासशील प्रवृत्ति नहीं है। अज्ञेय ने 'सुनीता' के प्रसंग में ठीक ही लिखा है : सुनीता के लिए तो स्वयं लेखक की ओर से ही वास्तविकता का दावा नहीं है—उसके पात्र सामाजिक व्यक्ति नहीं रचनासंघटित मानवयंत्र हैं जिनके द्वारा लेखक एक उपकल्पित मानसिक संघर्ष को मूर्त रूप देना चाहता है। इसमें लेखक की सफलता सबसे पहले तकनीक की विजय है और उसी संदर्भ में इसका अध्ययन विशेष उपयोगी हो सकता है।'[82]

प्रेमचंदोत्तर उपन्यासों में 'सुनीता' केवल शिल्पप्रयोग की दृष्टि से मौलिकता और नवीनता का मानदंड स्थापित करती है, यह विचार अस्पष्ट साहित्यिक समझ की देन है। अवास्तविक कथा, 'रचनासंघटित मानवयंत्र' और 'उपकल्पित मानसिक संघर्ष' को मूर्त रूप देने वाला शिल्प-प्रयोग रचना को तकनीक की दृष्टि से भी सफल कैसे बना सकता है? वस्तु और शिल्प के पारस्परिक घनीभूत संबंध के बिना क्या किसी रचना का शिल्प सफल हो सकता है? और अगर ऐसे शिल्प की नवीनता का आग्रह किया जाए तो क्या यह रूपवाद (फार्मलिज्म) नहीं है?

अक्सर जैनेंद्र, इलाचंद्र जोशी, अज्ञेय, भगवतीचरण वर्मा आदि उपन्यासकारों के उपन्यासशिल्प की मौलिकता और नवीनता की दुहाई दी जाती है और इसी आधार पर प्रेमचंदकालीन उपन्यासों से उनके उपन्यासों को श्रेष्ठ बताया जाता है।

इस विवाद की पृष्ठभूमि में ही अगर हम जैनेंद्र के अन्य उपन्यासों को देखें तो पता चलता है कि 'सुनीता' के औपन्यासिक संघटन के शिल्प की 'त्यागपत्र', 'व्यतीत', 'सुखदा', 'कल्याणी', 'विवर्त्त', आदि में बार-बार आवृत्ति होती है। लेखक एक सांचा बनाता है, और उसी सांचे पर बार-बार वैसी ही रचना ढालता चला जाता है। अपने द्वारा गढ़े गए एक सांचे के आग्रह को लेखक एक फार्मूले का रूप दे देता है। प्रेमचंद में अपने इस नए बनाए सांचे का दुराग्रह नहीं है। जैनेंद्र के यहां शिल्प की यह नवीनता रचनाशीलता के स्तर पर जीवंत निरंतरता का सक्रिय रूप नहीं लेती—एक रचना के बाद वह सांचा टकसाल बन जाता है।

सन् '37 में प्रकाशित 'त्यागपत्र' की कहानी भी लंबी-चौड़ी नहीं है। मृणाल एक भाग्यहीना युवती है। वह अपने वैवाहिक जीवन से असंतुष्ट है। उसका भतीजा प्रमोद जज है। वह अपनी बुआ के दुःख, अंतःसंघर्ष, नियति की विडंबना आदि के प्रति अत्यंत संवदेनशील है, यह जानते हुए भी कि क्वांरी अवस्था से लेकर विवाह के बाद तक उसकी बुआ का संबंध अनेक पुरुषों से रहा है। प्रमोद नैतिक मानदंडों की अवमानना करता है। मृणाल को वह

अपने साथ रखना चाहता है, पत्नी, प्रेमिका, सहचरी के रूप में। मृणाल उसकी हर कृपा को अस्वीकार कर देती है। प्रमोद कभी जोर नहीं डालता, दुविधा में स्वयं भी पड़ा रहता है; स्वयं की स्वार्थवृत्ति भी उसे कुंठित और संकुचित बनाती है। मृणाल की अंतिम अवस्था के साथ वह उद्विग्न और विकल हो उठता है। मृणाल के मरने के बाद जज के पद से त्यागपत्र देकर वह प्रायश्चित करता है। इस उपन्यास में मृणाल के मनोविकारों और दमित इच्छाओं से ही कथा का तंतुजाल फैलाया गया है। सारे सामाजिक संबंधों से क्रमशः कटते जाना और अंततः परिस्थितियों के आगे संज्ञाशून्य होकर टूट जाना-यही मृणाल और प्रमोद की कथा है। 'त्यागपत्र' पर लिखी अपनी विस्तृत समीक्षा में आचार्य नंददुलारे वाजपेयी ने कुछ महत्वपूर्ण प्रश्न उठाए हैं। उनके अनुसार मृणाल की संपूर्ण भावनामूलक 'दार्शनिक' उक्तियों में क्या सामाजिक सुधार की कोई रचनात्मक प्रक्रिया भी सम्मिलित है? क्या मृणाल को हर बार अधिकाधिक दयनीय परिस्थितियों में डालकर और अंत में उसके सकरुण बीभत्स अंत का उल्लेख हमारी मानसिक सहानुभूति को अनावश्यक रूप में विक्षुब्ध करना नहीं है? क्या कोई स्वस्थ कलाकार हमें 'भावना की इस उद्देश्यहीन गहराई' में ले जाना आवश्यक समझेगा? क्या मृणाल के इरा अर्थहीन आत्मपीड़न को हम लेखक की तदनुरूप भावना की छाया नहीं कह सकते हैं?'[83] अपने इन प्रश्नों के विवेचन के साथ वाजपेयी जी ने निष्कर्ष निकाला कि 'त्यागपत्र' में मौलिक विचार का दावा झूठा है; एक अतिरिक्त भावनामयता तथा एक करुण भावना से दूसरी करुण भावना तक भटकने की चेष्टा मात्र है।[84] मृणाल का शीला के भाई के साथ प्रेम संबंध, गंवार और निर्दय पति से कटु संबंध, अनमेल विवाह के मूल में स्थित आर्थिक कारण, हर आश्रयदाता की भोग्या बनने की विवशता—यह सब केवल पार्श्वपट के धूमिल रंगों की तरह दिखलाया जाना और मृणाल के आत्मपीड़न को दार्शनिकता का आवरण प्रदान करने का प्रयत्न—क्या स्त्री पराधीनता और साामाजिक सुधार आंदोलनों का यथार्थवादी चित्रण है? उपर्युक्त तथ्यों के बावजूद शिवदानसिंह चौहान की मान्यता है कि 'त्यागपत्र यथार्थवादी मनोवैज्ञानिक चरित्र-चित्रण की दृष्टि से एक श्रेष्ठ उपन्यास है।'[85]

'कल्याणी' का प्रकाशन वर्ष सन् '39 है। यह आत्मकथात्मक शैली में एक गौण पात्र के मुंह से असरानी की कथा है। इस उपन्यास में भी स्त्री-पुरुष संबंधों की वही समस्याएं प्रस्तुत की गई हैं।

इस तरह अपने अधिकांश उपन्यासों में जैनेंद्र ने स्त्री-पुरुष संबंध की समस्या उठाई है और कथा को ऐसी जगह लाकर पटका है कि उस समस्या का कोई निदान ढूंढना व्यर्थ हो जाता है। निदान की अन्वेषणवृत्ति जाग्रत करना लेखक का अभिप्रेत प्रतीत नहीं होता; ऐसा प्रतीत होता है कि लेखक निदान की खोज ही अनावश्यक समझता है। संभवतः इसीलिए उपन्यास के अंत की दृष्टि से ये कथाकृतियां 'समस्या नाटक' की शैली को उदाहृत करती हैं और जैसा कि शिवदानसिंह चौहान मानते हैं, उनके पात्र आत्मपीड़ा में ही एक दुःसाध्य सुख तलाश कर आध्यात्मिक सामंजस्य की टोह करते हैं।'[86] शरत के कथासाहित्य, समस्या नाटकों की शैली और मनोविश्लेषण पर दार्शनिकता का रंग-इन तीनों के मिलेजुले जटिल रूप जैनेंद्र के उपन्यास में जीवन को एक अनबूझ पहेली बना देते हैं। इसी से आपके उपन्यासों में एक रहस्यात्मकता या दुरूहता का आभास मिलता है।[87] यह 'रहस्यात्मकता' मूलतः इस मान्यता का परिणाम है कि काम की यातनाओं में ही आत्मपीड़न का चरम रूप है। संभवतः

इसीलिए जैनेंद्र के उपन्यास 'आत्मपीड़न के साधन हैं।'

कामवृत्ति से संबंधित आत्मपीड़न के चित्रण की यह प्रवृत्ति प्रगतिशील साहित्यिक आंदोलन के समानांतर खूब जोर शोर से चली। इस प्रवृत्ति के दूसरे बड़े उपन्यासकार इलाचंद्र जोशी माने जाते हैं। उस दौर में 'घृणामयी', 'संन्यासी', 'पर्दे की रानी', 'प्रेत और छाया', निर्वासित', 'मुक्तिपथ' और 'सुबह के भूले' नामक जोशी जी के सात उपन्यास प्रकाशित हुए। माना जाता है कि जोशी जी के कथा साहित्य पर एक ओर जहां शरत और दॉस्तोव्स्की का प्रभाव है, वहीं दूसरी ओर फ्रायड का भी गहरा प्रभाव है। उनके उपन्यासों में कहानी कोई लंबी-चौड़ी नहीं होती। थोड़ी सी कथा और पात्रों के आभ्यंतर की गुत्थियों और अहं के विस्फोट का चित्रण—यही उनके उपन्यास होते हैं। ऐसा प्रतीत होता है कि 'जोशी जी जानबूझकर सीमित वर्ग के लिए लिखते हैं। वे जिस वर्ग के लिए लिखते हैं उसी वर्ग की कहानी भी स्वीकार करते हैं।'[88] जोशी जी के शब्दों में उनके पात्र 'अपसाधारण' होते हैं। सवाल यह है कि क्या वे 'अपसाधारण' की ग्रंथियों को विभिन्न सामाजिक संबंधों से काटकर प्रस्तुत करने के कारण सही मनोविश्लेषण कर पाए हैं? नलिन विलोचन शर्मा का विचार है कि जोशी जी ने 'प्रेत और छाया' में मनोवश्लेषणविज्ञान के कुछ प्रचलित पारिभाषिक शब्दों का चर्वित-चर्वण किया है किंतु इस विज्ञान की प्रणाली का लाभ उपन्यास के लिए वे उठा नहीं पाए हैं।[89]

'पर्दे की रानी' की निरंजना, 'प्रेत और छाया' की मंजरी, 'संन्यासी' की जयंती आदि किसी भी नारी चरित्र पर सामाजिक निषेध का कोई पहरा नहीं है। इन उपन्यासों के पुरुष पात्रों को जीविका उपार्जन की दुःसाध्यता का सामना नहीं करना पड़ता।

सभी प्रकार की सामाजिक क्रियाओं और दबावों से मुक्त ये परोपजीवी समुदाय के पात्र जिस आत्मपीड़न और परपीड़न के मनोविश्लेषणात्मक नियतिवाद का कथावितान खड़ा करते हैं, उसका मध्यवर्ग के यथार्थ से भी कोई संबंध नहीं है। और अगर कोई संबंध है तो ये पात्र उन संबंधों की धुंधली प्रेतछाया मात्र हैं। संभवतः इसीलिए ये पात्र बार-बार भाषणकर्त्ता के रूप में आते हैं। कभी-कभी लेखक स्वयं इस असंगति के प्रति सजग होकर उसे युक्तियुक्त बनाता-सा या उसके लिए क्षमायाचना करता-सा जान पड़ता है।[90]

इलांचद्र जोशी के उपन्यासों के घटनाक्रम और व्यक्ति-व्यक्ति के संबंध अविश्वास्य इसीलिए हो गए हैं, चूंकि वे अवास्तविक केस-हिस्ट्री तैयार करते हैं। रामविलास शर्मा का मत है कि 'जहाज का पंछी' लिखने के पहले तक जोशी जी ने अपने सभी प्रारंभिक उपन्यासों में 'मनुष्य की कठिनाइयों और मुसीबतों का मूल कारण उनके अंतर्मन की गुत्थियों में' खोजने को कोशिश की।[91] जोशी जी के उपन्यासों में इस चिंतन-पद्धति के लंबे -लंबे संवाद और भाषण हैं। यह प्रवृत्ति शरच्चंद्र और दॉस्तोव्स्की में भी है, उदाहरण के लिए हम शरत के 'चरित्रहीन' की किरणमयी के उद्‌गारों को ले सकते हैं। किरणयमी का उद्‌गार उसके जीवन की परिस्थितियों द्वारा पुष्ट है। इसीलिए उसके एक-एक शब्द में जान है, चुभ जाने और छा जाने की शक्ति है। इसी तरह दॉस्तोव्स्की के पात्रों के धर्म और नैतिकता के संबंध में लंबे-लंबे भाषण उनकी रचनाओं के उपन्यासतत्व को हीन नहीं करते, क्योंकि ये भाषण कथा के प्रवाह में अनिवार्य कड़ियां बनकर आते हैं। जीवन की पृष्ठभूमि उनके लिए स्थान तैयार करती है।[92] परंतु इलाचंद्र जोशी के उपन्यासों में न तो जीवन की वह पृष्ठभूमि है और न मानवीय संबंधों की तीखी वास्तविकता ही है, जिससे पात्रों के वक्तव्यों की पुष्टि की संभावना

पैदा हो सकती हो।

काम मनोविज्ञान की शब्दावली में हैवलाक एलिस जिसे आत्मपीड़न (मास्केज्म) और आत्मपीड़न के प्रतिशोध रूप में परपीड़न (सेडिज्म) कहता है, उसे उदाहृत करने वाले रोगियों के दस्तावेज को कला की दृष्टि से उपन्यास नहीं माना जा सकता। इलाचंद्र जोशी की भूल यही है कि वे आत्मपीड़न-परपीड़न के रोगियों के दस्तावेज को उपन्यास बनाना चाहते हैं। पर इस मामले में जैनेंद्र, अज्ञेय, भगवती चरण वर्मा आदि की तुलना में वे ईमानदार हैं। वे अपने पात्रों को 'रोगी' ही कहते हैं, 'अपसाधारण' ही कहते हैं, 'असाधारण', 'विशिष्ट' और 'अद्वितीय' नहीं। राजेंद्र यादव ने भी इसी दृष्टि से जोशी जी को शेष सभी मनोवैज्ञानिक उपन्यासकारों से अलग माना है। उनकी मान्यता है कि 'परदे की रानी' का इंद्रनाथ, 'प्रेत और छाया' का पारसनाथ, 'संन्यासी' का नंदकिशोर, 'निर्वासित' का महीप इत्यादि सभी नायक विकट आत्महीनता की ग्रंथि से ग्रस्त अपने संपर्क में आने वाली नारियों से बदला लिया करते हैं और काल्पनिक भ्रम या भ्रांतिमूलक बातों की कल्पना करके अपने-आपको कष्ट देते और पाते हैं। इन महानायकों के संबंध में जोशी जी की तरफ से स्थिति स्पष्ट कर दी गई है। 'पहली बात तो यह है कि जोशी जी अपने पात्रों के प्रति इतने तटस्थ रह सके हैं कि उन्होंने विकृति को विकृति और रोग को रोग कहा है। यह दूसरी बात है कि वे शरत के या उनके जैसे निकम्मे, आत्मकामी, दंभी नायकों को ही अपनी 'लैब' में उठा लाते हों और चारों ओर से उसके खिड़की, दरवाजे बंद करके उनका पोस्टमार्टम कर डालते, तथा उनकी रीडिंग पर मनोवैज्ञानिक लेख लिखने बैठ जाते हों। साथ ही उन्होंने अपने नायकों की कमजोरियों और विकृतियों को अन्य उपन्यासकारों की तरह नारियों से पुजवाया नहीं है, चूंकि उनके नायकों की सारी कुंठाओं की प्रतिक्रिया का शिकार नारी होती है।'[93]

आलोचनात्मक विवेचन के क्रम में दिक्कत तो शेखर, भुवन, चंद्रमाधव, बीजगुप्त, हरिप्रसन्न आदि के साथ आती है, चूंकि इन्हें लेखक विकृति का शिकार नहीं समझता बल्कि असाधारण मनुष्य समझता है और कामवासना से दग्ध इनके विकृत विचार दार्शनिक परिधान पहन कर आते हैं। अज्ञेय के उपन्यास 'शेखर : एक जीवनी' के दोनों भागों का प्रकाशन क्रमश : सन् '42 तथा सन् '44 में हुआ। प्रगतिशील कथासाहित्य के सामानांतर जैनेंद्र और इलाचंद्र जोशी की धारा को ही एक नई दिशा देने का प्रयास अज्ञेय के इस उपन्यास से हुआ। 'परख', 'सुनीता', 'त्यागपत्र', 'पर्दे की रानी', 'संन्यासी' आदि की तुलना में 'शेखर : एक जीवनी' में कथा का दृश्यपट व्यापक है; देश, काल, परिस्थिति का चित्रण विविधतापूर्ण है और स्त्री-पुरुष संबंधों के अनेक स्तर उभारे गए हैं। 'शेखर' में हरिप्रसन्न का अनेकमुखी विस्तार है; 'शेखर' की शशि 'त्यागपत्र' की मृणाल का ही उदात्त परिष्कृत रूप है।

भूमिका में ही अज्ञेय ने कहा कि यह उपन्यास घनीभूत वेदना की केवल एक रात में देखे हुए 'विजन' को शब्दबद्ध करने का प्रयत्न है। 'शेखर : एक जीवनी' —एक असाधारण व्यक्ति का अभिन्नतम निजी दस्तावेज है, यद्यपि इसे व्यक्ति के 'युग-संघर्ष का प्रतिबिंब भी बनाने की चेष्टा की गई है। इस उपन्यास के अन्य चरित्र शेखर भी स्मृति में घटनाओं की तरह घटित होते हैं, जीवित नहीं हो पाते। वह अपनी सारी संवेदनशीलता से अपने को देखता है, अपने से बाहर नहीं-मानो सारा बाह्य जगत केवल उसकी अपेक्षा है, उसके बावजूद नहीं।'[94] प्रेमचंद के बाद के उपन्यासकारों ने 'उपन्यास' की विधा के कथा-संगठन के ढांचे में परिवर्तन

के प्रयत्न किए। इस दृष्टि से 'सुनीता', 'त्यागपत्र' 'निर्वासित' और 'शेखर : एक जीवनी' महत्वपूर्ण हैं। अज्ञेय ने आत्मकथात्मक शैली और जेम्स ज्वायस के चेतनाप्रवाह के मेलजोल से एक जीवनी लिखी है—असाधारण विद्रोही और अहं ग्रंथि से पीड़ित नायक शेखर की जीवनी। नंददुलारे वाजपेयी को शंका है कि इसे 'उपन्यास' माना जाए या नहीं। उन्होंने लिखा है :

> इसे हम उपन्यास भी नहीं कह सकते, क्योंकि इसमें एक ही पात्र का चरित्र चित्रित है और वह नितांत एकरस। घटनाएं और परिस्थितियां आती हैं और जाती हैं; किंतु शेखर अपनी ही गति से चलता है। आरंभ से ही उसका चरित्र जिस ढांचे में ढल गया है, अंत तक वही सांचा दिखलाई देता है। किंतु जीवनी में बहुत से स्थल औपन्यासिक भी हैं, विशेषतः दूसरे भाग में —जैसे लाहौर के कालेज जीवन के दृश्य, जेल जीवन का चित्र आदि। जीवनी में एक विशालता अवश्य है, किंतु औपन्यासिक विशालता नहीं। घटनाओं, परिस्थितियों और चरित्रों का संघर्ष किसी बड़े पैमाने पर नहीं पाया जाता।[95]

'शेखर : एक जीवनी' के द्वारा अज्ञेय ने हिंदी उपन्यास में नया प्रयोग किया। ऐसे प्रयोग कृपानाथ मिश्र लिखित उपन्यास 'प्यास' (सन् 1932) से ही आरंभ हो गए थे। 'प्यास' और 'शेखर : एक जीवनी' के बीच दस वर्ष का अंतराल है। पर दोनों उपन्यासों में जेम्स ज्वायस और वर्जीनिया वुल्फ के युगांतरकारी प्रयोगों से लाभ उठाने की कोशिश है। कथा की जगह आत्मनिरीक्षण को प्रतिष्ठित करने की इस औपन्यासिक विधि को यूरोप में काफी प्रतिष्ठा मिल चुकी थी। देवराज उपाध्याय का कहना है कि 'आजकल औपन्यासिकों का एक ऐसा दल है जिसने कथाभाग को अपने यहां से निष्कासित कर दिया है। यदि छोटी सी कथा है भी तो उसे इतना पीटा गया है, इतना धुना गया है कि वह घटना न रह कर मानसिक जगत की लहर मात्र रह गई है। जेम्स ज्वायस, मार्सल प्रूस्त, वर्जीनिया वुल्फ इत्यादि इसी श्रेणी में आएंगे।'[96] इसी श्रेणी के उपन्यासकारों में अज्ञेय आदि की गिनती कहां तक ठीक है? देवराज उपाध्याय का तर्क है :

> कथासाहित्य में 'आत्मनिरीक्षणता के प्राबल्य' तथा 'टेकनीक' की दृष्टि से प्रेमचंदोत्तर उपन्यासों में 'शेखर : एक जीवनी' इसी कोटि की रचना है। दूसरी तरफ नलिन विलोचन शर्मा यह मानते हैं कि कृपानाथ मिश्र की औपन्यासिक कृति 'प्यास' पर जेम्स ज्वायस आदि का प्रभाव है किंतु 'शेखर : एक जीवनी' में कुछ फ्रायड, क्राफ्ट-एविंग, हैवलाक एलिस और कुछ लारेंस से अनेक उपादान लेकर कोनराड की प्रत्यक्ष दर्शन-प्रणाली का उदाहरण उपस्थित किया गया है। अज्ञेय इस उपन्यास में न तो प्रत्यग्दर्शन-प्रणाली के कठिन स्थापत्य का निर्वाह कर पाते हैं, न उपन्यास के मुख्य पात्र के प्रति निर्लिप्तता का।[97]

नंददुलारे वाजपेयी ने 'शेखर : एक जीवनी' की उपन्यास विधि के संबंध में जो शंका व्यक्त की है, वह मूलतः प्रेमचंदोत्तर उपन्यासों की बदली हुई तकनीक या शिल्प-विधि के संबंध में एक बुनियादी प्रश्न है जो अक्सर उठाया जाता है। अज्ञेय ने स्वयं स्वीकार किया है कि 'शिल्प-शैली की चकाचौंध के कारण ही हम कई नई कृतियों को वह महत्व देने लगे हैं जिनकी वे वास्तव में पात्र नहीं हैं और जो भविष्य उन्हें नहीं देगा।'[98]

इस नई औपन्यासिक विधि से क्या लेखक शेखर के संदर्भ में ही सही, युग संघर्ष का प्रतिबिंब उपस्थित कर सका है? शेखर हिंदुस्तान की स्थानीय देश-कालगत परिस्थितियों से अलग विशिष्टताओं का पात्र है या विद्रोहवाद के अराजकतावादी दर्शन का प्रचारक और

आत्मपीड़नवाद-परपीड़नवाद से ग्रस्त एक सार्वभौम निर्विशेष पात्र है? अक्सर 'शेखर : एक जीवनी' की तुलना तुर्गनेव के उपन्यास 'पिता और पुत्र' तथा रोम्यां रोलां के उपन्यास 'ज्यां क्रिस्ताफ' से भी की जाती है। वास्तविकता यह है कि उपर्युक्त दोनों उपन्यासों में रूस और जर्मनी की मिट्टी की गंध और स्थानीय जीवनमनोभूमि की सभी विशेषताएं मौजूद हैं, बावजूद इसके कि शून्यवाद का दर्शन वहां बजारोव और क्रिस्ताफ को प्रेरित किए हुए है। किंतु :

> अज्ञेय का शेखर किसी भी भूमि की उपज हो सकता है। ऐसे सार्वभौम चरित्रों के साथ संवेदनशील हृदय निजत्व का संबंध स्थापित नहीं कर पाता–अधिक से अधिक वे देव-प्रतिमाओं की तरह उसकी आस्था के विषय हो सकते हैं। रोम्यां रोलां का ज्यां क्रिस्ताफ भी, जिससे शायद लेखक ने शेखर की रचना की प्रेरणा ली है, शेखर की अपेक्षा कहीं अधिक अपने देश की स्थानीय मिट्टी का बना हुआ चरित्र है। उसके शरीर में जर्मनी का खून खौलता है और वह फ्रांस में रहकर भी अपनी इस भिन्नता को छिपा नहीं सकता।[99]

मोहन राकेश ने प्रेमचंदोत्तर उपन्यासकारों में अज्ञेय, इलाचंद्र जोशी और भगवतीचरण वर्मा से यह प्रश्न पूछा है कि 'हमारे जीवन में जितनी हलचल हुई और हो रही है, क्या उसका सही अनुमान हमारे उपन्यास-साहित्य को पढ़कर हो सकता है? परिस्थितियां निःसंदेह ऐसी रही हैं कि उन्हें लेकर महाभारत लिखे जा सकते थे। परंतु क्या वे लिखे गए हैं?'[100] ऐसा इसलिए नहीं हो सका चूंकि इन सभी उपन्यासकारों ने उच्च मध्यवर्ग के सीमित एकांत और मिथ्या व्यक्तित्व को उभारने में ही अपनी कला की सार्थकता समझी। अज्ञेय ने साफ तौर पर एलान किया कि वे 'भद्र और उच्चवर्गीय व्यक्तियों को पुतले बना देने की आग्रही प्रगतिवादी दृष्टि के विरुद्ध हैं, शिक्षित मध्यवर्गीय या उच्चवर्गीय पात्रों का चित्रण गहराई के साथ करने के पक्ष में हैं।'[101] 'इस तरह वर्गहितों से परे उच्च वर्ग के मानवमात्र के प्रति सहानुभूति के साथ उपन्यास की रचना से सारे दृष्टि-विभ्रम उत्पन्न हुए और सामाजिक वास्तविकताओं तथा व्यक्ति की कर्मप्रेरणाओं की खोज 'अहं, भय तथा सेक्स' की तीन वृत्तियों में की गई। संभवतः इसीलिए 'विद्रोह के लिए विद्रोह' के सिद्धांत का प्रचार किया गया है। नंददुलारे वाजपेयी का विश्लेषण एकदम सही है। वे कहते हैं :

> क्रांति और विद्रोह किसके प्रति? 'शेखर : एक जीवनी' में क्रांति और विद्रोह स्वयं अपना लक्ष्य है। यह एक मनोवृत्ति ही नहीं एक स्वतंत्र जीवनदर्शन है। क्रांतिकारी बनाए नहीं जाते, जन्मजात होते हैं। बौद्धिक घृणा का भाव विकास का एक उपकरण है। विद्रोह किसी वस्तु या स्थिति के प्रति नहीं, संपूर्ण वस्तु और सारी स्थितियों के प्रति। सृष्टि के प्रति क्योंकि वह अधूरी और अपूर्ण है; समाज के प्रति, क्योंकि वह संकीर्ण है और विकास का विघातक है। सभी संस्थाओं के प्रति, समस्त रीतियों के प्रति, जीवन मात्र के प्रति विद्रोह क्रांतिकारी की स्वाभाविक प्रवृत्ति है। क्या व्यक्ति का विद्रोह समाज की नींव को नष्ट कर नया और उपयोगी निर्माण कर सकेगा? क्या यह अत्यधिक व्यक्तिवादी और अहंवादी मत नहीं है?[102]

सन् '52 में लिखित 'नदी के द्वीप' नामक उपन्यास में अज्ञेय भुवन नामक ऐसा पात्र खड़ा करते हैं जो पूरी तरह व्यक्तिवादी और यौनकुंठाग्रस्त है। इससे पता चलता है कि व्यक्तिवादी विद्रोहवादिता के साथ चित्रित देश या समाज मात्र एक निमित्त है। भुवन इस निमित मात्र समाज से भी भाग खड़ा होता है। फलत : भुवन 'विद्रोहवाद और आतंकवाद' से फुर्सत के क्षणों के अंतराल को डी.एच. लारेंस की कविताओं से भरता है।

चंद्रशेखर पाठक के 'वारांगना रहस्य' और ऋषभचरण जैन के 'वेश्यापुत्र' से कामवासनापरक स्त्री-पुरुष संबंध के उपन्यासों की जो परंपरा शुरू हुई, उसका चरम साहित्यिक विकास 'शेखर : एक जीवनी' और 'नदी के द्वीप' में होता है। दूसरी तरफ इस परंपरा के अश्लील दस्तावेज के रूप में क्षयग्रस्त कथाविन्यास द्वारिका प्रसाद के 'घेरे के बाहर' नामक उपन्यास में होता है। नलिन विलोचन शर्मा ने अज्ञेय और इलाचंद्र जोशी से द्वारिका प्रसाद की तुलना करते हुए लिखा है :

> अज्ञेय और इलाचंद्र जोशी की तुलना में द्वारिका प्रसाद ने 'घेरे के बाहर' में मनोविश्लेषण की शास्त्रीय प्रणाली अपनाई है और रोगी का इतिहास (केस हिस्ट्री) ही तैयार कर दिया है। द्वारिका प्रसाद ने अज्ञेय की तरह यौन जीवन के तथ्यों पर कवित्वपूर्ण शैली और वर्णनों का रेशमी आवरण नहीं रखा है, न ताली की सूराख से शयनागार की झांकी भर दिखाकर निर्भीकता का श्रेय लेने की कोशिश की है। किंतु दूसरी ओर खल्वाट शैली के कारण उनका उपन्यास अधिकतर 'रोगी का इतिहास' मात्र बनकर रह जाता है।[103]

मनोविश्लेषण प्रणाली, नग्न यथार्थ और प्रकृतवाद—सबकी परिणति 'घेरे के बाहर' में है। इस उपन्यास का प्रकाशन सन् '47 में हुआ। इस उपन्यास की कहानी इतनी ही है कि उपन्यास का नायक कुमार है। उसकी पत्नी का नाम प्रेमलता है और विवाहिता चचेरी बहन का नाम नीरा है। पत्नी और चचेरी बहन से कुमार नामक युवक का जो शरीर संबंध है, उसका अनेक स्थितियों में दिग्दर्शन कराया गया है। स्त्री-पुरुष की शारीरिक क्रियाओं का बड़ा ही अश्लील और कामुकतापूर्ण वर्णन छह सौ पृष्ठों के इस उपन्यास में शुरू से अंत तक चलता रहता है। कुमार की पत्नी प्रेमलता अपने पति को नीरा से शरीर संबंध स्थापित करने में सहायक है। त्रिभुवनसिंह इस उपन्यास को अतियथार्थवादी कृति मानते हैं और यह भी कहते हैं कि 'यह उपन्यास न होकर कामशास्त्र हो गया है जिसमें रति संबंधी अनेक आवश्यक बातों से पाठकों को विज्ञ कराया गया है।'[104]

प्रकृतवाद और स्त्री-पुरुष के काम संबंधों का मनोविश्लेषण करने की प्रवृत्ति का थोड़ा-बहुत प्रभाव अंचल के 'मरु प्रदीप', 'नई इमारत', नरोत्तम नागर के 'दिन के तारे', यशपाल के 'दादा कामरेड', नागार्जुन के 'रतिनाथ की चाची', धर्मवीर भारती के 'गुनाहों का देवता', उपेंद्रनाथ अश्क के 'गर्म राख', 'गिरती दीवारें', पहाड़ी के 'सराय' आदि उपन्यासों में भी देखा जा सकता है।

प्रेमचंद के 'गोदान' और प्रसाद के उपन्यास 'तितली' के बाद हिंदी उपन्यास के विकास की यह दिशा सामाजिक यथार्थवाद क्या, आलोचनात्मक यथार्थवाद के भी विरुद्ध पड़ती थी। इस प्रवृत्ति से प्रगतिशील उपन्यासकारों का टकराव होना स्वाभाविक था। प्रकृतवाद और प्रगतिवाद का द्वंद्व राजनीतिक स्तर पर 'टेढ़े-मेढ़े रास्ते' में पूरी तरह निरावृत्त होकर प्रकट हुआ। प्रकृतवाद मनुष्य को पशुतुल्य समझता है। इस पशुतुल्य मनुष्य की कामुकता का नग्न वर्णन होते-होते एक ऐसी स्थिति भी आई जब प्रकृतवाद का नया राजनीतिक दर्शन मनोवैज्ञानिक 'पशुवाद' भगवतीचरण वर्मा के द्वारा प्रतिपादित किया गया।

प्रेमचंद, यशपाल, रांगेय राघव, अमृतराय, राहुल सांकृत्यायन, वृंदावन लाल वर्मा आदि की तुलना में भगवतीचरण वर्मा की स्थिति सन् '46 में पूरी तरह स्पष्ट हो जाती है। 'टेढ़े मेढ़े रास्ते' के द्वारा लेखक जनवाद और प्रगतिशीलता, राष्ट्रीय मुक्ति और जनतंत्र—हर उदात्त

और मानवतावादी मूल्य पर प्रहार करता है। शिवदानसिंह चौहान का कहना सही है कि वर्मा जी ने इस उपन्यास में राष्ट्रीय जागरण की उदात्त परंपराओं को ठुकरा कर सामंतवर्ग की हिमायत की है और वह भी गांधीवाद की आड़ लेकर। जमींदार रामनाथ और उनके तीन बेटों की यह लंबी, नीरस और प्रकृतवादी कहानी हिंदी उपन्यास के विकास में ह्रास और विकृति की मिसाल है।[105] सन् '30 के राष्ट्रीय आंदोलन की पृष्ठभूमि में 'कर्मभूमि' लिखी गई और 'टेढ़े-मेढ़े रास्ते' लिखा गया। दोनों के फर्क से हिंदी उपन्यास की दो धाराओं का फर्क साफ हो जाता है। एक में सामाजिक यथार्थ, राष्ट्रीय जागरण, जनचेतना की प्रगति और दमन की भयंकरता का यथार्थ चित्र है, तो दूसरे में ताल्लुकेदारी की हिमायत और समूह के मन में 'पशुवाद' का दर्शन।

कहानी

हिंदी कथासाहित्य के इतिहासकारों ने सन् '36 तक की अवधि को प्रेमचंदयुग या प्रेमचंदकालीन आदर्शोन्मुख यथार्थवाद का नाम दिया है। इससे एक भ्रामक धारणा यह फैली है कि प्रेमचंदकाल में उपन्यास या कहानी की विधा में अन्य कोई साहित्यिक प्रवृत्ति विशिष्ट रूप में अलग से अपना महत्व नहीं रखती। पर वास्तविकता यह रही है कि रचनाविधान, कथानक के गठन, पात्रों के स्वरूप और व्यंजित संवेदना के स्तर पर उस समय भी 'प्रेमचंद-स्कूल', 'प्रसाद-स्कूल' और 'उग्र-स्कूल' का लोग जिक्र करते थे। इस प्रवाद और चर्चा को कहानी की प्रवृत्तियों के निरूपण की दृष्टि से प्रायः हर आलोचक ने अवहेलना के भाव से देखा है। किसी ने भी गंभीरतापूर्वक इन तीनों स्कूलों के कथ्य और शिल्प के पारस्परिक पार्थक्य का विश्लेषण कर सन् '36 तक के कहानीलेखन की विभिन्न धाराओं का स्पष्टीकरण नहीं किया। यही कारण है कि प्रेमचंदोत्तर कहानी की प्रवृत्तिगत विविधता को प्रायः अहिंदी तथा विदेशी प्रभाव का ही नतीजा मान लिया गया है।

इस दिशा में किए गए विवेचन का जो छिटपुट प्रयास मिलता है, उसमें आचार्य शुक्ल का दृष्टिकोण काफी स्पष्ट है। उन्होंने अलग-अलग स्कूल का जिक्र तो नहीं किया है, पर कहानी की विधा में उस समय प्रचलित विभिन्न प्रणालियों का स्पष्टीकरण अवश्य ही किया है। उनके अनुसार प्रेमचंद-स्कूल की दो प्रमुख बातें ये हैं :

> घटनाओं की व्यंजकता और पाठकों की सहानुभूति पर पूरा भरोसा न करके लेखक भी कुछ मार्मिक व्याख्या करता चलता है; उदाहरण के लिए प्रेमचंद की कहानियां। पं. विश्वंभर नाथ शर्मा कौशिक, पं. ज्वालादत्त शर्मा, श्री जैनेंद्र कुमार, पं. विनोद शंकर व्यास, श्री सुदर्शन, पं. जनार्दन झा द्विज इत्यादि अधिकांश लेखकों की कहानियां प्रायः इसी पद्धति पर चलती हैं।[106]
>
> भिन्न-भिन्न वर्गों के संस्कार का स्वरूप सामने रखने वाली, उदाहरण के लिए प्रेमचंद की 'शतरंज के खिलाड़ी' और श्री ऋषभचरण जैन की 'दान' कहानी।[107]

आचार्य रामचंद्र शुक्ल ने उपुर्यक्त रचनाप्रणाली और कथा की प्रवृत्ति से भिन्न 'प्रसाद-स्कूल' के संबंध में लिखा :

> घटना और संवाद दोनों में गूढ़ व्यंजना और रमणीय कल्पना के सुंदर समन्वय करने वाली। उदाहरणस्वरूप-प्रसाद जी तथा रायकृष्णदास जी की कहानियां।[108]

इसके साथ ही 'वस्तु समष्टि के स्वरूप की दृष्टि' से कहा : 'किसी मधुर या मार्मिक प्रसंग-कल्पना के सहारे किसी ऐतिहासिक काल का खंडचित्र दिखाने वाली। उदाहरण के लिए रायकृष्णदास जी की 'गहूला' और जयशंकर प्रसाद की 'आकाशदीप'।'[109] प्रसाद-स्कूल के ही अंतर्गत चंडी प्रसाद हृदयेश का भी नामोल्लेख किया जाता है। अतः हृदयेश की कहानीकला के संबंध में आचार्य शुक्ल का कथन द्रष्टव्य है :

> जो कहानियां कोई मार्मिक परिस्थिति लक्ष्य में रखकर चलेंगी उनमें बाह्य प्रकृति भिन्न रूपरंगों के सहित और परिस्थितियों का विशद चित्रण भी बराबर मिलेगा। घटनाएं और कथोपकथन बहुत अल्प रहेंगे। हृदयेश जी की कहानियां प्रायः इसी ढंग की हैं। 'उन्मादिनी' में घटना गतिशील नहीं। 'शांतिनिकेतन' में घटना और कथोपकथन दोनों कुछ नहीं। यह भी कहानी का एक ढंग है, यह हमें मानना पड़ेगा। पाश्चात्य आदर्श का अनुसरण इसमें नहीं है, न सही।[110]

आचार्य शुक्ल के द्वारा घटनासंवाद रहित कहानीशिल्प का अनुमोदन यह बतलाता है कि उस समय इस प्रकार की कहानी की रचना आरंभ ही हुई थी। प्रसाद-स्कूल के कहानीकारों ने 'पाश्चात्य आदर्श' के विपरीत, केवल 'मार्मिक परिस्थिति' के चित्रण की इस प्रवृत्ति का प्रवर्तन किया। आचार्य शुक्ल ने इसी संदर्भ में लिखा कि 'वस्तु विन्यास के ढंग में भी इधर वैचित्र्य आया है।'[111]

प्रेमचंद-स्कूल और प्रसाद-स्कूल से भिन्न, लगभग अकेले ही, एक नई रचना-प्रवृत्ति के प्रवर्तक के रूप में पांडेय बेचन शर्मा 'उग्र' अवश्य ही अविस्मरणीय हैं। 'उग्र-स्कूल' परवर्ती कहानीकारों के लिए आदर्श और प्रेरणा का केंद्र बना। आचार्य शुक्ल ने उनकी प्रणाली और वस्तुसमष्टि के संबंध में लिखा है :

> किसी तथ्य का प्रतीक खड़ा करने वाली लाक्षणिक कहानी, जैसे पांडे बेचन शर्मा उग्र द्वारा लिखित 'भुनगा'।[112]
>
> समाज के भिन्न-भिन्न क्षेत्रों के बीच धर्म, समाजसुधार, व्यापार-व्यवसाय, सरकारी काम, नई सभ्यता आदि की ओट में होने वाले पाखंडपूर्ण पापाचार के चटकीले चित्र सामने लाने वाली कहानियां जैसी उग्र जी की हैं। उग्र की भाषा बड़ी अनूठी चपलता और आकर्षक वैचित्र्य के साथ चलती है। इस ढंग की भाषा उनके उपन्यासों और 'चांदनी' जैसी कहानियों में ही मिल सकती है।[113]

इससे स्पष्ट है कि आचार्य शुक्ल ने हिंदी की 'प्रेमचंदकालीन' प्रवृत्तियों के वैविध्य को गहराई से निरूपित करने का प्रयत्न किया था, पर बाद के आलोचकों और इतिहासकारों ने इसे विकसित न कर प्रेमचंद युग की एक सरलीकृत व्याख्या की जिससे अनेक प्रकार के भ्रम फैले। प्रेमचंदोत्तर कहानी साहित्य के विकास में उपर्युक्त तीनों स्कूलों अथवा रचना प्रणालियों का योगदान है। प्रेमचंद के समसामयिक कथाकारों में कई लोगों ने बाद तक रचना की और निरंतर विकसनशील सामर्थ्य का परिचय दिया। अक्सर हिंदी कहानीसमीक्षा में प्रमचंदोत्तर कहानीकारों के अंतर्गत कौशिक, भगवती प्रसाद वाजपेयी, ज्वालादत्त शर्मा, देवी दयाल चतुर्वेदी मस्त, द्विज, निर्गुण, राजेश्वर प्रसाद सिंह, सुभद्रा कुमारी चौहान आदि का नामोल्लेख नहीं मिलता। इन कहानीकारों ने न केवल कहानी की विधा में नए प्रयोग किए हैं बल्कि रचनावस्तु की दृष्टि से भी मौलिकता और नवीन उद्भावनाओं का परिचय दिया है। इनके साहित्य के बिना

कहानीसाहित्य के विकास की रूपरेखा अपूर्ण ही मानी जाएगी।

कहानी में बदलाव के लक्षण सन् '30 के लगभग ही दिखाई पड़ने लगे थे। प्रेमचंद ने इस नई रचनाशीलता को सामाजिक यथार्थवाद की दिशा में मोड़ने का प्रयत्न किया। उनकी 'पूस की रात' और 'कफन' जैसी कहानी से यही प्रमाणित होता है। इस तरह हिंदी कहानी की यह नई उभरती हुई प्रवृत्ति प्रगतिवाद के आंदोलन के साथ एकाकार होकर आगे बढ़ती है। इस प्रवृत्ति के कहानीसाहित्य का विवेचन 'प्रगतिशील कहानी' के अंतर्गत पिछले अध्याय में किया गया है।

आदर्शवादी रोमांटिक धारा

पर प्रगतिवाद के सामानांतर हिंदी कहानी के क्षेत्र में प्रसाद-स्कूल की प्रवृत्ति का नए सिरे से विकास होता है; प्रेमचंद-स्कूल के अंतर्गत आदर्शवाद और आदर्शोन्मुख यथार्थवाद से प्रेरित लेखकों की नई-नई कृतियां सामने आती हैं जो सामाजिक यथार्थवाद की धारा से टकराती हैं। इस तरह रोमांटिक भावनामयता और आदर्श-यथार्थ के संघर्ष पर आधारित रचनाओं की एक धारा ऐसी है जिसमें प्रसाद और प्रेमचंद-स्कूल की प्रारंभिक प्रवृत्तियां एकाकार हो जाती हैं। इस धारा को आदर्शवादी रोमांटिक धारा का नाम दिया जा सकता है। इस धारा के कहानीसाहित्य का इतिवृत्त इस प्रकार है : (1) कमला देवी चौधरी : कहानी संगह : 'उन्माद (1934) 'पिकनिक' (1939), 'यात्रा' (1946); (2) आनंदी प्रसाद श्रीवास्तव : 'मकरंद'; (3) उषा देवी मित्रा : 'संध्या', 'पूर्वी', 'रात की रानी'; (4) ऋषभचरण जैन : 'मंदिर दीप', 'चांदनी रात' (1937); (5) कमलाकांत वर्मा : (कहानी संग्रह अप्रकाशित, पर पत्र-पत्रिकाओं में काफी कहानियां प्रकाशित); (6) ज्वालादत्त शर्मा : 'भाग्यचक्र'; (7) कौशिक : 'चित्रशाला' (1929), 'मणिमाला' (1931), 'कल्लोल' (1933); (8) चतुरसेन शास्त्री : पांच खंडों में कहानीसाहित्य (क) बाहर भीतर, (ख) दुखवा मैं कासे कहूं, (ग) धरती और आसमान, (घ) खोया हुआ शहर, (ङ) कहानी खत्म हो गई; (9) जगन्नाथ प्रसाद मिलिंद : 'बिल्लो का नखछेदन'; (10) जनार्दन झा द्विज : 'किसलय' (1931), 'मधुमयी' (1936), 'चरित्र रेखा' (1943); (11) जहूर बख्श : 'शबनम' (1950); (12) तारा पांडेयः 'उत्सर्ग' (1934); (13) देवी दयाल चतुर्वेदी 'मस्त' : 'रानी दुर्गावती' (1939), 'अनार ज्वाला' (1939), 'हवा का रुख' (1944), 'रंगीन डोरे' (1947); (14) द्विजेंद्र नाथ मिश्र 'निर्गुण': 'पूर्ति' (1940), 'बहूजी' (1941), 'टीला', (1945), 'प्यार के भूखे', 'जिंदगी', 'टूटे सपने', 'कच्चा धागा' (1947); (15) भगवती प्रसाद वाजपेयी : 'मधुपर्क', 'हिलोर', 'पुष्करिणी', 'दीपमालिका', 'मेरे सपने', 'उपहार', 'उतार चढ़ाव', 'खाली बोतल', 'आदान-प्रदान', 'अंगारे', 'स्नेह', 'बाती और लौ'; (16) राधाकृष्ण : 'सजला' (1930), 'फुटपाथ'(1941), 'बोगस' (1953); (17) राजा राधिका रमण : 'कुसुमांजलि' (1934), 'गांधी टोपी' (1938); (18) मोहन लाल गुप्त : 'दो काली-काली आंखें', 'अनदेखे चित्र अनबोले चेहरे'; (19) मोहनलाल महतो वियोगी : 'रेखा', 'सलिला', 'रजकण'; (20) राजेश्वर प्रसाद सिंह : 'सोने का जाल', 'दीपदान', 'कलंक', 'फिर मिलेंगे', 'अल्प संसार'; (21) मोहन सिंह सेंगर : 'चिंता की चिनगारियां' (1937), 'खून के धब्बे' (1942), 'नए युग की नारी' (1947), 'तर्क का न्याय' (1952); (22) रामेश्वरी गोयल : 'जीवन का सपना' (1936); (23) रामेश्वरी देवी मिश्र 'चकोरी' : 'धूप-छांह' तथा अन्य कहानियां (1936); (24)

लक्ष्मी नारायण सुधांशु : 'गुलाब की कलियां' (1928), 'रसरंग' (1929); (25) विनोद शंकर व्यास : 'मधुकरी', 'मेरी कहानियां'; (26) विश्वंभर नाथ जिज्जा : 'घूंघट वाली' (1949); (27) वृंदावनलाल वर्मा : 'दबे पांव', 'मेंढ़की का ब्याह', 'अंबपुर के अमर गीत', 'ऐतिहासिक कहानियां' 'अंगूठी का दान', 'शरणागत','कलाकार का दंड', 'तोषी'; (28) शिवपूजन सहाय : 'विभूति', 'शिवपूजन ग्रंथावली का कहानी खंड'; (29) श्रीनाथ सिंह : 'जागरण (1937); 'प्रजामंडल' (1948), 'एक और अनेक' (1951), 'अपहृता' (1952); (30) श्रीमती सत्यवती मल्लिक : 'दो फूल' (1948), 'बैसाख की रात' (1951); (31) सुदर्शन : 'चार कहानियां' (1933), 'पनघट' (1939) 'अंगूठी का मुकदमा' (1940), 'झंकार' (1939), 'प्रमोद', 'नगीने', 'खटपट लाल'; (32) सुभद्रा कुमारी चौहान : 'बिखरे मोती', 'उन्मादिनी'; (33) सुमित्रा कुमारी सिन्हा : 'अचल सुहाग', 'वर्ष गांठ'; (34) होमवती देवी : 'निसर्ग' (1939), 'धरोहर' (1948), 'स्पप्नभंग' (1948), 'अपना घर' (1950); (35) जयशंकर प्रसाद : 'आंधी', 'इंद्रजाल' (1936)।

नई पीढ़ी के अधिकांश कहानीकार यद्यपि इस धारा के साथ नहीं आए पर प्रसाद और प्रेमचंद-स्कूल के मनोविश्लेषण, यौनग्रंथि के वर्णन, व्यक्तिवादी अहंवाद आदि की तरफ न झुककर यथार्थ और आदर्श के संघर्ष को मार्मिकता के एक बिंदु पर गहराई के साथ उतारने के प्रयत्नों के प्रवर्त्तक बने। भगवती प्रसाद वाजपेयी जैसे रचनाकार के कहानीलेखन में भी सन् '40 के आसपास शिल्प का एक नया विकास प्राप्त होता है। अब इतिवृत्तात्मकता को छोड़कर छोटे-छोटे घटनाखंडों, चिंतन एवं स्मृतिअंशों के बीच से कथासूत्र को नियोजित करने का प्रयास प्राप्त होता है।'[114] केवल भगवती प्रसाद वाजपेयी ही नहीं, बल्कि निर्गुण, जिज्जा, कौशिक, राजेश्वर प्रसाद सिंह, श्रीनाथ सिंह, सुमित्रा कुमारी सिन्हा, मोहन सिंह सेंगर, होमवती देवी आदि ने भी संयोगों एवं घटनाओं का अपेक्षाकृत अधिक सहारा लेकर एकसूत्रता एवं इतिवृत्तात्मकता पर बल देने का अपना आग्रह क्रमशः छोड़ना शुरू किया और 'मध्यवर्गीय ऊहापोह', 'निराश प्रेम की वेदना के स्फीत चित्रण' और 'मार्मिक परिस्थिति' की रम्य कल्पना को वस्तुस्थिति के निकट लाने के प्रयत्न बड़ी तेजी से किए। प्रेमचंदोत्तर कहानी में 'आदर्शवादी रोमांटिक धारा' अनेक प्रकार की प्रवृत्तियों, रचना संबंधी प्रयोगों तथा जीवन संबंधी दृष्टिकोण का संगम कही जा सकती है। एक ओर जहां स्वच्छंदतावाद, छायावाद, उत्तरछायावाद का कहानी के क्षेत्र में विस्तार है, वहीं दूसरी ओर राष्ट्रीय जागरण, दलित वर्गों की दीनावस्था, सामाजिक समस्या के सकरुण पहलू, सामाजिक रूढ़ियों से प्रताड़ित मध्यवर्ग की ऊहापोह तथा छटपटाहट आदि को समेटने के कारण तत्कालीन कहानी आलोचनात्मक यथार्थवाद को प्रतिष्ठित करती है। इस धारा में ही प्रसाद की 'अतीतोन्मुख कल्पनाशीलता', आदर्शोन्मुख दार्शनिक प्रवृत्ति तथा भावनामयता को विकसित करने का सचेष्ट प्रयास मिलता है। इसके साथ ही प्रेमचंद के आदर्शोन्मुख यथार्थवाद के प्रभाववश राष्ट्रीय जागृति, समाज के वैषम्य से पीड़ित वर्ग के प्रति सहानुभूति और सुधार के काल्पनिक समाधान के चित्रण की प्रवृत्ति फलती-फूलती रही है। इस प्रवृत्ति के कहानीकारों पर रवींद्र और शरत का उल्लेखनीय प्रभाव रहा है। प्रगतिशील साहित्यिक आंदोलन के आरंभ होने से पहले से ही कहानी ने अपना यह रूमानी उत्थान आरंभ कर दिया था। प्रेमचंद और उग्र की यथार्थवादी कला ने इस आदर्शवादी रोमांटिक धारा के कहानीकारों को सामाजिक वास्तविकता की ओर उन्मुख करने का प्रयास किया। अतः अनेक कहानीकारों ने पारिवारिक जीवन की नाना प्रकार की समस्याओं के मार्मिक

चित्र उपस्थित किए। हिंदी कहानी लेखिकाओं में प्रायः सभी ने केवल घरेलू जीवन का क्षेत्र अपनाया है, यद्यपि कुछ ने कुतूहल या रूमानी वातावरण की सृष्टि को ही मुख्य स्थान दिया है, यथा : उषादेवी मित्रा (1897-1966)। इस क्षेत्र में कोई एक लेखिका इतनी विशिष्ट नहीं है कि उसे अकेले उदाहरण के रूप में उपस्थित किया जा सके। तीव्रता की दृष्टि से चंद्रकिरण सोनरिक्सा (ज. 1920) और परिमाण की दृष्टि से होमवती देवी (1906-1950) सबसे अधिक उल्लेख्य हैं। सत्यवती मल्लिक (ज.1905) में कलामयता अधिक है, कमला चौधरी (ज. 1908) में रंगीनी और विविधता।[115] इसी प्रवृत्ति के अंतर्गत सुभद्रा कुमारी चौहान, महादेवी वर्मा, मिसला मिश्र और सावित्री निगम को भी गिनना चाहिए। महादेवी वर्मा और कन्हैया लाल मिश्र प्रभाकर के संस्मरण और स्केच यथार्थ के अधिक निकट हैं, यद्यपि उन पर रूमानी भावनामयता का प्रभाव भी नगण्य नहीं है।

कहानी की इस धारा के भीतर से दलितों के चित्रण की यथार्थवादी प्रवृत्ति का क्रमशः विकास हो रहा था। जिस तरह छायावाद के गर्भ से पंत और निराला के यथार्थवाद का उद्भव हुआ, उसी तरह आदर्शवादी रूमानी कहानियों की इस धारा के भीतर से आलोचनात्मक यथार्थवाद और सामाजिक यथार्थवाद की ओर कहानी की विधा उन्मुख होने लगी। यद्यपि इस धारा की यथार्थवादी प्रवृत्ति अधिकांशतः मध्यवर्ग और निम्नवर्ग की समस्याओं और सामाजिक रूढ़ियों की अमानवीयता के चित्रण तक ही सीमित रही, फिर भी सामाजिक वास्तविकता के चित्रण के प्रगतिशील साहित्यिक रुझानों को इस प्रवृत्ति ने सहयोग और बल ही प्रदान किया। विष्णु प्रभाकर, अमृतलाल नागर, चंद्रगुप्त विद्यालंकार, मन्मथनाथ गुप्त, उपेंद्रनाथ अश्क, नरेंद्र शर्मा, सूर्यकांत त्रिपाठी निराला, पंत, महादेवी वर्मा और रामवृक्ष बेनीपुरी का प्रगतिशील कहानी, स्केच, संस्मरण, रिपोर्ताज आदि की तरफ झुकाव इसी आदर्शवादी रूमानी धारा के भीतर से हुआ।

निष्कर्ष यह कि इस धारा के भीतर से उभर रही स्वस्थ यथार्थवादी प्रवृत्तियों का सामाजिक यथार्थवाद की धारा से एकाकार होना साहित्यिक विकास की ऐतिहासिक अनिवार्यता थी। अतः इन दोनों धाराओं के मेल से कहानी के क्षेत्र में प्रारंभ से ही संश्लिष्ट यथार्थवाद (सिंथेटिक रियलिज्म) का उद्भव हुआ। 'प्रगतिशील कहानी' के अंतर्गत हम देख चुके हैं कि इसी संश्लिष्ट यथार्थवाद के विकास में 'उग्र' की कटु यथार्थवादी प्रवृत्ति का भी भरपूर योग रहा है।

मनोविश्लेषण, मध्यवर्गीय कुंठा और व्यक्तिवाद

सन् '30 के लगभग कहानी के क्षेत्र में एक ओर जहां सामाजिक यथार्थ की ओर झुकाव होने लगा था, वहीं दूसरी ओर व्यक्ति के अंतर्मन की गुत्थियों का मनोवैज्ञानिक चित्रण और मध्यवर्ग की ऊहापोहों का व्यक्तिवादी स्वरूप उपस्थित करने की प्रवृत्ति भी उभरने लगी थी। इस नई प्रवृत्ति को अधिकांश समीक्षकों ने रवींद्र, शरत, फ्रायड, दॉस्तोव्स्की तथा यूरोपीय कहानीकारों की नई शैलियों के प्रभाव की देन माना है। पर इस प्रवृत्ति का प्रसाद-स्कूल के कृतित्व से भी संबंध रहा है, यह देखने की चेष्टा बहुत कम समीक्षकों ने की है। राजेंद्र यादव ने ठीक ही लिखा है कि 'जब पहले जैनेंद्र और बाद में अज्ञेय-इलाचंद्र जोशी ने साहसपूर्ण व्यक्ति और उसकी अपनी समस्याओं की कहानियां लिखीं, तब उनका सीधा संबंध रवींद्र और शरत की कहानियों से जोड़ दिया गया। यों बांग्ला के इन लेखकों का प्रभाव इन तीनों

लेखकों पर नहीं है, ऐसा मैं नहीं कहूंगा, लेकिन मूलतः इनका सूत्र प्रसाद निकाय के ही परिवर्धन से अधिक जुड़ता है।'[116] देवराज उपाध्याय इस तथ्य के विश्लेषण से परहेज करते हुए इसी प्रचलित आरोप को दुहराते हैं :

> ऐसे कहानीकार हैं जो किसी नूतन टेकनीक का अपकर्षण, अभिशोषण कर रहे हैं और इसी के बल पर पूजित होने की कामना करते हैं। इस श्रेणी के कहानीकारों में हम अज्ञेय, जैनेंद्र इत्यादि को रख सकते हैं। इन्होंने साहित्य के पठन-पाठन से देखा कि ऐसी कहानियां जो कहानी न होकर किसी विचार या मूड का चित्रण हों अथवा जिनमें 'स्लाइस आफ लाइफ' वाले सिद्धांत का पालन होता है, कहानी के नाम से प्रचलित हैं। संभव है कि वहां की जीवनभूमि से इन पद्धतियों ने रस ग्रहण किया हो और अपने रूप में आने के लिए बाध्य हुई हों। पर इस मौलिक कारण को न देखकर यूरोपीय पौधे को भारतीय भूमि पर आरोपित करने की प्रतिज्ञा इनमें स्पष्ट दृष्टिगोचर होती है।[117]

सवाल बहुत खरा है—वह यह कि सन् '30 के आसपास शुरू हुए यथार्थवादी रुझान के समानांतर कहानी में तकनीक की नवीनता का प्रयोग और मनोविश्लेषण का आग्रह करने वाली अज्ञेय, जैनेंद्र और इलाचंद्र जोशी की कहानियां क्या 'यूरोपीय पौधा' हैं या अपनी कहानी परंपरा में 'प्रसाद स्कूल' का परिवर्धन करने के लिए पश्चिमी तकनीक और फ्रायडवाद के प्रभाव को आत्मसात कर लिखी गई कृतियां हैं?

ऐसे मुद्दों पर निर्णय करने के लिए रचना की आंतरिकता, वस्तु समष्टि और शिल्पतंत्र का विश्लेषण अपेक्षित है। सबसे पहले हम जैनेंद्र कुमार की कहानियां लें। प्रेमचंद के जीवनकाल के अंतिम वर्षों में जैनेंद्र को काफी यश मिल चुका था। उनके एक लेख से यह संकेत मिलता है कि लोग उन्हें प्रेमचंद का उत्तराधिकारी मानने लगे थे। उस समय लिखित 'अपना पराया', 'पत्नी', 'पाजेब' आदि कहानियों पर प्रेमचंद का प्रभाव भी खुलकर उभरा है पर उनकी शेष कहानियों में 'रत्न प्रभा', 'एक रात', 'उर्वशी', 'प्रतिभा' आदि पर से यह प्रभाव एकाएक गायब हो गया। जैनेंद्र यह मानकर प्रेमचंद की रूढ़ सीमाओं को लांघने लगे कि प्रेमचंद के पात्र 'औसत आदमी की संभावनाओं से परे' नहीं जाते; और उनकी कल्पना रोमांस की हद तक उठ नहीं पाती। फलतः जैनेंद्र प्रेमचंद से भिन्न दिशा में चलने लगे। जैनेंद्र के बारे में यह टिप्पणी सही है कि 'जैनेंद्र के उपन्यास और कहानियां साक्षी हैं कि उनके सर्जक ने चाहा कि उनके चौखटे इर्द-गिर्द के यथार्थ जीवन से न उठें; कि उनके पात्रों के दोषों में चमक आए; कि उनके गुण अलौकिक कांति दें; कि उनकी कल्पना उड़े तो रोमांस की हदें छू ले और प्रेमचंद की समाजहितैषिता की सीमाओं को लांघ जाए।'[118] पात्र के दोष में चमक लाने और कल्पना को रोमांस की हद तक ले जाने की दृष्टि से जैनेंद्र कुमार की 'एक रात' शीर्षक प्रसिद्ध कहानी को देखें। विवाहिता नायिका परपुरुष जयराज के अनुरोध से अपनी एकमात्र धोती तक उतारकर उसे दे देती है। बाद में वह बड़ी सुखद तृप्ति के साथ जयराज की गोद में लेट जाती है। जगह भी कैसी-खुले प्लेटफार्म की बेंच, यद्यपि काली अंधरी रात के सन्नाटे का पर्दा है। उस वक्त कहानीकार 'नग्नता के दर्शन' पर एक व्याख्यान ही दे डालता है : 'अरे ओ, लदे ढके मानव, जो दूसरे की आंख से अपने को ढकता है, सूरज की धूप से अपने को ढकता है, हवा के स्पर्श से अपने को ढकता है, सच की जोत से अपने को ढकता है, अरे क्यों, कपड़ों से लदा-ढका ही क्या तू सभ्य है? कपड़ों को उतारने के साथ-साथ क्या

तेरी सभ्यता, तेरी संभावना तिरोहित हो जाएगी? क्यों रे लदे-ढके मानव?'[119]

इसी व्याख्यान के क्रमानुसार जयराज कंबल से ढकी सुदर्शना के नंगे शरीर को सहलाता है और सोचता है : 'चाहे वह पति को छोड़कर आई है, पर स्नेहमयी के लिए भगवान कहां नहीं है? और उसके लिए वर्ज्य क्या है? नियम कहां है?'[120]

रात के उस सन्नाटे में सुदर्शना अपनी और जयराज की कुंठा की गांठें खोल, तृप्तिदायक लेन-देन के बाद उस पूरी तरह उन्मुक्त होती चली जाती है। यह स्थिति केवल 'एक रात' में ही नहीं है। 'रत्न प्रभा' में उन्माद पूरी तरह व्यक्त है —कहीं कोई हिचक या झिझक नहीं है। सेक्स को लेकर लिखित 'ग्रामोफोन का रेकार्ड', 'प्रतिभा' आदि कहानियां भी ऐसी ही हैं। इस तरह जैनेंद्र के यहां कहानी 'कन्फेशन' के निकट आ गई थी, हालांकि यह चर्च में पादरी के सामने मुक्तमन से अपने को खोल डालने वाला कन्फेशन नहीं, कचहरी में मजिस्ट्रेट के सामने कहीं कुछ तैयारी के साथ किया जाने वाला कंफेशन था, जिसमें अपने को 'घटना' या 'वारदात' से निरपेक्ष रखने की भावना छिपी होती है। यह शायद बहुत ही सधे आदमी का कंफेशन था जिसमें किसी 'प्लाट' और 'कहानीपन' जैसी चीज का पता नहीं चलता-बल्कि उसके न होने का भ्रम ही बना रहता है।'[121] शायद इसी आधार पर जैनेंद्र में कथावस्तु से लेकर अनुभव, शैली-शिल्प तक सब कुछ 'व्यक्तिगत' माना जाता है, 'विशिष्ट' नहीं।[122] प्रेमचंद के समय से लेकर नई कहानी का आंदोलन शुरू होने तक जैनेंद्र के सात कहानीसंग्रह प्रकाशित हुए : 'फांसी' (1929), 'वातायन' (1930), 'नीलम देश की राजकन्या' (1933), 'एक रात' (1934), 'दो चिड़िया' (1935), 'पाजेब' (1942), तथा 'जयसंधि' (1949)। इस लंबे दौर में अपनी कुछ प्रारंभिक कहानियों के अतिरिक्त प्रायः सभी कहानियों में उन्होंने घटना की जगह चाहे तो चरित्र को प्रतिष्ठित किया, अथवा वातावरण को या मानसिक ऊहापोह को। लेखक ने शैली की दृष्टि से पत्र, आत्मकथा, संवाद, स्वगत भाषण आदि का उपयोग किया। उसके साथ ही कहानी के आख्यानपरक रूपबंध के प्रयोग के लिए कथा, दृष्टांत, प्रतीकात्मकता, उपदेश और प्रवचन के प्राचीन रूपों में भी अपनी सामर्थ्य की संभावनाएं दिखायीं। संभवतः इन्हीं कारणों से अज्ञेय यह मानते हैं कि 'जैनेंद्र कुमार की कहानियां आश्चर्यजनक विधानकौशल और हस्तलाघव का परिचय देती हैं; और विधान की दृष्टि से उन्होंने हिंदी कहानी को जितना आगे बढ़ाया उतना किसी अन्य व्यक्ति ने नहीं।[123] जैनेंद्र प्रेम और वासना के आवेगमय क्षणों का परिवेश निर्माण करने की अद्भुत शक्ति का परिचय देते हैं, पर जब वे विचारक या चिंतक के रूप में 'नई नैतिकता' का उपदेशक बनने लगते हैं तो कहानी की वस्तु नष्ट कर देते हैं। यह जैनेंद्र की सीमा है क्योंकि उनकी शक्ति मध्यवर्ग के परिवार के नैतिक और वैचारिक आग्रहों पर शंका व्यक्त करने में छिपी है। यह मान्यता ठीक है कि 'इनके साहित्य की पृष्ठभूमि सदैव पारिवारिक रही; घरेलू स्त्री-पुरुष इनके विषय रहे।'[124] परिवार की गुप्त बातों का व्यक्तिगत होना स्वाभाविक ही है। व्यक्तिगत 'कहानी' में परिवार को छिन्नमूल करने वाले यंत्रों के रूप में जब 'दर्शन' या 'नैतिक उपदेश' ठूंसा जाता है तो जैनेंद्र उस 'व्यक्तिगत' की ही सीमा को तोड़ते प्रतीत होते हैं। दार्शनिक गुव्राओं में चिंतन के क्षणों में उनके पात्र आत्यंतिक रूप से वैचारिक वैचित्र्य के प्रतीक बन जाते हैं। विशुद्ध व्यक्तिगत, गुप्त, गोपनीय घटनाओं, अनुभवों और समाधानों को 'सामान्य' बनाने, सर्वसुलभ बनाने के क्रम में 'दर्शन' का रूप देने के पहले समाज की वास्तविकता से जूझना पड़ेगा। इसे अस्वीकार कर जैनेंद्र-'बुद्धि से दुश्मनी'

करते हैं। जैनेंद्र की कहानियों में जहां भी नैतिक चिंतन झलकता है, वहां वह आरोपित ही जान पड़ता है। अतः अज्ञेय इस दोष से बचते हुए अपना 'झुकाव बुनियादी नैतिक मूल्यों की ओर', 'बल्कि आध्यात्मिक मूल्यों की ओर भी' रखते हैं।[125] जैनेंद्र के कहानीकार के आगे प्रेमचंदयुगीन प्रारंभिक रचनादर्शों से जूझने का प्रश्न बराबर रहा है। पर अज्ञेय के आगे ऐसी समस्या रचनाप्रक्रिया के स्तर पर कभी नहीं रही। इसीलिए प्रारंभ से ही वे व्यक्ति की विशिष्टताओं, असाधारणताओं के उद्घाटन के पक्षधर रहे हैं। उन्होंने स्वयं 'व्यक्तिचरित्र' की ओर उन्मुख होने की बात स्वीकार की है : 'व्यक्ति के स्वभाव और कर्मप्रेरणाओं का सूक्ष्म विश्लेषण उनकी कहानियों में मिलता है।'[126] उनकी प्रारंभिक कहानियों के संग्रह 'विपथगा' (1937), 'परंपरा' (1944) तथा 'कोठरी की बात' (1945) को ध्यान से पढ़ने पर यह स्पष्ट हो जाता है कि प्रेमचंद के असर से वे कतई मुक्त हैं, पर प्रसाद उन पर बुरी तरह छाए हुए हैं। अज्ञेय की यह प्रारंभिक विशिष्टता प्रसाद की याद इसलिए दिलाती है क्योंकि कहानियों का प्रारंभ नाटकीय स्थितियों के बीच आ गए पात्र से होता है। दूसरी समानता यह है कि प्रसाद की ऐतिहासिक या कल्पनाप्रसूत परिस्थितियों के स्थान पर यहां क्रांतिकारियों के विशिष्ट प्रकार के जीवन या जेल की स्थितियां हैं, पर विशिष्टता और रहस्यमयता एक जैसी है। देश और प्रेम, प्यार और कर्त्तव्य के बीच द्वंद्व की मनोभूमि उपस्थित करने का प्रयत्न भी एक समान है, यद्यपि प्रसाद के आदर्शवादी समाधान और अज्ञेय के नायकों की भावनात्मक ट्रेजेडी के कारण यहां दोनों कथाशिल्पियों के बीच स्पष्ट अंतर भी मौजूद है।[127] सामाजिक यथार्थ से भागकर कथाछद्म का निर्माण प्रसाद इतिहास के कल्पनारंजित ऐंद्रजालिक परिवेश में करते हैं; अज्ञेय ने इतिहास की जगह व्यक्ति की मनोभावना की गुत्थियों के रगरेशे फैलाकर, विशिष्ट नायकों की स्थितियों या अनुभवों से निस्संग रहने के कलाचातुर्य का उपयोग किया। हेमिंग्वे भी इसी तंत्र का, अर्थात अपने ही अनुभवों से निरपेक्ष हो जाने का, इस्तेमाल करते हैं। अज्ञेय की कला ने इस तकनीक के जरिए 'रोज', 'हीलीबोन की बत्तखें', 'मेजर चौधरी की वापसी', 'पठार का धीरज', 'पगोड़ा वृक्ष', 'विपथगा', 'जयदोल', 'शरणदाता' और 'कलाकार की मुक्ति' जैसी अपूर्व मार्मिक एवं अविस्मरणीय कहानियां लिखी हैं।

प्रेमचंदोत्तर कहानीकारों में जैनेंद्र, अज्ञेय और इलाचंद्र जोशी की एक सामान्य प्रवृत्ति यह रही है कि कथा की जगह वातावरण या पात्र के मनोद्वंद्व को प्रतिष्ठित किया जाए। अज्ञेय की अनेक कहानियों में यह प्रवृत्ति अत्यंत प्रबल है। उनकी 'गैंग्रीन' कहानी में भी कथानक अत्यंत क्षीण है। कहानी का कोई रस नहीं है। कथानक की स्वल्पता से जीवन के प्रवाह को व्यक्त नहीं किया जा सकता। लेखक ने 'वातावरण की सघनता से कथानक की इस स्वल्पता को ढक लेने की चेष्टा' में कहानी को बोझिल बना दिया है। यही नहीं, बल्कि 'विचारतत्व और भावना की स्फीति' भी 'विपथगा' और 'परंपरा' संग्रहों की अनेक कहानियों को बाधित करती है। उदाहरण के लिए 'मंसो', 'ताज की छाया में' और 'अछूते फूल' कहानियों को देखा जा सकता है। आत्मविवृत्तिमूलक अथवा आत्मशोधमूलक कहानियों में आध्यात्मिक मूल्यों की खोज का प्रयास कहानी को कुंठित करता है। 'गृह त्याग', 'विपथगा', 'अकलंक', 'अमरवल्लरी' आदि कहानियों में व्यक्ति कहीं अपने होने की सार्थकता का खोजी है, कहीं अपनी इच्छाओं की सार्थकता का और कहीं वैचारिक स्वातंत्र्य का। इस प्रकार की कहानियों के द्वारा अज्ञेय ने अपने सीमित अनुभवों को दार्शनिक स्तर पर दुहराना आरंभ

कर दिया। उच्च मध्यवर्ग के व्यक्ति के कटे हुए जीवनानुभव का यह अध्यात्मकपरक विश्लेषण कहानी से कहीं अधिक पतनशील संस्कृति के दार्शनिकों के विवाद और चिंतन का विषय रहा है। सन् '48 में प्रकाशित 'शरणार्थी' ही एकमात्र ऐसी कहानी है जो हिंदू-मुस्लिम सांप्रदायिक हत्याकांड की पृठिभूमि को लेकर चलती है और दुरूह नहीं है। शेष अधिकांश कहानियां एक विशिष्ट बौद्धिक स्तर की विकसित ग्रहणशीलता की मांग करती हैं और वह भी आत्मान्वेषण के व्यक्तिवादी दर्शन को समझने के लिए। कहानियों में अज्ञेय प्रायः 'शून्य में ही अपनी कला की पैंतरेबाजी दिखाते हैं। समाजगठन को परिपार्श्व में रखे बिना व्यक्ति को समझ सकने का दम भरना मात्र अहम है। अज्ञेय इसके शिकार हैं।'[128]

जैनेंद्र ने जहां परिवार और घरेलू जीवन की पृष्ठभूमि में स्त्री के दृष्टिकोण से सेठ की तीसरी पत्नी रत्नप्रभा की प्रेमाकांक्षा और उसकी तड़प की कहानी लिखी, 'एक रात' में सुदर्शना के मातृत्व की कामना की छटपटाहट को पृष्ठभूमि में रखकर प्लेटफार्म पर जयराज के आगे उसका समर्पण दिखलाया अथवा 'दृष्टिदोष' में रोमांस के शीलवैचित्र्य को उभारकर रखा, वहां अज्ञेय की ऐसी कहानियों में परिवार छूट गया, घरेलू जीवन की पृष्ठभूमि गायब हो गई; रह गया केवल पुरुष का अहंकारमय परपीड़न का दृष्टिकोण जिसके फलस्वरूप चाहे तो उन्होंने 'अमरवल्लरी', 'विपथगा' और 'मेजर चौधरी की वापसी' में व्यक्ति के स्वभाव का मनोविश्लेषण किया, अथवा 'पठार का धीरज', 'सिगनेलर' और 'नबंर दस' में मध्यवर्ग के कुंठित मन की ऊहापोह निस्संगतापूर्वक प्रस्तुत की या 'पुरुष का भाग्य' और 'हीलीबोन की बत्तखें' में अवचेतन की विज्ञप्ति की और स्त्री-पुरुष संबंधों के मनोवैज्ञानिक पहलू के स्पष्टीकरण के लिए ग्रंथिसूचक संकेतों और कार्यों के चित्रण से 'पुलिस की सीटी' और 'सांय' जैसी कहानियों लिखीं। ऐसी कहानियों से हिंदी कहानीसाहित्य में शिल्पविधि की नई समृद्धि तथा भाषा की प्रतीक व्यवस्था की नई सामर्थ्य का विकास अवश्य हुआ, पर भावपक्ष की दिशा में विधान की जटिलता के प्रयोग से 'कहानी की सामाजिकता और प्रेषणीयता में बड़ा विघटन उपस्थित हुआ।'[129] क्या यह विघटन केवल 'विधान की जटिलता' के कारण ही हुआ? प्रेमचंदोत्तर कहानीकारों में जो लोग मध्यवर्ग का कथानक उठाते हैं, उनमें जैनेंद्र, अज्ञेय, इलाचंद्र जोशी, भगवतीचरण वर्मा आदि ऐसे लेखक हैं जो मध्यवर्ग की मुक्ति के सवाल को, मध्यवर्ग के स्त्री-पुरुषों की पराधीनता के सवाल को यथार्थवादी ढंग से छूते ही नहीं हैं। बार-बार मनोद्वंद्व और अवचेतन की विज्ञप्ति में इन समस्याओं का मूल दिखलाने की कोशिश की जाती है और यही वह दुर्बलता है जो 'कहानी की सामाजिकता और प्रेषणीयता' में विघटन उपस्थित करती है।

प्रारंभ में इलाचंद जोशी की कहानियों में यह प्रवृत्ति दिखाई नहीं देती। सन् '27 की 'सरस्वती' में प्रकाशित उनकी कहानी 'अनाश्रित' इस दृष्टि से पठनीय है। इस कहानी के मुख्य पात्र द्वारिका बाबू की पारिवारिक समस्या बड़ी विकट है। आमदनी कम और पांच लड़कियां तथा एक निकम्मा लड़का। इसी चिंता के मारे उनका बुरा हाल है। चिंता मिटती नहीं, कमजोरी है सो अलग, बुढ़ापे में काम की थकावट ऐसी कि नस-नस टूटती है। बीमार होते हैं और पैरो की तंगी के मारे इलाज नहीं हो पाता। बड़ा दयनीय अंत होता है। इसके बाद लेखक ने इस अनाश्रित परिवार के हाहाकार का अनुमान पाठकों पर छोड़ दिया है।

सन् '35-'36 के बाद इलाचंद्र जोशी ने अपने युग के यथार्थवादी रुझानों से मुंह मोड़ लिया। वे फ्रायडपंथी हो गए; मनोविश्लेषणवाद उनका विचारदर्शन बन गया। हर विकृति

को व्यक्ति के स्तर पर उतारकर उन्होंने उसकी फ्रायडवादी व्याख्या करने का प्रयास किया। सन् '38 से सन् '51 के बीच उनके छह कहानीसंग्रह प्रकाशित हुए : 'धूपरेखा' (1938), 'दीवाली और होली' (1942), 'रोमांटिक छाया' (1943), 'आहुति' (1945), 'खंडहर की आत्माएं' (1948) और 'डायरी के नीरस पृष्ठ' (1951)। इन संग्रहों में ज्यादातर कहानियां मनोवश्लिेषणात्मक हैं। अज्ञेय और इलाचंद्र जोशी का झुकाव, जैनेंद्र की तुलना में, फ्रायडवाद की ओर आवश्यकता से अधिक रहा है। प्रगतिशील समीक्षकों ने उस समय इस प्रवृत्ति की भर्त्सना की थी। सामाजिक यथार्थ की पृष्ठभूमि में व्यक्ति की कर्मप्रेरणाओं का चित्रण न कर, 'अंतर्तम गुहा' में पैठने की प्रवृत्ति, यथार्थवाद से ठीक विपरीत दिशा में संपूर्ण साहित्य को ले जाने का उपक्रम कर रही थी। ऐसी स्थिति में अज्ञेय और इलाचंद्र जोशी की कहानियों के संबंध में प्रगतिशील समीक्षक शिवदानसिंह चौहान ने लिखा :

> ये दोनों कहानीकार अपने कुंठाग्रस्त पात्रों के विक्षिप्त मानस को मनोवैज्ञानिक औचित्य प्रदान करके उनके जघन्य और असामाजिक कृत्यों को अपनी ओर से महिमामंहित करने का प्रयत्न करते हैं; साथ ही पाठकों से भी उनके प्रति सहानुभूतिशील होने की अपेक्षा रखते हैं। इसके अतिरिक्त, इन लेखकों में मनोविश्लेषण के प्रति इतना प्रबल आग्रह है कि वे मानसिक रुग्णताओं को ही मानवीय सत्य मानकर, अपने पात्रों के कृत्यों का यथातथ्य प्रकृतवादी आकलन करते हैं।[130]

इन दोनों पर फ्रायडवाद और कुंठावाद का आरोप लगाने के बावजूद, शिवदानसिंह चौहान अज्ञेय को रचनाकुशल मानते हैं और इलाचंद्र जोशी को रचनाकौशल की दृष्टि से कमजोर।[131] संभवतः इसीलिए जोशी जी की कुछ ही कहानियां याद की जाती हैं। विजय बहादुर सिंह ने व्यक्ति और समाज की परस्पर क्रिया-प्रतिक्रिया के विश्लेषण की दृष्टि से जोशी जी की 'अभिनेत्री' शीर्षक कहानी को महत्वपूर्ण माना;[132] लक्ष्मीनारायण लाल ने व्यक्ति के चरित्र विश्लेषण की दृष्टि से 'एकाकी' और अंतर्मुखी संश्लिष्ट चरित्र की दृष्टि से 'दुष्कर्मी' को उदाहृत किया है।[133] इन कहानियों में भी मनोविश्लेषण की वही आग्रहपूर्ण कोशिश है। वस्तुतः उनके पात्रों की समस्या हमेशा कोई न कोई मानसिक ग्रंथि ही रहती है। संभवतः इसीलिए प्रायः सभी समीक्षकों ने उन पर यह आरोप लगाया है कि वे फ्रायड के सेक्स और स्वप्नसिद्धांत के कुछ सूत्रों को लेकर 'केसहिस्ट्रियां' लिखते हैं, कहानी नहीं। यह सही है कि उनके पात्र अपनी ग्रंथियों से मुक्ति के लिए छटपटाते हैं। जब सचमुच में उन्हें ग्रंथि से मुक्ति मिल जाती है तो वे हृदयपरिवर्तन के आदर्शवादी उदाहरणों से कहीं अधिक बदले हुए सहज मनुष्य बन जाते हैं। यह विचित्र संयोग है कि प्रेमचंदयुगीन सुधारवाद की जगह इलाचंद्र जोशी मनोचिकित्सक का रोगनिदान प्रस्तुत कर उतने ही अवास्तविक बन जाते हैं, जितने अवास्तविक सुदर्शन या द्विज प्रतीत होते हैं।

प्रगतिवाद जहां मार्क्सवादी दर्शन से प्रभावित था और उसके कहानीकार प्रेमचंद, उग्र और निराला के यथार्थवादी रुझानों को गोर्की के समाजवादी यथार्थवाद की दिशा में समृद्ध करने का प्रयत्न कर रहे थे, वहीं मनोविश्लेषणात्मक प्रवृत्ति के कथाकार मध्यवर्ग की कुंठा और व्यक्तिमन के विविध स्तरों का उद्‌घाटन करने के लिए फ्रायड को मनोविज्ञान के स्तर पर स्वीकार करते थे तथा जोला, दॉस्तोव्स्की और डी. एच. लारेंस की परंपरा से अपने को जोड़ने की कोशिश कर रहे थे। यह उस समय बहुप्रचलित प्रवृत्ति तो नहीं थी, पर प्रगतिवाद

के समानांतर एक जबरदस्त साहित्यिक प्रवृत्ति थी। इस प्रवृत्ति का प्रभाव हिंदी में थोड़ा-बहुत उर्दू से भी आया। उर्दू के कहानीकारों में मुम्ताज मुफ्ती, मंटो, सज्जाद जहीर और कृश्न चंदर पर भी मनोविश्लेषण हावी था। इधर हिंदी में इस प्रवृत्ति को स्वतः स्फूर्त ढंग से चतुरसेन शास्त्री, भगवतीचरण वर्मा, पहाड़ी और नरोत्तम नगर उदाहृत कर रहे थे। चतुरसेन शास्त्री के 'रजकण' और 'अक्षत' नामक कहानीसंग्रहों में प्रकृतवादी वर्णनप्रणाली के अनुकूल 'सामाजिक कुरीतियों का खुलकर भंडाफोड़ किया गया है' और 'साधारण को प्रगल्भ यथातथ्य चित्रण द्वारा असाधारण बनाने की चेष्टा' की गई है।[134] इस दृष्टि से उनकी 'दे खुदा की राह पर', 'भिक्षुराज' और 'ककड़ी की कीमत' कहानियां उल्लेखनीय हैं। भगवती चरण वर्मा के कहानी संग्रहों 'खिलते-फूल', 'इंस्टालमेंट', 'दो बांके' तथा 'राख और चिनगारी' में भी मनुष्य को फ्रायडीय अर्थसत्यों की दृष्टि से देखा गया है। भगवतीचरण वर्मा ने अपने पात्रों को 'परिस्थितियों का ही नहीं, स्वयं अपनी अर्धचेतन कामवासनाओं का निरुपाय दास और सभ्यता के बाह्यावरण में ढके-छिपे पर मूलतः हिंस्र, पाशविक और स्वार्थी' ही दिखलाया है। पहाड़ी के कहानीसंग्रह 'हिरन की आंखें' और नरोत्तम नागर की प्रारंभिक कहानियों में यही प्रवृत्ति हावी है, पर सन् '40 के बाद इनमें सामाजिकता के प्रति लगाव उत्पन्न हुआ और ये कहानी की यथार्थवादी धारा के साथ सम्मिलित हो गए। हंसराज रहबर ने इस दौर के साहित्य पर फ्रायडवाद के असर का विश्लेषण कर यह नतीजा निकाला है कि काफी दिनों तक फ्रायडवाद और मार्क्सवाद परस्पर गड्डमड्ड रहे और प्रगतिशील कथाकार भी इस प्रवृत्ति से अछूते नहीं दिखाई देते।[135] उस समय कुछ कथाकार अत्यंत भोलेपन के साथ फ्रायडवाद को भी प्रगतिशील चीज समझते थे और यह विश्वास करते थे कि बाह्य वास्तविकता को समझने के लिए जितना मार्क्सवाद आवश्यक है, अंतर्जगत को समझने के लिए फ्रायडवाद भी उतना ही आवश्यक है। दूसरी तरफ कुछ प्रगतिशील लेखक जोला के नग्न यथार्थवाद से प्रभावित थे और अपने कथासाहित्य में बालजाक और गोर्की के यथार्थवाद के बजाय फ्रांसीसी प्रकृतवाद को प्रतिष्ठित करने की चेष्टा कर रहे थे। अपने युग के यथार्थ को किस शैली में प्रस्तुत किया जाए-इस अन्वेषणवृत्ति के कारण यशपाल भी कहीं-कहीं फ्रांसीसी प्रकृतवाद की ओर प्रारंभ में झुके। अतः यशपाल, पहाड़ी, नरोत्तम नागर, उपेंद्रनाथ अश्क, मंटो, सज्जाद जहीर, कृश्न चंदर आदि के कथासाहित्य की वैचित्र्यपूर्ण रूमानियत और नग्न यथार्थता के मूल में संभवतः यही अन्वेषण वृत्ति सक्रिय थी।

कहानीसाहित्य के अंदर मध्यवर्ग के व्यक्तिवादी आग्रहों तथा फ्रायडवाद, अराजकतावाद और प्रकृतवाद के प्रति झुकाव के कारण ऐसी प्रवृत्ति स्पष्टतः रचनात्मक स्तर पर सक्रिय थी जो प्रगतिवाद के सामाजिक यथार्थवाद से टकरा रही थी और साहित्य को समाज के बदलाव के अस्त्र के बजाय आत्मपीड़न या आत्मान्वेषण का साधन समझती थी।

नाटक और एकांकी

समस्या नाटक (प्रकृतवाद, अतियथार्थवाद, फ्रायडवाद और अराजकतावाद)

प्रसाद के नाटकों की भावुकताप्रधान कल्पना (रोमांटिसिज्म), पुनरुत्थानवाद तथा भाषा की क्लिष्टता का विरोध चौथे दशक के प्रारंभ में ही शुरू हो गया था। इस दृष्टि से प्रायः कृपानाथ मिश्र के नाटक 'मणिगोस्वामी' (1929 ई.) और लक्ष्मीनारायण मिश्र के 'संन्यासी' (1929

ई.) से 'समस्या नाटक' के आंदोलन का समारंभ माना जाता है। कृपानाथ मिश्र ने अपने नाटक की भूमिका में जनरुचि की भ्रष्टता, नाट्यवस्तु की कल्पनाशीलता और रंगमंच से नाटक के छिन्न-भिन्न संबंध का विश्लेषण किया और घोषणा की कि जीवन की घटनाओं में जो व्यथा छिपी रहती है, उसे प्रकट करने के लिए शब्दाडंबर की आवश्यकता नहीं है। प्रेमचंद ने भी उनके नाटक की नवीनता और भूमिका में व्यक्त विचारों के बारे में कहा कि उनमें निस्संदेह साहित्यिक तत्व भरे पड़े हैं, जिन पर मनन करने की जरूरत है।[136]

जगदीश चंद्र माथुर ने सन् '30 के लगभग प्रसाद के रोमांटिक और आदर्शवादी नाटकों के समानांतर उभर रही नाट्यरचना की प्रवृत्ति का हवाला देते हुए उसके विशिष्ट लक्षणों के अंतर्गत जीवन के प्रकृतवादी चित्रण, व्यक्ति की निजी गुत्थियों के मूल में स्थित सामाजिक समस्याओं के विश्लेषण, सतही भावुकता के प्रति घृणा का भाव आदि बताए हैं।[137] कृपानाथ मिश्र के साथ ही बुद्धिवाद, नाटक के अनुकूल सरल भाषा तथा स्त्री-पुरुष के यौन संबंधों में आदर्शवाद के स्थान पर स्वच्छंदता का नारा लक्ष्मीनारायण मिश्र ने भी दिया। प्रसाद के 'स्कंदगुप्त' के प्रकाशन वर्ष (1929) में ही मिश्र जी का प्रथम समस्यानाटक 'संन्यासी' भी प्रकाशित हुआ। परंतु अपने बुद्धिवाद की विधिवत घोषणा एवं व्याख्या मिश्र जी ने 1932 में 'मुक्ति का रहस्य' नाटक में की। उन्होंने लिखा : 'बुद्धिवाद किसी तरह का हो–किसी कोटि का हो–समाज या साहित्य की हानि नहीं कर सकता है।'[138] लक्ष्मीनारायण मिश्र इब्सन और बर्नार्ड शॉ से प्रभावित थे। उनका विचार है कि 'जिंदगी की कोई भी संकीर्ण परिपाटी, धर्म या सदाचार की कोई भी निश्चित कसौटी, साहित्य और कला की कोई भी प्रभावशालिनी व्याख्या आंख मूंद कर स्वीकार कर लेना, यही नहीं कि व्यक्तिगत विकास में बाधा डालेगी, एक प्रकार से घातक भी होगी।'[139] इस प्रकार प्रसाद के नाटकों के ऐतिहासिक काल्पनिक और काव्यात्मक वातावरण के बजाय उन्होंने मध्यवर्ग के जीवन के यथार्थ को अपने नाटकों में प्रस्तुत करने का प्रयत्न आरंभ किया। 'राक्षस का मंदिर' (1931) की भूमिका में वह कहते हैं : 'लेकिन यह तब तक नहीं हो सकता जब तक कि हम जिंदगी को सब ओर से, भीतर और बाहर से, प्रवृत्तियों के चढ़ाव और उतार को, दैवी और राक्षसी द्वंद्व को, आशा और निराशा के सम्मिलन को, लालसा और इच्छाओं के मरुस्थल को, होनी और अनहोनी की रंगशाला को देख न लें, समझ न लें।' इस प्रकार वे अपने नाटक 'मनुष्य की सारी जिंदगी' प्रकाशित करने के लिए लिख रहे थे। यदि पाठक को उनकी रचना 'अश्लील या संहारक' लगे तो इसका उत्तरदायित्व उन पर नहीं 'समाज के उसी अधिकांश भाग पर है जिसके मुख्य उपकरण' उनके नाटक के पात्र हैं।

देखना यह है कि क्या मिश्र जी के नाटक वास्तव में यथार्थवादी नाटक माने जा सकते हैं? और यदि मिश्र जी के नाटक यथार्थवादी हैं तो उनके यथार्थवाद का स्वरूप क्या है? आधार क्या है? इन प्रश्नों का विश्लेषण करने पर पता चलता है कि ल. ना. मिश्र ने जो कथानक और चरित्र लिए हैं, वे मध्यवर्ग के जीवन की बुनियादी समस्याओं को लेकर नहीं चलते। उन कथानकों की अंतर्वस्तु, स्त्री-पुरुष संबंधों में परिवार की संस्था का खोखलापन प्रकट करती है। अपने नाटकों में ल. ना. मिश्र ने जो लंबी-लंबी भूमिकाएं लिखी हैं, उनमें बुद्धिवाद तथा प्रकारांतर से रस्किन के अराजकतावाद का समर्थन है।

मिश्र जी स्त्री-पुरुष की कामवासना के निर्बंध रूपों के पक्षधर हैं। वे यह मानते हैं कि

कामभावना और बुद्धि का परस्पर विरोध है। इसीलिए कहा जा सकता है कि मिश्र जी रस्किन और फ्रायड दोनों को साथ-साथ निभाते चलते हैं।

नैसर्गिक इच्छा और बुद्धि का यह द्वंद्व मिश्र जी के नाटकों की तर्कप्रणाली है। पूंजीवादी समाज के शिक्षित मध्यवर्ग के ढकोसले, सभ्यता के आवरण, संस्कार, मर्यादाएं, कानून–सब पर बुद्धिवादी ढंग से वे प्रहार करते हैं।

'राक्षस का मंदिर' में मुनीश्वर की कामांधता भी दिखलाई गई है और उसकी बुद्धिवादिता भी। मुनीश्वर के विवेक पर अंध कामवासना की विजय होती है और वह रामलाल को ठगता है, रघुनाथ को तबाह कर देता है और वेश्या सुधार मंदिर की स्थापना कर ढोंग खड़ा करता है जिससे समाज को धोखा देकर अपनी वासनाओं की पूर्ति कर सके।

'संन्यासी' में मिश्र जी ने आधुनिक सहशिक्षा प्रणाली में दोष दिखलाए हैं : 'वह व्यक्तित्व का नाश कर मनुष्य को मशीन बना देती है।...संस्कार और चरित्र बल किसे कहते हैं, इसका पता इस शिक्षा में नहीं चलता।'[140]

'संन्यासी' का विश्वकांत इसी भंयकर शैक्षिक अराजकता का शिकार है। अध्यापक दीनानाथ बुढ़ापे में नवशिक्षित युवती से विवाह करते हैं पर उनकी अतृप्त पत्नी राजनीतिक नेता मुरलीधर पर आसक्त हो जाती है। नाटककार ने एशियाई संघ की स्थापना करवाकर विश्वकांत के कुछ गुणों को उजागर किया है पर मालती, किरणमयी, रमाशंकर और दीनानाथ–न तो आत्मोन्नति कर पाते हैं और न विद्रोह; ये सब मनचाहे जीवन के भंवर में चक्कर काटते रह जाते हैं।

'मुक्ति का रहस्य' और 'सिंदूर की होली' में स्त्री-पुरुष के यौन संबंधों का चित्रण है। व्यक्तिवाद जिस अबाध स्वतंत्रता का दर्शन है, वह सेक्स के क्षेत्र में भी उसी का समर्थन करता है। मिश्र जी का स्पष्टीकरण है : 'स्त्री और पुरुष के आकर्षण और सम्मिलन में जहां तक प्रकृति का चिरंतन तथ्य है, वहां तक तो बुद्धिवादी कोई विरोध नहीं करता, लेकिन जहां तक ऊपरी आडंबर और ढकोसले हैं, बुद्धिवादी इन बातों पर हंस पड़ता है।'[141]

उपर्युक्त कथन में नैसर्गिक यौन संबंधों की आवश्यकता और सामाजिक मर्यादाओं के दबाव से उत्पन्न कुंठाओं का उल्लेख है–इससे पता चलता है कि इब्सन और फ्रायड का मेल करने की उन्होंने चेष्टा की है। आशादेवी और उमाशंकर के पारस्परिक प्रेम में परिवार की संस्था और सामाजिक मर्यादा बाधक हैं। फलतः आशादेवी अपराधी मनोवृत्ति की हो जाती है और डाक्टर की सहायता से उमाशंकर की पत्नी की विष देकर हत्या कर देती है। इस काम में सहायक डा. त्रिभुवन नाथ उसको ब्लैकमेल करता है और उससे समर्पण करा लेता है। शारीरिक पवित्रता के संस्कार के तहत आशादेवी अपने प्रेमी उमाशंकर से नहीं, डा. त्रिभुवन नाथ से ही विवाह कर लेती है। इस नाटक में लेखक का प्रवक्ता उमाशंकर है जो व्यक्तिवाद की घोषणा करता है : 'मैं हर बात को व्यक्ति की निगाह से देखता हूं, दुनिया या समाज की आंख से नहीं। व्यक्ति और समाज का द्वंद्व जहां कहीं हुआ है, जब कभी हुआ है, यह सच है कि व्यक्ति को बराबर दुःख उठाना पड़ा है। किंतु यह भी सच है कि नैतिक विजय बराबर व्यक्ति की हुई है।'[142]

'सिंदूर की होली' के अनेक पात्र मानसिक व्याधियों और कामकुंठाओं से ग्रस्त हैं। मनोजशंकर को दुहरा मानसिक रोग है–कामकुंठा और पिता की मृत्यु से संबंधित संदेहग्रंथि।

मुरारी लाल घूसखोर, मित्रघाती और स्त्रीलोलुप है। चंद्रकला मनोज को प्यार करती है पर प्रेमी का समुचित उत्तर न पाकर व्याधिग्रस्त हो जाती है और मरणासन्न युवक से अपनी मांग में सिंदूर भराकर आजीवन वैधव्य को स्वीकार करती है। मनोज का प्यार मनोरमा से है, मनोरमा बालविधवा है और कला को अपनी दमित वासनाओं की इच्छापूर्ति का साधन बनाती है। मनोजशंकर के माध्यम से नाटककार ने अपनी मूल भावना व्यक्त की है : 'मनुष्य अपनी आदिम अवस्था में आज से कहीं अधिक स्वस्थ था, इसीलिए कि तब डाक्टर न थे। मनुष्य था और शक्ति तथा जीवन का केंद्र प्रकृति थी...प्रकृति अपना बदला लेगी। प्रकृति के रास्ते पर लौट आना...नीरोग होना दोनों बराबर है।'[143]

यह मानव-सभ्यता के विकास सोपानों को अस्वीकार करके आदिम अवस्था में लौटने का आग्रह है। बर्बर अवस्था के नैसर्गिक यौनसंबंधों को लेखक आदर्श और सही मानता है। यह प्रकृतवाद है। इस दृष्टि से मिश्र जी पर 'नेचुरलिज्म' का पर्याप्त प्रभाव है।

'आधीरात' (1936) में इंग्लैंड में पढ़ी मायावती नामक स्त्री की कहानी है। उसके दो प्रेमी हैं। एक प्रेमी दूसरे प्रेमी की हत्या कर देता है तो उसे काले पानी की सजा होती है। इस स्थिति से विक्षुब्ध होकर मायावती भारतीय नारी के आदर्श की खोज में एक कवि से विवाह कर लेती है और वर्षों तक अपने पति के साथ इतना आदर्श और सात्विक जीवन बिताती है कि दोनों में कभी शारीरिक संबंध हो ही नहीं पाता। कुछ समय बाद उसका मृत प्रेमी प्रेत बनकर और हत्यारा प्रेमी छूटकर आ जाता है। इस प्रकार उसे तीन पुरुषों का सामना करना पड़ता है। अंत में वह नदी में डूबकर आत्महत्या कर लेती है।

1939 में लिखित ('सरस्वती' में प्रकाशित) 'रंगीन सपना' नामक अपने एकांकी में मिश्र जी ने अपने बुद्धिवादी पात्र रामनाथ से श्यामलाल के फरेब का पर्दाफाश कराते हुए कहलाया है :

> इस युग के सभी प्रवृत्तिवादी ईश्वर के नाम पर ऊधम मचाते हैं। अपने विकार, अपने अभाव का संबंध ईश्वर से जोड़कर तुम आसानी से छुट्टी ले लेते हो।[144]

चंद्रावती भी मनुष्य की वासनामयी प्रकृति को समझती है। परंतु प्रकृतवादी दर्शन के आधार पर मनुष्य की प्रकृति का विश्लेषण करते हुए रामनाथ कहता है :

> मनुष्य की प्रकृति नहीं बदली जा सकती। अधिक से अधिक उसका ज्ञान हो सकता है। पशुमनुष्य यह सब नहीं जानता था, इसलिए वह भला भी था और सुखी भी। लेकिन मनुष्यपशु को क्या करना है?[145]
>
> प्रकृति ने इतनी चतुराई से वह बीज हमारे भीतर बो दिया गया है जिसका न उगना ही चिंता और विस्मय का कारण है, उग आना तो उसका स्वभाव है?[146]

आचार्य रामचंद्र शुक्ल ने लक्ष्मीनारायण मिश्र के प्रसंग में 'यथातथ्यवाद' का प्रयोग संभवतः 'नेचुरलिज्म' के लिए ही किया है। उनके अनुसार : 'पं. लक्ष्मीनारायण मिश्र ने अपने नाटकों के द्वारा स्त्रियों की स्थिति आदि कुछ सामाजिक प्रश्न या समस्याएं तो सामने रखी हैं; यूरोप में प्रवर्तित यथातथ्यवाद का वह खरा रूप भी दिखाने का प्रयत्न किया है जिसमें झूठी भावुकता और मार्मिकता से पीछा छुड़ाकर नर प्रकृति अपने वास्तविक रूप में सामने लाई जाती है।'[147]

मिश्र जी के नाटकों का विश्लेषण लगभग इस नतीजे पर पहुंचाता है कि मिश्र जी का

घोषित बुद्धिवाद 'भावाक्षिप्त बुद्धिवाद' से आगे नहीं बढ़ पाया। भिन्न-भिन्न सामाजिक अवस्थाओं और सामाजिक संबंधों के विकास का वैज्ञानिक विश्लेषण न कर पाने के कारण ही मिश्र जी समस्याओं के कारणों की सही खोज नहीं कर पाते। फलस्वरूप इतिहास की अग्रगामी शक्तियों के साथ बढ़ने के बजाय बार-बार आदिम युग की ओर लौट चलने का आग्रह रखते हैं और उसी को सभी समस्याओं का निदान मान लेते हैं। इसके अतिरिक्त मिश्र जी ने अधिकांश पात्रों का चित्रण निरपेक्ष ढंग से किया है, कहीं भी उनका चित्रण सामाजिक संबंधों की व्यापकता में नहीं मिलता है। कुछ व्यक्ति हैं, उनकी अपनी व्यक्तिगत समस्याएं हैं, उलझनें हैं और उन्हीं लोगों के बीच आपसी घात-प्रतिघातों से नाटकों के अंत हो जाते हैं, कहीं भी बाहरी दुनिया का दखल नहीं है, आसपास के समाज की कोई धड़कन नहीं मिलती है। यही कारण है मिश्र जी के समस्या नाटकों में व्यापकता एवं गहराई, दोनों का अभाव है।

'आधीरात' के बाद आठ वर्षों के अंतराल पर 1945 में मिश्र जी का ऐतिहासिक नाटक 'गरुड़ध्वज' प्रकाशित होता है। यह एक चौंका देने वाला तथ्य प्रतीत होता है कि स्वयं को प्रसाद के एंटीथिसिस के रूप में रखने वाले मिश्र जी बुद्धिवादी दृष्टिकोण छोड़कर प्रसाद की 'आदर्शवादी भावप्रधान' धारा में शामिल होकर नाट्यरचना करने लगते हैं। इसके अनंतर 'नारद की वीणा' और 'वत्सराज' क्रमशः 1946 और 1950 में प्रकाशित हुए।

तमाम कमजोरियों एवं त्रुटियों के बावजूद मिश्र जी के नाट्यलेखन का सकारात्मक और सबल पक्ष यह है कि चौथे दशक के प्रारंभ से ही मिश्र जी ने प्रसाद के 'नियतिवाद' के मुकाबले में 'बुद्धिवाद' को खड़ा करने की चेष्टा की। इस दृष्टि से कुछ लोग अगर लक्ष्मीनारायण मिश्र को आधुनिक या यथार्थवादी मानें तो कोई अत्युक्ति नहीं।

मिश्र जी के पश्चात समस्या नाटकों के सर्वप्रमुख और समर्थ हस्ताक्षर भुवनेश्वर माने जाते हैं। भुवनेश्वर ने कुल मिलाकर बाईस एकांकी और एक नाटक 'आदमखोर' (अधूरा) लिखा। यद्यपि भुवनेश्वर ने बहुत अधिक नहीं लिखा है परंतु जितना भी लिखा है वह बहुत तीखा, तल्ख और चौंकाने वाला है। उनके निष्कर्षों, समाधानों और विचारों से हमारा सहमत-असहमत होना उतना महत्व नहीं रखता जितना कि बुद्धि को झकझोर कर सोचने के लिए विवश करना महत्व रखता है। उनकी प्रथम रचना 'श्याम—एक वैवाहिक विडंबना' 'हंस' के दिसंबर 1933 के अंक में प्रकाशित हुई थी। इसके बाद छह एकांकियों का संग्रह सन् 1936 में 'कारवां' नाम से प्रकाशित हुआ। भुवनेश्वर की अन्य प्रमुख रचनाएं हैं : 'मृत्यु', 'हम अकेले नहीं', 'सवा आठ बजे', (1936), 'स्ट्राइक', 'ऊसर' (1938); 'फोटोग्राफर के सामने', (1945); 'तांबे के कीड़े' (1946); 'इतिहास की केंचुल' (1948); 'आजादी की नींव', 'जेरुसलम', 'सिकंदर' (1949); 'अकबर', 'चंगेज खां', 'सींकों की गाड़ी' (1950)।

भुवनेश्वर की रचनाओं का अध्ययन करने पर पता चलता है कि उन पर इब्सन, शॉ, गाल्सवर्दी, डी. एच. लारेंस तथा फ्रायड का अत्यधिक प्रभाव है। भुवनेश्वर ने अपनी रचनाओं में आज के अभिजातवर्ग की दुर्बलताओं, विकृतियों, कुरूपताओं को नग्न रूप में दिखाया है। आदर्श के घटाटोप के नीचे कितना कलुष है, कितनी गंदगी है, यह उनकी रचनाओं से प्रकट हो जाता है। उन्होंने समस्या को उभारा भर है; निदान उन्हें सोचना है जो स्वयं रोगग्रस्त हैं। 'कारवां' के प्रवेश एवं 'उपसंहार' में लेखक ने अपने नवीन जीवनदर्शन को उपस्थित

करने वाले जो सूत्र-वाक्य दिए हैं उनसे शॉ के व्यंग्य और फ्रायड की विचारधारा की स्पष्ट झलक मिलती है।

भुवनेश्वर ने अपनी नाट्यकृतियों में ऐसी आधुनिक नारियों की समस्याओं को उभारा है जो गृहिणी या मां बनने के लिए विवाह नहीं करतीं बल्कि विवाह तो उनके लिए जीविका का प्रश्न है। 'प्रतिभा का विवाह' नामक नाट्यरचना में यही विचार मि. वर्मा, मिसेज जोशी के सामने इन शब्दों में रखते हैं : 'क्षमा कीजिएगा, क्या आप समझती हैं कि आपका जीवन इतना ही उपादेय और सार्थक होता यदि आज मेरे मित्र मि. ज्योतिबल्लभ जोशी जीवित होते और आप एक दर्जन बच्चों की माता-नानी और दादी होतीं?'[148] इसीलिए वह कहता है : 'मातृत्व एक पेशा है तथा आप और प्रतिभा की सी स्त्री के लिए निकृष्ट पेशा है। मैं नहीं चाहता कि वह अपनी जीविका कमाने के लिए एक माता बने।'[149] प्रतिभा के पिता आनंद मोहन और मिसेज जोशी का संबंध कामुकता का है और इससे भिन्न मि. वर्मा प्रतिभा से विवाह करके आर्थिक लाभ उठाना चाहता है। इसी कारण प्रतिभा के पिता से भी अधिक उम्र का होने पर भी वह प्रतिभा से विवाह करने का प्रस्ताव रखता है। उसे अपने बारे में कोई भ्रम नहीं है। वह जानता है कि उसमें अब ऐसा कुछ नहीं है जिससे प्रतिभा को मां बनने का खतरा हो। वह तो चंद दिनों का मेहमान है। उसके मरने के बाद उसकी जमीन-जायदाद पर प्रतिभा का अधिकार होगा और वह एक प्रतिष्ठित धनी विधवा की हैसियत से समाज में मजे से रह सकेगी। प्रतिभा महेंद्र नामक युवक से प्रेम करते हुए भी, विवाह करने के लिए तैयार नहीं है। वह महेंद्र को पति के अतिरिक्त सब कुछ मानने के लिए तैयार है, विवाह तो वह मि. वर्मा से ही करेगी। कारण मि. वर्मा के धन की आवश्यकता उसे अपने और महेंद्र दोनों के लिए है। भुवनेश्वर मानते हैं कि आधुनिक नारी को विवाह की अपेक्षा उसी अर्थ में है जिस अर्थ में पुरुषों को वृद्धावस्था में बीमे की होती है। उन्होंने 'कारवां' के उपसंहार में लिखा है : 'आधुनिक विवाह स्त्री की वृद्धावस्था के लिए, जब उसके पास पुरुष के लिए कुछ भी नहीं रह जाता है, बीमा है और वह भी निःशुल्क।'[150]

प्रेमचंद इन प्रवृत्तियों को 'व्यभिचार' समझते थे। उन्होंने 'कारवां' की आलोचना करने के क्रम में लिखा : 'यह गलत है, कुफ्र है कि स्त्री जीविका के लिए अपने आपको बेचती है।'[151] उनका तर्क है कि इस संसार में अस्सी प्रतिशत लोग मजदूर हैं और उनके स्त्री-पुरुष दोनों ही परिश्रम करते हैं, जीविका अर्जन करते हैं अतः विवाहप्रसंग में जीविका के प्रश्न के समाधान की बात ही नहीं उठती। प्रेमचंद मानते हैं कि जीविका के लिए न स्त्री पुरुष पर निर्भर है और न पुरुष स्त्री पर। विवाह जीविका के प्रश्न से अनुशासित नहीं है।[152]

भुवनेश्वर की आधुनिकाएं विवाह और प्रेम में कोई अनिवार्य संबंध नहीं देखतीं। 'श्यामा-एक वैवाहिक विडंबना' की श्यामा; 'रोमांस : रोमांच' की मिसेज सिंह, 'लाटरी' की माया अथवा 'प्रतिभा का विवाह' की प्रतिभा का यही इतिहास है कि वे पत्नी किसी की हैं, पर प्रेम किसी दूसरे से करती हैं या किसी से प्रेम करते हुए भी विवाह किसी और से करना चाहती हैं। इसमें वे कोई अनौचित्य भी नहीं देखतीं। प्रतिभा अपने प्रेमी महेंद्र से विवाह न करने के लिए तर्क देती है कि विवाह कर लेने पर उन दोनों के बीच की परस्पर सरस कुतूहल-जिज्ञासा और कल्पना समाप्त हो जाएगी और वे दोनों एक-दूसरे को निकृष्ट से निकृष्ट स्थिति में भी देखेंगे। फिर उनका जीवन दूभर हो जाएगा। श्यामा का प्रेमी मनोज श्यामा के

पति मि. पुरी से कहता है : 'मैं आपकी धर्मपत्नी से प्रेम करता हूं।'[153] या 'मैं आपके अंतस्तल में प्रविष्ट होकर आपसे कहना चाहता हूं कि 'श्यामा' आपकी नहीं है, वह मेरी है।'[154]

'रोमांस : रोमांच' में प्रेमी अमरनाथ मिसेज सिंह का उद्धार कर उसका जीवन यथाशक्ति सुखी और निरापद बनाना चाहता है। 'लाटरी' में माया अपने पति के गले में निर्जीव लता के समान चिपकी नहीं रहना चाहती है क्योंकि वह प्रद्युम्न से प्रेम करती है। पति किशोर से उसके दो बच्चे हैं। वह कहती है : 'बच्चे वे न तुम्हारे हैं, न मेरे। वे एक प्रवंचना के क्रूर हास्य हैं, जिसके हम दोनों शिकार हुए।'[155]

मुक्त भोग में विश्वास रखने वाली भुवनेश्वर की आधुनिकाएं बच्चे भी पैदा नहीं करना चाहतीं। बच्चे उनके लिए दुर्वह भार हैं। भुवनेश्वर के अनुसार स्त्री या तो मजा उड़ाती है या फिर न उड़ाने के लिए पछताती है।[156] इसी सिद्धांत के आधार पर 'एक साम्यहीन साम्यवादी' का मजदूर सुंदर अपनी युवा पत्नी को एडवोकेट उमाशंकर के यहां यह कहते हुए छोड़ आता है कि 'मैं नहीं चाहता कि तू भी पछताए। खाली इसीलिए कि तूने मुझसे शादी की है।'[157] मजदूरवर्ग का ऐसा अधःपतन दिखलाना एक तरह से मध्यवर्ग की कुत्सा का मजदूरवर्ग पर प्रक्षेप है। प्रेमचंद ने लिखा है कि वैवाहिक जीवन की यह निस्सारता लेखक ने आरकर वाइल्ड से उधार ली है।[158]

सवाल यह है कि भुवनेश्वर ने अपने नाटकों में वैवाहिक जीवन के ऐसे विकृत एवं विद्रूप चित्र क्यों खींचे? क्या वे समाज का आमूलचूल परिवर्तन चाहते हैं या माया, श्यामा, प्रतिभा, मिसेज सिंह, मिसेज सिवल ('ऊसर') या मिसेज श्रीचंद ('स्ट्राइक') जैसी नारियों को आदर्श मानते हैं?

भुवनेश्वर ने उच्चवर्ग और उच्चमध्यवर्ग के लोगों का ही चित्रण किया है। हिंदुस्तान की आबादी के इस दस प्रतिशत का सामान्यीकरण करके नब्बे प्रतिशत पर यही नहीं लागू किया जा सकता है कि आने वाला कल अत्यधिक अंधकारमय है और समाज के सिर पर स्त्री-पुरुष के विकृत संबंधों का खतरा ही मुख्य खतरा है। वास्तव में भुवनेश्वर अपनी सीमित दृष्टि को ही सार्वजनीन मानने के दोष के शिकार हुए हैं। भुवनेश्वर की नारियों के चरित्र को थोड़ा-बहुत समझने की कुंजी हमें भगवती प्रसाद वाजपेयी के नाटक 'छलना' में हजारी प्रसाद द्विवेदी द्वारा लिखित प्रस्तावना की इन पंक्तियों में मिल सकती है : 'मध्य वित्त परिवार का पति बहुत व्यस्त है और पत्नी एकदम कर्महीन है। आज पत्नी को रंधनशाला से भी छुट्टी मिल गई है, बच्चों से फुरसत है, व्रत-उपवास के बखेड़े में वह पड़ती नहीं, भजन-भाव से कोई रिश्ता नहीं। ऐसी स्थिति में प्रश्न है वह करे क्या?' अतः कहा जा सकता है कि भुवनेश्वर के सभी पात्र विद्रूपता एवं विकृति के शिकार इसलिए हैं कि वे कर्महीन और निठल्ले हैं, उनके आगे रोजी-रोटी या देश के नव निर्माण का कोई प्रश्न नहीं है। स्वतंत्रता प्राप्ति, जातीय मुक्ति आंदोलन तथा औपनिवेशिक शिक्षा व्यवस्था समाप्त करने के लिए संघर्ष एवं विरोध भी नहीं है। कर्महीन-लक्ष्यहीन जीवन उच्छृंखलता और विकृतियों से ही युक्त होता है।

ऐसा भी प्रतीत होता है कि भुवनेश्वर को स्त्री की सामाजिकता से एलर्जी है। नारी स्वाधीनता के सामाजिक पहलुओं पर लिखे जा रहे साहित्य की प्रतिक्रिया में भुवनेश्वर ने अपना साहित्य लिखा और पूरी तरह यह दिखाया कि नारी पर पुरुष अत्याचार नहीं करता, पुरुष प्रधान यह समाज नारी का शोषण नहीं करता बल्कि नारी ही पुरुष का शोषण करती है, उस पर

अत्याचार करती है। इस प्रकार भुवनेश्वर ने स्वयं को एंटीथिसिस के रूप में प्रस्तुत किया।

बाद की रचनाओं में भुवनेश्वर का दृष्टि-विस्तार देखने को मिलता है। यौनसमस्या तथा प्रेम के त्रिकोण से ऊपर उठकर वे समाज का दुःख-दर्द भी देखने लगते हैं। इस दृष्टि से 'ऊसर' और 'स्ट्राइक' उल्लेखनीय हैं। 'आदमखोर' में जीवन की तल्खियों और नंगी सच्चाइयों के उद्घाटन का प्रयत्न प्रकृतवादी ढंग से किया गया है।

अतः हम कह सकते हैं कि कुलीन समाज की कटु वास्तविकताओं और तीव्र अंतर्विरोधों पर आधुनिक दृष्टि से नाट्यलेखन का प्रारंभ भुवनेश्वर ने किया। इब्सन और शॉ की तीखी व्यंग्यात्मक शैली की शुरुआत करने और लाक्षणिक रंगसंकेतों के प्रवर्त्तनकर्त्ता होने के कारण साहित्येतिहास में भुवनेश्वर का स्थान सुरक्षित रहेगा।

'उग्र' को प्रगतिशील धारा के अंतर्गत रखा जाए या प्रगतिवाद के समानांतर चलने वाली धाराओं में रखा जाए—यह प्रश्न विवादास्पद है। प्रगतिशील आंदोलन के दौरान उग्र, ल.ना. मिश्र और भुवनेश्वर तीनों अपने यथार्थवाद के लिए चर्चा-परिचर्चा के केंद्र में रहे हैं। परंतु ल.ना. मिश्र और भुवनेश्वर की तुलना में उग्र में एक गुणात्मक अंतर दृष्टिगत होता है। ल. ना. मिश्र और भुवनेश्वर ने जहां मध्यवर्ग की औसत समस्याओं का चित्रण न करके केवल स्त्री-पुरुषों के संबंधों में आ रहे परिवर्तनों एवं यौन समस्याओं का ही चित्रण किया है, वहां उग्र ने समाज में चल रहे प्रत्येक भ्रष्टाचार एवं अत्याचार-शोषण का चित्रण किया है, और यह साफ-साफ दिखाया है कि समाज का सफेदपोश वर्ग, धनी वर्ग गरीबों का हर तरह से शोषण करता है, उन पर अत्याचार करता है, उनकी बहू-बेटियों की इज्जत लूटता है। इस तरह समाज के तथाकथित स्तंभों के पाखंड और पतन का प्रकृतवादी शैली में अंकन किया गया है। इसीलिए ल.ना. मिश्र और भुवनेश्वर की तुलना में उग्र व्यापक दृष्टि और गहरी मानवीय सहानुभूति के लेखक माने जाते हैं। अतः मैंने उनके साहित्य का अध्ययन-विश्लेषण प्रगतिशील साहित्य के अंतर्गत ही किया है।

आदर्शवादी-भावप्रधान धारा

देश में वह सामाजिक आधार मौजूद था जिसके कारण आदर्शवादी-भावप्रधान धारा फलती-फूलती रही। यह बात दूसरी है कि इस धारा का कोई भी नाटककार प्रसाद की भव्यता, गरिमा, औदात्त्य और कल्पनाप्रधान दृष्टि को प्राप्त करना तो दूर उनके निकट भी नहीं पहुंच सका। यहां तक कि राष्ट्रीय एवं सांस्कृतिक पुनर्जागरण की भावना का भी वे उस गरिमा, भव्यता एवं काव्यत्व के साथ विकास नहीं कर पाए। इस धारा के प्रमुख नाटककार हरिकृष्ण प्रेमी, गोविंदबल्लभ पंत, सेठ गोविंददास, उदयशंकर भट्ट, जगन्नाथ प्रसाद मिलिंद, वृंदावनलाल वर्मा, रामवृक्ष बेनीपुरी, कैलाशनाथ भटनागर, रानी शिवकुमारी देवी, सीताराम चतुर्वेदी, जगन्नाथ प्रसाद चतुर्वेदी, चंद्रगुप्त विद्यालंकर तथा सद्गुरुशरण अवस्थी माने जाते हैं। ये नाटककार प्रसाद के अतिरिक्त श्री डी.एल. राय से भी प्रभावित हैं।

श्री हरिकृष्ण प्रेमी ने अपने नाटकों में राष्ट्रीय एकता एवं सांस्कृतिक सद्भाव को विषयवस्तु बनाया है। 'रक्षाबंधन' में विक्रम नामक पात्र कहता है 'हिंदू और मुसलमान ये दोनों ही नाम धोखा हैं, हमें अलग करने वाली दीवारें हैं। हम हिंदुस्तानी हैं।'

प्रतिक्रियावादी शक्तियों ने जिन शिवाजी महाराज को संकुचित हिंदू जातीयता का प्रतीक

घोषित किया, प्रेमीजी ने 'शिवा साधना' में उनका अत्यंत भव्य एवं उदात्त चरित्रांकन किया है। 'शिवा साधना' में शिवाजी कहते हैं कि उनके जीवन का उद्देश्य है—भारतवर्ष को स्वतंत्र कराना, दरिद्रता की जड़ खोदना, ऊंच-नीच की भावना और धार्मिक तथा सामाजिक असहिष्णुता का अंत करना, राजनीतिक तथा सामाजिक दोनों प्रकार की क्रांति करना।[159] 'उद्धार' में प्रेमी ने हम्मीर नामक मुसलमान युवक का विवाह हिंदू विधवा युवती कमला से कराया है। इस प्रकार हम देखते हैं कि प्रेमी ने मध्यकालीन इतिहास के कथा प्रसंगों को लेकर राष्ट्रीय जागरण, राष्ट्रीय एकता, धर्मनिरपेक्षता तथा विश्वबंधुत्व के सार्थक संदेश दिए हैं।

परंतु इसके साथ ही वे सामाजिक क्रांति पर भी बल देते हैं। 'छाया', 'बंधन', 'ममता', 'वाणी', 'मंदिर' में वर्तमान सामाजिक समस्याओं का चित्रण करके आदर्शवादी-सुधारवादी हल दिए हैं। उदाहरणार्थ 'बंधन' नाटक में मिल मालिक और मजदूरों के बीच संघर्ष दिखाया गया है। अंत में मिल मालिक का हृदय परिवर्तन होता है। वह अपना धन मजदूरों में बांट देता है तथा अपनी पुत्री का विवाह मजदूर नेता से कर देता है।

प्रेमी के नाटकों में स्वच्छंदतावादी शैली का अत्यंत संयमित एवं अनुशासित उपयोग है। उनका रचनाकाल सन् '33-34 से '51-52 है। उनकी प्रमुख नाट्य कृतियां ये हैं—'स्वर्णविहान', 'रक्षाबंधन' (1934); 'उद्धार' (1949); 'भग्न प्राचीर', 'प्रकाश स्तंभ', 'कीर्ति स्तंभ', 'विदा', 'सांपों की सृष्टि', 'शपथ' (1951); 'संवत प्रवर्तन', 'बंधन' (1940); 'छाया' (1941); 'ममता', 'मंदिर' (एकांकी संग्रह) (1942); 'बादलों के पार' (एकांकी संग्रह) (1952)।

गोविंदबल्लभ पंत ने अपने नाटकों के लिए कथानकों का चुनाव किसी एक क्षेत्र से नहीं किया है। पुराण-इतिहास तथा वर्तमान जीवन से उन्होंने कथानक और पात्र लिए हैं। 'वरमाला' (1925), 'राजमुकुट' (1935), 'अंगूर की बेटी' (1937), 'अंतःपुर का छिद्र' (1940), 'सुहाग बिंदी' (1940), 'ययाति' (1951) आदि पंतजी की प्रमुख नाट्य कृतियां है। 'राजमुकुट' में पन्ना धाय के अपूर्व त्याग और राणा विक्रम को सिंहासन च्युत करके उदयसिंह को राणा बनाने की कथा है। 'अंतःपुर का छिद्र' में वत्सराज उदयन की दो रानियों-पद्मावती और मागंधिनी में से कुटिल मागंधिनी की पराजय और सरल हृदय, पतिपरायण पद्मावती की विजय का चित्रण है। 'अंगूर की बेटी' में मद्यपान की समस्या को उठाया गया है, साथ ही उसे धीरे-धीरे छोड़ने का हल भी प्रस्तुत किया गया है। 'सुहाग बिंदी' में हिंदू समाज की कट्टरता एवं संकीर्णता का चित्रण दांपत्य जीवन के कथानक पर आश्रित है। पत्नी विजया पति से बिना पूछे गंगास्नान के लिए जाते समय दुर्घटनाग्रस्त हो जाती है। जब किसी तरह वह घर लौटकर आती है तो पिता और पति उसे अपनाने से इन्कार कर देते हैं। पति दूसरा विवाह कर लेता है। परंतु अंत में विजया अपने बुद्धि कौशल से सौत रेवा का मन जीत लेती है और रेवा विजया को स्वीकार करने के लिए पति को राजी कर लेती है परंतु उसी समय सर्पदंश से विजया की मृत्यु हो जाती है। पंत जी का 'अहंकार' (1945) नाटक प्रकाशित तो नहीं हुआ परंतु 'पृथ्वी थिएटर्स' ने उसके कई नाट्य प्रदर्शन किये हैं।

पंत जी ने बहुत अधिक नाटक नहीं लिखे हैं परंतु अपनी भावप्रवणता एवं काव्यत्व के कारण वे इस धारा के प्रमुख कृतिकार माने जाते हैं।

उदयशंकर भट्ट के कथानक पौराणिक तथा ऐतिहासिक कथा-प्रसंगों पर आधारित हैं। इन नाटकों में समाज के उस खोखलेपन, पाखंड, आडंबर और मिथ्या अभिमान का चित्र

खींचा गया है जिसके कारण भारतीय राष्ट्र सामाजिक एवं आर्थिक रूप से जर्जर होकर लड़खड़ा रहा है। 'दाहर और सिंध पतन' (1934) में भट्ट जी ने उन सामाजिक अपराधों और भूलों का नग्न उद्घाटन किया है जिनके कारण सिंध का पतन हो जाता है। दाहर इस सत्य को स्वीकार करता है कि उसके पिता के प्रमाद के कारण वीर जातियों को ऊंच-नीच के भावों के आधार पर कुचल दिया गया, उन्हें विकसित नहीं होने दिया गया। फलस्वरूप सिंध का पतन हो जाता है। और जब दाहर लोहान, जाट, गूजर आदि वीर जातियों को समानता का दर्जा देना चाहता है तब ब्राह्मण पुरोहित वर्ग विरोध करता है। 'मुक्ति पथ' (1933) में भी इस ऊंच-नीच भावना का चित्रण है। इस नाटक में भट्ट जी ने दिखाया है कि बौद्ध धर्म का आविर्भाव ही सामाजिक समानता के लिए हुआ था। इस प्रकार भट्ट जी ने अपने ऐतिहासिक नाटकों में यह प्रमाणित किया है कि जिस देश या समाज में धार्मिक विद्वेष, ऊंच-नीच या अहंकार के कारण उच्च गुणों और मानवीय मूल्यों का आदर नहीं किया जाएगा उस समाज और देश का पतन अवश्यंभावी है। इसीलिए समय रहते इन दुर्बलताओं एवं दुर्गुणों पर विजय प्राप्त करनी चाहिए।

भट्ट जी की संवेदना एवं काव्यात्मकता का निखार 'विद्रोहिणी अंबा' (1935), 'सागर विजय' (1937), 'मत्स्यगंधा' (1937) 'विश्वमित्र' (1938) और 'राधा' (1941) में दृष्टिगत होता है। ये रचनाएं पौराणिक कथाओं पर आधारित हैं किंतु भट्ट जी ने इन कथाओं की व्याख्या वर्तमान जीवनदृष्टि एवं विचारधारा की रोशनी में की है। अतः इन रचनाओं में पुरुष के अहं और अधिकार भाव तथा समाज की कुरीतियों के प्रति नारी के चिरंतन विद्रोह का चित्रण है परंतु परिस्थितिवश नारी को पुरुष के सम्मुख आत्मसमर्पण करना पड़ा है।

भट्ट जी ने केवल ऐतिहासिक एवं पौराणिक नाटक के माध्यम से ही वर्तमान जीवन की समस्याओं को नहीं उठाया है बल्कि वर्तमान सामाजिक विकृतियों एवं विद्रूपताओं, अनमेल विवाह, स्वार्थपरता, आर्थिक संकट, युद्ध विभीषिका, सांप्रदायिकता, छुआछूत पर भी नाटक एवं एकांकी लिखे हैं। इस दृष्टि से 'कमला' (1936), 'अंतहीन अंत' (1939), 'आत्मदान', 'नया नाटक', 'समस्या का अंत', 'पिशाचों का नाच', 'मंदिर के द्वार पर', 'गिरती दीवारें' आदि उल्लेखनीय हैं। इन सभी रचनाओं के अंत में परिस्थितियों के आगे आत्मसमर्पण किया गया है या फिर सुधारवादी विचारधारा के अनुसार हृदय परिवर्तन कराया गया है।

सेठ गोविंददास ने अतीत के गौरव गान से लेकर आधुनिक पद्धति के बुद्धिवादी नाटकों तक की रचना की है। परंतु उनके पौराणिक, ऐतिहासिक, सामाजिक सभी नाटकों में आदर्शवादी-भावप्रधान धारा का प्रभाव लक्षित होता है। राष्ट्र की वर्तमान समस्याओं के कारण तथा उनके समाधान इतिहास में खोजना, सांस्कृतिक पुनर्जागरण के लिए इतिहास का पुनराख्यान, भारतीय संस्कृति की पुनर्स्थापना का प्रयास, हृदय परिवर्तन, वर्ग-समन्वयवाद एवं अहिंसा आदि उनके नाटकों की प्रमुख प्रवृत्तियां हैं।

सेठ गोविंददास के नाटकों के वस्तुविन्यास और कथोपकथन में विशेष रूप से 'आकर्षित करने वाला अनूठापन' नहीं है। इस दृष्टि से सेठ गोविंददास के नाटक 'स्थूल रूप से समस्यामूलक' हैं। नाटकों में कलापक्ष की उपेक्षा की गई है। अतः रंगमंचीय संभावनाएं आपके नाटकों में नहीं के बराबर हैं। आपके नाटकों के पात्र क्रमशः 'टाइप्स' होते चले जा रहे हैं, पहचाने जा सकने वाले व्यक्ति नहीं बल्कि विचारधारा अथवा वर्ग के मूर्तिमान स्वरूप हैं।'[160]

सेठजी ने नाटक उनकी राजनीति और पत्रकारिता के अच्छे नमूने हो सकते हैं किंतु भावना, विचार और कला की विभिन्न तकनीकों के उपयोग की दृष्टि से विवेच्य नाटकों में न तो विविधता है और न गहराई।

वृंदावनलाल वर्मा ने अपनी नाट्यकृतियों में आदर्शवादी भावधारा को अपनाया है। 'झांसी की रानी' नाम से उनका नाटक भी प्रकाशित हुआ। नाटक और उपन्यास की कथा अभिन्न है। 'पूर्व की ओर' में पूर्वीय द्वीपों में भारतीय संस्कृति के प्रचार की कथा को नाटकीय रूप में प्रस्तुत किया गया है। 'बीरबल' में बीरबल के उन प्रयत्नों का चित्रण किया गया है जिन्होंने अकबर को महान बनाने में योग दिया। 'जहांदरशाह' में जहांदरशाह के संघर्षमय राजनीतिक जीवन का चित्रण किया गया है।

'धीरे-धीरे' सन् 1937 में हुए चुनावों के बाद प्रांतीय मंत्रिमंडलों में कांग्रेस के भाग लेने से संबंधित नाटक है। इस नाटक में वर्मा जी ने दिखाया है कि सुधार, उन्नति, शोषण का अंत धीरे-धीरे ही हो सकता है —एकबारगी नहीं। 'राखी की लाज' में राखी की श्रेष्ठ प्रथा को हिंदू समाज में बनाए रखने की भावना के लिए आग्रह व्यक्त किया गया है। 'बांस की फांस' में प्रेम विवाह का समर्थन है किंतु मां-बाप के शुभाशीषों के साथ। 'पीले हाथ' में बारात की पुरानी प्रथा में सुधार करने पर बल दिया गया है। 'सगुन' में चोरबाजारी का पर्दाफाश है। 'केवट' में राजनीतिक दलबंदी का चित्रण है और दलबंदी से दूर रहने की भावना पर जोर दिया गया है। 'खिलौने की खोज' में मनोबल द्वारा अनेक समस्याओं को सुलझाने का सुझाव है। 'निस्तार' हरिजनोद्धार से संबद्ध है। 'देखादेखी' में दूसरों की देखादेखी सामाजिक पर्वों पर सीमा से अधिक खर्च की प्रवृत्ति पर व्यंग्य किया गया है। वृ.ला. वर्मा भावपक्ष एवं कलापक्ष—दोनों ही पहलुओं से इस धारा का न तो विकास कर सके हैं और न इसे समृद्ध ही कर सके हैं। वास्तव में उनके नाटक संवाद शैली में लिखी गई कहानियां प्रतीत होते हैं।

राजा राधिकारमण प्रसाद सिंह ने धार्मिक असहिष्णुता और सांप्रदायिक भेदभाव को आधार बनाकर दो नाटक लिखे—'धर्म की धुरी' और 'अपना-पराया'। दोनों नाटकों में दया, क्षमा और शील के माध्यम से 'विश्व प्रेम' का संदेश दिया गया है।

रामकुमार वर्मा को आधुनिक हिंदी एकांकी का 'जनक' कहा जाता है। अभिनयोपयोगी और पाश्चात्य शैली के आधार पर संकलन त्रय का निर्वाह करते हुए उनका एकांकी 'बादल की मृत्यु' 1930 में प्रकाशित हुआ था। शिल्प की दृष्टि से वर्मा जी पर इब्सन, शॉ, मैटरलिंग और चेखव का प्रभाव दृष्टिगत होता है किंतु अपने कथ्य एवं उद्देश्य में वे सर्वथा आदर्शवादी एवं पुनरुत्थानवादी हैं। रामकुमार वर्मा ने मध्यवर्ग की सामाजिक-आर्थिक बिषमताओं एवं बंधनों को उठाया है किंतु इन रामस्याओं को बहुत ही ऊपरी ढंग से चित्रित करते हुए एक आदर्शवादी समाधान दे दिया है। वर्मा जी की प्रमुख कृतियां हैं : 'पृथ्वीराज की आंखें' ('38), 'रेशमी टाई' ('41), 'शिवाजी' ('43), 'चार ऐतिहासिक एकांकी' ('50), रूपरंग ('51) आदि एकांकी संग्रह।

रामकुमार वर्मा संसार को अनित्य मानते हैं और नियति पर भरोसा करते हैं। 'पृथ्वीराज की आंखें' में संगृहीत 'बादल की मृत्यु' शीर्षक रचना के अंतर्गत इसी विचार को प्रस्तुत किया गया है। इसी संग्रह के एकांकी 'चंपक' में ऐसी पतनोन्मुख समाज व्यवस्था का चित्रण है जिसमें रोटी के एक टुकड़े के लिए मनुष्य की कुत्ते से ईर्ष्या-स्पर्द्धा हो जाती है। कवि

किशोर एक रात सर्दी में ठिठुर रहे मरियल कुत्ते को घर ले आता है। उसका नाम रखा जाता है। घर में रहते-रहते कुत्ता मोटा हो जाता है। कुत्ते के कारण कवि का समय बर्बाद होता है इसलिए वह उसे दूसरे मुहल्ले में छोड़ आता है। परंतु बहन के आग्रह पर वह पुनः कुत्ते को वापस लाने के लिए दूसरे मुहल्ले में जाता है। तब तक उसे एक भिखारी मार चुका होता है क्योंकि चंपक जूठे खाने और कूड़े में उसका हक मार रहा था। किशोर को ऐसी समाज व्यवस्था से अत्यधिक दुःख होता है और वह भिखारी को ठीक से रखने के लिए अपने घर लाने की सोचता है। वर्मा जी यहीं आकर भटक जाते हैं जब वे व्यवस्था के मूलाधार को बदलने की बात न करके व्यक्तिगत सहायता करने लगते हैं। जाहिर है कि एक भिखारी को साथ रख लेने से वह विषम समाज व्यवस्था नहीं बदलेगी। वास्तव में वर्मा जी ने गांधी जी के आत्मशुद्धि सिद्धांत का ही प्रतिपादन किया है।

'एक्ट्रेस' और 'परीक्षा' एकांकी में पाश्चात्य सभ्यता को भारतीय संस्कृति के अनुकूल नहीं माना गया। 'एक्ट्रेस' में 'चारुमित्र' का संपादक अनंग कुमार अपनी पत्नी प्रभात कुमारी का परित्याग कर देता है क्योंकि पुराने संस्कारों के कारण वह सैर सपाटे और दावतों में पति को सहयोग नहीं दे पाती। अनंग कुमार आधुनिक शिक्षाप्राप्त कमल से विवाह कर लेता है। दूसरी ओर परित्यक्ता प्रभात कुमारी 'प्रभा' नाम रखकर फिल्म जगत की तारिका बन जाती है। किंतु फिल्मों में काम करने के बावजूद वह अपनी पवित्रता और पतिभक्ति को अक्षुण्ण रखती है। उसके फिल्मी कथा प्रेमियों के नाम भी पति अनंग कुमार के ही पर्यायवाची होते हैं ताकि प्रभा उनके साथ प्रेमाभिनय के क्षण में भावनात्मक रूप में अनंग कुमार की ही अर्पिता बनी रहे।[161] अंत में प्रभा की असलियत का भेद खुलने पर कमल इसलिए आत्मघात कर लेती है ताकि अनंग कुमार यह बात समझ सके कि भारतीय स्त्री-पुरुषों के लिए पश्चिम की नकल कल्याणकारी नहीं है। इस पूरे एकांकी में भारतीय संस्कृति के प्रति मोहांध दृष्टि का परिचय मिलता है। वर्मा जी का यह आग्रह कहीं भी नहीं झलकता कि हमें पश्चिम की अच्छी बातों को अपनाना चाहिए और अपनी परंपरा की गलत प्रवृत्तियों का त्याग करना चाहिए। रूढ़ संस्कारों से ग्रस्त प्रभात कुमारी का एकाएक फिल्म तारिका बन जाना भी विश्वसनीय नहीं है।

'एक तोले अफीम की कीमत' एकांकी में शिक्षित युवक मुरारी मोहन और शिक्षित युवती विश्वमोहिनी दोनों अलग-अलग परिस्थितियों में रहते हुए भी एक ही समस्या—वैवाहिक रूढ़ियों के शिकार हैं। विवाह के लिए मुरारी का पिता उसकी इच्छाओं को कोई महत्व नहीं देना चाहता।[162] इसलिए मुरारी आत्मघात में ही अपनी मुक्ति सोचता है। दूसरी ओर विश्वमोहनी दहेज प्रथा की शिकार है। उसका पिता 60,000 रुपए दहेज देने में असमर्थ है। अतः वह आत्मघात करके पिता को मुक्त करना चाहती है।'[163] घटनाओं के घात-प्रतिघात से वर्मा जी दोनों की मुलाकात करा देते हैं और समस्या का समाधान यह सुझाते हैं कि —विश्वमोहिनी अपने पिता से मुरारी के पिता को कहला दे कि मुरारी बिना दहेज के विवाह करेगा अन्यथा आत्मघात कर लेगा।[164] वर्मा जी ने वर्तमान अर्थप्रधान समाज की रचना को बहुत आसान समझकर यह निर्णय दिया है जबकि इस समाज की रचना अत्यधिक जटिल है।

'अट्ठारह जुलाई की शाम' में आर्थिक अभावों से उत्पन्न असंतुलित दांपत्य जीवन की कथा है। उषा का अमीर आदर्शवादी पिता प्रमोद की शानदार डिग्रियां देखकर अपनी बेटी

का विवाह उससे कर देता है। प्रमोद सही नौकरी न मिल पाने के कारण उषा के खर्चों को पूरा करने में असमर्थ है। इस असंतोष की स्थिति में उषा धनवान किंतु भ्रष्ट अशोक की ओर आकर्षित हो जाती है और मां की बीमारी का बहाना बनाकर उसके साथ मसूरी जाने का कार्यक्रम बनाती है। किंतु पतन के गर्त में गिर रही उषा को वर्मा जी ने राजेश्वरी के माध्यम से बचा लिया है। राजेश्वरी उषा के हृदय में पति की महत्ता के प्रति आस्था उत्पन्न करती है–'धन और रुतबे से आदमी बड़ा नहीं होता, आदमी बड़ा होता है अपने हृदय की उदारता से, विशालता से।'[165] जाहिर है कि यह आत्मशुद्धि का आदर्शवादी हल है। रामकुमार वर्मा के संबंध में प्रकाशचंद्र गुप्त का मूल्यांकन सही प्रतीत होता है : 'डा. वर्मा वस्तुतः नाट्यकला में 'प्रसाद' की परंपरा के अनुयायी हैं और रंगमंच की समस्याओं का समुचित अध्ययन करने के बावजूद हिंदी एकांकी को आधुनिकता के रंग में नहीं रंग सके हैं।'[166] 'चारुमित्रा' एवं 'ध्रुवतारिका' कल्पनाशील वातावरण प्रधान शैली की रचनाएं हैं। इनमें प्रसाद का प्रभाव स्पष्ट गोचर होता है।

इस धारा के अन्य प्रमुख रचनाकार और उनकी रचनाएं ये हैं : रामवृक्ष बेनीपुरी : 'आम्रपाली', 'संघमित्रा', 'नेत्रदान', 'तथागत'; पृथ्वीनाथ शर्मा : 'उर्मिला'; डा. कैलाशनाथ भटनागर : 'चाणक्य प्रतिज्ञा', 'श्रीवत्स'; रानी शिवकुमारी देवी : 'चंद्रगुप्त'; कंचनलता सब्बरवाल : 'अमिय', 'आदित्यसेन गुप्त'; सीताराम चतुर्वेदी : 'सेनापति पुष्यमित्र'; डा. सत्येंद्र : 'कुणाल', 'मुक्तियुद्ध', 'प्रायश्चित' (नाटक), 'बलिदान', 'स्वतंत्रता का अर्थ' (एकांकी); भवानी प्रसाद तिवारी : 'कीचक वध'; मिलिंद : 'प्रताप प्रतिज्ञा', 'समर्पण', 'गौतमनंद' ; चतुरसेन शास्त्री : 'अमर राठौर', 'उत्सर्ग' ; जगन्नाथ प्रसाद चतुर्वेदी : 'मधुर मिलन'; भगवती प्रसाद वाजपेयी : 'छलना', 'राय पिथौरा' ; रामनाथ त्रिपाठी : 'श्रवण कुमार' आदि।

संदर्भ और टिप्पणियां

1. '*प्रगतिवाद : पुनर्मूल्यांकन*', पृ. 10।
2. एंगेल्स : '*संकलित रचनाएं*', भाग 4, पृ. 55।
3. दिनकर : '*काव्य की भूमिका*', उदयाचल प्रकाशन, पटना, प्रथम संस्करण, 1958, पृ. 50।
4. '*दि विश्व भारती क्वार्टरली*', वाल्यूम 3, खंड 2, न्यू सिरीज।
5. '*नई कविता*', (संयुक्तांक 5-6), 1960-61, 'लघु मानव के बहाने हिंदी कविता पर एक बहस'।
6. '*कविता के नए प्रतिमान*', राजकमल प्रकाशन, प्रथम संस्करण, 1968, पृ. 91-92।
7. '*साप्ताहिक हिंदुस्तान*', 13 अगस्त, 1969, 'नई कविता : स्वाधीनता आंदोलन और नवीन मूल्यबोध'।
8. '*आधुनिक कवि (पंत)*' नं. 2, हिंदी साहित्य सम्मेलन, प्रयाग, शक संवत 1882, पृ. 10।
9. '*हंस*' अक्टूबर 1948, 'स्वर्णकिरण और स्वर्णधूलि' शीर्षक पुस्तक समीक्षा।
10. '*हिंदी साहित्य का इतिहास*', पृ. 667-69।
11. वही, पृ. 606।
12. वही।
13. '*विश्वभारती क्वार्टरली*', वाल्यूम-3, खंड 2, न्यू सिरीज।
14. '*सरस्वती*', हीरक जयंती अंक, 'पगध्वनि', पृ. 99।
15. '*आलोचना*', अप्रैल 1953, 'हिंदी गीत परंपरा का नया उत्थान' (विजयदेव नारायण साही)।

16. वही।
17. *'कविता के नए प्रतिमान'*, पृ. 92।
18. *'नए साहित्य का सौंदर्यशास्त्र'*, राधाकृष्ण प्रकाशन, दिल्ली, प्रथम संस्करण, 1971, पृ. 66।
19. *'आलोचना'*, अप्रैल-जून 1970, 'हिंदी साहित्य पर समाजवादी विचारधारा का प्रभाव'।
20. 'प्रेम संगीत', विशाल भारत बुक डिपो, कलकत्ता, चतुर्थ संस्करण, 1949, पृ. 47.
21. *'मानव'*, पृ. 17।
22. *'आलोचना'*, अक्टूबर 1952, 'दो महायुद्धों के बीच हिंदी कविता'।
23. *'आधुनिक कवि (अंचल)'*, पृ. 11।
24. वही, पृ. 14।
25. *'आज के लोकप्रिय हिंदी कवि अंचल'*, (सं. पद्मसिंह शर्मा 'कमलेश') राजपाल एंड संस, प्रथम संस्करण, 1960, पृ. 38।
26. *'चिंता'*, राजपाल एंड संस, दिल्ली, दूसरा संस्करण 1970, पृ. 37।
27. वही, पृ. 45।
28. वही, पृ. 137।
29. *'नए साहित्य का सौंदर्यशास्त्र'*, पृ. 114-15।
30. *'पूर्वा'*, राजपाल एंड संस, दिल्ली, दूसरा संस्करण 1965, पृ. 115।
31. *'ठंडा लोहा'*, भारतीय ज्ञानपीठ, नई दिल्ली, तृतीय संस्करण, 1976, पृ. 3।
32. वही, पृ. 10।
33. 'प्रगतिवाद की शव-परीक्षा', शीर्षक लेख, *'छायावाद-प्रगतिवाद'* नामक ग्रंथ में संकलित (संपादक, देवेंद्र नाथ शर्मा), प्रथम संस्करण, ग्रंथमाला कार्यालय, पटना।
34. *'हिंदी साहित्य कोश'*, भाग 2, पृ. 640।
35. *'साप्ताहिक हिंदुस्तान'*, 1 जुलाई 1960।
36. *'सरस्वती'*, हीरक जयंती अंक, 'मधुशाला', पृ. 97।
37. वही।
38. *'हिंदी साहित्य कोश'*, भाग 2, पृ. 298।
39. *'हंस'*, जुलाई 1933, 'आत्मविस्मृति'।
40. *'प्रेमसंगीत'*, पृ. 40।
41. वही, पृ. 72।
42. वही, पृ. 79।
43. वही (भूमिका–'दो शब्द')।
44. *'रश्मि रेखा'*, साधना प्रकाशन, कानपुर, प्रथम संस्करण, 1951, 'हम अनिकेतन', पृ. 129।
45. नेमिचंद्र जैन : *'बदलते परिप्रेक्ष्य'*, राजकमल प्रकाशन, दिल्ली, प्रथम संस्करण, 1968, पृ. 155।
46. वही, पृ. 156।
47. *'आलोचना'*, जुलाई-सितंबर 1967, शमशेर बहादुर सिंह का लेख।
48. केसरी कुमार : *'नकेन का प्रपद्य'*, प्रथम संस्करण, मोतीलाल बनारसीदास, पटना।
49. *'अवंतिका'* (काव्यालोचनांक), जनवरी 1954।
50. वही।
51. वही।
52. *'आलोचना'*, जुलाई-सितंबर 1967।

53. *'नई कविता'* (संयुक्तांक 5-6), 1960-61।
54. *'कविता के नए प्रतिमान'*, पृ. 91-92।
55. *'नए साहित्य का सौंदर्यशास्त्र'*, पृ. 62।
56. वही, पृ. 44।
57. पूर्वा, पृ. 229-30।
58. वही, पृ. 212।
59. वही, पृ. 215।
60. वही, पृ. 222।
61. वही, पृ. 234।
62. *'दूसरा सप्तक'*, प्रगति प्रकाशन, नई दिल्ली, प्रथम संस्करण, 1951, पृ. 186-87।
63. वही, पृ. 150।
64. वही, पृ. 169।
65. *'हंस'*, अक्टूबर 1948, जैनेंद्र कुमार का लेख।
66. *'आलोचना'* (इतिहास विशेषांक), अक्टूबर 1952।
67. *'हिंदी साहित्य का इतिहास'*, पृ. 498।
68. *'आलोचना'* (उपन्यास अंक), अक्टूबर 1954।
69. वही, (इतिहास विशेषांक), अक्टूबर 1952, नलिन विलोचन शर्मा का लेख।
70. *'हिंदी साहित्य का इतिहास'*, पृ. 498।
71. वही, पृ. 501।
72. *'हिंदी साहित्य कोश'*, भाग 2, पृ. 314।
73. *'आलोचना'* (इतिहास विशेषांक), अक्टूबर 1952।
74. *'हिंदी साहित्य के अस्सी वर्ष'*, पृ. 180।
75. *'आलोचना'*, अक्टूबर 1952।
76. *'हिंदी साहित्य के अस्सी वर्ष'*, पृ. 180।
77. वही, पृ. 181।
78. *'हिंदी उपन्यास और यथार्थवाद'*, हिंदी प्रचारक पुस्तकालय, वाराणसी, तृतीय संस्करण, संवत 2018। पृ. 301।
79. *'आलोचना'*, अप्रैल 1952।
80. *'हिंदी उपन्यास और यथार्थवाद'*, पृ. 338।
81. *'प्रगतिशील साहित्य की समस्याएं'*, पृ. 116।
82. *'आधुनिक हिंदी साहित्य'*, पृ. 94।
83. *'आधुनिक साहित्य'*, पृ. 224।
84. वही, पृ. 225।
85. *'हिंदी साहित्य के अस्सी वर्ष'*, पृ. 183।
86. वही, पृ. 183।
87. वही।
88. *'आलोचना'*, जुलाई 1952, त्रिलोचन शास्त्री का लेख।
89. *'आलोचना'*, अक्टूबर 1952।
90. ओंकारनाथ श्रीवास्तव : *'हिंदी साहित्य : परिवर्तन के सौ वर्ष'*, राजकमल प्रकाशन, दिल्ली, 1969, पृ. 312-13।

91. *'आस्था और सौंदर्य'*, किताब महल, इलाहाबाद, प्रथम संस्करण, शकाब्द, 1882, पृ. 153।
92. *'आलोचना'*, (उपन्यास अंक), मोहन राकेश का लेख।
93. *'आलोचना'*, जनवरी, 1955, राजेंद्र यादव का लेख।
94. *'हिंदी साहित्य कोश'* (भाग-2), कुंवर नारायण, पृ. 568।
95. *'आधुनिक साहित्य'*, पृ. 226।
96. *'आलोचना'*, (उपन्यास अंक), अक्टूबर 1954
97. *'आलोचना'*, अक्टूबर 1952, नलिन विलोचन शर्मा का लेख।
98. सच्चिदानंद हीरानंद वात्स्यायन अज्ञेय : *'आधुनिक हिंदी साहित्य'*, पृ. 92।
99. *'आलोचना'*, (उपन्यास अंक), मोहन राकेश का लेख।
100. वही।
101. *'आधुनिक हिंदी साहित्य'*, पृ. 93।
102. *'आधुनिक साहित्य'*, पृ. 226-27।
103. *'आलोचना'*, अक्तूबर, 1952।
104. *'हिंदी उपन्यास और यथार्थवाद'*, 311।
105. *'हिंदी साहित्य के अस्सी वर्ष'*, पृ. 185।
106. *'हिंदी साहित्य का इतिहास'*, पृ. 500।
107. वही, पृ. 500-501।
108. वही।
109. वही।
110. वही, पृ. 499।
111. वही।
112. वही, पृ. 500।
113. वही, पृ. 501।
114. *'हिंदी साहित्य कोश'*, भाग 2, देवी शंकर अवस्थी, पृ. 376।
115. *'आधुनिक हिंदी साहित्य'*, पृ. 111।
116. *'कहानी : स्वरूप और संवेदना'*, पृ. 25-26।
117. *'आलोचना'*, अक्तूबर, 1952।
118. अश्क : *'हिंदी कहानी : एक अंतरंग परिचय'* पृ. 50-51।
119. *'एक रात'*, 'जैनेंद्र की कहानियां' (पांचवां भाग), तृतीय संस्करण, पूर्वोदय प्रकाशन, दिल्ली, 1961।
120. वही।
121. राजेंद्र यादव : *'कहानी : स्वरूप, और संवेदना'*, पृ. 27।
122. वही।
123. *'आधुनिक हिंदी साहित्य'*, पृ. 110।
124. *'आलोचना'*, अक्तूबर, 1952. ठाकुर प्रसाद सिंह का लेख।
125. *'आधुनिक हिंदी साहित्य'*, पृ. 110।
126. वही।
127. *'कहानी : स्वरूप, और संवेदना'*, पृ. 28।
128. *'आलोचना'*, अक्तूबर, 1956, अनंत का लेख।
129. लक्ष्मीनारायण लाल, *'हिंदी साहित्य कोश'*, (भाग-1), ज्ञानमंडल लिमिटेड, वाराणसी, प्रथम संस्करण, सं. 2015, पृ. 220।

130. *'हिंदी साहित्य के अस्सी वर्ष'*, पृ. 120।
131. वही।
132. *'हिंदी साहित्य कोश'*, (भाग-1), पृ. 216।
133. वही, पृ. 219-20।
134. *'हिंदी साहित्य के अस्सी वर्ष'*, पृ. 280।
135. *'प्रगतिवाद : पुनर्मूल्यांकन'*, पृ. 79।
136. *'विविध प्रसंग-3,* हंस प्रकाशन, इलाहाबाद, प्रथम संस्करण, 1962. पृ. 343।
137. *'इंडियन ड्रामा'* (हिंदी ड्रामा एवं थियेटर), पब्लिकेशन्स डिवीजन, दिल्ली, प्रथम संस्करण, पृ. 30।
138. *'मुक्ति का रहस्य'*, साहित्य भवन लिमिटेड, इलाहाबाद, चतुर्थ संस्करण, 1952, भूमिका, पृ. 6।
139. वही, पृ. 14।
140. *'संन्यासी'*, हिंदी प्रचारक पुस्तकालय, वाराणसी, तृतीय संस्करण, 1961, भूमिका, पृ. 12।
141. *'मुक्ति का रहस्य'*, भूमिका, पृ. 6।
142. वही, पृ. 68।
143. *'सिंदूर की होली'*, भारती भंडार, इलाहाबाद, आठवां सं., संवत 2016 वि., पृ. 103।
144. 'सरस्वती' (हीरक जयंती अंक), 'रंगीन सपना', पृ. 320।
145. वही, पृ. 234।
146. वही।
147. *'हिंदी साहित्य का इतिहास'*, पृ. 509-10।
148. *'कारवां तथा अन्य एकांकी'*, लोकभारती प्रकाशन, इलाहाबाद, अक्टूबर 1971, पृ. 82।
149. वही, पृ.81।
150. वही, पृ. 207।
151. *'विविध प्रसंग-3'*, पृ. 376।
152. वही।
153. *'कारवां तथा अन्य एकांकी'*, पृ. 27।
154. वही, पृ. 28।
155. वही, पृ. 109।
156. वही, पृ. 51।
157. वही।
158. *'विविध प्रसंग-3'*, पृ. 378।
159. *'शिवासाधना'*, पांचवां संस्करण, हिंदी भवन, जालंधर, 1955, पृ. 19।
160. *'आलोचना'*, जनवरी 1953, जगदीशचंद्र माथुर का लेख।
161. *'पृथ्वीराज की आंखें'*, नबगा बृत्ति, गंगा ग्रंथागार, लखनऊ, संवत 2014 वि., पृ. 66।
162. *'रेशमी टाई'*, भारती भंडार, इलाहाबाद, प्रथम संस्करण, 1941, पृ. 155।
163. वही, पृ. 160।
164. वही, पृ. 163।
165. वही, पृ. 120।
166. *'आज का हिंदी साहित्य'*, पृ. 116।

4

प्रगतिशील समीक्षा

हर साहित्यिक आंदोलन अपने साथ एक विशिष्ट प्रकार की समीक्षा प्रणाली भी कालक्रम से विकसित करता है। साहित्यिक आंदोलन के रूप में प्रगतिवाद अपने समालोचना साहित्य को लेकर ही परिपूर्ण बनता है। इस समालोचना साहित्य में तमाम तरह के साहित्यिक विवाद अंतर्भुक्त हो जाते हैं। प्रगतिशील समीक्षा के विकास में समालोचकों के अलावा सृजनशील प्रगतिशील लेखकों का योगदान नगण्य नहीं है। इसके अलावा, छायावाद की तुलना में प्रगतिवाद चूंकि प्रगतिशील लेखक संघ के सामूहिक संगठन से परिचालित एक साहित्यिक आंदोलन था, अतः उसके घोषणापत्र, परिपत्र, परिसंवाद, बैठकों की बहसें, सामूहिक रूप में पास किए गए प्रस्ताव आदि भी प्रगतिशील समीक्षा के अंग हैं। कहना चाहिए कि समीक्षा के क्षेत्र में समूहचिंतन और सहचिंतन की प्रणाली के विकास का अभिनव प्रयास इस दौर में देखने को मिलता है।

प्रगतिशील समीक्षा का इतिवृत्तात्मक अनुशीलन करने वाले अध्येताओं ने प्रायः शिवदानसिंह चौहान को पहला प्रगतिशील समीक्षक मान लिया है। वास्तविकता कुछ और ही है। प्रगतिशील लेखक संघ के संगठन का इतिवृत्त प्रस्तुत करते हुए यह उल्लेख किया जा चुका है कि सन् '34 के आसपास से ही किस प्रकार लेखकों को संगठित करने के प्रयत्न आरंभ हो चुके थे। उसी क्रम में यह बताया जा चुका है कि अख्तर हुसैन रायपुरी ने किस प्रकार अज्ञेय, बनारसीदास चतुर्वेदी आदि से डटकर लोहा लिया था और प्रगतिशील आलोचनात्मक दृष्टिकोण को प्रस्तुत करने का प्रयास किया था। अख्त हुसैन रायपुरी ने अप्रैल 1933 के 'विश्वमित्र' (कलकत्ता) में 'साहित्य और क्रांति' शीर्षक लेख लिखकर हिंदी के लेखकों का ध्यान आकर्षित किया था। ऐसा कहा जाता है कि उस जमाने में इस लेख को लेकर बड़ी धूम मची हुई थी। यथार्थ, समाज, राजनीति, क्रांति, स्वाधीनता संघर्ष आदि से साहित्य का घनिष्ठ संबंध है या नहीं, अगर है तो किस रूप में और किस सीमा तक, इन सारे प्रश्नों को लेकर हिंदी के जागरूक लेखकों एवं प्राचीनताभक्त लेखकों में वैचारिक संग्राम छिड़ गया था। इस निबंध के उत्तर में इलाचंद्र जोशी ने सन् '33 में ही 'जन-साधारण के साहित्य का आदर्श' नामक निबंध लिखा था। जोशी जी ने स्वयं बताया : 'इस बार जब मेरे मित्र श्री अख्तर हुसैन रायपुरी ने लेनिन जैसे विश्व क्रांतिकारी महानायक की साहित्यिक महावाणी का लंबा-चौड़ा उद्धरण देकर 'साहित्य और क्रांति' के शीर्षक से एक लेख लिखकर साहित्य की समस्त प्राचीन तथा अर्वाचीन परिभाषाओं को ठुकराकर नवीन युग को अभिनूतन विचारधारा के विद्रोहात्मक प्रवेग से मुझे

भयभीत कर दिया तो अपने भय के भूत को भगाने के संबंध में मुझे लिखने को बाध्य होना पड़ा है'।[1] इससे स्पष्ट है कि रायपुरी का निबंध कितना विचारोत्तेजक था।

सन् '40 तक की हिंदी समालोचना का इतिहास देखने पर पता चलता है कि सामंती रूढ़िवाद से पोषित शास्त्रीय मानदंडों एवं अध्यात्मवाद-रहस्यवाद-आनंदवाद आदि के विरुद्ध आचार्य रामचंद्र शुक्ल ने जबरदस्त विचारधारात्मक संघर्ष चलाया था। इसके साथ हिंदी के वह पहले समीक्षक थे जिन्होंने पश्चिम की पतनशील व्यक्तिवादी सौंदर्यदृष्टि एवं कलावाद (अभिव्यंजनावाद) का विरोध किया। आचार्य शुक्ल ने लिखा : 'अध्यात्म शब्द की मेरी समझ में काव्य या कला के क्षेत्र में कहीं कोई जरूरत नहीं है।'[2] प्रगतिशील समीक्षा के पहले प्रचलित 'लोकोत्तर आनंद' के रसवादी सिद्धांत की 'अलौकिकता' के जरिए सामंती रूढ़िवादी संस्कार के समीक्षक यथार्थवाद का विरोध करते थे। आचार्य शुक्ल ने पश्चिम के कलावाद और भारतीय आनंदवाद को एक साथ अपना निशाना बनाया। उन्होंने लिखा : 'इस आनंद शब्द ने काव्य के महत्व को बहुत-कुछ कम कर दिया—उसे नाच-तमाशे की तरह बना दिया है।'[3] रामविलास शर्मा ने हिंदी की प्रगतिशील समीक्षा के ऐतिहासिक कार्यभार को आचार्य रामचंद्र शुक्ल की सामंतवाद विरोधी एवं व्यक्तिवाद विरोधी भूमिका से जोड़कर अपने जातीय साहित्यचिंतन के प्रगतिशील तत्वों को आगे बढ़ाया। इस दृष्टि से ही उन्होंने आचार्य शुक्ल के संबंध में लिखा :

> हिंदी साहित्य में शुक्ल जी का वही महत्व है जो उपन्यासकार प्रेमचंद या कवि निराला का। उन्होंने आलोचना के माध्यम से उसी सामंती संस्कृति का विरोध किया जिसका उपन्यास और कविता के माध्यम से प्रेमचंद और निराला ने। शुक्ल जी ने न तो भारत के रूढ़िवाद को स्वीकार किया, न पच्छिम के व्यक्तिवाद को। उन्होंने बाह्य जगत और मानवजीवन की वास्तविकता के आधार पर नए साहित्य-सिद्धांतों की स्थापना की और उनके आधार पर सामंती साहित्य का विरोध किया और देशभक्ति और जनतंत्र की साहित्यिक परंपरा का समर्थन किया।[4]

आचार्य शुक्ल की समालोचना का आधार एक ओर यदि लोकवाद था, तो दूसरी ओर वाल्मीकि, भवभूति, कालिदास, तुलसीदास, सूरदास, जायसी, भारतेंदु आदि द्वारा विकसित राष्ट्रीय साहित्य था; एक ओर यदि वे ज्ञानप्रसार के साथ भावप्रसार के सिद्धांत को मानते थे तो दूसरी ओर साहित्य का उद्देश्य स्वार्थ संबंधों के संकुचित मंडल से ऊपर उठकर लोकसामान्य भावभूमि पर पहुंचाना या शेषसृष्टि से संबंध स्थापित करना भी मानते थे।

प्रगतिशील आलोचना को आचार्य रामचंद्र शुक्ल के लोकमंगलवाद एवं जातीय स्वत्व के सिद्धांतों से बल मिला, जिससे वह समाजवादी यथार्थवाद की मार्क्सवादी सौंदर्यदृष्टि का विकास कर सकी। इस संदर्भ में प्रेमचंद, निराला, प्रसाद और नंददुलारे वाजपेयी का योगदान भी अविस्मरणीय है। इन चारों कृतिकारों के ऐसे प्रगतिशील मानदंडों का अनेक स्थलों पर उल्लेख हो चुका है। 'हंस', 'इंदु', 'मतवाला', 'भारत', 'माधुरी', 'जागरण', 'सुधा' आदि पत्रिकाओं में ऐसे अनेक लेख एवं टिप्पणियां उपलब्ध हैं, जिनसे पता चलता है कि सन् '30 और सन् '40 के बीच आलोचना अपना कायाकल्प कर रही थी। पर उसका व्यवस्थित रूप में विकास सन् '40 के बाद लिखित आलोचनात्मक कृतियों में ही मिलता है। रामविलास शर्मा, शिवदानसिंह चौहान, चंद्रबली सिंह, अमृतराय, प्रकाशचंद्र गुप्त, राहुल सांकृत्यायन,

मुक्तिबोध, त्रिलोचन, केदारनाथ अग्रवाल, रांगेय राघव, रामेश्वर शर्मा, महेंद्र भटनागर, हंसराज रहबर, मन्मथनाथ गुप्त आदि की कृतियों, तत्कालीन पत्र-पत्रिकाओं में प्रकाशित साहित्यिक विवादों एवं प्रगतिशील लेखक संघ के घोषणापत्रों, अधिवेशन के प्रस्तावों एवं गोष्ठी परिसंवादों के व्यवस्थित अध्ययन से ही प्रगतिशील समीक्षा का सही स्वरूप खड़ा होता है। प्रगतिशील समालोचना के प्रमुख मानदंडों तथा उन मानदंडों को लेकर जो विवाद रहे हैं, उन्हें सामने लाने के लिए यह आवश्यक है कि उन विषयों को छांट लें, जिनके इर्दगिर्द प्रगतिवादी साहित्यचिंतन का विकास हुआ है। यहां क्रम से ऐसे विषयों को ही उपशीर्षक के रूप में रखा जा रहा है। यहां भूमिका रूप में यह बतलाना भी आवश्यक है कि हर विषय पर प्रगतिशील लेखकों के बीच दो धाराओं का संघर्ष भी है और एकता भी। अतः दो धाराओं के संघर्ष और विशेष अवस्थाओं में उनकी एकता का वस्तुनिष्ठ ढंग से अध्ययन करने पर ही पता चलता है कि 'कुत्सित समाजशास्त्र', 'संकीर्णतावादी दृष्टिकोण', 'उदारतावाद', 'भाववादी चिंतन', 'बुर्जुआ वर्ग का साहित्यिक प्रवक्ता' आदि आरोप या गालियां विवाद के हथियार मात्र हैं।

परंपरा और साहित्यक विरासत का मूल्यांकन

अपने इतिहास के प्रति हमारा दृष्टिकोण कोरा नकारात्मक या कोरा सकारात्मक या द्वंद्वात्मक हो—इस प्रश्न को लेकर प्रगतिशील आंदोलन के अंदर पारस्परिक मतभेद रहा है। मार्क्सवाद-लेनिनवाद के सिद्धांतों के आधार पर इस समस्या को लेकर जो वैचारिक संघर्ष था, वह चौथे दशक के प्रारंभिक समय से लकर अब तक चला आ रहा है।

'अंगारे' नामक उर्दू कहानीसंग्रह के अधिकांश लेखकों का दृष्टिकोण रूढ़िजर्जर परंपरा के विध्वंस की ओर ही प्रायः केंद्रित था। अस्वीकार का यह भाव पश्चिमी शिक्षा-दीक्षा से प्रभावित मध्यवर्गीय युवकों पर हावी था। स्वस्थ यौन नैतिकता के विरोधियों की संख्या कम नहीं थी। यूरोप से दादावाद, अतियथार्थवाद, फ्रायडवाद, प्रकृतवाद आदि की जो धाराएं आईं, उनके प्रभाव से परंपराभंजन की प्रवृत्ति एक प्रकार का फैशन बन रही थी। इससे अराजकतावादी साहित्यिक परिवेश बन रहा था। सांप्रदायिकता, पुनरुत्थानवाद, सामंती समाज के पितृसत्तात्मक संस्कार और रूढ़िवाद से त्रस्त नौजवान यौन नैतिकता को भी तोड़ना आवश्यक समझते थे। मध्यवर्ग के कुछ आधुनिकतावादी नौजवान ऐसे भी थे जो उत्पीड़ित जनगण की मुक्ति से अपने को नहीं जोड़ते थे, अतः निम्नपूंजीवादी भटकाव के आवेश में वे इतिहास और परंपरा, समाज और यौननैतिकता के खिलाफ जेहाद बोल रहे थे। यही कारण था कि कुछ प्रगतिशील लेखक एक ओर जहां फ्राडयवाद की ओर लपकते थे, वहीं दूसरी ओर मार्क्सवाद की ओर भी कम आकृष्ट नहीं होते थे; एक ओर जहां दादावाद-अतियथार्थवाद एवं इलियट-लारेंस की ओर झुकाव होता था, वहीं दूसरी ओर मायकॉव्स्की, गोर्की, राल्फ फाक्स एवं काडवेल की ओर भी बढ़ते थे। इस तरह के प्रगतिशील लेखक तुलसीदात को सामंतवाद एवं ब्राह्मणवाद का चाकर मानते थे, आचार्य शुक्ल के आलोचनात्मक मानदंडों में एकांगी समाजशास्त्र देखते थे और छायावाद को पलायनवादी एवं जनविरोधी साहित्य मानते थे। ऐसे लोग मोटे तौर पर पुराने का विरोध और नए का समर्थन करना ही मार्क्सवादी विचारधारा मानते थे। सन् '37 में शिवदानसिंह चौहान ने प्रगतिशील समीक्षा के उस तथाकथित पहले निबंध में लिखा

था : 'इस छायावाद की धारा ने हिंदी के साहित्य को जितना धक्का पहुंचाया उतना शायद ही हिंदू महासभा या मुस्लिम लीग ने पहुंचाया हो।'[5] प्रगतिशील लेखक संघ के सन् '38 के घोषणापत्र में भी अपनी परंपरा के प्रति यह नकारात्मक दृष्टिकोण मौजूद था। सारे पिछले साहित्य के बारे में यह कहना कि 'वह रूप और विषयवस्तु की दृष्टि से निस्तेज हो गया है और उसने जड़वाद तथा निर्जीव और रुग्ण विचारधारा अपना ली है' —एक प्रकार से परंपराभंजन का निम्नपूंजीवादी भटकाव था।

प्रगतिशील लेखक संघ के अंदर इस प्रकार के विषय पर निश्चित रूप से दो धाराओं का संघर्ष था। एक प्रकार का रुझान परंपराभंजन के नकारवाद की ओर था, दूसरे प्रकार का रुझान यह था कि अपनी जातीय परंपरा, विरासत और संस्कृति का द्वंद्वात्मक ढंग से मूल्यांकन किया जाए और मृत तथा जीवंत तत्वों में फर्क कर अपनी जनसंस्कृति के निर्माण के लिए जीवंत उपादानों को स्वीकार किया जाए। इन दो धाराओं के संघर्ष में पहली धारा का प्रतिनिधित्व शिवदानसिंह चौहान और रांगेय राघव करते थे तथा दूसरी धारा का प्रतिनिधित्व रामविलास शर्मा, केदारनाथ अग्रवाल, चंद्रबली सिंह, हंसराज रहबर आदि करते थे। रामविलास शर्मा ने अपने दृष्टिकोण की वैज्ञानिकता सिद्ध करने के लिए कबीर, तुलसीदास, भारतेंदु, प्रतापनारायण मिश्र, बालमुकुंद गुप्त, प्रेमचंद, आचार्य शुक्ल, वृंदावन लाल वर्मा, निराला, प्रसाद आदि कृतिकारों का मूल्यांकन किया और प्रगतिशील साहित्य को हिंदी भाषी जाति के सांस्कृतिक स्वत्व से जोड़ा। इसके अलावा इन दो लाइनों के संघर्ष को ध्यान में रखकर अनेक सैद्धांतिक निबंध लिखे। इस प्रसंग में 'साहित्य की परपंरा' नामक उनका निबंध उल्लेखनीय है। मार्क्सवाद-लेनिनवाद के सैद्धांतिक आलोक में उन्होंने लिखा :

> प्रगतिशील साहित्य जनता की तरफदारी करने वाला साहित्य है, इसलिए वह उसकी जातीय विरासत, उसकी साहित्यक परंपराओं की रक्षा करने के लिए भी लड़ता है। साम्राज्यवाद न सिर्फ जनता की स्वाधीनता का अपहरण करता है, उसके जनवादी अधिकारों को कुचलता है बल्कि उसकी जातीय संस्कृति, उसके राष्ट्रीय अभिमान, उसके पूर्व पुरुषों के अर्जित ज्ञान को भी झुठलाता और दबाता है। इसलिए जनता की जातीय संस्कृति की रक्षा और विकास के लिए संघर्ष उनकी स्वाधीनता और जनवादी अधिकारों के लिए संघर्ष का अभिन्न अंग है।
>
> हिंदीभाषी जनता की एक प्राचीन और गौरवशाली परंपरा है। इस परंपरा पर अभिमान करने में एक तरफ तो भारतीय रूढ़िवाद बाधक होता है जो हर सांस्कृतिक निधि का उपयोग महंतों और जागीरदारों के हित में करना चाहता है। उस सांस्कृतिक निधि के निर्माण में भारत की जनता का कितना हाथ है, इस बात को वह छिपाता है। दूसरी तरफ पच्छिमी पूंजीवाद का नस्ल-सिद्धांत है जिसके अनुसार वह निधि हमारे पूर्वजों की रचना नहीं, किसी विश्वव्यापी नस्ल की रचना है जिस पर औरों का अधिकार भले हो, हमारा अधिकार अवश्य नहीं है।[6]

जनता के साम्राज्यवादविरोधी एवं सामंतवादविरोधी संघर्ष से प्रगतिशील साहित्यकारों का संबंध क्या हो, इस सवाल पर भी इससे रोशनी पड़ती है। चूंकि जातीय मुक्तिसंग्राम के दौर से हिंदुस्तान गुजर रहा था, अतः जातीय परंपरा के संबंध में उपर्युक्त दृष्टिकोण प्रगतिशील एवं वैज्ञानिक दृष्टिकोण है। प्रगतिवाद के समानांतर तत्कालीन हिंदी साहित्य में जो अन्य प्रवृत्तियां चल रही थीं, उनके संदर्भ में भी अगर देखें तो पता चलता है कि 'साहित्य-सर्जना', 'विवेचना'

नामक अपने ग्रंथों में इलाचंद्र जोशी कालिदास और चंडीदास को व्यभिचार, दमित यौनप्रवृत्ति एवं स्वार्थपरायणता के चितेरे घोषित कर रहे थे तथा 'त्रिशंकु' नामक अपने निबंधसंग्रह में अज्ञेय परंपरा के संबंध में यूरोप की पतनोन्मुख संस्कृति के व्याख्याता इलियट का दृष्टिकोण प्रचारित कर रहे थे। अतः प्रगतिवाद के अंदर दो लाइनों के संघर्ष में ऐसे जटिल प्रश्न उलझे प्रतीत होते थे, जिनके बारे में निर्विवाद रूप से किसी एक समालोचक की मान्यताओं को वस्तुपरक और वैज्ञानिक नहीं माना जा रहा था।

समाजवादी यथार्थवाद

समसामयिक सृजनात्मक साहित्य को जनजीवन से जोड़ने तथा कृतिकारों को रचनाशीलता की दिशा बतलाने के लिए साहित्य के प्रगतिशील मानदंड स्पष्ट करने का कार्यभार समीक्षकों के सामने था। 'प्रगतिशील लेखक संघ' के सामूहिक घोषणापत्र एवं वक्तव्य वैचारिक स्तर पर लेखकों का दिशा-निर्देश कर रहे थे, पर सृजनात्मक स्तर पर मार्क्सवादी सौंदर्यदृष्टि के मानदंडों को लागू करना उतना सरल भी नहीं था। अतः समकालीन रचना के आस्वादन और मूल्यांकन से ही इस समस्या का हल निकल सकता था। इसलिए तत्कालीन प्रगतिशील लेखकों ने सभी प्रकार के साहित्य-सृजन की समीक्षा का भी कार्य आरंभ किया।

इसके अलावा प्रगतिशील लेखकों के सामने साहित्य की वस्तु और उसके रूप के बीच द्वंद्वात्मक संबंध स्थापित करने की समस्या भी कम महत्वपूर्ण न थी। यथार्थ और गतिशील यथार्थ, यथार्थ के पतनशील तत्व और जीवंत तत्व, फोटोग्राफिक या प्रकृतवादी चित्रण, आलोचनात्मक यथार्थवाद, क्रांतिकारी रोमांटिसिज्म, छायावादी पतनशील रूमानियत तथा समाजवादी यथार्थवाद–इन सबके बीच रचनात्मक स्तर पर सही के चुनाव तथा गलत के त्याग का प्रश्न भी अत्यंत गंभीर रूप लेता जा रहा था।

इन सारी समस्याओं को हल करने के लिए सुसंबद्ध प्रगतिशील आलोचनात्मक चिंतन तथा हिंदुस्तान के संदर्भ में मार्क्सवादी सौंदर्यशास्त्र के सृजनात्मक विकास का आवश्यक कार्यभार सबके सामने चुनौती की तरह प्रतीत होता था। इसलिए प्रगतिशील लेखक संघ के मंच से मैक्सिम गोर्की द्वारा प्रतिपादित 'समाजवादी यथार्थवाद' का नारा दिया गया। समाजवाद और यथार्थवाद, राजनीति और साहित्य, मार्क्सवादी-लेनिनवादी विचारधारा और सृजनात्मक साहित्य (लेखक के इंद्रियबोध, भाव एवं विचार)–इन दो प्रकार के तत्वों के बीच द्वंद्वात्मक एकता से ही 'समाजवादी यथार्थवाद' स्वस्थ साहित्यिक रचनाप्रणाली का रूप ले सकता था और उसे भारतवर्ष की ठोस परिस्थितियों तथा जातीय सांस्कृतिक निधि के प्रगतिशील उपादानों से संयुक्त कर प्रगतिवादी आंदोलन को आगे बढ़ाने की आवश्यकता थी। प्रगतिवाद ने इस दिशा में एक हद तक सफलता अवश्य प्राप्त की, पर उसकी विफलताओं ने भी आगे के साहित्यकारों के लिए एक सबक छोड़ दिया।

समाजवादी यथार्थवाद सर्वहारा क्रांति का साहित्य होता है। राष्ट्रवादी-जनवादी क्रांति की मंजिल में सर्वहारा वर्ग की भी भूमिका होती है, पर वह सर्वहारा क्रांति नहीं होती। अतः प्रगतिवादी साहित्यिक आंदोलन के दौरान सर्वहारा वर्ग, किसान समुदाय तथा उत्पीड़ित मध्यवर्ग-इन तीनों की एकता को ध्यान में रखकर राष्ट्रवादी, जनवादी एवं समाजवादी, तीनों प्रकार के लेखकों और उनके दृष्टिकोणों को ध्यान में रखकर समाज के गतिशील यथार्थ के

चित्रण पर जोर दिया गया, न कि मात्र समाजवादी यथार्थवाद पर। प्रतिक्रियावादी साहित्य को चुनौती देने वाली प्रगतिशील सृजनशीलता, कलात्मक परख के आधार पर आस्वादन तथा प्रचार-प्रसार पर जोर दिया गया। उस समय समाजवादी यथार्थवाद का नारा देना एक आवश्यक ऐतिहासिक कार्य था, चूंकि सोवियत संघ में सर्वहारा क्रांति होने के बाद उसके समाजवादी लेखकों ने समाजवादी संस्कृति के निर्माण के लिए सन् '34 के लेखक अधिवेशन में गोर्की द्वारा प्रतिपादित समाजवादी यथार्थवाद को स्वीकार कर लिया था। यह उल्लेखनीय है कि रूसी साहित्यकारों के लिए समाजवादी यथार्थवाद की धारा ही निर्णायक और एकमात्र स्वीकार्य धारा थी; पर भारतीय लेखकों के लिए आलोचनात्मक यथार्थवाद, क्रांतिकारी रोमांटिसिज्म तथा समाजवादी यथार्थवाद-ये तीनों ही धाराएं एक खास दूरी तक स्वीकार्य थीं।

ऐसी स्थिति में कलात्मक मानदंड के नाम पर केवल समाजवादी यथार्थवाद का नारा देने वाले शिवदानसिंह चौहान ने प्रगतिवादी समीक्षा की सारी कसौटी विश्वप्रसिद्ध क्लासिक कृतियों के आधार पर बनाना चाहा। इस मुद्दे पर प्रगतिशील आंदोलन के भीतर दो दृष्टिकोण थे। शिवदानसिंह चौहान से भिन्न दृष्टिकोण रखने वाले कृतिकारों ने जातीय सांस्कृतिक निधि से कलात्मक सीख लेने की बात उठाई और प्रगतिशील क्लासिक कृतियों की प्रासंगिकता बतलाई। इन दो दृष्टिकोणों के संघर्ष में समसामयिक लेखकों की यथार्थवादी रचनाओं से प्रगतिशील लेखक सीखें, यथार्थ के उद्घाटन की उनकी शक्ति का 'समाजवादी यथार्थवाद' की दृष्टि से गुणात्मक विकास हो, यह आग्रह धीरे-धीरे प्रबल होता गया। फलतः सभी प्रगतिशील लेखकों के लिए उपन्यासकार प्रेमचंद, प्रसाद एवं वृंदावन लाल वर्मा, कवि निराला तथा पंत और समालोचक आचार्य शुक्ल प्रासंगिक हो उठे। इसके बाद ही विश्वसाहित्य के स्तर पर चेखव, तॉल्स्तॉय, गोर्की, फादेयेव, शोलोखोव, इल्या एहरेनबर्ग, मायकॉव्स्की, पाब्लो नेरूदा, नाजिम हिकमत, काडवेल, राल्फ फाक्स, लुह् शुन, कुओ मो जो आदि लेखकों की कृतियों का अध्ययन इस दौर में बड़ी तेजी से हुआ और श्रेष्ठ रचनाओं के अनुवाद भी धड़ल्ले से प्रकाशित होने लगे।

जातीय और अंतर्जातीय, प्राचीन और समकालीन, जनवादी और समाजवादी इन दोनों के बीच के अंतर्विरोध का हल निकालकर ही प्रगतिशील समीक्षा कलात्मक मानदंडों का निर्माण और वस्तुपरक विश्लेषणविधि का विकास कर सकती थी। इस सिलसिले में भी शिवदानसिंह चौहान और रामविलास शर्मा, इन दोनों की कार्यनीतियों में संघर्ष था। इस संघर्ष का एक अंजाम यह हुआ कि शिवदानसिंह चौहान ने समाजवादी यथार्थवाद के कलात्मक मानदंडों की सैद्धांतिक प्रस्थापनाओं के लिए विश्व प्रसिद्ध महान कृतियों को संदर्भ ग्रंथ के रूप में ही नहीं, बल्कि आधार के रूप में स्वीकार किया तथा अनेक महत्वपूर्ण कृतियों की विश्लेषणात्मक छानबीन के द्वारा सैद्धांतिक निष्कर्ष निकाले जो प्रगतिशील समीक्षा के ऐतिहासिक विकास के लिए अत्यावश्यक थे। इस प्रसंग में राहुल सांकृत्यायन, भगवतशरण उपाध्याय और मुक्तिबोध की समीक्षा कृतियों का भी बड़ा महत्व रहा है। इन दो लाइनों के संघर्ष में शिवदानसिंह चौहान द्वारा लिखित 'भारत की जननाट्य शाला' (1939) शीर्षक सुदीर्घ निबंध का ऐतिहासिक महत्व है क्योंकि नाटक और रंगमंच को 'समाजवादी यथार्थवाद' के कलात्मक मानदंडों के अनुसार व्यावहारिक रूप से ढालना एक जटिल और महत्वपूर्ण प्रश्न था, जिसे हल करने में शिवदानसिंह चौहान ने काफी हद तक सही स्टैंड लिया था।

नाटक की वस्तु और उसके रूप के बीच द्वंद्वात्मक संबंध स्थापित कर प्रगतिशील लेखक किस प्रकार साम्राज्यवाद-विरोधी एवं सामंतवाद-विरोधी क्रांति की मंजिल में हिंदी नाटक और रंगमंच का विकास करें? इस समस्या पर शिवदानसिंह चौहान ने लिखा :

> हम जिस जननाट्य शाला की कल्पना करते हैं वह पारसी कंपनियों की परिपाटी को लेकर नहीं चल सकती और न उच्च वर्गों की रुचि के विचार को अपनाकर मानसिक वेश्यालय का केंद्र बन सकती है। उसे पूर्व-निर्दिष्ट जन-आधार पर ही खड़ा होना होगा और जनसंस्कृति को परिमार्जित और परिष्कृत कर उसे सौंदर्य और सौष्ठव प्रदान करना होगा।[7]

नाटक और रंगमंच के संदर्भ में रूप और वस्तु के संबंध की समस्या के हल होने पर ही भारतीय जननाट्य संघ (इंडियन पीपुल्स थिएट्रिकल एसोसिएशन–इप्टा) की स्थापना हुई और उसने द्वितीय महायुद्ध के दौर में फासीवाद-विरोधी सांस्कृतिक मोर्चे को मजबूत किया। इसी तरह 'कविता में शब्दों का चुनाव' नामक निबंध में रामविलास शर्मा ने कविता के संदर्भ में रूप और वस्तु के संबंध की समस्या हल करने का प्रयत्न किया। विचार, भाव, इंद्रियबोध, रुचि, सौंदर्यवृत्ति, साहित्य की विषयवस्तु, उसका रूप आदि के पारस्परिक संबंधों को समझने-समझाने के लिए रामविलास शर्मा का निबंध 'युग की परिधि और साहित्य की व्यापकता' बहुत ही महत्वपूर्ण है। दर्शन और विज्ञान की तुलना में साहित्य के पाठकों का दायरा इतना व्यापक क्यों है, इस पर प्रकाश डालते हुए उन्होंने कहा :

> साहित्य शब्द द्वारा, चित्रों द्वारा मनुष्य को प्रभावित करता है। उसका प्रभाव दर्शन और विज्ञान से ज्यादा व्यापक इसीलिए होता है कि उसका संबंध इंद्रिय बोध से है। उसका माध्यम ही रूपमय है, कल्पना के सहारे वह तरह-तरह के रूप पाठक, या श्रोता के मन में जगाता है। उसकी विषयवस्तु भी रूपमय है। वह चिंतन के निष्कर्ष ही नहीं देता जीवन के चित्र भी देता है। दर्शन और विज्ञान से भिन्न उसकी निजी कलात्मक विशेषता जीवन के चित्र देने में है।[8]

अतः स्वाभाविक स्वस्थ ऐंद्रियता और भावनात्मक अनुभूति की व्यंजना से साहित्य की अपील व्यापक होती है। पर पतनशील वर्ग की कामुकता, भोगवादी लालसा और निष्क्रिय निकम्मे अवकाशभोगी वर्ग की तृप्ति के उद्देश्य से किए गए चित्रण से यदि कोई रचनाकार 'ऐंद्रिक उल्लास' की व्यंजना करता है, तो वह निश्चित रूप से प्रतिक्रांतिकारी वर्ग की अभिरुचि का शिकार हो गया है। हिंदी के रीतिकालीन साहित्य, हालावाद, अज्ञेय-जैनेंद्र-इलाचंद्र जोशी आदि के सेक्स चित्रण आदि पर प्रगतिशील समीक्षा ने इन्हीं कारणों से प्रहार किया था। 'कामायनी : एक पुनर्विचार' नामक पुस्तक में मुक्तिबोध ने मनु की विलासी कामरुचि के प्रसाद कृत वर्णन में सामंती पतनशील रुझान को रेखांकित किया है। दूसरी तरफ त्रिलोचन की पुस्तक 'धरती' की समीक्षा में मुक्तिबोध का आलोचक ग्रामप्रकृति के चित्रण की ऐंद्रियता में स्वाभाविक ऐंद्रिक उल्लास और प्रेममयी दृष्टि को उभार कर सामने लाता है। यही स्थिति निराला पर लिखित रामविलास शर्मा की पुस्तक की भी है। 'लोकदृष्टि और हिंदी साहित्य' नामक निबंध संग्रह में चंद्रबली सिंह का दृष्टिकोण भी समाजवादी यथार्थवाद के सौंदर्यचित्रण संबंधी मानदंडों का ही व्यावहारिक रूपांतर है।

केवल विचार के आधार पर किसी रचनाकार के कृतित्व का मूल्यांकन हो या साहित्य के समाज-सापेक्ष कलात्मक मानदंडों से भी उसका संबंध हो? इस प्रश्न पर प्रगतिशील

समीक्षकों के बीच में दो प्रकार के दृष्टिकोण रहे हैं। एक दृष्टिकोण यह रहा है कि अगर कोई लेखक खुले तौर पर व्यवस्था का समर्थक और प्रतिक्रियावादी विचारधारा का प्रचारक है तो उसे निश्चित रूप से प्रतिक्रियावादी कहना चाहिए। इसके साथ ही अगर लेखक समाजवादी विचारधारा का अपने साहित्य में प्रचार करता है और भाव, इंद्रियबोध आदि के कलात्मक चित्रण की दृष्टि से वह कमजोर है, फिर भी उसे प्रगतिशील और श्रेष्ठ करार देना चाहिए। रामविलास शर्मा ने इस दृष्टिकोण के विरुद्ध संघर्ष चलाया। उनकी मान्यता यह रही है कि गलत विचारों के बावजूद कोई लेखक श्रेष्ठ कलाकृति दे सकता है। तॉल्सतॉय के संबंध में लिखित लेनिन के पांच निबंध भी इसी दृष्टिकोण का समर्थन करते हैं। अतः विचारक की हैसियत से अगर कोई लेखक प्रतिक्रियावादी फलसफा देता है तो आलोचक के नाते उस फलसफे को कूड़ा समझकर फेंक देना चाहिए और भाव, इंद्रियबोध आदि के चित्रण के आधार पर कृति का मूल्यांकन होना चाहिए। इस दृष्टिकोण से ही रामविलास शर्मा ने कालिदास, तुलसीदास, निराला और प्रसाद का मूल्यांकन किया है। सुमित्रानंदन पंत के 'पल्लव', 'युगांत', 'युगवाणी', 'ग्राम्या', आदि काव्यसंग्रहों का मूल्यांकन भी इस आधार पर हुआ है। पर 'स्वर्ण धूलि' 'स्वर्णकिरण' में न तो कलात्मक चित्रण है न इतिहास की अग्रगामी शक्तियों का वर्णन। अतः सन् '48 में लिखित अपने निबंध में रामविलास शर्मा ने इन कृतियों की कुंठित सौंदर्यदृष्टि और प्रतिक्रियावादी अंतर्वस्तु को उघाड़कर सबके सामने रख दिया। 'तुलसीदास' की अवतारवादी रामोपासना भक्ति देखकर रांगेय राघव, यशपाल आदि ने उन्हें प्रतिक्रियावादी कहा। रामविलास शर्मा का तर्क है :

> तुलसीदास केवल भक्त नहीं हैं, वे प्रेम और सौंदर्य के कवि भी हैं। विवाहमंडप में सीता की तन्मयता का कितना सजीव और बारीक चित्र उन्होंने खींचा है : 'राम को रूप निहारति जानकी कंगन के नग की परछाहीं। याते सबै सुधि भूलि गई कर टेकि रही पल टारति नाहीं।' इसके अलावा अपने बरवै छंदों में तो मानो तुलसीदास ने अवध के ग्रामगीतों की सारी मिठास उड़ेल दी है। तुलसीदास ने जनसाधारण के सौंदर्यबोध की जैसी सुकुमार व्यंजना की है, वह हिंदी साहित्य में अनुपम है।[9]

'समाज और साहित्य' नामक एक सुदीर्घ निबंध में मुक्तिबोध ने भी तुलसी के संदर्भ में यही दृष्टिकोण रखा है।[10] इससे स्पष्ट है कि केवल विचारधारा के आधार पर कृतित्व का मूल्यांकन गलत है। इतिहास के अग्रगामी वर्ग के सौंदर्यबोध का चितेरा बने बिना कोई कृतिकार न तो इंद्रियबोध का ही सही चित्रण कर सकता है और न भाव का। अतः सापेक्ष सौंदर्यदृष्टि ही समाजवादी यथार्थवाद के कलात्मक मानदंड का आधार है।

यौन नैतिकता अथवा सेक्स चित्रण

प्रगतिशील आंदोलन के आरंभ होने से पहले ही सृजनात्मक साहित्यकारों के बीच स्त्री पुरुष संबंध के चित्रण को लेकर दो धाराए रही हैं। उन दोनों धाराओं का उल्लेख किया जा चुका है। प्रगतिशील लेखक इस सामाजिक समस्या पर कौन सा दृष्टिकोण अपनाएं—इस सवाल को लेकर काफी तीखा वैचारिक संघर्ष चला। 'नया साहित्य और नारी' नामक अपने निबंध में हंसराज रहबर ने इस संघर्ष का सारतत्व प्रस्तुत किया है। इस समस्या ने प्रगतिशील आंदोलन के अंदर गंभीर रूप इसलिए धारण कर लिया चूंकि कुछ ऐसे भी लेखक थे जो मार्क्सवाद

और फ्रायडवाद के बीच मेल कराना चाहते थे। इस मुद्दे पर आरोप-प्रत्यारोप का वैचारिक कोलाहल मचा था। सज्जाद जहीर के नाटक 'बीमार'; यशपाल के उपन्यास 'दादा कामरेड', मंटो की कहानी 'बू', कृश्न चंदर की कहानियां 'तिरंगी चिड़ियां', 'हुस्न और हैवान', 'दर्दे गुर्दा', 'चिड़िया का गुलाम', अंचल के उपन्याय 'चढ़ती धूप', अश्क के उपन्यास 'गिरती दीवारें', नागार्जुन के उपन्यास 'रतिनाथ की चाची' आदि को लक्षित कर अज्ञेय-जैनेंद्र-इलाचंद्र जोशी यह कह रहे थे कि प्रगतिशील आंदोलन भी तो उसी फ्रायडवादी रास्ते पर चल रहा है। प्रगतिशील आंदोलन के अंदर और बाहर के कुछ कृतिकारों की नजर में नारी समस्या एक जैसी थी और वे यौननैतिकता के मामले में अराजकतावादी, बोहेमियन, प्रकृतवादी अथवा 'दिगंबरवादी' दृष्टिकोण अपना रहे थे। ये दोनों प्रकार के लेखक शरच्चंद्र-रवींद्र-प्रेमचंद आदि के नारीचित्रण को आदर्शवादी बताकर पूरी तरह नकारते थे। इनके लिए जोला, फ्लाबेयर, लारेंस की परंपरा ही यथार्थवादी परंपरा थी। प्रगतिशील लेखकों के बीच इस संदर्भ में हंसराज रहबर ने सही मार्क्सवादी-लेनिनवादी दृष्टिकोण रखते हुए स्टैंड लिया। उनका दृष्टिकोण प्रारंभ से ही यह रहा है :

> नारी भी एक सामाजिक प्राणी है। समाज के साथ उसके अनेक संबंध हैं। उसमें एक यौनसंबंध भी है, जो किसी विशेष परिस्थिति में महत्वपूर्ण हो सकता है। लेकिन हरेक परिस्थिति में इसी संबंध को उभारना और उसे ही विशेष महत्व प्रदान करना यथार्थ नहीं, अयथार्थ है, झूठ है, नारी के साथ अन्याय है और यह उसका अपमान है।[11]

यशपाल, मुल्कराज आनंद, पहाड़ी, नरोत्तम नागर, कृश्न चंदर आदि यौनचित्रण के प्रश्न पर कहीं न कहीं 'फ्रायडवादी' दृष्टिकोण के प्रभाव से ग्रस्त थे या इस तरह का आरोप लगाने वाले कथातंतु के गौण पहलुओं को ही प्रधान पहलू बनाकर एकांगी ढंग से फतवे दे रहे थे? इन बातों का निर्णय वस्तुपरक विवेचना के आधार पर एक जटिल चुनौती की तरह आज भी सबके सामने है। ऐसी स्थिति में हंसराज रहबर, चंद्रबली सिंह, केदारनाथ अग्रवाल, रामविलास शर्मा, अमृतराय आदि सामाजिक यथार्थवादी अथवा प्रगतिशील दृष्टिकोण का प्रतिनिधित्व कर रहे थे। 'साहित्य और नारी समस्या' नामक अपने निबंध में रामविलास शर्मा ने दूसरे पक्ष के दृष्टिकोण की स्पष्टता के लिए मार्क्स-एंगेल्स-लेनिन की विचारधारा की रोशनी में साहित्य का विश्लेषण किया। इसके अलावा यशपाल की पुस्तक 'मार्क्सवाद' में लेनिन का नाम लेकर यह सिद्ध करने की चेष्टा की गई थी कि मार्क्सवाद-लेनिनवाद 'स्वच्छ गिलास से स्वच्छ जल' पीने के सिद्धांत को ही स्त्री-पुरुष संबंधों के मामले में स्वीकार्य मानता है। स्त्री-पुरुष संबंध शरीर की अन्य आवश्यकताओं की पूर्ति की ही तरह है। यशपाल के इस भ्रामक दृष्टिकोण का खंडन करते हुए रामविलास शर्मा ने लिखा :

> लेनिन ने उससे ठीक उल्टी बात कही थी। स्वच्छ गिलास से स्वच्छ जल पीने की थ्योरी का घोर विरोध किया था। यशपाल का जोर इस बात पर है कि भोग को पेशा न बनाया जाए। भूख, प्यास, नींद की तरह सेक्स की भी इच्छा पूरी होनी चाहिए लेकिन गंदी नालियों में मुंह डालकर नहीं। वास्तव में स्वच्छ गिलास में स्वच्छ जल पीने का सिद्धांत सेक्स के बारे में पूंजीवादी सिद्धांत है जिसे धनी लोग नित्यप्रति अमल में लाते हैं।[12]

अपने इस विचार की पुष्टि के लिए रामविलास शर्मा ने लेनिन और क्लारा जैटकिन की बातचीत का हवाला देने वाली नोटबुक का उल्लेख किया और साहित्य में नारीसमस्या के चित्रण को

लेकर अपनी स्थापनाओं को वहीं से ग्रहण किया।

जिस तरह मुक्त प्रेम के फ्रायडवादी प्रचारक इलाचंद्र जोशी, अज्ञेय और जैनेंद्र इस समस्या को देखते थे, उससे केवल थोड़ी भिन्नता दरसाते हुए भी यशपाल, कृश्न चंदर, अंचल आदि पूंजीवादी नैतिकता के ही शिकार प्रतीत होते थे। यह निष्कर्ष वस्तुतः रामविलास शर्मा का था। सभी प्रगतिशील समीक्षक न तब इससे पूर्णतः सहमत थे और न आज। अतः प्रगतिशील लेखक संघ के अंदर इस सवाल पर निम्न पूंजीवादी भटकाव से लड़ना क्रमशः जटिल कार्यभार बनता गया। रामविलास शर्मा का यह कहना सही था कि 'यशपाल नारी पराधीनता के वैसे चित्र भी नहीं दे पाए जैसे प्रेमचंद ने पहले महायुद्ध के समय दिया या वृंदावन लाल वर्मा ने 'लगन', 'कुंडली चक्र' आदि में या निराला ने 'अलका' आदि में दिए हैं। यशपाल के उपन्यास नारीपराधीनता के सवाल को यथार्थवादी ढंग से छूते ही नहीं हैं।'[13] इस सवाल पर 'पतितों के देश में' नामक अपने लघु उपन्यास में बेनीपुरी ने वर्गीय अंतर्वस्तु के साथ प्रकाश डाला था, इसे भी यशपाल ने नहीं देखा। इसके साथ ही 'मदारी' नामक लघु उपन्यास में पहाड़ी अंचल के भूमिहीन परिवार के स्त्री पुरुष संबंधों को लेकर जिस तरह जनवादी ढंग से वर्गीय अंतर्वस्तु को सामने लाया गया था, उसे भी प्रगतिशील कथाकारों ने नजर से ओझल कर दिया था। अतः मार्क्सवादी-लेनिनवादी सैद्धांतिक प्रस्थापनाओं के सारतत्व को, नर-नारी संबंधों के संदर्भ में, फिर से दोहराना आवश्यक था। यह उल्लेखनीय है कि सन् '40 के बाद प्रगतिशील लेखक संघ के भिवंडी अधिवेशन (1949) ने उग्र रूप धारण कर लिया। इस दौर में लेनिन संबंधी क्लारा जेटकिन की संस्मरणात्मक नोटबुक का लेखकों के बीच बड़े जोर से प्रचार इसलिए हुआ कि फ्रायडवाद के विरुद्ध यह एक क्रांतिकारी हथियार का काम करने वाली पुस्तिका थी। अतः यहां लेनिन के विचारों को सूत्ररूप में प्रस्तुत करना आवश्यक है।

बीसवीं सदी के प्रारंभिक दशकों में यूरोप के नौजवान बुद्धिजीवियों पर फ्रायड का असर था और यह असर रूस के नौजवानों पर भी पड़ रहा था। ये नौजवान 'मुक्त प्रेम' की पूंजीवादी नैतिकता की मांग कर रहे थे। इसके लिए वे तरह-तरह के आकर्षक तर्क दे रहे थे। लेनिन ने ऐसे युवकों को लक्षित कर कहा : 'सभी पीली चोंच वाले चूजे जो अभी मुश्किल से पूंजीवादी खयाल के अंडे में से निकले हैं, भयानक रूप से बुद्धिमान हैं।'[14]

इस तरह के फैशनपरस्त युवा बुद्धिजीवियों को 'मुक्त-प्रेम' के साहित्यिक चित्रण में रस मिलता था। वर्ग संस्कारों के कारण मार्क्सवादी युवा बुद्धिजीवी भी इस प्रवृत्ति के शिकार थे। अतः लेनिन ने सर्वहारा नैतिकता को ध्यान में रखकर, समाजवादी संस्कृति की नैतिक अवधारणाओं का स्पष्टीकरण किया :

> बावजूद इसके कि 'गिलास भर पानी' के सिद्धांत पर 'उन्मुक्त प्रेम' का खूबसूरत लेबुल लगा हुआ है, एक कम्युनिस्ट की हैसियत से वह मुझे जरा भी पसंद नहीं है। इसके अलावा न तो वह नया है और न कम्युनिस्ट। शायद आपको याद हो कि पिछली शताब्दी के मध्य में 'हृदय की मुक्ति' के रूप में इस सिद्धांत का ललित साहित्य में प्रचार किया गया। पर पूंजीवादी व्यवहार में वह शरीर की मुक्ति बन गया।[15]

लेनिन ने कहा कि 'प्रेम' एक तरफ जहां व्यक्तिगत मामला है, वहीं 'प्यार में दो भागीदार होते हैं और एक तीसरा नया जीवन, अस्तित्व में आता है। यहीं सामाजिक हित निहित है, यहीं समष्टि के प्रति कर्त्तव्य की उत्पत्ति होती है।'[16] अतः समाजवादी यथार्थवाद, क्रांतिकारी

रोमांटिसिज्म और आलोचनात्मक यथार्थवाद—इन तीनों धाराओं के लेखक प्रेम के 'व्यक्तिगत और सामाजिक' दोनों पहलुओं को एक साथ उठाएंगे; विशिष्ट और सामान्य की द्वंद्वात्मक एकरूपता तथा संघर्ष का कलात्मक चित्रण करेंगे। ऐसी रचनाओं में नायक नायिकाओं का स्वरूप न तो 'योगी का होगा, और न रतिराज का और न सामंती पूंजीवादी पाखंड में लिप्त दकियानूस' का। वैवाहिक रूढ़ियों तथा पितृसत्तात्मक समाज के तमाम बंधनों से स्त्री-पुरुष के 'प्रेम' को तभी सच्चे प्रेम में तब्दील किया जा सकता है जब 'निजी संपत्ति' का खात्मा होगा और श्रम के क्षेत्र में स्त्री-पुरुष को समानाधिकार मिलेंगे; जब सामंतवाद, पूंजीवाद, साम्राज्यवाद और राजसत्ता के रूप में उनकी तमाम अभिव्यक्तियों का उन्मूलन हो जाएगा। अतः मूल प्रश्न शोषण पर आधारित इस व्यवस्था को मिटाने का है। नारी पराधीनता का यथार्थवादी उद्घाटन नारी जागरण, महिला संघों के संघर्ष, किसान और सर्वहारा के वर्ग संघर्ष के क्रांतिकारी उभार आदि के संदर्भ में ही हो सकता है। सामाजिक अस्तित्व के प्रति सजगता से ही स्त्रियां 'वैयक्तिक मातृत्व की दुनिया से निकलकर सामाजिक मातृत्व की दुनिया में पहुंच जाती हैं।'[17] युवक युवतियों को 'व्यक्तिपरक मानसिक संकीर्णता' से निकालने के लिए प्रगतिशील लेखकों का यह आवश्यक कार्यभार था कि वे क्रांतिकारी जनसंघर्ष के बीच से ऐसे चरित्र उभारते जिनकी साधारण यौन अभिरुचि परिष्कृत होकर प्रेम का रूप ले लेती है और जो इस प्रेम के रास्ते में बाधक तथा सौंदर्यबोध को कुंठित करने वाली सामंती पूंजीवादी साम्राज्यवादी व्यवस्था को चकनाचूर करने की दिशा में क्रांतिकारी जनसंघर्ष से अपने को जोड़ लेते हैं। पर प्रगतिशील लेखकों में से कुछ लोगों ने अपने पात्रों के लिए 'एक प्रेम कहानी से दूसरी प्रेम कहानी पर झपटने' का रास्ता अपनाया। लेनिन ने ठीक ही कहा था कि 'यौन जीवन में उच्छृंखलता पूंजीवादी है, वह अधःपतन का लक्ष्य है। सर्वहारा उठता हुआ वर्ग है। उसे अनुभूतिशून्य अथवा उत्तेजित बनाने वाले किसी नशे की जरूरत नहीं है।'[18] यह ध्यान देने की बात है कि हंसराज रहबर जैसे लेखक भी 'उन्मुक्त प्रेम' के इस पूंजीवादी नशे के शिकार हो गए पर मार्क्सवाद लेनिनवाद की रोशनी में जब उन्होंने अपनी गलती महसूस की तो वे एक ईमानदार कम्युनिस्ट की तरह आत्मालोचना करने से न हिचके। उन्होंने स्वीकार किया है :

> मैं समाजवादी था, लेकिन मेरे चिंतन में जो समाज विरोधी तत्व शामिल थे, मैं एक अरसे तक उन्हें ही प्रगतिशील मानता रहा हूं। सन् '45 में मैंने एक कहानी 'ब्याह' लिखी जिसमें कबूतर-कबूतरी को प्रतीक बनाकर विवाह संस्था का विरोध किया और यह दिखाया कि जिस तरह कबूतर-कबूरती मुक्त रूप से प्रणय करते हैं, पुरुष और नारी भी करें। यह विशुद्ध रूप से यौन संबंधों में अराजकता की प्रतिपादक फ्रायडवादी विचारधारा है, जिसके बारे में उस समय तक मैंने कुछ भी नहीं पढ़ा था और शायद इसीलिए यह भी कहा जा सकता है कि यह मेरा 'मौलिक' और 'स्वतंत्र' चिंतन था। मगर अपने उस मौलिक चिंतन पर फ़ख्र के बजाय मुझे अब शर्म महसूस होती है।[19]

सेक्सचित्रण के प्रश्न पर प्रगतिशील समीक्षा के अंदर किस प्रकार दो धाराओं का संघर्ष था और उस संघर्ष में सन् '45 में लिखित उपर्युक्त कहानी 'ब्याह' की प्रशंसा यशपाल के द्वारा की गई थी।[20] इससे स्पष्ट है कि उस समय यशपाल के दृष्टिकोण के विरुद्ध रामविलास शर्मा का दृष्टिकोण कितना सही था। साम्राज्यविरोधी और सामंतविरोधी प्रगतिशील साहित्य

की पिछली जातीय उपलब्धियों की दृष्टि से भी अगर देखा जाए तो पता चलता है कि निराला, प्रेमचंद, प्रसाद, आचार्य शुक्ल आदि ने रीतिकाल के नायक-नायिका भेद वाले साहित्य का विरोध किया था। अतः यथार्थ चित्रण के नाम पर सामंती-पूंजीवादी उन्मुक्तता का समर्थन नहीं किया जा सकता था।

वर्गसंघर्ष का चित्रण या साहित्य की वर्गीय अंतर्वस्तु

प्रगतिशील साहित्य को 'राजनीतिक प्रचार' अथवा 'प्रोपगंडा' कहकर बदनाम करने की चेष्टा प्रतिक्रियावादी लेखकों और समीक्षकों की ओर से की गई, इसका मुख्य कारण यही था कि वे साहित्य की वर्गीय अंतर्वस्तु से दूर भागते थे; बल्कि उनमें से कुछ तो वर्ग सहयोग का साहित्य लिखते थे। अतः प्रगतिशील समीक्षा के सामने यह मुख्य दायित्व था कि वह आरोप-प्रत्यारोप, गाली-गलौज और आक्रमण-प्रत्याक्रमण के उस साहित्यिक परिवेश में प्रगतिशील साहित्य को सैद्धांतिक आधार पर खड़ा करे।

प्रगतिशील समीक्षा ने एक हद तक इस दायित्व को पूरा किया। वह मार्क्सवाद के इस बुनियादी उसूल को लेकर चली कि दार्शनिकों ने विभिन्न विधियों से, विश्व की केवल व्याख्या ही की है, लेकिन प्रश्न तो विश्व को बदलने का है।'[21] अतः यह कहा गया कि साहित्य समाज का दर्पण नहीं बल्कि समाज को बदलने का अस्त्र है। इसी आधारभूत प्रस्थापना के आलोक में रामविलास शर्मा ने 'साहित्य का उद्देश्य' नामक प्रसिद्ध लेख लिखा। प्रगतिवादी आंदोलन के दौरान साहित्य को नए सिरे से परिभाषित करना आवश्यक था। क्योंकि समीक्षा में एक ओर जहां सामंती रूढ़िवादी आग्रहों से ग्रस्त रसवादी प्रतिमान प्रचलित थे, वहीं दूसरी ओर निरपेक्ष ढंग से साहित्य के गुणदोषों की परख का रिवाज था। तीसरी तरफ व्यक्तिवादी चिंतनधारा अथवा अनेक प्रकार की भाववादी विचारधाराओं की ओर से भी खतरा था। इस खतरे को नजरअंदाज़ करते हुए प्रेमचंद ने प्रगतिशील लेखक संघ के प्रथम अधिवेशन में यह कहा कि साहित्यकार स्वभावतः प्रगतिशील होता है। वर्गसमाज में दो वर्गों के हितों का परस्पर टकराव है, वर्ग विरोध है और उत्पादन शक्तियों तथा उत्पादन संबंध के बीच अंतर्विरोध तीव्र होने की वजह से वर्गसंघर्ष भी तीव्रतर हो रहा है, अतः लेखक निरपेक्ष रूप से प्रगतिशील होता ही है, यह दृष्टिकोण भ्रामक था। सामाजिक विकास के मूलभूत नियम अर्थात द्वंद्वात्मक भौतिकवाद को न पहचानने के कारण ही यह भ्रम उत्पन्न हुआ था। ऐसी स्थिति में रामविलास शर्मा ने साहित्यकार की प्रगतिशीलता और समालोचक की प्रगतिशीलता की व्याख्या की : 'न तो साहित्यकार स्वभावतः प्रगतिशील होता है न, आलोचक। वे प्रगतिशील तभी होते हैं जब वे जनसाधारण का पक्ष लेते हैं।'[22]

साहित्यकार की प्रगतिशीलता सापेक्ष है या निरपेक्ष, यथार्थ का चित्रण मात्र प्रगतिशीलता है या गतिशील यथार्थ का चित्रण—इन प्रश्नों पर प्रगतिशील समीक्षा में दो धाराओं का संघर्ष बहुत स्पष्ट रूप में रहा है। शिवदानसिंह चौहान का तर्क था :

> किसी भी युग के कलाकार और साहित्यकारों की प्रतिभा, ईमानदारी और उनकी कृतियों की कलात्मक श्रेष्ठता को परखने की वैज्ञानिक कसौटी भी यही है कि जांच करके देखा जाए कि अपने जीवनकाल की ऐतिहासिक परिस्थितियों द्वारा प्राप्त अनिवार्य विचारसीमाओं के होते हुए भी उन्होंने सच्चे कलाकार की सत्यान्वेषी वस्तुनिष्ठा से अपने युगजीवन की

> वास्तविकता या सत्य का कितना यथार्थ और मूर्त चित्रण किया।[23]

इस कसौटी पर अगर जैनेंद्र और अज्ञेय को कसें, तो वे भी 'महान', 'श्रेष्ठ' और 'यथार्थवादी' दिखाई देते हैं। ऐसा इसलिए कि शिवदानसिंह चौहान 'सत्यान्वेषी वस्तुनिष्ठा' और 'युगजीवन की वास्तविकता' को अमूर्त्त और निरपेक्ष बना देते हैं। अतः साहित्य की परख के लिए प्रगतिशील समीक्षा को ऐसा प्रतिमान उपस्थित करना था, जिस पर हर चीज सापेक्ष ढंग से कसी जा सके। इसीलिए रामविलास शर्मा की यह मान्यता युक्तियुक्त प्रतीत होती है :

> युग जीवन की वास्तविकता अखंड इकाई नहीं है। कोई भी युगसत्य द्वंद्व से परे नहीं होता। आज के युग का सत्य यह है, एक तरफ जनता साम्राज्यवाद से मुक्ति के लिए संघर्ष कर रही है, दूसरी तरफ साम्राज्यवादी ताकतें और उनके हिमायती उसे दबाने और गुलाम बनाए रखने की कोशिश कर रहे हैं। इस द्वंद्व में कलाकार किसी अद्वैत युगसत्य का सहारा न लेकर जनता या उसके विरोधियों का पक्ष लेता है। इसलिए स्वभावतः प्रगतिशील न होकर उसे युगविशेष और समाजविशेष के संघर्ष में जनता का पक्ष लेने पर ही प्रगतिशील कहा जा सकता है।[24]

जनसाधारण के संघर्ष और युगविशेष की सामाजिक हलचलों का मूर्त चित्रण करने वाली कृतियों का साहित्यिक मूल्य है या नहीं--इस सवाल पर हिंदी के सभी रूढ़िवादी, व्यक्तिवादी और प्रतिक्रियावादी लेखक एक स्वर से कह रहे थे कि ऐसी रचनाएं प्रोपगंडा हैं, इनका साहित्यिक मूल्य नहीं है। इलाचंद्र जोशी ने तो इसी तर्क पर संपूर्ण प्रगतिशील आंदोलन के विरुद्ध जेहाद बोल दिया। 'साहित्य सर्जना' नामक उनकी पुस्तक में अनेक स्थलों पर प्रगतिवाद का जबरदस्त विरोध किया गया। 'क्या साहित्य प्रोपगंडा है?' शीर्षक निबंध में शिवदानसिंह चौहान ने इलाचंद्र जोशी के तमाम आरोपों का खंडन किया और कहा कि सभी तरह का साहित्य एक तरह से प्रचार ही है। फर्क यह है कि पहले के लेखक 'दो परस्परविरोधी अवस्थाओं से उत्पन्न मानसिक द्वंद्व से बचे रहते थे। उन युगों में वर्गों का संघर्ष अपने ऐतिहासिक विकास की उस प्रारंभिक अवस्था अथवा मध्य अवस्था में था जब लेखक या कलाकार के सामने दो में से एक वर्ग का दामन पकड़ना अनिवार्य न हो गया था। अतः प्रगतिवादियों ने यदि कभी साहित्य को प्रोपगंडा माना है तो इसी अर्थ में, किसी दूसरे अर्थ में नहीं।'[25] सन् '41 के अपने उपर्युक्त दृष्टिकोण को कुछ ही दिनों बाद शिवदानसिंह चौहान ने त्याग दिया और अपनी व्यावहारिक आलोचना में साहित्य की प्रचारात्मकता के कारण ही उसे असाहित्यिक ठहराने का प्रयत्न किया। 'कुत्सित समाजशास्त्र' के उदाहरण गिनाते हुए वह लिखते हैं : 'उदाहरण के लिए रूसो और वोल्तेयर ने अथवा आधुनिक काल में ही गोर्की ने फ्रांस और रूस की क्रांतियों के अवसर पर तत्कालीन प्रश्नों को लेकर जो रचनाएं कीं या आयरलैंड की क्रांति के अवसर पर शेली ने जो अपीलें छापकर बांटीं उनका आज कोई साहित्यिक मूल्य न रहा।'[26] इस दृष्टिकोण का विरोध स्वाभाविक था। रामविलास शर्मा ने व्यंग्यपूर्वक लिखा :

> चौहान के अनुसार ये सब एक समय अवसरवादी कलाकार थे। वे सामयिकता से मुक्त न होकर उसी में फंसकर रह गए। चौहान का कुत्सित समाजशास्त्र-विरोध संसार के अनेक क्रांतिकारी साहित्यकारों की विरासत का विरोध साबित होता है। एक तरफ तो वह गोर्की, शेली और वोल्तेयर की उस क्रांतिकारी विरासत को ठुकराते हैं जो सामयिकता में डूबी हुई थी और जिसने इतिहास को बदलने में मानवसमाज को प्रेरणा दी।[27]

जिस समय बुर्जुआ जनवादी तबकों के बीच 'राष्ट्रीय साहित्य' के नाम पर साम्राज्यविरोधी साहित्य को स्वीकृति मिल रही थी, उस समय एक प्रगतिशील आलोचक का वोल्तेयर, शेली और गोर्की के संबंध में उपर्युक्त दृष्टिकोण न केवल मार्क्सवादविरोधी था, बल्कि बुर्जुआ जनवादी धारा से भी मेल नहीं खाता था। समीक्षा के क्षेत्र में जो बुर्जुआ जनवादी धारा थी, उसके प्रमुख प्रवक्ता उन दिनों नंददुलारे वाजपेयी थे। साहित्य प्रचार है या नहीं, इस विषय पर उनका दृष्टिकोण जितना स्पष्ट था, शिदानसिंह चौहान का उतना ही प्रतिगामी। श्री वाजपेयी ने लिखा :

> जिन मानसिक उद्वेलनों और विचार-चक्रों का सृजन हमारे युग में हो रहा है, वे ही उत्कृष्ट काव्य में परिणत होने के अधिक योग्य हैं। हम यहां यह कह सकेंगे कि जिस युग में जितने ही बलशाली उद्वेलन जिस दिशा में उठेंगे, उन उद्वेलनों को लेकर उतने ही महान साहित्यकार के जन्म लेने की संभावना उस दिशा में होगी। रूसी और फ्रांसीसी क्रांतियुगों के साहित्यिक इतिहास से यह कथन परिपुष्ट हो जाता है।[28]

इतना ही नहीं, हिंदी के समसामयिक साहित्य के संदर्भ में भी उन्होंने यही बात कही :

> वर्तमान काव्य का भविष्य बहुत कुछ देश के राजनीतिक भविष्य पर अवलंबित है। यदि देश में राजनीतिक क्रांति सफल हो गई तो वर्तमान काव्य का बहुत कुछ कायाकल्प हो जाएगा। हिंदी कविता में प्रगतिवादी पक्ष का प्राबल्य होगा और नवीन कविता वीर गीतों तथा वीर प्रबंधों की ओर अग्रसर होगी।[29]

रूसी, फ्रांसीसी और हिंदुस्तानी क्रांतियों के प्रसंग में साहित्य के कायाकल्प की बात शिवदान सिंह चौहान को 'असाहित्यिक' प्रतीत होती है।

तीव्रतर होते हुए वर्गसंघर्षों की पहचान या क्रांतिकाल में जनसाधारण के संघर्ष से लेखक की संपृक्तता और तज्जन्य यथार्थबोध से साहित्यकार की रचनाशीलता परिपक्व होती है या नहीं, उसकी सौंदर्यवृत्ति तीव्र होती है या नहीं, उसकी चित्रणक्षमता बढ़ती है या कुंठित होती है—ये कुछ ऐसी समस्याएं थीं जिनसे समीक्षक का सीधा संबंध न था। पर रचना, परिस्थिति और लेखक के संबंध में जानकारी से समीक्षक विश्लेषण के जरिए निष्कर्ष निकाल सकता था। कुछ प्रगतिशील समीक्षक ऐसे भी थे जो समालाचेना और रचना, दोनों क्षेत्रों में सक्रिय थे। अतः प्रगतिशील समीक्षकों ने इस समस्या पर प्रकाश डाला। इस दिशा में प्रगतिवादी समालाचेना के अवदान का मूल्यांकन नामवर सिंह ने किया है। उनके अनुसार आलोचना की महत्वपूर्ण समस्या यह बतलाने की नहीं है कि कौन रचना कितनी सुंदर है। मौलिक समस्या यह है कि रचना में यह सौंदर्य और शक्ति आती कहां से है? जब तक हम इस समस्या का उत्तर नहीं देते तब तक हम रचनात्मक समीक्षा करते ही नहीं। इसके बिना समीक्षा निष्क्रिय है। इस प्रश्न के उत्तर में भाववादी विचारक यह कहकर बरी हो जाते हैं कि रचना में सौंदर्य रचयिता की अपनी प्रतिभा से आता है और यह प्रतिभा लेखक की एकदम अपनी चीज है, अथवा ईश्वरप्रदत्त है या पूर्वजन्म के पुण्य का फल है या पैतृक उत्तराधिकार है :

> इस सवाल का जवाब केवल प्रगतिशील समीक्षा दे सकती है और देती है। उसका कहना है कि लेखक में शक्ति जनता से आती है; जनता के साथ उसका संबंध जितना ही घनिष्ठ होता है, उसमें उतनी ही रचनाशक्ति आती है और उसकी रचना में उतना ही अधिक सौंदर्य बढ़ता है। इसके विपरीत ज्योंही लेखक अपने उस अक्षय स्रोत से कट जाता है, उसकी

सारी शक्ति जवाब दे जाती है। हिरण्यकश्यप की तरह उसकी मृत्यु तभी होती है जब उसका पांव धरती से उठ जाता है।[30]

प्रगतिशील समीक्षा की इस देन का अनुशीलन भारतेंदु, प्रेमचंद, रामचंद्र शुक्ल और निराला पर लिखे रामविलास शर्मा के ग्रंथों में किया जा सकता है। नागार्जुन, केदार, मुक्तिबोध, त्रिलोचन आदि पर लिखित रामेश्वर शर्मा और शिवकुमार मिश्र के निबंधों में यही विशेषता मिलती है। इसी तरह प्रेमचंद पर लिखित हंसराज रहबर की समीक्षापुस्तक में भी यही प्रणाली सुसंगत रूप में देखी जा सकती है। प्रगतिशील समीक्षा को विवेचना के उच्च धरातल पर पहुंचाने में चंद्रबली सिंह तथा नामवर सिंह का भी अमूल्य योगदान रहा है। इन समीक्षकों ने यह दिखलाया है कि किस तरह वास्तविकता के प्रगतिशील पक्षों के उद्घाटन से रचना में कलात्मक सौंदर्य आता है। व्यापक अर्थों में प्रगतिशील समीक्षा की यही वर्गीय अंतर्वस्तु है। साहित्यिक विवेचना और सौंदर्यानुभूति की व्याख्या की दृष्टि से केदार, शमशेर, नागार्जुन, त्रिलोचन और मुक्तिबोध के योगदान से प्रगतिशील समीक्षा का क्रमशः परिष्कार और विकास हुआ है। प्रगतिशील समीक्षा का इतिहास इस तथ्य का अकाट्य साक्ष्य प्रस्तुत करता है।

वर्गसंघर्ष, जातीय मुक्ति आंदोलन, नारी पराधीनता के सामाजिक पहलू और सबसे बड़ी बात यह कि यथार्थ के गतिशील पक्षों का अंतरंग उद्घाटन ही प्रगतिवादी यथार्थवाद के प्राणतत्व हैं। प्रगतिशील समीक्षा ने इन्हीं प्राणतत्वों के आधार पर साहित्य की विषयवस्तु का विश्लेषण किया है।

संदर्भ और टिप्पणियां

1. '*साहित्य सर्जना*', तीसरा संस्करण, छात्र हितकारी पुस्तकमाला, प्रयाग, 1947, पृ. 54।
2. '*रस-मीमांसा*', नागरी प्रचारिणी सभा, काशी, तृतीय संस्करण, संवत 2017, पृ. 69।
3. वही, पृ. 50।
4. '*आचार्य शुक्ल और हिंदी आलोचना*', राजकमल प्रकाशन, दिल्ली, संशोधित संस्करण, 1973, पृ. 7।
5. '*विशाल भारत*', मार्च -37 'भारत में प्रगतिशील साहित्य की आवश्यकता'।
6. '*प्रगतिशील साहित्य की समस्याएं*', पृ. 25।
7. '*साहित्य की समस्याएं*', पृ. 146।
8. रामविलास शर्मा : '*स्वाधीनता और राष्ट्रीय साहित्य*', हिंदी प्रचारक पुस्तकालय, बनारस, प्रथम संस्करण, 1956, पृ. 25-26।
9. '*प्रगतिशील साहित्य की समस्याएं*', पृ. 174-75।
10. '*नए साहित्य का सौंदर्यशास्त्र*', पृ. 124-25।
11. '*प्रगतिवाद : पुनर्मूल्यांकन*', पृ. 212।
12. '*प्रगतिशील साहित्य की समस्याएं*', पृ. 119।
13. वही, पृ. 121।
14. लेनिन, '*नारी मुक्ति*' नाम पुस्तिका, प्रगति प्रकाशन, मास्को, पृ. 135।
15. वही, पृ. 138।
16. वही।

17. वही, पृ. 135।
18. वही, पृ. 140।
19. *'प्रगतिवाद : पुनर्मूल्यांकन'*, पृ. 101।
20. वही।
21. *'संकलित रचनाएं'*, (मार्क्स एंगेल्स) भाग-1, प्रगति प्रकाशन, मास्को, कार्ल मार्क्स का फायरबाख पर निबंध, पृ. 36।
22. *'प्रगतिशील साहित्य की समस्याएं'*, पृ. 4।
23. *'साहित्य की परख'*, आत्माराम एंड संस, दिल्ली, प्रथम संस्करण।
24. *'प्रगतिशील साहित्य की समस्याएं'*, पृ. 6।
25. *'साहित्य की समस्याएं'*, पृ. 54।
26. *'साहित्य की परख'*, पृ. 14।
27. *'प्रगतिशील साहित्य की समस्याएं'*, पृ. 10।
28. *'आधुनिक साहित्य'*, पृ. 388।
29. वही, पृ. 65।
30. नामवर सिंह : *'आधुनिक साहित्य की प्रवृत्तियां'*, पृ. 121-22।

5

ऐतिहासिक दृष्टि से तत्कालीन सृजनात्मक द्वंद्व

सन्' 36 से सन् '51 तक मोटे तौर पर प्रगतिवाद का काल मान लिया गया है। पर पिछले अध्यायों में दी गई सामग्री और उसके विवेचन-विश्लेषण से यह स्पष्ट हो चुका है कि आज के दौर में भी प्रगतिवाद का अन्य साहित्यिक प्रवृत्तियों से संघर्ष रहा है। साहित्येतिहास की दृष्टि से इस काल के नामकरण को लेकर जो विवाद रहा है, उसके मूल में जाने पर पता चलता है कि जो लोग प्रगतिवाद काल की दो धाराओं का द्वंद्व नहीं समझ पाते, वे लोग चाहे तो इसे 'उत्तर-छायावादयुग' कहकर नामकरण का कर्त्तव्य पूरा कर लेना चाहते हैं; या कथासाहित्य में प्रेमचंदोत्तरयुग कहकर व्यक्तिवाचक नामकरण की सार्थकता के साथ यह बतलाना चाहते हैं कि सन् '36 के बाद हिंदी में प्रेमचंद जैसा महत कथाकार पैदा नहीं हुआ और यह युग एक तरह से अनेक छोटे-मोटे लेखकों का युग रहा है। कहना चाहिए कि इस तरह के दृष्टिकोण के प्रचारकों ने नाटक के क्षेत्र में इस दौर को प्रसादोत्तरयुग की संज्ञा दी, समीक्षा में इस युग को शुक्लोत्तर समालोचना का युग माना—मतलब यह कि नामकरण की अराजकता को बढ़ावा मिला और उसके मूल में तत्कालीन साहित्य की दो धाराओं के द्वंद्व की समझ का अभाव ही रहा है।

दूसरी तरफ 'प्रयोगवाद', 'नई कविता' तथा 'नई कहानी' के उत्साही समर्थकों ने प्रगतिशील साहित्य की जीवंत सृजनात्मक प्रवृत्ति और उसकी उपलब्धियों पर परदा डालना शुरू किया। अज्ञेय ने प्रगतिवाद को साहित्यिक आंदोलन मानने से ही इन्कार किया। यह स्वीकार करने के बावजूद कि प्रगतिवाद के कारण साहित्य में सामाजिक चेतना को बढ़ावा मिला, उन्होंने कहा —'प्रगतिवाद तो एक राजनीतिक बिल्ला है।'[1]

तत्कालीन हिंदुस्तान की अग्रगामी शक्तियों की चेतना एवं क्रांतिकारी व्यवहार के अनुसार साहित्य की रचनात्मक संभावनाओं का विकास हो—इस नारे के कारण ही अज्ञेय को यह एतराज था कि प्रगतिशील आंदोलन एक 'वाद' का पर्याय हो गया है। संभवतः इसीलिए वह प्रगतिवाद को साहित्येतर आंदोलन मानते रहे हैं और समसामयिक साहित्य के इतिहास में उसे साहित्यिक आंदोलन का दर्जा देने के विरोध में रहे हैं। विरोध की इस प्रवृत्ति से परिचालित होकर ही लक्ष्मीकांत वर्मा ने भी 'प्रगतिवाद' के साहित्यिक योगदान अथवा हिंदी साहित्य के आधुनिक इतिहास में उसके स्थान को लेकर इतिहास को विकृत करने का प्रयत्न किया। उन्होंने 'कल्पना' नामक पत्रिका में एक लंबी लेखमाला लिखी और प्रगतिवाद के असाहित्यिक स्वरूप का उद्‌घाटन किया। उनका मत है :

> हिंदी साहित्य का यह काल अपने आप में एक विचित्र प्रकार के दिवालियेपन का काल रहा है। ऐसा लगता था जैसे प्रत्येक हिंदी लेखक जो सामाजिक यथार्थ के फार्मूले के अनुसार नहीं लिख रहा है, वह कोई बहुत बड़ा पाप कर रहा है। पंत की 'ग्राम्या' उसी संत्रस्त आत्महीनता की उपज है। निराला के 'नए पत्ते' की अधिकांश कविताएं उसी के अंतर्गत आएंगी। नरेंद्र शर्मा ने तो 'लाल निशान' के पीछे अपनी प्रतिभा ही स्वाहा कर दी। ऐसा लगता था जैसे प्रगतिवादी सामाजिक यथार्थ टिनोपाल की डिबिया है जिसके घोल में रचना को धो देने के बाद सफाई आ जाती है।[2]

जो बात लक्ष्मीकांत वर्मा ने इस काल के 'दिवालियेपन' के संबंध में कही है, वही और भी विस्तार से सोदाहरण परिभाषित करते हुए विजयदेव नारायण साही ने भी कही है। उनकी राय में गांधी-इरविन पैक्ट के बाद सारे हिंदुस्तान में एक प्रकार की 'मानसिक रिक्तता' आ गई थी अथवा 'भीतर से मनोभूमि में परिवर्तन आ गया था।' उनके विचारानुसार :

> क्योंकि यह विराट रिक्तता सिर्फ नेहरू की नहीं, उस युग में पूरे देश की केंद्रीय समस्या है, जिसका उत्तर देने की, या जिस पर भावात्मक विजय प्राप्त करने की कोशिश उस युग की हिंदी कविता करती है; और जिस प्रयास में साधारण मानव का रूप निर्मित होता है। बच्चन के मधुपायी में वह रिक्तता है, भगवतीचरण वर्मा के बीजगुप्त में भी वह रिक्तता है, प्रगतिवादी चीख में भी वह रिक्तता है; इतना ही नहीं, उसी युग में लिखी गई प्रसाद की 'कामायनी' में भी वही रिक्तता है, जो कहीं गहरे गुंजलक मार कर बैठी है। 'कामायनी' का पूरा दर्शन, पूरा विराट फैलाव उस एक रिक्तता को दार्शनिक और कल्पनात्मक कंचन से भर देने की कोशिश है। यह रिक्तता ही प्रेमचंद के गोदान को ट्रेजेडी नहीं, बल्कि एक धुंधले प्रश्नचिह्न में विलीन कर देती है।[3]

'प्रयोगवाद' और 'नई कविता' के समर्थकों ने अपनी इस घोषणा के द्वारा बात यहां तक बढ़ा दी कि सन् '31 के बाद प्रयोगवाद के उद्भव तक का सारा साहित्य 'मानसिक रिक्तता' का साहित्य है। इस 'मानसिक रिक्तता' या 'दिवालियेपन' से जूझने की समस्या ही सन् '38 के बाद के साहित्य में प्रमुख समस्या थी। नामवर सिंह की तर्कपद्धति भी इसी अवधारणा को स्वीकार कर चलती है। उनके शब्दों में समस्या इस प्रकार थी : 'वस्तुतः छायावादी नैतिक विजन का जादू टूटने पर हृदय और बुद्धि के अलगाव के रूप में मन का जो विभाजन हुआ उससे उत्पन्न रिक्तता और संकट की चुनौती 1938 के आसपास के सभी कवियों के सामने थी।'[4] दिवालियापन, मानसिक रिक्तता, उत्तर-छायावादी अगंभीरता आदि से बात बढ़ते-बढ़ते मनोविज्ञान के बारीक विश्लेषणयंत्र के सहारे यह सिद्ध किया जाने लगा कि सन् '38 के आसपास 'हृदय और बुद्धि के अलगाव के रूप में मन का विभाजन' हो गया। और फिर उससे उत्पन्न 'रिक्तता और संकट' से तत्कालीन युवा बौद्धिक जूझ रहे थे।

युगमानस की 'रिक्तता और संकट' की इस शोधप्रतिज्ञा को सिद्ध करने के लिए ही कुछ समीक्षकों और इतिहासकारों ने सन् '38 को आधुनिक साहित्येतिहास के प्रस्थान बिंदु के रूप में चुना है। पिछले अध्यायों में यह विस्तार से दिखलाया जा चुका है कि बीसवीं सदी के साहित्येतिहास का वास्तविक प्रस्थानबिंदु सन् '30 है, न कि सन् '38। 'जागरण', 'हंस', 'युवक', 'कर्मवीर', 'प्रभा', 'सुधा' आदि पत्रिकाओं के प्रकाशन तथा उनमें प्रकाशित रचनाओं के भीतर निहित राष्ट्रीय स्वाधीनता तथा सामाजिक क्रांति की शक्तियों के भी अनेक स्थलों

पर हवाले दिए जा चुके हैं। इसके अलावा सविनय अवज्ञा आंदोलन, लगानबंदी आंदोलन, किसान सभा की स्थापना के प्रयत्न, लेखकों को संगठित करने की दिशा में सोच-विचार भी इसी तथ्य की पुष्टि करते हैं। सन् '30 के लगभग ही साहित्य में यथार्थवादी रुझानों का आरंभ होता है; आदर्श और यथार्थ का संघर्ष अपने चरम रूप में 'कर्मभूमि' और 'गोदान' में प्रकट होता है। एक ओर रूमानी भावधारा पतनोन्मुख होने लगती है और दूसरी ओर क्रांतिकारी रूमानी भावधारा का विकास होता है। 'कंकाल', 'तितली', 'चतुरी चमार', 'कुल्ली भाट', 'पतितों के देश में' आदि रचनाओं के प्रकाशन से यथार्थवादी रुझान को बल मिलता है। अतः साहित्यिक इतिहास की दृष्टि से, विवेचन-विश्लेषण के गुरुत्व केंद्र में, यथार्थवाद प्रासंगिक विषय है, न कि 'मानसिक रिक्तता'। सन् '36 के बाद जब प्रगतिशील आंदोलन संगठित रूप में आरंभ हुआ तो युवा बौद्धिकों के आगे 'मानसिक रिक्तता' अथवा 'हृदय और बुद्धि' के विभाजन से उत्पन्न 'रिक्तता और संकट' की अमूर्त चुनौतियां न थीं, बल्कि साहित्य को समाज और जीवन के यथार्थ से जोड़ने की समस्या थी। प्रेमचंद ने प्रगतिशील लेखक संघ के नाम का अर्थ स्पष्ट करते हुए साहित्यिक अभिरुचि के बदलाव तथा साहित्य के नए ऐतिहासिक दायित्व को स्पष्ट रूप में परिभाषित किया था : 'जैसा इसके नाम से जाहिर है, संघ उस साहित्य और कलाप्रवृत्ति का पोषक है, जो समाज में जागृति और स्फूर्ति लाए, जो जीवन की यथार्थ समस्याओं पर प्रकाश डाले।'[5] प्रगतिशील लेखक संघ के विभिन्न अधिवेशनों के घोषणापत्र इस बात की पुष्टि करते हैं। यही नहीं बल्कि सन् '34 में 'विशाल भारत' के माध्यम से 'कस्मै देवाय' शीर्षक से लिखित बनारसी दास चतुर्वेदी के विचारोत्तेजक लेख को लेकर लेखकों और बुद्धिजीवियों के जो विवाद प्रकाशित हुए, उनसे भी यह सिद्ध होता है कि तत्कालीन लेखक साहित्य को समाज से जोड़ने की दिशा में व्यग्र थे। चतुर्वेदी जी ने लिखा था :

> हमारा देश इस समय एक बड़े संकट में से गुजर रहा है। प्राचीन युग बीत रहा है और नवीन युग का अभी पूर्ण रूप से प्रादुर्भाव नहीं हो पाया। ऊषा काल के पहले जैसा अंधकार रहता है, बस वैसी ही स्थिति इस समय हमारे देश की है। ऐसी परिस्थिति में हम सब का, खास तौर से लेखकों और कवियों का, जो प्रत्यक्ष या अप्रत्यक्ष रूप से जनसाधारण के शिक्षक, रहनुमा और ज्ञानदाता हैं, कर्त्तव्य है कि जमकर और डटकर खड़े हो जाएं और यह निश्चय कर लें कि हमें किस मार्ग पर जाना है।[6]

जनसाधारण को साहित्यकार किस दिशा में ले जाना जाहते हैं—यह सवाल सन् '34 में बड़े महत्व का ऐतिहासिक सवाल था। यह चुनौती 'रिक्तता और संकट' की चुनौती न थी। देश की आर्थिक-सामाजिक परिस्थितियों में जो परिवर्तन आया था और उसके फलस्वरूप गुणात्मक रूप से जो नई राजनीतिक परिस्थिति पैदा हुई थी, उसमें साहित्य की भूमिका क्या हो, यह सवाल 'हृदय और बुद्धि के विभाजन' से उत्पन्न रिक्तता और संकट' का सवाल न था। पर इस सवाल को चुनौती के रूप में स्वीकार कर बच्चन-भगवतीचरण वर्मा आदि ने हालावाद का रास्ता अख्तियार किया, द्विज-रामकुमार वर्मा आदि ने निराशावाद को बढ़ावा दिया, जैनेंद्र-इलाचंद्र जोशी-अज्ञेय आदि ने व्यक्तिकुंठा और काम मनोविज्ञान के चित्रण की शरण ली; लक्ष्मीनारायण मिश्र-भुवनेश्वर ने समस्या नाटक, इब्सनवाद और अराजक सेक्स नैतिकता की दिशा में पदार्पण किया। कहानी के क्षेत्र में इन्हीं दिनों, कमलेश्वर की शब्दावली में रीतिकाल

शुरू होता है। 'एकाएक वे औरतें, जो प्रेमचंद तक जिंदगी को वहन करने वाली केंद्रीय इकाइयां थीं, प्रेम-विदग्ध प्रेयसियों में बदलने लगती हैं, पुरुष श्रीकांत की तरह नपुंसक होने लगते हैं और बिना जड़ों के। लेखक की अपनी दमित वासनाओं और कुंठाओं से ग्रस्त, उपजीवी पात्र अवतरित होने लगते हैं।'[7] साहित्य की जनोन्मुख भूमिका के संबंध में जो चुनौती थी, उसका यह उत्तर पूरी तरह से जनविरोधी, समाजविरोधी और प्रतिगामी था। पर दूसरी तरफ इस चुनौती का उत्तर देने के लिए प्रेमचंद 'कर्मभूमि', 'गोदान', मंगलसूत्र', 'पूस की रात', 'कफन', आदि रचनाएं लिख रहे थे, प्रसाद 'कंकाल', 'तितली' आदि की रचना कर रहे थे, बेनीपुरी 'पतितों के देश में', 'माटी की मूरतें' आदि लिख रहे थे, निराला 'वनबेला', 'कुकुरमुत्ता', 'झींगुर डट कर बोला' जैसी कविताएं दे रहे थे, पंत 'युगांत', 'युगवाणी' और 'ग्राम्या' के माध्यम से धरती पर उतर आए थे, दिनकर 'हुंकार' और 'रेणुका' लिख रहे थे, राहुल सांकृत्यायन 'सतमी के बच्चे' नामक कहानी संग्रह लिख चुके थे। इनके अलावा नई पीढ़ी के रचनाकारों में केदारनाथ अग्रवाल, त्रिलोचन, रामविलास शर्मा, शिवदान सिंह चौहान, अख्तर हुसैन रायपुरी, यशपाल, रांगेय राघव, अमृतराय, नरोत्तम नागर, अश्क, अमृतलाल नागर, श्यामू संन्यासी, शील, शंकर शैलेंद्र, नागार्जुन, मुक्तिबोध– आलोचनात्मक यथार्थवाद, क्रांतिकारी रोमांटिसिज्म और समाजवादी यथार्थवाद की वस्तु और शैली को साहित्य में उतार रहे थे। इससे स्पष्ट है कि सन् '36 के आसपास दो प्रकार की धाराएं स्पष्ट रूप से विद्यमान थीं और इन्हीं दो धाराओं ने भिन्न-भिन्न रूप धारण कर तत्कालीन साहित्यिक इतिहास का निर्माण किया है। अतः इन दोनों धाराओं के पार्थक्य को रेखांकित किए बगैर, इन दो विपरीत प्रवृत्तियों के द्वंद्व को समझे बगैर, तत्कालीन युगमानस की कोई भी परिभाषा विकृत सरलीकरण मात्र है। हां यह एक वास्तविकता है कि राष्ट्रवादी, जनवादी और प्रगतिशील लेखकों के बीच भी गुणात्मक रूप से बदली हुई परिस्थिति की वैज्ञानिक समझदारी का अभाव था और विचारधारा की दृष्टि से स्थिति धुंधली एवं अस्पष्ट थी। इस संबंध में हंसराज रहबर की यह मान्यता सही है कि 'नए युग की क्रांतिकारी चेतना भी प्रगतिशीलता के नारों और रचनाओं में अस्पष्ट रूप से व्यक्त होती रही है। यह चेतना कहीं बाहर से नहीं आई थी और न हठात पैदा हुई थी, बल्कि इसे स्वतंत्रता संग्राम और राष्ट्रीय संघर्ष ने धीरे-धीरे विकसित किया था।'[8] प्रगतिवाद के समानांतर हालावाद, निराशावाद, पतनोन्मुख रोमांटिक दृष्टिकोण, आदर्शवाद, व्यक्तिवाद, फ्रायडवाद, प्रकृतवाद, कलावाद, पुनरुत्थानवाद आदि की जो प्रवृत्तियां थीं, उनसे प्रगतिशील साहित्यिक आंदोलन सकारात्मक रूप में भिन्न था, यद्यपि उसके अंदर भी कुछेक गौण प्रश्नों पर विचारधारात्मक अस्पष्टता मौजूद थी। प्रगतिवाद और उसके समानांतर चल रही अन्य साहित्यिक प्रवृत्तियों के द्वंद्व की जड़ तत्कालीन सामाजिक एवं राजनीतिक परिस्थिति में मौजूद थी। प्रगतिवाद को हिंदुस्तान के उत्पीड़ित जनसमूह, राष्ट्रीय स्वाधीनता आंदोलन, किसान-मजदूर आंदोलन, सारे संसार में फैल रही मार्क्सवादी-लेनिनवादी विचारधारा अर्थात समाजवाद से बल मिल रहा था, जबकि अन्य साहित्यिक प्रवृत्तियों को सामंती अभिजात वर्ग, ब्रिटिश नौकरशाही, हिंदुस्तान के नवोदित पूंजीपति वर्ग एवं अंतर्राष्ट्रीय स्तर पर साम्राज्यवादी संस्कृति की पोषक भाववादी चिंतनधारा से बल मिल रहा था। इन दोनों प्रकार की प्रवृत्तियों के संघर्ष से ही तत्कालीन साहित्यिक सृजन का स्वरूप निर्धारित हो रहा था। ठोस राजनीतिक शब्दावली में यदि कहें तो कहना पड़ेगा कि प्रगतिवाद एवं अन्य प्रवृत्तियों का द्वंद्व उस समय वर्गसंघर्ष

का ही कलात्मक एवं विचारधारात्मक प्रतिबिंब था। इसके अलावा प्रगतिशील आंदोलन के अंदर सृजन एवं चिंतन के स्तर पर जो दो धाराओं का संघर्ष था, उसकी जड़ भी इसी वर्ग समाज में थी।

प्रगतिवादी आंदोलन सन् '30 के बाद उभर रहे यथार्थवादी रुझानों को विकसित और समृद्ध करने का आंदोलन था; सन् '46 तक वह राष्ट्रवादी, जनवादी एवं समाजवादी लेखकों का एक व्यापक मोर्चा बना रहा। इसका कारण यह था कि सन् '30 से सन् '46 तक हिंदी के यथार्थवादी साहित्य का मुख्य संदर्भ साम्राज्यवाद-विरोधी जन आंदोलन था। राष्ट्रीय स्वाधीनता तथा सामाजिक समता को सिद्धांत रूप में राष्ट्रवादी, जनवादी एवं समाजवादी--तीनों प्रकार के दृष्टिकोण वाले लेखक मानते थे। पर सन् '46 से प्रगतिशील आंदोलन से 'राष्ट्रवादी' लेखक अलग होने लगे। इसके अलावा प्रगतिशील लेखक संघ के अंदर भी दो लाइनों का संघर्ष बहुत तेज हो गया। जब कांग्रेस पार्टी और ब्रिटिश साम्राज्यवादियों के बीच शांतिपूर्ण ढंग से सत्ता हस्तांतरण के सवाल पर समझौते की बातचीत चलने लगी तो देश की उत्पीड़ित जनता के दबाव से सारे देश में कम्युनिस्ट पार्टी ने किसान मजदूर आंदोलन चलाने और स्वतः स्फूर्त क्रांतिकारी जन उभारों का समर्थन करने की नीति अख्तियार की। इस तरह सन् '46 के बाद 'नाविक विद्रोह', 'तिभागा आंदोलन', कश्मीर में सामंतवादविरोधी जन संघर्ष, तेलंगाना में किसान क्रांति के लड़ाकू संघर्ष आदि के संदर्भ में प्रगतिशील आंदोलन के प्रमुख लेखकों ने यह कार्यदिशा अपनाई कि आज संघर्ष की धार दुतरफा है अर्थात साम्राज्य-विरोधी एवं सामंत-विरोधी। प्रगतिशील लेखक संघ के सन्' 49 के भिवंडी अधिवेशन में प्रगतिशीलता को पुनः परिभाषित करने की कोशिश की गई। इस अधिवेशन के घोषणापत्र में यह स्वीकार किया गया :

> हमारी आजादी की लड़ाई के इस दौर में आधुनिक साहित्य के भी लेखक साफ-साफ दो खेमों में बंट गए हैं। एक खेमे में हैं वे लेखक जो युद्ध और मनुष्य द्वारा मनुष्य के शोषण के दुश्मन हैं, जो शांति और जनवाद की शक्तियों के साथ कंधे से कंधा मिलाए खड़े हैं और जो हमारे पुराने साम्राज्य-विरोधी साहित्य की सबसे अच्छी परंपराओं को आगे ले जा रहे हैं। दूसरे खेमे में हैं वे लेखक जो हिंदुस्तान को साम्राज्यवाद का पिछलग्गू बनाए रखना चाहते हैं और जनता के खिलाफ इस पूंजीवादी सरकार द्वारा किए जा रहे हिंस्र दमन की वकालत करते हैं। जो दुनिया की जनवादी शक्तियों पर कीचड़ उछालते हैं और जो हमारे पुराने देशभक्तिपूर्ण साहित्य की सर्वश्रेष्ठ परंपराओं पर थूकते हैं। साहित्य में इन दो ध्रुवों की दूरी के बीच कोई समझौता संभव नहीं है। जो लोग कहते हैं कि वे दोनों से अलग और तटस्थ हैं, वे प्रगतिविरोधी लेखकों के समाजविरोधी रूप को छिपाते और उसके बारे में जनता को धोखे में रखने में ही मदद पहुंचाते हैं।[9]

इस घोषणापत्र में जो कार्यदिशा स्वीकार की गई थी, उसे मानने वाले प्रगतिशील लेखकों के विरुद्ध हथकंडे के तौर पर 'कुत्सित समाजशास्त्र', 'संकीर्णतावाद', 'कठमुल्लापन' आदि गालियों का प्रयोग आरंभ कर दिया गया था। यही वह समय है जब 'प्रतीक', 'कल्पना', 'नया समाज', 'संगम' आदि पत्रिकाओं, 'परिमल' नामक साहित्यिक संगोष्ठी, 'कांग्रेस फार कल्चरल फ्रीडम' नामक अमरीकी सांस्कृतिक प्रचार शाखा, 'दूसरा 'सप्तक' नामक काव्य संकलन आदि के द्वारा अज्ञेय, इलाचंद्र जोशी, धर्मवीर भारती ने 'प्रगतिवाद' के विरुद्ध जबर्दस्त

राजनीतिक साहित्यिक संघर्ष चलाया था। लगभग इसी समय 'प्रयोगवाद', 'नई कविता' आदि के नारे दिए गए और रचना के शिल्प, रूप, प्रकार, आदि को लेकर कलावाद की पुनः स्थापना का प्रयास किया गया। 'शेखर :एक जीवनी', 'नदी के द्वीप', 'टेढ़े मेढ़े रास्ते' आदि को लेकर इतना अधिक प्रचार किया गया कि प्रेमचंद भी झूठे पड़ गए। पूरे प्रगतिशील आंदोलन को 'प्रोपगंडा साहित्य' की संज्ञा देकर साहित्य के मैदान से उसे खदेड़ने का आह्वान किया गया। यूरोपीय साहित्य से इलियट, लारेंस और फ्रांसीसी साहित्य से मेलार्मे, रिंबो एवं बादलेयर की प्रतीकवादी पतनशील धारा को लाया गया और यथार्थवाद के विरुद्ध आंदोलन खड़ा किया गया।

इससे इतना तो पता चलता ही है कि '36 के लगभग प्रगतिवाद के उभारकाल में अज्ञेय-जैनेंद्र-भगवतीचरण वर्मा-इलाचंद्र जोशी यथार्थवादी साहित्यिक रुझान को रोकने में असमर्थ हो गए थे; पर वर्गसंघर्ष का स्वरूप बदल जाने पर हिंदुस्तान के सत्ताधारी शासक वर्ग ने उन्हीं पतनशील लेखकों को इस बार प्रगतिवाद को परास्त करने में पूरी मदद दी और ये लेखक 'प्रयोगवाद' तथा 'नई कविता' के झंडे के नीचे नई पीढ़ी के मध्यवर्गीय लेखकों को समाजविरोधी एवं यथार्थवादविरोधी दिशा में एकजुट करने में कुछ हद तक सफल हो गए। इस तरह सन् '36 से '51 तक प्रगतिवाद एवं अन्य प्रवृत्तियों का यह द्वंद्व अनेक रूप लेता रहा है—प्रगतिवाद के भीतर और समानांतर अन्य प्रवृत्तियों के भीतर।

हिंदी साहित्य के इतिहास लेखकों के सामने इस बात की खोजबीन एक समस्या रही है कि सन् '51 के आसपास प्रगतिवाद क्यों बिखर गया और प्रयोगवाद क्यों सर्वातिशायी नए आंदोलन के रूप में ग्राह्य हो गया? इन दोनों प्रवृत्तियों के बीच वस्तुतः सन् '43 से ही संघर्ष रहा है, पर इसका फैसला सन् '51 के लगभग ही क्यों हुआ? इस प्रश्न का उत्तर खोजने की कोशिश में रामधारीसिंह दिनकर ने अपनी यह मान्यता रखी कि चूंकि 'प्रगतिवाद का खास जोर कवियों के सामाजिक विचार पर था, और प्रयोगवाद शुद्ध साहित्यिक आंदोलन था, अतः जब प्रगतिवाद के नाम पर साहित्य में कनस्तर बजाए जाने लगे और साहित्यिक मूल्यों का ह्रास होने लगा, तब यह आवश्यक हो गया कि हिंदी में कला और शैली के हिलते हुए महत्व को फिर से सुस्थिर करने के लिए कोई बड़ा प्रयास किया जाए। वही प्रयास, धीरे-धीरे बढ़कर प्रयोगवाद बन गया।'[10] सवाल यह है कि 'शुद्ध साहित्यिकता' या 'कला और शैली' के महत्व के नाम पर किस तरह के साहित्य को प्रश्रय दिया जाता रहा है? सन् '49 के भिवंडी अधिवेशन के घोषणापत्र में इस 'कलावाद' या शुद्ध साहित्यिकता का पर्दाफाश करते हुए यह टिप्पणी की गई थी :

> सत्ताधारी वर्ग के 'भाड़े के कलम घसीटने वाले' कला कला के लिए नारा देते हैं, साहित्य के अंदर व्यक्तिवादी और पतनशील प्रवृत्तियों को ऊंचे चढ़ाते हैं और कामोत्तेजक, अश्लील, रोमांचकारी और राजनीतिक दृष्टि से हीन साहित्य की रचना करते हैं। वे यह कुत्सित प्रचार करते हैं कि समाजवाद का मतलब यह होगा कि लेखक की आजादी छिन जाएगी और यह कि सोवियत रूस में लेखक को कोई आजादी नहीं है।... इस पतनशील साहित्य का अराजनीतिक रूप वास्तव में उसकी प्रगतिविरोधी प्रवृति को छिपाने का एक नकाब है और उसका असल उद्देश्य लोगों के दिमाग को खराब करना और उसे अफीम खिलाकर सुलाना है।[11]

साहित्य में इन दो धाराओं के संघर्ष में जितने भी वाद-विवाद हो रहे थे, उनके केंद्रबिंदु में राजनीति का सवाल ही प्रमुख सवाल था। प्रगतिशील लेखक जनवादी स्वाधीनता और सामाजिक क्रांति की शक्तियों के साथ थे, जबकि तमाम रूपरंग वाले उनके विरोधी लेखक साहित्य से राजनीति के निष्कासन पर बल दे रहे थे और शुद्ध साहित्य का नारा दे रहे थे :

> जिस तरह प्रत्येक वर्ग समाज के व्यापक ढांचे में दो विरोधी संस्कृतियों, दो विरोधी दर्शनों, दो विरोधी साहित्य और कला की परंपराओं और दो विरोधी नैतिकताओं में परस्पर द्वंद्वात्मक संघर्ष चलता आया है, उसी तरह वर्ग समाज के वैषम्य ने साहित्य और कला के प्रति दो विरोधी दृष्टिकोण पैदा किए हैं।[12]

इस बुनियादी प्रस्थापना को मानने वाले प्रगतिशील समीक्षक और लेखक यह भी कहते रहे कि आज जब 'यथार्थ की ह्रासोन्मुख और विकासोन्मुख प्रवृत्तियों का द्वंद्व अपनी चरम अवस्था' में पहुंच गया है, तो ऐसी स्थिति में कुछ लेखक 'ह्रासकालीन पाश्चात्य तथा अमरीकी साहित्य की प्रवृत्तियों का अनुकरण करने के कारण अक्सर अपनी राजनीतिक चेतना के बावजूद यथार्थवाद से हटकर काव्य में प्रतीकवाद और कथासाहित्य में प्रकृतवाद तथा फ्रायडवाद जैसी आत्मनिष्ठ, कुंठाग्रस्त, रूपवादी साहित्यिक प्रवृत्तियों और फैशन की ओर उन्मुख रहे हैं।'[13]

दो विपरीत साहित्यिक रुझानों का यह द्वंद्व सन् '36 से '51 तक अपने उग्र रूप में दिखाई पड़ता है। इन दोनों रुझानों की टकराहट से दोनों तरफ थोड़े बहुत आंतरिक परिवर्तन के लक्षण भी दिखाई पड़ते हैं। हालावाद के कवि बच्चन 'मधुशाला' काल की प्रतिगामी विचारधारा का आश्रय क्रमशः छोड़ते नजर आते हैं और यथार्थवादी रुझानों से प्रभावित होकर 'बंगाल का काल' नामक रचना लिखते हैं। दूसरी तरफ 'ग्राम्या' की रचना करने वाले पंत प्रतिक्रियावादी विचारधारा की तरफ बढ़ते नजर आते हैं और 'स्वर्णधूलि', 'स्वर्णकिरण' जैसी काव्यकृतियां लिखते हैं। नरोत्तम नागर, पहाड़ी, अंचल आदि पुराने यौन कुंठावादी तथाकथित विद्रोही रूमानियत से मुक्त होते हैं और सामाजिक यथार्थवाद की ओर क्रमशः बढ़ते हुए दिखाई पड़ते हैं। साहित्य में वर्गसंघर्ष की चेतना पर जोर देने वाले शिवदानसिंह चौहान सन् '46-47 के बाद जैनेंद्र और सुमित्रानंदन पंत के साहित्य की प्रतिक्रियावादी अंतर्वस्तु पर परदा डालने की कोशिश करते नजर आते हैं और प्रगतिशील आंदोलन के भीतर दो लाइनों के संघर्ष में पराजित हो जाने के बाद प्रतिशोध के भाव से प्रगतिवाद को राजनीतिक नारेबाजी का साहित्य कहकर कलंकित करते हैं और प्रगतिवाद के विरोधियों के स्वर में स्वर मिलाते हैं : 'साहित्य से राजनीति को दूर रक्खो' का आचरण मानने वाले वस्तुतः कम्युनिस्ट पार्टी, प्रगतिवाद और जन आंदोलनों के विरुद्ध ऐंग्लो-अमरीकी सांस्कृतिक फंदे में लेखकों को फांसने लगते हैं और 'परिमल' नामक गोष्ठी के माध्यम से 'कांग्रेस फार कल्चरल फ्रीडम' की राजनीति चलाने लगते हैं। 'परिमल' के एक सम्मेलन की रिपोर्टिंग करते हुए गोपाल कृष्ण कौल ने यही बात कही थी : 'परिमल' के संचालकों का यह तय करना कि 'परिमल' गोष्ठी राजनीतिक पूर्वाग्रहों से अलग रहेगी और विशुद्ध साहित्य की साधना करेगी, आज के युग में विचित्र सा लगता है। इस प्रकार की तटस्थता की बात युग वास्तव से दूर हटने की बात है, जो प्रच्छन्न रूप में स्वयं में एक राजनीतिक पूर्वाग्रह से कम नहीं है।'[14] प्रगतिवाद और यथार्थवाद को जिस समय आम पाठकवर्ग से स्वीकृति मिल रही थी, उस समय कुछेक लेखकों ने विरोध का दांवपेंच बदल लिया और यह कहना शुरू किया कि मनोविश्लेषणात्मक यथार्थवाद ही

सच्चा प्रगतिवाद है। ऐसे लोगों में इलाचंद्र जोशी उल्लेखनीय हैं। जोशी जी ने तर्क रखा कि बाह्य प्रगति आंतरिक प्रगति से ही निर्धारित होती है। अतः मार्क्स और फ्रायड के समन्वय से जोशी जी ने नए 'प्रगतिवाद' का नारा दिया। चूंकि प्रगतिशील साहित्यिक आंदोलन सारे भारतवर्ष में साहित्यकारों के बीच जड़ जमा चुका था, अतः इस वास्तविकता को स्वीकार कर नए तरीके का आविष्कार आवश्यक था। इसीलिए यह नए 'प्रगतिवाद' का नारा था। रामविलास शर्मा ने इस प्रसंग में ठीक ही कहा है 'प्रगतिशील साहित्य की लोकप्रियता का सबूत यह है कि ऐसे लेखक जो प्रगतिवाद के विरोधी हैं, अपनी विचारधारा को सच्चा प्रगतिवाद कहकर पेश करते हैं।'[15] दो विपरीत धाराओं के संघर्ष में हथकंडे के तौर पर इस दांवपेंच का इस्तेमाल बहुत अस्वाभाविक नहीं है।

साहित्य के इतिहास में प्रगतिवाद को एक साहित्यिक आंदोलन के तौर पर स्वीकृति न मिले, इसके लिए अनेक प्रकार के प्रयत्न किए गए हैं। अज्ञेय ने बार-बार यह दलील रखी कि : 'प्रगतिवाद' या 'प्रयोगवाद' बिल्ले मात्र हैं, कविता की आंतरिक वस्तु और विचार दृष्टि के धरातल पर दोनों में कोई आधारभूत अंतर नहीं है। उन्होंने अपनी एक कविता से ये पंक्तियां उद्धृत कीं: बह चुकी बहकी हवाएं चैत की/ कट गई पूलें हमारे खेत की /कोठरी में लौ जलाकर टीप की/गिन रहा होगा महाजन सेंत की।' इन पंक्तियों के संबंध में कहा-'यह अब रामविलास शर्मा ने लिखी होती तो प्रगतिशील गिनी जाती पर 'अज्ञेय' की है इसलिए प्रयोगशील कहलाएगी। यों इसमें विशेषताएं दोनों की हैं।'[16] प्रगतिवाद और प्रयोगवाद के साहित्यिक दृष्टिकोणों के पार्थक्य पर परदा डालने की ऐसी कोशिशों का परिणाम यह हुआ है कि नई पीढ़ी के प्रगतिशील बुद्धिजीवी भी दो विपरीत साहित्यिक रुझानों को गडमड करने लगे। मिसाल के तौर पर नामवर सिंह की यह उक्ति द्रष्टव्य है :

> प्रगति प्रयोग की कविता के आरंभ का युग वही है जो भगवती चरण वर्मा, बच्चन, दिनकर, नवीन, नरेंद्र शर्मा आदि तथाकथित उत्तर-छायावादी कवियों की 'जवानी' के उठान का समय है और उल्लेखनीय है कि इन दोनों ही प्रवृत्तियों को अपने-अपने संदर्भों में छायावाद की प्रतिक्रिया कहा जाता है।[17]

क्या प्रगतिवाद और प्रयोगवाद-दोनों एक ही समय में उद्भूत साहित्यिक रुझान हैं? क्या ये दोनों एक साथ छायावाद की प्रतिक्रिया में उत्पन्न हुए थे?

साहित्य के इतिहास में इस समस्या पर अब तक बहस चल ही रही है कि प्रगतिवाद छायावाद की प्रतिक्रिया से उत्पन्न हुआ था या नहीं। इस विवाद में अक्सर एक मूलभूत सवाल यह उठाया गया है कि क्या प्रगतिवाद ने छायावाद की रूमानी भावदृष्टि और भाववादी विचारधारा के विरुद्ध विद्रोह किया था? इस संबंध में एक दृष्टिकोण तो यही रहा है कि प्रगतिशील आंदोलन छायावाद के विरुद्ध प्रतिक्रिया से उत्पन्न हुआ था। इस दृष्टिकोण के समर्थकों में शिवदानसिंह चौहान भी रहे हैं जो यह मानते रहे हैं कि 'इस छायावाद की धारा ने हिंदी के साहित्य को बहुत अधिक धक्का पहुंचाया है।' आगे चलकर जब रामविलास शर्मा ने इस दृष्टिकोण का विरोध किया तो शिवदानसिंह चौहान ने अपनी मान्यता में आधारभूत परिवर्तन किया। और उन्होंने लिखा :

> सन् '35-'40 के काल में छायावादी कविता में ह्रासोन्मुख प्रवृत्तियां मुखरित हो उठी थीं। नए कवियों की व्यक्तिवादी चेतना, व्यापक लोक-मंगल की दृष्टि और आशा और उल्लास

की भावना छोड़कर आत्मनिष्ठ और निराशावादी होती जा रही थी। हम यह भी देख चुके हैं कि पंत, निराला, नवीन, दिनकर आदि श्रेष्ठ कवियों में नए सामाजिक आदर्श से प्रेरित प्रगतिशील भावनाओं और विचारों की अभिव्यक्ति भी होने लगी थी। प्रगतिशील आंदोलन ने इस नए उत्थान की प्रक्रिया को नई स्फूर्ति और गति प्रदान की।[18]

सन् '36 तक उपन्यास, कहानी, कविता, नाटक, समीक्षा, पत्रकारिता आदि के क्षेत्र में नई सामाजिक चेतना का प्रभाव और स्वतःस्फूर्त रूप में यथार्थवादी रुझान दिखाई देता है। 'प्रगतिशील लेखक संघ' के प्रयत्न से इस सामाजिक चेतना और यथार्थवाद को बल मिलता है और प्रगतिशील आंदोलन साहित्यिक समाज तथा पाठक-श्रोतावर्ग में जड़ जमा लेता है। छायावाद के भीतर सामंती रीतिरिवाजों और साम्राज्यवादी उत्पीड़न के प्रति जो उद्दाम विद्रोह और व्यक्ति की स्वच्छंदता की कल्पनाशील लालसा थी, उसके दो रूप थे, एक रूप निराशावाद, दुःखवाद और रुग्ण रोमानी दृष्टिकोण के रूप में क्रमशः पतित होता चला गया और दूसरा रूप राष्ट्रीय स्वाधीनता एवं सामाजिक क्रांति की शक्तियों से जुड़कर सामाजिक यथार्थ के चित्रण की तरफ जोर डालने लगा। प्रगतिवाद ने पहले रूप का विरोध किया और दूसरे रूप से अपने को जोड़कर आगे बढ़ने का आह्वान किया। अतः यह कहना ऐतिहासिक दृष्टि से अवास्तविक है कि प्रगतिवाद ने छायावाद मात्र से विद्रोह किया था। इसके अलावा रूस की समाजवादी क्रांति की प्रेरणा से गयाप्रसाद शुक्ल सनेही, बलभद्र दीक्षित पढ़ीस, रामेश्वर करुण, छैलबिहारी कंटक आदि की कविताएं सन् '18 के बाद से ही प्रकाशित हो रही थीं। इस परंपरा में लिखित रचनाओं से भी सन् '30 के बाद प्रगतिवाद को एक काव्यांदोलन के रूप में विकसित होने में सहायता मिली। छायावाद काल में लिखित उग्र राष्ट्रीय कविताओं से भी प्रगतिवाद को मदद मिली। कहना चाहिए कि स्वतःस्फूर्त रूप में सन् '30 के बाद अनेक प्रकार की काव्यप्रवृत्तियां एकाकार हो गईं और उन सबके संगम के रूप में ही प्रगतिवाद एक आंदोलन का रूप ले सका। पर इसका मतलब यह नहीं है कि प्रगतिवाद ने अपनी पूर्ववर्ती साहित्यिक परिपाटी के रूढ़ एवं प्रतिगामी तत्वों का विरोध नहीं किया। उसने आदर्शवाद, सुधारवाद, रहस्यवाद, पुनरुत्थानवाद, निराशावाद, कलावाद, दुःखवाद एवं भाववादी चिंतनधारा से प्रेरित अनेक प्रकार की साहित्यिक प्रवृत्तियों के प्रति विद्रोह किया। इस तरह उसने पूर्ववर्ती साहित्य के जीवंत एवं विकासोन्मुख तत्वों के ग्रहण एवं मृत तथा अधोमुखी रुझानों के परित्याग का दृष्टिकोण अपनाया। पर साहित्य में युगांतर के विश्लेषण के द्वंद्ववादी तरीके से परहेज करने वाले इतिहासकार एवं समीक्षक इस मान्यता पर जोर देते रहे हैं कि 'छायावाद की प्रतिक्रिया में प्रगतिवाद का उद्भव' हुआ, जबकि उपर्युक्त तथ्यों से यह स्पष्ट है कि वास्तविकता इससे भिन्न है।

साहित्यिक इतिहास की दृष्टि से प्रगतिवाद का मूल्यांकन अक्सर काव्यांदोलन मात्र के रूप में किया जाता है। मैंने यह दिखलाया है कि छायावाद की तुलना में प्रगतिवाद केवल कविता का आंदोलन न था। वह साहित्य की सभी विधाओं, यहां तक कि रंगमंच के क्षेत्र में भी उसी परिपूर्णता के साथ आया था। भारतीय जननाट्य संघ के सैकड़ों नाट्यप्रदर्शन हिंदुस्तान के कोने-कोने में हुए जिससे नाटक को जन कला के रूप में विकसित करने का सुसंगठित प्रयास आरंभ हुआ। कहना चाहिए कि प्रगतिवाद एक सर्वातिशायी आंदोलन था। उसे उपन्यास और कहानी के क्षेत्र में प्रेमचंद, उग्र, निराला, वृंदावनलाल वर्मा, प्रसाद, बेनीपुरी

आदि के आलोचनात्मक यथार्थवाद की स्वतःस्फूर्त प्रवृत्तियां एवं शैली संबंधी प्रयोग मिले; आलोचना में आचार्य रामचंद्र शुक्ल के लोकवाद एवं सामंती सांस्कृतिक दृष्टि का विरोध करने वाली रचनाओं की विरासत मिली। सबसे बड़ी बात यह कि प्रगतिवाद ने साहित्यिक स्तर पर भारतेंदुकालीन नवजागरण से अपने को जोड़ा। किंतु एक महत्वपूर्ण सवाल पर परिवर्तन के साथ। प्रगतिशील आंदोलन ने भारतेंदुकालीन उर्दू-विरोध का पूरी तरह परित्याग कर दिया। हिंदी-उर्दू की साझी जातीयता पर आधारित यह जनवादी सांस्कृतिक आंदोलन था। प्रेमचंद, प्रसाद, निराला, आचार्य शुक्ल एवं उग्र की जनवादी साहित्यिक परपंरा को नई ऐतिहासिक मंजिल पर क्रांतिकारी रोमांटिसिज्म, आलोचनात्मक यथार्थवाद एवं समाजवादी यथार्थवाद की दिशा में समृद्ध करने का आंदोलन चल पड़ा। दूसरी तरफ अज्ञेय, जैनेंद्र, इलाचंद जोशी, भगवतीचरण वर्मा, बच्चन, लक्ष्मी नारायण मिश्र आदि की समानांतर साहित्यिक प्रवृत्तियां, छायावाद के पतनशील पहलुओं, चंद्रशेखर पाठक, ऋषभचरण जैन आदि के नग्न यथार्थवादी रुझानों तथा यूरोप के पूंजीपतिवर्ग के अवकाशभोग के लिए लिखी जाने वाली मनोविश्लेषणात्मक व्यक्तिकुंठावादी धाराओं का प्रतिनिधित्व करती थीं। ये प्रवृत्तियां छायावाद की प्रतिक्रिया में उत्पन्न नहीं हुई थीं, बल्कि छायावाद के पतनकाल की भ्रष्ट साहित्यिक अभिरुचि को ही नई परिस्थिति में विकसित कर रही थीं। अतः प्रगतिवाद एवं उसके समानांतर चल रही अन्य प्रवृत्तियों के बीच जो द्वंद्व था, वह जनवादी-राष्ट्रवादी-समाजवादी संस्कृति एवं सामंती-साम्राज्यवादी संस्कृति का अंतर्विरोध था। इस प्रकार का अंतर्विरोध छायावाद के भीतर भी मौजूद था। जो लोग यह नहीं समझ पाते, वे लोग प्रगतिवाद का अर्थ समझते हैं छायावाद विरोध। गिरिजा कुमार माथुर भी उन्हीं लोगों में से हैं जो मानते हैं कि 'प्रगतिशील धारा और प्रयोगवाद ने छायावाद का प्रत्याख्यान किया था।'[19] प्रगतिशील आंदोलन के आरंभकाल में प्रगतिशील रचनाकारों के आगे क्या छायावाद विरोध का प्रश्न प्रमुख प्रश्न था? या पुनरुत्थानवाद, व्यक्तिवाद और सुधारवाद-आदर्शवाद की ओर से चुनौतियां आ रही थीं? रामविलास शर्मा का इस प्रसंग में यह निर्णय सही है कि 'तब छायावाद विरोध आज की तरह एक समस्या न था।'[20] यह स्थिति केवल हिंदी में ही नहीं रही है। बल्कि यूरोप में भी रोमांटिक आंदोलन के बाद उसके गर्भ से ही यथार्थवाद की धारा आई है। इस संबंध में स्टैनली मिचेल का प्रसिद्ध वक्तव्य उद्धरणीय है कि 'ठेठ रोमांटिसिज्म के बाद सामाजिक उपन्यास ही यूरोपीय साहित्य के विकास की मुख्य धारा नियत करते हैं और इस प्रकार वे यथार्थवाद की अवधारणा को जन्म देते हैं।'[21] रोमांटिसिज्म के अंदर सामंती रूढ़ियों के प्रति विद्रोह, अध्यात्म और व्यक्तिवाद का ऐसा मिश्रण होता है कि उनके पारस्परिक अंतर्विरोध से यथार्थवादी रुझानों का उद्भव स्वाभाविक रूप में होता है। इसीलिए गेब्रिएल पियर्सन ने कहा कि 'रोमांटिक कविता का ठीक विलोम आधुनिक कविता नहीं, बल्कि समाजवादी यथार्थवाद की प्रतिबद्ध कविता है क्योंकि आधुनिक युग में 'रेटरिक' या वक्तृत्व पर जोर प्रतिबद्ध कवि ही देता है। समाजवादी यथार्थवाद की कविता वक्तृत्ववादी इसलिए होती है कि वह पाठकोन्मुखी या श्रोतोन्मुखी होती है।'[22] इससे यह स्पष्ट है कि छायावाद के गर्भ से रूमानी भावदृष्टि के विलोम के रूप में यथार्थवादी रुझानों का विकास हुआ जो अंततः प्रगतिशील आंदोलन के रूप में साहित्य की सभी विधाओं में व्याप्त हो गया। हिंदी साहित्य के इतिहास में प्रगतिशील आंदोलन सृजनात्मक साहित्य के क्षेत्र में कोई विशेष योगदान न

कर सका, चूंकि वह विदेशी प्रभाव से उद्भूत हुआ था—इस मान्यता के आधार पर प्रगतिवाद का विरोध करने की कोशिश भी कुछ लेखकों की ओर से हुई। ऐसे लेखक प्रयोगवाद, नई कविता, नवलेखन और फ्रायड-इलियट-लारेंस की पतनशील परंपरा के समर्थक थे। अज्ञेय, भगवतीचरण वर्मा, इलाचंद्र जोशी, धर्मवीर भारती, रघुवंश, रामस्वरूप चतुर्वेदी आदि ने अनेक लेखों और टिप्पणियों में प्रायः यही दृष्टिकोण अपनाया है। इन लोगों का मुख्य तर्क यह था कि 'प्रगतिवाद की स्थिति हमारे साहित्य में कुछ अजब सी रही है। कुछ ऐसी विचित्र परिस्थितियों में, कुछ ऐसे प्रर्वग्रहों के साथ वह जन्मा कि ऐतिहासिक परिस्थितियों के अनुकूल होते हुए भी वह अपने पूर्ण विकास को न प्राप्त कर सका। उसके न पनपने का प्रधान कारण यह था कि अपनी प्रकृति में वह प्रभाव अधिक था, उसके संस्कार अपने देश की मिट्टी के न थे। इसलिए हिंदी साहित्य में वह घुलमिल न सका, और उसके साथ हमारा तादात्म्य संभव न हुआ। अर्द्धविकसित प्रगतिवाद यदि हमारे देश की जलवायु में जन्मा होता तो उसकी शक्ति तथा संभावनाओं को पूर्णता मिली होती। प्रगतिवाद की विदेशी प्रेरणा स्वतः उसके लिए तो घातक सिद्ध हुई ही, साथ ही, उसके कारण हिंदी साहित्य के इतिहास का एक महत्वपूर्ण अध्याय भी अधूरा रह गया।'[23] रामस्वरूप चतुर्वेदी ने 'विदेशी प्रभाव' के सिलसिले में जो इशारा किया है, उसे रघुवंश ने स्पष्ट शब्दों में कहा है :

> एक कवियों का ऐसा वर्ग सामने आता है जो साम्यवादियों की राजनीति से प्रेरणा ग्रहण करता रहा है। उनके सामने मार्क्स का द्वंद्वात्मक भौतिकवाद और उसकी सामाजवादी व्याख्या रही है। वास्तव में अपने देश की स्थिति यूरोप की स्थिति से भिन्न रही है। इसके अतिरिक्त साम्यवाद के मूल स्थान रूस में भी साहित्य के संबंध में दृष्टिकोण बदलता रहा है। पर यहां की प्रगतिवादी कविता 'कुत्सित समाजशास्त्री' आलोचकों के प्रभाव से वर्गसंघर्ष तथा सामाजिक क्रांति का अयथार्थ स्वर भरती रही है। अधिकतर प्रगतिवादी कवि अपने देश के सामाजिक यथार्थ से अपरिचित रहकर रूस तथा चीन की सामाजिक क्रांति के गीत गाते रहे।[24]

उपर्युक्त दोनों उद्धरणों से यह स्पष्ट है कि प्रगतिवाद को विदेशी प्रभाव की देन माना गया है; यह विदेशी प्रभाव भी मार्क्सवाद-लेनिनवाद की विचारधारा और रूस-चीन जैसे समाजवादी देशों तक सीमित रखा गया है और यह मान लिया गया कि प्रगतिवाद में विदेशी प्रभाव से उत्पन्न 'वर्गसंघर्ष तथा सामाजिक क्रांति का अयथार्थ स्वर' था।

पिछले अध्यायों में संगठन, आंदोलन, सृजन और समालोचना-इन चारों पहलुओं पर विचार करते हुए यह सिद्ध करने का प्रयत्न किया गया है कि सन् '30 के लगभग एक ओर जहां लेखकों के बीच संगठित होने की भावना जोर पकड़ रही थी, वहीं राजनीति में सुधारवादी आदर्शों से देश की जनता का मोहभंग हो रहा था और साहित्यिक रचनाओं में सामाजिक यथार्थ को अभिव्यक्त करने का रुझान भी अपने आप प्रकट हो रहा था। अतः यह मान्यता ऐतिहासिक दृष्टि से असत्य है कि प्रगतिवाद विदेशी प्रभाव से आकस्मिक रूप में प्रकट हो गया। हां यह भी एक महत्वपूर्ण तथ्य है कि मार्क्स, एंगेल्स, लेनिन, गोर्की, मायकॉव्स्की, पाब्लो नेरूदा, लुई अरागों, नाजिम हिकमत, राल्फ फाक्स, कॉडवेल आदि का इस दौर के साहित्यकारों पर प्रभाव रहा है। यह प्रभाव उसी तरह का रहा है जिस तरह कांग्रेस समाजवादी पार्टी, हिंदुस्तान समाजवादी प्रजातंत्र सेना, भारतीय कम्युनिस्ट पार्टी, मजदूर आंदोलन और किसान सभा पर

समाजवादी विचारधारा का प्रभाव रहा है। साहित्य और राजनीति पर इस तरह के प्रभाव ऐतिहासिक रूप से अनिवार्य थे। रूसी समाजवादी क्रांति तथा सारे संसार में उत्पीड़ित जनगण की क्रांतिकारी लड़ाइयों से विश्व का विकास ऐसी मंजिल पर पहुंच गया था कि उसका ज्ञान प्राप्त करना ऐतिहासिक रूप से स्वाभाविक ही नहीं, आवश्यक भी था। हिंदुस्तान की साम्राज्यवाद विरोधी लड़ाई 1857 की क्रांति की तरह नहीं हो सकती थी और न 1921 के असहयोग आंदोलन की तरह ही हो सकती थी। बीसवीं शताब्दी की क्रांतिकारी लड़ाई अतीत से उतनी नहीं, जितनी वर्तमान और भविष्य से प्रेरणा ले सकती थी। कार्ल मार्क्स ने आगामी क्रांति के संबंध में साफ तौर पर कहा था :

> वह उस समय तक अपना समारंभ नहीं कर सकती जब तक अतीत संबंधी सभी मूढ़ विश्वासों को दूर न कर ले। पहले की क्रांतियों को स्वयं अपनी अंतर्वस्तु के संबंध में अपने को मदहोश करने के लिए विगत विश्व इतिहास की स्मृतियों की आवश्यकता पड़ती थी। आने वाली क्रांति के लिए जरूरी है कि वह अपनी अंतर्वस्तु को प्राप्त करने के लिए जो बीत गया है, उसे भुला दे। पहले की क्रांतियों के नारे उनकी अंतर्वस्तु से आगे निकल गए थे; यहां अंतर्वस्तु नारों से आगे निकल जाती है।[25]

अतः प्रगतिवाद ने अगर रूस और चीन की क्रांतिकारी जनशक्तियों से प्रेरणा ली, मार्क्सवाद-लेनिनवाद की विचारधारा ग्रहण की तो यह भारत के मुक्तिकामी जनगण की राजनीतिक-सामाजिक सांस्कृतिक आवश्यकताओं की परिणति के रूप में एक वैज्ञानिक दृष्टिकोण ही था। प्रगतिवाद इस तथाकथित 'विदेशी प्रेरणा और प्रभाव' से ही उत्पन्न नहीं हुआ था। द्वंद्ववाद के मूल नियमों से जो लोग परिचित हैं वे जानते हैं कि किसी भी देश में जो सामाजिक या साहित्यिक आंदोलन चलते हैं, वे मूलतः आंतरिक कारणों से उत्पन्न होते हैं और बाह्य प्रेरक आंतरिक कारणों से ही सक्रिय होते हैं। 'प्रेमाश्रम', 'कर्मभूमि', 'गोदान' में सामंती महाप्रभुओं से किसानों का संघर्ष वर्गसंघर्ष ही है। 'बादल राग' कविता में अधीर कृषक के द्वारा क्रांति की पुकार वर्गसंघर्ष को उसकी तार्किक परिणति पर पहुंचाने की ही मांग है। यहां तक कि प्रतिक्रियावादी लेखक भगवतीचरण वर्मा के उपन्यास 'टेढ़े-मेढ़े रास्ते' के नायक पं. रामनाथ तिवारी, लेखक के न चाहने पर भी अपना उत्पीड़क सामंती चरित्र छुपा नहीं पाते; वह यह भी नहीं छुपा पाते कि हिंदुस्तान के जमींदार और जागीरदार किस प्रकार ब्रिटिश साम्राज्यवाद को बनाए रखने में रुचि ले रहे हैं और स्वाधीनता आंदोलन का दमन करने के बारे में ब्रिटिश सरकार के नौकरशाहों से भी ज्यादा उत्साही नजर आते हैं। वे स्वाधीनता प्रेमी जनता के जुलूस को देखकर सोचते हैं: 'आखिर ब्रिटिश सरकार बल का प्रयोग क्यों नहीं करती? इस पागलपन को क्यों नहीं रोकती?'[26] देश के भूस्वामी एवं जागीरदार साम्राज्यवाद की रक्षा के स्तंभ बने रहे। इसी तरह अंग्रेजों की दलाली करने वाले पूंजीपतियों का भी दुमुंहा चरित्र था और ब्रिटिश साम्राज्यवादियों का तो कहना ही क्या! ऐसी स्थिति में हिंदी-उर्दू के यथार्थवादी लेखकों ने अगर राष्ट्रीय स्वाधीनता एवं सामाजिक क्रांति दोनों के चित्रण पर बल दिया तो यह 'विदेशी प्रेरणा' होने से अयथार्थ कैसे हो गया? इससे जातीय संस्कृति के स्वत्व को क्षति कैसे पहुंची? यह अपनी मिट्टी से दूर कैसे है? अपने देश की जनता के दुःखदर्द का चित्रण करना और विजातीय साम्राज्यवादी शक्तियों की दलाली करने वाले देश के अंदर छुपे वर्ग-दुश्मनों को बेपर्द कर पेश करना क्या मात्र इसीलिए 'अयथार्थ' एवं

'विदेशी' है कि वह मार्क्सवाद-लेनिनवाद की शिक्षाओं के निकट है?

इसके विपरीत फ्रायड-इलियट-लारेंस एवं फ्रांस के प्रतीकवादी बादलेयर-मेलार्मे-रिंबो से प्रभावित लेखकों ने देश का कौन-सा यथार्थ प्रस्तुत किया? उनका अपनी मिट्टी से क्या संबंध था? इस पूरे दौर में वर्गसंघर्ष और सामाजिक क्रांति का विरोध करने वाले अज्ञेय, इलाचंद्र जोशी, लक्ष्मी नारायण मिश्र, भगवतीचरण वर्मा, धर्मवीर भारती आदि ने उच्च मध्यवर्ग के व्यक्तिमन की कुंठाओं और कामचेष्टाओं को ही अपने साहित्य का मुख्य वस्तुद्रव्य बनाया। साम्राज्य-विरोधी एवं सामंत-विरोधी राष्ट्रीय संघर्ष के उस दौर में ज्वलंत समस्याओं की उपेक्षा कर व्यक्तिमन में शरण लेना क्या साहित्य की विकासोन्मुख प्रवृत्ति थी?

प्रगतिवाद और उसके समानांतर अन्य प्रवृत्तियों की तुलना के आधार पर कुछेक समीक्षकों की यह मान्यता रही है कि प्रगतिवाद कथ्य और विषयवस्तु की दृष्टि से राजनीतिक नारेबाजी का साहित्य है और कलात्मकता तथा रूपशिल्प में नवीनता की दृष्टि से उसकी उपलब्धियां नगण्य रही हैं। इसके साथ ही मनोविश्लेषणात्मक उपन्यास, हालावादी गीत, बुद्धिवादी समस्यानाटक, नारी मन की कुंठाओं का चित्रण करने वाली कहानी तथा प्रयोगवादी काव्य के रूपशिल्प के प्रयोग की दृष्टि से, 'त्यागपत्र', 'चित्रलेखा', 'रत्नप्रभा','एक रात', 'हीलीबोन की बत्तखें', 'शेखर : एक जीवनी', 'संन्यासी', 'सिंदूर की होली', 'कारवां', 'चिंता', 'बावरा अहेरी', 'ठंडा लोहा तथा अन्य कविताएं' आदि कृतियों को उदाहृत किया जाता है। क्या सचमुच प्रगतिवादकाल में यथार्थ चित्रण के लिए रूप-संबंधी नए प्रयोग नहीं हुए? 'प्रगतिवाद की साहित्यिक प्रतिष्ठा' शीर्षक अध्याय में कविता, कहानी, उपन्यास, नाटक आदि के क्षेत्र में हुए नए-नए प्रयोगों का विवेचन किया जा चुका है। यह बताया जा चुका है कि किस प्रकार विभिन्न साहित्यिक विधाओं में नए प्रयोग किए गए। प्रगतिशील लेखकों के कलासंबंधी नए प्रयोग और मनोविश्लेषणवादी एवं प्रयोगवादी लेखकों के नए प्रयोगों में मूलभूत चारित्रिक अंतर है--इसे न समझ पाने के कारण अकसर गलतफहमियां होती हैं। अर्नेस्ट फिशर की मान्यता को यदि प्रमाण मानें तो पता चलता है कि 'एक साहित्यिक दौर में यद्यपि ऊपर से कलारूपों में एक खास तरह की एकरूपता दिखाई देती है पर वस्तुतः वहां भी दो विपरीत शैलियों और रचना प्रकारों का द्वंद्व मौजूद होता है।'[27] इस द्वंद्व की तह में जाकर छानबीन करने से स्पष्ट पता चलता है कि एक युग में शिल्प और रचनातंत्र की निरपेक्ष एकरूपता जैसी कोई चीज नहीं होती। सन् '36 के बाद से एक ओर जहां मुक्तछंद की रचनाओं का प्राधान्य है; वहीं एक प्रकार के मुक्तछंद वे हैं जो लोककला के सांचों से जनोन्मुख रूपों को ग्रहण करते हैं, दूसरी ओर मुक्तछंद के वे प्रयोग भी हैं जो इलियट-बादलेयर आदि के शिल्प का अनुगमन करते हैं। एक ओर जहां 'चित्रलेखा' और 'वैशाली की नगरवधू' जैसे ऐतिहासिक उपन्यास हैं, वहीं दूसरी ओर 'दिव्या', 'झांसी की रानी' और 'मुर्दों का टीला' जैसे ऐतिहासिक उपन्यास और ऐतिहासिक रोमांस भी हैं। प्रेमचंद की 'निर्मला', प्रसाद की 'तितली', बेनीपुरी की 'पतितों के देश में', गोविंद बल्लभ पंत की 'मदारी' आदि कृतियों का शैलीशिल्प यदि एक प्रकार का है तो 'सुनीता', 'शेखर : एक जीवनी', 'संन्यासी', आदि उपन्यासों का शिल्प भिन्न प्रकार का है। केदारनाथ अग्रवाल की 'युग की गंगा', नागार्जुन की 'युगधारा', त्रिलोचन की 'धरती', रामविलास शर्मा के 'रूपतरंग' आदि काव्यसंग्रहों का रचनातंत्र यदि सामाजिकता और जनसंस्कृति के उपादानों से रचित है, तो अज्ञेय की 'चिंता', बच्चन की 'मधुशाला',

भगवतीचरण के 'प्रेम संगीत', नवीन के 'क्वासि' आदि काव्यसंग्रहों के रचनातंत्र में व्यक्ति की आत्मग्रस्तता और समाजविरोधी पलायनवाद है।

कहा जाता है कि रचनाशिल्प में नवीन उद्भावनाओं का विकास जैनेंद्र- अज्ञेय-भगवतीचरण वर्मा-इलाचंद्र जोशी आदि ने किया है। यह ठीक है कि 'सुनीता', 'त्यागपत्र', 'शेखर : एक जीवनी', 'चिंता' आदि में नए प्रयोग हुए हैं और सन् '30 के बाद अभिव्यक्ति की घिसी-पिटी प्रणाली को तोड़ने में इनका योगदान है। इसके अतिरिक्त प्रयोग संबंधी अन्वेषण का नारा देने में भी ये लोग सबसे आगे रहे हैं। पर यह देखना भी आवश्यक है कि इन प्रयोगों से तत्कालीन समाज के यथार्थ की अभिव्यक्ति में किस हद तक सफलता इन्हें मिली है। यहां नेदोशीविन की उस टिप्पणी को याद करना अप्रासंगिक न होगा जिसमें उसने कहा कि 'बुर्जुआ वर्ग कला के रूपों में क्रांति को तो प्रोत्साहन देता है किंतु उसकी अंतर्वस्तु में सामाजिक क्रांति को समर्थन नहीं दे सकता।'[28] इतना ही नहीं, 'कलावाद', रूपसंबंधी नवीनता और 'फार्मलिज्म' के नारे वस्तुतः समाज के अस्वीकार पर टिके होते हैं। सच तो यह है कि सामाजिकता से वंचित रूपवाद की एक अंतर्वस्तु भी होती है जो जनवाद और वर्गसंघर्ष को तिलांजलि ही नहीं देती, बल्कि उसका विरोध भी करती है। सन् '36 के बाद मनोविश्लेषणात्मक उपन्यास और कहानी, समस्यानाटक और बुद्धिवाद, प्रयोगवाद और शुद्ध साहित्य को हिंदी में प्रतिष्ठित करने का आग्रह आकस्मिक न था। तत्कालीन समाज में उभर रहे तीखे वर्ग विरोधों की पृष्ठभूमि में इस साहित्य की भूमिका भी स्पष्ट है। 'शेखर : एक जीवनी' को महान कृति घोषित करने के पीछे उपन्यास रचना की विधि में क्रांतिकारी परिवर्तन को अनुमोदन देना उतना अभीष्ट न था, जितना शेखर के उस नपुंसक विद्रोहवाद को प्रतिष्ठित करना जिसमें शेखर के ही अनुसार 'स्टालिन कभी विद्रोही नहीं रहा।' चिर उद्धत शेखर की परपीड़नवृत्ति की शिकार शशि का घुट-घुट कर मरना इस विद्रोहवाद की अमानवीय परिणति है।

प्रतिगामी विचारधारा, मृत भावलोक और विलासमय इंद्रियबोध की अभिव्यक्ति अगर नए रूप प्रकार और शिल्प की नवीन उद्भावनाओं के माध्यम से होती है तो रूप और वस्तु का मेल नहीं बैठ सकता, कहना चाहिए दोनों में असंतुलन और तीखा अंतर्विरोध होना अनिवार्य है। यही वह बिंदु है जिस पर छानबीन करने से पता चलता है कि अज्ञेय, जैनेंद्र और इलाचंद्र जोशी विषयवस्तु तथा रूपविधान के बीच द्वंद्वात्मक एकता कायम करने में असफल रहे।

प्रगतिशील रचनाकारों के नए प्रयोगों का हवाला दिया जा चुका है। शिल्प और अभिव्यक्ति प्रकारों की नई उद्भावनाओं की दृष्टि से प्रगतिशील आंदोलन ने उल्लेखनीय कार्य किया है, यह बताया जा चुका है। पर इस सचाई से इनकार नहीं किया जा सकता कि प्रगतिवाद से यथार्थ के उद्घाटन की जैसी सामर्थ्य और संवेदनशीलता की अपेक्षा की जा रही थी, वह रूप और वस्तु के बीच द्वंद्वात्मक एकता कायम करने और जनता के संघर्ष के भागीदार बनने पर ही पूरी हो सकती थी। इस दृष्टि से केदार, नागार्जुन, शील, शंकर शैलेंद्र, यशपाल, रामविलास शर्मा, त्रिलोचन, रांगेय राघव आदि की अनेक रचनाएं सार्थक एवं ऐतिहासिक महत्व की हैं। पर काफी ऐसी भी रचनाएं लिखी गईं जिनमें राजनीतिक इश्तेहारबाजी या नारेबाजी ही प्रमुख है। इंद्रियबोध, भाव और विचार को जिस कलात्मक निखार के साथ अभिव्यक्त करने का दायित्व प्रगतिशील लेखकों के ऊपर था, उसे वे अनेक रचनाओं में पूरा न कर सके। सन् '43 के बाद जब 'प्रयोगवाद' का नारा दिया गया तो प्रगतिशील लेखकों ने रूप संबंधी प्रयोगों

की नवीनता के कलावादी दृष्टिकोण के विरोध में रूप की ही उपेक्षा कर दी। रूप का प्रश्न और रूपवाद का आग्रह दोनों में फर्क न करने के कारण ही यह गलती हुई थी। चंद्रबली सिंह का निष्कर्ष है :

> विचारधारा पर सही जोर देने के साथ ही प्रगतिवादी आंदोलन में काफी बड़े पैमाने पर साहित्य के रूपगत पक्ष की उपेक्षा की प्रवृत्ति रही है। यह प्रवृत्ति यथार्थ के चित्रण में विविधता, व्यक्तिगत रुचियों के आधार पर नए-नए रूपों की रचना के रास्ते में अवरोध का काम करती रही है। समाजवादी यथार्थवाद हर तरह के शोषण से मुक्त समाज की रचना में सक्रिय तत्वों की खोज पर जोर और उनकी अभिव्यक्ति के लिए उपयुक्त रूप योजनाओं के द्वारा मानवता को जीवन का नया सौंदर्यबोध देता है। प्रयोग उसकी चरित्रगत विशेषता है और हमारे साहित्य में भी प्रगतिवादी आंदोलन का उदय प्रयोगों के साथ हुआ।[29]

प्रगतिवाद का उदय यथार्थवादी रुझानों को नए प्रयोगों द्वारा व्यक्त करने के साथ हुआ था। प्रगतिवाद अपने इस काम को बीच में ही छोड़ बैठा। इससे यह पता चलता है कि प्रारंभ में प्रगतिवाद जिन रुझानों और नवीन उद्‌भावनाओं को लेकर चला था, बाद में उनमें परिवर्तन हो गया था। पर कुछेक समीक्षक यह मानते रहे हैं कि प्रगतिवाद शुरू से अंत तक एक जैसा था और चूंकि उसमें परिवर्तन और प्रगतिशीलता न थी, अतः वह असमय ही समाप्त हो गया। इस प्रकार का दृष्टिकोण इतिहास के तथ्यों को नकारता है और किसी भी साहित्यिक आंदोलन को पूर्वनिष्पन्न साहित्यिक प्रवृत्तियों और शैलियों के समुच्चय के रूप में देखता है। यह भाववादी इतिहास-दृष्टि ही है जो साहित्यिक आंदोलन के उद्‌भव या विघटन को आकस्मिक घटना के रूप में देखती है। साहित्य के इतिहासलेखन में भाववादी दृष्टि ने इस प्रकार की अनेक विकृतियां की हैं, जिनकी वजह से प्रायः गलत निष्कर्ष निकाले गए हैं। कुछेक समीक्षक इन विकृतियों के प्रचारक रहे हैं। फलतः वे प्रगतिवाद और उसके समानांतर प्रवाहित अन्य साहित्यिक धाराओं के उद्‌भव, विकास और विघटन की ऐतिहासिकता को समझने से इनकार करते रहे हैं। इस संबंध में भी प्रगतिशील समीक्षकों ने ही सही ऐतिहासिक दृष्टि का परिचय दिया। नामवर सिंह ने इस प्रकार के विवादों पर एक तरह से अंतिम निर्णय दिया :

> प्रगतिशील साहित्य कोई स्थिर मतवाद नहीं है; बल्कि यह एक निरंतर विकासशील साहित्य-धारा है, जिसके लेखकों का विश्वास है कि प्रगतिशील साहित्य लेखक की स्वयंभू अंतःप्रेरणा से उद्‌भूत नहीं होता, बल्कि सामाजिक और सांस्कृतिक विकास के क्रम से वह भी परिवर्तित और विकसित होता रहता है और उसके सिद्धांत उत्तरोत्तर स्पष्ट तथा अधिक पूर्ण होते चलते हैं।[30]

दूसरी तरफ प्रगतिवाद-विरोधी मतवादों में आदर्शवाद, सुधारवाद, फ्राडयवाद, रहस्यवाद, पतनशील छायावादी रूमानी दृष्टिकोण, प्रकृतवाद, हालावाद, प्रतीकवाद आदि का क्रमशः विकास नहीं होता। ये सारी प्रवृत्तियां यथार्थ के मृतप्राय पहलुओं, इतिहास की प्रतिगामी शक्तियों और पुनरुत्थानवादी आदर्शों से प्रेरित सामंती कलात्मक अभिरुचियों पर आधारित थीं, अतः जितनी तेजी से इनका उद्‌भव हुआ था, उतनी ही तेजी से इनका तिरोभाव भी हो गया। यही कारण है कि सन् '30 के बाद यथार्थवादी साहित्यिक धारा क्रमशः गतिशील और प्रवहमान रही। पर सन् '51 के लगभग जब 'प्रगतिशील लेखक संघ' के अंदर दो लाइनों के संघर्ष की वजह से विघटन शुरू हुआ तो ब्रिटिश शासन के उत्तराधिकारी पूंजीपति एवं सामंती वर्ग

के नेतृत्व में नए सिरे से संगठित प्रतिगामी विचारधारा के बुद्धिजीवियों और कलाकारों को 'स्वतंत्र भारत' में कुछ समय के लिए नवजीवन प्राप्त हुआ। प्रयोगवाद, नई कविता और नई कहानी के आंदोलनों के मसीहा और प्रमुख आयोजक प्रगतिशील आंदोलन के उन लेखकों का सहयोग प्राप्त करने में सफल हुए जो उग्र वर्गसंघर्ष के दौर में साहित्य के राजनीतिकरण से घबरा उठे थे, स्वतंत्र भारत के शासक वर्गों के प्रति सहयोग नीति अख्तियार कर वर्गभावना को तिलांजलि दे चुके थे, 'कुत्सित समाजशास्त्र', 'संकीर्णतावाद' आदि गालियों के हथकंडे का इस्तेमाल कर लड़ाकू वर्गभावना और सच्ची जनवादी स्वाधीनता पर दृढ़ साहित्यकारों को कलंकित कर रहे थे। इस दौर में भारतभूषण अग्रवाल, नेमिचंद्र जैन, प्रभाकर माचवे, शिवदानसिंह चौहान, प्रकाशचंद्र गुप्त, सुमित्रानंदन पंत आदि की यही भूमिका थी। यह आकस्मिक नहीं है कि 'प्रगतिवाद : एक समीक्षा' नामक पुस्तक में धर्मवीर भारती ने शिवदानसिंह चौहान की प्रशंसा की और प्रगतिशील आंदोलन के लड़ाकू तत्वों के प्रति भर्त्सना का रुख अपनाया। भारती ने यहां तक कहा कि सभी प्रगतिशील लेखकों में 'सिवा शिवदानसिंह चौहान के किसी ने भी कलात्मकता का मूल्य नहीं पहचाना है।' रामविलास शर्मा के प्रति व्यक्तिगत आक्रोश के कारण रांगेय राघव ने प्रगतिशील आंदोलन के उस हिस्से की आलोचना-निंदा जारी रखी जो लड़ाकू वर्गभावना और जनवादी स्वाधीनता के लिए संघर्ष चला रहा था। इस पर जब उन्हें बताया गया कि ऐसी खुली निंदा और ऊटपटांग गाली-गलौज से 'परिमल' गुट, प्रयोगवाद और अमरीकी प्रचार विभाग की सांस्कृतिक संस्था से प्रेरित अज्ञेय वगैरह को बल मिलता है तो उन्होंने लिखा : 'प्रगतिवादी कह सकते हैं कि यह तो प्रगति के विरोधियों को अस्त्र देने के समान है। मैं इस तरह की बात नहीं मानता।'[31] प्रगतिशील आंदोलन के प्रारंभिक दौर में 'रूपाभ' नामक मासिक पत्रिका और 'ग्राम्या' नामक कवितासंग्रह के द्वारा सुमित्रानंदन पंत ने प्रगतिशील आंदोलन को आगे बढ़ाने में उल्लेखनीय भूमिका निभाई थी। पर सन् '46 के बाद 'स्वर्णधूलि' और 'स्वर्णकिरण' नामक काव्यसंग्रहों के माध्यम से वे वर्गसमन्वयवाद का प्रचार करने लगे। इतना ही नहीं, 'परिमल' नामक साहित्यिक संगोष्ठी के कार्यकलापों में हिस्सा भी लेने लगे। मार्क्सवाद के प्रति दृढ़ आस्था के बावजूद राहुल सांकृत्यायन ने भी अनेक महत्त्वपूर्ण प्रश्नों पर ढुलमुल नीतियों की वजह से 'परिमल' की गतिविधियों में शरीक होने का समर्थन ही किया। उन्होंने इस घटना का संक्षिप्त वृत्त लिखा है कि 10 अक्बूतर 1947 को 'परिमल की गोष्ठी में गया। दूसरे कवियों के अतिरिक्त पंत जी और बच्चन जी ने भी अपनी कविताएं सुनाईं। इन गोष्ठियों के रूप में हमारा सांस्कृतिक जीवन एक नई दिशा की ओर बढ़ रहा है। इसकी बड़ी आवश्यकता है।'[32] किस वर्ग की संस्कृति के मंच के रूप में 'परिमल' सक्रिय था, यह देखने की आवश्कयता राहुल जी ने महसूस न की। वे 'परिमल' जैसी गोष्ठी की सांस्कृतिक गतिविधियों की 'नई दिशा' की 'आवश्यकता' से सहमत थे, जबकि लखनऊ में 19 फरवरी 1948 के दिन आयोजित प्रगतिशील लेखकों की गोष्ठी में शरीक होने पर उन्होंने लिखा : 'शाम के वक्त प्रगतिशील लेखकों की गोष्ठी हुई। कम्युनिस्ट मुझे अब अपने से अलग समझते थे। इसलिए उनके प्रश्नोत्तर भी उसी के अनुकूल होते थे। मुझे उनका कठमुल्लापन अच्छा नहीं लगता था, और यह भी, कि वह खामखाह अपने को दूसरों द्वारा बहिष्कृत रहने का प्रयत्न करते हैं।'[33] प्रगतिशील लेखकों के तथाकथित 'कठमुल्लेपन' की भर्त्सना और 'परिमल' के लेखकों की तथाकथित

'नई दिशा' की आवश्यकता के इस रवैए के मूल में जनवादी लड़ाकू भावना के परित्याग का ढुलमुलपन निहित था।

सन् '46 के बाद जब सामंतवाद-विरोधी संघर्ष के साथ-साथ साम्राज्यवाद-विरोधी संघर्ष नई मंजिल पर पहुंचकर क्रांतिकारी जन-उभार का रूप ले रहा था तो प्रगतिवाद भी रचना और आलोचना की दृष्टि से नए लड़ाकू दौर में दाखिल हुआ। लगभग इसी समय अज्ञेय, लक्ष्मीकांत वर्मा, इलाचंद्र जोशी, धर्मवीर भारती, सुमित्रानंदन पंत आदि ने 'परिमल' नामक संगोष्ठी और 'प्रतीक' नामक पत्र के माध्यम से प्रगतिवाद विरोधी अभियान तेज कर दिया। इस मौके पर प्रगतिशील लेखक संघ के अंदर वर्ग सहयोग की नीति पर चलने वाले साहित्यकारों में शिवदानसिंह चौहान अग्रगण्य थे। उन्होंने यह कार्यनीति अख्तियार की कि 'प्रगतिशील लेखक संघ' अपना स्वतंत्र अस्तित्व समाप्त कर जैनेंद्र के नेतृत्व में प्रस्तावित 'भारतीय साहित्य सम्मेलन' की एक छोटी सी महत्वपूर्ण इकाई बन जाए। उनकी इस राय को सज्जाद जहीर की ओर से भी समर्थन मिला पर सारे देश में सांप्रदायिक दंगे भड़कने की वजह से यह संभव न हो पाया।[34] इसके कुछ दिनों बाद ही तथाकथित संकीर्णतावाद के उन्मूलन और जैनेंद्र, सुमित्रानंदन पंत जैसे लेखकों का सहयोग प्राप्त करने के लिए एक अलग संगठन बनाने के विचार का प्रचार शिवदानसिंह चौहान ने किया। उन्होंने लिखा : 'वर्तमान प्रगतिशील लेखक संघ को भंग करके नए नाम से, नए उद्देश्यों के आधार पर उसका पुनः संगठन जरूरी है।'[35] इस तरह प्रगतिशील साहित्यिक आंदोलन के अंदर ही दो धाराओं के संघर्ष में एक धारा वह थी जो 'प्रगतिशील लेखक संघ' को संगठन के तौर पर विसर्जित कर देने में विश्वास करती थी। प्रगतिवादी आंदोलन के बाहर जो लेखक प्रगतिवाद के विरुद्ध संघर्ष चला रहे थे, उनका लक्ष्य इससे बहुत भिन्न नहीं था। अतः विघटन के आंतरिक कारणों से ही बाह्य प्रेरक गतिशील हो उठे थे। वास्तविकता तो यह थी शिवदानसिंह चौहान और अज्ञेय, एक ही रथ के दो पहिए थे। रामविलास शर्मा की यह टिप्पणी एकदम सटीक है : 'ये पहिए अपनी घरघराहट को सौंदर्यमूलक प्रवृत्ति, मानववाद वगैरह नाम देते हैं लेकिन वह घरघराहट है पहचानी हुई—मार्क्सवाद के खिलाफ हर देश के पूंजीवादी लेखकों की चीखपुकार। उस रथ के ऊपर जो झंडा फहराता है वह वही चिरपरिचित 'कला कला के लिए' वाला झंडा है।'[36] प्रगतिशील लेखकों के संगठन को रौंदता हुआ यह 'रथचक्र' सन् '53 के बाद कुछ समय के लिए 'दिग्विजय' के श्रेय का अधिकारी अवश्य हो गया, पर रचनात्मक साहित्य और प्रगतिशील चिंतन के क्षेत्र में समाजोन्मुख यथार्थवादी रुझान समाप्त न हो सका। 'नई कविता', 'नई कहानी' आदि के आंदोलनों के भीतर तथा नए-नए साहित्यिक फैशनों से अलग काफी ऐसी रचनाएं प्रकाशित होती रही हैं जो प्रगतिशील साहित्य को जीवित रखने में समर्थ साबित हुईं।

निष्कर्ष यह कि इस दौर की रचना और समालोचना का साहित्यिक इतिहास तभी वैज्ञानिक और सुसंगत रूप में लिखा जा सकता है जब प्रगतिवाद और उससे टकराने वाली विभिन्न प्रवृत्तियों के द्वंद्व को सही परिप्रेक्ष्य में परखा जाए। इस द्वंद्व को संपूर्ण भारतीय साहित्य की तत्कालीन प्रवृत्तियों के संदर्भ में रखकर व्याख्यायित करना भी आवश्यक है। प्रगतिवाद को समाज और तत्कालीन राष्ट्रव्यापी स्तर पर छाये हुए सांस्कृतिक द्वंद्वों से काटकर समझने वाले समीक्षक उसे एक निरपेक्ष साहित्यिक आंदोलन के रूप में देखते हैं; इसी तरह मनोविश्लेषणात्मक सृजनात्मक साहित्य, हालावाद, समस्यानाटक, प्रयोगवाद, नई कविता आदि को तो संदर्भच्युत

कर परखने की प्रवृत्ति सक्रिय रही है। उस दौर के तमाम सामाजिक, ऐतिहासिक, राजनीतिक, सांस्कृतिक एवं कलासंबंधी संदर्भों के बीच ही प्रगतिवाद और उसके समानांतर साहित्यिक प्रवृत्तियों और उनकी उपलब्धियों का इतिहास में स्थान है।

संदर्भ और टिप्पणियां

1. *'आधुनिक हिंदी साहित्य'*, पृ. 153।
2. *'कल्पना'*, जून 1967, हिंदी साहित्य के पिछले बीस वर्ष'।
3. *'नई कविता'*, (संयुक्तांक, 5-6), 1960-61, 'लघु मानव के बहाने हिंदी कविता पर एक बहस'।
4. *'कविता के नए प्रतिमान'*, पृ. 91-92।
5. *'हंस'*, अप्रैल, 1936।
6. *'साहित्य और जीवन'*, पृ. 20।
7. *'नई कहानी की भूमिका'*, प्रथम संस्करण, अक्षर प्रकाशन, दिल्ली, 1966, पृ. 12।
8. *'प्रगतिवाद : पुनर्मूल्यांकन'*, पृ. 229।
9. *'नया साहित्य'*, जुलाई 1949।
10. *'काव्य की भूमिका'*, पृ. 65।
11. *'नया साहित्य'*, जुलाई 1949।
12. *'आलोचना'*, अप्रैल 1952।
13. वही।
14. वही।
15. *'प्रगतिशील साहित्य की समस्याएं'*, पृ. 7।
16. *'आधुनिक हिंदी साहित्य'*, पृ. 164।
17. *'कविता के नए प्रतिमान'*, पृ. 91।
18. *'हिंदी साहित्य के अस्सी वर्ष'*, पृ. 131।
19. *'आलोचना'*, अक्टूबर-दिसंबर 1976, 'रोमांटिक बनाम आधुनिक' शीर्षक परिसंवाद।
20. वही।
21. वही।
22. वही।
23. *'हिंदी नव लेखन'*, भारतीय ज्ञानपीठ, काशी, प्रथम संस्करण, 1960, पृ. 15।
24. *'साहित्य का नया परिप्रेक्ष्य'*, भारतीय ज्ञानपीठ, काशी, प्रथम संस्करण, 1963, पृ. 126।
25. कार्ल मार्क्स; *संकलित रचनाएं*, भाग-1, पृ. 133।
26. भगवती चरण वर्मा : *'टेढ़े मेढ़े रास्ते'*, राधाकृष्ण प्रकाशन, दिल्ली, दूसरा संक्षिप्त छात्र संस्करण, 1972, पृ. 37।
27. अर्नेस्ट फिशर; *'नेसैसिटी आफ आर्ट'*, पेंगुइन बुक्स लि., मिड्लसेक्स, अमरीका, प्रथम संस्करण, पृ. 150।
28. *'कल्चर एंड लाइफ'* (मास्को से प्रकाशित पत्रिका), मार्च 1964 में नेदोशीविन का लेख : 'फ्रंटियर्स आफ रियलिज्म'।
29. *'स्वाधीनता'*, (साप्ताहिक, कलकत्ता), नवंबर 1967, *'प्रगतिवाद : पुनर्मूल्यांकन और नई दिशा'*, (चंद्रबली सिंह)।

30. *'आधुनिक साहित्य की प्रवृत्तियां'*, पृ. 86।
31. *'प्रगतिशील साहित्य के मानदंड'*, पृ. क, भूमिका।
32. *'मेरी जीवन यात्रा'*, भाग-4 पृ. 48।
33. वही, पृ. 104।
34. *'साहित्य की समस्याएं'*, पृ. 185।
35. वही, पृ. 189।
36. *'प्रगतिशील साहित्य की समस्याएं'*, पृ. 24।

परिशिष्ट

परिशिष्ट-I

लंदन में तैयार हुए 'प्रगतिशील लेखक संघ' के घोषणापत्र का सारांश

('सर्वश्री मुल्कराज आनंद, के.एस. भट्ट, जे.सी. घोष, एस. सिन्हा, एम.डी. तासीर और सज्जाद जहीर के हस्ताक्षरों के साथ निम्नलिखित घोषणापत्र जारी किया गया था।')

भारतीय समाज में बड़े-बड़े परिवर्तन हो रहे हैं। पुराने विचारों और विश्वासों की जड़ें हिलती जा रही हैं और नए समाज का जन्म हो रहा है। भारतीय साहित्यकारों का धर्म है कि वे भारतीय जीवन में पैदा होने वाली क्रांति को शब्द और रूप दें और राष्ट्र को उन्नति के मार्ग पर चलाने में सहायक हों। भारतीय साहित्य पुरानी सभ्यता के नष्ट हो जाने के बाद से, जीवन की यथार्थताओं से भागकर उपासना और भक्ति की शरण में जा छिपा है। नतीजा यह हुआ है कि वह निस्तेज और निष्प्राण हो गया है, रूप में भी और अर्थ में भी। आज हमारे साहित्य में भक्ति और वैराग्य की भरमार हो गई है। भावुकता का ही प्रदर्शन हो रहा है, विचार और बुद्धि का एक तरह से बहिष्कार कर दिया गया है। पिछली दो सदियों में, विशेषकर इसी तरह का साहित्य रचा गया है जो हमारे साहित्य का लज्जास्पद काल है। इस सभा का उद्देश्य अपने साहित्य और दूसरी कलाओं को पुजारियों पंडितों और अप्रगतिशील वर्गों के आधिपत्य से निकालकर उन्हें जनता के निकटतम संसर्ग में लाना, उनमें जीवन और वास्तविकता लाना है, जिससे हम अपने भविष्य को उज्ज्वल कर सकें। हम भारतीय सभ्यता की परपंराओं की रक्षा करते हुए अपने देश की पतनोन्मुखी प्रवृत्तियों की निर्दयता से आलोचना करेंगे, जिससे हम अपनी मंजिल पर पहुंच सकें। हमारी धारणा है कि भारत के नए साहित्य को हमारे वर्तमान जीवन के मौलिक तथ्यों का समन्वय करना चाहिए और वे हैं : हमारी रोटी का, हमारी दरिद्रता का, हमारी सामाजिक अवनति का और हमारी राजनीतिक पराधीनता का प्रश्न। तभी हम इन समस्याओं को समझ सकेंगे और तभी हममें क्रियात्मक शक्ति आएगी। वह सब कुछ जो हमें निष्क्रियता, अकर्मण्यता और अंधविश्वास की ओर ले जाता है, हेय है, वह सब कुछ जो हममें समीक्षा की मनोवृत्ति लाता है, जो हमें प्रियतम रूढ़ियों को भी बुद्धि की कसौटी पर कसने के लिए प्रोत्साहित करता है, जो हमें कर्मण्य बनाता है और हम में संगठन की शक्ति लाता है, उसी को हम प्रगतिशील समझते हैं।

('हंस', जनवरी 1936 में प्रकाशित)

परिशिष्ट-II

साहित्य का उद्देश्य

(10 अप्रैल 1936 को लखनऊ में संपन्न हुए प्रगतिशील लेखक संघ के पहले अधिवेशन में प्रेमचंद का अध्यक्ष पद से दिया गया उद्घाटन भाषण)

सज्जनो,

यह सम्मेलन हमारे साहित्य के इतिहास में एक स्मरणीय घटना है। हमारे सम्मेलनों और अंजुमनों में अब तक आम तौर पर भाषा और उसके प्रचार पर ही बहस की जाती रही है। यहां तक कि उर्दू और हिंदी का जो आरंभिक साहित्य मौजूद है, उसका उद्देश्य विचारों और भावों पर असर डालना नहीं, किंतु केवल भाषा का निर्माण करना था। वह भी एक बड़े महत्व का कार्य था। जब तक भाषा एक स्थायी रूप न प्राप्त कर ले, उसमें विचारों और भावों को व्यक्त करने की शक्ति ही कहां से आएगी? हमारी भाषा के 'पायनियरों' ने –रास्ता साफ करने वालों ने–हिंदुस्तानी भाषा का निर्माण करके जाति पर जो एहसान किया है, उसके लिए हम उनके कृतज्ञ न हों तो यह हमारी कृतघ्नता होगी।

भाषा साधन है, साध्य नहीं। अब हमारी भाषा ने वह रूप प्राप्त कर लिया है कि हम भाषा से आगे बढ़कर भाव की ओर ध्यान दें और इस पर विचार करें कि जिस उद्देश्य से यह निर्माण-कार्य आरंभ किया गया था, वह क्योंकर पूरा न हो। वही भाषा, जिसमें आरंभ में 'बागो-बहार' और 'बैताल-पचीसी' की रचना ही सबसे बड़ी साहित्य-सेवा थी, अब इस योग्य हो गई है कि उसमें शास्त्र और विज्ञान के प्रश्नों की भी विवेचना की जा सके और यह सम्मेलन इस सच्चाई की स्पष्ट स्वीकृति है।

भाषा बोलचाल की भी होती है और लिखने की भी। बोल-चाल की भाषा तो मीर अम्मन और लल्लूलाल के जमाने में भी मौजूद थी; पर उन्होंने जिस भाषा की दाग-बेल डाली, वह लिखने की भाषा थी और वही साहित्य है। बोल-चाल से हम अपने करीब के लोगों पर अपने विचार प्रकट करते हैं–अपने हर्ष-शोक के भावों का चित्र खींचते हैं। साहित्यकार वही काम लेखनी द्वारा करता है। हां, उसके श्रोताओं की परिधि बहुत विस्तृत होती है, और अगर उसके बयान में सच्चाई है, तो शताब्दियों और युगों तक उसकी रचनाएं हृदयों को प्रभावित करती रहती हैं।

परंतु मेरा अभिप्राय यह नहीं है कि जो कुछ लिख दिया जाए, वह सबका-सब साहित्य है। साहित्य उसी रचना को कहेंगे जिसमें कोई सच्चाई प्रकट की गई हो, जिसकी भाषा प्रौढ़

परिमार्जित एवं सुंदर हो और जिसमें दिल और दिमाग पर असर डालने का गुण हो। और साहित्य में वह गुण पूर्वरूप से उसी अवस्था में उत्पन्न होता है, जब उसमें जीवन की सच्चाइयां और अनुभूतियां व्यक्त की गई हों। तिलस्माती कहानियों, भूत-प्रेत की कथाओं और प्रेम-वियोग के आख्यानों से किसी जमाने में हम भले ही प्रभावित हुए हों, पर अब उनमें हमारे लिए बहुत कम दिलचस्पी है। इसमें संदेह नहीं कि मानव-प्रकृति का मर्मज्ञ साहित्यकार राजकुमारों की प्रेम-गाथाओं और तिलस्माती कहानियों में भी जीवन की सच्चाइयां वर्णन कर सकता है, और सौंदर्य की सृष्टि कर सकता है; परंतु इससे भी इस सत्य की पुष्टि ही होती है कि साहित्य में प्रभाव उत्पन्न करने के लिए यह आवश्यक है कि वह जीवन की सच्चाइयों का दर्पण हो फिर आप उसे जिस चौखटे में चाहें लगा सकते हैं—चिड़े की कहानी और गुलोबुलबुल की दास्तान भी उसके लिए उपयुक्त हो सकती है।

साहित्य की बहुत-सी परिभाषाएं की गई हैं; पर मेरे विचार से उसकी सर्वोत्तम परिभाषा 'जीवन की आलोचना' है। चाहे वह निबंध के रूप में हो, चाहे कहानियों के या काव्य के, उसे हमारे जीवन की आलोचना और व्याख्या करनी चाहिए।

हमने जिस युग को अभी पार किया है, उसे जीवन से कोई मतलब न था। हमारे साहित्यकार कल्पना की एक सृष्टि खड़ी करके उसमें मनमाने तिलस्म बांधा करते थे! कहीं फसानए-अजायब की दास्तान थी, कहीं बोस्ताने-ख़याल की और कहीं चंद्रकांता-संतति की। इन आख्यानों का उद्देश्य केवल मनोरंजन था और हमारे अद्‌भुत रस-प्रेम की तृप्ति; साहित्य का जीवन से कोई लगाव है, यह कल्पनातीत था। कहानी कहानी है, जीवन जीवन; दोनों परस्पर-विरोधी वस्तुएं समझी जाती थीं। कवियों पर भी व्यक्तिवाद का रंग चढ़ा हुआ था। प्रेम का आदर्श वासनाओं को तृप्त करना था, और सौंदर्य का आंखों को। इन्हीं श्रृंगारिक भावों को प्रकट करने में कवि-मंडली अपनी प्रतिभा और कल्पना के चमत्कार दिखाया करती थी। पद्य में कोई नई शब्द-योजना, नई कल्पना का होना दाद पाने के लिए काफी था-चाहे वह वस्तु-स्थिति से कितनी ही दूर क्यों न हो। आशियाना (घोंसला) और क़फ़स (पिंज़रा), बर्क़ (बिजली) और खरमन की कल्पनाएं, विरह-दशाओं के वर्णन में निराशा और वेदना की विविध अवस्थाएं, इस खूबी से दिखाई जाती थीं कि सुनने वाले दिल थाम लेते थे। और आज भी इस ढंग की कविता कितनी लोकप्रिय है, इसे हम और आप खूब जानते हैं।

निस्संदेह, काव्य और साहित्य का उद्देश्य हमारी अनुभूतियों की तीव्रता को बढ़ाना है; पर मनुष्य का जीवन केवल स्त्री-पुरुष-प्रेम का जीवन नहीं है। क्या वह साहित्य, जिसका विषय श्रृंगारिक मनोभावों और उनसे उत्पन्न होने वाली विरह-व्यथा, निराशा आदि तक ही सीमित हो-जिसमें दुनिया और दुनिया की कठिनाइयों से दूर भागना ही जीवन की सार्थकता समझी गई हो, हमारे विचार और भाव-संबंधी आवश्यकताओं को पूरा कर सकता है? श्रृंगारिक मनोभाव मानव-जीवन का एक अंग-मात्र है, और जिस साहित्य का अधिकांश इसी से संबंध रखता हो वह उस जाति और उस युग के लिए गर्व करने की वस्तु नहीं हो सकता और न उसकी सुरुचि का ही प्रमाण हो सकता है।

क्या हिंदी और क्या उर्दू—कविता में दोनों की एक ही हालत थी। उस समय साहित्य और काव्य के विषय में जो लोक-रुचि थी, उसके प्रभाव से अलिप्त रहना सहज न था। सराहना और क़द्रदानी की हवस तो हरएक को होती है। कवियों के लिए उनकी रचना ही

जीविका का साधन थी। और कविता की कद्रदानी रईसों और अमीरों के सिवा और कौन कर सकता है? हमारे कवियों को साधारण जीवन का सामना करने और उसकी सच्चाइयों से प्रभावित होने के या तो अवसर ही न थे, या हर छोटे-बड़े पर कुछ ऐसी मानसिक गिरावट छाई हुई थी कि मानसिक और बौद्धिक जीवन रह ही नहीं गया था।

हम इसका दोष उस समय के साहित्यकारों पर ही नहीं रख सकते। साहित्य अपने काल का प्रतिबिंब होता है। जो भाव और विचार लोगों के हृदय को स्पंदित करते हैं, वही साहित्य पर भी अपनी छाया डालते हैं। ऐसे पतन के काल में लोग या तो आशिकी करते हैं या अध्यात्म और वैराग्य में मन रमाते हैं। जब साहित्य पर संसार की नश्वरता का रंग चढ़ा हो, और उसका एक-एक शब्द नैराश्य में डूबा हो, समय की प्रतिकूलता के रोने से भरा हो और शृंगारिक भावों का प्रतिबिंब बना हो, तो समझ लीजिए कि जाति जड़ता और ह्रास के पंजे में फंस चुकी है और उसमें उद्योग तथा संघर्ष का बल बाकी नहीं रहा। उसने ऊंचे लक्ष्यों की ओर से आंखें बंद कर ली हैं और उसमें से दुनिया को देखने-समझने की शक्ति लुप्त हो गई है।

परंतु हमारी साहित्यिक रुचि बड़ी तेजी से बदल रही है। अब साहित्य केवल मन-बहलाव की चीज नहीं है, मनोरंजन के सिवा उसका और भी कुछ उद्देश्य है। अब वह केवल नायक-नायिका के संयोग-वियोग की कहानी नहीं सुनाता; बल्कि जीवन की समस्याओं पर भी विचार करता है और उन्हें हल करता है। अब वह स्फूर्ति या प्रेरणा के लिए अद्भुत आश्चर्यजनक घटनाएं नहीं ढूंढ़ता और न अनुप्रास का अन्वेषण करता है; किंतु उसे इन प्रश्नों से दिलचस्पी है, जिनसे समाज या व्यक्ति प्रभावित होते हैं। उसकी उत्कृष्टता की वर्तमान कसौटी अनुभूति की वह तीव्रता है, जिससे वह हमारे भावों और विचारों में गति पैदा करता है।

नीति-शास्त्र और साहित्य-शास्त्र का लक्ष्य एक ही है—केवल उपदेश की विधि में अंतर है। नीति-शास्त्र तर्कों और उपदेशों के द्वारा बुद्धि और मन पर प्रभाव डालने का यत्न करता है, साहित्य ने अपने लिए मानसिक अवस्थाओं और भावों का क्षेत्र चुन लिया है। हम जीवन में जो कुछ देखते हैं या जो कुछ हम पर गुजरती है, वही अनुभव और वही चोटें कल्पना में पहुंचकर साहित्य-सृजन की प्रेरणा देती हैं। कवि या साहित्यकार में अनुभूति की जितनी तीव्रता होती है, उसकी रचना उतनी ही आकर्षक और ऊंचे दर्जे की होती है। जिस साहित्य से हमारी सुरुचि न जागे, आध्यात्मिक और मानसिक तृप्ति न मिले, हममें शक्ति और गति पैदा न हो, हमारा सौंदर्य-प्रेम न जाग्रत हो-जो हममें सच्चा संकल्प और कठिनाइयों पर विजय पाने की सच्ची दृढ़ता न उत्पन्न करे, वह आज हमारे लिए बेकार है, वह साहित्य कहलाने का अधिकारी नहीं।

पुराने जमाने में समाज की लगाम मजहब के हाथ में थी, मनुष्य की आध्यात्मिक और नैतिक सभ्यता का आधार धार्मिक आदेश था और वह भय या प्रलोभन से काम लेता था—पुण्य-पाप के मसले उसके साधन थे।

अब साहित्य ने यह काम अपने जिम्मे ले लिया है और उसका साधन सौंदर्य-प्रेम है। वह मनुष्य में इसी सौंदर्य-प्रेम को जगाने का यत्न करता है। ऐसा कोई मनुष्य नहीं जिसमें सौंदर्य की अनुभूति न हो। साहित्यकार में यह वृत्ति जितनी ही जाग्रत और सक्रिय होती है, उसकी रचना उतनी ही प्रभावमयी होती है। प्रकृति-निरीक्षण और अपनी अनुभूति की तीक्ष्णता

की बदौलत उसके सौंदर्य-बोध में इतनी तीव्रता आ जाती है कि जो कुछ असुंदर है, अभद्र है, मनुष्यता से रहित है, वह उसके लिए असह्य हो जाता है। उस पर वह शब्दों और भावों की सारी शक्ति से वार करता है। यों कहिए कि वह मानवता, दिव्यता और भद्रता का बाना बांधे होता है। जो दलित है, पीड़ित है, वंचित है—चाहे वह व्यक्ति हो या समूह, उसकी हिमायत और वकालत करना उसका फर्ज है। उसकी अदालत समाज है, इसी अदालत के सामने वह अपना इस्तगासा पेश करता है और उसकी न्याय-वृत्ति तथा सौंदर्य-वृत्ति को जाग्रत करके अपना यत्न सफल समझता है।

पर साधारण वकीलों की तरह साहित्यकार अपने मुवक्किल की ओर से उचित-अनुचित—सब तरह के दावे नहीं पेश करता, अतिरंजना से काम नहीं लेता, अपनी ओर से बातें गढ़ता नहीं। वह जानता है कि इन युक्तियों से वह समाज की अदालत पर असर नहीं डाल सकता। उस अदालत का हृदय-परिवर्तन तभी संभव है, जब आप सत्य से तनिक भी विमुख न हों, नहीं तो अदालत की धारणा आपकी ओर से खराब हो जाएगी और वह आपके खिलाफ फैसला सुना देगी। वह कहानी लिखता है, पर वास्तविकता का ध्यान रखते हुए; मूर्ति बनाता है, पर ऐसी कि उसमें सजीवता हो और भावव्यंजकता भी—वह मानव-प्रकृति का सूक्ष्म दृष्टि से अवलोकन करता है, मनोविज्ञान का अध्ययन करता है और इसका यत्न करता है कि उसके पात्र हर हालत में और हर मौके पर इस तरह आचरण करें, जैसे रक्त-मांस का बना मनुष्य करता है; अपनी सहज सहानुभूति और सौंदर्य-प्रेम के कारण वह जीवन के उन सूक्ष्म स्थानों तक जा पहुंचता है, जहां मनुष्य अपनी मनुष्यता के कारण पहुंचने में असमर्थ होता है।

आधुनिक साहित्य में वस्तुस्थिति-चित्रण की प्रवृत्ति इतनी बढ़ रही है कि आज की कहानी यथासंभव प्रत्यक्ष अनुभवों की सीमा के बाहर नहीं जाती। हमें केवल इतना सोचने से ही संतोष नहीं होता कि मनोविज्ञान की दृष्टि से सभी पात्र मनुष्यों से मिलते-जुलते हैं; बल्कि हम यह इत्मीनान चाहते हैं कि वे सचमुच मनुष्य हैं और लेखक ने यथासंभव उनका जीवन-चरित्र ही लिखा है; क्योंकि कल्पना के गढ़े हुए आदमियों में हमारा विश्वास नहीं है; उनके कार्यों और विचारों से हम प्रभावित नहीं होते। हमें इसका निश्चय हो जाना चाहिए कि लेखक ने जो सृष्टि की है, वह प्रत्यक्ष अनुभवों के आधार पर की है अथवा अपने पात्रों की जबान से वह खुद बोल रहा है।

इसलिए साहित्य को कुछ समालोचकों ने लेखक का मनोवैज्ञानिक जीवन-चरित्र कहा है।

एक ही घटना या स्थिति से सभी मनुष्य समान रूप में प्रभावित नहीं होते। हर आदमी की मनोवृत्ति और दृष्टिकोण अलग है। रचना-कौशल इसी में है कि लेखक जिस मनोवृत्ति या दृष्टिकोण से किसी बात को देखे, पाठक भी उसमें उससे सहमत हो जाए। यही उसकी सफलता है। इसके साथ ही हम साहित्यकार से यह भी आशा रखते हैं कि वह अपनी बहुज्ञता और अपने विचारों की विस्तृति से हमें जाग्रत करे, हमारी दृष्टि तथा मानसिक परिधि को विस्तृत करे—उसकी दृष्टि इतनी सूक्ष्म, इतनी गहरी और इतनी विस्तृत हो कि उसकी रचना से हमें आध्यात्मिक आनंद और बल मिले।

सुधार की जिस अवस्था में वह हो, उससे अच्छी अवस्था में जाने की प्रेरणा हर आदमी

में मौजूद रहती है। हममें जो कमजोरियां हैं, वह मर्ज की तरह हमसे चिपटी हुई हैं। जैसे शारीरिक स्वास्थ्य एक प्राकृतिक बात है और रोग उसका उलटा, उसी तरह नैतिक और मानसिक स्वास्थ्य भी प्राकृतिक बात है और हम मानसिक तथा नैतिक गिरावट से उसी तरह संतुष्ट नहीं रहते, जैसे कोई रोगी अपने रोग से संतुष्ट नहीं रहता। जैसे वह सदा किसी चिकित्सक की तलाश में रहता है, उसी तरह हम भी इस फिक्र में रहते हैं कि किसी तरह अपनी कमजोरियों को परे फेंककर अधिक अच्छे मनुष्य बनें। इसलिए साधु-फकीरों की खोज में रहते हैं, पूजा-पाठ करते हैं, बड़े-बूढ़ों के पास बैठते हैं, विद्वानों के व्याख्यान सुनते हैं और साहित्य का अध्ययन करते हैं।

और हमारी सारी कमजोरियों की जिम्मेदारी हमारी कुरुचि और प्रेम-भाव से वंचित होने पर है। जहां सच्चा सौंदर्य-प्रेम है, जहां प्रेम की विस्तृति है, वहां कमजोरियां कहां रह सकती हैं? प्रेम ही तो आध्यात्मिक भोजन है और सारी कमजोरियां इसी भोजन के न मिलने अथवा दूषित भोजन के मिलने से पैदा होती हैं। कलाकार इसमें सौंदर्य की अनुभूति उत्पन्न करता है और प्रेम की उष्णता। उसका एक वाक्य, एक शब्द, एक संकेत, इस तरह हमारे अंदर जा बैठता है कि हमारा अंतःकरण प्रकाशित हो जाता है। पर जब तक कलाकार खुद सौंदर्य-प्रेम से छककर मस्त न हो और उसकी आत्मा स्वयं इस ज्योति से प्रकाशित न हो, वह हमें यह प्रकाश क्योंकर दे सकता है?

प्रश्न यह है कि सौंदर्य है क्या वस्तु? प्रकटतः यह प्रश्न निरर्थक-सा मालूम होता है; क्योंकि सौंदर्य के विषय में हमारे मन में कोई शंका-संदेह नहीं। हमने सूरज का उगना और डूबना देखा है, उषा और संध्या की लालिमा देखी है, सुंदर सुगंधि-भरे फूल देखे हैं, मीठी बोलियां बोलने वाली चिड़ियां देखी हैं, कल-कल निनादिनी नदियां देखी हैं, नाचते हुए झरने देखे हैं—यही सौंदर्य है।

इन दृश्यों को देखकर हमारा अंतःकरण क्यों खिल उठता है? इसलिए कि इनमें रंग या ध्वनि का सामंजस्य है। बाजों का स्वर-साम्य अथवा मेल ही संगीत की मोहकता का कारण है। हमारी रचना ही तत्वों के समानुपात के संयोग से हुई है; इसलिए हमारी आत्मा सदा उस साम्य तथा सामंजस्य की खोज में रहती है। साहित्य कलाकार के आध्यात्मिक सामंजस्य का व्यक्त रूप है और सामंजस्य सौंदर्य की सृष्टि करता है, नाश नहीं। वह इसमें वजादारी, सच्चाई, सहानुभूति, न्यायप्रियता और ममता के भावों की पुष्टि करता है। जहां ये भाव हैं, वहीं दृढ़ता है और जीवन है; जहां इनका अभाव है वहीं फूट, विरोध, स्वार्थपरता है—द्वेष, शत्रुता और मृत्यु है। यह विलगाव-विरोध, प्रकृति-विरुद्ध जीवन के लक्षण हैं, जैसे रोग प्रकृति-विरुद्ध आहार-विहार का चिह्न है। जहां प्रकृति से अनुकूलता और साम्य है, वहां संकीर्णता और स्वार्थ का अस्तित्व कैसे संभव होगा? जब हमारी आत्मा प्रकृति के मुक्त वायुमंडल में पालित-पोषित होती है, तो नीचता-दुष्टता के कीड़े अपने-आप हवा और रोशनी से मर जाते हैं। प्रकृति से अलग होकर अपने को सीमित कर लेने से ही यह सारी मानसिक और भावमय बीमारियां पैदा होती हैं! साहित्य हमारे जीवन को स्वाभाविक और स्वाधीन बनाता है; दूसरे शब्दों में, उसी की बदौलत मन का संस्कार होता है। यही उसका मुख्य उद्देश्य है।

'प्रगतिशील लेखक संघ' यह नाम ही मेरे विचार से गलत है। साहित्यकार या कलाकार स्वभावतः प्रगतिशील होता है; अगर यह उसका स्वभाव न होता, तो शायद वह साहित्यकार

ही न होता। उसे अपने अंदर भी एक कमी महसूस होती है और बाहर भी। इसी कमी को पूरा करने के लिए उसकी आत्मा बेचैन रहती है। अपनी कल्पना में वह व्यक्ति और समाज को सुख और स्वच्छंदता की जिस अवस्था में देखना चाहता है, वह उसे दिखाई नहीं देती। इसलिए, वर्तमान मानसिक और सामाजिक अवस्थाओं से उसका दिल कुढ़ता रहता है। वह इन अप्रिय अवस्थाओं का अंत कर देना चाहता है, जिससे दुनिया में जीने और मरने के लिए इससे अधिक अच्छा स्थान हो जाए। यही वेदना और यही भाव उसके हृदय और मस्तिष्क को सक्रिय बनाए रखता है। उसका दर्द से भरा हृदय इसे सहन नहीं कर सकता कि एक समुदाय क्यों सामाजिक नियमों और रूढ़ियों के बंधन में पड़कर कष्ट भोगता रहे। क्यों न ऐसे सामान इकट्ठा किए जाएं कि वह गुलामी और गरीबी से छुटकारा पा जाए। वह इस वेदना को जितनी बेचैनी के साथ अनुभव करता है, उतना ही उसकी रचना में जोर और सच्चाई पैदा होती है। अपनी अनुभूतियों को वह जिस क्रमानुपात में व्यक्त करता है, वही उसकी कला-कुशलता का रहस्य है; पर शायद इस विशेषता पर जोर देने की जरूरत इसलिए पड़ी कि प्रगति या उन्नति से प्रत्येक लेखक या ग्रंथकार एक ही अर्थ नहीं ग्रहण करता। जिन अवस्थाओं को एक समुदाय उन्नति समझ सकता है, दूसरा समुदाय असंदिग्ध अवनति मान सकता है; इसलिए साहित्यकार अपनी कला को किसी उद्देश्य के अधीन नहीं करना चाहता। उसके विचारों में कला केवल मनोभावों के व्यक्तीकरण का नाम है, चाहे उन भावों से व्यक्ति या समाज पर कैसा ही असर क्यों न पड़े।

उन्नति से हमारा तात्पर्य उस स्थिति से है, जिससे हममें दृढ़ता और कर्म-शक्ति उत्पन्न हो, जिससे हमें अपनी दुःखावस्था की अनुभूति हो, हम देखें कि किन अंतर्बाह्य कारणों से हम इस निर्जीवता और ह्रास की अवस्था को पहुंच गए और उन्हें दूर करने की कोशिश करें।

हमारे लिए कविता के ये भाव निरर्थक हैं, जिनसे संसार की नश्वरता का आधिपत्य हमारे हृदय पर और दृढ़ हो जाए, जिनसे हमारे हृदयों में नैराश्य छा जाए। वे प्रेम-कहानियां, जिनसे हमारे मासिक पत्रों के पृष्ठ भरे रहते हैं, हमारे लिए अर्थहीन हैं, अगर वे हममें हरकत और गरमी नहीं पैदा करतीं। अगर हमने दो नवयुवकों की प्रेम-कहानी कह डाली, पर उससे हमारे सौंदर्य-प्रेम पर कोई असर न पड़ा और पड़ा भी तो केवल इतना ही कि हम उनकी विरह-व्यथा पर रोएं, तो इससे हममें कौन-सी मानसिक या रुचि-संबंधी गति पैदा हुई? इन बातों से किसी जमाने में हमें भावावेश हो जाता रहा हो, पर आज के लिए वे बेकार हैं। इस भावोत्तेजक कला का अब जमाना नहीं रहा। अब तो हमें उस कला की आवश्यकता है, जिसमें कर्म का संदेश हो। अब तो हजरते इकबाल के साथ हम भी कहते हैं :

रमते हयात जोई, जुज दर तपिश नयाबी,
दरक़ुलजुग आरमीदन नंगस्त आबे जू रा।
ब आशियां न नशीनम जे लज्जते परवाज,
गहे बशाख़े गुलम, गहे बरलबे जूयम।

(अर्थात—अगर तुझे जीवन के रहस्य की खोज है, तो वह तुझे संघर्ष के सिवा और कहीं नहीं मिलने का—सागर में जाकर विश्राम करना नदी के लिए लज्जा की बात है। आनंद पाने के लिए मैं घोंसले में कभी बैठता नहीं—कभी फूलों की टहनियों पर, तो कभी नदी-तट पर होता हूं।)

अतः हमारे मन में अहंवाद अथवा अपने व्यक्तिगत दृष्टिकोण को प्रधानता देना वह वस्तु है, जो हमें जड़ता, पतन और लापरवाही की ओर ले जाती है और ऐसी कला हमारे लिए न व्यक्ति-रूप में उपयोगी है और न समुदाय-रूप में।

मुझे यह कहने में हिचक नहीं कि मैं और चीजों की तरह कला को भी उपयोगिता की तुला पर तोलता हूं। निस्संदेह कला का उद्देश्य सौंदर्य-वृत्ति की पुष्टि करना है और वह हमारे आध्यात्मिक आनंद की कुंजी है; पर ऐसा कोई रुचिगत मानसिक तथा आध्यात्मिक आनंद नहीं, जो अपनी उपयोगिता का पहलू न रखता हो। आनंद स्वतः एक उपयोगितायुक्त वस्तु है और उपयोगिता की दृष्टि से एक ही वस्तु से हमें सुख भी होता है और दुःख भी। आसमान पर छाई लालिमा निस्संदेह बड़ा सुंदर दृश्य है; परंतु आषाढ़ में अगर आकाश पर वैसी लालिमा छा जाए, तो वह हमें प्रसन्नता देने वाली नहीं हो सकती। उस समय तो हम आसमान पर काली-काली घटाएं देखकर ही आनंदित होते हैं। फूलों को देखकर हमें इसलिए आनंद होता है कि उनसे फलों की आशा होती है, प्रकृति से अपने जीवन का सुर मिलाकर रहने में हमें इसीलिए आध्यात्मिक सुख मिलता है कि उससे हमारा जीवन विकसित और पुष्ट होता है। प्रकृति का विधान वृद्धि और विकास है और जिन भावों, अनुभूतियों और विचारों से हमें आनंद मिलता है, वे इसी वृद्धि और विकास के सहायक हैं। कलाकार अपनी कला से सौंदर्य की सृष्टि करके परिस्थिति को विकास के लिहाज से उपयोगी बनाता है।

परंतु सौंदर्य भी और पदार्थों की तरह अपने आप में स्वरूपस्थ और निरपेक्ष नहीं, उसकी स्थिति भी सापेक्ष है। एक रईस के लिए जो वस्तु सुख का साधन है, वही दूसरे के लिए दुःख का कारण हो सकती है। एक रईस अपने सुरभित सुरम्य उद्यान में बैठकर जब चिड़ियों का कल-गान सुनता है, तो उसे स्वर्गिक सुख की प्राप्ति होती है; परंतु एक दूसरा सज्ञान मनुष्य वैभव की इस सामग्री को घृणिततम वस्तु समझता है।

बंधुत्व और समता, सभ्यता तथा प्रेम सामाजिक जीवन के आरंभ से ही आदर्शवादियों का सुनहला स्वप्न रहे हैं। धर्म-प्रवर्तकों ने धार्मिक, नैतिक और आध्यात्मिक बंधनों से मुक्त कर इस स्वप्न को सच्चाई में तब्दील करने का सतत किंतु निष्फल प्रयत्न किया है। महात्मा बुद्ध, हजरत ईसा, हजरत मुहम्मद आदि सभी पैगंबरों और धर्म-प्रवर्तकों ने नैतिकता की नींव पर इस समता की इमारत खड़ी करनी चाही; पर किसी को सफलता न मिली और आज छोटे-बड़े का भेद जिस निष्ठुर रूप में प्रकट हो रहा है, शायद कभी न हुआ था।

'आजमाए को आजमाना मूर्खता है', इस कहावत के अनुसार यदि हम अब भी धर्म और नैतिकता का दामन पकड़कर नैतिकता के ऊंचे लक्ष्य पर पहुंचना चाहें, तो विफलता ही मिलेगी। क्या हम इस सपने को उत्तेजित मस्तिष्क की सृष्टि समझकर भूल जाएं? तब तो मनुष्य की उन्नति और पूर्णता के लिए कोई आदर्श ही बाकी न रह जाएगा। इससे कहीं अच्छा है कि मनुष्य का अस्तित्व ही मिट जाए। जिस आदर्श को हमने सभ्यता के आरंभ से पाला है, जिसके लिए मनुष्य ने, ईश्वर जाने जितनी कुर्बानियां की हैं, जिसकी पूर्ति के लिए धर्मों का आविर्भाव हुआ, मानव समाज का इतिहास जिस आदर्श की प्राप्ति का इतिहास है, उसे सर्वमान्य समझकर, एक अमिट सच्चाई समझकर, हमें उन्नति के मैदान में कदम रखना है। हमें एक ऐसे नए संगठन को सर्वांगपूर्ण बनाना है, जहां समानता केवल नैतिक बंधनों पर आश्रित न रहकर अधिक ठोस रूप प्राप्त कर ले, हमारे साहित्य को उसी आदर्श

को अपने सामने रखना है।

हमें सुंदरता की कसौटी बदलनी होगी। अभी तक यह कसौटी अमीरी और विलासिता के ढंग की थी। हमारा कलाकार अमीरों का पल्ला पकड़ के रहना चाहता था, उन्हीं की कद्रदानी पर उसका अस्तित्व अवलंबित था और उन्हीं के सुख-दुःख, आशा-निराशा, प्रतियोगिता और प्रतिद्वंद्विता की व्याख्या कला का उद्देश्य था। उसकी निगाह अंतःपुर और बंगलों की ओर उठती थी। झोंपड़े और खंडहर उसके ध्यान के अधिकारी न थे। उन्हें वह मुनष्यता की परिधि के बाहर समझता था। कभी इसकी चर्चा करता भी था, तो इसका मजाक उड़ाने के लिए। ग्रामवासी की देहाती वेष-भूषा और तौर-तरीके पर हंसने के लिए, उसका शीन-क़ाफ़ दुरुस्त न होना या मुहाविरों का गलत उपयोग उसके व्यंग्य-विद्रूप की स्थायी सामग्री थी। वह भी मनुष्य है, उसका भी हृदय है और उसमें भी आकांक्षाएं हैं—यह कला की कल्पना के बाहर की बात थी।

कला नाम था, और अब भी है, संकुचित रूप-पूजा का, शब्द-योजना का, भाव-निबंधन का। उसके लिए कोई आदर्श नहीं है, जीवन का कोई ऊंचा उद्देश्य नहीं है—भक्ति, वैराग्य, अध्यात्म और दुनिया से किनाराकशी उसकी सबसे ऊंची कल्पनाएं हैं। हमारे उस कलाकार के विचार से जीवन का चरम लक्ष्य यही है। उसकी दृष्टि अभी इतनी व्यापक नहीं कि जीवन-संग्राम में सौंदर्य का परमोत्कर्ष देखे। उपवास और नग्नता में भी सौंदर्य का अस्तित्व संभव है, इसे कदाचित वह स्वीकार नहीं करता। उसके लिए सौंदर्य का अर्थ सुंदर स्त्री है—उस बच्चों वाली गरीब रूप-रहित स्त्री में नहीं, जो बच्चे को खेत की मेंड़ पर सुलाए पसीना बहा रही है; उसने निश्चय कर लिया है कि रंगे होंठों, कपोलों और भौंहों में निस्संदेह सुंदरता का वास है—उसके उलझे हुए बालों, पपड़ियां पड़े हुए होंठों और कुम्हलाए हुए गालों में सौंदर्य का प्रवेश कहां?

यह पर संकीर्ण दृष्टि का दोष है। अगर उसकी सौंदर्य देखने वाली दृष्टि में विस्तृति आ जाए तो वह देखेगा कि रंगे होंठों और कपोलों की आड़ में अगर रूप-गर्व और निष्ठुरता छिपी है तो इन मुरझाए हुए होंठों और कुम्हलाए हुए गालों के आंसुओं में त्याग, श्रद्धा और कष्ट-सहिष्णुता है। हां, उसमें नफासत नहीं, दिखावा नहीं, सुकुमारता नहीं।

हमारी कला यौवन के प्रेम में पागल है और यह नहीं जानती कि जवानी छाती पर हाथ रखकर कविता पढ़ने, नायिका की निष्ठुरता का रोना रोने या उसके रूप-गर्व और चोंचलों पर सिर धुनने में नहीं है। जवानी नाम है आदर्शवाद का, हिम्मत का, कठिनाइयों से मिलने की इच्छा का, आत्म त्याग का। उसे तो इकबाल के साथ कहना होगा :

अज़ दस्ते, जुतूने मन जिब्रील ज़बूं सैदे,
यजदां बकमंद आवर ऐ हिम्मते मरदाना।

(अर्थात मेरे उन्मत्त हाथों के लिए जिब्रील एक घटिया शिकार है। ऐ हिम्मत मरदाना, क्यों न अपनी कमंद में तू खुदा को ही फांस लाए?)

अथवा

चूं मौज साजे बजदूम जे सैल बेपरवास्त,
गुमां मबर कि दरीं बहर साहिले जोयम।

(अर्थात–तरंग की भांति मेरे जीवन की तरी भी प्रवाह की ओर से बेपरवाह है, यह न सोचा कि इस समुद्र में मैं किनारा ढूंढ़ रहा हूं।)

और यह अवस्था उस समय पैदा होगी, जब हमारा सौंदर्य व्यापक हो जाएगा, जब सारी सृष्टि उसकी परिधि में आ आएगी। वह किसी विशेष श्रेणी तक ही सीमित न होगा, उसकी उड़ान के लिए केवल बाग की चहारदीवारी न होगी, किंतु वह वायुमंडल होगा जो सारे भूमंडल को घेरे हुए है। तब कुरुचि हमारे लिए सह्य न होगी, तब हम उसकी जड़ खोदने के लिए कमर कसकर तैयार हो जाएंगे। हम जब ऐसी व्यवस्था को सहन न कर सकेंगे कि हज़ारों आदमी कुछ अत्याचारियों की गुलामी करें, तभी हम केवल कागज के पृष्ठों पर सृष्टि करके ही संतुष्ट न हो जाएंगे, किंतु उस विधान की सृष्टि करेंगे जो सौंदर्य, सुरुचि, आत्म-सम्मान और मनुष्यता का विरोधी न हो।

साहित्यकार का लक्ष्य केवल महफिल सजाना और मनोरंजन का सामान जुटाना नहीं है–उसका दर्जा इतना न गिराइए। वह देश-भक्ति और राजनीति के पीछे चलने वाली सच्चाई ही नहीं, बल्कि उसके आगे मशाल दिखाती हुई चलने वाली सच्चाई है।

हमें अक्सर यह शिकायत होती है कि साहित्यकारों के लिए समाज में कोई स्थान नहीं-अर्थात भारत के साहित्यकारों के लिए। सभ्य देशों में तो साहित्यकार समाज का सम्मानित सदस्य है और बड़े-बड़े अमीर और मंत्रिमंडल के सदस्य उससे मिलने में अपना गौरव समझते हैं; परंतु हिंदुस्तान तो अभी मध्य-युग की अवस्था में पड़ा हुआ है। यदि साहित्य ने अमीरों के याचक बनने को जीवन का सहारा बना लिया हो और उन आंदोलनों, हलचलों और क्रांतियों से बेखबर हो जो समाज में हो रही हैं–अपनी ही दुनिया बनाकर उसमें रोता और हंसता हो, तो इस दुनिया में उसके लिए जगह न होने में कोई अन्याय नहीं है। जब साहित्यकार बनने के लिए अनुकूल रुचि के सिवा और कोई कैद नहीं रही-जैसे महात्मा बनने के लिए किसी प्रकार की शिक्षा की आवश्यकता नहीं–आध्यात्मिक उच्चता ही काफी है, तो महात्मा लोग दर-दर फिरने लगे, उसी तरह साहित्यकार भी लाखों निकल आए।

इसमें शक नहीं कि साहित्यकार पैदा होता है, बनाया नहीं जाता; पर यदि हम शिक्षा और जिज्ञासा से प्रकृति की इस देन को बढ़ा सकें, तो निश्चय ही हम साहित्य की अधिक सेवा कर सकेंगे। अरस्तू ने और दूसरे विद्वानों ने भी साहित्यकार बनने वालों के लिए कड़ी शर्तें लगाई हैं; और उसकी मानसिक, नैतिक, आध्यात्मिक और भावगत सभ्यता तथा शिक्षा के लिए सिद्धांत और विधियां निश्चित कर दी गई हैं; मगर आज तो हिंदी में साहित्यकार के लिए प्रवृत्ति-मात्र काफी समझी जाती है और किसी प्रकार की तैयारी की उसके लिए आवश्यकता नहीं। वह राजनीति, समाजशात्र या मनोविज्ञान से सर्वथा अपरिचित हो, फिर भी वह साहित्यकार है।

साहित्यकार के सामने आजकल जो आदर्श रखा गया है, उसके अनुसार ये सभी विधाएं उसकी विशेष अंग बन गई हैं और साहित्य की प्रवृत्ति अहंवाद या व्यक्तिवाद तक परिमित नहीं रही, बल्कि वह मनोवैज्ञानिक और सामाजिक होता जाता है। अब वह व्यक्ति को समाज से अलग नहीं देखता, किंतु उसे समाज के एक अंग के रूप में देखता है। इसलिए नहीं कि वह समाज पर हुकूमत करे, उसे अपने स्वार्थ-साधन का औजार बनाए–मानो उसमें और

समाज में सनातन शत्रुता है, बल्कि इसलिए कि समाज के अस्तित्व के साथ उसका अस्तित्व कायम है और समाज़ से अलग होकर उसका मूल्य शून्य के बराबर हो जाता है।

हममें से जिन्हें सर्वोत्तम शिक्षा और सर्वोत्तम मानसिक शक्तियां मिली हैं, उन पर समाज के प्रति उतनी ही जिम्मेदारी भी है। हम उस मानसिक पूंजीपति को पूजा के योग्य न समझेंगे, जो समाज के पैसे से ऊंची शिक्षा प्राप्त कर उसे स्वार्थ-साधन में लगाता है। समाज से निजी लाभ उठाना ऐसा काम है, जिसे कोई साहित्यकार कभी पसंद न करेगा। उस मानसिक पूंजीपति का कर्त्तव्य है कि वह समाज के लाभ को अपने निजी लाभ से अधिक ध्यान देने योग्य समझे—अपनी विद्या और योग्यता से समाज को अधिक-से-अधिक लाभ पहुंचाने की कोशिश करे। वह साहित्य के किसी भी विभाग में प्रवेश क्यों न करे—उसे उस विभाग से विशेषतः और सब विभागों से सामान्यतः परिचय हो।

अगर हम अंतर्राष्ट्रीय साहित्यकार-सम्मेलनों की रिपोर्ट पढ़ें, तो हम देखेंगे कि ऐसा कोई शास्त्रीय, सामाजिक, ऐतिहासिक और मनोवैज्ञानिक प्रश्न नहीं है, जिस पर उनमें विचार-विनिमय न होता हो। इसके विरुद्ध, हम अपनी ज्ञानसीमा को देखते हैं तो हमें अपने अज्ञान पर लज्जा आती है। हमने समझ रखा है कि साहित्य-रचना के लिए आशुबुद्धि और तेज कलम काफी है; पर यही विचार हमारी साहित्यिक अवनति का कारण है। हमें अपने साहित्य का मानदंड ऊंचा करना होगा जिसमें वह समाज की अधिक मूल्यवान सेवा कर सके, जिससे समाज में उसे वह पद मिले जिसका वह अधिकारी है, जिससे वह जीवन के प्रत्येक विभाग की आलोचना-विवेचना कर सके और हम दूसरी भाषाओं तथा साहित्यों का जूठा खाकर ही संतोष न करें, किंतु खुद भी उस पूंजी को बढ़ाएं।

हमें अपनी रुचि और प्रवृत्ति के अनुकूल विषय चुन लेना चाहिए और विषय पर पूर्ण अधिकार प्राप्त करना चाहिए। हम जिस आर्थिक अवस्था में जिंदगी बिता रहे हैं, उसमें यह काम कठिन अवश्य है, पर हमारा आदर्श ऊंचा रहना चाहिए। हम पहाड़ की चोटी तक न पहुंच सकेंगे, तो कमर तक तो पहुंच ही जाएंगे, जो जमीन पर पड़े रहने से कहीं अच्छा है। अगर हमारा अंतर प्रेम की ज्योति से प्रकाशित हो और सेवा का आदर्श हमारे सामने हो, तो ऐसी कोई कठिनाई नहीं जिस पर हम विजय न प्राप्त कर सकें।

जिन्हें धन-वैभव प्यारा है, साहित्य-मंदिर में उनके लिए स्थान नहीं है। यहां तो उन उपासकों की आवश्यकता है, जिन्होंने सेवा ही अपने जीवन की सार्थकता मान ली हो, जिनके दिल में दर्द की तड़प हो और मुहब्बत का जोश हो। अपनी इज्जत तो अपने हाथ है। अगर हम सच्चे दिल से समाज की सेवा करेंगे तो मान, प्रतिष्ठा और प्रसिद्धि सभी हमारे पांव चूमेंगी। फिर मान-प्रतिष्ठा की चिंता हमें क्यों सताए? और उसके न मिलने से हम निराश क्यों हों? सेवा में जो आध्यात्मिक आनंद है, वही हमारा पुरस्कार है—हमें समाज पर अपना बड़प्पन जताने, उस पर रोब जमाने की हवस क्यों हो? दूसरों से ज्यादा आराम के साथ रहने की इच्छा भी हमें क्यों सताए? हम अमीरों की श्रेणी में अपनी गिनती क्यों कराएं? हम तो समाज का झंडा लेकर चलने वाले सिपाही हैं और सादी जिंदगी के साथ ऊंची निगाह हमारे जीवन का लक्ष्य है। जो आदमी सच्चा कलाकार है, वह स्वार्थमय जीवन का प्रेमी नहीं हो सकता। उसे अपनी मनस्तुष्टि के लिए दिखावे की आवश्यकता नहीं—उससे तो उसे घृणा होती है। वह तो इकबाल के साथ कहता है :

मर्दम आजामद आंगूना गयूरम कि मरा,
मी तवां कुश्त व यक जामे जुलाले दीगरां।

(अर्थात—मैं आजाद हूं और इतना हयादार हूं कि मुझे दूसरों के निथरे हुए पानी के एक प्याले से मारा जा सकता है।)

हमारी परिषद ने कुछ इसी प्रकार के सिद्धांत के साथ कर्म-क्षेत्र में प्रवेश किया है। साहित्य का शराब-कबाब और राग-रंग का मुखापेक्षी बना रहना उसे पसंद नहीं। वह उसे उद्योग और कर्म का संदेशवाहक बनाने का दावेदार है। उसे भाषा से बहस नहीं। आदर्श व्यापक होने से भाषा अपने-आप सरल हो जाती है। भाव-सौंदर्य बनाव-सिंगार से बेपरवाही ही दिखा सकता है। जो साहित्यकार अमीरों का मुंह जोहने वाला है, वह रईसी रचना-शैली स्वीकार करता है; जो जनसाधारण का है, जनसाधारण की भाषा में लिखता है। हमारा उद्देश्य देश में ऐसा वायुमंडल उत्पन्न कर देना है, जिसमें अभीष्ट प्रकार का साहित्य उत्पन्न हो सके और पनप सके। हम चाहते हैं कि साहित्य केंद्रों में हमारी परिषदें स्थापित हों और वहां साहित्य की रचनात्मक प्रवृत्तियों पर नियमपूर्वक चर्चा हो, निबंध पढ़े जाएं, बहस हो, आलोचना-प्रत्यालोचना हो। तभी वह वायुमंडल तैयार होगा। तभी साहित्य में नए युग का आविर्भाव होगा।

हम हरएक सूबे में, हरएक जबान में, ऐसी परिषदें स्थापित करना चाहते हैं, जिसमें हरएक भाषा में अपना संदेश पहुंचा सकें। यह समझना भूल होगी कि यह हमारी कोई नई कल्पना है। नहीं, देश के साहित्य-सेवियों के हृदयों में सामुदायिक भावनाएं विद्यमान हैं। भारत की हरएक भाषा में इस विचार के बीज प्रकृति और परिस्थिति ने पहले से बो रखे हैं, जगह-जगह पर उसके अंखुए भी निकलने लगे हैं। उसको सींचना एवं उनके लक्ष्य को पुष्ट करना हमारा उद्देश्य है।

हम साहित्यकारों में कर्मशक्ति का अभाव है। यह एक कटु सत्य है; पर हम उसकी ओर से आंखें नहीं बंद कर सकते। अभी तक हमने साहित्य का जो आदर्श अपने सामने रखा था, उसके लिए कर्म की आवश्यकता न थी। कर्माभाव ही उसका गुण था; क्योंकि अक्सर कर्म अपने साथ पक्षपात और संकीर्णता को भी लाता है। अगर कोई आदमी धार्मिक होकर अपनी धार्मिकता पर गर्व करे, तो इससे कहीं अच्छा है कि वह धार्मिक न होकर 'खाओ-पियो, मौज करो' का कायल हो। ऐसा स्वेच्छाचारी तो ईश्वर की दया का अधिकारी हो भी सकता है; पर धार्मिकता का अभिमान रखने वाले के लिए इसकी संभावना नहीं।

जो हो, जब तक साहित्य का काम केवल मन-बहलाव का सामान जुटाना, केवल लोरियां गा-गाकर सुलाना, केवल आंसू बहाकर जी का हल्का करना था, तब तक इसके लिए कर्म की आवश्यकता न थी। वह एक दीवाना था जिसका गम दूसरे खाते थे; मगर हम साहित्य को केवल मनोरंजन और विलासिता की वस्तु नहीं समझते। हमारी कसौटी पर वही साहित्य खरा उतरेगा, जिसमें उच्च चिंतन हो, स्वाधीनता का भाव हो, सौंदर्य का सार हो, सृजन की आत्मा हो, जीवन की सच्चाइयों का प्रकाश हो, जो हममें गति, संघर्ष और बेचैनी पैदा करे, सुलाए नहीं, क्योंकि अब और ज्यादा सोना मृत्यु का लक्षण है।

'हंस' जुलाई 1936 'कुछ विचार' और 'साहित्य का उद्देश्य' में संकलित
प्रेमचंद रचनावली खंड-7 पृ. 499-511 जनवाणी प्रकाशन

परिशिष्ट-III

अखिल भारतीय प्रगतिशील लेखक संघ के लखनऊ अधिवेशन का घोषणापत्र

भारतीय समाज में बड़े-बड़े परिवर्तन हो रहे हैं। पुराने विचारों और विश्वासों की जड़ें हिलती जा रही हैं और एक नए समाज का जन्म हो रहा है। भारतीय लेखकों का धर्म है कि वे भारतीय जीवन में पैदा होने वाली क्रांति को शब्द और रूप दें और राष्ट्र को उन्नति के मार्ग पर चलाने में सहायक हों।

भारतीय साहित्य की विशेषता यह रही है कि वह जीवन की यथार्थताओं से भागता है और वह वास्तविकता से मुंह मोड़कर भक्ति और उपासना की शरण में जा छिपा है। नतीजा यह हुआ कि वह निस्तेज और निष्प्राण हो गया है, रूप में भी, अर्थ में भी और आज हमारे साहित्य ने विचार और बुद्धि का एक प्रकार से बहिष्कार कर दिया है।

हमारे इस संघ का उद्देश्य यह है कि साहित्य और दूसरी कलाओं को अप्रगतिशील वर्गों के आधिपत्य से निकालकर उन्हें जनता के निकटतम संपर्क में लाया जाए, उनमें जीवन और वास्तविकता लाई जाए और वे उसे उज्ज्वल भविष्य का मार्ग दिखाएं जिसके लिए मानवता इस युग में संघर्षशील है।

हम भारतीय संस्कृति की परंपराओं की रक्षा करते हुए देश की पतनोन्मुखी प्रवृत्तियों की बड़ी निर्दयता से आलोचना करेंगे। हम इस संघ के द्वारा हर उस भावना को व्यक्त करेंगे जो हमारे देश को एक नए और बेहतर जीवन का मार्ग दिखाए। इस काम में हम अपनी और विदेशों की सभ्यता तथा संस्कृति से लाभ उठाएंगे। हम चाहते हैं कि भारत का नया साहित्य जीवन की बुनियादी समस्याओं को अपना विषय बनाए। वे हैं हमारी रोटी की, हमारी दरिद्रता, हमारी सामाजिक अवनति की और हमारी राजनीतिक पराधीनता की समस्याएं।

वह सब कुछ जो हमें निष्क्रियता, अकर्मण्यता और अंधविश्वास की ओर ले जाता है, हेय है। हम उसका विरोध करते हैं।

वह सब कुछ जो हममें समीक्षा की प्रवृत्ति लाता है, जो हमें प्रियतम रूढ़ियों को बुद्धि की कसौटी पर कसने के लिए प्रोत्साहित करता है, जो हमें कर्मठ बनाता है और हममें संगठन की शक्ति लाता है, उसी को हम प्रगतिशील समझते हैं।

संघ के उद्देश्य ये होंगे :

1. भारत के तमाम प्रगतिशील लेखकों की संस्थाएं संगठित करना और साहित्य छापकर अपने उद्देश्यों का प्रचार करना।

2. प्रगतिशील लेखकों और अनुवादकों को प्रोत्साहित करना और प्रतिक्रियावादी प्रवृत्तियों के विरुद्ध संघर्ष करके देशवासियों के स्वाधीनतासंग्राम को आगे बढ़ाना।
3. प्रगतिशील लेखकों की सहायता करना।
4. स्वतंत्रता और स्वतंत्र विचार की रक्षा करना।

(10 अप्रैल 1936)

परिशिष्ट-IV

10 अप्रैल 1936 को लखनऊ में संपन्न अखिल भारतीय प्रगतिशील लेखक संघ के पहले अधिवेशन में पारित प्रस्ताव

1. विचार और अभिव्यक्ति की स्वतंत्रता

प्रगतिशील लेखकों का यह सम्मेलन सरकार द्वारा प्रेस अधिनियम, कस्टम अधिनियम, अपराध कानून सुधार अधिनियम आदि के द्वारा विचार और अभिव्यक्ति पर लगाए गए प्रतिबंधों का तीखा विरोध करता है, जिनके द्वारा सरकार मनमाने ढंग से सैकड़ों पत्रों और पत्रिकाओं का दमन कर रही है, प्रगतिशील साहित्य पर पाबंदी लगा रही है और विदेशों से आने वाले प्रगतिशील साहित्य पर रोक लगा रही है। यह सम्मेलन इन प्रतिबंधों को देश के स्वाधीन सांस्कृतिक विकास पर गंभीर आक्रमण समझता है और देश के सभी लेखकों का आह्वान करता है कि वे सरकार की इस नीति के विरुद्ध देशव्यापी विरोध का आयोजन करें तथा इन कानूनों को रद्द कराने के लक्ष्य को ध्यान में रखकर किए जाने वाले सभी प्रयासों का समर्थन करें।

2. युद्ध के बारे में

हम साहित्य को संपूर्ण मानवजाति की विरासत का हिस्सा मानते हैं जिसे जातियों, नस्लों, राष्ट्रों और भौगोलिक सीमाओं में बांटकर नहीं देखा जा सकता है। हम मानते हैं कि सामूहिक और व्यक्तिगत रूप से हम उन लोगों के साथ हैं जो समानता, स्वतंत्रता और शांति पर आधारित एक नए सामाजिक ढांचे के निर्माण के प्रयत्नों में लगे हैं। इस रूप में हम फासीवाद और सैन्यवाद की संस्कृति-विरोधी शक्तियों का विरोध करते हैं। हम घोषणा करते हैं कि युद्ध एक नृशंसता है और मानव संस्कृति और प्रगति के रास्ते में खड़ी एक भयंकर बाधा है।

हम अंतर्राष्ट्रीय शांति की शक्तियों और उनके अनुकूल राष्ट्रीय भावनाओं के समर्थन का भी निर्णय लेते हैं।

3. छात्रों के अधिकारों पर

यह सम्मेलन भारतीय विश्वविद्यालयों के अधिकारियों का आह्वान करता है कि वे भारतीय छात्रों के संगठनों, पत्र-पत्रिकाओं और सामान्यतः उनके आंदोलन के स्वतंत्र विकास में बाधा

पहुंचाने के स्थान पर उनकी मदद करें। सम्मेलन की राय में छात्रों के स्वतंत्र सांस्कृतिक विकास के लिए जरूरी है कि उन्हें सभी सामाजिक और राजनैतिक विषयों पर अपने विचार अभिव्यक्त करने की स्वतंत्रता दी जाए।

4. शांति सम्मेलन के लिए

यह सम्मेलन रोम्यां रोलां की अध्यक्षता में सितंबर में जेनेवा में हो रहे शांति के लिए विश्वव्यापी सम्मेलन को अपनी हार्दिक शुभकामनाएं भेजता है।

(मार्क्सीस्ट कल्चरल मूवमेंट इन इंडिया, खंड-1 जुलाई 1979, संकलनकर्त्ता-संपादक सुधी प्रधान, नेशनल बुक एजेंसी, कलकत्ता, पृ. 94-95)

परिशिष्ट-V

'भारतीय साहित्य परिषद' के नागपुर अधिवेशन में पारित प्रस्ताव

(हस्ताक्षरकर्त्ता-जवाहरलाल नेहरू, प्रेमचंद, नरेंद्र देव, मौलवी अब्दुल हक, अख्तर हुसैन रायपुरी)

हमारे देश में यह पहला ही मौका है कि अलग-अलग भाषाओं के लेखक एक जगह सहयोग का नाता जोड़ने के लिए जमा हुए हैं। सवाल यह है कि इस सहयोग की बुनियाद क्या हो? परिषद ने कई तरीके बताए हैं। पर हमारे विचार में एक बहुत बड़ा मसला बाकी रह गया है, जिस पर सबसे पहले गौर होना चाहिए था। हमने यह तो कह दिया कि साहित्य का आकार क्या हो, लेकिन यह नहीं बतलाया कि उसकी आत्मा का रूपरंग क्या हो। 'कैसे कहना है' का सवाल बाद में उठता है। पहले यह ठहराना है कि क्या कहना है, किनसे कहना है।

हमारी समझ में साहित्य की समस्याओं को जीवन की दूसरी समस्याओं से अलग नहीं किया जा सकता। जीवन एक पूरी इकाई है; उसे साहित्य, राजनीति, फिलासफी आदि के खाने में नहीं बांटा जा सकता है। साहित्य जीवन का आईना है, यही नहीं, वह जीवनरथ का सारथी है। उसे जीवन के साथ चलना ही नहीं है, बल्कि उसे राह भी दिखाना है।

हमारा जीवन किधर जा रहा है, उसे किधर जाना चाहिए, यह हम सब जानते हैं। साहित्यिक इन्सान भी है, और उसे समाज की उन्नति के लिए उतना तो करना ही है, जो और हर इंसान को करना चाहिए।

इन्सानियत के नाते हम पूछते हैं कि क्या आज जब तरक्की और उन्नति और अवनति की ताकतों में आखिरी लड़ाई छिड़ी हुई है, साहित्य उससे अपने को अलग रख सकता है? क्या कला, सौंदर्य आदि का पल्ला पकड़कर वह जिंदगी से भाग सकता है? क्या वह 'यथार्थवाद' की फसील पर बैठकर क्रांति और प्रतिक्रिया के बीच हो रहे द्वंद्व का तमाशा खामोशी से देख सकता है?

हर कला की जड़ एहसास-भावना में है। तो फिर किसानों की पुकार, मजदूरों की कराह और भिखारियों की आह हमें बेहिस क्यों रख सकती है? जब जीवन का सबसे बड़ा मसला यह है कि समाज की देह से बेकारी, गरीबी और शोषण का कोढ़ किस तरह धोया जाए, तो क्या यह कहने की जरूरत रह जाती है कि साहित्य का इशारा किस तरफ हो; वह क्या कहे, किनसे कहे और किस तरह कहे?

इसीलिए देश के साहित्यकारों से हमारी यह आशा है कि वे साबित कर दिखाएं कि

साहित्य की जड़ जिंदगी में है और जिंदगी की जड़ परिवर्तन में। जिंदा और सच्चा साहित्य वही है जो समाज को बदलना चाहता है, ऊंची मंजिलों की तरफ ले जाना चाहता है और दुनिया को सबके रहने के योग्य बनाने की कामना रखता है।

हमें विश्वास है कि हमारे देश के साहित्यकार जीवन और साहित्य में अलगाव की खाई को पाटकर, साहित्य को इन्कलाब का संदेशवाहक बनाएंगे।'

(विशाल भारत, जुलाई 1936)

परिशिष्ट-VI

अखिल भारतीय प्रगतिशील लेखक संघ के 1938 के कलकत्ता अधिवेशन में रवींद्र नाथ टैगोर द्वारा भेजा गया संदेश

एकांतप्रियता मेरी मूल प्रकृति बन गई है। लेकिन यह भी एक सच्चाई है कि समाज से अलग-थलग रहनेवाला लेखक मानव-जाति से प्रेम नहीं कर सकता। बहुत-से लोगों से मिलकर जो अनुभव प्राप्त होता है, अलग रहकर लेखक उससे वंचित हो जाता है। समाज को जानने-पहचानने के लिए और उसकी तरक्की की राह का पता देने के लिए, यह अनिवार्य है कि हम समाज की नब्ज पर हाथ रखें और उसके दिल की धड़कनें सुनें।

यह तभी संभव है कि जब हम मानवता के प्रति संवेदना और सहानुभूति रखें। मनुष्य की आत्मा को हम सिर्फ इसी रूप में पहचान सकते हैं...जाहिर है कि अवाम से अलग रहकर हम महज एकाकी होकर रह जाएंगे। नए लेखकों को लोगों से मिलकर उन्हें पहचानना है। मेरी तरह गोशानशीन (एकांतवासी) रहकर उनका काम नहीं चल सकता। लंबे समय तक समाज से अलग रहकर अपनी साधना में मैंने जो भूल की है, अब मैं इसे समझ गया हूँ और यही कारण है कि नसीहत कर रहा हूँ कि मानवता और समाज से प्रेम करना चाहिए। अगर साहित्य, मानवता के साथ एकात्म न होगा तो वह असफल और अर्थहीन रहेगा। यह सच्चाई मेरे दिल में चिराग की तरह रौशन है और कोई तर्क इसे बुझा नहीं सकता।

आज हमारा देश एक वीरान मरुस्थल है, जहाँ सुंदरता और जीवन का नामोनिशान नहीं है। देश का कण-कण दुःख की तस्वीर बना हुआ है। हमें इस दुःख और वेदना को मिटाना है और नए सिरे से जीवन रूपी उपवन को सींचना है। साहित्यकार का कर्त्तव्य होता है देश में नवजीवन का संचार करे, जागरण और उत्साह के गीत गाए, हर मनुष्य को आशा और हर्ष का संदेश सुनाए और किसी को हताश न होने दे। देश और जाति के उत्थान को निजी स्वार्थों पर तरजीह देने की भावना हर छोटे-बड़े में पैदा करना साहित्यकार का प्रमुख दायित्व है। राष्ट्र, समाज और साहित्य की समृद्धि की सौगंध जब तक हर व्यक्ति नहीं खाएगा, उस समय तक संसार का भविष्य उज्ज्वल नहीं हो सकता। अगर तुम यह करने के लिए तैयार हो तो तुम्हें पहले अपनी संपत्ति खुले हाथों लुटानी होगी और फिर कभी तुम दुनिया से किसी मुआवजे की अपेक्षा न करो। लेकिन स्वयं को मिटाने में जो आनंद आता है, उससे तुम वंचित न रह जाओ।

याद रखो, रचनात्मक साहित्य बड़े जोखिम का काम है। सत्य और सौंदर्य की खोज

करना है तो पहले 'अहं' की केंचुली उतार दो। कली की भांति कठोर आवरण से बाहर निकलने की मंजिल तय करो। फिर देखो कि वायु कितनी स्वच्छ है, प्रकाश कितना मोहक है और जल कितना शीतल व निर्मल है।

[सज्जाद ज़हीर की पुस्तक 'रौशनाई' में पृ. संख्या 150-151 पर उद्धृत, नया अदब (जनवरी-फरवरी, 1941 ई.)]

परिशिष्ट-VII

अखिल भारतीय प्रगतिशील लेखक संघ के कलकत्ता अधिवेशन का घोषणापत्र

भारतीय समाज में क्रांतिकारी परिवर्तन हो रहे हैं। प्रतिक्रियावाद की आत्मा का अंत यद्यपि अनिवार्य है और वह कुंठित भी हो चुकी है फिर भी वह सक्रिय है और अपनी उम्र बढ़ाने की निरंतर कोशिश कर रही है। क्लासिकल युग के अंत के बाद भारतीय साहित्य की प्रवृत्ति जीवन की वास्तविकता से मुंह फेर लेने की रही। यथार्थता से भागकर उसने निराधार अध्यात्मवाद और आदर्शवाद की शरण ली है। फल यह हुआ है कि उसके शरीर का रक्त सूख गया है, उसका मानस निष्प्राण हो गया है और उसने पंजरबद्ध रूप और जड़वादी विचार पद्धति स्वीकार कर ली है।

भारतीय लेखकों का यह कर्त्तव्य है कि वे भारतीय जीवन में होने वाले परिवर्तनों का चित्रण करें और साहित्य में वैज्ञानिक बुद्धिवाद के समावेश के द्वारा प्रगति की भावना को सहायता पहुंचाएं। उन्हें साहित्यिक आलोचना के अंदर ऐसा रुख विकसित करना चाहिए जो परिवार, धर्म, काम भावना, युद्ध और समाज संबंधी प्रतिक्रियावादी और अतीतोन्मुख प्रवृत्तियों को हतोत्साहित करे। इसके साथ ही उन्हें सांप्रदायिकता, नस्ली भेदभाव, यौन स्वच्छंदता और मानव द्वारा मानव के शोषण को प्रतिबिंबित करने वाली साहित्यिक प्रवृत्तियों का विरोध करना चाहिए।

हमारे संघ का उद्देश्य उन रूढ़िवादी वर्गों से साहित्य और कलाओं की रक्षा करना होगा, जिनके हाथ में वे अब तक घिनौनी बनती रही हैं। उन्हें हमें जनता के मन-प्राण के निकट लाना होगा, उन्हें इतना सजीव बनाना होगा कि वे जीवन के यथार्थ को अभिव्यक्त कर सकें और हमें हमारे अभिप्रेत आदर्श तक पहुंचा सकें।

अपने को भारतीय सभ्यता की समुन्नत और उदात्त परपंराओं का वारिस मानते हुए हम देश के प्रतिक्रियावादी सभी विचारों की उत्कट आलोचना करेंगे और हम (देशी-विदेशी दोनों साधनों से) व्याख्यात्मक और सृजनात्मक रचनाओं द्वारा वह सब कुछ करेंगे जिससे हमारा देश अभिनव नवजीवन को प्राप्त कर सके। हमारा विश्वास है कि भारत का नया साहित्य तभी सफल और सार्थक होगा जब यह हमारी आज की समस्याओं का हल ढूंढेगा— भूख और दरिद्रता, सामाजिक अवनति और राजनीतिक गुलामी की समस्याओं का हल। जो हमें परमुखापेक्षी, निष्क्रिय और तर्कहीन बनाता है, वह सभी हमारे लिए प्रतिक्रियात्मक है और जो भी हममें आलोचनात्मक प्रवृत्ति जगाता है, जो बुद्धि और तर्क के प्रकाश में संस्थाओं

और परंपराओं की समीक्षा करता है, जो भी हमें सक्रिय बनाता, परस्पर संगठित करता है, हमें बदलकर समुन्नत करता है, उस सब को हम प्रगतिशील मानते हैं।

(25-26 दिसंबर 1938)

(यह संशोधित घोषणापत्र भी सुधी प्रधान द्वारा संकलित और संपादित पुस्तक 'मार्क्सीस्ट कल्चरल मूवमेंट इन इंडिया : 'क्रॉनिकल्स एंड डाक्यूमेंट्स (1936-47) के प्रथम खंड के पृ. 20-21 और 97 से अनूदित किया गया है।)

परिशिष्ट-VIII

अखिल भारतीय प्रगति लेखक संघ के कलकत्ता सम्मेलन में पारित प्रस्ताव

(1) जब तक हमारा देश विदेशी साम्राज्यवादियों का गुलाम है, तब तक भारत का पूर्ण सांस्कृतिक विकास संभव नहीं है। बहुसंख्यक भारतीय जनता की निरक्षरता, कलाओं के क्षेत्र में उसकी हीन स्थिति के लिए ब्रिटिश साम्राज्यवादियों का शोषण तथा भारतीय संस्कृति के विकास को लेकर बरती जा रही उसकी उपेक्षा की नीति जिम्मेदार है। जो लोग संस्कृति को प्यार करते हैं, यह सम्मेलन उन सभी का यह पवित्र कर्त्तव्य समझता है कि वे देश की उन शक्तियों से अपने लेखन तथा अपनी नैतिक और भौतिक शक्ति से भारतीय जनता के स्वाधीनता संग्राम को मदद पहुंचाएं।

(2) यह सम्मेलन विश्व के उन लेखकों और कलाकारों के प्रति अपनी एकजुटता जाहिर करता है जो प्रतिक्रियावाद, फासीवाद और साम्राज्यवाद के विरुद्ध संघर्ष कर रहे हैं और उन लोगों और संगठनों को अपनी शुभकामनाएं भेजता है जिन्होंने इसके लिए मुसीबतें झेली हैं—खासकर जर्मनी, स्पेन और चीन में। इस सम्मेलन की राय में साहित्य और कला तो संपूर्ण मानवजाति की धरोहर है, उन्हें जाति, नस्ल, देश या भौगोलिक सीमाओं में नहीं बांधा जा सकता। यह सम्मेलन घोषणा करता है कि भारत के प्रगतिशील लेखक उन लोगों के साथ हैं जो विभिन्न कठिनाइयों का सामना करते हुए समानता, स्वतंत्रता और शांति पर आधारित एक नई समाज व्यवस्था के निर्माण के लिए प्रयत्नशील हैं। हम फासीवाद और सैन्यवाद की संस्कृति विरोधी शक्तियों का विरोध करते हैं। भारतीय लेखकों और बुद्धिजीवियों का यह सम्मेलन अंतर्राष्ट्रीय शांति की शक्तियों और इस उद्देश्य में लगी राष्ट्रीय शक्तियों की सहायता का निर्णय लेता है।

(3) यह सम्मेलन कांग्रेस मंत्रिमंडलों के तहत भारतीयों को कुछ नागरिक स्वतंत्रताएं बहाल किए जाने का स्वागत करने के साथ ही भारत के अनेक प्रांतों में अभिव्यक्ति की स्वतंत्रता पर लगे प्रतिबंधों, भारत सरकार द्वारा समुद्र कस्टम कानून या विशेष आदेशों द्वारा प्रगतिशील साहित्य के आयात पर लगाई गई रोक की भर्त्सना करता है। यह सम्मेलन अनुभव करता है कि इस तरह के प्रतिबंध और रोक देश के स्वतंत्र सांस्कृतिक विकास के मार्ग में गंभीर बाधा हैं। यह सम्मेलन प्रगतिशील विचारों की प्रगति में रुचि रखने वाले सभी लोगों और संगठनों का आह्वान करता है कि वे इस नीति के विरुद्ध आवाज उठाएं।

(4) यह सम्मेलन शिक्षा व्यवस्था को पुनः संगठित करने और निरक्षरता समाप्त करने

की दिशा में प्रांतीय सरकारों और अन्य संगठनों द्वारा किए गए प्रयासों का स्वागत करता है। फिर भी, सम्मेलन की राय है कि सांस्कृतिक विषयों के अध्ययन को एक स्वायत्त स्वतंत्र विचार का क्षेत्र नहीं माना जाना चाहिए। यह सम्मेलन शिक्षा व्यवस्था में लागू की जा रही प्रगतिशील पद्धतियों का विरोध करने वाले प्रतिक्रियावादियों की भर्त्सना करता है और प्रांतीय सरकारों का आह्वान करता है कि वे शिक्षा के पाठ्यक्रम में सांप्रदायिकता, कठमुल्लापन और प्रतिक्रियावाद को किसी भी प्रकार का स्थान देने से इन्कार करें। यह सम्मेलन सभी प्रांतीय भाषाओं में स्कूल और कालेजों के लिए प्रगतिशील पाठ्य-पुस्तकें तैयार करने के कार्य को बहुत महत्व देता है और अधिकारियों का ध्यान इस ओर दिलाना चाहता है कि वे यह कार्य योग्य व्यक्तियों को ही सौंपें। यह सम्मेलन संपूर्ण भारत के प्राथमिक स्कूलों में मूल हिंदुस्तानी को आवश्यक विषय के रूप में पढ़ाए जाने की सिफारिश करता है और भारतीय राष्ट्रीय कांग्रेस से अनुरोध करता है कि वह इसके लिए योजना बनाने के लिए एक योग्य समिति का गठन करे।

('न्यू इंडियन लिटरेचर' 1939, अंक, 1, पृ. 112-114)

परिशिष्ट-IX

प्रगतिशील लेखक संघ के चौथे अधिवेशन (बम्बई) का घोषणापत्र

इस गंभीर संकट के काल में हिंदुस्तान के प्रगतिशील लेखकों का सबसे बड़ा कर्त्तव्य है कि वे राष्ट्र के मनोबल को सुदृढ़ बनाएं। उनका फर्ज है कि वे जनता के साहस और संकल्प को मजबूत करें, ताकि हमारी आजादी का दिन नज़दीक आए, हमारी संस्कृति और सभ्यता सुरक्षित रहे, उसकी उन्नति हो, और हम इस कठिन संकट काल से स्वतंत्र, शक्तिशाली और संगठित होकर निकल सकें।

प्रगतिशील लेखक सदा से ही भारत की स्वतंत्रता और देश में एक न्यायोचित सामाजिक और आर्थिक व्यवस्था के लिए लड़ते रहे हैं। यही नहीं उन्होंने हर प्रकार की सामाजिक प्रतिक्रिया और प्रगतिविरोधी विचारधारा के खिलाफ भी संघर्ष किया है। हिंदुस्तान की स्वतंत्रता को उन्होंने विश्व की स्वतंत्रता के एक अभिन्न अंग के रूप में समझा है, और जहां उन्होंने जनता के हर प्रकार के साम्राज्यवादी प्रभुत्व से मुक्त होने और अविच्छिन्न अधिकार की घोषणा की है, वहां उन्होंने फासिज्म का भी विरोध किया है, जो साम्राज्यवादी सत्ता का ही खूंखार रूप है।

जिस समय हमारी पुरानी परिचित दुनिया नष्ट-भ्रष्ट हो रही है और इतने दिनों से अपनाई हुई मान्यताओं की पुनर्स्थापना की आवश्यकता हो, यदि लेखक अपने जीवन-कार्य के प्रति ईमानदार रहना चाहता है तो उसे जनता से नाता जोड़ना होगा। इसका अर्थ यह नहीं है कि हम इस बात से इन्कार करते हैं कि साहित्य-रचना एक कठिन कला है, जिसकी अत्यंत प्राचीन और अनोखी परपंराएं हैं। न इसका यही मतलब है कि हम इस प्रवंचना में पड़ जाएं कि आज्ञा दे देने से ही परिपक्व नई संस्कृतियां तैयार हो जाती हैं। लेकिन जब समाज पीड़ाग्रस्त हो, जब वह अपने जीवन-मरण के संघर्ष से गुजर रहा हो, तब लेखक को स्वयं अपने ही हित की रक्षा के लिए अपने शीश-महल से बाहर निकल आना चाहिए। यदि हम केवल कुछ थोड़े चुने हुए लोगों को ही सांस्कृतिक विरासत का संरक्षक समझेंगे, तो जैसा कि फासिज्म के अंतर्गत उन देशों में हुआ है जो उसके लौह बूटों के नीचे कुचले जा चुके हैं, यहां भी अन्याय और जुल्म की शक्तियां उन्हें अवश्य ही पाशविक दमन के बल से जबर्दस्ती अपने अधीन कर लेगी। सोवियत का उदाहरण हमें बतलाता है कि क्रांति किस प्रकार प्रतिष्ठा, गौरव और सभ्यता को आम जनता की संपत्ति बनाने का अवसर देती है।

हमारा देश अपने इतिहास के सबसे गंभीर संकट में फंसा हुआ है। एक ओर एक क्रूर

और नालायक विदेशी साम्राज्यवादी नौकरशाही जनता के हाथ में ताकत देने से इन्कार कर रही है, दूसरी ओर खूंखार, लुटेरा, जापानी फासिज्म हमारे पूर्वी सीमांत का दरवाजा खटखटा रहा है। हजारों देशभक्त जेलों में बंद पड़े हैं। फासिस्ट आसाम और बंगाल पर बम बरसा रहे हैं, अन्न और वस्त्र की दिन-ब-दिन कमी होती जा रही है। कागज और किताब और पत्र छपाने के लिए जरूरी दूसरी चीजों की सख्त कमी है, जिसके कारण एक ऐसी परिस्थिति पैदा हो गई है, जो हमारे सांस्कृतिक जीवन के विकास के लिए बहुत खतरनाक है। उत्पादन अस्त-व्यस्त हो रहा है। हमारे समाज की पूरी आर्थिक व्यवस्था के छिन्न-भिन्न हो जाने की आशंका है।

हिंदुस्तान के प्रगतिशील लेखक, रवींद्रनाथ ठाकुर और इकबाल की महान मानववादी और स्वतंत्रता-प्रेमी परंपराओं के उत्तराधिकारी हैं। आज वे अपनी जनता को स्वतंत्र देखना चाहते हैं, संसार के सभी राष्ट्रों को साम्राज्यवाद और फासिज्म के खतरे से मुक्त कराना चाहते हैं। हम सोवियत और चीन के लेखकों की ओर आदर और श्रद्धा से देखते हैं, जो अपनी बहादुर जनता के साथ-साथ इस कठोर फासिस्ट-विरोधी लड़ाई के कष्टों और तकलीफों को बर्दाश्त कर रहे हैं और इस कटु और कष्टकर युद्ध में भाग लेते हुए गौरव और उल्लास का भी अनुभव कर रहे हैं। इस अंधकार की घड़ी में भी वे कला और साहित्य की लौ को जाग्रत किए हुए हैं। हम भी अपने देश की स्वतंत्रता और एकता के संदेश को अपने देशवासियों के पास पहुंचाएंगे, और उनके अंदर उनकी अपनी ही शक्ति में विश्वास जाग्रत करने का अनवरत प्रयत्न करेंगे। आज प्रगतिशीलता का और दूसरा कोई अर्थ नहीं है। जब मानव-समाज की नींव ही खतरे में हो, जब उसके संपूर्ण भविष्य के अंधकारमय हो जाने की आशंका हो, जब फासिस्ट प्रतिक्रियावाद जीवन में जो कुछ भी अच्छा, भला और सुंदर है, उसे नष्ट करने के लिए अपना अंतिम हमला कर रहा हो और जब प्रतिक्रियावादी, साम्राज्यवादी दल हमारे देशवासियों की स्वतंत्रता और एकता के पथ को रोके खड़ा हो, तब प्रगतिशीलता को हर आदमी तक आशा और आजादी का संदेश ले जाना चाहिए और ऐलान कर देना चाहिए कि जो कौम आजादी पाने के लिए एक हो जाएगी, उसे दुनिया की कोई भी ताकत नहीं हरा सकती।

इन आम उद्देश्यों को ध्यान में रखते हुए प्रगतिशील लेखक संघ को नीचे लिखी विशेष बातें जरूर करनी चाहिए :

(1) छोटे-छोटे नाटकों, कहानियों, कविताओं, गीतों और पवाड़ों की रचना, जिनमें साम्राज्यवादी गुलामी से छुटकारा पाने के लिए और जापानी आक्रमणकारियों से अपने देश की रक्षा करने के लिए राष्ट्रीय एकता की आवश्यकता पर जोर दिया गया हो।

(2) विदेशी प्रगतिशील रचनाओं और विशेष कर सोवियत और चीनी साहित्य का अनुवाद और प्रचार करना चाहिए।

(3) समय-समय पर नियमित रूप से विभिन्न हिंदुस्तानी भाषाओं की महत्वपूर्ण रचनाओं का अंग्रेजी में संकलन निकालना चाहिए।

(4) हिंदुस्तान की विभिन्न भाषाओं में प्रगतिशील साहित्य के संग्रहों और पत्र-पत्रिकाओं को प्रकाशित करना चाहिए।

(5) मजदूरों और किसानों के बीच साहित्यिक और सांस्कृतिक क्लबों या बैठकों (मुशायरों,

कवि-सम्मेलनों) का संगठन करना चाहिए, और प्रगतिशील लेखक संघ का जन-साहित्य और कला से संबंध स्थापित करना चाहिए।

(6) भारतीय जननाट्य संघ के सहयोग से ऐसे नाटकों आदि की रचना करनी चाहिए, जिन्हें जननाट्य संघ खेल सके।

(22-25 मई 1943, बंबई)

(जवाहर लाल नेहरू विश्वविद्यालय के पी.सी. जोशी संग्रहालय में उपलब्ध दस्तावेज से संकलित)

परिशिष्ट-X

अखिल भारतीय हिंदी प्रगतिशील लेखक संघ के इलाहाबाद अधिवेशन का घोषणापत्र

हिंदी के प्रगतिशील लेखकों का यह सम्मेलन ऐसे अवसर पर हो रहा है जबकि एक ओर हम शताब्दियों की पराधीनता से मुक्त होकर देश के नवनिर्माण की ओर बढ़ रहे हैं तो दूसरी ओर परस्पर विद्वेष और हिंसा का ऐसा तांडव भारत की इस धरती पर हो रहा है, जैसा उसके लंबे इतिहास में पहले कभी नहीं हुआ। प्रगतिशील लेखक संघ जो अपने जन्मकाल से ही सामाजिक और राजनीतिक पराधीनता से लोहा लेता रहा है, स्वाधीनता के इस अवसर पर जनता का अभिनंदन करता है और अब इस बात पर हर्ष प्रकट करता है कि वह अब जनता के सांस्कृतिक विकास में अधिक सहयोग कर सकेगा। इसके साथ ही हम इस बात की ओर सभी हिंदी लेखक संघ का ध्यान आकर्षित करते हैं कि सांप्रदायिक दंगों के कारण नई संस्कृति का निर्माण कार्य ही नहीं, बल्कि अब तक की जितनी सांस्कृतिक संपत्ति हमने अर्जित की है, उसके लुट जाने का भी खतरा है।

आज अपनी भाषा और साहित्य की तमाम उदार परंपराओं को भुला कर कुछ लोग साहित्य और संस्कृति को जाति, धर्म, मत और संप्रदाय की सीमाओं में बांध देना चाहते हैं। हम समझते हैं कि अपनी भाषा और साहित्य का आदर करने वाले हर व्यक्ति का कर्त्तव्य है कि वह उसकी उदार सांस्कृतिक परंपराओं की रक्षा करे। प्रगतिशील लेखक सबसे आगे बढ़कर इस सांप्रदायिक आग का सामना करेंगे। उसके बिना देश के नवनिर्माण और जनता के सांस्कृतिक विकास की समस्या कभी हल नहीं हो सकती।

हम जानते हैं कि दो सौ साल की साम्राज्यवादी गुलामी की विरासत एक दिन में खत्म नहीं हो सकती। देश में ऐसी प्रतिक्रियावादी शक्तियां हैं जो स्वतंत्र भारत में जनता के अभ्युत्थान को अपने लिए सबसे बड़ा संकट समझती हैं। यह स्वाभाविक भी है, क्योंकि साम्राज्यवाद ने अपनी जड़ जमाए रखने के लिए ही इनकी सृष्टि की थी और प्रत्यक्ष रूप से राजनीतिक स्वाधीनता देने पर भी साम्राज्यवाद आशा करता है कि इन सहयोगी शक्तियों के भरोसे वह हमारे सामाजिक और सांस्कृतिक जीवन पर पहले की ही भांति अपना प्रभुत्व कायम रख सकेगा। देश की जनता के अपार बलिदान और लंबे संघर्ष के बाद जो स्वाधीनता हमने पाई है, उसके फलों से वह हमें वंचित रखना चाहता है। यही शक्तियां खेत का अन्न भूखी जनता के मुख तक नहीं पहुंचने देतीं। यही शक्तियां तन ढकने के लिए गरीब जनता तक मिल का कपड़ा नहीं पहुंचने देतीं। यही शक्तियां सांप्रदायिक आग को धधकाने में नितांत हृदयहीनता

से अपने संपूर्ण साधनों का उपयोग कर रही हैं। साहित्य के क्षेत्र में प्रेस और प्रचार के तमाम साधनों पर अधिकार जमा कर वे लेखकों की स्वतंत्रता और जनवाद की भावनाओं को दबा देना चाहती हैं। प्रगतिशील लेखक इस बात का बीड़ा उठाते हैं कि निरंतर और संगठित प्रयोग से इन तमाम शक्तियों का विरोध करेंगे। उनके प्रभाव से कला, साहित्य और संस्कृति का विनाश करने वाली जो प्रवृत्तियां फिर सिर उठा रही हैं और जो जनता में विद्वेष और निराशा की भावनाएं भर कर उसे मध्ययुग की ओर ठेल देना चाहती हैं, इन सब प्रवृत्तियों का भी हम डट कर सामना करेंगे।

हमें विश्वास है कि देश में जनता की राष्ट्रीय सरकार संस्कृति के निर्माणकार्य में अपनी पूरी शक्ति लगाएगी और इस तरह के सभी कार्यों में उससे सहयोग करना हम अपना कर्त्तव्य समझेंगे। हम समझते हैं कि देश की निरक्षरता को दूर किए बिना यह संभव नहीं है कि हम जनता के सांस्कृतिक धरातल को ऊंचा कर सकें। इसके लिए हम सभी हिंदी लेखकों से अपील करते हैं कि वे साक्षरता बढ़ाने और जनता के सांस्कृतिक धरातल को ऊंचा करने में सबसे आगे बढ़ कर हिस्सा लें। इसके बिना हमारा साहित्य संपूर्ण जनता का साहित्य नहीं बन सकता और वह देश के नवनिर्माण में अपनी महान ऐतिहासिक भूमिका भी पूरी नहीं कर सकता।

हमारी भाषा और साहित्य ने बड़े-बड़े कठिन संघर्षों का सामना किया है। उसमें उतनी जीवन शक्ति है कि उसे आज की विषम परिस्थितियों पर भी विजय मिलेगी। स्वाधीनता की वेदी पर अनेक शहीदों के रक्त बहने से जो स्वाधीनता हमें मिली है, उसके फलों से हमें कोई वंचित नहीं रख सकता। देश में एकता और जनतंत्र स्थापित करने में हिंदी के लेखक कभी पीछे नहीं रहेंगे और प्रगतिशील लेखक संघ सभी दलों, सभी पार्टियों का आह्वान करता है कि वे संघ में आएं और इस कार्य में हमारा हाथ बटाएं।

हमें विश्वास है कि इस प्रकार सबके सम्मिलित प्रयत्न से हम हिंदी के नए साहित्य को भी विश्वबंधु तुलसी और सूर की महान परंपरा के योग्य बना सकेंगे। (सितंबर 1947)

('संकेत' में भगवतरशरण उपाध्याय के लेख 'प्रगति के ऐरावत' से उद्धृत, पृष्ठ 253-255)

परिशिष्ट-XI

अखिल भारतीय प्रगतिशील लेखक संघ के भिवंडी अधिवेशन का घोषणापत्र

आज भारतीय साहित्य के विकास में निर्णायक परिवर्तन हो रहे हैं। पहले की अपेक्षा कहीं ज्यादा तीक्ष्ण रूप में प्रगतिशील और प्रगतिविरोधी प्रवृत्तियां एक दूसरे के मुकाबले पर खड़ी हैं। दूसरे इस बात का पता चलता है कि भारतीय जनता की जनतंत्र और समाजवाद की लड़ाई ने एक बड़ा मोड़ लिया है।

अगस्त 1947 के बाद भारतीय जनता की स्वाधीनता की लड़ाई एक नए दौर में दाखिल हुई है। भारतीय पूंजीपतिवर्ग, जो राष्ट्रीय आंदोलन के काल में सदा साम्राज्यवाद से समझौता किया करता था, अब खुले आम उसका गठबंधन साम्राज्यवाद से हो गया है। ब्रिटिश कामनवेल्थ में बने रहने का जो निश्चय भारतीय सरकार ने किया है, वह इस गठबंधन की ही चरम परिणति है। यह समझौता भारतीय जनता की इस इच्छा का विरोधी है कि इस देश में एक पूर्ण स्वतंत्र, सार्वभौम प्रजातांत्रिक राज्य स्थापित किया जाए।

फासिज्म के खिलाफ जीत हासिल करने के बाद युद्ध खत्म हुआ और एक नया दौर शुरू हुआ, मगर इस नए दौर में भारतीय जनता फिर अपने आपको एक तीसरे महायुद्ध की तैयारियों के बीच घिरा हुआ पाती है। सोवियत यूनियन के नेतृत्व में जनवादी शक्तियों को फासिज्म पर जो विजय मिली है, उससे शांति, जनतंत्र और समाजवाद की शक्तियां बहुत मजबूत हुई हैं। लेकिन तब भी ऐंग्लो-अमरीकी साम्राज्यवादी अपने युद्धकालीन मुनाफे को कायम रखने और बढ़ाने के लिए दुनिया की जनता को डालर और एटमबम का गुलाम बनाने की योजनाएं तैयार कर रहे हैं। गहरा होता हुआ आर्थिक संकट, जनता की जिंदगी के स्टैंडर्ड में कटौती, अमानुषिक शोषण के खिलाफ मेहनतकश वर्ग का बढ़ता हुआ प्रतिरोध-इन सबको सभी देशों के पूंजीपति युद्ध में डुबो देना चाहते हैं। सोवियत रूस, यूरोप के नए जनतंत्र और एशियाई जनता की आजादी की लड़ाई के खिलाफ कुत्सित झूठ का प्रचार करके लोगों के दिमागों को इस तीसरे महायुद्ध के लिए तैयार किया जा रहा है। मलय की जनता के खिलाफ तो यों भी साम्राज्यवाद ने जंग छेड़ रखी है और बर्मी, इंडोनिशयाई और वियतनामी जनता की आजादी की लड़ाई में हस्तक्षेप कर रहा है।

भारतीय पूंजीपति वर्ग और उसकी प्रतिनिधि सरकार जनता पर आतंक का राज कायम करने की कोशिश कर रही है। हजारों मजदूर, किसान, लेखक और कलाकार जेलों में सड़ रहे हैं, अकथ्य मुसीबतें उठा रहे हैं जबकि सरकार ने उन पर मुकद्दमा चलाकर उन्हें न्यायालय

के सामने पेश करने की भी जरूरत नहीं समझी। शोषक वर्गों के स्वार्थों की रक्षा करके, दुनिया के जनवादी आंदोलन के खिलाफ ऐंग्लो-अमरीकी साम्राज्यवादी हिंदुस्तान को कानमवेल्थ की एक कड़ी के रूप में युद्ध का अड्डा बनाने की जो कोशिश कर रहे हैं, अनदेखा करके जनता के बुनियादी नागरिक अधिकारों को कुचलकर मजदूरों, किसानों और मध्यवर्गीय जनता के बढ़ते हुए आंदोलन पर वहशियाना हमला करके कांग्रेस सरकारों ने यह दिखा दिया है कि संस्कृति और साहित्य के प्रति उनका भी वही रवैया है जो इटली और जर्मनी के फासिस्टों का था। वे सोवियत फिल्मों पर रोक लगा रहे हैं और एक ओर तो तनिक भी प्रगतिशील फिल्मों के निर्माण और प्रदर्शन की राह में हर तरह के रोड़े अटका रहे हैं और दूसरी ओर पाश्चात्य देशों विशेषकर अमरीका की बनी पतनशील जनविरोधी फिल्मों को खुली छूट दे रहे हैं। वे शांति सम्मेलन के लिए दिए गए पासपोर्ट रद्द कर रहे हैं और इस तरह दूसरे देशों के सांस्कृतिक और सामाजिक आंदोलनों से संपर्क पैदा करने की राह में रोड़े अटका रहे हैं। वे जनवादी पत्र-पत्रिकाओं पर पाबंदिया और रोक लगा रहे हैं और इसके साथ ही साथ उन्होंने भारतीय समाचारपत्रों पर विदेशी न्यूज एजेंसियों और बड़े भारतीय पूंजीपतियों का पूरा प्रभुत्व कायम हो जाने दिया है। इस सबसे यह भली भांति स्पष्ट है कि प्रगतिशील लेखकों को लिखने-बोलने की आजादी, जनवादी पत्र-पत्रिकाओं के अस्तित्व और जीने योग्य मजदूरी और शिक्षा व संस्कृति के लिए लड़ने के जनता के अधिकार के पक्ष में लड़ना होगा।

हमारी आजादी की लड़ाई के इस दौर में आधुनिक साहित्य के भी लेखक साफ-साफ दो खेमों में बंट गए हैं। एक खेमे में हैं वे लेखक जो युद्ध और मनुष्य द्वारा मनुष्य के शोषण के दुश्मन हैं, जो शांति और जनवाद की शक्तियों के कंधे से कंध मिलाए खड़े हैं और जो हमारे पुराने साम्राज्यविरोधी साहित्य की सबसे अच्छी परंपराओं को आगे ले जा रहे हैं। दूसरे खेमे में हैं वे लेखक जो हिंदुस्तान को साम्राज्यवाद का पिछलग्गू बनाए रखना चाहते हैं और जनता के खिलाफ इस पूंजीवादी सरकार के हिंस्र दमन की वकालत करते हैं, जो दुनिया की जनवादी शक्तियों पर कीचड़ उछालते हैं और जो हमारे पुराने देशभक्तिपूर्ण साहित्य की सर्वश्रेष्ठ परंपराओं पर थूकते हैं। साहित्य में इन दो ध्रुवों की दूरी के बीच कोई समझौता संभव नहीं है। जो लोग कहते हैं कि वे दोनों से अलग और तटस्थ हैं वे प्रगतिविरोधी लेखकों के समाजविरोधी रूप को छिपाते हैं और उसके बारे में जनता को धोखे में रखने में ही मदद पहुंचाते हैं।

लोगों को धोखा देने, उनके दिमाग में उलझन पैदा करने और उनके ध्यान को आज की तुरंत समाधान मांगने वाली सामाजिक समस्याओं पर से हटाने के लिए भारत का शासक वर्ग/बड़े सूक्ष्म सैद्धांतिक तरीके निकालता है। उसके भाड़े के कलम घसीटने वाले 'कला कला के लिए' का नारा देते हैं, साहित्य के अंदर व्यक्तिवादी और पतनशील प्रवृत्तियों को ऊंचे चढ़ाते हैं और कामोत्तेजक, अश्लील, रोमांचकारी और राजनीतिक दृष्टि से हीन साहित्य की रचना करते हैं। वे यह कुत्सित प्रचार करते हैं कि समाजवाद का मतलब यह होगा कि लेखक की आजादी छिन जाएगी और यह कि सोवियत रूस में लेखक को कोई आजादी नहीं है और वहां जो साहित्य पैदा होता है वह स्वतंत्र नहीं, हुक्म देकर तैयार किया हुआ है। वे जनता को यह कहकर बरगलाते हैं कि प्राचीन काल में भारत को जो महत्ता प्राप्त हुई वह इसीलिए कि उसने वर्गसंघर्ष को प्रश्रय नहीं दिया और अगर हम चाहते हैं कि भारत फिर

अपने प्राचीन गौरव को प्राप्त करे तो लोगों को अहिंसा और वर्गसाहचर्य के रास्ते पर चलना चाहिए।

इन सब प्रश्नों पर प्रगतिशील लेखकों की स्थिति बिलकुल स्पष्ट है। साहित्य की पतनशील, रूपवादी, व्यक्तिवादी प्रवृत्तियां सीधे-सीधे शोषक वर्ग को फायदा पहुंचाती हैं। इस पतनशील साहित्य का अराजनीतिक रूप वास्तव में उसकी प्रगति-विरोधी प्रकृति को छिपाने का एक नकाब है और उसका असल उद्देश्य लोगों के दिमाग को खराब करना और उसे अफीम पिलाकर सुलाना है। पूंजीवादी समाज में जनवादी लेखकों को तनिक भी लिखने की आजादी नहीं है। सोवियत यूनियन की समाजवादी व्यवस्था में जनता को लूटने की पूंजीपतियों की आजादी छिन गई है, इसीलिए जनवादी लेखक सच्चे अर्थों में आजाद हैं और उनका साहित्य दुनिया के प्रगतिशील साहित्य में सबसे आगे है।

प्रगतिशील लेखक प्राचीन साहित्य और संस्कृति के सच्चे उत्तराधिकारी हैं और मानव सभ्यता की सर्वश्रेष्ठ परंपराओं को आगे ले जाते हैं। वे आज के समाज के ऐतिहासिक विकास की पृष्ठभूमि में अपनी प्राचीन सांस्कृतिक निधि का आलोचनात्मक दृष्टि से लेखाजोखा करते हैं। वे संस्कृति को साम्राज्यलिप्सा और थोथे रहस्यवाद का पर्याय बनाने से इन्कार करते हैं और जो लोग ऐसा करने की कोशिश करते हैं, उनका वे पर्दाफाश करते हैं और दिखलाते हैं कि ऐसा करने में उनका असल उद्देश्य क्या है। उनका तर्क है कि अपने साहित्य में अतीतमुखी प्रवृत्तियों को न आने दें।

प्रगतिशील लेखकों का यह विश्वास है कि शोषकों और शोषितों में साहचर्य नहीं हो सकता और इस संबंध में सत्य और अहिंसा की बात करना पूंजीवादी शोषण के वर्ग-रूप को छिपाना है।

अपने आंदोलन के प्रारंभ से ही प्रगतिशील लेखकों ने साम्राज्यवाद और पूंजीवाद के खिलाफ निर्मम, बिना किसी प्रकार के समझौते की लड़ाई चलाने का नारा दिया है और उन्होंने सामान्य जनता को ही इसकी असल प्रेरक शक्ति के रूप में देखा है। सन् 1934 में कांग्रेस के भद्र अवज्ञा आंदोलन की असफलता और फिर ब्रिटिश राज में कांग्रेस का मिनिस्ट्री बनाना, इससे राष्ट्रीय नेतृत्व की नीति के बारे में जनता के बहुत बड़े हिस्से का भ्रम टूटा। इधर से उसे निराशा हुई और वह साम्राज्यवाद से बिना समझौता किए अंत तक लड़ाई चलाने के लिए अपने लोकप्रिय वर्ग संगठनों में एकत्र और संगठित होने लगी। साम्राज्यवाद से किसी तरह का कोई समझौता या संधि नहीं होनी चाहिए, जनता की यह आकांक्षा इस काल के साहित्य में खूब अच्छी तरह प्रतिबिंबित है। इसी आकांक्षा को संगठित अभिव्यक्ति मिली प्रगतिशील लेखक आंदोलन में। साम्राज्यविरोधी संघर्ष में साहित्य निष्क्रिय नहीं रह सकता, उसे पूर्ण स्वाधीनता और जनतंत्र की लड़ाई में जनता को जगाना चाहिए, प्रेरणा देनी चाहिए, राह दिखानी चाहिए, उसे साधारण जनता की आकांक्षाओं का चित्रण करना चाहिए। उस जनता का, जिसका शोषण केवल विदेशी साम्राज्यवाद ही नहीं बल्कि देशी पूंजीपति, राजे-रजवाड़े, जमींदार-जागीदार सब करते हैं। नए प्रगतिशील साहित्य का यही लक्ष्य था।

पिछले दशक के भारतीय साहित्य के विकास को मुड़कर देखने पर हम गर्व के साथ कह सकते हैं कि प्रगतिशील लेखकों ने ही और सभी लेखकों की अपेक्षा ज्यादा अच्छी तरह हमारी स्वाधीनता की लड़ाई के अलग-अलग दौरों और मोड़ों को चित्रित किया है। उन्होंने

दृढ़तापूर्वक फासिज्म के विरोध में, जो दुनिया को गुलाम बनाना चाहता था, आवाज उठाई। उन्होंने फासिज्म के विरुद्ध लड़ाई में सोवियत जनता का साथ दिया, जापानी फासिज्म के विरुद्ध लड़ाई में चीनी जनता का साथ दिया। उन्होंने बंगाल के भीषण अकाल के समय उसको मदद पहुंचाने के लिए जनमत को संगठित किया और आजादी की उस महान लड़ाई में जनता के कंधे से कंधा मिलाकर खड़े रहे जिसका प्रखरतम रूप जहाजियों की बगावत था। ये वे ही थे जिन्होंने उस समय भी जनता की एकता और शांति का झंडा झुकने नहीं दिया, जिस समय सभी पूंजीवादी समाचार पत्र देश के अंदर होने वाले सांप्रदायिक नरमेध और दंगों में हाथ बंटा रहे थे।

यह सब होते हुए भी यह कहना जरूरी है कि प्रगतिशील साहित्य भी दोषों से मुक्त नहीं रहा है और हम उसे और भी उन्नत तभी कर सकते हैं जब हम इन दोषों को समझें और उन पर विजय पाएं। इस दौर में तमाम प्रगतिशील साहित्य में जो सबसे बड़ी कमजोरी रही है, वह यही कि प्रगतिशील लेखकों का लगाव जनता से, जिनकी अगुआई मजदूर श्रेणी कर रही है, काफी नहीं रहा है। यही कारण है कि किसानों और मजदूरों के जीवन और संघर्ष से संबंध रखने वाला रचनात्मक साहित्य परिमाण में इतना थोड़ा है। यही कारण है कि प्रगतिवादी साहित्यिक आलोचना जनता के स्वस्थ साहित्य के विकास का विरोध करने वाली अनेक प्रतिक्रियावादी प्रवृत्तियों को जड़ से उखाड़ नहीं पाई। प्रगतिशील लेखकों ने कभी-कभी रोमांटिक और पतनशील लेखकों के सिद्धांत और प्रयोग से समझौता भी किया है और स्वयं प्रगतिशील साहित्य की कुछ नकारात्मक प्रवृत्तियों की आलोचना बेलाग ढंग से नहीं कर पाए हैं।

स्वतंत्र आदमी की जिंदगी, पूरी आजादी और आदमी द्वारा आदमी के हर प्रकार के शोषण के अंत के लिए लड़ने वाली साधारण जनता से अलग हटकर भारतीय साहित्य का कोई भविष्य नहीं है, उस साधारण जनता से अलग हटकर जो आज मजदूर श्रेणी के नेतृत्व में जनतंत्र और समाजवाद के लिए लड़ रही है। हमारे लेखक इस आंदोलन के जितना पास आएंगे उनका साहित्य रूप और प्राण दोनों ही दृष्टियों से उतना ही श्रेष्ठ होगा।

साधारण जनता के हितों का विरोध करने वाली प्रतिक्रियावादी साहित्यिक प्रवृत्तियों का अंत निश्चित है। केवल जनता के साहित्य का भविष्य उज्ज्वल है, आज उसकी राह में चाहे जो अड़चनें हों।

कोई साहित्य जब तक कि उसका कोई ऊंचा सामाजिक उद्देश्य नहीं हो, महान और हमारी जनता के आदर का अधिकारी नहीं हो सकता। मानवता के जो ऊंचे से ऊंचे आदर्श हैं जैसे शांति, प्रेम, राष्ट्रों में परस्पर सहयोग, युद्ध और मानव शोषण का विरोधी मानवतावाद, उनसे प्रगतिशील साहित्य को प्रेरणा मिलेगी। साहित्य का महान नैतिक उद्देश्य सभी लेखकों से यह मांग करता है कि वे अपने साहित्य को प्रभावोत्पादक, लोकप्रिय और सुंदर बनाएं जिससे हमारी जनता उसे प्यार करे, उससे प्रेरणा ले और उस पर गर्व करे। जनता की संस्कृति और साहित्य का भविष्य उनके हाथों में है। उन्हें, अपने कार्य के जरिए यह सिद्ध करना है कि भविष्य योग्य हाथों में है।

(मई 1949)

(नया साहित्य, जुलाई 1949)

परिशिष्ट-XII

प्रगतिशील लेखक संघ के दिल्ली अधिवेशन का घोषणापत्र

भारत के लोग चाहते हैं कि उनके साहित्य और कला का विकास उनकी राष्ट्रीय परंपराओं के अनुसार हो। तमाम देशभक्त लेखक और कलाकार जनगण की इस समुचित अभिलाषा को संतुष्ट करने का प्रयत्न करते हैं। उन्हें अपनी सांस्कृतिक विरासत पर गर्व है। उस विरासत में जो कुछ सुंदर और महान है, उसे वे अपने सृजनकर्म से आगे बढ़ाना चाहते हैं तथा उसमें जो कुछ निकृष्ट और मिथ्या है, उसे वे निर्मूल कर देना चाहते हैं।

हमारी जनता अपने जीवन को स्वाधीन और समृद्ध बनाने के लिए प्रयत्नशील है। वह दुनिया के तमाम राष्ट्रों के साथ शांति और मित्रता के संबंध स्थापित करने की इच्छुक है। हमारा साहित्य मानवता की भावना, जीवन में आस्था और उज्ज्वल भविष्य की आशा से ओतप्रोत होना चाहिए और हमारे साहित्य को संघर्षशील जनता के बेहतर जीवन प्राप्त करने के लक्ष्य को भी पूरा करना चाहिए।

मनुष्य की सृजनशक्ति के प्रति घृणा, एक जाति या राष्ट्र का दूसरे पर शासन, जातिवादी और सांप्रदायिक घृणा हमारी जनता की स्वस्थ परंपराओं के विपरीत है। जीवन के उद्देश्य का अभाव, निराशावाद, भाग्यवाद और अंधविश्वास हमारे सांस्कृतिक विकास में बाधक हैं। हम अश्लीलता तथा नग्न कामुकता, खूंरेजी और दहशतगर्दी से युक्त साहित्य का विरोध करते हैं।

हमारा साहित्य कलात्मक हो, इसका रूप राष्ट्रीय तथा लोकप्रिय हो। हम ऐसी सुविधाएं चाहते हैं जिनसे हमारे देश की सभी भाषाओं का साहित्य फूले फले।

हम चाहते हैं कि लेखक जनता की सेवा के लिए संगठित हों, अपनी रचनाओं द्वारा उन्हें उत्प्रेरित करें तथा सुखी और समृद्ध जीवन की प्राप्ति में उनके लिए सहायक बनें।

(1953) (मार्क्सीस्ट कल्चरल मूवमेंट इन इंडिया खंड-4; संकलनकर्त्ता-संपादक सुधी प्रधान, पृ. 148-149)

●●●